Rolf Wirtgen

Geschichte und Technik
der automatischen Waffen
in Deutschland

Herausgegeben im Auftrage
der Wehrtechnischen Studiensammlung des Bundesamtes
für Wehrtechnik und Beschaffung
von
Elmar W. Caspar
Wolfram Funk
Werner Hahlweg
Volker Schmidtchen
Ingo Weise
Arnold Wirtgen

Wehrtechnik und wissenschaftliche Waffenkunde

Band 1

Rolf Wirtgen

Geschichte und Technik der automatischen Waffen in Deutschland

Von den Anfängen bis 1871

Teil 1

Verlag E. S. Mittler & Sohn GmbH · Herford und Bonn

Die vorliegende Arbeit hat unter dem Titel »Militärwesen und automatische Waffe; Kritisch vergleichende Studie zu Frühformen automatischer Waffen vornehmlich in Deutschland bis 1871« der Philosophischen Fakultät der Westfälischen Wilhelms-Universität Münster vorgelegen und wurde als Dissertation angenommen.

Kennziffer D 6

CIP-Kurztitelaufnahme der Deutschen Bibliothek

Wirtgen, Rolf:
Geschichte und Technik der automatischen Waffen
in Deutschland / Rolf Wirtgen. – Herford; Bonn: Mittler
Teil 1. Von den Anfängen bis 1871. – 1987.
(Wehrtechnik und wissenschaftliche Waffenkunde; Bd. 1)
ISBN 3-8132-0262-3
NE: GT

ISBN 3 8132 0262 3; Warengruppe Nr. 21
© 1987 by Verlag E. S. Mittler & Sohn, Herford
Alle Rechte, insbesondere das der Übersetzung, vorbehalten
Einbandgestaltung: Regina Daniel unter Verwendung zweier Abbildungen
aus dem Archiv des Verfassers
Produktion: Heinz Kameier
Gesamtherstellung: Freiburger Graphische Betriebe, Freiburg
Printed in Germany

Inhaltsverzeichnis

Geleitwort

»Das Alte bewahren, das Neue verwirklichen«, dieser Leitsatz, basierend auf einem Zitat von Ludwig Feuerbach aus dem Jahre 1842, wurde aus Anlaß der Eröffnung der Wehrtechnischen Studiensammlung am 12. Nov. 1982 dieser Einrichtung des Bundesamtes für Wehrtechnik und Beschaffung mit auf den Weg gegeben. Diesem Anspruch soll auch die neue Schriftenreihe »Beiträge zur Wehrtechnik und wissenschaftlichen Waffenkunde«, von der die Herausgeber hiermit den 1. Band vorlegen, genügen.

Die Wehrtechnische Studiensammlung hat sich seit ihrer Gründung zu einer der führenden Institutionen ihrer Art in Europa entwickelt und in der Fachwelt ein hohes Ansehen gewonnen. Sie dient der Darstellung der »Entwicklungsgeschichte« wehrtechnischer Geräte und Waffen, vom einfachen »Urgerät« bis zur komplexen Ausführung der »Neuesten Generation«, nachvollziehbar und einsehbar vom technisch-physikalischen Grundprinzip her, oft bezogen auf nur wenige ausgewählte und in sich abgegrenzte technische Grundideen. Der den Objekten immanente technische (und historische) Erfahrungsschatz soll von der Wehrtechnischen Studiensammlung so herausgearbeitet und präsentiert werden, daß er sowohl für den Fachmann als auch den interessierten Laien von Belang ist und auch von der Industrie bei der Planung von Neu- und Weiterentwicklungen genutzt werden kann. Durch Bereitstellung aller Möglichkeiten der Wehrtechnischen Studiensammlung und Kooperation mit Forschungsinstituten können die Voraussetzungen geschaffen werden, um durch aktive Betätigung im wissenschaftlichen Bereich als Kommunikationsforum für die Fachwelt zu dienen.

Die neue Schriftenreihe ist auf diese Aufgaben der Wehrtechnischen Studiensammlung zugeschnitten. Die in ihr veröffentlichten Arbeiten sollen wissenschaftlichen Ansprüchen genügen und der Aufbereitung von technisch-wissenschaftlichen Unterlagen aus in- und ausländischen Quellen unter Berücksichtigung der historischen Gegebenheiten dienen und die hierbei gewonnenen Erkenntnisse einem breiten Kreis von Lesern zugänglich machen. Selbstverständlich bietet sich hierbei auch die Möglichkeit an, aktuelle Themen aus dem modernen Umfeld der Wehrtechnik zu behandeln. Auf diese Weise kann die Schriftenreihe die Ansprüche und Aufgaben der Wehrtechnischen Studiensammlung lebendig widerspiegeln.

Die Herausgeber sehen es auch als ihre Aufgabe an, mit der vorliegenden Schriftenreihe der »Wissenschaftlichen Waffenkunde« sowohl im historischen als auch im modernen Umfeld neue und weitertragende Impulse zu vermitteln. Es gilt das Prinzip, daß die komplexe Gegenwart leichter verständlich wird, nähert man sich ihr auf dem geschichtlich-genetischen Weg von den einfachen Anfängen und den leichter einsichtigen Vorläufern her. Eine derart angelegte, waffenkundlich relevante Strukturforschung, die zugleich Gesetze und Prozesse aufdeckt, aber auch den Blick auf die politischen, sozio-ökonomischen und rüstungstechnischen Elemente richtet, kann verdeutlichen, daß die technische Entwicklung kein autonomer Prozeß ist, sondern letztlich das Ergebnis menschlicher Entscheidungen.

Die von den Herausgebern gewählte Vorgehensweise orientiert sich an einer Methode, die schon Clausewitz in seinem Werk »Vom Kriege« und Scharnhorst im »Handbuch der Artillerie« praktizierten. Sie vermeidet eine isolierte, für sich bestehende Betrachtungsweise und lenkt den Blick stärker auf die Zusammenhänge zwischen Technik und Gesellschaft, Wirtschaft, Politik, Wissenschaft sowie die jeweiligen historischen Entwicklungsschritte innerhalb dieser Felder.

Koblenz, im Oktober 1987   *Die Herausgeber*

1. Einleitung

Nach langen Jahren eines Zustandes der Ungewißheit und der Vernachlässigung, der in dem schicksalhaften Ausgang des Weltkrieges begründet lag, hat sich die militärgeschichtliche Forschung in der Bundesrepublik Deutschland wieder als ein Teil der Geschichtswissenschaften etablieren können. Hierzu beigetragen haben zum einen eine betont große Sachlichkeit, mit der das Problem angegangen wird, zum anderen sind es die vorliegenden Ergebnisse der letzten fünfzehn Jahre, die alle benachbarten Wissenschaftsbereiche von der spezifischen Methode des Faches Militärgeschichte profitieren ließen[1]. Ausgangspunkt war und ist die Untersuchung des Militärwesens in allen seinen historischen, sozialen, politischen, technischen und ökonomischen Aspekten und den daraus resultierenden Wechselwirkungen zwischen Militär, staatlichem Gemeinwesen und gesellschaftlicher Wirklichkeit. Militär, Militärwesen und damit Militärgeschichte können heute nicht mehr losgelöst hiervon betrachtet werden. Daraus folgt, daß sie den Krieg in seiner ganzen Wirklichkeit begreifen und beschreiben will, wobei zur Erfassung seiner materiellen Realität der spezifisch militärfachliche Bereich als Erkenntnismittel Berücksichtigung findet[2]. Dieser beinhaltet die Kriegsgeschichte, die Geschichte der Kriegskunst, die Entwicklung der Militärpolitik und -theorie, den organisatorischen Aufbau der Streitkräfte, die Militärverwaltung sowie die Geschichte der Militärtechnik. Gerade die letztere steht hier gleichberechtigt gegenüber den anderen Teilgebieten. Sie versucht die allgemeinen und direkten Ursachen der Entstehung und Entwicklung dieser Technik zu erklären und will ihren Zustand in den verschiedenen Geschichtsepochen und ihren Einfluß auf das Militärwesen untersuchen[3].

Eine qualitative Änderung der Kriegsmittel kann zwangsläufig zur entscheidenden Umgestaltung der Form und der Methode des bewaffneten Kampfes führen, wie andererseits Fortschritte der politischen und technisch-ökonomischen Faktoren einer Gesellschaft eine Vervollkommnung der militärischen Kampfmittel nach sich ziehen[4]. Einen besonderen Beitrag zur strukturellen Untersuchung dieses dialektischen Prozesses kann hierbei die historische Waffenkunde als Fachgebiet der Militärgeschichte leisten.

Naturgemäß begann die Waffenkunde ihr Dasein als Disziplin der militärischen Fachwissenschaften, betrieben fast ausschließlich von Militärangehörigen bzw. daran interessierten Offizieren. Infolge der technisch-industriellen Revolution im Verlaufe des 19. Jahrhunderts hatte sich die Waffe allgemein vom Vorderlader mit Batterieschloß- und Perkussionszündung zum schnellschießenden Hinterlader mit Einheitspatrone und weiter zum Maschinengewehr (bei der Artilleriewaffe entsprechend vom glattrohrigen Vorderlader zum gezogenen Schnellfeuergeschütz mit Rohrrücklauf) hin gewandelt. Bei der gleichzeitig ausgebildeten Vielzahl von Mo-

dellen und Systemen galt es zunächst zu typisieren und zu klassifizieren. Unter Einbezug des historischen Entwicklungsganges erarbeiteten u. a. Julius Schön[5], Rudolf Schmidt[6] und Moritz Thierbach[7] auch noch aus heutiger Sicht grundlegende Werke, die in photomechanischen Nachdrucken wieder vorliegen. Während dort das technische Interesse an der Waffe im Vordergrund stand, begann der Direktor des Germanischen Museums in Nürnberg, August Essenwein, mit der Erforschung und Erschließung der handschriftlichen Quellen zur Geschichte der Feuerwaffen[8].

Einen neuen Abschnitt im deutschsprachigen Raum leitete 1890 Wendelin Boeheim, zuletzt Direktor der Waffensammlung des Allerhöchsten Kaiserhauses in Wien, mit der Herausgabe seines »Handbuches der Waffenkunde«[9] ein, in dem er die Waffen nach ihrer Funktion einordnete und mit kunstwissenschaftlicher Stilkritik beschrieb. In weiteren Kapiteln beschäftigte er sich mit der Kunst und Technik im Waffenschmiedewesen, stellte die Bedeutung der alten Meister, die sich mit nur für sie charakteristischen Marken auf ihren Produkten auswiesen, für Tradition und Fortschritt im Waffenwesen heraus und wies auf die Vielzahl der Realobjekte in den bis dahin noch nicht voll erschlossenen staatlichen Museen und Institutionen hin. Auf seine Initiative hin und von ihm redigiert erschien 1897 das erste Heft der »Zeitschrift für historische Waffenkunde« als Publikationsorgan des ein Jahr zuvor gegründeten »Vereins für historische Waffenkunde«[10]. Seine brillante »militär-technische Studie über den Säbel Karls des Großen in der kaiserlichen Schatzkammer zu Wien«[11] eröffnete die lange Reihe kunst- und kulturgeschichtlicher, militärischer und technischer sowie soziologischer, das ganze Spektrum des Waffenwesens umfassender Betrachtungen aus der Feder namhafter Persönlichkeiten, die mit dazu beigetragen haben, die Waffenkunde in ihrer Zeit als Wissenschaft zu etablieren. Die hier begründete Tradition setzten die Österreicher Bruno Thomas[12] und Ortwin Gamber[13] sowie der ehemalige Direktor des Bayerischen Armeemuseums, Alexander Frhr. v. Reitzenstein[14], bis zur Gegenwart hin fort.

Zahlreiche Aufsätze und Abhandlungen beschäftigen sich in der »Zeitschrift für historische Waffenkunde« und in anderer Zeitschriftenliteratur auch mit der Geschichte des Artilleriewesens, während großangelegte Monographien sich bislang kaum mit diesem Thema auseinandergesetzt haben. Überwiegend handelt es sich um regionalgeschichtliche Untersuchungen, etwa im Hinblick auf Bayern[15], Preußen[16] oder Tirol[17]. Ist die Darstellung länderübergreifend angelegt, wird also das Artilleriewesen in seinen vielfältigen Beziehungen zu Staat und Gesellschaft gesehen, beschränkt sie sich meist auf einen bestimmten Zeitabschnitt – so Bernhard Rathgen in seinem auf breiter Quellengrundlage aufgebauten Werk »Das Geschütz im Mittelalter«, welches erst nach seinem Tode 1928 erschien[18] –, der dafür um so gründlicher bearbeitet ist und die Werke H. Müllers für das 19. Jahrhundert[19]. In neuerer Zeit lag der Forschungsschwerpunkt einmal auf der kunstgeschichtlichen Betrachtung, wie er etwa in der überarbeiteten Dissertation über deutsche Bronzegeschützrohre von Heinrich Müller (1968) zum Ausdruck kommt[20], zum anderen verband Volker Schmidtchen seine Untersuchung über die Entwicklung der Artillerie vom Spätmittelalter bis zur Renaissance stark mit technikgeschichtlichen Aspekten, ohne dabei die sozialen und ökonomischen Zusammenhänge aus den Augen zu verlieren [21]. Daneben erschienen bei einigen Verlagen in relativ kurzen Abständen zahlreiche Sachbücher, ohne Angaben der benutzten Quellen, die ein waffengeschichtliches Thema zum Inhalt haben [22]. Da diese sich aber auf die Darstellung des technischen Sachverhaltes beschränken und eine kritisch-reflektierende Durchdringung des Stoffes vermissen lassen, zumal auch der sozialökonomische und politische Hintergrund unberücksichtigt bleibt, eignen sie sich meist nur als Materialübersichten für weiterführende, tiefergehendere Forschungen auf waffenkundlichem Gebiet.

Der Einsatz von kriegsbrauchbaren Maschinen- bzw. automatischen Waffen – neben der Anwendung von anderen technischen, chemischen und physikalischen Erfindungen und Entdeckungen – auf dem Gefechtsfeld des 19. und 20. Jahrhunderts haben mit dazu beigetragen, den Kampfhandlungen eine neue Qualität im Hinblick auf gesteigerte Vernichtungskraft zu geben, als deren Ergebnis und infolge einer vermeindlich der Realität angepaßten taktischen und strategischen Konzeption hunderttausende Soldaten im mörderischen Stellungskrieg ihr Leben verloren. Gustav Däniker, ehemaliger Oberst im Schweizer Generalstab, drückte dieses Mißverhältnis von Theorie und Praxis 1942 so aus: »Durch die Einführung von Maschinengewehren in großer Zahl war die Infanterie unmerklich stark defensivkräftig bewaffnet worden; die ganze Erziehung und Ausbildung aber blieb ausgesprochen offensiv betont. So lagen die Verhältnisse, als 1914 der Weltkrieg ausbrach. In dieser Gegensätzlichkeit zwischen Bewaffnung und Ausbildung sprach die Kriegswirklichkeit ihren Schiedsspruch; sie entschied zugunsten der Feuerwirkung und unterjochte die Taktik der Herrschaft der Maschinenwaffen« [23]. Erst die überaus bitteren Kriegserfahrungen ließen Heerführer Vorschriften und Maßregeln finden, die den Bedingtheiten eines Schlachtfeldes entsprachen, das Meter um Meter unter bester Ausnutzung von natürlicher oder künstlich geschaffener Deckung gegen den Kugelhagel der MG-Stellungen erkämpft werden mußte. Dieses Geschehen im Ersten Weltkrieg bildete aber nur den Höhepunkt einer Entwicklung, deren Anfang im Jahre 1862 lag, als der Amerikaner Richard Jordan Gatling eine nach ihm benannte Kriegsmaschine erfand und patentieren ließ. Diese hatte zehn um eine zentrale Achse rotierende Rohre und einen Mechanismus, der selbsttätig die Patronen aus einem Magazin entnahm, sie in das Patronenlager einführte, abfeuerte und die leeren Hülsen auswarf, solange der Schütze die Handkurbel betätigte. Auf diese Weise konnte Gatling etliche Hundert Schüsse in der Minute abfeuern. Nach mehreren teils erfolgreichen Einsätzen im Sezessionskrieg knüpfte er Kontakte mit der Colt Patent Firearms Manufacturing Company in Hartfort, Connecticut, die aufgrund ihrer Erfahrungen in der Herstellung von Revolvern die fabrikationstechnischen Voraussetzungen bot, die Gatling Gun für den ins Auge gefaßten Weltmarkt zu produzieren [24]. Anläßlich der Pariser Weltausstellung 1867 konnte das militärfachliche Publikum in Europa erstmals diese Neuschöpfung des Maschinenzeitalters in Augenschein nehmen [25]; und sie stieß auf reges Interesse. Informiert und mit der Problematik einer »Kugelspritze« durch Tages- und Fachpresse vertraut

gemacht, legten wenig später seriöse Erfinder, aber auch Phantasten, ähnliche Kanonen ihren Kriegsministerien zur Begutachtung vor. Innerhalb des nächsten Jahre kristallisierten sich aber nur einige wenige Systeme handbetätigter Maschinenwaffen heraus, die eine Bedeutung in der Waffengeschichte erlangen sollten. Neben der von Gatling waren dies die Konstruktionen des Bayern Feldl sowie die bis zu ihrem Einsatz im Krieg von 1870/71 geheimgehaltene französische Mitrailleuse, die eine Weiterentwicklung in der belgischen Konstruktion von Christophe & Montigny fand.

Die Untersuchung schließt mit dem deutsch-französischen Krieg ab – jenem Krieg, in dem erstmals auf europäischem Boden handbetätigte Maschinenwaffen eingesetzt wurden. Die Entwicklung dieser Systeme ging aber unvermindert weiter, und amerikanische Konstruktionen (Gardner, Lowell, Farwell, Bailey usw.) versuchten den Markt unter sich aufzuteilen. In diese Phalanx konnte nur der Schwede Palmcrantz mit seinem Repetiergeschütz einbrechen, das unter dem Namen seines Geschäftspartners Nordenfelt [26] als Schnellfeuergeschütz zur Abwehr von Torpedobooten beträchtliche Verkaufserfolge erzielte. Dieses Modell blieb – ebenso wie die oben erwähnten Entwicklungen – für Deutschland ohne jede Bedeutung. Hier hatte man sich 1882 auf die fünfrohrige Revolverkanone des Amerikaners Benjamin Berkley Hotchkiss festgelegt, der in St. Denis bei Paris eine Fertigungsstätte betrieb [27]. Der Maschinenfabrik und Gießerei Hermann Gruson in Magdeburg-Buckau war es gelungen, von Hotchkiss eine Lizenz zu erwerben und die Revolverkanonen als Ausstattung der Schiffe der Kaiserlichen Marine und als Festungsgeschütz der Fußartillerie in mehr als 1000 Exemplaren abzusetzen [28]. Die von militärischen, politischen und wirtschaftlichen Faktoren bestimmten Hintergründe, die zu ihrer Adoption führten, konnten jedoch anhand des bisher vorliegenden Quellenmaterials nicht geklärt werden. Forschungen im Bestand Kriegsmarine des Bundesarchivs/Militärarchivs in Freiburg förderten nur spärliches Material über die mit der Aufstellung der Revolverkanonen zu treffenden infrastrukturellen Maßnahmen sowie über die Ausbildung von Revolverkanonen-Schützen zutage. Die Vermutung, daß die Geschäftsakten der 1893 im Krupp-Konzern aufgegangenen Fa. Gruson Eingang in das Historische Archiv der heutigen Fried. Krupp GmbH in der Villa Hügel, Essen, gefunden hätten, hat sich leider nicht bestätigt. Wiederholte Versuche des Verfassers mit dem Nachfolger von Gruson, dem heute in Magdeburg tätigen »Schwermaschinen Kombinat Ernst Thälmann (SKET)«, das nachweislich über ein eigenes Archiv verfügt, in Kontakt zu treten, sind ohne Ergebnis geblieben.

Ähnlich verhält es sich mit der Quellenlage bei Maschinengeschützen zweier weiterer deutscher Firmen: Der von der Fa. Krupp auf Anregung des Chefs der Kaiserlichen Admiralität, Albrecht v. Stosch, 1873 entwickelten und 1878 verbesserten Revolverkanone sowie von Geschützen der Gußstahlfabrik Witten, von denen das System Hamann allerdings in der Schweiz erprobt wurde. Die Korrespondenzen von Krupp mit den Militärbehörden aus dieser Zeit liegen nicht im Original, sondern als aufsatzähnliche, nicht veröffentlichte Bearbeitung eines ehemaligen Mitarbeiters vor. Die Geschäftspapiere wurden entweder nach 1945 vernichtet oder lagern noch in amerikanischen Archiven[29]. Konstruktionsunterlagen und Versuchsberichte haben sich ebenfalls nicht ermitteln lassen. Auch die Geschäftsakten der Wittener Fabrik, die heute unter »Thyssen Edelstahlwerke AG« firmiert, sind nicht mehr existent[30].

Insbesondere wegen der dargelegten Lücken in der Überlieferung hat sich der Verfasser – entgegen der ursprünglichen Absicht – nicht entschließen können, die Untersuchungen über den Zeitraum von 1871 hinaus fortzusetzen, da zu befürchten stand, daß dieser Teil bis zum Ende der Epoche handbetätigter Maschinenwaffen (1. Weltkrieg) aus den erwähnten Gründen im wesentlichen und notwendigerweise von seinem fragmentarischen Charakter bestimmt worden wäre. Im übrigen hätten die weiteren Untersuchungen einen erheblichen Aufwand an Zeit und Geld bedeutet, der im Zusammenhang mit dieser Arbeit in keinem realistischen Verhältnis zu den Ergebnissen gestanden hätte. Der Entschluß, beim Untersuchungszeitraum 1871 eine Zäsur zu ziehen, fiel um so leichter, als damit ein erster wesentlicher und erkenntnismäßig abgesicherter Abschnitt in der Entwicklung und des kriegsmäßigen Einsatzes von Maschinenwaffen in Deutschland abgeschlossen war. Was dann folgte, waren – wie oben erwähnt – zwar einige erfolglose deutsche Versuche und die Einführung einer ausländischen Konstruktion; die eigentliche neue Entwicklung im deutschen Bereich setzte aber erst unter den Bedingungen des 1. Weltkriegs ein. Der Verfasser bleibt jedoch bemüht, die Forschungen weiterzuführen und zu gegebener Zeit eine Ergänzung zu dieser Arbeit herauszugeben.

Ziel der Arbeit ist es, die Vorformen schnellfeuernder Waffen aufzuzeigen, die herausgearbeiteten Strukturen zu interpretieren und im Hinblick auf die Entwicklung im 19. Jahrhundert den damit abgesteckten historischen Erfahrungsraum zu durchleuchten. Sodann soll die Geschichte der oben erwähnten Systeme in den in Frage kommenden deutschen Staaten anhand der benutzten archivalischen Quellen konkret vorgestellt, die geistige Verarbeitung einer neuen Waffentechnik auf Seiten der militärischen Stellen geprüft und analysiert sowie die evtl. Auswirkungen auf das Militärwesen der Zeit herausgearbeitet werden.

Hierbei sind zunächst alle Bedingungen zu klären, die den Einsatz einer Maschine als Kriegsmittel ermöglichten. In einem grundsätzlichen Kapitel sollen deshalb die philosophisch-kulturellen, technischen und ökonomischen Grundlagen der Maschinenwaffen geklärt werden, Voraussetzung zum Verständnis der Relationen zwischen Soldat, Maschinenwaffe, Militärwesen und Gesellschaft. Als weiterer Schritt schließt sich in einem historischen Längsschnitt seit dem Aufkommen der Feuerwaffen eine Untersuchung über das Problem schnellschießender Waffen (Orgelgeschütze) und das Streben nach Abgabe von kontinuierlichem Feuer an. Dazu werden die prinzipiellen Systeme anhand der bislang publizierten und bearbeiteten Quellen[31] sowie einiger noch existierender Realstücke[32] vorgestellt und ihre materielle und ideengeschichtliche Weiterentwicklung bis zur Mitte des 19. Jahrhunderts verfolgt[33].

Die technische Unzulänglichkeit der Orgelgeschütze transferierte die Problematik des unaufhörlich rollenden Feuers mit der Ausbildung der mit Feuerwaffen ausgerüsteten Infanterie auf die Ebene der Elementartaktik, auf die Ausführung des Feuerkampfes selbst. Inwieweit der Kontermarsch der Oranier an der Wende zum 17. Jahrhundert und die Lineartaktik der Heere von absolutistischen Staaten als taktische Formationen andersgeartete Vorstufen schnellfeuernder Waffen markierten, bleibt einem eigenen Kapitel vorbehalten. Es soll gezeigt werden, daß zwischen diesen Feuertaktiken und den späteren automatischen Waffen auf abstrakter Ebene auffällige Strukturverbindungen bestehen. Dieser Abschnitt stellt somit den Konnex zwischen den Orgelgeschützen und der Taktik einerseits sowie der mechanistischen Durchführung der Taktik und den handbetätigten automatischen Waffen als mechanische »hard ware« andererseits her.

Eine Analyse dieser Waffen wäre unvollständig und der innere Zusammenhang bliebe verborgen, wenn nicht die sozio-kulturellen Bedingungen angesprochen würden, die überhaupt die Umsetzung einer Idee in ein konkretes, stoffliches Element bestimmten. In der Retrospektive ist es offensichtlich, daß die entscheidenden Impulskräfte der neuen Waffentechnik und ihrer industriellen Produktion von den Vereinigten Staaten von Amerika ausgingen (Ausnahme: Entwicklung des gezogenen Rohrs mit vereinfachter Ladeweise). Dies gilt namentlich für den Zeitraum zwischen 1860 und 1880. Neben verschiedenen Systemen mit Salvenfeuer entstanden schon am Anfang der sechziger Jahre auch einige Konstruktionen mit kontinuierlichem Feuer, während in Europa zur gleichen Zeit vom ersteren Typ nur Ansätze und Funktionsmodelle zu erkennen waren. Im fünften Kapitel wird daher der Versuch unternommen, die USA als das Ursprungsland der automatischen Waffen zu würdigen und dabei die politischen, ökonomischen und kulturellen Grundbedingungen aufzuzeigen. Damit einher geht aus fachspezifischer Sicht eine Analyse des gerade für die Waffentechnik und dann für die zivile Technik so wichtigen »amerikanischen Systems der Produktion« und seiner Wurzeln, die in Westeuropa lagen, sowie des Einflusses des amerikanischen Bürgerkrieges auf die Erfindungstätigkeit in Bezug auf die Maschinenwaffen, wobei die Hauptkonstruktionen vorgestellt und an den bisherigen bei den Orgelgeschützen herausgearbeiteten Kriterien bewertet werden[34].

Inhaltlich wird zum Stand der Militärtechnik, der allgemeinen Technologie, des Maschinenbaus und der ökonomischen Bedingungen in dieser Phase der technisch-industriellen Revolution Stellung genommen – Faktoren der Realisierbarkeit schnellfeuernder Waffen auf gegebener geistiger und materieller Grundlage[35].

Wegen ihrer grundsätzlichen Bedeutung – auch als Hauptkonkurrent der europäischen Systeme – bleiben der Revolverkanone von Gatling, die das Prinzip der umlaufenden Rohre anwendet, eigene Abschnitte vorbehalten, die die Person des Erfinders und seine Waffe vorstellen und schließlich in einem als Längsschnitt angelegten Exkurs die Weiterentwicklung des Gatling-Systems bis zur Gegenwart hin verfolgen. Es schließt sich in Grundzügen die Entwicklung der anderen für Deutschland relevanten Systeme schnellfeuernder Waffen an, namentlich der belgischen und der französischen Mitrailleuse, die auf einen gemeinsamen älteren Typ zurückgehen, sodann der in Deutschland selbst entwickelten Konstruktionen von

Feldl und Eberhardt, die im Hinblick auf die unten herausgearbeiteten Grundprinzipien beschrieben, analysiert und interpretiert werden. Eine grundsätzliche Klassifizierung dieser Modelle läßt sich auch nach dynamischen Systemen mit kontinuierlichem Feuer (Gatling, Feldl, Eberhardt) und nach statischen Systemen mit interruptiver Feuerabgabe (Salvenfeuer), wie sie dem Mitrailleusentyp zu eigen ist, vornehmen.

Hierbei kann auch die zeitgenössische Fach- und Zeitschriftenliteratur ausgewertet werden. Wichtige zeitgenössische Beiträge zur Einschätzung und Rezeption in diesem Frühstadium der modernen Schnellfeuerwaffen lieferten neben anderen das preußische »Militär-Wochenblatt« (MWB), dann die bedeutendste Zeitschrift auf dem Gebiet des Deutschen Bundes, die »Allgemeine Militär-Zeitung« (AMZ) und die vielseitig angelegte »Österreichische Militärische Zeitschrift« (ÖMZ). Als von der Struktur des Inhalts auf das Artilleriewesen und überhaupt auf die militärisch zu nutzende Technik ausgerichtet, fanden die »Mittheilungen über Gegenstände der Artillerie- und Kriegs-Wissenschaften« und deren Nachfolger unter dem Titel »Mittheilungen über Gegenstände des Artillerie- und Genie-Wesens« (MAUG)[36] sowie die »Zeitschrift für die Schweizerische Artillerie« Berücksichtigung. Infolge des hierin enthaltenen, hervorragenden Materials und der dort zum Ausdruck kommenden praktischen und theoretischen Anschauungen konnte bei der Darstellung der europäischen Bezüge auf die Benutzung außerdeutscher Archive verzichtet werden, ohne eine zu große Einschränkung der Gültigkeit der Aussage befürchten zu müssen.

In der weiteren Entwicklung der Arbeit soll nunmehr die konkrete Beschäftigung der Kriegsministerien, Zeughäuser und Prüfungskommissionen mit den frühen Maschinenwaffen im Vordergrund stehen. Die strukturelle Gliederung erfolgt hier nach den einzelnen Systemen, als auch nach den Staaten, um die Versuchsergebnisse, die Methoden der Urteilsfindung und die maßgebenden Meinungen direkt miteinander vergleichen zu können. Dabei wird deutlich werden, daß nur das badische, bayerische, preußische, sächsische und württembergische Kriegsministerium sich in Theorie und Praxis mit dem neuen Waffentyp auseinandersetzten. Die Ursache war die Mächtekonstellation in Deutschland nach dem Krieg von 1866.

Im Norddeutschen Bund dominierte Preußen, und die hier zusammengeschlossenen Staaten übernahmen bald seine Artilleriebewaffnung und das Zündnadelgewehrsystem. Die Erprobung neuer Waffen oblag der Königlich Preußischen Artillerie-Prüfungskommission[37], die 1867 bis 1869 die Konstruktionen von Gatling und Montigny begutachtete. Infolge der Zerstörung des Heeresarchives in Potsdam gegen Ende des Zweiten Weltkrieges liegen hierüber keine originalen Akten vor, jedoch haben sich Abschriften der Versuchsprotokolle im Generallandesarchiv Karlsruhe im Bestand des ehemaligen Großherzoglichen Kriegsministeriums ermitteln lassen.

Unter welchen theoretischen und praktischen Bedingtheiten ein deutscher Mittelstaat an die Begutachtung von frühen handbetätigten automatischen Waffen heranging, offenbart sich an den vom Großherzogtum Baden durchgeführten Versuchen mit dem System Gatling im direkten Vergleich zu mit Zündnadelgewehren ausgerüsteten Infanteristen.

Aufgrund der relativ vollständigen Überlieferung des Aktenbestandes des Bayerischen Kriegsministeriums im Bayerischen Hauptstaatsarchiv, Abt. IV – Kriegsarchiv, München lassen sich auch die bayerischen Versuche mit Gatling und Montigny und die Hintergründe, die zur Annahme und zum Einsatz des Feldlschen Kartätschgeschützes geführt haben, aufzeigen. Nachforschungen bei der Maschinenfabrik Augsburg (heute MAN AG), die das System Feldl hergestellt hatte, erbrachten dagegen kein nennenswertes Ergebnis, da die die Rüstungsproduktion betreffenden Geschäftsakten nicht mehr existent sind[38].

Die Fragen nach den sächsischen Versuchen mit der Mitrailleuse konnten durch die freundlicherweise zur Einsicht offengelegten Akten des Kgl. Sächsischen Kriegsministeriums beantwortet werden. Diese befinden sich heute im Militärarchiv der Deutschen Demokratischen Republik in Potsdam. Schließlich vervollständigt eine vom Kgl. Württembergischen Kriegsministerium angeordnete Stellungnahme bezüglich des Geschützes der Gebrüder Eberhardt das Bild der in Deutschland bis 1871 stattgefundenen geistigen wie praktischen Auseinandersetzung mit handbetätigten Maschinenwaffen – einem militärtechnischen Produkt der industriellen Revolution. Im Anschluß an diese Übersicht der ungedruckten Quellen ist zu bemerken, daß für das gewählte Thema Quelleneditionen nicht vorliegen, dagegen sind die in den schon erwähnten zeitgenössischen Fachzeitschriften enthaltenen Aufsätze als Quellen eigener Art zu bewerten, die zum Teil viel besser, als das aus dem Aktenmaterial hervorgeht, die Ansichten und Meinungen in der militärischen Fachwelt widerspiegeln.

Als Ergänzung und zur Abstützung der eigenen Untersuchungen und Beschreibungen der verschiedenen Systeme werden noch die maßgebenden Waffenlehren, die an den Militärschulen zum Unterricht oder im Selbststudium der Offiziere benutzt werden, herangezogen[39].

Von der nicht amtlichen und ohne Berücksichtigung dahinterstehender kommerzieller Absichten herausgegebenen Literatur erwiesen sich die beiden kleinen Hefte von Hilder[40] und Weygand[41] über die französische Mitrailleuse als brauchbar und werden ausgewertet. Eine Sonderstellung nimmt allerdings die um 1905/06 erschienene Studie des französischen Kapitäns der Kolonial-Artillerie, Mléneck, ein, der mit seltener Klarheit und geistiger Durchdringung des Stoffes die wesentlichen Konstruktionselemente und ihr Zusammenspiel im Gesamtsystem bei den möglichen Bauformen der handbetätigten und selbsttätigen automatischen Waffen herausgearbeitet hat[42].

Die Reihe der historiographischen Darstellungen zu diesem Thema beginnt mit dem noch unter direktem Eindruck des deutsch-französischen Krieges geschriebenen Werk des damaligen Artillerie-Leutnants R. Wille über die Kartätschgeschütze[43]. Obschon er in einem kurzen geschichtlichen Rückblick die frühen Salven- oder Orgelgeschütze vorstellt, fehlt die Herausarbeitung der strukturellen Zusammenhänge hinsichtlich des Wesens und der Ursachen der die alten mit den neuen Geschützen verbindenden Grundgedanken und -prinzipien ebenso wie die Erwähnung der Interdependenzen von gesellschaftlicher Wirklichkeit und Militärwesen. Die 1967 bis 1969 im »Deutschen Waffen-Journal« erschienenen Aufsätze von Karl Heinz Ullmann über Orgelgeschütze, Mitrailleusen und Espignolen [44] entstanden aus überarbeiteten Fassungen des Werkes von Wille und des Beitrages von Franz Holzner »Mitrailleusen und schnellfeuernde Kanonen« im Jg. 1884 [45] der »Mittheilungen über Gegenstände des Artillerie- und Genie-Wesens«, so daß sich eine Würdigung hier erübrigt.

Dagegen hat Hauptmann a. D. Otto Morawietz für seinen Beitrag über das Feldl-Kartätschgeschütz in der »Zeitschrift für Heereskunde« die Akten im Münchener Kriegsarchiv eingesehen, ohne jedoch die Versuchsresultate zu würdigen und die ihrer Zeit weit voraus stehenden Beurteilungskriterien und Ansichten der Bearbeiter im Kriegsministerium zu erkennen [46]. Ergänzend und in dem Vergleich mit dem europäischen Ausland als wertvoll erwies sich noch die aufschlußreiche Studie von Egon Eriksen, der an Hand des Materials im Heeresarchiv in Kopenhagen die in Dänemark stattgefundenen Versuche mit der Gatling Gun ausführlich schildert [47].

Den Abschluß der Untersuchung bildet die Zusammenschau der in Deutschland stattgefundenen Versuche und der kriegsmäßigen Verwendung von handbetätigten Maschinenwaffen; insbesondere eine Wertung und ein Vergleich mit den Erfahrungen des Auslandes. Schließlich soll anhand dieser Erkenntnisse der offensichtliche oder gegebenenfalls der latente Einfluß bzw. die Auswirkungen der Frühformen automatischer Waffen auf das gesamte Militärwesen in Vorstellung und Wirklichkeit dargestellt werden.

Der Verfasser ist sich bewußt, daß Teile der Untersuchung stark von technikgeschichtlichen Aspekten geprägt sind. Diese Vorgehensweise orientiert sich aber an der Themensetzung und an dem vorgefundenen Material. Die Waffenkunde kann nicht ohne Berücksichtigung der technischen Bedingtheiten betrieben werden, während andererseits die reine deskriptive Beschreibung unter Auslassung von sozialökonomischen, philosophischen und kulturellen Aspekten zum reinen Selbstzweck würde. Die vorhandenen technischen Beschreibungen, auf die jede Analyse und weiterführende Interpretation jedoch aufbauen muß, sind deshalb um einen ausführlichen Abbildungsteil ergänzt, der dazu beitragen soll, in der Einheit von Text und Bild bzw. graphischer Darstellung die Gedankenführung nachvollziehbar zu machen.

Der Gedanke zur vorliegenden Arbeit ist vornehmlich in den Vorlesungen und Seminaren sowie in zahlreichen Diskussionen mit meinem verehrten Lehrer, Herrn Professor Dr. Werner Hahlweg, entstanden, der die historische Waffenkunde nie negierte, sondern ihre wissenschaftliche Zielsetzung stets förderte. Ihm sei an dieser Stelle für die Anregungen und die moralische Unterstützung ganz besonders herzlich gedankt. Für das Zustandekommen der Archivstudien danke ich im Bayerischen Hauptstaatsarchiv Abt. IV – Kriegsarchiv – den Herren Dr. Braun und Hintermeier, im Hauptstaatsarchiv Stuttgart Herrn Dr. Cordes, dem Generallandesarchiv Karlsruhe und dem Militärarchiv der Deutschen Demokratischen Republik in Potsdam für die Unterstützung vor Ort, sowie Herrn Direktor Dr. Specker vom Stadtarchiv Ulm für seine freundlichen Auskünfte.

Mein Dank gilt auch den musealen Institutionen, die bereitwillig die notwendigerweise intensiven Studien am Objekt förderten, namentlich den Herren Direktor Dr. Aichner und Dr. Kraus vom Bayerischen Armeemuseum Ingolstadt, den Herren Konteradmiral Streubel und Dr. Thiede vom Armeemuseum der DDR in Dresden, Herrn Dr. Willers vom Germanischen Nationalmuseum Nürnberg, Herrn Direktor Prof. Dr. Herbst und Herrn Dr. Müller vom Museum für Deutsche Geschichte Berlin, den Herren Museumsleiter Oberstleutnant Dr. Schmidt, Oberleutnant Lander und Sunderer sowie der Bibliothekarin Frau Hermes vom Wehrgeschichtlichen Museum Rastatt; außerdem Frau Dr. di Tropenburg von den Staatlichen Kunstsammlungen der Veste Coburg. Nicht zuletzt sei dem Bundesamt für Wehrtechnik und Beschaffung in Koblenz, insbesondere allen Mitarbeitern der Wehrtechnischen Studiensammlung und der Wehrtechnischen Bibliothek dieses Amtes gedankt; letztere hat zum Teil sehr seltene Literatur auch aus dem Ausland beschaffen können.

In anderen europäischen Museen habe ich zu danken: Herrn Direktor Dr. Jacobs und Herrn Boijen vom Musée Royal de l'Armée et d'Histoire Militaire in Brüssel, Herrn Lenselink vom Koninklijk Nederlands Leger- en Wapenmuseum in Delft, Herren Direktor Dr. Askgaard und Inspektor Frantzen vom Tøjhusmuseet in Kopenhagen, Herrn Vital vom Alten Zeughaus in Solothurn sowie dem Museum of Artillery in Woolwich. Schließlich gilt es Herrn Ing. (grad.) Dieter Heinrich von der Wehrtechnischen Studiensammlung in Koblenz Dank zu sagen, der mich bei der Lösung komplexer technischer Probleme beraten hat, und bei dem die Ausführung der graphischen Reinzeichnungen in guten Händen lag.

Anmerkungen

[1] Hingewiesen sei besonders auf die Clausewitz-Forschung, die am Lehrstuhl für Militärgeschichte und Wehrwissenschaften betrieben wird und internationale Anerkennung gefunden hat sowie auf die Publikationsreihe »Studien zur Militärgeschichte, Militärwissenschaft und Konfliktforschung«, Osnabrück 1976 ff. Beispielhaft für die Verbindung von stadtgeschichtlicher Forschung und Militärgeschichte ist die Studie von Jürgen Kraus, Das Militärwesen der Reichsstadt Augsburg 1548–1806. Vergleichende Untersuchungen über städtische Militäreinrichtungen in Deutschland vom 16.–18. Jahrhundert (Abhandlungen zur Geschichte der Stadt Augsburg – Schriftenreihe des Stadtarchivs Augsburg, Bd. 26), Augsburg 1980.
[2] Vgl. die Aussagen von Werner Hahlweg in einem Interview mit den Hochschulpolitischen Informationen (HPI) in Heft 9 vom 16. Mai 1980, S. 7.
[3] Abgesehen von der als notwendig erachteten ideologischen Abgrenzung gegenüber dem westlichen Ansatz findet sich diese Meinung auch im Artikel »Militärgeschichte« der Sowjetischen Militärenzyklopädie (Auswahl), Heft 12, Berlin 1980, S. 14–18.
[4] Ebenda S. 15.
[5] Julius Schön, Geschichte der Handfeuerwaffen. Eine Darstellung des Entwickelungsganges der Handfeuerwaffen von ihrem Entstehen bis auf die Neuzeit, Dresden 1858, Nachdruck Satteldorf 1968 mit einem Geleitwort von Otto Morawietz.
[6] Rudolf Schmidt, Die Handfeuerwaffen, 2 Bde. Um ein Vorwort von W. Hummelberger vermehrter Nachdruck der Ausgabe 1875 und 1878, Graz 1968.
[7] Moritz Thierbach, Die geschichtliche Entwicklung der Handfeuerwaffen, 2 Bde., Nachdruck der Ausgabe 1886 und der Nachträge 1899, Graz 1965.
[8] A. Essenwein, Quellen zur Geschichte der Feuerwaffen, 2 Bde., Nachdruck der Ausgabe 1877, Graz 1969.
[9] Wendelin Boeheim, Handbuch der Waffenkunde, Nachdruck der Ausgabe 1890, Graz 1966. Boeheim (1832–1900) besuchte die Wiener Kunstakademie, trat 1848 in das Pionierkorps ein, wurde 1865 Hauptmann, nahm als Kompanie-Chef an der Schlacht von Königgrätz teil; 1875 schied er als Invalide aus dem Truppendienst aus und begann seine waffenkundlichen-kunsthistorischen Studien.
[10] Mit Band 9 (1921–1922) erhielt die Zeitschrift den erweiterten Titel: »Zeitschrift für historische Waffen- und Kostümkunde«. Die Neue Folge Bd. 1 be-

gann mit dem 10. Bd. der Gesamtfolge. Von 1945–1958 war das Erscheinen eingestellt, da auch der Verein für historische Waffen- und Kostümkunde sich aufgelöst hatte. Seit 1959 erscheint sie wieder in der Dritten Folge als »Waffen- und Kostümkunde«. Die Bde. 1–17 der Gesamtfolge (1897–1944) und das Generalregister 1897–1936 liegen seit 1972/1974 wieder als unveränderter Nachdruck vor.

[11] ZHWK, Bd. 1 (1897–1899), S. 6–8.

[12] Der gebürtige Wiener kam 1934 zur Waffensammlung des Kunsthistorischen Museums in Wien und wurde 1950 deren Leiter bzw. von 1958 bis 1976 deren Direktor. Seine zahlreichen Abhandlungen in Fachzeitschriften und als Einzelpublikationen liegen nun als Wiederabdruck vor: Bruno Thomas, Gesammelte Schriften zur historischen Waffenkunde, 2 Bde., Graz 1977.

[13] Ortwin Gamber trat 1976 die Nachfolge als Direktor der Wiener Waffensammlung an.

[14] Reitzenstein redigierte seit 1959 lange Jahre die »Waffen- und Kostümkunde«.

[15] Joseph Schmoelzl, Die bayerische Artillerie. Deren selbständige Entwicklung seit dem dreißigjährigen Kriege bis zur Wiedergeburt des gegenwärtigen deutschen Kaiserreiches, München 1879.

[16] Historische Darstellungen: Louis v. Malinowsky / Robert v. Bonin, Geschichte der brandenburgisch-preussischen Artillerie, 3 Bde., Berlin 1840–1842; Kurd Wolfgang v. Schöning, Historisch-biographische Nachrichten zur Geschichte der Brandenburgisch-Preußischen Artillerie, 3 Bde., Berlin 1844–1845.

[17] Erich Egg, Der Tiroler Geschützguß 1400–1600 (Tiroler Wirtschaftsstudien, Bd. 9), Innsbruck 1961.

[18] Bernhard Rathgen, Das Geschütz im Mittelalter. Quellenkritische Untersuchungen, Berlin 1928.

[19] H. v. Müller, Die Entwicklung der Feldartillerie in Bezug auf Material, Organisation und Taktik von 1815 bis 1892, 3 Bde., 2. Aufl. Berlin 1893–1894; allerdings sind hinsichtlich der Darstellung der allgemeinen Bezüge große Abstriche zu machen.

[20] Heinrich Müller, Deutsche Bronzegeschützrohre 1400–1750, Berlin 1968.

[21] Volker Schmidtchen, Bombarden, Befestigungen, Büchsenmeister. Von den ersten Mauerbrechern des Spätmittelalters zur Belagerungsartillerie der Renaissance. Eine Studie zur Entwicklung der Militärtechnik, Düsseldorf 1977.

[22] Hierzu u.a. Hans-Dieter Götz, Die deutschen Militärgewehre und Maschinenpistolen 1871–1945, Stuttgart 1974; ders., Militärgewehre und Pistolen der deutschen Staaten 1800–1870, Stuttgart 1978; Ludwig Baer, Die leichten Waffen der deutschen Armeen von 1841–1945, Schwäbisch Hall 1976; Udo Vollmer, Die Armee des Königreichs Hannover. Bewaffnung und Geschichte von 1803–1866, Schwäbisch Hall 1978.

[23] Gustav Däniker, Die Maschinenwaffen im Rahmen der Taktik, Berlin 1942, S. 21.

[24] Vgl. dazu die jüngste Bearbeitung zur Geschichte dieser Waffe aus amerikanischer Sicht bei: Paul Wahl / Donald R. Toppel, The Gatling Gun, 2. Aufl. New York 1971, S. 11 ff., 27 ff.

[25] Eine Ausnahme war Frankreich. Schon im Herbst 1863 hatte Gatling seine Erfindung dem Kriegsministerium angeboten; ein Kauf kam aber zunächst nicht zustande; ebenda S. 21.

[26] Nordenfelt, der in London residierte und später mit Hiram Maxim eine neue Gesellschaft gründete, verfaßte als Maßnahme zur Verkaufsförderung das reich illustrierte Werk: (Thorsten Nordenfelt), The Nordenfelt Machine Guns described in Detail and compared with other Systems. Also their Employment for naval and military Purposes, Portsmouth 1884; benutzt wurde das Exemplar der Landesbibliothek Coburg mit einer Widmung von Nordenfelt »to His Royal Highness The Grand Duke of Saxe - Coburg Gotha«. Von den Agenten Nordenfelts, Gustaf Roos, der seit 1879 den Kontinent bereiste, um das System Nordenfelt bei den Militärs vorzustellen, stammt die Schrift: Emploi des Mitrailleuses et Canons a Tir Rapide dans les Armées de Terre et dans la Marine, St-Pétersbourg 1886.

[27] Von einem der Direktoren des Etablissements Hotchkiss & Cie, Alfred Koerner, liegt vor: The Hotchkiss Revolving Canon. A Description of the System. Its Employment in the Field, in Fortifications, etc. And for naval Service, Paris 1879.

[28] An amtlichen Instruktionen und Leitfäden über die Hotchkiss-Revolverkanone liegen u.a. vor: Die 3,7 cm Revolver-Kanone. Nomenclatur und Beschreibung derselben, sowie der Munition. Ihre Behandlung vor, während und nach dem Schießgebrauche, Berlin 1882. Die 3,7 cm Revolver-Kanone der Land-Artillerie und ihre Munition nebst Vorschriften über Behandlung und Instandhaltung, mit den Deckblättern von 1888–1890, Berlin 1886; Sondervorschriften für die Fußartillerie, Bde. A–D, Berlin 1892–1904; Anlage 4 zum Exerzier-Reglement für die Fußartillerie. Vom 18. Februar 1911 (D.V.E. Nr. 201 a), Berlin 1911, S. 70 ff.

[29] Frdl. Auskunft von Frau Dr. Köhne-Lindelaub, Leiterin des Krupp-Archivs in Essen vom Juni 1982.

[30] Frdl. Mitteilung der Thyssen Edelstahlwerke AG, Witten, vom 28.1.1981.

[31] So bei Essenwein; Boeheim, Die Zeugbücher des Kaisers Maximilian I. In: Jb. d. Kunsthistorischen Sammlungen d. Allerhöchsten Kaiserhauses, Bd. 13 (1892), S. 94 ff. u. Bd. 15 (1894), S. 295 ff.; Peter Sixl, Entwicklung und Gebrauch der Handfeuerwaffen. In: ZHWK, Bd. 3 (1902–1905), S. 231 ff., 269 ff.; f) Orgeln und Orgelgeschütz, ebenda S. 285 ff., 361 ff.; g) Mehrreihige Orgeln, ebenda Bd. 4 (1906–1908), S. 24 ff., 84 ff.

[32] Genauer untersucht werden exemplarische Orgelgeschütze der Kunstsammlungen der Veste Coburg, des Museums für Deutsche Geschichte in Berlin, des Alten Zeughauses in Solothurn und des Museums of Artillery in Woolwich, England.

[33] Der Verfasser stützt sich dabei insbesondere auf seine Vorstudie: Die Anwendung des technisch-historischen Erfahrungsschatzes in der Gegenwart. Dargestellt am Beispiel der Entwicklung des Systems der umlaufenden Rohre zu automatischen Waffen des Gatling-Typs. In: Werner Hahlweg, Die Wehrtechnische Studiensammlung des Bundesamtes für Wehrtechnik und Beschaffung (WTS). Ihre Bedeutung für die Entwicklung von Wehrmaterial in Gegenwart und Zukunft – Einführungsschrift (Beiträge zur Entwicklung der Wehrtechnik, Bd. I/1) S. 38 ff.

[34] Die Untersuchung geht damit bewußt über den von John Ellis, The Social History of the Machine Gun, New York 1975, abgesteckten Rahmen hinaus.

[35] Zur materiellen Grundlage sei u.a. verwiesen auf Otto Johannsen, Geschichte des Eisens, 3. Aufl. Düsseldorf 1953; David S. Landes, Der entfesselte Prometheus. Technologischer Wandel und industrielle Entwicklung in Westeuropa von 1750 bis zur Gegenwart, Köln 1973; Karl Wittmann, Die Entwicklung der Drehbank bis zum Jahre 1939, 2. Aufl. Düsseldorf 1960.

[36] Die vom k.k. technischen und administrativen Militär-Comité in Wien herausgegebenen »Mittheilungen über Gegenstände des Artillerie- und Geniewesens« entstanden 1870 aus der Vereinigung der »Mittheilungen über Gegenstände des Artillerie-Comités und den »Mittheilungen über Gegenstände der Ingenieur- und Kriegs-Wissenschaften« herausgegeben vom k.k. Genie-Comité.

[37] Zur Geschichte, zu den weiteren Aufgaben und ihrer Arbeitsweise vgl. Moewes, Kurzgefaßte Geschichte der Königlich Preußischen Artillerie-Prüfungs-Kommission, Berlin (1895); Denecke, Geschichte der Königlich Preußischen Artillerie-Prüfungskommission. Aus Anlaß der Feier ihres 100jährigen Bestehens, Berlin 1909.

[38] Frdl. Mitteilung der Maschinenfabrik Augsburg-Nürnberg AG vom 28.1.1981. Allerdings konnte sie Ablichtungen der 1869 und 1870 erteilten Privilegien zur Verfügung stellen.

[39] Hierzu gehören u.a.: Josef Reiter, Elementar-Waffenlehre zum Gebrauche der k.k. Regimentsvorbereitungs- und Kadeten-Schule sowie für Einjährig-Freiwillige, 4. Aufl. Triest 1872; Karl Theodor von Sauer, Grundriss der Waffenlehre, mit Atlas von 30 Tafeln, 2. Aufl. München 1876; J. Schott, Grundriss der Waffenlehre, Nachdruck der Ausgabe 1876, Graz 1971; Otto Maresch, Waffenlehre für Offiziere aller Waffen, Wien 1875; Nikolaus R. v. Wuich / Ferdinand Lankmayr, Waffenlehre für die k.k. Infanterie-Cadetenschulen, 2. Aufl. Wien 1889; Leitfaden für den Unterricht in der Waffenlehre auf den Königlichen Kriegsschulen, 5. Aufl. Berlin 1890; Hans Maudry, Otto Mareschs Waffenlehre für Officiere aller Waffen, IV. Heft, 3. Aufl. Wien 1893; W. Witte, Fortschritte und Veränderungen im Gebiete des Waffenwesens in der neuesten Zeit, Berlin 1894, 2. Aufl. 1900; R. Wille, Waffenlehre, 2. Aufl. Berlin 1900; Berlin, Handbuch der Waffenlehre. Für Offiziere aller Waffen zum Selbstunterricht, 3. Aufl. Berlin 1912.

[40] Hilder, Die Mitrailleuse. Für Militärs und Nichtmilitärs populair bearbeitet, Danzig 1870, 2. Aufl. 1871.

[41] Hermann Weygand, Die französische Mitrailleuse der Feldartillerie (La mitrailleuse de Meudon; le canon à balles). Kurze Beschreibung und Beurtheilung von Geschütz und Munition, Darmstadt, Leipzig 1871.

[42] Mléneck, Notes sur les Mitrailleuses, Paris o.J.

[43] R. Wille, Ueber Kartätschgeschütze (-canon à balles, mitraileurs-), Nachdruck der Ausgabe 1871, Krefeld 1976. Wille stieg später bis zum Generalmajor auf und war u.a. von 1886 bis 1890 außerordentliches Mitglied der Artillerie-Prüfungskommission, dann Direktor der Artillerie-Werkstätten in Spandau.

[44] Karl Heinz Ullmann, Die Mitrailleusen, Kugelspritzen oder Infanteriekanonen (Canons à balles). In: DWJ, Nr. 12 (1967), S. 947 ff.; ders., Die Gatling-Gewehr-Mitrailleuse. In: DWJ, Nr. 4 (1968) S. 280 und Nr. 6, S. 466 ff.; ders., Die Orgelgeschütze oder Totenorgeln des Mittelalters, In: DWJ, Nr. 2 (1969), S. 116 ff. ders., Die Espingolen. In: DWJ, Nr. 7 (1969), S. 546 ff.

[45] Bei Ullmann, Gatling-Gewehr-Mitrailleuse, S. 285 ist als Quellennachweis fälschlich der Jg. 1883 angegeben.

[46] Otto Morawietz, Die bayerischen Kartätschgeschütze 1870. In: Zeitschrift für Heereskunde, Jg. 1961, S. 26 ff. Im anderen Zusammenhang und umgestellt auch in: Die französische Mitrailleuse 1870/1871 und die deutschen Maschinengewehre bis zum MG-Modell 1908. In: Soldat und Technik, Jg. 1966, S. 662 ff.

[47] Egon Eriksen, The Gatling Gun. In: Four Studies on History of Arms (Tøjhusmuseets Skrifter, Bd. 7; Translated Edition), Copenhagen 1963, S. 79 ff.

2. Kulturelle, ökonomische und technische Strukturen als historische Grundbedingungen schnellfeuernder Waffen

2.1.   Die Relationen Mensch–Feuerwaffe

Mit dem Gebrauch der Feuerwaffen seit dem 13./14. Jahrhundert trat vehement eine neue und gänzlich anders geartete Kraft in die vorherrschenden Strukturen des Militärwesens ein. Die bis dahin zur Bekämpfung des Gegners notwendigen Funktionen des Menschen durch das unmittelbare Heranführen des Kampfmittels an diesen und den daran anschließenden Einsatz waren nun durch eine Verbrennungskraftmaschine[1] vergegenständlicht, die diese Funktion jetzt übernahm und diese unabhängig von dem sie bedienenden Menschen durchführte[2]. Für den einzelnen Soldaten und das Militärwesen im allgemeinen bedeutete das insofern eine neue Qualität des bewaffneten Kampfes, als ein Erfolg nicht mehr allein von der physischen Stärke des Menschen abhängig war, denn gleiche Waffen entfalteten ihre Wirkung unabhängig von der körperlichen Konstitution des Schützen. In diesem neuen System Mensch–Feuerwaffe wurde der Homo sapiens nun vom Akteur zum Operateur eines sinnreich konstruierten Apparates »umfunktioniert« mit der Folge, daß mehr und mehr eine Funktion des Lenkens und Steuerns dieser Maschine in den Vordergrund trat. Auf der anderen Seite wurden mit diesem Prozeß wieder ganz neue Dependenzen geschaffen: Für die Herstellung von Feuerwaffen konnte nicht mehr auf vorhandene und leicht aufzubereitende Naturprodukte zurückgegriffen werden. Mit Ausnahme des Holzes, das als Lafettierung bzw. Schäftung weiterhin Verwendung fand, trat nun die Gewinnung von Roheisen zur Herstellung von geschmiedeten Rohren und später zunehmend von Buntmetall[3] für den Guß von Bronzegeschützrohren in den Vordergrund. Neben den weiterhin erforderlichen handwerklichen Fähigkeiten setzte die Waffenproduktion die Beherrschung von Verfahren und Prozessen der Bergbau-, Verhüttungs-, Schmiede- und Gußtechnik voraus[4], wobei in letztere die Erfahrungen aus der Glockenherstellung einflossen[5]. An besonders begünstigten Standorten entwickelten sich allmählich Zentren der Produktion, in denen das technologische Wissen systematisch durch die in der Praxis gewonnene Erfahrung erworben, weitergegeben und umgesetzt wurde. Herausragende Beispiele der frühen Rüstungsindustrie stellten Suhl[6] und Lüttich[7] auf dem Gebiet der Handfeuerwaffen, Innsbruck (Tirol)[8] und Augsburg[9] für die Geschützherstellung dar; Nürnberg war in beiden Bereichen bedeutend[10].

Parallel zu diesen ökonomisch-produktionstechnischen Umgestaltungen entstand ein erheblich größerer Bedarf an Holzkohle, Schwefel und Salpeter, um aus diesen Rohstoffen nach verschiedenen Verfahren das Treibmittel für die neuen Feuerwaffen, nämlich Schwarzpulver aufzubereiten[11]. Obschon der chemische Prozeß, der die Energie freisetzt, noch nicht erkannt und theoretisch formuliert werden konnte, stützte sich die Pulverbereitung auf Experimente und die daraus resultierende Erfahrung mit dem Ergebnis, daß bald mehrere Pulversorten mit unterschiedlicher Zusammensetzung vorhanden waren, um den jeweiligen Charakteristiken von Handfeuerwaffen und Geschütz gerecht zu werden. Auf dem Gebiet der Pulverbereitung war die schon in Ansätzen erkennbare Theoriebildung am weitesten fortgeschritten, wie dies etwa in dem 1405 vollendeten Werk »Bellifortis« des Conrad Kyeser aus Eichstätt deutlich zum Ausdruck kommt[12].

Aus heutiger Sicht stellt sich die oben dargestellte Entwicklung als zweidimensionaler und dialektischer Prozeß dar, zu dessen Deutung die materialistische Geschichtsauffassung einen Beitrag zu leisten vermag. Im Verlaufe seines Werdegangs hatte sich der Mensch Instrumente und Werkzeuge, d. h. Arbeitsmittel geschaffen. Hierzu gehören nicht zuletzt die Waffen, die er in gewaltsamen Auseinandersetzungen als solches Mittel gebraucht. Im Prozeß ihrer Nutzung durch den Menschen werden diese »zum Organ seiner Tätigkeit, ein Organ, das er seinen eigenen Organen hinzufügt ... «[13]. Natürlich darf hier der Begriff »Organ« nicht im rein biologischen Sinn aufgefaßt werden. Es sind künstlich geschaffene Organe, eine »Verlängerung« der natürlichen Organe des Menschen, mit denen ihre Unvollkommenheit in militärischer Hinsicht beseitigt wird[14]. Der Mensch wurde daher, insbesondere im Hinblick auf die Feuerwaffe, unabhängig von seiner ihm von Natur aus mitgegebenen physischen Stärke, d. i. Kampfkraft. Sobald er aber mit der Herstellung der künstlichen Organe in Form von Feuerwaffen begann und das erworbene technologische Wissen in seiner vergegenständlichten Form gebrauchte, um Produktionsmittel aufzubauen, begab er sich dazu im Fall des kriegsmäßigen Einsatzes seiner künstlichen Organe in ein fundamentales Abhängigkeitsverhältnis. Zu dessen näherer Konkretisierung genügt es, einen Blick auf die praktische Handhabung, insbesondere auf die Ladeweise der Feuerwaffen zu werfen.

Die Herstellung der Feuerbereitschaft setzte das Vorhandensein von Geschoß, Treibmittel und evtl. des Abdichtungsmittels, außerdem das richtige Verbringen der Ladung in das Rohr voraus. Die Zündung konnte entweder mit einem an seinem abgewinkelten Ende in einem Kohlenfeuer glühend gemachten Eisenstab (Loseisen) oder in späterer Zeit mit einer präparierten und glimmenden Lunte erfolgen. Hier wird auch die Abhängigkeit von der peripheren Technik ganz deutlich. Das Pulver mußte lange vor seinem Gebrauch aus den Grundstoffen aufbereitet sein. Die Geschosse, die für die frühen Geschütze aus Stein, später aus Eisen gegossen waren, mußten nach den jeweiligen Verfahren hergestellt, bevoratet und evtl. an den Einsatzort transportiert werden. Das gleiche galt für die Bleigeschosse der leichten Geschütze und der Handfeuerwaffen, vorausgesetzt, daß sie nicht an Ort und Stelle mit

Kugelzangen gegossen wurden, was im übrigen nicht unüblich war.

Welche Bedeutung hat dieser Entwicklungsprozeß schließlich für die Söldnerheere seit der Renaissance und insbesondere für die stehenden Heere, bei denen die Feuerwaffen entscheidendes Instrument wurden?

Abgesehen von der Problematik der im Zusammenhang mit dieser Arbeit nicht relevanten allgemeinen logistischen Versorgung[15] einer Streitmacht, hatte die systematische Einführung von Feuerwaffen in dieser Beziehung ein großes Gewicht. Indem nämlich die Feuerwaffen zugunsten der anderen Waffenarten vermehrt wurden und diese spätestens im 18. Jahrhundert, vielleicht noch mit Ausnahme der Blankwaffe der Kavallerie, ihre technisch-taktische Bedeutung einzubüßen begannen[16], wuchs im gleichen Maße die Dependenz der Kriegsführung eines Landes von seinen Ressourcen auf dem Gebiet der Rohstoffe, dem technologischen Wissen und seinen wirtschaftlichen Fähigkeiten, unabhängig davon, ob sie handwerklich, manufakturmäßig oder schon industriell ausgerichtet waren; mit anderen Worten: Die Abhängigkeit von den Produktivkräften trat in den Vordergrund. Es kann kein Zweifel darüber bestehen, daß die Ausrüstung eines Heeres mit Handfeuerwaffen und einem ansehnlichen Geschützpark nebst Munition auch zu dieser Zeit einen politisch-ökonomischen Faktor sui generis darstellte. Dieser Faktor ist gerade im Industriezeitalter – ohne die menschlich-moralischen Qualitäten der Soldaten etwa geringschätzen zu wollen – von so ausschlaggebender Bedeutung für die Angriffs- und Verteidigungsfähigkeit einer Armee geworden, daß er in der Kriegsführung naturgemäß einen wichtigen Punkt in der Strategie des Gegners hinsichtlich der Ausschaltung der Produktivkräfte durch entsprechende Maßnahmen darstellt. Hier können beispielsweise die militärischen Aktionen gegen die deutsche Wirtschaft und Rüstungsindustrie während des Zweiten Weltkrieges mit den daraus resultierenden Folgen angeführt werden[17].

Die infolge massiver alliierter Bombenangriffe zerstörten Produktionsanlagen, verbunden mit immer wieder unterbrochener Produktion, der man zwar mit ihrer Verlagerung in unterirdische Anlagen auszuweichen versuchte, der Verlust von Rohstoffquellen auf allen Kriegsschauplätzen durch den Vormarsch der Alliierten und die damit zusammenhängende mangelhafte Treibstoffversorgung der mechanisierten und fliegenden Verbände und die Zerstörung großer Transportkapazitäten führten schließlich in der Endphase des Krieges in ihren Auswirkungen zu einem rückläufigen Technisierungsprozeß, der u. a. seitens des Rüstungsministers Speer zur Forderung nach einer Entmechanisierung der Luftwaffe führte. Die Maschine, die als Verbrennungs- oder Elektromotor in den verschiedensten Fahrzeugen, aber auch beim Richten der Geschütze usw. die Funktion des Antriebs innehatte, sollte nun wieder, soweit überhaupt möglich, durch menschliche und tierische Kraft ersetzt werden[18].

Wie oben angedeutet trat das Militärwesen und mit ihm der Soldat mit der Einführung der Feuerwaffen in neue Abhängigkeitsstrukturen, die sich mit den Begriffen Rohstoffe, Technologie und Produktion charakterisieren lassen. Für den einzelnen mag dieser Umstrukturierungsprozeß zunächst noch nicht so deutlich geworden sein; im Vergleich zu Bogen oder Armbrust empfand er die Feuerwaffe als Fernwaffe vielleicht sogar als Erleichterung, obgleich das Laden und Abfeuern der Handfeuerwaffen mit Um- und Vorsicht zu geschehen hatte. Gerade wegen der Schwierigkeiten und der Besonderheit ihrer Handhabung sollten die Feuerwaffen als eigenständige Größe aufgefaßt werden, bei der in aller Deutlichkeit die Bezüge zwischen Mensch und Waffe einerseits sowie der Stellenwert dieses Systems im allgemeinen technischen und ökonomischen Evolutionsprozeß andererseits zum Ausdruck kommen.

Gerade in der Betonung des Besonderen darf nicht übersehen werden, daß die Waffen nur einen – wenn auch bedeutenden – Teilfaktor im ganzen Komplex des Militärwesens bilden; ein Instrument, ein Werkzeug in der Hand von Menschen zur Führung von gewaltsamen Auseinandersetzungen bei Angriff oder Verteidigung. An sich ist die Waffe ein toter Gegenstand wie jeder andere auch, und sie tritt erst mit sachgerechter Bedienung durch den Menschen in die ihr konstruktionsmäßig zugedachte Funktion. Diese Tätigkeit des Menschen bezieht sich insbesondere auf die Herstellung der Feuerbereitschaft, die Ausübung der Kontroll- und Lenkfunktion (also das Richten der Waffe) und auf das Abfeuern. Diese Aufgaben können als die drei Grund- oder Hauptfunktionen bezeichnet werden, die von Soldaten an der Waffe auszuführen sind. Diese Grundfunktionen sind darüber hinaus eng miteinander verknüpft; sie bauen logisch und stufenweise aufeinander auf: Erst nachdem die rein mechanische Tätigkeit des Ladens der Feuerwaffe mit Pulver und Geschoß beendet und die Waffe für die Zündung vorbereitet ist, kann sie auf ein Ziel gerichtet werden. Dieses muß sich aber in von der physikalisch-ballistischen Leistungsfähigkeit der Waffe diktierten Entfernungen aufhalten. Die Erkenntnis, ob das Ziel sich in der entsprechenden Entfernung befindet, kann durch eine Analyse der gegebenen Umstände gewonnen werden. Gegebenenfalls ist die Entscheidung zu treffen, den eigenen Standort zu ändern oder durch Abwarten den sich bewegenden Feind in den eigenen Feuerbereich eindringen zu lassen. Können alsdann diese variablen Größen miteinander in Übereinstimmung gebracht werden, muß letztendlich durch einen abschließenden Willensbildungsprozeß die Waffe abgefeuert werden. Aus dieser Darstellung ergibt sich als Konsequenz die Aufstellung einer Werteskala für die Grundfunktionen. Unzweifelhaft ist die Ausübung der Kontroll- und Lenkfunktion einer höheren geistigen Tätigkeit zuzuordnen, weil sie Auffassungsgabe und Abstraktionsvermögen, d. h. Intellekt beansprucht. Ähnliches, wenn auch mit geringen Abstrichen, gilt für die Funktion des Abfeuerns. Die geringste Qualifikation setzt die Herstellung der Feuerbereitschaft voraus, weil sie – wie bereits erwähnt – als rein mechanische Arbeit zu bezeichnen ist, deren Ausübung im Vergleich zu anderen Funktionen leicht erlernbar ist.

2.2. Die Evolution von Feuerwaffen und Munition in ihrer Auswirkung auf das System Mensch–Feuerwaffe

2.2.1. Die Ladetätigkeit bis zum 19. Jahrhundert

Im allgemeinen konnte in bezug auf die von vorne zu ladende Handfeuerwaffe davon ausgegangen werden, daß die Feuerkraft einer mit diesen Waffen ausgerüsteten Einheit in der Tat vom Grad der Einübung dieser Tätigkeit in proportionalem Verhältnis abhing. Eine Steigerung der Feuergeschwindigkeit bewegte sich aber immer in dem von den technischen Bedingtheiten der Waffe und der menschlichen Motorik abgesteckten Rahmen. Darüber hinaus war eine Erhöhung nur durch Verbesserungen an der Waffe selbst zu erwarten.

Der Ausgangspunkt der Evolution war hier das von vorne zu ladende Rohr, das in der Regel aus Eisen in Schmiedetechnik hergestellt war. Je nach Größe und Gewicht eignete es sich, mit entsprechender Schäftung versehen, zum freihändigen Anschlag, oder es mußte aufgestützt gehandhabt werden. Die Abfeuerung geschah seit den Anfängen der Feuerwaffen bis noch ins 15. Jahrhundert hinein als reine Handzündung mit dem Loseisen oder der glimmenden Lunte. Dies bedeutete, daß die Abfeuerung von zwei Mann vorgenommen wurde, indem einer die Waffe auf das Ziel richtete und der zweite die Zündmittel an das Zündloch führte. Sollte die Waffe von nur einem Soldaten bedient werden, hatte dieser beide Tätigkeiten zu koordinieren, was wohl mit Schwierigkeiten verbunden gewesen sein dürfte. Folglich umfaßten die Verbesserungen zunächst den Bereich der Zündvorrichtungen. Durch den stufenweisen Einsatz von Bauelementen aus der Mechanik wie etwa Achse, Rad, Hahn, Stange, Hebel und Feder, die in den verschiedensten Kombinationen auf einem Träger, dem sogenannten Schloßblech, befestigt waren, wurde die Tätigkeit des Heranführens des menschlichen Arms mit der Lunte an Pulverpfanne und Zündloch mechanisch nachgebildet, indem sich beim Luntenschloß durch Betätigung des Abzugs der Hahn mit eingeklemmter Lunte auf die Pfanne senkte und Schuß zündete. Die weitere Vervollkommnung trat mit der Reibzündung (dem Radschloß, etwa um 1500) und der Schlagzündung (Batterieschloß) in Erscheinung, die beide die Funktion des Feuerzeugs zum Vorbild hatten. Schließlich wurde die Schlagzündung durch einen kleinen Zündsatz von Quecksilber, der sich in einem kupfernen Hütchen befand und durch den Schlag des Hahns zur Detonation gebracht wurde, perfektioniert. Diese – Perkussionszündung genannten – Zündart verdrängte das Batterieschloß zwischen 1830 und 1840 bei allen Militärwaffen, um dann dem Zündnadelsystem oder der Metallpatrone mit integrierter Zündung zu weichen[19].

Der zweite große Bereich, der zur Steigerung der Feuergeschwindigkeit beitragen konnte, umfaßte das Laden der Waffen bzw. die Zuführung der Munition, die zunächst noch aus losem Pulver und den einzelnen Geschossen bestand. Diese Frage bildete überhaupt das Kernproblem in der Geschichte der Feuerwaffentechnik. Schon mit der Entstehung der ältesten Handfeuerwaffen und Geschütze arbeiteten die Büchsenmeister an einer praktikablen Lösung, die Feuergeschwindigkeit trotz aller von dem Stand der Technologie auferlegten Einschränkungen zu steigern. Einfachstes und auch praktiziertes Mittel war die Erhöhung der Anzahl der Rohre (vgl. das dieser Thematik vorbehaltene Kapitel 3 dieser Arbeit). Es ist einleuchtend, daß diese Methode nur bei kleinkalibrigen und leichteren Waffen durchgeführt werden konnte. Andere Lösungen beschäftigten sich mit der Kammerladung, bei der eine mit Triebmittel gefüllte Ladungskammer mit dem rückwärtigen Ende des Rohres lösbar verbunden war, oder mit der Hinterladung, wobei zuerst das Geschoß und darauf die Ladung von hinten in das Rohr eingeführt und dieses dann mit einem schwenk- oder verschiebbaren Verschlußblock verschlossen wurde. Alle diese Konstruktionen waren mit dem Nachteil der Gasundichtigkeit behaftet, da es zunächst keine Möglichkeit gab, die Stoßflächen von Rohr und Kammer bzw. Verschluß mit hinreichender Genauigkeit zu bearbeiten und außerdem entsprechende Liderungssysteme (mit Ausnahme von Leder) nicht bekannt waren.

Welche Grundbedingungen bzw. Voraussetzungen müssen nun in technischer und taktischer Hinsicht für eine schnellfeuernde (Hand-)Feuerwaffe vorhanden sein?

1. Hoher Entwicklungsstand der Technologie, also die Verfahren zur Umwandlung naturgegebener Stoffe in Produkte, Maschinenteile und Apparaturen (auch Maschinen), die für den angegebenen Zweck anwendbar sind.
2. Militärisch-taktische Forderungen, schnellfeuernde Waffen einsetzen zu wollen.
3. Erkenntnis der Möglichkeit, die menschlichen Ladeoperationen mit mechanischen Mitteln nachzubilden und
4. Vereinfachung der Tätigkeit des Schützen, indem Geschoß und Pulverladung in einer Einheit zusammengefaßt werden und diese in räumlicher und zeitlicher Trennung vom Kampfgeschehen in speziell geschaffenen Produktionsstätten vorfabriziert werden.

Die beiden letztgenannten Prozesse verliefen analog zu dem der Entwicklung der Zündsysteme, setzten zeitlich dagegen wesentlich später ein, nämlich als die ideellen und technischen Voraussetzungen dafür in dem Umfang gegeben waren, daß die Konstrukteure an die Konkretisierung von Lösungen herangehen konnten. Den theoretischen Ausgangspunkt bildete die Analyse der vom Menschen auszuführenden zielgerichteten Ladetätigkeit, die sich in einzelne Grundformen der motorischen Bewegung determinieren läßt.

Wie sah nun diese Ladetätigkeit in ihrer reglementsmäßigen Struktur aus?

Als beispielhaft kann hier die niederländische Exerzierkunst mit dem Luntenschloßgewehr gelten, die nach 1600 das europäische Schießwesen maßgeblich beeinflußt hat, als Moritz von Oranien das niederländische Heerwesen in einer umfassenden Reform den Erfordernissen der Neuzeit anpaßte[20]. Als Vermittler ihrer Errungenschaften betätigte sich in Deutschland der Danziger Hauptmann Johann Jacobi v. Wallhausen[21], der »nicht nur zu den fruchtbarsten Militärschriftstellern des 17. Jahrhunderts (gehört), sondern auch einer der verbreitetsten Überlieferungsträger und Interpreten der Theorie und Praxis des niederländischen Reformwerks geworden (ist).«[22] In seinem 1615 erschienenen Werk »Kriegskunst zu Fuß« geht er ausführlich auf die Ladeweise der Luntenmuskete ein (Der Auszug ist zur besseren Verständlichkeit in Stil und Rechtschreibung modernisiert und mit in Klammern gesetzten Kommentaren versehen):

»Um nach dem Abfeuern zu laden, hebt er (der Musketier) die Muskete mit der Gabel (Stock mit dem die schwere Waffe beim Feuern unterstützt wird) auf, so daß sie ihr Verhältnis zueinander behalten, die Muskete aber wieder mit dem Erdboden einen Winkel von 45° macht, bringt die Muskete an seine rechte Seite, indem er zugleich die Gabel längs der Muskete mit der linken Hand hält, nimmt mit der rechten Hand die Lunte vom Hahn und wieder in die linke Hand, hebt die Muskete zum Mund, bläst stark in die Pfanne (um die Verbrennungsrückstände zu entfernen), nimmt die Muskete wieder vom Mund zurück, ergreift mit der Rechten die Zündpulverflasche, schüttet auf die Pfanne, klopft an dieselbe, schließt sie dann (mit dem Pfanndeckel) und bläst verlorene Pulverkörner ab, ergreift nun auch mit der Rechten unterhalb der Linken am Abzug die Muskete, bringt dieselbe senkrecht vor die Brust, dann mit einem Schwung an die linke Seite, hält sie und mit ihr die Gabel fest mit der linken Hand, ergreift mit der Rechten ein Pulvermaß (ein flaschenförmiger, kleiner Hohlkörper, der die für einen Schuß abgemessene Menge Pulver enthält und mit einigen anderen an einem Bandelier getragen wird), tut es auf, schüttet das Pulver in den Lauf, tut eine Kugel hinein, einen Pfropf (Abdichtungsmittel) darauf, zieht den Ladestock aus dem Ort (aus einer unter dem Rohr im Schaft eingearbeiteten Nut), faßt ihn kurz (faßt ihn am unteren Ende an, um ihn herumzudrehen), setzt an (stößt mit dem Ladestock Pulver, Geschoß und Pfropf im Rohr fest zusammen), tut ihn darauf wieder an den Ort, bringt die Muskete, indem er sie auch mit der rechten Hand faßt, wieder senkrecht vor die Brust, streckt dann die Muskete senkrecht mit der rechten Hand zur rechten Seite hinaus und die Linke mit der Gabel zur linken Seite. Aus dieser Positur wird dann entweder das Gewehr auf die Schulter genommen oder von neuem fertig gemacht« (d. h. das Einklemmen der Lunte in den Hahn, das Anblasen der Lunte und schließlich das Öffnen des Pfanndeckels)[23].

Anhand dieser präzisen auf das Reglement von 1607[24] zurückgehenden Darstellung ergeben sich folgende Grundbewegungen, wobei das Anblasen der Pfanne wie der Lunte als untergeordnete Bewegung hierbei unberücksichtigt bleibt:

– Aus der horizontalen Schießlage bringt der Schütze das Gewehr in mehreren Schritten in die vertikale Ladestellung, ohne daß der Kolben auf den Erdboden aufgesetzt wird.
– Mit getrennten Bewegungen bringt der Schütze Treibladung, Geschoß und Dichtmittel in das Rohr.
– Durch von oben nach unten gerichtetes Stoßen mit dem Ladestock vereinigt er die drei Komponenten zu einer funktionsfähigen Einheit.
– Das Gewehr wird wieder in mehreren Schritten, wobei auch das Schloß für die Zündung vorbereitet wird, in die horizontale Schießlage gebracht.

(Unter Berücksichtigung systembedingter Unterschiede hat dieses Schema im Prinzip auch Gültigkeit für kleinere Geschütze und mehrrohrige Waffen wie etwa Orgelgeschütze).

Die Ausübung dieser Disziplin und Geschicklichkeit voraussetzenden Ladetätigkeit beansprucht den menschlichen Bewegungsapparat und die Konzentrationsfähigkeit in einem hohen Umfang, zumal der Vorgang in einer Matrix aus Reglement, Manual und Evolutionen (Elementarbewegungen der taktischen Kampfeinheit im Feld, also Avancieren, Wendungen, Schwenkungen) eingebettet war. Höhere geistige Tätigkeit, mit Ausnahme des Richtens der Waffe auf das Ziel, war vom einzelnen nicht gefragt. Je mehr zur Erhöhung der Feuergeschwindigkeit die Ladetätigkeit intensiviert und der Operateur hiervon in Anspruch genommen wurde, desto mehr Führer bzw. Unterführer waren erforderlich, die in ihrem jeweiligen Teilbereich die Übersicht über den Gesamtablauf behielten. Dementsprechend erhöhten die Oranier auch aus diesem Grund die Anzahl der Führer und Unterführer, die mit Hilfe der eigens entwickelten Kommandosprache die Einheiten befehligten und dirigierten[25]. Neben der schon erwähnten Entwicklung der Schloßsysteme hatte eine in der Praxis zu verzeichnende Erhöhung der Feuergeschwindigkeit pro Zeiteinheit ihre Ursache in Detailverbesserungen an der Handfeuerwaffe, ohne daß die Grundkonstruktion davon berührt war. Die durchgehende Verwendung des eisernen und unzerbrechlichen statt des hölzernen Ladestocks verbesserte zunächst die Funktionssicherheit der Waffe. Als dann 1773 in Preußen auf Vorschlag des Prinzen Friedrich August von Braunschweig ein insgesamt stärkerer Ladestock, der sogenannte zylindrische, eingeführt wurde, konnte die Anzahl der Ladegriffe durch den Wegfall des Umdrehens desselben verringert werden. Eine weitere Einschränkung ergab sich seit 1780 durch das konische Zündloch, das auf einer Erweiterung des Zündkanals und einer abgeschrägten Fläche am inneren Teil der Schwanzschraube beruhte. Hierdurch lief das bei senkrechter Gewehrstellung in das Rohr eingegebene Pulver selbsttätig durch diese trichterförmige Ausweitung auf die Pulverpfanne. Einige Staaten, wie z. B. Österreich, folgten diesem Beispiel, während andere Heere, die auf eine intensive Steigerung der Feuergeschwindigkeit weniger Wert legten, ohne den technischen Kunstgriff auskamen[26].

Als Zwischenresultat kann man feststellen, daß die von der Technik gegebenen Erleichterungen in der Ladeweise keinen erweiterten Entscheidungsfreiraum für den Infanteristen eröffneten, sondern das strenge Raster der Lineartaktik diese »Errungenschaften« ausschließlich in eine größtmögliche Feuerwirkung umsetzte[27].

Einem bislang nur ansatzweise aufgegriffenen Gesichtspunkt kam in diesem Zusammenhang gleichfalls eine substantielle Bedeutung zu. Es handelt sich dabei um das Gebiet der Munition und das Verfahren ihrer Verbringung in die Waffe. Die heute gebräuchliche Munition bei Handfeuerwaffen ist die Patrone: Sie wird aus den Elementen Hülse als Transporteinheit, Treibmittelladung, Geschoß und Zündsatz zu einer Einheit zusammengefügt. Als Vorläufer der Patrone dürfen in der Tat die hölzernen, am Bandelier getragenen Lademaße der Infanterie gelten, die aus einer mitgeführten Pulverflasche jederzeit wieder aufgefüllt werden konnten. Einen sehr wichtigen Schritt unternahm dann Gustav Adolf noch im Dreißigjährigen Krieg, indem er für seine Musketiere Lademaße aus zusammengerolltem oder gefaltetem Papier einführte[28] und diese »Patrone« von nun an zu einem disponiblen Gut machte. Das abgepackte Pulverquantum trug der Infanterist in einer Patronentasche; das Bandelier und die Pulverflasche, mit Ausnahme der Zündkrautflasche zur Beschickung der Pfanne, wurden entbehrlich. Am Ende des 17. und zu Anfang des 18. Jahrhunderts erweiterte man die Patrone um das Element der Kugel, die mit in die Papierhülle eingebunden war. In dieser Form blieben die Papierpatronen teilweise noch bis gegen Ende der sechziger Jahre des 19. Jahrhunderts in Gebrauch. Die Verantwortlichkeit der Munitionsherstellung lag bei den deutschen Heeren in den Händen der Artillerie, die über geschultes Feuerwerkspersonal verfügte.

2.2.2. Arbeitsteilung, Produktion und Ladetätigkeit bis zur Mitte des 19. Jahrhunderts

Schon im 18. Jahrhundert war die Fertigung der Patronen arbeitsteilig organisiert. Eine Arbeitsgruppe besorgte das Gießen der Kugeln in Formen, eine zweite rollte und faltete Papier zu Hülsen. Zehn Arbeiter vermochten in einem Arbeitstag zu zehn Stunden insgesamt ca. 5000 Hülsen zu fertigen, die dann von einer dritten Gruppe wiederum in Arbeitsteilung zu kompletten Patronen laboriert wurden. Diese letzte Gruppe umfaßte zwölf Arbeiter, die in sechs Schritten oder Takten vom Bereitstellen des Materials, über das Abfüllen des Pulvers und das Prüfen mit Lehren, bis hin zur Verpackung in Kisten die Patronen fertigstellte [29]. Arnold Wirtgen vermerkt zu Recht, daß »die damalige Fertigung von der Menge und den Eigenschaften der herzustellenden Munition abhing. Die große Menge der benötigten Patronen und die an ihre Qualität gestellten Forderungen führten zu einem Fertigungsverfahren, das alle Kennzeichen einer Massenfertigung aufweist, nämlich spezielle Arbeitstakte auf den Arbeiter bezogen, Prüfen mit Lehren und Stückzahlermittlung durch Gewicht; Grundsätze also, die auch heute in der modernen Maschinenfertigung zur Anwendung kommen« [30]. Natürlich beruhte diese Massenfertigung noch ausschließlich auf Handarbeit, wie sie auch in der Manufakturwirtschaft der Zeit üblich war, obwohl hier die von Naturkräften angetriebene Maschine in Form von Hammerwerken, Schleif- und Bohrwerken schon lange Einzug gehalten hatte. Die Eigenverantwortlichkeit für das aus vielen arbeitsteilig hergestellten Komponenten zusammengesetzte Gesamtprodukt war dem Bearbeiter jedenfalls genommen. Die gleiche Feststellung ist hier nicht nur für die Munitionsfertigung, sondern auch für die Waffenerzeugung selbst zu treffen, bei der Schäfter, Schloßmacher, Rohrschmiede, Equipeure usw. nur für ihren kleinen Teilbereich die Übersicht und Verantwortung hatten. Die Teilung der Arbeitsvorgänge in handwerkliche Spezialbereiche mit ihren genau definierten Vorgaben an Fertigkeiten und Werkzeugeinsatz wirkte sich nicht nur auf die soziale Stellung des Arbeiters und den Charakter seiner Arbeit aus; für die Einführung der großen Maschinerie war sie gerade aus historischer Sicht eine unabdingbare Voraussetzung [31]. Die frühen, über Transmissionen angetriebenen Werkzeugmaschinen konnten am leichtesten für den Arbeitsprozeß konstruiert und hergestellt werden, bei dem sich der Vorgang des Führens des Werkzeugs von Hand, also das Einwirken auf das Werkstück, mechanisch nachgestalten ließ [32]. Je mehr einzelne, zergliederte Arbeitsschritte die Fertigung umfaßte, desto einfacher gestaltete sich der einzelne Schritt und konnte von einem maschinell gesteuerten

und eingesetzten Werkzeug ausgeführt werden. Aus diesem Grund gab es in der Anfangsphase des Maschinenzeitalters kaum Universalmaschinen, die die unterschiedlichsten Arbeiten verrichten konnten, stattdessen viele auf den jeweiligen Arbeitsschritt ausgerichtete Typen. Das Vordringen der Maschinenausstattung bei der Waffenproduktion war kein spektakulärer Prozeß, sondern vollzog sich in Deutschland über mehr als ein halbes Jahrhundert. Man hielt an der alten Fertigungsweise fest, solange sich die Waffentechnik nicht grundsätzlich änderte und die alten Produktionsmittel zur Bedarfsdeckung genügten [33]. Die Herstellung von Gewehren z. B. in einer preußischen Waffenfabrik unterschied sich im Jahre 1840 nicht grundlegend von der im Jahre 1800, obwohl in dieser Zeit einfache Drehbänke zum Schneiden der Schrauben und Fräsmaschinen zur Bearbeitung unkomplizierter Flächen zum Einsatz kamen.

Als im Jahre 1851 die Produktion der Zündnadelgewehre auch auf die staatlichen Gewehrfabriken überging, nachdem die Dreyse'sche Fabrik das alleinige Monopol abgeben mußte, erforderte die Technik der neuen Bewaffnung die Ausstattung mit moderneren Werkzeugmaschinen zur Herstellung der verschiedenen Hülsen und Zylinder, die zusammengesetzt den Verschluß darstellten, und zur paßgenauen Bearbeitung der übereinandergleitenden Flächen.

Wo die installierte Leistung der Wasserräder nicht mehr ausreichte, um die neuen Maschinen mit Antriebsleistung zu versorgen, bewegten Arbeiter über Schwungräder die Drehbänke [34]. Im Grunde hatte die deutsche Waffenfabrikation bis etwa 1870 ihren manufakturmäßigen Charakter noch nicht ganz abgelegt und lag produktionstechnisch zu dieser Zeit hinter englischen, besonders aber nordamerikanischen Werken zurück [35].

Die Bedeutung der Einführung des Zündnadelgewehres als Modell 1841 in die Preußische Armee ist daher nicht so sehr vom Gesichtspunkt der Maschinentechnik zu würdigen, sondern auf der Grundlage der angeschnittenen Probleme des Systems Mensch–Feuerwaffe. Für die Entwicklung eines Hinterladers benötigte Nikolaus Dreyse [36] mehr als zwei Jahrzehnte; die Ausstattung der Infanterie mit Gewehren, der Jäger und Schützen mit der Zündnadelbüchse und der Kavallerie mit dem Zündnadelkarabiner zog sich dann noch einmal fünfzehn Jahre hin, bis diese Invention, die gleichzeitig auch die Eigenschaften einer Innovation hatte, den ihr zukommenden Stellenwert im Militärwesen erreichte. Die Substanz der Erfindung bestand in einem zylindrischen Verschlußstück, das in einer muldenförmig ausgebildeten Gleitbahn vor- und zurückgeschoben werden konnte, um das Rohr hinten zur Einführung einer Patrone zu öffnen und zu verschließen. Der Zylinder enthielt weiter in axialer Anordnung die von einer Spiralfeder beim Abfeuern vorgeschnellte Zündnadel, welche aus dem Verschlußkopf heraustrat und den geschützt im Innern der Patrone gelegenen Zündsatz zur Explosion brachte. An dem Aufbau der Papierpatrone und ihrer immer noch von Hand durchgeführten Herstellung hatte Dreyse nichts verändert, sie aber durch Aufnahme des Initialzündsatzes zur Einheitspatrone weiterentwickelt [37].

Bezüglich der innovativen Eigenschaften seiner Erfindung können hier nicht die direkten Auswirkungen auf das Sozialgefüge der Gesellschaft angesprochen werden, da sie sich – wenn überhaupt – nur sehr indirekt und zudem noch zeitversetzt feststellen lassen würden, sondern der sich abzeichnende Einfluß auf den einzelnen Soldaten, das Militärwesen in seiner Gesamtheit und schließlich auf die Evolution der Militärtechnik.

Als Konsequenz der nun kriegsbrauchbaren Hinterladung ergab sich durch die Verwendung der Zündnadelwaffen eine spürbare Erleichterung der Ladetätigkeit. Im Vergleich zum Luntenschloßgewehr reduzierten sich die Ladegriffe auf nunmehr acht, die zudem in fast jeder Körperlage, auch im Liegen, durchgeführt werden konnten, was besonders für das Gefecht in zerstreuter Ordnung vorteilhaft war [38].

Die Handgriffe im einzelnen:
- Zurückziehen des Schlößchens (innerer Teil des Verschlußzylinders, der Nadelbolzen mit Zündnadel und Feder enthält
- Aufschlagen (= Entriegeln) des Verschlusses durch kurzen Schlag mit der Hand gegen den Kammerstengel
- Zurückführen des Verschlusses
- Ergreifen und Einführen der Patrone in den Rohrmund
- Vorschieben des Verschlusses und Verriegeln durch Rechtsdrehung
- Schlag auf den Kammerstengel, um die Verriegelung zu sichern
- Spannen der Spiralfeder durch Vorschieben des Schlößchens
- Anschlagen und Feuern.

Die Vereinfachung der Ladeoperationen verkürzte demnach die Feuerpausen; die reale Feuergeschwindigkeit nahm zu und betrug etwa das Dreifache gegenüber dem Perkussions-Vorderlader. Die Konzentration des Schützen wurde nur noch vom Öffnen und Schließen des Verschlusses und dem dazwischenliegenden Einführen der Patrone in Anspruch genommen, so daß theoretisch die geistige Aufmerksamkeit im gleichen Grad wie die körperliche Inanspruchnahme abnahm, die sich nun auf die eigentliche Steuer- und Lenkfunktion konzentrieren konnte. Da die Feuerbereitschaft schneller wieder herzustellen war, vermochte der Infanterist mehr Zeit zum genauen Zielen aufzuwenden und die ballistischen Eigenschaften der gezogenen Waffe besonders auch auf große Entfernungen wirksam zum Tragen zu bringen. Die Feuerschläge der Infanterie erfolgten mit der neuen Bewaffnung schneller und wegen des gezogenen Rohres präziser und zwar mit der Folge für die Kombattanden, daß sich die Anzahl der Toten und Verwundeten spürbar erhöhte [39].

Dreyses Innovation kann mit Recht als der den Weg der Evolution beinflussende zentrale Entwicklungsschritt der Waffentechnik in den Jahren von 1830 bis 1870 gewürdigt werden.
Als richtungsweisend kann die Konzeption des Zündnadelgewehres gelten, das Laden durch eine hin- und hergehende, eine translatorische Bewegung des Verschlusses zu bewerkstelligen.

Diese, neben der Rotation einfachste aller Bewegungen, war schon beim Laden der Vorderlader anzutreffen, indem der Schütze mit dem Ladestock zum Hinabstoßen und Verdämmen der Ladung im Rohr gleichfalls eine translatorische Bewegung auszuführen hatte.

Das vor- und zurückgleitende Verschlußstück des Zündnadelgewehres bildete nur eine von vielen Möglichkeiten, das Rohr

mit einem Hinterladungsverschluß zu versehen. In den fünfziger und sechziger Jahren entwickelten die Waffenkonstrukteure zahlreiche Verschlußsysteme, teils zur Ausstattung der Neufertigung, teils zur Umrüstung der alten Bestände an Perkussions-Vorderladern auf die Hinterladung. In der Regel handelte es sich um einfache Blockverschlüsse, die in einem Scharnier drehbar gelagert waren, so daß sie entweder nach links oder rechts oder aber nach oben vom Rohr weggeklappt wurden [40]. Systeme mit einem um seine Längsachse drehbaren Block (Werndl, Wänzl; 1867) bevorzugte die österreichische Armee [41].

2.2.3. Die Metallpatrone und das Repetiergewehr als Vorstufe der Maschinenwaffen

Die obigen Verschlußsysteme beruhten in ihrer Mehrzahl auf dem Vorhandensein der Metallpatrone, einer Einheitspatrone, die in ihrem Aufbau der Zündnadelpatrone glich, deren Hülse jedoch aus Kupfer oder Messing hergestellt war. Der größte Vorteil der Metallpatrone war in ihrer Selbstdichtung zu sehen, da die elastische Hülse durch den Gasdruck fest gegen die Wände des Patronenlagers gepreßt wurde und einen unkontrollierten Austritt hochgespannter Verbrennungsgase verhinderte. Darüber hinaus widerstand die Metallhülse mechanischer Beanspruchung beim Transport und während des Ladens ungleich besser als eine Papierpatrone.

Die Überlegung, Patronenhülsen aus Metall herzustellen, war indes nicht neu. Schon im 16. Jahrhundert versuchten einige Büchsenmacher ein Hinterladergewehr mit kleinen eisernen Behältern von hinten zu laden [42]. Diese »Patronen« waren in ihrer handwerklichen Herstellungsweise nur für die dazugehörige Waffe bestimmt und eigneten sich in begrenztem Umfang für privaten und jagdlichen Gebrauch, nicht jedoch zur Massenausstattung von Streitkräften, bei denen die Munition ein Verbrauchsgut darstellte. Einige wichtige konzeptionelle Ideen für die Vervollkommnung der Patrone hatte der in Paris lebende Schweizer Büchsenmacher Samuel Johannes Pauly [43], indem er für sein Hinterladegewehr, für das er 1812 ein französisches Patent erhielt, eine Papierpatrone mit Messingboden vorsah. Auf der Außenseite des Bodens befand sich eine Aushöhlung, die den Zündsatz enthielt und durch einen kleinen Kanal mit der Treibladung verbunden war. Ein kleiner Schlagbolzen im Verschlußstück des Gewehres besorgte die Zündung [44]. Einen Schritt weiter in Richtung Metallpatrone ging 1845 der Pariser Büchsenmacher Flobert, indem er kleine Patronenhülsen aus einer Tombaklegierung (Messing-Kupfer-Legierung) maschinell stanzte. Der Zündsatz befand sich in dem Hohlraum des überstehenden Bodenrandes – daher die Bezeichnung Randfeuerzündung [45]. Diese Munitionsart hat sich bis heute insbesondere bei den Sportwaffen erhalten, da sie keine starke Treibladung benötigt. Für starke Ladungen, wie sie bei den europäischen Militärwaffen üblich waren, eignete sich die Randzündung aufgrund ihres dünnen Bodens nicht (Gefahr des Reißens).

Unter den Konstrukteuren, die Wesentliches zur Entwicklung der Metallpatrone beitrugen, sind noch zu nennen: Lefaucheux (Frankreich, 1835), Maynard (USA, 1845), Pottet (Frankreich, 1855) und schließlich der englische Oberst Boxer

(1864) sowie der amerikanische Oberst Berdan (1865). Boxer und Berdan vereinigten die Erkenntnisse aus schon vorliegenden Typen mit ihren eigenen Verbesserungen und schufen einander ähnliche Patronen mit Metallhülse [46]. Eine Aushöhlung in der Mitte des Hülsenbodens, der Zündglocke, die über Kanäle mit der Treibladung in Verbindung stand, nahm das den Zündsatz enthaltende Zündhütchen auf. Die langen Hülsen dieser Zentralfeuerpatronen konnten natürlich nicht mehr in einem Arbeitsgang gestanzt werden. Der Herstellungsprozeß war dazu in viele Stufen arbeitsteilig zergliedert, in denen Maschinen mit entsprechenden Ziehringen und Dornen aus einem kleinen Metallstück eine paßgenaue Hülse formten. Sodann konnten die vorbereiteten Hülsen mit dem Zündhütchen versehen werden, woran sich die Abfüllung des Pulvers und das Einpressen des Geschosses in den Hülsenmund anschloß.

Es ist signifikant, daß dieses Verfahren mit der ursprünglichen Ladetätigkeit bei den Vorderladern noch viel Gemeinsames hat: In übertragenem Sinne kann man die Hülse als verkleinertes Rohr auffassen, das in gleicher Weise wie das Original in aufrecht stehender Position mit Pulver gefüllt wird. Auch das Geschoß wird von oben in den Hülsenmund eingebracht. Mit dem Einpressen des Zündhütchens in den Hülsenboden – vergleichbar mit dem Aufsetzen des Zündhütchens auf das Piston – ist die Patrone komplettiert.

Es tritt nun, aus heutiger Sicht betrachtet, deutlich hervor, wie unter Bezug auf die oben dargestellte Bedienung des Luntenschloßgewehres im Verlauf der Munitionsentwicklung ein großer Anteil der Ladeoperationen vom Schützen losgelöst wurde. Das Auffüllen der am Bandelier getragenen Pulvermaße vor dem Gefecht vollzog sich noch unter Rückgriff auf die eigene Arbeitsleistung und beinhaltete nichts anderes als deren Speicherung bis zum Gebrauch. Mit Einführung der Lademaße aus Papier bzw. der Papierpatronen ging diese Ladefunktion auf Manufakturbetriebe, mit der Metallpatrone auf industrielle Fertigungsanlagen über, die die Patronen in zeitlicher und räumlicher Distanz vom Verbrauchsort herstellten. Ihrem Charakter nach können die Einheitspatronen aus Metall demnach verstanden werden als maschinell hergestellte Speicher, die, in abstrakter Form materialisiert, vom Menschen losgelöste Ladetätigkeit enthalten.

Auf logistischem Weg – organisatorische und infrastrukturelle Maßnahmen voraussetzend – wurden die Patronen dann an die Verbraucher verteilt mit der Folge, daß vor Ort die Ladetätigkeit des Soldaten vereinfacht und beschleunigt ablief und dieser sich demzufolge mehr auf seine Steuer- und Lenkfunktion konzentrieren konnte.

Diese weitgehend auf die Verbesserung der Produktionstechnik zurückzuführende Übertragung bisher vom Menschen ausgeübter Funktionen auf eine technische Anlage war nicht nur für diesen selbst von Bedeutung, sondern tangierte auch ökonomische und wirtschaftliche Strukturen.

Der mit der Massenerzeugung verbundene Einsatz von Spezialmaschinen in der Munitionsfertigung förderte nämlich die eigenständige Entwicklung von privatwirtschaftlich organisierten Munitionsfabriken. Teilweise waren es Betriebe, die sich schon seit Jahrzehnten mit der Fabrikation von Perkussionszündhütchen befaßten, oder aber Neugründungen, wie beispielsweise 1872 die Deutsche Metallpatronenfabrik Lorenz in Karlsruhe, deren Inhaber in den Laboratorien des badischen Zeughauses gedient hatte [47]. Man begann den Betrieb mit der Fertigung von Patronenhülsen; diese wurden durch die unter militärischer Aufsicht stehenden staatlichen Munitionsfabriken angekauft und gefüllt. Die Deckung des großen Bedarfs der Armee gestattete auch für andere Betriebe schon bald die vollständige Munitionsfabrikation und eine Diversifikation des Programms auf verschiedene militärische Typen. Hinzu kamen die Jagd- und Sportpatronen, die die Produktion infolge einer problemlosen Umstellung der Maschinen noch rentabler machten. Voraussetzungen für eine Selbständigkeit der Betriebe auf dem Munitionssektor waren allerdings auch – wenigstens in Deutschland – die Vereinheitlichung der Maß- und Gewichtssysteme und die darauf beruhende Verwendung von genormten Lehren und Meßgeräten gleichermaßen bei den Waffen- wie bei den Munitionsherstellern. Selbstverständlich mußten beide Produzenten in der Konstruktions- und Erprobungsphase einer neuen Waffe eng zusammenarbeiten, um bei der späteren Großfertigung eine störungsfreie Funktion von Waffe und Munition zu gewährleisten.

Die freie Verfügbarkeit einer robusten und unempfindlichen Metallpatrone war für die Entwicklung moderner schnellfeuernder Waffen von ausschlaggebender Bedeutung. Der Konstrukteur konnte von einer festen, unveränderlichen Größe ausgehen, und durch die Kompaktheit der Patronen für Handfeuerwaffen war es leicht möglich, einen Teil des Munitionsvorrates in die Waffe selbst zu verlegen, d. h. zu magazinieren und dadurch die Feuerbereitschaft zu erhöhen. Der Ablauf des Bürgerkrieges in Nordamerika in den Jahren 1861 bis 1865 hatte dies deutlich vor Augen geführt. Infolge der hier notwendigen Ausschöpfung der ökonomischen und technisch-wissenschaftlichen Potentiale der beiden Kontrahenten konnten die Waffentechniker ihnen, gerade weil sie auf die Metallpatronen zurückgriffen, Repetiergewehre unterschiedlicher Konstruktionen anbieten; diese, teilweise noch vor dem Krieg patentiert, gingen jetzt aufgrund der Nachfrage nach schnellfeuernden Waffen in die Produktion [48].

Im allgemeinen wird bei diesen Waffen durch Vor- und Zurückführen des Verschlusses eine Patrone aus dem in der Waffe befindlichen Magazin mit Hilfe von Federkraft und/oder Mechanismen entnommen und vor dem Rohrmund bereitgelegt. Beim Vorgleiten des Verschlusses wird die Patrone in das Patronenlager eingeführt und kann abgefeuert werden. Durch die Wiederholung dieser Bewegung (des Repetierens) vermochte der Schütze bis zur Erschöpfung dieses Vorrats in schneller Folge zu feuern.

Mit der Entstehung der Repetierer lassen sich zugleich Tendenzen erkennen, den von Hand auszuführenden Ladevorgang weiter zu mechanisieren, indem das Vor- und Zurückgleiten des Verschlusses sowie die Zuführung der Patronen maschinenmäßig, gewissermaßen automatisch, ohne Zutun des Menschen abläuft; ein Zeitpunkt, zu dem sich die Maschinentechnik der Waffe direkt bemächtigt hat und dem Soldaten lediglich noch zwei Funktionen verblieben sind: Die Wahrnehmung der Steuer- und Lenkfunktion und die Bereitstellung einer genügenden Munitionsmenge.

Ähnliches galt auch für den Revolver. Durch einfaches Zurückziehen des Hahnes wurde die Trommel weiterbewegt und die nächste geladene Kammer vor dem Rohrmund arretiert. Später verband man das Spannen des Hahnes und die Trommelbewegung direkt mit dem Durchziehen des Abzuges (double action), so daß speziell bei diesem Typ nur eine Bewegung auszuführen war.

Wie der Realisierungsprozeß einer Maschinen- bzw. automatischen Waffe – zunächst noch durch menschliche Antriebskraft in Betrieb gesetzt – sich unter Anwendung des technisch-historischen Erfahrungsschatzes im einzelnen dargestellt hat, soll in den folgenden Kapiteln untersucht werden.

Anmerkungen

[1] Die Feuerwaffe ist eine Maschine, in welcher die chemisch gebundene Energie einer Mischung aus ca. 75% Salpeter (Sauerstoffträger), 15% Kohle und 10% Schwefel in Bewegungsenergie des Geschosses umgesetzt wird. Als Arbeitszylinder für die Umsetzung dient das Rohr als einseitig geschlossener Hohlzylinder, in dem das Geschoß infolge der explosionshaft ablaufenden Verbrennung durch den dadurch entstehenden Gasdruck beschleunigt wird und in dem es seine Führung erhält. Die Feuerwaffe gehört mit zu den ältesten von der Naturkraft unabhängigen und Arbeit leistenden Maschinen überhaupt.

[2] Sämtliche bis dahin als Waffe benutzten Werkzeuge und Instrumente standen in direkter oder indirekter Abhängigkeit zur geleisteten Körperkraft des Menschen. Bei den Hieb- und Stichwaffen, der Schleuder sowie dem Wurfspeer wirkte der Mensch direkt auf das Kampfmittel ein; bei Bogen und Armbrust als Weiterentwicklung der Feuerwaffen wurde die Muskelarbeit zunächst in einem elastischen System gespeichert, um im geeigneten Moment auf das Geschoß übertragen zu werden. Dieser Typ der Fernwaffen gehörte auch noch im Mittelalter zur Ausrüstung der Heere, wenngleich ihre Bedeutung in dem Maße schwand, wie die Vervollkommnung der Feuerwaffen zunahm. In der griechischen und römischen Zeit des Altertums war die Konstruktion großer, in ihrer Wirkung mit Geschützen vergleichbarer Steinschleudern und Katapulten von den »Poliorketikern« wie Heron, Philon, Apollodoros oder Dioros sowie Vitruv schon theoretisch durchgearbeitet worden. Diese Geschütze fanden insbesondere im Festungskrieg breite Verwendung; vgl. u.a. Erwin Schramm, Die antiken Geschütze der Saalburg. Bemerkungen zu ihrer Rekonstruktion, Berlin 1918; den neueren Forschungsstand bei E. W. Marsden, Greek and Roman Artillery. Historical Development, Oxford 1969. Zu den im Mittelalter gebräuchlichen sogenannten Drehkraftgeschützen, die auf der Ausnutzung der Hebelwirkung zum Schleudern eines Geschosses beruhten vgl. Rudolf Schneider, Die Artillerie des Mittelalters. Nach den Angaben der Zeitgenossen dargestellt, Berlin 1910 u. Rathgen, Das Geschütz im Mittelalter, S. 578–638.

[3] Der Handel mit Kupfer als dem Hauptbestandteil der Bronze lag im 15. Jahrhundert in der Hand der Reichsstädte wie etwa Augsburg, wo von den großen Handelsgesellschaften ungarisches, tirolisches und mansfeldsches Kupfer umgeschlagen wurde. Die Schürfung der Erze wurde durch die gewinnversprechende Kapitalinvestition des Bürgertums und des Adels in den Bergbau und das Hüttenwesen während dieser frühkapitalistischen Phase ausgeweitet, was den Übergang zum Bronzeguß bei der Geschützherstellung mit verursacht haben dürfte. Ein anderer Anreiz zur verstärkten Kupfergewinnung lag in der Tatsache begründet, daß die mitteleuropäischen Kupfererze in geringen Mengen Silber enthalten, das als Münzmetall eine überragende finanzwirtschaftliche und -politische Bedeutung hatte und nun in neuen Prozessen (Seigerverfahren, Abdarrprozeß) vom Kupfer geschieden werden konnte; zu diesen Verfahren und ihrem ökonomischen und politischen Stellenwert vgl. Lothar Suhling, Bergbau, Territorialherrschaft und technologischer Wandel. Prozeßinnovationen im Montanwesen der Renaissance am Beispiel der mitteleuropäischen Silberproduktion. In: Technik-Geschichte. Historische Beiträge und neuere Ansätze, Frankfurt a. M. 1980, S. 139 ff., besonders S. 143 ff., 157 ff.

[4] Eine Darstellung der Verfahren und Techniken bei Johannsen, Geschichte des Eisens, S. 98 ff. u. besonders die Geschützherstellung in der Schmiedetechnik betreffend S. 163 ff; zum Bronzeguß S. 195 ff; Eine ausführliche Darstellung der Geschützarten und ihrer Herstellung bei Schmidtchen, Bombarden, S. 12 ff.

[5] Den Zusammenhang von Glocken- und Bronzegeschütz, insbesondere die Tatsache, daß die bedeutendsten Werkstätten aufgrund der Analogie des Verfahrens sowohl Geschütze als auch Glocken hergestellt wurden, beleuchtet Egg, Tiroler Geschützguß, S. 30 ff.

[6] Hierzu vgl. Heinrich Anschütz, Die Gewehr-Fabrik in Suhl im Hennebergi-

schen, ihre Entstehung, Einrichtung und dermaliger Zustand, Dresden 1811; Max Perkow, Suhl in alter und neuer Zeit, Suhl 1928, S. 40 ff.; im Ansatz einen Strukturvergleich zweier Zentren gibt Wilhelm Maeßer, Suhl und Lüttich als Großerzeuger von Schußwaffen. In: ZHWK, Bd. 7 (1915–1917), S. 254–261.

[7] Über die Weltgeltung dieser belgischen Waffenschmiede bis zur Gegenwart vgl. Claude Gaier, Four Centuries of Liège Gunmaking, Lüttich 1976.

[8] Es sei nochmals auf Egg, Tiroler Geschützguß, verwiesen.

[9] Zum Augsburger Geschützguß vgl. auch Kraus, Militärwesen der Reichsstadt Augsburg, S. 332 f.

[10] Bzgl. des Teilbereichs der Handfeuerwaffenproduktion vgl. Johannes K. W. Willers, Die Nürnberger Handfeuerwaffen bis Mitte des 16. Jahrhunderts (Schriftenreihe des Stadtarchivs Nürnberg, Bd. 11), Nürnberg 1973.

[11] Noch bis zum ausgehenden 14. Jahrhundert bestand in Deutschland eine Abhängigkeit vom importierten indischen Salpeter, der aufgrund des Handels- und Transportmonopols zu hohen Preisen aus Venedig bezogen werden mußte. Als es in Deutschland gelang, auf »Plantagen« mit Hilfe von Fäulnis- und Gärungsprozessen künstlichen Salpeter zu gewinnen, sank der Preis um 1400 um ein Vielfaches und die Landesherren und freien Reichsstädte, die das Hoheitsrecht der Salpetergewinnung innehatten, erlangten auf diesem Gebiet die Unabhängigkeit von Lieferungen aus dem Ausland; vgl. im einzelnen, Rathgen, Geschütz im Mittelalter, S. 95 ff. u. Schmidtchen, Bombarden, S. 162 f.

[12] Zur Bedeutung seines Werkes und zu seiner Person vgl. Kapitel 3.3.1., Anm. 46.

[13] Karl Marx, Das Kapital. Kritik der politischen Ökonomie, Bd. 1 (Marx-Engels-Werke, Bd. 23), Berlin 1968, S. 194.

[14] Vgl. A. B. Pupko, System Mensch-Militärtechnik. Philosophisch-soziologischer Abriß, Berlin 1979, S. 17.

[15] Hierzu gehört die Verpflegung der Truppen, die Ausstattung mit Uniform, Schuhwerk und Material aller Art. Der preußische General Carl von Clausewitz unterscheidet die Bedürfnisse eines Heeres nach Kategorien, »nämlich die, welche jede angebaute Gegend gibt, und andere, die es nur aus den Quellen seiner Entstehung ziehen kann. Die ersten sind hauptsächlich Unterhalts- und die zweiten Ergänzungsmittel. Die ersteren kann also auch das feindliche Land, die letzteren in der Regel nur das eigene liefern, z. B. Menschen, Waffen und meistens auch Munition«; vgl. Vom Kriege, 19. Aufl. Bonn 1980, S. 592.

[16] Als seit dem Ende des 16. und im Verlauf des 17. Jahrhunderts durch Neugestaltung der taktischen Formationen die Möglichkeit gefunden wurde, den Feuerwaffeneinsatz bei der Infanterie zu effektivieren, konnte die Anzahl der Pikeniere deutlich verringert werden. Infolge der gegen Ende des 17. Jahrhunderts stattgefundenen Integration der Feuerwaffen zur kombinierten Schuß- und Stichwaffe (durch die Einführung des Bajonetts), hatten Pikeniere ihre Existenzberechtigung verloren, da die Kampfentscheidung nach einleitendem Feuergefecht in der Stoßkraft des Bajonettangriffs gesucht wurde. Allerdings behielten die Infanteristen ihre Seitenwaffen vorläufig noch bei. Bedingt durch den spezifischen taktischen Auftrag der Kavallerie behielt dort die Blankwaffe neben Karabiner und Pistolen bis zum Ersten Weltkrieg ihren Kampfwert.

[17] Auf eindringliche Weise wird der Aspekt der Rüstungsproduktion unter Feindeinwirkung und die durch Rohstoffmangel auferlegten Beschränkungen deutlich in den von Willi A. Boelcke edierten »Speer-Protokollen«, den Aufzeichnungen des Rüstungsministers Albert Speer über seine zweimal im Monat stattgefundenen Konferenzen mit Hitler über die Rüstungsproduktion in den letzten Kriegsjahren; vgl. Willi A. Boelcke (Hrsg.), Deutschlands Rüstung im Zweiten Weltkrieg. Hitlers Konferenzen mit Albert Speer 1942–1945, Frankfurt a. M. 1969, S. 61 ff.

[18] Vgl. Boelcke, Einleitung zur Edition, ebenda S. 39. Unter dem Eindruck der katastrophalen militärischen Lage, der Knappheit von Arbeitskräften und Material und der Notwendigkeit, gleichzeitig noch die Produktion von Rüstungsgütern zu erhöhen, war der angesprochene rückläufige Technisierungsprozeß keine gedankliche Wunschvorstellung, sondern Realität. Konkret wurden Handfeuerwaffen und Geschütze vereinfacht, gewissermaßen »entfeinert«, die Fertigungstoleranzen vergrößert und, wo möglich, gefräste Stahlteile durch gestanzte und geschweißte Blechkonstruktionen substituiert. Für die Bewaffnung des »letzten Aufgebots«, des Volkssturms, mit sogenannten »Volksgewehren« waren nicht nur keine automatischen Handfeuerwaffen vorgesehen, sondern zeitweilig aus dem Repetierkarabiner 98 k abgeleitete Einzellader, die den Stand der Technik der siebziger Jahre des 19. Jahrhunderts repräsentierten. In der Konferenz vom 1. bis 4. November 1944 entschied sich Hitler dann allerdings für einen Repetierkarabiner; vgl. Boelcke, S. 440. Zu den von verschiedenen Herstellern vorgelegten Prototypen von Einzel-, Mehr- und Selbstladern und den tatsächlich in Produktion gegangenen Ausführungen vgl. Werner Eckardt / Otto Morawietz, Die Handwaffen des brandenburgisch-preußisch-deutschen Heeres 1640–1945, 2. Aufl. Hamburg 1973, S. 233 u. Terry Gander / Peter Chamberlain, Weapons of the Third Reich, New York 1979, S. 36 f.

[19] Bezüglich der detaillierten Darstellung der Entwicklung der Zündsysteme wird verwiesen auf Arne Hoff, Feuerwaffen. Ein waffenhistorisches Handbuch, 2 Bde. (Bibliothek für Kunst- und Antiquitätenfreunde, Bde. 9 u. 9/A), Braunschweig 1969, hier Bd. 1, S. 4 ff.

[20] Vgl. dazu Werner Hahlweg, Die Heeresreform der Oranier und die Antike

(Schriften der Kriegsgeschichtlichen Abteilung im Historischen Seminar der Friedrich-Wilhelms-Universität Berlin, Heft 31) Berlin 1941, S. 30ff.

[21] Jacobi von Wallhausen (1580–1629), benannt nach seiner engeren Heimat, dem Städtchen Wallhausen in der Pfalz, hatte im Feldlager der Oranier gedient und an der Belagerung von Ostende (1601–1604) teilgenommen. 1613 bestellte ihn die unabhängige Stadt Danzig zum Obristwachtmeister. Seit 1617 war er für einige Zeit Direktor der von Graf Johann von Nassau neugegründeten Kriegsschule in Siegen. Er starb als Obristleutnant in Danzig; zu seiner Person vgl. W. Hummelberger, Vorwort zu: Wallhausen, Ritterkunst, Nachdruck der Ausgabe 1616, Graz 1969, S. III ff.; dort auch von H. Zopf eine Bibliographie der zahlreichen Werke Wallhausens.

[22] Vgl. Hahlweg (Hrsg.), Die Heeresreform der Oranier. Das Kriegsbuch des Grafen Johann von Nassau-Siegen, Wiesbaden 1973, Einleitung S. 23.

[23] Wallhausen, Kriegskunst zu Fuß, Nachdruck der Ausgabe 1615, Graz 1971; übertragen wurde das Kapitel 5: »Weiset, wie man sein Musquet, so sie gelosset, widerumb zierlich und behend mit laden fertig machen soll«, S. 38–40; die Übertragung lehnt sich an diejenige von Wilhelm Rüstow, Geschichte der Infanterie, 2 Bde., 2 Aufl. Nordhausen 1864, hier Bd. 1, S. 375f. an.

[24] Dieses berühmte, offiziöse Exerzierreglement erschien erstmals im Jahre 1607 in Den Haag unter dem Namen des Stechers der Figuren, Jacob de Gheyn mit dem Titel »Wapenhandelinghe von roers, musquetten ende spiessen achtervolgende de ordre van Sijn Excellentie Mauritz van Orangie, Grave van Nassau etc. ...« Schöpfer dieses Werkes war jedoch Graf Johann von Nassau-Siegen in den Jahren um 1596/1597. Es stellt anhand von 117 Stichen im Folio-Format das Exerzieren von Schützen, Musketieren und Pikenieren, ergänzt durch Erläuterungen und die dazugehörigen Kommandoworte, mit ihren Waffen dar und wurde – nicht zuletzt wegen seiner Anschaulichkeit – bis zum Ende des Jahrhunderts mehrmals neu aufgelegt; vgl. Hahlweg, Heeresreform der Oranier und die Antike, S. 114 ff., 143f. Die Serie der 43 kolorierten Kupferstiche, das Exerzieren der Musketiere darstellend, erschien als Faksimiledruck hrsg. vom Armeemuseum der DDR unter dem Titel »Über den rechten Gebrauch der Muskete für die jungen und unerfahrenen Soldaten«, (Berlin 1973), mit einer Einführung von R. Quaiser u. H. Schumann; dort auch eine Würdigung de Gheyns aus kunsthistorischer Sicht (S. 38 ff.).

[25] Vgl. Hahlweg, Heeresreform der Oranier, Das Kriegsbuch, S. 7.

[26] Beispielsweise benötigten die napoleonischen Heere zu ihren Siegen 1806/1807 weder zylindrischen Ladestock noch konisches Zündloch an ihren Gewehren.

[27] In einem besonderen Maße traf dies dann für die preußische Armee des 18. Jahrhunderts zu. Schon unter ihrem Zuchtmeister, dem Grafen Leopold von Anhalt-Dessau, im Volksmund der »Alte Dessauer« genannt, forderte man von dem einzelnen höchste Selbstkontrolle. Wilhelm Rüstow urteilte in Geschichte der Infanterie, Bd. 2, S. 237 wie folgt: »Als Grundlage der taktischen Ausbildung des Fußvolkes forderte Leopold von Dessau eine strenge Disciplin. Dieselbe sollte die Leute jedes Eigenwillens entwöhnen und sie veranlassen, sich als Glieder eines großen Ganzen rein mechanisch in dieses einzufügen; die Mittel, dies zu erzwingen, waren beständiges Exerciren, Nivellirung jeder individuellen Eigenthümlichkeit, Erzeugung einer vollständigen Gleichmässigkeit der Gedanken, der Bewegungen«.
Die preußischen Exerzierreglements von 1726 und 1743 und ihre fast unveränderten späteren Nachdrucke legen mit ihrem für jeden Handgriff geforderten »hurtig«, »geschwinde« oder »auf das geschwindeste« dafür ein beredtes Zeugnis ab. Unter Friedrich II. wurden sogar Secundenuhren angeschafft, mit denen der König selbst und seine Befehlshaber bei den Revuen die Feuerschwindigkeit kontrollierten; vgl. (Georg Heinrich von Berenhorst), Betrachtungen über die Kriegskunst, über ihre Fortschritte, ihre Widersprüche und ihre Zuverlässigkeit, Bd. 2, Leipzig 1798, S. 185. Derselbe mit ironischem Unterton zum zylindrischen Ladestock (ebenda S. 187): »Sollte man sich nicht verwundern, daß eine, der Hand wie dem Auge des Soldaten, äussert nahe liegende Entdeckung so lange auf ihren Entdecker warten mußte!«

[28] Vgl. Rüstow, Geschichte der Infanterie, Bd. 2, S. 37; F. A. Spak, Die Handfeuerwaffen der schwedischen Armee während des 30jährigen Krieges. In: Beiträge zur Geschichte der Handfeuerwaffen. Festschrift zum achtzigsten Geburtstag von Moritz Thierbach, Dresden 1905, S. 103–107, hier S. 107 u. Thierbach, Handfeuerwaffen, Bd. 1, S. 23; er weist nach (S. 22f.), daß vereinzelt schon in der 2. Hälfte des 16. Jahrhunderts die Patrone als Lademaß aus Papier bei der Kavallerie in Gebrauch war. Er erwähnt weiterhin Papierpatronen mit am Gußhals eingebundener Kugel (S. 23 u. Bd. 2, Taf. 2, Fig. 39), die sich noch in Patronenköchern der Leibwache des sächsischen Kurfürsten Christian I. (1586–1591) befanden. Diese Köcher waren im Besitz des Historischen Museums Dresden.
Die Bedeutung der Aktion Gustav Adolfs liegt also bei der Ausrüstung der Infanterie mit der neuen Munition. Vergleichsweise konnte die brandenburgische Armee erst seit 1670 über die Papierpatrone verfügen; vgl. Erich Schön, Geschichte des Deutschen Feuerwerkswesens der Armee und Marine mit Einschluß des Zeugwesens, Berlin 1936, S. 156. Jeder Mann führte zunächst 24 Patronen mit sich; das Quantum wurde bis 1750 auf 60 Schuß erhöht, ein weiterer Vorrat befand sich bei der Artillerie; vgl. Thierbach, ebenda S. 88.

[29] Vgl. F. L. Streit, Militairische Encyklopädie für künftige Officiere besonders für Preußische, Berlin 1800, S. 427 ff.

[30] Wirtgen, Die preußischen Handfeuerwaffen. Modelle und Manufakturen (Das Altpreußische Heer. Erscheinungsbild und Wesen, Teil IV/Bd. 8), Bd. 1, Osnabrück 1976, S. 203.

[31] Vgl. auch Marx, Kapital, Bd. 1, der in seinen grundlegenden Kapiteln »Teilung der Arbeit und Manufaktur« (S. 356ff.) sowie »Maschinerie und große Industrie« (S. 391 ff.) den Prozeß des Übergangs von der Manufaktur zur Industrie untersucht hat.

[32] Marx, ebenda S. 393, analysiert die Werkzeugmaschine wie folgt: »Sehn wir uns nun die Werkzeugmaschine oder eigentliche Arbeitsmaschine näher an, so erscheinen im großen und ganzen, wenn auch oft in sehr modifizierter Form, die Apparate und Werkzeuge wieder, womit der Handwerker und Manufakturarbeiter arbeitet, aber statt als Werkzeuge des Menschen jetzt als Werkzeuge eines Mechanismus oder als mechanische«; und S. 394: »Die Werkzeugmaschine ist also ein Mechanismus, der nach Mitteilung der entsprechenden Bewegung mit seinen Werkzeugen dieselben Operationen verrichtet, welche früher der Arbeiter mit ähnlichen Werkzeugen verrichtete. Ob die Triebkraft nun vom Menschen ausgeht oder selbst wieder von einer Maschine, ändert am Wesen der Sache nichts«. Zum geistigen Hintergrund dieser Anschauungen vgl. die Edition der diese Thematik berührenden Marxschen Exzerpthefte; Marx, Exzerpte über Arbeitsteilung, Maschinerie und Industrie. Historisch-kritische Ausgabe. Transkribiert und hrsg. von Rainer Winkelmann, Frankfurt a. M., Berlin, Wien 1982.

[33] Selbst die zur Herstellung der Zündnadelgewehre benötigte neue Maschinerie wurde weniger zur Massenerzeugung als vielmehr zur Erhöhung der Präzision der Einzelteile benötigt. Es war vom Staat aus auch kein Anreiz geschaffen worden, die Produktionsmittel in dieser Hinsicht voll auszulasten, da in dem mit Dreyse vereinbarten Zehnjahresprogramm nur 60000 Gewehre zu liefern waren. Tatsächlich hatte die Dreys'sche Fabrik bis 1848 ca. 45000 Zündnadelgewehre gefertigt. Nachdem auch die staatlichen Gewehrfabriken mit beteiligt waren, erhöhte sich der Ausstoß in der Mitte der fünfziger Jahre – nicht zuletzt unter dem Eindruck der drohenden Einbeziehung in den Krim-Krieg – auf 44000 Zündnadelwaffen jährlich; vgl. Militärische Schriften weiland Kaiser Wilhelms des Großen Majestät. Hrsg. vom Königlich Preußischen Kriegsministerium, Bd. 2, Berlin 1897, hier Abschnitt XLVI: Zündnadelgewehr oder gezogenes Perkussions- (Minié-) Gewehr 1849–1858, S. 80, 106f.

[34] Vgl. Oberst a. d. Straehler, Fabrikation des Perkussionsgewehrs M. 39 und des Zündnadelgewehrs M. 41 in der Gewehrfabrik Spandau, Masch.-Schr. Ms. aus dem Nachlaß Hassenstein im Besitz von A. Wirtgen, Bl. 163. Straehler war Mitglied des Konstruktionsbüros innerhalb der Gewehrfabrik Spandau gewesen und wurde 1908 Direktor des nun selbständigen Infanterie-Konstruktionsbüros (vgl. Rangliste der Kgl. Preuß. Armee u. d. XII. (Kgl. Württ.) Armeekorps für 1908, Berlin 1908, S. 503). Das bislang unveröffentlichte Manuskript muß aufgrund der Überlieferungslücke in diesem Bereich als technikgeschichtliche Quelle ersten Ranges bezüglich der Gewehrfabrikation in den preußischen Fabriken angesehen werden, da es einen Einblick in deren innerste Produktionsverhältnisse gewährt, deren Beschreibung nur jemandem möglich war, der die ursprünglichen Akten einsehen konnte, bevor diese eingestampft wurden (ebenda Bl. 170). Diese Arbeit gelangte im Jahre 1944 in den Besitz des Oberregierungsrates und Dipl.-Ingenieurs Wilhelm Hassenstein (1878–1952), der seit 1915 bis zu ihrer Übernahme durch Polen 1918 letzter Betriebsdirektor der Gewehrfabrik Danzig gewesen war. Hassenstein lieferte wichtige Beiträge zur Geschichte der Gewehrfabrik Potsdam-Spandau vornehmlich im 18. Jahrhundert und gab 1941 das »Feuerwerkbuch von 1420« neu heraus.

[35] Straehler, Bl. 142, urteilte ähnlich und begründet seine Meinung mit dem Hinweis darauf, die Gesamtkonstruktion des Zündnadelgewehres sei so beschaffen, daß die einzelnen Teile in der Hauptsache auf Drehbänken bearbeitet werden konnten, die im eigenen Betrieb ebenso wie die »mangelhaft ausgebildeten Spezialmaschinen ... mit unzureichenden Hilfsmittel aufgrund der Erfahrung« selbst angefertigt worden seien. Diese Tendenz wurde noch dadurch verstärkt, daß die Dienst-Ordnung für die Militair-Waffen-Fabriken, Berlin 1857, S. 38, in ihrem §95 vorschrieb, die Neuanfertigung von Maschinen, da sie auch ökonomisch vorteilhaft erscheine, in der Fabrik selbst zu bewerkstelligen. Selbst nach Einführung des Gußstahls um 1856/1857 produzierte man auf diesen Anlagen unter Inkaufnahme einer erhöhten Abnutzung der Werkzeuge weiter. Nachdem sich dann aber in der Mitte der sechziger Jahre der Werkstoff infolge der metallurgischen Forschung weiter verbessert hatte, begann man die Maschinen nach und nach durch verbesserte Ausführungen zu ersetzen, die meist nach englischen Modellen von deutschen Maschinenbaufabriken geliefert wurden (ebenda Bl. 192ff.). Zur Unterstützung der von den Wasserrädern erzeugten Antriebsleistung wurden 1867–1868 in Spandau zusammen mit einem neuen Kesselhaus auch neue Dampfmaschinen aufgestellt; zuvor verfügte die Fabrik offenbar nur über zwei solcher Maschinen mit insgesamt 23 PS; vgl. Horst W. Laumanns, Königlich Preußische Gewehrfabrik Potsdam-Spandau 1860–1900. In: DWJ, Nr. 6 (1982), S. 732–735, hier S. 733.

[36] Johann Nikolaus von Dreyse (1787–1867), Sohn eines Schlossermeisters aus Sömmerda bei Erfurt, erlernte selbst diesen Beruf und erwarb sich auf seiner Wanderschaft, die ihn 1809 bis nach Paris führte, neben Kenntnissen in der Mathematik und Chemie praktische Erfahrungen in der Mechanik durch seine Arbeit in verschiedenen Fabriken und Werkstätten, insbesondere bei dem dort

tätigen Schweizer Büchsenmacher Samuel Pauly, wo er mit dem Wesen der Hinterladung bekannt wurde. Pauly arbeitete zu dieser Zeit an einem kriegsbrauchbaren Hinterlader für einen von Napoleon I. ausgeschriebenen Wettbewerb. In die Heimat zurückgekehrt, gründete er 1818 eine Metallwarenfabrik, die bald auch die kupfernen Zündhütchen für die Perkussionswaffen herstellte. Hier gelang ihm dann auch die Erfindung der Nadelzündung, die er, an einem Vorderlader aptiert, 1827 dem preußischen Kriegsministerium vorlegte. Bis 1836 hatte er dann den Schritt zur Hinterladung mit Zylinderverschluß vollzogen und nach langjähriger Erprobung und der Überwindung zahlreicher, auf Vorurteilen basierender Widerstände seitens der Militärs, erteilte König Friedrich Wilhelm IV. am 4.12.1840 die Herstellungsgenehmigung für das mit der Tarnbezeichnung versehene »Leichte Perkussionsgewehr«, das später die Bezeichnung M. 41 erhielt. Mit einem zinslosen Regierungsdarlehen errichtete Dreyse in Sömmerda eine Fabrikationsstätte für sein patentiertes Gewehr. Bis um 1860 hatte er dann eine Waffenfamilie – bestehend aus Gewehren, Karabiner und Büchsen – entwickelt, die sämtlich in Preußen und nach 1866 auch in zahlreichen anderen deutschen Staaten zur Einführung gelangten. Im Jahre 1864 wurde Dreyse in den Adelsstand erhoben; vgl. auch die Kurzbiographie bei Jaroslav Lugs, Handfeuerwaffen. Systematischer Überblick über die Handfeuerwaffen und ihre Geschichte, 2 Bde., 2. Aufl. Berlin 1968, hier Bd. 1, S. 558 u. die unten in Anm. 37 genannte Literatur.

[37] Zur Entstehungs- und Entwicklungsgeschichte des Zündnadelsystems sei an dieser Stelle insbesondere auch auf dessen erste Publizierung durch Dreyse selbst verwiesen: Abhandlung über die von des Königs Majestät von Preußen allergnädigst patentirten Zündnadelgewehre, Weißensee 1830; hierin stellt Dreyse seine Erfindung an Hand von (noch von vorne zu ladenden) Jagdgewehren vor und äußert sich u.a. wie folgt (S. 4): »Nach mehrjährigem Forschen und vielfachen Versuchen ist es mir gelungen, ein Gewehr zu erfinden, dessen Haupteigenthümlichkeit darinne besteht: daß es ohne Ladestock durch die Mündung … geladen und weder durch Feuerschloß, noch Percussion entladen, daß vielmehr die Entzündung des Pulvers mittelst einer durch die Kammerschwanzschraube laufenden Zündnadel, welche auf das in der Patrone befindliche Zündpulver stößt, ganz sicher von statt geht, daher ich auch diese Gewehre *Zündnadelgewehre* genannt habe«; weitere Literatur: Noch ganz unter dem Eindruck des Sieges im Krieg gegen Österreich stehend, in dem sich das Zündnadelgewehr wie auch im Feldzug in Schleswig-Holstein wiederum glänzend bewährte, vgl. die kleine Schrift von Pflug, Nikolaus von Dreyse und die Geschichte des preußischen Zündnadelgewehrs, Berlin 1866; ungleich gehaltvoller und mit sachgerechtem Urteil der hessische Hauptmann, Waffentechniker und Ballistiker Wilhelm von Plönnies, Das Zündnadel-Gewehr. Beiträge zur Kritik der Hinterladungswaffe (Neue Studien über die gezogene Feuerwaffe der Infanterie, Supplement-Bd.) Darmstadt, Leipzig 1865 sowie auch H. von Löbell, Des Zündnadelgewehrs Geschichte und Konkurrenten, Berlin 1867; ergänzend dazu und mit neuen Details auch zur Struktur der Dreyse'schen Fabrik Günter Thiede, Zur Geschichte des Zündnadelgewehrs. In: Militärgeschichte, Heft 4 (1973), S. 439–448; zu allgemeinen waffenhistorischen Aspekten vgl. Eckardt / Morawietz, Die Handwaffen. S. 112 ff.; eine Beschreibung und Erläuterung der verschiedenen Modelle mit ihren Änderungen auch bei Rolf Wirtgen (Bearb.), Handfeuerwaffen. Preußen (bis 1870), (Die Sammlungen des Wehrgeschichtlichen Museums im Schloß Rastatt, Abt. 2/Teil II), Freiburg 1979, S. 72 ff.

[38] Vgl. F. W. Huhn, Die Griffe und die Chargirung mit dem Zündnadelgewehr in ihrer Zerlegung für die erste Ausbildung des einzelnen Mannes, 4. Aufl. Berlin 1867 u. Werner Eckardt, Ladebewegungen von der Muskete bis zum Gewehr 98. In: Zeitschrift für Heeres- und Uniformkunde, Heft 94/96 (1936), S. 109–116, hier S. 115 f.

[39] Vgl. Johann v. Bloch, Der Krieg, Bd. 5, Berlin 1899, S. 351 ff.; Blocj verweist dort auch auf die grundsätzlichen Schwierigkeiten bei Interpretation von Statistiken über die Zahl der Verluste an Menschenleben, da aus diesen Zahlen nicht ohne weiteres die Wirkung des Gewehrfeuers analysiert werden kann. Darüber hinaus spielen situationsspezifische Faktoren wie Zeit und offene Feldschlacht oder Kampf um Befestigungen eine Rolle. Zu den verlustreichsten Kämpfen des 19. Jahrhunderts gehörten die russisch-rumänischen Sturmangriffe auf die von den Türken festungsartig ausgebaute Stadt Plewna im Jahre 1877 während des russisch-türkischen Krieges. Die türkische Besatzung war

mit Einzelladern der Systeme Peabody-Martini sowie Snider für die Infanterie, die Kavallerie und Artillerie mit Repetierkarabinern und -gewehren des Systems Winchester ausgerüstet und verfügte mit 600 Patronen pro Mann über eine hohe Munitionsdotation. In den einzelnen Phasen mußten die angreifenden Truppen zwischen 20 und 36% ihrer Gesamtstärke an Verlusten beklagen; bei einigen Regimentern betrug der Prozentsatz 62%, hervorgerufen durch die Wirkung des kontinuierlichen Massenfeuers der Verteidiger und die falsche Taktik der Russen (ebenda S. 367 f.).
Über die russische Taktik im Krieg gegen die Türken vgl. dazu auch aus russischer Sicht die Stellungnahme von Baron Zeddeler, Das Gefecht der russischen Infanterie im letzten Kriege. In: ÖMZ, 29. Jg. (1878), Bd. 4, S. 219–224; es heißt hier (S. 219): »Die schwierigste Arbeit war gewöhnlich die letzte Strecke, die letzte Strecke des augenscheinlichen Todes … unter den dichten Kugelregen zu überwinden. Viele der verzweifelsten Versuche scheiterten hier; bei Dubniak war z. B. diese Strecke so mit Leichen bedeckt, daß man buchstäblich nirgends gehen konnte«.

[40] Eine ausführliche Übersicht dieser Verschlußsysteme und das Jahr ihrer Konstruktion bei Lugs, Handfeuerwaffen, Bd. 1, S. 85 ff.

[41] Vgl. Anton Dolleczek, Monographie der k. u. k. österr.-ung. blanken und Handfeuer-Waffen, Nachdruck der Ausgabe von 1896, Graz 1970, S. 106 f., 109 ff. u. Erich Gabriel (Bearb.), Von der Luntenmuskete zum Sturmgewehr. Katalog zur Sonderschau der Entwicklung der Hand- und Faustfeuerwaffen im österreichischen Heer, Wien 1967, S. 24 ff.

[42] Hoff, Feuerwaffen, Bd. 2, S. 210 f. erwähnt eine Hinterladebüchse des Nürnberger Meisters Peter Beck aus dem Jahre 1553 (Bayer. Nationalmuseum München; Inv.-Nr. 1445), die mit einer zylindrischen Eisenpatrone geladen werden konnte. An der rechten Seite der Patrone, die bei dieser Waffe auch die Funktion des Verschlusses übernahm, indem sie mit einer Drehung verriegelt wurde (ähnlich dem modernen Zylinderverschluß), war eine Pulverpfanne angelötet, auf die sich der Luntenhahn senkte. Ähnliche Möglichkeiten zur Aufnahme einer solchen Patrone finden sich noch an Gewehren und Pistolen des 17. und 18. Jahrhunderts.

[43] Pauly (1766–1817), in Bern geborener Artillerieoffizier, versuchte sich an der Konstruktion eines lenkbaren Luftballons und erhielt auch ein Patent auf eine mechanische Waage. Bekannt wurde er jedoch durch Erfindungen auf dem Waffengebiet, für das er in Paris eine Versuchswerkstatt eingerichtet hatte und in der der junge Dreyse vorübergehend arbeitete (siehe Anm. 36); vgl. die Kurzbiographie bei Lugs, Handfeuerwaffen, Bd. 1, S. 586 f.

[44] Vgl. Hoff, Feuerwaffen, Bd. 1, S. 396 ff.; Dieses ursprünglich für die Bewaffnung des französischen Heeres vorgesehene Gewehr, mit dem Pauly 22 Schüsse in der Minute abgeben konnte, wurde 1812 bis 1814 erprobt und wegen technischer Mängel und dem Hinweis auf die Gefährlichkeit im Umgang mit den für die Zündung erforderlichen Knallpräparaten abgelehnt; vgl. den Abdruck eines diesbezüglichen Dokuments aus dem Jahre 1814: Pourquoi le fusil Pauly fut-il refusé en 1812? In: Armes et Uniformes de l'Histoire, Nr. 13, (März/April 1973), S. 11–13.

[45] Vgl. Thierbach, Handfeuerwaffen, Bd. 1, S. 372 f.

[46] Ebenda. S. 373 ff.

[47] Diese Gesellschaft wurde von dem Kaufmann Henri Ehrmann und zwei badischen Offizieren, den Gebrüdern Leopold und Wilhelm Holtz, gegründet und 1878 von dem Ingenieur Wilhelm Lorenz übernommen. Lorenz gelang es, einige Maschinen zu konstruieren, die die Hülsenherstellung weiter vervollkommnen. Eine enge Zusammenarbeit bestand mit den Gebrüdern Mauser in Oberndorf, für deren Konstruktionen die Firma Versuchspatronen lieferte; ebenso zu Krupp in Essen, für den sie Patronenhülsen für Geschütze herstellten. 1889 verkaufte Lorenz seinen Betrieb an die Waffenfabrik Ludwig Loewe & Co in Berlin, aus der 1896 die Deutschen Waffen- und Munitionsfabriken hervorgingen; vgl. Fünfzig Jahre Deutsche Waffen- und Munitionsfabriken Aktiengesellschaft, Berlin 1939, S. 18 ff.

[48] Beispiele hierfür sind das System Spencer (1860) mit Magazin im Kolben und Blockverschluß, Fogerty (1865) und Henry (1860) mit Röhrenmagazin unter dem Rohr im Vorderschaft; 1866 wurde dieses Gewehr mit einer neuen Ladeeinrichtung versehen und dann unter dem Namen des Herstellers, der Winchester Repeating Arms Company, weltbekannt; vgl. Lugs, Handfeuerwaffen, Bd. 1, S. 144 ff.

3. Die historischen Vorstufen von Feuerwaffen mit kontinuierlicher Feuerabgabe

3.1. Typologie der Schnellfeuerwaffen

Wie bereits dargestellt worden ist, lag und liegt das Bestreben der Konstrukteure darin, Feuerwaffen zu entwickeln, die im entscheidenden taktischen Moment in der Lage sind, mit einer möglichst großen Anzahl von Geschossen gezielt den Feind zu bekämpfen. So ist es denn auch nicht verwunderlich, daß dieser Gedanke bereits in den Handschriften des 15. und 16. Jahrhunderts zum Ausdruck kommt, wenngleich einiges, was darin zu Papier gebracht worden ist, kaum in die Realität umgesetzt werden konnte. Maßstab für die Bewertung muß also auch die historische Wirklichkeit selbst sein, d. h. die in den heutigen Sammlungen noch erhaltenen Originale bzw. die zuverlässig tradierten Nachrichten über ehemals tatsächlich Vorhandenes (etwa aus Zeughausinventaren) sowie die Erkenntnisse, die sich bei der kritischen Arbeit am Objekt ergeben. Im Überblick ergeben sich für diese Schnellfeuergeschütze mehrere verschiedene Grundformen [1]:

1. Das älteste und einfachste Konstruktionsprinzip ist gekennzeichnet durch die Anhäufung von einigen Rohren nebeneinander in derselben horizontalen Ebene auf einer geeigneten Unterlage – etwa einer Holzbohle. Versehen mit einer Achse und Rädern konnte diese Waffe als Streitkarren leicht zum Einsatzort transportiert werden. Infolge des zur Verfügung stehenden Freiraums zwischen den Rädern war die Anzahl der Rohre je nach Kaliber auf drei bis sieben einzelne Rohre beschränkt, weshalb

2. zu der bisherigen Feuerebene weitere hinzugefügt worden sind. Durch eine spezielle Zündeinrichtung, die bei den zu besprechenden Originalen erläutert wird, konnte jede einzelne Ebene (Reihe) getrennt und hintereinander abgefeuert werden.

3. Eine besondere Stellung nehmen die Schnellfeuerwaffen ein, bei denen die Rohre auf der Mantelfläche eines Zylinders angeordnet sind, so daß die Rohre, wenn der Zylinder um seine Längsachse rotiert, einen Kreis beschreiben und immer wieder ihren Ausgangspunkt erreichen. Die Anzahl der möglichen Rohre ist hierbei durch den Durchmesser des Zylinders beschränkt.

Bei einer Variante dieses Systems sind die Feuerrohre nicht in Zylinderform angeordnet, sondern analog den Speichern von Rädern, die um eine vertikale oder horizontale Drehachse rotieren.

Gleichberechtigt neben diesen Systemen sind noch die Waffen mit nur einem Rohr hier anzuführen, bei denen am hinteren Rohrende eine mehrere Schüsse aufnehmende Trommel revolviert.

Diesen drei Formen ist die Dynamik der Drehbewegung eigen, die in der Kulturgeschichte bekanntlich eine so bedeutende Rolle spielt. Auch im Militärwesen leitete der dialektische Verbund von Kontinuität und Avantgarde jeweils neue Epochen ein [2].

4. Schließlich sei noch auf eine besondere Möglichkeit verwiesen, in der Praxis ein Schnellfeuer zu unterhalten. Dabei ging man von der Erfahrung aus, daß es grundsätzlich möglich ist, ein Rohr einer Feuerwaffe mit mehreren hintereinanderliegenden, vollständigen Ladungen zu versehen, so daß Pulver und Geschoß einander abwechselten. Durch eine spezielle Zündvorrichtung, die in Abschnitt 3.4. beschrieben wird, war es möglich, die von der Mündung aus gesehen erste Ladung zu zünden und die restlichen jeweils mit einer kleinen Verzögerung folgen zu lassen. Die Wirkung des Feuers dieser sogenannten Klotzbüchsen kam für einen sehr beschränkten Zeitraum dem Feuerstoß einer modernen automatischen Waffe nahe. Die alten Klotzbüchsen waren das Vorbild für die dänischen Espingolen, die bei der Verteidigung der Düppeler Schanzen 1864 eingesetzt wurden.

In dieser Typologie der schnellfeuernden Waffen der ersten Entwicklungsstufen müssen naturgemäß die nach dem Schrotschußprinzip arbeitenden Streurohrwaffen unberücksichtigt bleiben, da die Abgabe eines aus einer Vielzahl von kleinen Geschoßelementen bestehenden Einzelschusses keine Eigenschaft im Sinne eines Schnellfeuers darstellt.

3.2. Ein- und mehrreihige Schnellfeuerwaffen (Typ I und II)

3.2.1. Ein- und mehrreihige Schnellfeuerwaffen in der ikonographischen Überlieferung des ausgehenden Mittelalters

Der folgende Abschnitt (ebenso wie 3.3.2.1.) stützt sich bewußt auf die ikonographische Überlieferung, da gerade die Verbindung von Form und technischer Funktion in den Abbildungen ein hohes Maß realistischer Einschätzung und Beurteilung zuläßt, und sich die Zugehörigkeit einer Waffe zu einem Typus erst aufgrund der Anschauung in den meisten Fällen zweifelsfrei ergibt. Wenig hilfreich sind in diesem Zusammenhang rein schriftliche Eintragungen in Inventarien. Die Darstellung eines komplexen technischen Sachverhaltes – die frühen Schnellfeuerwaffen sind vergleichsweise komplexe Gebilde – scheiterte meist an den Mängeln der sprachlichen Formulierung, weshalb der Eintrag nur auf die reine Existenz einer irgendwie gestalteten Waffe hinweisen kann, wenn das im Inventar beschriebene Realstück zu Auswertungszwecken nicht mehr zu Verfügung steht; dem heutigen Betrachter bleibt bei dieser Konstellation der Einblick in das Wesen der Waffe versagt. Die Auswahl und Berücksichtigung der ikonographischen Überlieferung erfolgte nach den Gesichtspunkten der Originalität und der Qualität – unabdingbare Voraussetzungen für die Erlangung von Strukturerkenntnissen, die sich dann aus der Zusammenschau vieler einzelner Details einstellen.

3.2.1.1. Das Prinzip der Anhäufung von Feuereinheiten

Zu den ältesten Bilderhandschriften, die Angaben zum Thema enthalten, gehört der Codex germ. (Cgm) 600 der Bayerischen Staatsbibliothek (frühere Kgl. Hof- und Staatsbibliothek) in München. Die Provenienz dieses Büchsenmeisterbuches ist bayerisch, und es wird in das 1. Viertel des 15. Jahrhundert datiert[3]. Es besteht aus 22 Blättern in der Größe von 26,5 × 18 cm, die offensichtlich aus der Hand eines unbekannten Meisters mit 40 groben, kolorierten Federzeichnungen versehen sind[4]. Neben einer zweiläufigen Waffen, deren Rohre mit dem Stoßboden gegenüber auf einer balkenartigen Unterlage mit eisernen Bändern befestigt sind[5], interessiert hier mehr die in Abb. 1 dargestellte Waffe[6]. Auf einem hölzernen Untergestell lagert in einer Wiege eine massive Bohle, auf der wieder mit eisernen Bändern nebeneinander drei gleichartige Rohre befestigt sind. Im hinteren Teil ist die Bohle durch eine vertikale Spindelschraube mit dem Untergestell verbunden. Ein Mann in bürgerlicher Tracht gibt der Waffe mit dieser einfachen Höhenrichtmaschine offenbar die gewünschte Elevation. Die drei Rohre, deren Zündlöcher

Abb. 1:
Schnellfeuerwaffe mit drei Rohren (Aus: Essenwein, Quellen zur Geschichte der Feuerwaffen).

deutlich dargestellt sind, haben keine erkennbare Verbindung untereinander, so daß die Abfeuerung nacheinander vorgenommen werden muß. Vom Charakter handelt es sich um einen Typus mit einzelnen nebeneinander gelagerten Rohren und getrennter Abfeuerung. Bedingt durch die zeitaufwendige Vorderladung wollte der Büchsenmeister mit dieser Konstruktion die Anzahl der zur Verfügung stehenden Einzelschüsse – also die Feuerbereitschaft – erhöhen, ohne daß dabei schon an ein Schnellfeuer im späteren Sinne zu denken wäre. Infolge der langen Auslegung der Spindel war ein großer Tiefenrichtbereich gegeben, was eine Verwendung dieser Waffe in befestigten Plätzen von erhöhten Stellungen nahelegte. Dafür spricht weiter die Ausführung der »Lafette« als tischartiges Untergestell mit klobigen Stützen und ohne Räder, wodurch die Waffe weitgehend immobil wurde.

Eine prinzipiell ähnliche Konstruktion findet sich auch im Codex ms. phil. 63 der Universitätsbibliothek Göttingen (siehe Kap. 3.3.2.1.), wobei allerdings die Richtmaschine fehlt und die Elevation an einer nach hinten verlängerten Handhabe von der Bedienungsmannschaft vorgenommen wird[7].

Handelte es sich bei den bisherigen Beispielen um stationäre Geschütze, glaubte der Autor der Handschrift Cgm 734 der Bayerischen Staatsbibliothek[8] nicht auf die schnelle Feuerbereitschaft im Feldkrieg verzichten zu wollen und rüstete seine dreiläufige Waffe mit einer Achse und Rädern aus, wodurch sie, ähnlich einer Schubkarre, an den Einsatzort befördert werden konnte (Abb. 2). In der Erklärung dazu heißt es:
»Das heisst ein streitkarrn, als wann man unter folck schiessen will, und die mittel scheusst ein lib bleys und die an den ortern yettliche ein halb lib«[9].

Das mittlere Rohr hatte demnach ein größeres Kaliber als die zwei seitlichen.

Noch eine Generation später fanden sich derartige mehrläufige Waffen in den Inventaren der Zeughäuser Kaiser Maximilians I. Dieser bedeutende Neugestalter des österreichischen Heerwesens an der Zeitenwende vom Mittelalter zur Neuzeit und Förderer der Artillerie hatte schon seit früher Jugend den Aufbau des Geschützwesens in Tirol unter seinem Onkel, dem Erzherzog Sigmund, und seinem Vater Friedrich III. miterlebt, und später lernte er die vortreffliche Feldartillerie von Karl dem Kühnen von Burgund, seinem Schwiegervater, kennen. Im Rahmen seiner weitgesteckten politischen wie ideologischen Ziele – Verteidigung seiner Einflußsphäre in Italien und des burgundischen Erbes gegen die Machtansprüche von Frankreich, Eindämmung der Türkengefahr (Kreuzzugsgedanke) und Streben nach der ungarischen Krone – ging er nach der Abdankung des Erzherzoges im Jahre 1490 entschlossen an die Verbesserung seiner Streitmittel, die zur materiellen Grundlage seiner großräumigen Strategie werden sollten. Die Reform der Artillerie vollzog sich auf der Grundlage der ererbten Stücke nach burgundischem und italienisch-venezianischem Vorbild; sie hatte folgende Konzeption[10]:

– Einteilung der Geschütze in bestimmte Typen von jeweils gleichem Kaliber, das durch die verbesserte Bohrtechnik ermöglicht wurde

– Einführung von Eisenkugeln

– Einführung von fahrbaren Lafetten mit Protzen für mög-

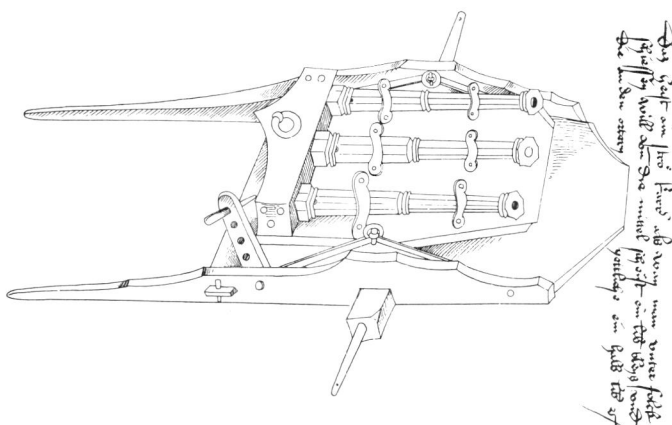

Abb. 2:
Mobiler Streitkarren mit drei Feuerrohren; Zeichnung nach Cgm 734 (Aus: Essenwein, Quellen zur Geschichte der Feuerwaffen).

lichst alle Geschütze unter Verwendung der aus dem Burgundischen stammenden Schildzapfen

– Einheitliche Ausbildung der Büchsenmeister.

Die Feld- und Belagerungsartillerie wurde auf jeweils vier Typen beschränkt.

Bei diesen Reformen stützte er sich auch auf erfahrene Büchsenmeister, die bereits unter Erzherzog Sigmund und Karl dem Kühnen von Burgund Dienst getan hatten. Den ehemaligen fränkischen Schlosser Bartlme (Bartholomäus) Freisleben (um 1460–1511) bestellte er 1493 zum Zeugmeister in Innsbruck und 1503 zum Obristen Hauszeugmeister aller österreichischen Lande [11]. Zur Schaffung einer verwaltungsmäßigen Grundlage für die ererbten und neugegossenen Stücke war Freisleben seit der Ernennung zum Zeugmeister mit der Anlegung eines Inventars aller Geschütze und Waffen in den österreichischen Zeughäusern und Schlössern beschäftigt, das heute zur wichtigsten Quelle für die materielle Kenntnis der maximilianischen Artillerie geworden ist. Seine Vorarbeiten für dieses Inventarverzeichnis sind in den Entwurfscodices 10816 und 10824 der Österreichischen Nationalbibliothek Wien sowie im Cod. icon. 222 der Bayerischen Staatsbibliothek München festgehalten. Der Text zu den Verzeichnissen stammt aus der Feder von Freisleben, die zahlreichen farbigen Abbildungen wurden von dem Innsbrucker Hofmaler Jörg Kölderer (1470–1540) und seiner Werkstatt ausgeführt [12]. Die Vorarbeiten faßte Freisleben in einer für den Kaiser bestimmten Prachtausgabe, den drei Zeugbüchern Maximilians, zusammen, wobei die Abbildungen bis auf unwesentliche Detailänderungen aus den Entwurfcodices übernommen wurden. Die Zeugbücher gehören der Sammlung für Plastik und Kunstgewerbe (Inv. Nr. PS 5074–5076) an, sind aber in der Waffensammlung des Kunsthistorischen Museums Wien ausgestellt [13].

Der in München befindliche Entwurf, Cod. icon. 222, besteht aus 296 Pergamentblättern, die ungeordnet eingebunden und foliiert wurden [14]. Inhaltlich ist eine Zweiteilung festzustellen und zwar zum einen das Geschütz Erzherzog Sigmunds und Maximilians als Bildinventar mit gereimten Begleittexten und zum anderen das von Freisleben besichtigte Inventar der Städte und Schlösser in Österreich mit Eintragungen aus den Jahren von 1495–1507 [15].

Darin befindet sich eine Darstellung einer mehrrohrigen Feuerwaffe, die Maximilian möglicherweise versuchsweise in seinen Artilleriepark eingeführt hatte (Abb. 3; siehe vorderes Vorsatzblatt).

In wunderschöner Kolorierung – schwarz gehaltenes Holzwerk der Lafette, rot die Eisenbeschläge – ist auf Blatt 18[V] ein einspänniger Streitkarren mit Gabeldeichsel abgebildet. Auf der Achse mit den wuchtigen, eisenbeschlagenen Rädern ist ein massiver Holzkörper gelagert, in den 2 × 3 Rohre in Lagen übereinander eingelassen sind. Die Rohre gehören wohl der Geschützgattung der in dieser Zeit üblichen Falkonetes [16] an. Das Zündloch eines jeden Rohres ist mit einem im Scharnier gelagerten Deckel verschlossen. Dies zeigt, daß mit diesem Geschütz keine Salve von gleichzeitig sechs Schüssen abgegeben werden sollte. Vielmehr kann an der Anzahl der vorhandenen Rohre auf eine Art Magazin geschlossen werden, auf das im Gefecht, ohne zum Nachladen Zeit zu verlieren, zurückgegriffen werden konnte. Hinter dem Stoßboden des Rohrblocks erhebt sich ein Holzrahmen, um diesem die notwendige Führung bei der Elevation zu geben, die mit der aus dem Rahmen nach oben austretenden Spindel eingestellt werden kann. Neben diesem interessanten Geschütz ist auf der Abbildung weiter eine Holzlade dargestellt, mit der es augenscheinlich ganz abgedeckt werden konnte, um Witterungseinflüsse beim Transport auszuschalten und evtl. den Feind bis zum letzten Augenblick über das Wesen dieser sechsschüssigen Waffe im unklaren zu lassen. An der Rückseite der Lade befindet sich ein Fähnchen (Standarte) mit rotweiß-rotem Blattgrund und dem Tiroler Adler.

Typologisch handelt es sich bei dem Streitkarren Maximilians um eine Fortsetzung des Prinzips der Anhäufung mehrerer Rohre ohne eigentliche Verbindung zur Erhöhung der Feuerbereitschaft analog der Abbildung im oben angeführten Cgm 600.

Wenngleich diese leichten mehrrohrigen Waffen für die Bedingtheiten der Praxis durchgeformt erscheinen, war ihnen kein größerer Erfolg beschieden, was sich an der geringen Anzahl der vorhandenen Stücke ablesen läßt [17].

3.2.1.2. Das Prinzip des Feuersystems

Der nächste Entwicklungsschritt ging folgerichtig dahin, die einzelnen Rohre zu einem Feuersystem zu verbinden. Das bedeutete, den Zündmechanismus so einzurichten, daß alle oder ein Teil der vorhandenen Rohre gleichzeitig oder wenigstens ohne Manipulationen in kürzester Zeit abgefeuert werden konnten. Die einfachste Lösung bestand deshalb in einer pfannenartigen Verbindung der Zündlöcher aller Rohre. Wenn diese geladen waren und die Pulverrinne mit dem Zündkraut aufgefüllt war, genügte die Zündung mit der glimmenden Lunte an einer Stelle der Rinne, um alle Rohre im gleichen Augenblick abzufeuern. Daraus folgte, daß die Feuerkraft bzw. Vernichtungswirkung proportional mit der Zahl der eingesetzten Rohre anstieg. Aber es galt, den entscheidenden taktischen Moment abzuwarten. Vollzog sich die Abfeuerung zu früh, gingen die Schüsse ins Leere, und es verstrich erst wieder einige Zeit, bis alle Rohre neu geladen waren.

Der Münchener Codex Germ. 599[18], dessen jüngerer Teil zwischen 1470 und 1480 von unbekannter Hand entstand, enthält auf den Blättern 3 und 4 die Abbildungen von Streitkarren, bei deren Bewaffnung diese Entwicklung vollzogen ist. Exemplarisch sei hier das Blatt 3ʳ der Handschrift wiedergegeben (Abb. 4; siehe vorderes Vorsatzblatt). Deutlich ist dort die Auslegung dieses »Orgel«-Geschützes zu erkennen. Es besteht aus vier übereinanderliegenden Reihen zu je sechs Rohren, wobei die Rohre jeder Reihe durch eine gemeinsame Pulverrinne untereinander verbunden sind. Um Raum für die Pulverrinne zu schaffen, sind die Rohre stufenförmig verlängert. Der ganze Rohrblock ist mit zwei eisernen Bändern am höhenrichtbaren Teil der Lafette befestigt. Erwähnenswert sind schließlich noch die dazugehörigen gewöhnlichen Geschützrohre – zwei mittleren Kalibers und eines mit großem Kaliber. Der Konstrukteur dieses Streitkarrens wollte ganz offensichtlich ein Instrument zur Bewältigung aller denkbaren taktischen Situationen schaffen. Ob dieses »Waffensystem« jemals realisiert worden ist, bleibt zumindest zweifelhaft.

Auch im Entwurfskodex der Zeugbücher Kaiser Maximilians I., hier im Cod. icon. 222, findet sich auf Blatt 26ʳ die Darstellung eines Orgelgeschützes (Abb. 5; siehe vorderes Vorsatzblatt). In fünf Lagen sind hier 40 Rohre zu einem quaderförmigen Block vereinigt, der von drei breiten Eisenbändern zusammengehalten wird. Der von rückwärts durch die Bänder eingeschobene Bügel diente als Handhabe. Sixl gibt die in dem Münchener Codex nicht enthaltene Bildunterschrift der Wiener Zeugbücher wie folgt wieder:

»Ein ›hagelgeschutz‹ man uns nennt,
Manchen Haufen han wir zertrennt.
Ob schon ein schuss neben hin gat,
So sein gleich ander an der stat«[19].

Offensichtlich war dieses Geschütz für den Krieg in der offenen Feldschlacht vorgesehen.

»Hagelgeschütz« steht hier synonym für den Begriff Orgelgeschütz. Das gleichzeitige Abfeuern mehrerer Geschosse und die dadurch erzielte Wirkung weckte bei dem Autor offenbar die Assoziation an niedergehende Hagelkörner.

3.2.2. Schnellfeuerwaffen als Realien in den Sammlungen

Nach der Darstellung des theoretischen und ideellen Sachverhalts anhand der Kriegsbücher, Zeugbücher und Bilderhandschriften, sollen nun die Originale selbst in Erscheinung treten und die Ergebnisse der Forschung am Objekt jene ergänzen und weiterführen. Frühe Schnellfeuerwaffen bzw. Orgelgeschütze in ursprünglichem Zustand gehören zu den großen Seltenheiten. Es war daher schwierig, entsprechende Stücke als Grundlage für diese Arbeit im europäischen musealen Bereich zu ermitteln. Hinzu kommt, daß auch die wissenschaftlich orientierte Forschung sich bisher in relativ geringem Umfang mit dieser Materie beschäftigt hat. So sind deshalb nur die wenigsten der erhaltenen Originale zeitlich datiert und einer Provenienz zugeordnet, weil die Erforschung der archivalischen Quellen entweder noch nicht stattgefunden hat oder aber durch kriegsbedingte Verluste nicht mehr stattfinden kann.

Dieser Abschnitt stützt sich daher neben den bislang publizierten Ergebnissen in erster Linie auf eigene Anschauung der Originalstücke in den Waffensammlungen. Berücksichtigt wurden die Orgelgeschütze, die in einem entwicklungsgeschichtlichen Zusammenhang mit den Bilderhandschriften und Kriegsbüchern stehen und weiterführende Erkenntnisse im Hinblick auf die Deutung der Entwicklung schnellfeuernder Waffen im 19. Jahrhundert vermitteln.

Abb. 6:
Orgelgeschütz mit 5 Rohren, Mitte 15. Jahrh. (Waffensammlung Schloß Sigmaringen; Aufn.: Heidi Viredaz-Bader).

3.2.2.1. Anhäufung von Feuereinheiten in der Praxis

Das wohl älteste deutsche Schnellfeuergeschütz befindet sich in der Waffensammlung des Fürstlich Hohenzollernschen Museums auf Schloß Sigmaringen[20].

Es besitzt fünf Rohre in zwei übereinanderliegenden Reihen. Der eigentliche Körper besteht aus einem annähernd zylindrischen Eichenklotz, der zweimal horizontal durchgesägt wurde (Abb. 6). Dazwischen sind in entsprechende Aussparungen oben zwei und darunter drei Rohre eingebettet. Der Block wurde ursprünglich von vier aufgezogenen eisernen Bändern zusammengehalten, wie dies Spuren auf dem Holz deutlich machen. Im heutigen Zustand ist nurmehr das hintere 33 mm breite Band vorhanden. Zu Transportzwecken ist am hinteren Ende des Holzkörpers eine eiserne Zugöse angebracht. Das Geschütz rollte auf massiven hölzernen Scheibenrädern.

Die Rohre sind aus Schmiedeeisen hergestellt, die Mündung ist wulstartig ausgeformt. Mittels eines hakenförmigen Ansatzes am Stoßband der Rohre sind diese mit der Unterlage verbunden.

Die beiden Rohrreihen besitzen eine gemeinsame Mündungsflucht. Damit die Möglichkeit des Abfeuern gegeben ist, sind die Rohre der unteren Reihe gegenüber der oberen um 100 bis 150 mm nach hinten verlängert. Im einzelnen betragen Rohrlänge, Seelenlänge und Kaliber (von links nach rechts, erst obere, dann untere Reihe) in mm[21]:

Rohr	Rohrlänge	Seelenlänge	Kaliber
1	960	905	34
2	990	945	34
3	1070	1033	34
4	1120	1060	40
5	1080	1035	32

Die Zündlöcher sind leicht trichterförmig ausgelegt, jedoch nicht so stark wie dies im allgemeinen bei Pulverpfannen üblich ist. Außerdem sind sie nicht genau senkrecht gebohrt, sondern ein wenig seitlich nach rechts angeordnet.

Die beiden äußeren Rohre der unteren Rohre tragen auf dem Mündungswulst ein stumpf aufgetriebenes Korn. Aufgrund der Auslegung der Gesamtkonstruktion konnte diese Einrichtung nicht zum Zielen benützt werden; sie dient aber als Indiz dafür, daß der Büchsenmacher Rohre anderer Feuerwaffen für das Geschütz verwandt hat.

Herkunft und Entstehungszeit der Waffe konnten bis heute nicht geklärt werden. Sixl gibt bei seinem Datierungsversuch die Mitte des 15. Jahrhunderts an[22]. Unter Berücksichtigung der einfachen Konstruktion und der groben Bearbeitungsweise ist diesem Vorschlag – auch nach Vergleich mit den Bilderhandschriften – zuzustimmen.

Hinsichtlich der taktischen Bewertung führt Sixl aus, daß durch Zusammenführung mehrerer Orgelgeschütze eine bedeutende Feuerkraft auf verhältnismäßig kleinem Raum ermöglicht worden sei[23]. Dieser Meinung kann jedoch nur bedingt gefolgt werden, da die Sigmaringer Waffe der frühen Entwicklungsstufe angehört, bei der die Rohre noch zu keinem gemeinsamen Feuersystem verbunden sind und nur je-

des für sich hintereinander abgefeuert werden konnte. Als realistische Einsatzmöglichkeit kommt wegen der fehlenden präzisen Richtmöglichkeit weder die Aufstellung auf der Brüstung einer Festung noch in einem Turm in Frage, eher schon der Einsatz hinter einer Pforte oder einem Tor. Hier dürfte das Orgelgeschütz bei der Abwehr eines Sturmangriffs sicherlich von Nutzen gewesen sein.

Ein einreihiges Orgelgeschütz[24] mit fünf Rohren befindet sich im Museum für Deutsche Geschichte (ehemaliges Königliches Zeughaus), Berlin, und hat heute die Inventarnummer W 460 (Abb. 7–8). Durch Kriegseinwirkung ist die eisenbeschlagene Lafette verlorengegangen, so daß nurmehr die höhenrichtbare Masse für Untersuchungen zur Verfügung steht.

Die im hinteren Drittel achtkantigen, vorne runden und mit einem Mündungswulst versehenen Rohre sind am Stoßboden von links nach rechts mit einem bis fünf Punkten gekennzeichnet. Offensichtlich ein Merkzeichen des unbekannten Herstellers für die richtige Montage seiner Konstruktion. Die Längen der Rohre eins, zwei, vier und fünf betragen einheitlich 1770 mm, das mittlere Rohr ist nur 1755 mm lang. Die meßbare Seelenlänge beträgt 1730 mm, das Kaliber einheitlich 26 mm. Den Rohrträger bilden zwei eisenbeschlagene und mit vier Bändern zusammengehaltene Eichenbohlen mit den Abmessungen 885 mm × 500 mm. Dazwischen sind in entsprechende Aussparungen die Rohre eingebettet, so daß die Rohre von den Bohlen ganz eingeschlossen waren. Als Folge der Alterung und verschiedener Einflüsse befindet sich das Holz in einem schlechten Erhaltungszustand, den schon Sixl beanstandet hat[25]. Der Substanzverlust auf der Oberseite ist so groß gewesen, daß die Rohre zwischen dem 2. und 3. Band fast gänzlich freiliegen. Zwischen dem 1. und 2. Band sind die Rohre konstruktionsbedingt nur zu gut einem Drittel ihres Durchmessers in das Holz eingelassen, um den Zugang zu den Zündlöchern zu ermöglichen. Diese befinden sich 65 mm vom Stoßboden entfernt in länglichen Aussparungen und sind halbkugelförmig ausgebohrt (Abb. 8). Einige Zentimeter vor dem Zündloch erkennt man bei jedem Rohr noch zwei kleine Bohrungen. Sixl vermutet, daß hier die Zündlochdeckel befestigt waren, die aber durch den 530 mm × 200 mm messenden Blechdeckel entbehrlich wurden[26]. Dieser, in einem Scharnier drehbar gelagert, wird in geschlossenem Zustand von zwei federunterstützten Schnäppern sicher fixiert. Der Deckel hat offensichtlich eine doppelte Funktion: Einmal schützte er die Zündlöcher vor Witterungseinflüssen (Regen), zum anderen verhinderte er eine unbeabsichtigte Zündung der geladenen Waffe. Der beim Feuern entstehende Rückstoßimpuls wurde von einem 255 mm starken Eichenholz aufgenommen, das sich direkt an die Bodenstücke der Rohre anschließt. Durch das erste Querband, die fünf Nägel und das die Kanten umschließende Eisenblech war es mit den zwei Bohlen fest verbunden. In der Gesamtbeurteilung ergibt sich, daß das Geschütz mindestens ein Jahrhundert jünger sein muß als die Sigmaringer Waffe. Obwohl über das wirkliche Alter und die Provenienz des Berliner Stückes keine Angaben vorliegen, dürfte es in der zweiten Hälfte des 16. Jahrhunderts in Gebrauch gewesen sein. Die Feuerkraft und Treffähigkeit ist aufgrund der verhältnismäßig langen Rohre als hoch einzustufen. Wenngleich es dem Erbauer nicht auf die salvenartige

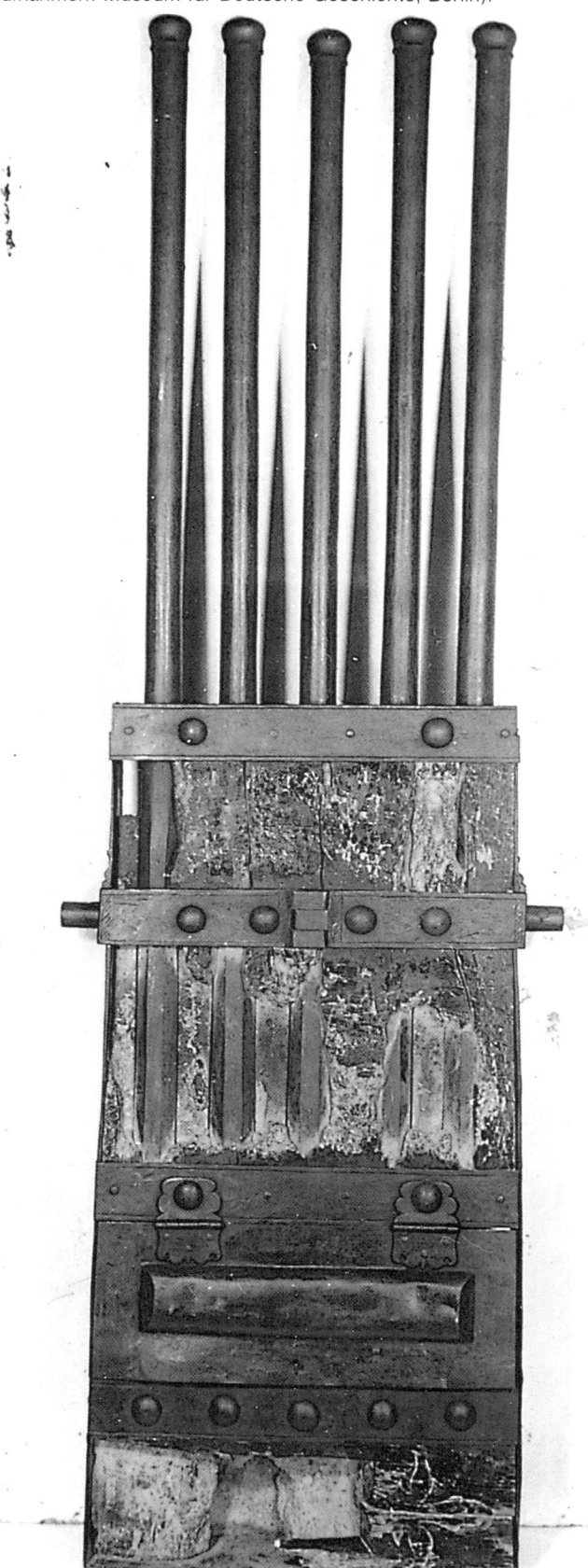

Abb. 8:
Detailaufnahme des einreihigen Orgelgeschützes; bei geöffneter
Abdeckung sind die Zündlöcher zugänglich.

Wirkung der Waffen mit Feuersystem ankam, erreichte er eine
hohe Feuerbereitschaft bei (gezielten) Einzelschüssen.

3.2.2.2. Feuersystem in der Praxis bei einreihigen Orgelgeschützen (Typ I)

Den Übergang vom System der multiplizierten Einzelrohre
zum Feuersystem markiert unter den erhaltenen Waffen das
Orgelgeschütz (Abb. 9) des Berliner Museums für Deutsche
Geschichte mit der Inv. Nr. W 458 (Inv. Nr. des ehemaligen
Zeughauses AB 6788) [27].
Die fünf unterschiedlich langen Rohre sind bis zur Hälfte ihres
Durchmessers in einer 90 bis 100 mm starken, 860 mm langen
und 550 mm breiten Eichenbohle eingebettet. Vier eiserne
Bänder mit durchgehenden Bolzen und Nägeln sorgen für
eine dauerhafte Verbindung von Rohren und Unterlage. Unterhalb des dritten hinteren Bandes ist eine vierkantige
50 mm × 50 mm starke eiserne Querachse eingelassen, die zu
beiden Seiten in Schildzapfen ausläuft. Die dazugehörige Lafettierung hat sich nicht mehr erhalten.
Die sechskantigen aus Schmiedeeisen hergestellten Rohre
weisen an der Mündung eine konisch facettierte Verstärkung
auf und haben folgende Abmessungen in mm (von links nach
rechts):

Abb. 9:
Orgelgeschütz aus fünf unterschiedlich langen Rohren schwerer Hakenbüchsen; gemeinsames Zündsystem; ca. 1470–1530 (Bestand u. Aufnahme: Museum für Deutsche Geschichte, Berlin).

Rohr	Rohrlänge	Seelenlänge	Kaliber
1	1080	1035	30
2	1110	1005	27
3	1185	1140	27
4	1130	1030	30
5	1075	1020	27

Offensichtlich handelt es sich bei den Rohren um frühere schwere Hakenbüchsen. Bei Rohr Nr. 2 und 5 lassen sich am freien Rohrteil die Bruchkanten der abgeschlagenen Haken

noch erkennen. Eine Visiereinrichtung ist nicht vorhanden. Im Gegensatz zum Sigmaringer Orgelgeschütz dokumentiert das Berliner Stück den entwicklungsgeschichtlichen Sprung zum Feuersystem. Zwischen den beiden hinteren Haltebändern befindet sich die aus Eisenblech gefertigte Pulver- bzw. Zündrinne, die alle fünf Rohre über die Zündkanäle miteinander verbindet. Waren diese geladen, beschickte die Bedienungsmannschaft die Pulverrinne mit dem Zündkraut und konnte dann mit Lunte oder Loseisen fünf Rohre zugleich abfeuern, wobei allerdings eine ganz geringe zeitliche Staffelung eintrat, die aus der Abbrenngeschwindigkeit des Pulvers resultierte. Möglicherweise war die 103 kg schwere Waffe auf einer Karrenlafette befestigt und wurde dadurch zu einer sehr mobilen Einheit für den Feldkrieg. Möglicherweise war sie aber auch ortsfest in einer Befestigungsanlage, beispielsweise in einer speziellen Schießscharte, montiert.

Bezüglich der Herkunft und der Entstehungszeit des Berliner Orgelgeschützes herrscht Unklarheit.

Der unscharf gehaltene Hinweis im Katalog von 1910 besagt »Paris, 15. bis 16. Jahrh.«[28]. Während Sixl das Stück in die zweite Hälfte des 15. Jahrhunderts vordatiert hat, findet sich in der neueren Literatur die Angabe »um 1500«[29].

Ebenfalls im Museum für Deutsche Geschichte befindet sich aber ein weiteres fünfrohriges Orgelgeschütz (Inv. Nr. W 459), bei dem lediglich die Rohre 500 bis 600 mm länger sind. Die Besichtigung durch den Verfasser unter Zugrundelegung der technischen und konstruktiven Merkmale hat ergeben, daß W 459 als unbedingt zeitgleich mit W 458 angesehen werden muß[30]. Ohne diesen Umstand zur Kenntnis genommen zu haben, datiert Sixl W 459 aber auf Anfang des 16. Jahrhunderts[31].

Letztendlich müssen zunächst alle Datierungsversuche aufgrund fehlender bzw. noch nicht erforschter Quellengrundlagen unsicher bleiben. In den technischen Relationen zu den bereits vorgestellten Geschützen, liegt es aber nahe, die beiden Berliner Stücke im Zeitraum zwischen 1470 und 1530 einzuordnen.

3.2.2.3. Feuersystem in der Praxis bei mehrreihigen Orgelgeschützen (Typ II)

Während im 14. Jahrhundert die Entwicklung folgerichtig dahin gegangen war, einzelne, gleichartige Rohre zu einem Feuersystem zu verbinden, erschien im 15. Jahrhundert eine schnellfeuernde Waffe höherer Qualität, deren Charakteristikum die Anhäufung gleicher Feuersysteme zu einem Gesamtsystem war (mehrreihiges Orgelgeschütz).

Originalstücke dieser Frühzeit konnten nicht untersucht werden, da sich anscheinend keine sicher datierbaren Belegstücke erhalten haben. Es sei deshalb nochmals auf den Entwurfskodex der Zeugbücher Maximilians verwiesen, der ein Orgelgeschütz dieses Typus enthält (Cod. icon 222)[32].

Für die Objektforschung kommen vier Geschütze aus dem frühen 17. Jahrhundert in Betracht:
1. Orgelgeschütz mit 49 Rohren, Veste Coburg
2. Orgelgeschütz mit 64 Rohren, ehemals Zeughaus Berlin

3. Orgelgeschütz mit 22 Rohren, Veste Coburg
4. Orgelgeschütz mit 39 Rohren, Altes Zeughaus Solothurn
Diese Stücke belegen, wie langsam sich in dem dazwischenliegenden Jahrhundert ihr technischer Wandel vollzogen hat.

Zu 1. In den Kunstsammlungen der Veste Coburg befindet sich ein Orgelgeschütz mit 49 quaderförmig angeordneten Rohren (Inv. Nr. G 53)[33], das sich in seiner Konstruktion eng an jenes der Zeugbücher anschließt (Abb. 10–12). Die Rohre sind in sieben Reihen zu je sieben gleichen Stücken dicht an dicht neben- und übereinandergelagert, ohne verlötet oder verschweißt zu sein. Der nötige Zusammenhalt wird in der Mitte des Rohrbündels durch ein 122 mm breites und 15 mm starkes Spannband vollzogen, dessen linker und rechter Teil in zwei Scharnieren mit durchgestecktem Keil zusammengefügt werden. Die linke und rechte Seitenfläche des Spannbandes tragen die Schildzapfen mit einem Durchmesser von 55 mm. Die quadratische Mündungsfläche mit den 49 Rohrbohrungen erscheint zunächst als in sich homogen. Bei genauerer Untersuchung ergibt sich, daß die Rohrmündungen in quadratische Abschlußstücke übergehen, die zusammengefügt die glatte Mündungsfläche ergeben; die feinen Fugen zwischen den einzelnen Mündungsstücken sind noch zu erkennen. Das ganze wird von einem 50 mm breiten, geschmiedeten Rahmen umschlossen. Ein ähnlicher, 135 mm breiter und profilierter Rahmen umgibt den Rohrblock am Stoßboden (Abb. 11).

Die sieben Zündlöcher einer jeden horizontalen Rohrreihe korrespondieren nach hinten mit einer trogförmig ausgebildeten Pulverrinne, deren Ränder etwas nach innen umgebogen sind, um für eine sichere Aufbewahrung des Pulvers zu sorgen (Abb. 12). Hier sind ebenfalls die Führungsnuten eingearbeitet, um die Verschlußbleche der Rinne aufzunehmen. An

zwei kleinen Handhaben können die schmiedeeisernen Bleche von links vor die Pulverrinne geschoben werden; sie wirken gleichzeitig als Sicherung gegen unbeabsichtigtes Abfeuern. Die meßbare Seelenlänge der achtkantigen Rohre beträgt mit kleinen Varianten, die fertigungsbedingt sind oder auf Schmutzablagerungen zurückgeführt werden müssen, durchschnittlich 600 mm. Das Kaliber erscheint ziemlich uneinheitlich; es wurden Werte von 17,7 mm bis 18,6 mm ermittelt, wobei die trichterförmig erweiterte Mündung bei der Messung unberücksichtigt blieb. Als Durchschnitt kann ein Kaliber von 17,9 mm angesehen werden, das bei neun Rohren gemessen wurde.

In der größten Differenz von 0,9 mm bei 49 sonst identischen Rohren spiegelt sich in anschaulicher Weise der technologische Stand und der erreichbare Präzisionsgrad zu Anfang des 17. Jahrhunderts wider. Für die Praxis war diese geringe Abweichung von untergeordneter Bedeutung; die Büchsenmeister hatten sich beim Gießen der Kugeln nur nach dem kleinsten Kaliber zu richten, um aus allen Rohren die gleiche Kugel verschießen zu können.

Der Rohrblock insgesamt hat eine Länge von 634 mm, eine Höhe von 312 mm und eine Breite von 352 mm.

Bei der Lafettierung handelt es sich um eine gewöhnliche für das Orgelgeschütz adaptierte hölzerne Wandlafette mit Rädern von 1280 mm Durchmesser und einer Spurweite von 1060 mm. Sämtliche Kanten und die Schnittfugen der Holzteile sind mit Eisenbeschlägen verstärkt. Zwischen den Wänden des Lafettenschwanzes befindet sich ein dreiteiliger Zubehörkasten mit verschließbarem Eisendeckel.

Die Schildzapfenlager sind mit Eisenblech unterfüttert und mit einem kräftigen Deckel verschlossen.

Die Höhenrichtmaschine ist von denkbar einfacher Konstruktion; an der oberen Querwand des Lafettenschwanzes befindet sich eine Federraste; sie greift in einen Zahnbogen mit 13 Zähnen ein, der an der Unterseite des Rohrbündels befestigt ist. Als Ergebnis eines praktischen Versuchs ergab sich eine Depression bis zu einem Wert von etwa 45°. Diese technische Möglichkeit prädestinierte das Geschütz für den Einsatz von der Mauerkrone einer Festung bei der Sturmabwehr und trug damit den besonderen Bedingungen der Veste Coburg mit ihren zum Teil sehr hohen Mauern Rechnung.

Möglicherweise wurde dieser Typ einer Richtmaschine anläßlich einer Restaurierung zu Anfang dieses Jahrhunderts ergänzt. Sixl weist in seiner Beschreibung des Coburger Geschützes (Stand ca. 1905) auf die Überreste einer Höhenrichtung mit Schraubenspindel hin [34].

Eine Visiervorrichtung ist nicht vorhanden.

Meistermarken oder eine Datierung des Stückes konnten nicht festgestellt werden. Einziger Anhaltspunkt bleibt daher der Eintrag im »Inventarium über die Munition auf fürstlicher Vhestung Cobürgh vom 16. Juli 1634« [35]. Es heißt dort:
»Zwey gefasste Orgelwerk mit eißernen Rohren, das eine mit 49: das andere aber mit 18 Schüssen, zu obgemelten Stucken ist vorhanden aller Ladschauffel, Putzkolben und Wischer, Item 2. Zündruthen«.

Zu 2. In einem anderen Lichte erscheint das Coburger Geschütz, wenn es mit einem Exemplar des Kgl. Zeughauses Ber-

lin in Vergleich gesetzt wird (Abb. 13), welches seit Beendigung des 2. Weltkrieges als in Verlust geraten anzusehen ist [36]. Eine ausführliche Besprechung nebst zwei Abbildungen des Berliner Geschützes bringt Sixl in der ZHWK [37], so daß auf dieser Grundlage eine Würdigung vorgenommen werden soll. Augenscheinlich ist die vollkommen gleiche technische Auslegung in der Bündelung der Rohre, der rahmenartige Zusammenhalt von Mündung und Stoßboden sowie des Spannbandes, an dem die Schildzapfen angeschweißt sind. Auch die Ausbildung der horizontalen Pulverrinnen mit Verschlußdeckeln weisen größte Übereinstimmungen auf.

Abb. 13:
Mehrreihiges Orgelgeschütz mit 64 Rohren, 1604; ehem. Zeughaus Berlin, Kriegsverlust (Aus: Sixl, Entwicklung und Gebrauch der Handfeuerwaffen).

Unterschiedlich sind nur die Zahl von 8 × 8 Rohren, die technisch aufwendige Höhenrichtmaschine und der Lafettentyp, hier in Gestalt einer Karrenlafette mit Gabeldeichsel.

Auch die Länge der Rohre ist etwas größer (Seelenlänge 760 mm), während das durchschnittliche Kaliber von 18 mm wieder weitgehend mit dem Coburger Exemplar übereinstimmt. Die Mündungsdeckplatte besteht bei dem Berliner Geschütz aus Messing und ist durch Nieten zwischen den Rohrmündungen befestigt. Die Zündlöcher sind zum Schutz gegen Korrosion mit Kupfer ausgekleidet.

Die obere Fläche des Rohrblocks ist mit einer Deckplatte geschützt; hier befinden sich das mit Ölfarben gemalte Wappen von Sachsen-Merseburg und die Jahreszahl »1604«.

Über der Jahreszahl stehen die Initialen »I. H. G. H. Z. S.«, die sich beim Verbleiben einiger Unsicherheit in Johann Georg I. Herzog zu Sachsen (1585–1656) auflösen lassen. (Johann Georg war zu diesem Zeitpunkt 19 Jahre alt und wurde erst 1611 Kurfürst.)

Bis heute nicht entschlüsselt werden konnten zwei Punzierungen auf der Mündungsdeckplatte, einmal ein Adlerstempel und zum anderen die Meistermarke »H B« in Verbindung mit einem stilisierten Wegkreuz [38].

Zusammengefaßt kann festgestellt werden, daß das Berliner Orgelgeschütz mit 64 Rohren weitestgehend mit dem Coburger Exemplar übereinstimmt, die Detailverarbeitung und die Materialgüte aber von höherer Qualität sind. Unter Berücksichtigung aller Umstände möchte der Verf. folgende These zur Diskussion stellen:

Das originäre Stück muß in dem Berliner Orgelgeschütz gesehen werden; bei dem Coburger Exemplar handelt es sich um einen entfeinerten Nachbau aus der Zeit des Dreißigjährigen Krieges, der die Grundkonzeption der Rohrbündelung beibehalten hat, ohne dadurch weniger kriegsbrauchbar zu sein.

Zu 3. Die aus der Besprechung der Bilderhandschriften deutlich gewordene zweite Möglichkeit der Anhäufung von Feuersystemen, nämlich die Staffelung von unterschiedlich langen Rohrreihen, soll wiederum an einem weiteren Orgelgeschütz der Kunstsammlungen der Veste Coburg besprochen werden (Abb. 14–15).

Das schon erwähnte Inventar von 1634 führt das Stück noch mit 18 Rohren. Um die Feuerkraft weiter zu steigern, wurden 1663 vier Rohre hinzugefügt, wie aus der Inschrift der die obersten Rohre zusammenhaltenden eisernen Spange hervorgeht: »16 HM : PM 63«.

Im heutigen Zustand sind 22 Rohre vorhanden, die auf einem eisernen rechteckigem Rahmen, gestützt durch Querverstre-

bungen, in vier Reihen gelagert sind (Abb. 15). Die unterste Reihe umfaßt sieben Rohre, die zwei mittleren je sechs und die oberste drei Rohre. Anders als bei den beiden zuvor besprochenen Orgelgeschützen mit Rohrbündel ist hier die Anordnung der Zündrinnen in der Weise gelöst, als die Rohrreihen von oben nach unten treppenartig verlängert sind und genügend freier Raum für die Zündeinrichtung verbleibt. Über den senkrecht nach oben austretenden Zündlöchern ist an den U-förmigen Rohrhalterungen die trogförmige Pulverrinne angeschraubt. Sie kann mit einem Scharnierdeckel verschlossen und mit kleinen drehbaren Haken gesichert werden.

In der rückwärtigen Verlängerung sind die Rohre durch mit Muttern gesicherte Schrauben mit Widerlagern fest verbunden, die wiederum an den Rohrträgern angebracht sind. Überhaupt werden bei dem Orgelgeschütz sämtliche Verbindungen mittels Muttern und Schrauben bewerkstelligt. Analog einem Baukastensystem konte der Büchsenmeister das Geschütz total zerlegen, reinigen und ohne Schwierigkeiten Rohre auswechseln oder, wie in diesem Fall geschehen, vier neue Rohre hinzufügen.

Die Rohranordnung einschließlich Rahmen und Halterungen ist 765 mm lang, 515 mm breit und 330 mm hoch. Die Rohrlän-

Abb. 14:
Vierreihiges Orgelgeschütz mit ursprünglich 18 Rohren, 1. Drittel 17. Jahrh., 1663 um vier Rohre ergänzt (Kunstsammlungen Veste Coburg).

Abb. 15:
Treppenförmige Anordnung der Rohrreihen; die Zündrinnen können mit Scharnierdeckeln verschlossen werden.

gen der obersten Reihe betragen 512 bis 517 mm, das Kaliber schwankt zwischen 19,4 und 19,7 mm.

Die entsprechenden übrigen Daten lauten:

	Rohrlänge	Kaliber
2. Reihe:	593 bis 597	17 bis 17,8
3. Reihe:	651 bis 654	17,1 bis 18,5
4. Reihe:	655 bis 708	16,8 bis 19,8

Die Lafettierung mit Rädern von 1150 mm Durchmesser und einer Spurweite von 1390 mm ist von gewöhnlicher eisenbeschlagener Holzkonstruktion, wobei der Abstand der Wände der großen Breite des Rohrkorpus angepaßt ist.

Die Höhenrichtmaschine besteht ebenfalls aus einer Federraste, die in einen Zahnbogen mit 13 Zähnen eingreift. Mit dieser Einrichtung konnte das Geschütz um ± 25 Grad gerichtet werden.

Verlängert man gedanklich die Seelenachsen der Rohre ins Unendliche, fällt die geringe zusätzliche Elevation der untersten Reihe auf. Praktisch bedeutet das eine vergleichsweise größere Schußweite. Unterstützt wird dieser Effekt durch die größere Rohrlänge. Aus beiden Maßnahmen zusammen resultiert eine Tiefenstreuung des Schnellfeuers, die in bestimmten taktischen Situationen flächendeckend wirksam werden konnte.

Aus ähnlichen taktischen Erwägungen hat der Büchsenmeister das Geschütz um vier Rohre ergänzt.

Es handelt sich dabei um die Rohre der obersten sowie um das zweite Rohr von rechts der darunter befindlichen Reihe. Nur diese vier Rohre weisen nämlich einen besonders ausgeprägten Mündungswulst auf, während die übrigen lediglich gestaucht sind.

Meister- bzw. Beschußmarken konnten nicht festgestellt werden. Ein prinzipiell gleiches Geschütz (Inv. Nr. AB 6823) befand sich im Kgl. Zeughaus Berlin[39]. Es ist ebenfalls als Kriegsverlust anzusehen. Auch hier (Abb. 16) waren die 20 Rohre pyramidenförmig angeordnet und nach hinten treppenförmig verlängert. Ein sinnreicher, aber komplizierter Mechanismus ermöglichte die getrennte Seitenrichtung für jede der fünf Rohrreihen. Auf der obersten schlängelte sich ein aus Eisenblech ausgeführter Drachen, nach dem das Geschütz seinen Namen erhielt. Auf der Lafettenachse befand sich das sächsische Wappen mit Kurhut. Es darf als ungefähr zeitgleich mit dem 64rohrigen Berliner Stück angesehen werden.

Die Berliner und Coburger Orgelgeschütze haben deutlich werden lassen, wie die Anhäufung von Feuersystemen in der

Abb. 16:
Orgelgeschütz »Der Drache«, Anfang 17. Jahrh.; ehem. Zeughaus Berlin, Kriegsverlust (Aus: Das Zeughaus zu Berlin und seine Sammlungen).

Praxis durchgeführt wurde. Eine analog dazu dritte Variante hat sich an einem Geschütz in der Schweiz gefunden.

Zu 4. In die Epoche der beiden Coburger Orgelgeschütze fällt noch ein sehr interessantes Stück, das sich im Alten Zeughaus zu Solothurn befindet (Abb. 17–21). In seinem recht guten Erhaltungszustand erweckt es den Eindruck, nie benutzt worden zu sein. Tatsächlich ist es ungefähr ein Dezennium nach der 1612 erfolgten Fertigstellung des Zeughauses von einem Solothurner Büchsenmacher hergestellt worden, vermutlich ein Werk von Benedicht Halbysen, der 1604 Bürger von Solothurn wurde, dort als Büchsenschäfter arbeitete und 1626 verstarb[40].

Sein Geschütz (Inv. Nr. 642) weicht insofern von den bisherigen Konstruktionen ab, als die 39 Rohre an den Außenflächen eines prismatischen Holzkörpers angebracht sind, der um eine zentrale Achse rotieren kann. Diese besteht – zur weiteren Erhöhung der Feuerkraft – aus dem Rohr eines leichten Wallgeschützes, einer Serpentine, vom Kaliber 29,5 mm.

Zwischen den Seitenwänden der grob behauenen, eisenbeschlagenen Lafette ist über der Radachse ein massiver Holzrahmen beweglich gelagert (Abb. 19). An der vorderen und hinteren Stirnseite ist eine aus drei Bohlen zusammenge-setzte senkrecht stehende Wand eingefügt, die oben der Achse des Rohrblockes ihr Widerlager gibt. Die Elevation des Geschützes wird auf einfache Weise mit einem flachen Holzkeil bewerkstelligt, der zwischen Rahmen und Querverstrebung der Lafettenwände eingeschoben wird. Der Richtbereich ist allerdings beschränkt; ein Indiz, daß die Solothurner Orgel wohl nur für den Feldgebrauch vorgesehen war.

Auf jeder Seite des prismatischen Holzkörpers sind parallel zueinander zwei übereinanderliegende Reihen von Rohren eingelassen. Innen sind es fünf; nur noch ca. zwei Zentimeter der Mündung sind zu sehen. Außen besteht die Lage aus acht Rohren, die halb in das Holz eingelassen werden und hinten sowie nahe der Rohrmitte von Bändern auf dem Block befestigt sind. Untereinander verbindet die 480 mm lange Pulverrinne die 13 Rohre der Seite. Während die Zündlöcher der äußeren Reihe direkt mit ihr verbunden sind, mußten die inneren Rohre durch kleine Metallröhrchen mit der Rinne in Korrespondenz gebracht werden.

Von oben gesehen bietet sich dem Betrachter das Bild von Orgelpfeifen. Das vierte Rohr von rechts hat die längsten Abmessungen; stufenförmig abgesetzt nach den Seiten nimmt die Rohrlänge um ca. 65 mm ab. Das nachfolgende Schema

Abb. 17:
Orgelgeschütz mit 39 Rohren, von denen 38 an den Außenflächen eines um seine Achse drehbaren prismatischen Holzkörpers angeordnet sind; angefertigt von Benedicht Halbysen zwischen 1612 und 1626 (Altes Zeughaus Solothurn).

Abb. 18:
Als Drehachse für den Rohrblock verwendete Halbysen das Rohr eines leichten Wallgeschützes, einer Serpentine, im Kal. 29,5 mm.

verdeutlicht dies und nennt die Rohrlänge, die Länge der Seele und das Kaliber (äußere Rohrreihe):

Rohrl.	Seelenl.	Kal. (mm)
605	563	17,0
616	574	16,5
628	589	16,7
644	594	16,4
626	583	17,3
613	572	16,6
592	540	16,5
580	541	16,5

Abb. 19:
Details der Geschützkonstruktion; die Serpentine ist als Hinterlader eingerichtet.

Die Angaben beziehen sich auf den Rohrblock in der Grundposition; als Maße für die innere Rohrreihe haben sich ergeben:

Länge	Kal. (mm)
632	16,3
612	16,3
615	16,1
620	18,1
625	17,5

Abb. 20:
Anordnung der Rohre auf dem prismatischen Holzkörper; sichtbar sind die Zündrinnen und die einzelnen Zündlöcher.

Abb. 21:
Am Pulversack sind die Rohre mit dem Wappen von Solothurn und einer Meistermarke gezeichnet.

Die Maße der Rohre der übrigen Reihen differieren von den angegebenen nur um wenige Millimeter, so daß sich eine gesonderte Aufstellung hier erübrigt.

Alle Rohre der äußeren Reihen sind hinten, kurz vor der Zündrinne, mit dem Wappen von Solothurn sowie mit der Meistermarke, vermutlich derjenigen von Halbysen, gekennzeichnet (Abb. 21). Nicht ganz geklärt werden konnte die Frage, welche Rohre er für sein Orgelgeschütz verwendet hat. Zum einen besteht die Möglichkeit einer Sonderanfertigung für diesen speziellen Zweck; dem widerspricht aber, daß sämtliche 39 Rohre direkt an der Mündung mit einem Korn versehen sind. Man darf daher annehmen, daß Halbysen ähnliche Rohre von Gewehren, vielleicht auch von Hakenbüchsen genommen, sie an der Mündung und natürlich hinten gekürzt und mit einer neuen Schwanzschraube versehen hat, die den Zündverhältnissen des Geschützes besonders angepaßt war. Letzte Klarheit kann aber nur eine weitgehende Demontage des Rohrblockes bringen, die im Hinblick auf den Erhaltungszustand und das Alter des Geschützes kaum lösbare Probleme mit sich gebracht hätte.

Die Lafette hat folgende Dimensionen:

	mm
Gesamtlänge	2640
Breite (über der Achse)	720
Lichte Weite zwischen Seitenwänden	600
Wandstärke	56
Durchmesser der Räder	1900
Spurweite	1160
Zubehör- bzw. Munitionskasten zwischen Seitenwänden	
– Höhe	490
– Tiefe	180
– Breite	590

Dimensionen des Rohrblocks	mm
Gesamtlänge	775
Breiten der Seiten	
– oben	615
– links	625
– rechts	620

Maße des als Drehachse dienenden Mittelrohrs:	mm
Gesamtlänge	2370
Länge ohne Verschlußstück	2301
Kaliber	29,5

Das Rohr ist als Hinterlader eingerichtet und besitzt einen einfachen Blockverschluß, der nach oben geöffnet wird. Im geladenen Zustand sichert ein Splint den zuverlässigen Sitz des Verschlußstückes.

Eine Schußabgabe war allerdings nur in der abgebildeten Grundstellung möglich, da sich bei Rotation des Rohrblocks das Mittelrohr mitdrehte und das Beschicken seiner Pulverpfanne praktisch nicht durchführbar war.

Diese technische Besonderheit wirft zugleich ein bezeichnetes Licht auf den gedachten taktischen Einsatz des Orgelgeschützes. Sein 78 Kaliber langes, sehr weittragendes Rohr gestattete die Aufnahme des Feuerkampfes schon auf große Entfernungen. Reichte die Wirkung des einzelnen Schusses nicht aus, um den Gegner abzuwehren, ließ man ihn bis auf die Schußentfernung der kurzen Orgelrohre herankommen und hatte dann drei Salven zu je 13 Schuß zur Verfügung. In seiner gesamten Auslegung ist das Solothurner Orgelgeschütz nicht so sehr für den Einsatz innerhalb der Stadt bzw. auf der Stadtbefestigung bestimmt, als vielmehr auf die Erfordernisse einer Feldschlacht ausgelegt gewesen.

Aus den Konstruktionen der bislang besprochenen Orgelgeschütze in Bilderhandschriften und als Original ließ sich fortwährend die stufenweise Realisierung der Wunschvorstellung nach kontinuierlichem Feuer unter dem gegebenen Stand der Technologie ableiten. Ausgehend vom Urelement eines jeden Schnellfeuergeschützes vom 14. bis zum 19. Jahrhundert, nämlich des innen glatten, nicht gezogenen Rohrs mit Vorderladung, hat sich bestätigt, daß die Technik der Orgelgeschütze vollkommen in den Entwicklungsprozeß der übrigen Feuerwaffen integriert war. Ihre Feuerrohre unterscheiden sich durch nichts von den Rohren der schweren oder leichten Hakenbüchsen resp. Handfeuerwaffen der jeweiligen Epoche.

Vielmehr wurden sehr oft die gerade an der Stätte der Produktion vorhandenen auch für andere Waffentypen verwendeten Rohre zu einem Orgelgeschütz zusammengefügt. Hierfür genügte die Demontage des alten Schaftes, das Abschlagen des jetzt störenden Hakens und evtl. eine geringfügige Modifikation an der Schwanzschraube. Die Bereitstellung einer geeigneten Lafettierung, auf der die weitgehend identischen Feuereinheiten vereinigt wurden, komplettierte die neue Schöpfung zu einem funktionsfähigen Geschütz.

Das charakteristische Merkmal dieser Waffen bestand eben darin, daß sie keine spezielle, über den durchschnittlichen Standard der Zeit hinausgehende Technik darstellten, sondern die Schnellfeuereigenschaft sich als zwangsläufiges Ergebnis der multifunktionalen Anwendung der skizzierten Urelemente einstellte!

Die systembedingten Eigenschaften der einzelnen Rohre veränderten sich dabei nicht, d. h., um die Feuerbereitschaft herzustellen, mußten die Rohre von vorne mit Pulver und Geschoß geladen werden und waren damit mit allen Nachteilen des von vorne zu ladenden Waffentyps weiterhin behaftet.

Während die schlechte Schußpräzision teilweise durch eine Vielzahl von Kugeln kompensiert werden konnte, dürfte die zeitraubende Ladeweise einer umfassenden Verbreitung der Orgelgeschütze entgegengewirkt haben. Gerade bei der Abwehr eines Sturmangriffs sollte die Feuerkraft zur Anwendung kommen, indem ein annähernd kontinuierliches Feuer durch rasches Zünden der Rohrreihen für das Niederhalten des Feindes zu sorgen hatte. Wenn aber die zur Verfügung stehenden Reihen abgefeuert waren, trat eine längere Pause ein, um das Geschütz wieder feuerbereit zu machen; bei den Stücken mit 49 oder 64 Rohren beanspruchte diese Manipulation mindestens eine Viertelstunde. In dieser Zeit konnte kein Schuß abgegeben werden. Befand sich das Orgelgeschütz auf der Krone einer Festungsmauer oder in einem Turm hinter einer Schießscharte zur Bestreichung von Gräben oder Flanken, mußte es zudem aus der Feuerposition nach rückwärts geschoben werden, um das Hantieren mit Pulvermaß und Ladestock zu ermöglichen. Nach erneuter Ausrichtung des Geschützes auf das Ziel konnte sodann wieder am Feuerkampf teilgenommen werden.

Diese eng miteinander verknüpften technisch-taktischen Schwierigkeiten verdeutlichen die zwei Grundprobleme der Orgelgeschütze bis ins 19. Jahrhundert:

1. Es war den Büchsenmeistern bei aller handwerklichen Kunstfertigkeit nicht gelungen, brauchbare Hinterladungssysteme für die schnellfeuernden Waffen zu entwickeln (aus Gründen, die weiter unten noch ausführlich erläutert werden sollen). In direkter Abhängigkeit hiervon existierte kein System der kontinuierlichen Munitionszuführung, das die Rohre ohne die aufgezeigte Unterbrechung fortwährend mit Munition versorgt hätte.

2. Für ein wirklich kontinuierliches Feuer ist neben der ständigen Schußabgabe die dauernde Munitionszuführung eine unabdingbare Voraussetzung. Es ist daher angebracht, zur Kennzeichnung der charakteristischen Merkmale der Orgelgeschütze die Bezeichnung **interruptives Schnellfeuer** bzw. **interruptives kontinuierliches Feuern** einzuführen. Dieser Terminus beinhaltet zugleich die Differenzierung ge-

genüber den automatischen bzw. Maschinenwaffen, die, beginnend im amerikanischen Civil War, einen wichtigen Faktor der Umgestaltung des Kriegsbildes darstellten.

Dementsprechend sind Orgelgeschütze **keine** automatischen Waffen; und nur ersatzweise sind sie Maschinen (abgesehen davon, daß jede Feuerwaffe als Verbrennungskraftmaschine arbeitet), da Munitionszuführung und Ladebewegung nicht maschinenmäßig vorgenommen werden konnten.

3.2.2.4. Orgelgeschütze mit mechanisierter Ladevorrichtung

Die »Militärtechniker« der vorindustriellen Epochen wußten um die Probleme des ständigen Feuerns und Nachladens, doch nur wenige konnten ihrer Vorstellung die Kraft der Realität mitgeben. Zu groß dürften die technischen Schwierigkeiten gewesen sein, eine wirklich unaufhörlich schießende Waffe zu bauen. Vielleicht fehlte es aber auch an konkreten Anregungen und Aufträgen seitens der ein Heer unterhaltenden Fürsten und Städte, denn nur diese hatten die Artilleriefachleute und Spezialisten, die im Umgang mit kompliziertem technischem Gerät vertraut waren. Da bei der chronischen

Geldknappheit die Beschaffung der Ausrüstung und Bewaffnung, hier besonders der Geschütze, große Mühe machte, unterblieben die Ausgaben für die empfindlichen Maschinen, eingedenk auch der Tatsache, daß sich Vorderlader mit Hand-, Luntenschloß-, Radschloß- und Batterieschloßzündung in vielen Kriegen bewährt hatten.

In wenigen Fällen, wo trotzdem einmal Orgelgeschütze mit mechanischer Ladevorrichtung zu Versuchszwecken hergestellt wurden, wanderten diese als Kuriositäten später in die Rüstkammern oder Zeughäuser.

Von entwicklungsgeschichtlichem Interesse sind allerdings die Orgelgeschütze mit ansatzweise vorhandener mechanischer Ladevorrichtung.

Ein solches Geschütz (Abb. 22) befand sich in der Waffensammlung der Fürsten Esterházy auf Burg Forchtenstein im Burgenland[41]. Es war eine einreihige Orgel mit sieben horizontal gelagerten Rohren von 550 mm Länge und mit einem Kaliber von 20 mm (mittleres Rohr: 15 mm). Am Stoßboden der Rohre befand sich der Zündmechanismus, bestehend aus einem Radschloß mit zwei Hähnen und der Pulverpfanne. Ca. 0,5 m über den Rohren war an einem Gestell ein Kasten aus Blech angebracht, der nach Betätigung einer Kurbel die für je-

Abb. 22:
Einreihiges Orgelgeschütz mit teilweise mechanischer Lade- und Zündvorrichtung, Anfang 17. Jahrh. (Aus: Szendrei, Ungarische Kriegsgeschichtliche Denkmäler in der Millenniums-Landes-Ausstellung).

Abb. 23:
Zweireihiges Orgelgeschütz mit 50 Rohren von Daniel Kolmann,
1678; Kammerlader (Heeresgeschichtliches Museum Wien).

des Rohr abgemessene Pulvermenge nebst Kugel bereit-
stellte, wozu die Rohre insgesamt nach oben gekippt wurden,
so daß die Mündungen mit den Austrittsöffnungen des Ka-
stens korrespondierten. Die Ladungen fielen dann durch ihre
Masse in die Rohre. Wie diese Einrichtung, die sicherlich eine
Beschleunigung des Ladevorgangs bewirkte, im Detail funktionierte, geht aus den unklaren Beschreibungen nicht genau
hervor.

Es bleibt jedoch festzuhalten, daß an dem aus dem Anfang
des 17. Jahrhunderts stammenden Forchtensteiner Orgelgeschütz eine mechanische Zündeinrichtung in Erscheinung
tritt, die die Abfeuerung zuverlässiger gestaltete. Der Vorrichtung zur Bereitstellung der Ladung kommt in diesem Zusammenhang die Bedeutung eines Patronenmagazins zu.

Einen weiteren Entwicklungsschritt verkörpert ein Orgelgeschütz mit 50 Rohren aus dem Jahre 1678, das sich im Heeresgeschichtlichen Museum Wien befindet (Abb. 23–25) und
von dem der österreichische Artillerieoffizier und Waffenkon-
strukteur Alfred Kropatschek in seinem Aufsatz »Ueber Re-

Abb. 24:
Nach Öffnen eines Schutzdeckels waren die Rohre zum Laden und
Abfeuern zugänglich.

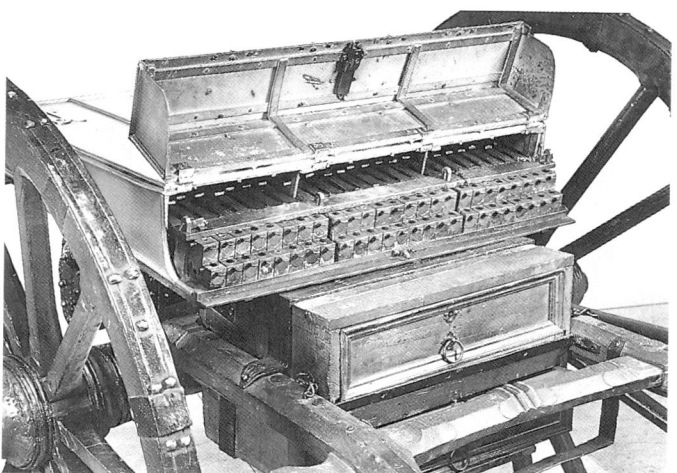

volver-Geschütze« 1868 berichtete[42]. Es ist eine Konstruktion mit zwei übereinanderliegenden Reihen zu je 25 Rohren.
Die Rohrlänge der oberen Reihe beträgt 610 mm, die der unteren 650 mm, das Kaliber 15 mm. Das Geschütz wurde von
dem kaiserlichen Stückhauptmann und Zeugwart der Stadt
Wien, Daniel Kolmann, entworfen. Es gehörte ursprünglich
zum Bestand des Zeughauses der Stadt Wien.

Im Gegensatz zu allen bislang besprochenen Orgelgeschützen war das Wiener Exemplar für Hinterladung eingerichtet.
Jedes Rohr wurde hinten mit einer nach oben schwenkbaren
Klappe geöffnet, so daß eine kleine, mit Pulver und Kugel vor-
bereitete Kammer an das Rohrende angesetzt werden
konnte. Das Schließen des Deckels bewirkte die feste und un-
verrückbare Verbindung von Rohr und Kammer, während
gleichzeitig der Zündkanal der Kammer durch ein rundes Loch
im Deckel zum Vorschein kam. Nach den Abbildungen zu ur-
teilen, waren die Rohre durch keine gemeinsame Pulverrinne
verbunden; jedoch war die Oberfläche der Verschlußdeckel
eben und evtl. für das Aufschütten des Zündkrauts geeignet.
Wahrscheinlicher scheint in diesem Fall die Verwendung einer
Zündschnur, die von Zündloch zu Zündloch abbrannte.

Insgesamt gesehen vereinfachte und beschleunigte die Hinterladung das Feuern mit dem Orgelgeschütz wesentlich,
wenn auf die zuvor geladenen Kammern zurückgegriffen werden konnte; auch ein Verrücken aus der Feuerstellung erüb-
rigte sich. Es gab weiterhin Feuerpausen zwischen den
Salven, aber sie hatten sich gegenüber den einfacheren Geschützen spürbar verringert.

Von einem vergleichbaren Orgelgeschütz, das noch aus der
Zeit des Dreißigjährigen Krieges stammen und von einem in
der Lausitz ansässigen »Alchemisten« namens Freiherr von
Roßburg oder Roßberg konstruiert worden sein soll, berichtete Dittrich in einer Ergänzung zu Willes Studie über die Kartätschgeschütze[43]. In zwei Reihen waren 48 Rohre übereinandergelagert und für ein System der beschriebenen Kammerladung eingerichtet. Da die nach oben klappbaren Verschlußstücke über einen Scharnierbolzen miteinander verbunden
waren, genügte ein Griff, um sämtliche Rohre einer Reihe zu
öffnen. Geladen wurde das Geschütz mit vorbereiteten eisernen Kammern, von denen je fünf für ein Rohr zur Verfügung
standen. Beim Laden entfernte die Bedienung einen Papier-
überzug, und zum Vorschein kam eine Aussparung des Kam-
mermantels, so daß sich bei eingelegter Kammer und
geschlossenem Verschluß der Ausschnitt genau unter dem
Zündloch befand und die Zündflamme die Treibladung erreichte.

Bemerkenswert erscheint der Zündmechanismus: Über eine
Tastatur konnten in beliebiger Reihenfolge und Anzahl
48 Luntenhähne betätigt werden, die sich auf die entsprechenden Zündlöcher senkten und den Schuß abfeuerten.
Zwar mußten die Lunten in ständiger Bereitschaft gehalten
werden, andererseits ermöglichte diese Einrichtung eine wesentlich bessere Anpassung an die taktischen Situationen, als
bei den meisten Orgelgeschützen. Ob der komplexe Mechanismus den Anforderungen der Kriegspraxis standhielt, sei
dahingestellt und kann mangels Quellen auch nicht beantwortet werden. Dittrich führt mit Recht aus: »Bei dem verhältnismäßig geringen Grade der Genauigkeit, welcher mit den

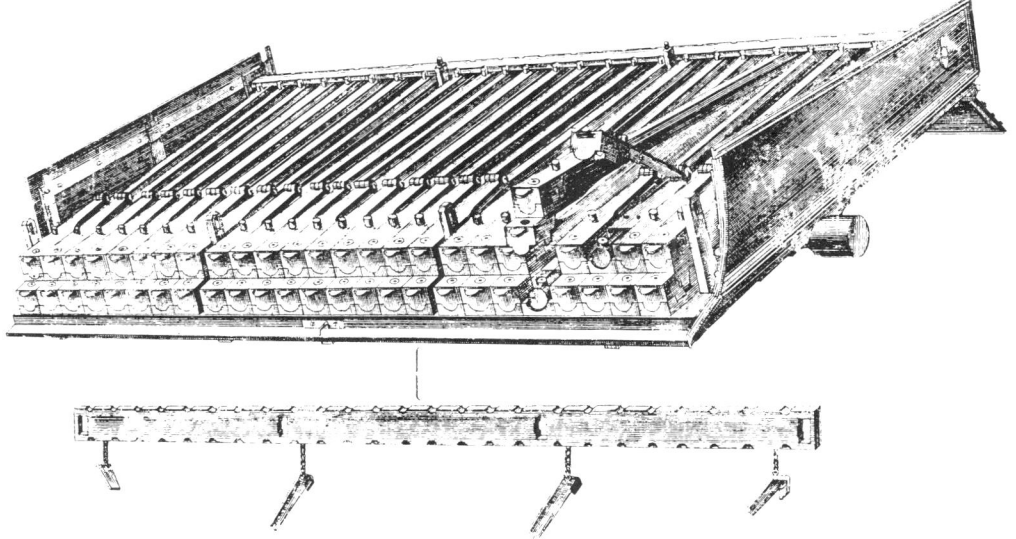

Abb. 25:
Details der Hinterladevorrichtung; nach Öffnen der Verschlußklappen konnten die vorbereiteten Kammern eingesetzt werden. Eine Schiene, die quer über der oberen Rohrreihe fixiert wurde, verhinderte ein ungewolltes Öffnen der Verschlußklappen (Aus: Kropatschek, Ueber Revolver-Geschütze).

Werkzeugen jener Zeit bei derartigen Arbeiten erzielt werden konnte, ist es nur zu wahrscheinlich, daß einer oder mehrere (technische) Übelstände schon bei der ersten Lage eintraten, wodurch der ganze Mechanismus unbrauchbar wurde und zeitraubende Reparaturen nöthig wurden. Darum scheint das Geschütz auch bald als nutzlose Spielerei betrachtet und der Rumpelkammer übergeben worden zu sein, wo es dann der Vergessenheit anheimfiel«[44].

Die drei vorgestellten Orgelgeschütze unterscheiden sich von den zuvor beschriebenen Modellen durch wesentliche Verbesserungen an der Zündeinrichtung und der Ladung. Während einerseits die Zündung mit glimmender Lunte oder Gluteisen zugunsten des Lunten- und Radschlosses aufgegeben wurde, bedeutete andererseits die Hinterladung mit vorbereiteter Kammer eine nicht zu unterschätzende Beschleunigung des Feuerzyklus. Obschon kontinuierliches Feuer über einen längeren Zeitraum nicht möglich war und deshalb auch diese Geschütze als Systeme mit interruptivem Schnellfeuer zu charakterisieren sind, kamen bereits Wesensmerkmale der späteren automatischen Waffen zur Anwendung: Das hinten zu öffnende Rohr und die Ladung mittels metallener, Pulvertreibladung und Kugel umschließender Kammer, womit der Weg zur Metalleinheitspatrone – bestehend aus Hülse, Treibladung, Geschoß und Zündsatz – vorgezeichnet war.

3.3. Drehsystem und schnellfeuernde Waffe

In Vorstellung und Wirklichkeit sind anhand der relevanten Bilderhandschriften zur Entwicklung der Feuerwaffen im Mittelalter und in der Neuzeit sowie der heute noch vorhandenen Originalstücke die Grundprinzipien der ersten beiden Typen für schnellfeuernde Waffen dargestellt worden. Die Entwicklung begann mit der Anhäufung von Feuereinheiten und gipfelte schließlich in der Schaffung eines gemeinsamen »Feuersystems«, dergestalt, daß einzelne Reihen – wiederum aus mehreren Rohren – auf einer gemeinsamen Lafette vereinigt wurden. Nun bieten sich analog zur allgemeinen Technik auch in der Militärtechnik meistens mehrere praktikable Lösungen für eine Problemstellung.

Eine andere Möglichkeit bestand in der Anwendung seit Jahrtausenden bekannter Prinzipien für diesen speziellen Fall schnellfeuernder Waffen. Ausgangspunkt war hier die Drehbewegung (des Rades) als einfaches mechanisches Prinzip, die in ihrer Universalität in nahezu allen Maschinen, die jemals konstruiert wurden, anzutreffen ist. Bezogen auf die Feuerwaffen bedeutet dies, die gewöhnlichen Feuerrohre so auf einer im Mittelpunkt drehbaren Scheibe anzuordnen, daß nur das Rohr in Schußposition ist, welches gerade abgefeuert werden soll, während die übrigen einen Kreisbogen beschreiben. Sie verschwinden somit für eine kurze Zeit aus dem Blickfeld und die geistige Konzentration des Schützen wird nur auf ein zu bedienendes Objekt gerichtet. Ein weiterer Vorteil dürfte bei der Anwendung in Festungswerken gesehen worden sein. Einmal ließ sich durch diese Konstruktion der zur Verfügung stehende Raum besser ausnutzen, zum anderen genügte eine kleine Schießscharte, da die einzelnen Rohre nacheinander mit dieser in Deckung gebracht werden konnten. Die Bedienungsmannschaft wußte sich im Schutze der Mauern und konnte mehrere Male feuern, ohne die Deckung verlassen und nachladen zu müssen.

3.3.1. Schnellfeuerwaffen in Räder- und Scheibenform

In den schon erwähnten Codices finden sich auch für diesen Typus der schnellfeuernden Waffen bildliche Belege. Die ältesten Formen sind in jenen räder- und scheibenförmigen Geschützen zu sehen, wie sie etwa der Münchner Cgm 600 enthält[45]. Hier sind vier kurze Rohre von kleinem Kaliber radial auf einer vertikal stehenden, drehbaren Holzscheibe mit Eisenbändern befestigt. Deutlich ist zu erkennen, wie der Bedienende die Scheibe um ihren Mittelpunkt dreht und das nächste geladene Rohr in Feuerposition bringt (Abb. 26).
Eine ganz ähnliche Abbildung findet sich auch in dem »Bellifortis« des Konrad Kyeser aus Eichstätt[46] (Cod. ms. phil. 63 der Universitätsbibliothek Göttingen). Statt vier wurden in dieser Bilderhandschrift sechs Rohre auf der Holzscheibe angebracht und das Geschütz um eine mechanische Einrichtung zur Höhenrichtung ergänzt (Abb. 27). Die lateinische Beschreibung dazu lautet:

Abb. 26:
Schnellfeuerwaffe in Scheibenform; Zeichnung nach Cgm 600 (Aus: Essenwein, Quellen zur Geschichte der Feuerwaffen).

Abb. 27:
Schnellfeuerwaffe in Scheibenform nach dem »Bellifortis« des Konrad Kyeser aus Eichstätt (Aus: Quarg, Bellifortis).

»Hec rota movetur per circumferentiam istam Pixis nam post pixidem statim emittit lapidem Hostis sic decipitur per hoc atque fallitur«.
(Diese Kreisscheibe wird durch dieses Neigungsgetriebe eingestellt, denn Büchse auf Büchse entsendet sofort den Stein. Der Feind wird so mit diesem Mittel getäuscht und betrogen)[47].
Eine Variation dieses Systems bringt der Münchner Cgm 734. Die Darstellung (Abb. 28) zeigt ein horizontales Drehkreuz mit radialer Lagerung von vier kleinen Feuerwaffen unterschiedlicher Konstruktion, aber etwa gleichen Kalibers. Bei den an der Oberfläche glatten Rohren könnte es sich um solche aus Bronze- oder Messingguß gehandelt haben, während die anderen offenbar in der Eisenschmiedetechnik gefertigt wurden[48]. Die Bildlegende gibt Auskunft über den möglichen Verwendungszweck der Konstruktion:
»Das Gerüst gehört in einen sinweln turn, in einer statt oder vesten, vnd die 4 büchsen sollen eine als swer sein als die ander, also dass jede buchs ein zenttn[49] hab«[50].

Durch die Aufstellung der Waffe in den Türmen einer Stadt- oder Festungsmauer konnte sowohl das Vorfeld (Glacis) als auch das verbindende Stück Mauer zwischen zwei Türmen flankierend bestrichen werden. Gleichwohl beschränkte die Enge des Raumes in den Türmen des 15. Jahrhunderts und

ihre dem Rückstoß wenig resistente Bauweise das Geschütz auf kleinere Kaliber, zum anderen war die Flugbahn des Geschosses beim Schuß von der Höhe des Turmes durch den großen Einfallswinkel so ungünstig, daß er relativ wirkungslos blieb. Unter dem Zwang der immer wirkungsvolleren – nunmehr Eisenkugeln verfeuernden – Belagerungsgeschütze und der Verbesserung der eigenen Verteidigung änderten die Befestigungen noch im Verlaufe des 15., insbesondere aber im 16. Jahrhundert durch Schaffung ausgeklügelter Systeme von Mauern, Wällen, Türmen und vorgeschobenen Bastionen grundlegend ihr Gesicht[51].

3.3.2. Das Prinzip des revolvierenden Rohrbündels[52]

Während bei den oben beschriebenen Drehsystemen die Feuerrohre auf vertikal und horizontal drehbaren Scheiben und Rädern befestigt waren, gab es in Vorstellung und Wirklichkeit ein weiteres Drehprinzip, das in seiner fundamentalen Bedeutung für die Militärtechnik noch heute aktuell ist.
Das Prinzip: Drei oder entsprechend mehr Feuerrohre werden so angeordnet, daß als Querschnitt ein regelmäßiges Vieleck entstehen soll, bei dem die Mittelpunkte der Durchmesser der Rohre gleich den Ecken des Vieleckes sind (Abb. 29). Räumlich betrachtet handelt es sich um einen Rotationszylinder, dessen Mantellinien mit den Seelenachsen der Rohre zusam-

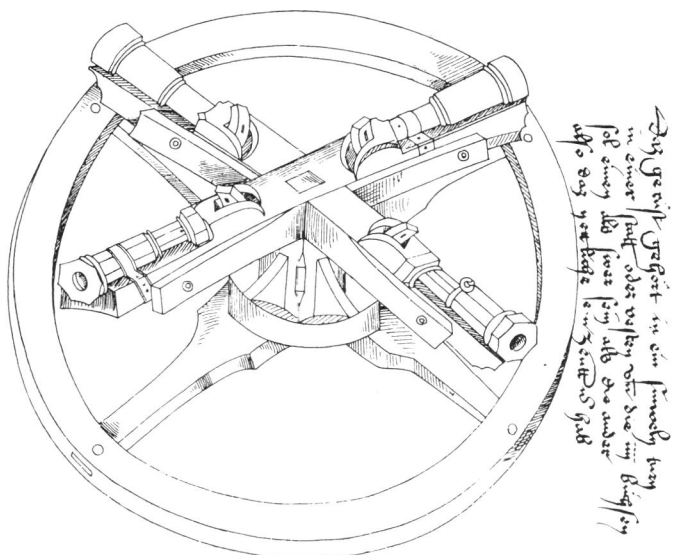

Abb. 28:
Schnellfeuerwaffe in Radform; Zeichnung nach Cgm 734
(Aus: Essenwein, Quellen zur Geschichte der Feuerwaffen).

menfallen. Setzt man den Zylinder um seine Längsachse in Rotation, beschreiben alle Rohre eine Kreisbahn. Nach einer Drehung von 360 Grad befindet sich jedes Rohr wieder exakt an seinem Ausgangspunkt und ist einmal an der Stelle, an der z.B. die Zündung der Pulverladung stattfinden soll, vorbeigekommen.

Aus dieser Überlegung ergibt sich folgende praktische Anwendungsmöglichkeit: Es läßt sich eine Feuerwaffe konstruieren, bei der die Anordnung mehrerer Rohre in dieser Weise erfolgt. Nach Ladung mit Treibmittel und Geschoß wird der Punkt bestimmt, an dem die Zündung vorgenommen werden soll, z.B. Rohr in oberster Position. Nach Abschuß der ersten

Abb. 29:
Prinzipskizze des revolvierenden Rohrbündels.

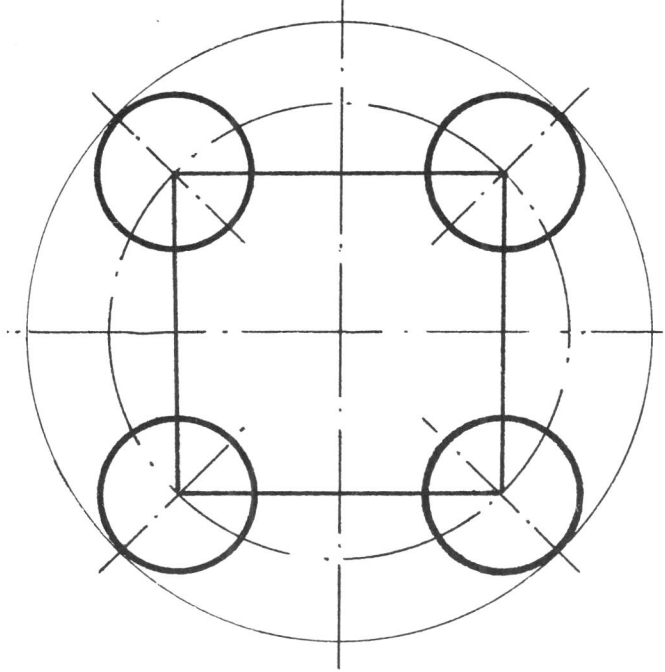

Kugel wird das Rohrbündel so lange weitergedreht, bis sich das nächste Rohr in der Zündposition des vorhergehenden befindet. Feuer!

Es wird deutlich, daß mit dieser einfachen Vorrichtung solange ein kontinuierliches Feuer abgegeben werden kann, als geladene Rohre zur Verfügung stehen. Erst dann müssen sie wieder neu geladen werden, und der Vorgang kann von vorne beginnen.

3.3.2.1. In den Ikonographien

Daß ähnliche Überlegungen von den Büchsenmeistern in der Zeit der Ausbildung der Feuerwaffentypen angestellt wurden, zeigen wiederum die Bilderhandschriften. Auf Blatt 16ʳ des Cgm 600 findet die Theorie ihren praktischen Niederschlag unter Anwendung der konstruktiven Möglichkeiten der Zeit (Abb. 30; siehe vorderes Vorsatzblatt):

Auf der groben handkolorierten Zeichnung ist ein Mann in seinem einfachen roten Gewand dargestellt; er nimmt gerade die Elevation eines Rohrbündel-Geschützes vor. Dieses steht auf einem grünen, wiesenähnlichen Untergrund. Die Lafettierung wird von einem runden, sich zweimal verjüngenden Holzblock gebildet, den man im heutigen Sprachgebrauch als Pivot bezeichnen könnte. An der Spitze lagert in der gabelförmigen Halterung und im augenscheinlichen Schwerpunkt ein länglicher Holzkörper von quadratischem Querschnitt. Auf der vom Schützen abgewandten Seite geht er in die Form eines Zylinders über, wobei auf seiner Mantelfläche dreizehn Feuerrohre mit einem eisernen Band befestigt sind. Unter Zugrundelegung der Relationen von Mensch und Geschütz kann bei den Rohren auf eine Länge zwischen 0.35 m und 0,40 m geschlossen werden. Mit der großen Kurbelspindel, die der Mann gerade betätigt, konnte die Elevation eingestellt werden. Deren Einrichtung gibt aber gerade Anlaß zu dem Hinweis, daß die Darstellung kein Vorbild in natura gehabt haben kann. Die Spindel, die dort so kraftvoll gedreht wird, ließe sich nämlich mangels verbindender Gelenke zwischen Spindel und Holzblock einerseits und Pivot und Spindel andererseits nur um wenige Zentimeter bewegen, um dann zu verkanten. Wie man aus der Abbildung weiter entnehmen kann, gestattete die Dimensionierung des Geschützes, daß der Schütze zugleich richten und mit dem allerdings nicht dargestellten Loseisen abfeuern konnte. Nach jedem Schuß mußte das Rohrbündel weitergedreht werden, bis ein neues, geladenes Rohr in der obersten Position zum Stehen kam. Für begrenzte Zeit war damit ein Schnellfeuer möglich und im Nahbereich auch wirkungsvoll, weil der Feind kaum mit der hohen Schußfolge rechnete.

Auch in anderen Ikonographien taucht der Typus der Rohrbündel-Geschütze wieder auf, beispielsweise in Kyesers »Bellifortis« von 1405[53]. Die Waffe (Abb. 31) ruht auf einer tischartigen Plattform, aus der sich zwei kräftige Bohlen erheben, die oben durch eine Achse verbunden sind. Diese Achse bildet das Zapfenlager des Geschützes, welches aus zwei Teilen zu bestehen scheint. Der vordere »kantige« Zylinder ist als Träger der sechs Rohre ausgebildet und läßt sich um seine Mittelachse drehen, deren Kopf aus der Mündungsfläche herausragt und mit einem Sicherungsstift versehen ist, um das

Abb. 31:
Rohrbündelgeschütz nach dem »Bellifortis« des Konrad Kyeser aus Eichstätt (Aus: Quarg, Bellifortis).

Rohrbündel auf der Achse zu fixieren. Die Rohre sind mit einem umlaufenden Eisenreifen an der Mantelfläche des Holzzylinders befestigt. Hinten geht dieser in ein stangenähnliches Gebilde über, das als Handhabe für das Richten nach Höhe und Tiefe dient. Zu diesem Zweck ist die Handhabe durch einen länglichen Schlitz einer weiteren Bohle geführt. Mit in Längsbohrungen gesteckten Bolzen konnte ein grobes Richten durchgeführt werden. Laden und Abfeuern der Kanone vollzogen sich nach dem schon beschriebenen Prinzip: Die Pfanne des jeweils oben liegenden, geladenen Rohres wurde mit Pulver beschüttet und mit dem Loseisen abgefeuert. Durch Weiterdrehen des Rohrbündels konnte der Schütze in kurzer Zeit hintereinander sechs Schüsse abgeben.
Ebenso wie bei dem Beispiel des Cgm 600 hatten die Rohre hier noch die recht bescheidenen Abmessungen der frühen Handfeuerwaffen, und man war beim Zündvorgang also auf Lunte oder Loseisen angewiesen. Die lateinische Erklärung Kyesers besagt:
»Contus ille magnus pixidum sex stat revolvendus Emissa prima, redit altera demum secuta Descipiuntur hostes, post primam non timent ullam.«
(Dieser große Wurfspieß von sechs Büchsen ist umwälzbar. Die erste abgeschossen, die nächste tritt an ihre Stelle, und weiter gefolgt. Die Feinde werden närrisch, nach der ersten fürchten sie keine weitere.) [54]

Es wird deutlich, daß sich der Konstrukteur bzw. der Autor der Handschrift der Funktion, des Gebrauchs und der Wirkung der Waffe voll bewußt war. Signifikant ist die Verwendung des Wortes »revolvendus« (= das Zurückzurollende; das Zurückzuwälzende) für die Beschreibung der Waffe. In der Wortbedeutung ist nämlich genau die drehende, revolvierende Bewegung enthalten, die ausgeführt werden muß, wenn das Geschütz ein kontinuierliches Feuer abgeben soll. Eine weitere Bedeutung des Verbes revolvere ist: Im Kreislauf zurückrollen, zurückkehren; bei dieser Waffe nämlich an die festgelegte Stelle, an der die Zündung vorgenommen wurde.

3.3.2.2. Originalstücke in den Sammlungen

Die Bemühungen, ein den Abbildungen der Handschriften ähnliches oder zumindestens nahekommendes Revolvergeschütz der Frühzeit der Feuerwaffen aufzufinden, sind bislang erfolglos geblieben. Ebenso bringt die ältere und neuere Fachliteratur keinerlei Hinweise auf noch existierende Realstücke. Berücksichtigt man noch die Tatsache, daß eine Reihe anderer Feuerwaffentypen, die in den Handschriften abgebildet sind, durch Realien nachweisbar sind, entstehen Zweifel an der Existenz der revolvierenden Geschütze und man ist geneigt, ihre Darstellungen in das Reich der Phantasie zu verweisen – wenn nicht im Bayerischen Armeemuseum Ingolstadt ein »Faustrohrstreitkolben« vorhanden wäre (Inv.-Nr. A 3006), der die angesprochene Problematik wiederum in einem anderen Licht erscheinen läßt. Diese kleine Feuerwaffe (Abb. 32) konnte um 1900 vom Bayerischen Nationalmuseum München im Kunsthandel erworben werden und wurde 1910 an das Bayerische Armeemuseum (bis zu dessen Zerstörung im 2. Weltkrieg ebenso in München, heute in Ingolstadt) verkauft [55]. Unter Vorbehalten der Zuschreibung und Datierung [56] handelt es sich um eine vierrohrige Bündelwaffe kleiner Abmessungen, bei der o. g. Grundprinzip erstmals praktiziert wurde, sofern die Entstehungszeit auf 1390 bis 1420 angesetzt wird.

Die Waffe besteht aus geschmiedetem Eisen und hat eine Gesamtlänge von 285 mm. Die Rohrlänge beträgt 85 mm, das Kaliber 15 mm. Die vier aneinanderliegenden Rohre werden durch drei Ringe zusammengehalten, wobei der mittlere heute verschiebbar ist. Hinten gehen die Rohre in eine gemeinsame Tülle über, die zur Aufnahme eines Stangenschaftes geeignet ist, mit dem die Waffe zu handhaben war. Direkt vor dem hinteren Reif befinden sich die Zündlöcher, und zwar ist unabhängig von der Stellung des Rohrbündels immer das Zündloch des linken oberen Rohres zugänglich. Da dieses keine Pfanne zum Aufschütten des Pulvers besitzt, glaubt R. Forrer, daß während des Ladens kurze Luntenschnüre in die Zündlöcher gesteckt wurden, die der Schütze dann bei Feuerabgabe mit der in einer Hand geführten brennenden Lunte ansteckte [57]. Nach Abgabe des ersten Schusses bewegte er das Rohrbündel mit dem Schaft um eine Vierteldrehung weiter, und das nächste Rohr befand sich in Zündstellung. Auf diese Weise konnte er in kurzer Zeit vier Schüsse hintereinander abgeben und war seinem mit einem einfachen Handrohr ausgerüsteten Gegner in der Feuerkraft merklich überlegen, wenngleich die Geschosse wegen der kleinen Pul-

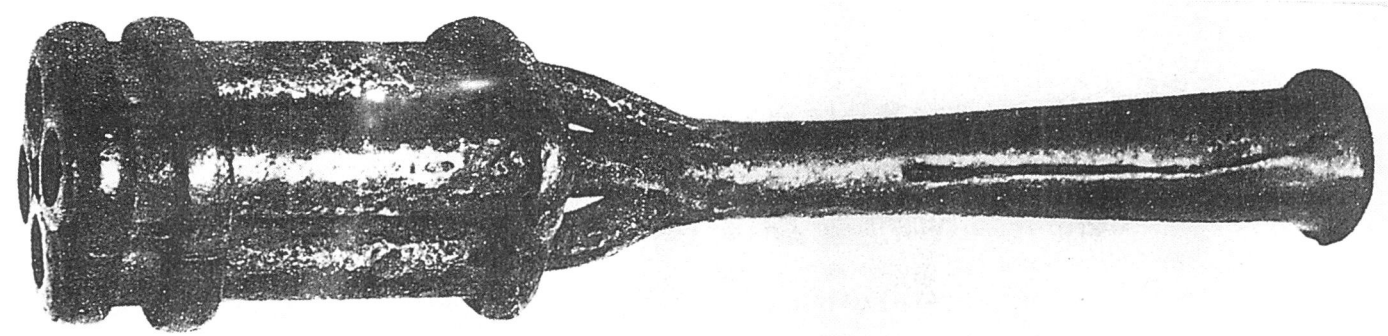

Abb. 32:
Gotischer Faustrohrstreitkolben (Bündelpistole), ca. 1390–1420 (Bayerisches Armeemuseum Ingolstadt).

verladung und der kurzen Rohre nur im Nahkampf hinreichend Wirkung gezeigt haben dürften.

Eine in Konstruktion und Fertigungsverfahren ähnlich, wenngleich größer dimensionierte Bündelpistole (Abb. 33) konnte die Wehrtechnische Studiensammlung Koblenz vor einigen Jahren aus Privathand erwerben (Inv.-Nr. 05220). Auch bei diesem Stück, das unter Vorbehalten in das 15. Jahrhundert zu datieren wäre, werden die vier Rohre durch drei eiserne Ringe zusammengehalten. Die Zündlöcher sind derart angeordnet, daß jeweils das links oben liegende Rohr abgefeuert werden konnte. Die Bündelpistole (Abb. 33) hat eine Gesamtlänge von 599 mm, die Rohrlänge beträgt 378–383 mm, und das Kaliber ist 15 mm.

Nach dem gleichen Prinzip aufgebaute Rohrbündelwaffen mit Stangenschaft befanden sich in der ehemaligen Sammlung Dr. Forrer, Straßburg [58], und in der Waffensammlung des Fürsten Reuß j. L. auf Schloß Osterstein bei Gera [59]. Während das Forrer'sche und das Ingolstädter Exemplar ganz aus Schmiedeeisen hergestellt sind, ruhen bei dem Stück des Fürsten Reuß die Rohre in einem hinten achtkantigen und vorne zylindrischen Holzkörper.

Aus diesen frühen Faustrohren des 14. und 15. Jahrhunderts entwickelten sich im 16. bis 17. Jahrhundert die mehrrohrigen Wenderwaffen mit Lunten-, Radschloß- und Batterieschloßzündung. Noch im 19. Jahrhundert waren Pistolen mit revolvierendem Rohrbündel und Perkussionszündung als »Pepperbox«-Pistolen zur Nahverteidigung häufig anzutreffen [60].

Daß auch Waffen mit größerem und damit wirkungsvollerem Kaliber als Rohrbündel in der konzeptionellen Idee verwirk-

licht waren, konnte schon anhand der Bilderhandschriften nachgewiesen werden. Da solche Originale in Deutschland nicht aufzufinden waren, sei auf andere europäische Exemplare dieses frühen Typs verwiesen.

Im schwedischen Armeemuseum Stockholm findet sich die Vorstellung des mittelalterlichen Büchsenmeisters von einer schnellfeuernden Waffe mit rotierenden Rohren verwirklicht [61]. Hierbei ist ein zentrales Rohr großen Kalibers mit einem Holzmantel umgeben, auf dem, durch eiserne Bänder gehalten, 20 kleine Feuerrohre im Kaliber 20 mm befestigt sind. Um eine möglichst große Feuerkraft zu erhalten, wurden die kleinkalibrigen Rohre an den vier hintereinanderliegenden Reifen versetzt angeordnet, so daß sich jeweils ein freies Schußfeld ergab. Nach vollständiger Ladung der Waffe konnten mit dem großkalibrigen Rohr weit entfernte Ziele beschossen werden, während die kleinen Rohre dazu dienten, den Gegner durch die relativ schnell nacheinander abgegebenen Schüsse auf kurze Distanzen niederzuhalten. Durch Drehen des am Stoßboden befindlichen Stangenschaftes wurden die jeweils nächsten feuerbereiten Rohre in Schußposition gebracht und mit der Lunte oder dem Loseisen abgefeuert.

Die weitere Evolution der Rohrbündelwaffen vollzog sich natürlich nicht losgelöst von der allgemeinen technischen Entwicklung der Feuerwaffen. Die Verbesserung der Zündeinrichtung und weiterer mechanischer, die Feuergeschwindigkeit erhöhende Hilfsmittel sind hier an erster Stelle zu nennen.

Als einfache, relativ zuverlässige und für den Kriegsgebrauch geeignete Zündung hatte sich seit Mitte des 16. Jahrhunderts das Luntenschloß bei den Infanteriewaffen aller europäischen

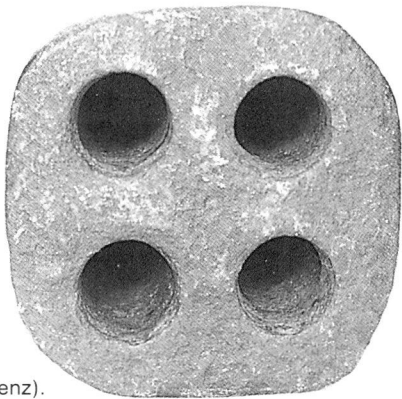

Abb. 33:
Bündelpistole, 15. Jahrh. (Bestand u. Aufnahme: Wehrtechnische Studiensammlung des BWB, Koblenz).

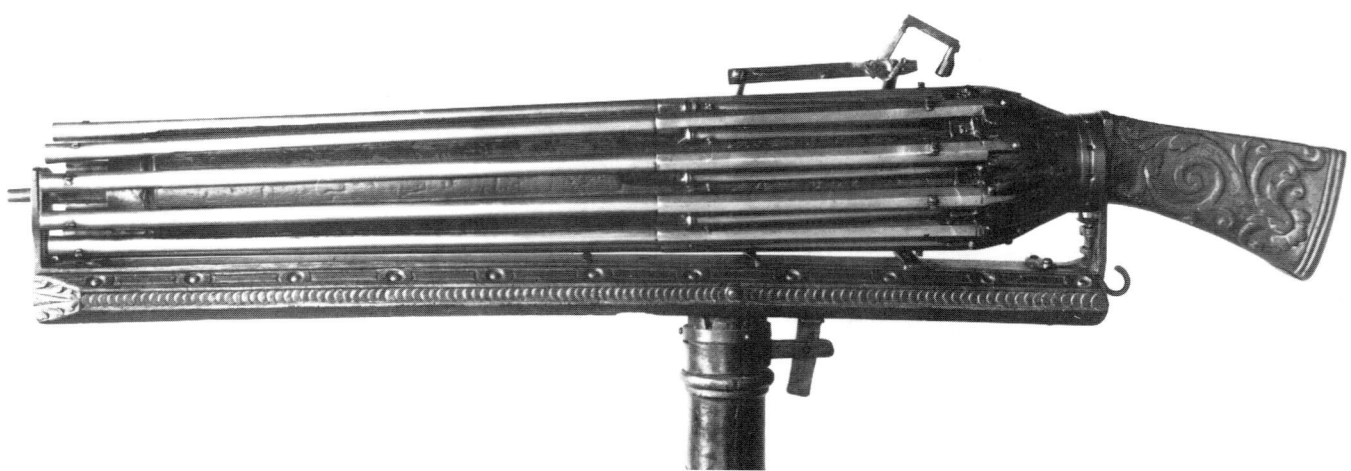

Abb. 34:
Rohrbündelwaffe, 20schüssig, mit Luntenschloß; von G. M. Bergamini, 1622 (Bestand u. Aufnahme: Palazzo Ducale, Venedig).

Heere durchgesetzt. Der die glimmende Lunte führende Arm des Schützen war nun von einem kleinen beweglichen Hahn an der Waffe abgelöst worden, in dessen Kopf die Lunte eingeklemmt wurde. Über ein Gestänge war der Hahn mit dem Abzug der Waffe verbunden und senkte sich bei dessen Betätigung auf die mit Pulver beschüttete Zündpfanne. Der Schütze konnte sich fortan besser auf sein Ziel konzentrieren, ohne von der Manipulation mit der Lunte abgelenkt zu werden [62]. Diese verbesserte Zündung in Verbindung mit dem revolvierenden Rohrbündelprinzip befindet sich an einer stationären Feuerwaffe mit 20 Rohren, die in der Waffensammlung des Dogenpalastes in Venedig ausgestellt ist [63]. Der venezianische Büchsenmacher Giovanni Maria Bergamini fertigte dieses Stück im Jahre 1622 [64].
Die säulenartige Lafettierung ließ eine Seiten- und Höhenrichtung zu. Bedingt durch den gewehrähnlichen Kolben war ein bequemes und sicheres Zielen möglich.
Wie anpassungsfähig sich das Prinzip des rotierenden Rohrbündels zeigt, mögen folgende drei Beispiele verdeutlichen:

1. Als ältester deutscher Vertreter dieses Typs dürfte wohl das siebenrohrige Revolvergeschütz (Inv.-Nr. 2/172) des Augsburger Rotgießers Hans Reysinger [65] (gest. 1604) gelten (Abb. 35–37), das heute zur Sammlung des Museum of Artillery in Woolwich bei London gehört [66]. Aus der Veröffentlichung des Augsburger Zeughausinventares von 1681 bei Kraus [67] ergibt sich, daß sich das Revolvergeschütz zu diesem Zeitpunkt noch in Augsburg befunden hat. Das Inventar bezeichnet es als »Musterstuckhlein« mit sieben Schüssen auf vier Rädern, gegossen von Hans Reysinger, Länge vier Schuh, Gewicht 830 lb., Gewicht der Eisenkugel ½ lb. [68]. Wenn auch Reysinger als Geschützgießer sonst nicht hervorgetreten zu sein scheint [69], handelt es sich hierbei um eine vorzüglich gelungene Umsetzung einer technisch brillanten Idee bei gleichzeitiger harmonischer Formgestaltung und dekorativem Äußeren.
In der Formgebung lehnt sich das 1156 mm lange Stück den um 1600 in der Geschützausgestaltung üblichen Dekorationen an. Es entspricht den Haufnitzen (Haubitzen), von denen

sich ebenfalls eine ganze Reihe im Augsburger Zeughaus befunden haben. Auch die Rohrlänge ist mit den Haubitzen (fünf Schuh) identisch. Der massive Rohrkörper aus Bronzeguß ist gegliedert in Mündungsstück, Langes Feld, Mittelstück mit Schildzapfen und Henkeln, Bodenfeld und Bodenstück mit Zündfeld, Bodengesims und Stoßboden. Die sonst übliche Traube konnte wegen der Dreheinrichtung keine Verwendung finden. Am Mündungsstück befindet sich zwischen zwei Friesen das Spruchband: »GOT ALLAIN DIE EHRE IN ALLAIN DINGENN«. Das Lange Feld ist ausgeschmückt mit vier ovalen Kartuschen, die den identischen Text beinhalten:
»Gotes hilf und unverdrossen,
hat mich Hans Reysinger gegossen;
man nennt mich ein buntzen in der not,
Wirt einer aus mir troffen, her im Got« [70].
Am Bodenfeld befinden sich weitere vier Kartuschen mit leeren Feldern; offenbar waren sie für Wappen und Devisen des Auftraggebers vorgesehen. Zwischen zwei Kartuschen erkennt man die ursprüngliche Gewichtsangabe »WIGHT 830«;

Abb. 35:
Rohrbündelgeschütz des Augsburger Rotgießers Hans Reysinger, gegossen um 1600 (Museum of Artillery, Woolwich).

Abb. 36:
Zahnkranz am Stoßboden des Rohres; die Kurbel mit Zahnrad fehlt; davor die mit Scharnierdeckel verschließbaren Zündpfannen (fehlen teilweise).

Abb. 37:
Rechte Seitenansicht des Augsburger Rohrbündelgeschützes.

sie ist damit mit dem Eintrag im Zeughausinventar identisch. Das hintere Zündfeld mit dem Zündloch des zentralen Rohrs ist mit einem Arabesken-Ornament ausgeschmückt.

Der Rohrkörper enthält sieben Bohrungen im Kaliber 42,7 mm, davon sechs konzentrisch und eine im Mittelpunkt (Abb. 35). Ungefähr in der Mitte des Rohrkörpers befindet sich das Gleitlager, in der das Stück um seine Längsachse bewegt werden kann. Die Lagerschale besteht aus zwei Teilen; an der oberen sind die Henkel in Gestalt von springenden oder fliegenden Delphinen angegossen, die untere läuft nach beiden Seiten in die Schildzapfen aus. Beide Lagerschalen sind verzapft und mit einem durchgesteckten Bolzen gesichert. Die eigentliche Drehvorrichtung, die nicht mehr vollständig ist, wurde von den von der unteren Lagerschale ausgehenden armförmigen Halterungen aufgenommen. Sie bestand aus einer von rechts zu bedienenden Kurbel und einer Welle mit Zahnrad, das in den Zahnkranz des Stoßbodens eingriff (Abb. 37).

Die Zündlochbohrungen treten vor dem Stoßboden radial nach außen hervor, und zwar in zwei Zündfeldern, das vordere mit den napfförmig ausgebildeten Zündlöchern der äußeren

Rohre, das hintere mit dem Zündloch des zentralen Rohrs (Abb. 36). In der abgebildeten Rohrstellung ist diese Einrichtung deutlich zu erkennen. Sowohl links als auch rechts neben jedem Zündloch befinden sich die teilweisen Überreste von Scharnieren, die als Drehpunkt und Verschluß der verlorengegangenen Zündlochdeckel gedient haben. Deren Vorhandensein läßt den Schluß auf die Bedienung des Geschützes zu: Zunächst wurden die sieben Rohre in der üblichen Weise geladen. Daran schloß sich die Beschickung der jeweils in oberster Position befindlichen kleinen Pfanne mit Zündkraut an, worauf der Deckel zugeklappt und gesichert wurde. Zum Fertigmachen des nächsten Rohres bedurfte es einer Drehung der Kurbel, um das nächste Zündloch in die oberste Position zu bringen. Die Abfeuerung mit der Lunte vollzog sich in gleicher Weise, mit dem Unterschied, daß die Deckel nun nacheinander geöffnet wurden.

Die noch im Inventar erwähnte vierrädrige Lafettierung hat sich nicht mehr erhalten. Möglicherweise handelte es sich um einen von Pferden gezogenen Kriegswagen, auf dem das Revolvergeschütz schwenkbar montiert war. Vorbilder hierfür finden sich in den Zeugbüchern Maximilians, in denen z. B. ein Streitwagen mit auf Drehbassen gelagerten Kammerschlangen abgebildet ist[71].

Vorstellbar ist aber auch ein kleinerer Wagen, der innerhalb der Stadtbefestigung eingesetzt werden sollte.

Obgleich das Revolvergeschütz Hans Reysingers nicht datiert ist, dürfte das Stück zu Versuchszwecken um das Jahr 1600 gegossen worden sein. Dies würde dann mit der von Kraus festgestellten zweiten großen Beschaffungsphase von Kriegsmaterial zusammenfallen, von der die Blüte des Augsburger Stadtwesens am Anfang des 17. Jahrhunderts die ökonomische Grundlage bildete[72]. Offensichtlich verliefen die Versuche mit dem Revolvergeschütz derart negativ, daß die Anwendung des Drehsystems in Augsburg nicht weiter verfolgt worden ist. Gleichwohl haben aber die Untersuchungen des Verf. erstmals eine eindeutige Identifizierung dieses für die Geschichte der Rohrbündelwaffen wichtigen Stückes ermöglicht.

2. Die Anwendung des Prinzips des sich drehenden Rohrbündels wurde auch noch im Verlauf des 17. Jahrhunderts weitergeführt.

Vergleichbar mit dem Augsburger Geschütz in Woolwich sind zwei Exemplare des ehemaligen Königlichen Zeughauses Berlin[73], die wohl in der Mitte des gleichen Jahrhunderts entstanden sind. Das Stück mit der Inv.-Nr. W 482 (alte Inv.-Nr. 6832) befindet sich heute im Museum für Deutsche Geschichte Berlin und war für die Untersuchungen zugänglich (Abb. 38–40)[74].

In dem äußerlich einem gewöhnlichen Geschütz angeglichenen Korpus befinden sich sechs kreisförmig angeordnete Rohre sowie im Zentrum ein weiteres mit etwas stärkerem Kaliber.

Die Frage nach der Rohrlagerung im Korpus kann ebensowenig beantwortet werden wie die Frage, ob es sich um einzelne Rohre handelt, oder ob sie aus einem Gußblock herausgebohrt worden sind. Dies hätte nur durch eine aufwendige Demontage festgestellt werden können, die aus begreiflichen

Abb. 38:
Rohrbündelgeschütz, 7schüssig, Mitte 17. Jahrh. (Bestand u. Aufnahmen: Museum für Deutsche Geschichte, Berlin).

Abb. 39:
Mündungspartie des Rohrbündelgeschützes.

Abb. 40:
Stoßboden des Rohrbündelgeschützes; sichtbar sind die sieben (Schwanz-)Schrauben, die mit Schieber verschließbaren Pulverpfannen sowie der Zahnkranz. Die Drehvorrichtung hat sich nicht erhalten.

Gründen nicht möglich war. Sie muß einer gründlichen und fachgerechten Restaurierung vorbehalten bleiben.

Am Stoßboden sind die Rohre mit starken Schwanzschrauben versehen, die eine Reinigung der Innenwände ermöglichten. Der umhüllende Rohrmantel besteht aus fünf Abteilungen mittelstarken Eisenblechs, die an den Überlappungen vernietet sind. Hierüber aufgeschoben und angeschweißt (?) sind an Stoßboden und Schwerpunkt sowie kurz hinter der Mündung je zwei profilierte Reifen mit einer dazwischenliegenden Gleitbahn als Lager. Das mittlere Lager, das offensichtlich die Hauptlast aufnehmen sollte, ist 38 mm breit und 16 mm tief, das hintere 15 mm breit und 5 mm tief, während das vordere Lager eine Breite von 11,6 mm und eine Tiefe von 8,6 mm aufweist. Diese beiden Lager stabilisierten das sich drehende Rohr in der nicht mehr erhaltenen Lafettierung.

Unmittelbar vor dem hinteren Lager treten radial die sieben Zündlöcher (Durchmesser 10,5 mm) hervor und münden in einer rechteckigen Pulverpfanne, die auf drei Seiten von einem erhöhten Rand umgeben ist (Abb. 40). In den Längssei-

ten befinden sich Führungsnuten für die Zündlochdeckel, die mittels einer knopfartigen Handhabe soweit zurückbewegt werden können, bis sie an den schraubenkopfartigen Anschlag stoßen. Gleich davor ist auf den Mantel des Geschützes ein Reif mit sieben rechteckigen Aussparungen aufgezogen, in die offenbar ein federbelasteter Schnäpper eingreifen sollte, um nach jeder Teildrehung das nächste feuerbereite Rohr in der Schußposition genau zu fixieren.

565 mm vom Stoßboden entfernt ist auf dem Rohrmantel der augenscheinlich bronzene Zahnkranz angenietet, der den Drehimpuls auf das Rohrbündel übertrug. Die wohl an der Lafette gelagerte Antriebswelle mit Drehkurbel und das in den Zahnkranz eingreifende Ritzel haben sich ebenfalls nicht mehr erhalten.

Weitere technische Daten:	mm
Gesamtlänge	1775
Rohrlänge (Seele)	1697
Kaliber	
– äußere Rohre	19,5 / 19,6
– zentrales Rohr	23,1

Rohrbündeldurchmesser
- am Stoßboden   204
- am mittleren Lager   172
- am vorderen Lager   130

Aufgrund der festgestellten technischen Gegebenheiten läßt sich zum taktischen Einsatz und zur Bedienung des Geschützes folgendes annehmen: Nachdem die Mannschaft die Rohre wie üblich geladen hatte, mußten die Zündpfannen mit Pulver beschickt werden, wobei mit dem obenliegenden Rohr begonnen wurde. Sobald der Zündlochdeckel geschlossen war, bewegte der Kanonier durch Betätigung des Schnäppers und der Handkurbel das Rohrbündel jeweils um den siebten Teil einer Gesamtumdrehung weiter, bis sich die nächste Pulverpfanne oben befand. Sobald sämtliche Zündpfannen auf diese Weise gefüllt waren, konnte das Geschütz in der Lafettierung in Stellung gebracht werden. Beim Feuern wiederholten sich die Bewegungsabläufe in umgekehrter Reihenfolge: Zurückbewegen des Pfanndeckels, Zündung der Treibladung, Entriegelung der Raste und Drehung des Bündels, bis das nächste Rohr in oberster Schußposition war. Über die Zündung selbst können ebenfalls nur Vermutungen geäußert werden. Möglich war die Zündung mit glimmender Lunte, oder aber mit einem Lunten- bzw. Radschloß, das an der Lafette angebracht gewesen sein könnte.

3. Das zweite Exemplar des Berliner Zeughauses mit der Inv.-Nr. AB 6833 ist nicht mehr vorhanden und muß wohl als Verlust infolge der Kriegswirren 1945 angesehen werden. Glücklicherweise findet sich aber bei Wille, Ueber Kartätschgeschütze, eine Zeichnung (Abb. 41) und die hier folgende Beschreibung:
»Das ... Rohr im Artillerie-Museum des Berliner Zeughauses hat einen 1350 mm langen Mantel von ungefähr cylindrischer Grundform, welcher aus einer 10 mm starken Platte Eisenblech gebogen und in der Stoßfuge geschweißt ist. Der auf diese Weise entstandene Hohlcylinder ist an seinen beiden Enden durch zwei kreisrunde schmiedeeiserne Platten geschlossen und in diese sind sieben glatte Läufe von 17 mm Bohrungsdurchmesser eingesprengt. Äußerlich zerlegen fünf z. Theil verzierte Friesen den Mantel in vier verschieden lange Felder, die zwar alle nahezu denselben mittleren Durchmesser haben, aber in sich sämtlich schwach konisch gestaltet sind ... Die sieben Zündlöcher der Läufe treten am Bodenstück des Mantels in radialer Richtung und in einer und derselben senkrechten Ebene zutage, stehen aber unter sich in gar keiner Verbindung; es muß vielmehr, wie sich dies aus dem folgenden ergibt, unter allen Umständen jeder Schuß einzeln abgefeuert werden. Der hintere Rand des Mantels nämlich, welcher die Bodenplatte des Rohres ein wenig überragt, ist inwendig ringsherum mit einer Verzahnung versehen; in diese greift ein Stirnrad (nicht mehr vorhanden) ein, dessen Umdrehung zugleich das Rohr in eine rotirende Bewegung um seine

Längsachse versetzt und so die sieben Zündlöcher der Reihe nach einem seitlich vom Rohr eingeschäfteten Steinschloß gegenüberbringt, welches das Abschießen der einzelnen Läufe besorgt«[75].
Ein wesentliches Detail hat Wille in seiner Beschreibung allerdings unberücksichtigt gelassen. In der Zeichnung ist erkennbar, daß sich zwischen den von Wille angesprochenen verzierten Friesen – analog zu Geschütz W 482 – Gleitlager befinden und zwar ein sehr breites im Schwerpunkt des Rohres und ein weiteres an der Mündung. Daraus ergibt sich, daß auch dieses Stück ähnlich lafettiert gewesen sein muß.
Zusammenfassend läßt sich feststellen:
Äußerlich der Form gewöhnlicher Kanonenrohre angeglichen, offenbaren die vorgestellten drei Stücke die Integration folgender Faktoren zu für diese Zeiten hochmodernen Einheiten:
- Anlehnung im Aussehen an die bei der Artillerie gewöhnlichen Formen, aber
- Beibehaltung des Prinzips des sich drehenden Rohrbündels
- Antrieb des Systems durch Muskelkraft
- Übertragung der Kraft durch verschiedene Maschinenelemente (Welle, Zahnkranz, Zahnrad)
- Abfeuerung mittels glimmender Lunte oder mechanischer Zündvorrichtungen.

Die Synthese von alten Grundprinzipien mit bewährter Mechanik und neuester Technologie dieser Zeit läßt die Möglichkeit bei Weiterentwicklung von Wissenschaft und Technik in bezug auf Feuergeschwindigkeit und kontinuierlichem Feuer bzw. der Automatisierung von Feuerwaffen erahnen. Eine mechanisch angetriebene, gesteuerte und für kurze Zeit zu kontinuierlichem Feuer befähigte Waffe war somit in der ersten Entwicklungsstufe vorhanden. Die gleichfalls ununterbrochene Munitionszufuhr konnte aber erst die technische Entwicklung des 19. Jahrhunderts hervorbringen.
In Analogie zu den ein- und mehrreihigen Orgelgeschützen existiert auch bei den Rohrbündelwaffen das Urelement in Form des einzelnen Rohres. Aus ihrer Anordnung resultiert jedoch eine völlig andere funktionale Bestimmung. Dort die Verbindung der Rohre über eine gemeinsame Zündung zu einem Feuersystem, hier die weitgehende Erhaltung des Charakters der Selbständigkeit unter Einbezug in ein übergeordnetes Bewegungssystem. Infolgedessen bietet sich der Vergleich zu den Orgelgeschützen an, die nach dem Prinzip der Anhäufung von Feuereinheiten aufgebaut sind und bei denen die Rohre ohne funktionale Beziehung zueinander stehen. Der hier differenzierende Gesichtspunkt der Geschütze mit rotierendem Rohrbündel bleibt aber die Drehbewegung, ohne deren Anwendung weder ein Laden noch Abfeuern möglich wäre. Dieses System verlangt zunächst von dem Bedienungspersonal ein höheres geistiges und motorisches Eingehen auf die spezifischen Bedingungen dieser Waffe. Die Herstellung der

Feuerbereitschaft, ebenso wie das Feuern selbst, konnte nur in einer bestimmten Rohrstellung vorgenommen werden, zudem mußte die Bedienung in weit größerem Maße ihre Muskelkraft einsetzen, um das Rohrbündel weiter zu drehen, als das bei den Orgelgeschützen mit Reihen erforderlich war. Ursächlich ist dafür die Lagerreibung verantwortlich, die nicht durch konstruktive Maßnahmen, sondern nur durch Gleitmittel etwas verringert werden konnte. Aus diesem Grund mußte die Anwendung des revolvierenden Rohrbündels auf Stücke mit relativ kleinem Kaliber beschränkt bleiben, um die für die Überwindung der Reibung nötigen Kräfte in einem für den Menschen beherrschbaren Rahmen zu halten.

3.3.2.3. Letzte Entwicklungsstufe des Drehprinzips als Vorderlader

Wenige Jahrzehnte vor der allgemeinen Einführung der Waffen mit revolvierendem Rohrbündel in den Armeen mehrerer Staaten tritt in den Niederlanden nochmals eine Revolverwaffe mit Vorderladung in Erscheinung, die dem Stand der Waffen-

Abb. 42:
Rohrbündelwaffe mit Perkussionszündung, 30schüssig, ca. 1840/1850 (Bestand u. Aufnahmen: Koninklijk Nederlands Leger- en Wapenmuseum, Delft).

Abb. 43:
Antriebsmechanismus der Rohrbündelwaffe; der Hahn wird durch eine Nockenscheibe gespannt.

technik der Jahre 1835 bis 1850 entspricht (Abb. 42–43). Obgleich über den Erfinder und die präzise Herstellungszeit nichts bekannt ist, kann dieses Versuchsstück jedoch einige Kenntnisse über die weitere Ausformung des Drehprinzips vermitteln.

Die 30rohrige Waffe befindet sich im Koninklijk Nederlands Leger- en Wapenmuseum zu Delft, ist aber der Öffentlichkeit z. Zt. nicht zugänglich[76].

Die wesentlichsten Abmessungen betragen:

Rohrlänge	995 mm
Kaliber	17 mm
Rahmenlänge	1150 mm
Rahmenbreite	485 mm

Charakteristisches Merkmal dieser Perkussionswaffe ist die Verwendung von Rohren gewöhnlicher Handfeuerwaffen, wahrscheinlich solcher von Kavalleriekarabinern. Die Rohre sind in der Nähe der Mündung durch eine Scheibe gesteckt, die wiederum in ihrem Mittelpunkt mit der zentralen Drehachse verschweißt ist. Am rückwärtigen Ende (Abb. 43) sind deren Schwanzschrauben – etwas von der Form der Handfeuerwaffen abweichend – so ausgeformt, daß die Rohre mit einer Schraube an einem massiven runden Körper befestigt sind, der wiederum auf der Drehachse sitzt. An jedem Rohr tritt radial das mit einem Piston versehene Zündloch zu Tage. Der eigentliche Bedienungsmechanismus besteht nun aus einer am Rahmen gelagerten Kurbelachse, die mit einer Nockenscheibe über einen Hebel den unter Federspannung stehenden Hammer anhebt und ihn bei Abfall der Führung auf das Piston schnellen läßt. Zur Revolvierung des Bündels wirkt die Kurbel offenbar nur mit einem einzigen Zahnradsegment (Ritzel) auf den mit dem Rohrträger verbundenen Zahnkranz ein, so daß sich pro Umdrehung der Kurbel das Bündel um ein Dreißigstel seines Umfanges weiterbewegt. Zur präzisen Fixierung der Rohre in Feuerstellung, die bei dieser Anordnung der Zündung unumgänglich notwendig ist, greift eine auf der rechten inneren Rahmenseite angebrachte Sperre in den Zahnkranz ein. Ungeachtet dieser technischen Raffinessen wirkt die ganze Waffe und insbesondere die Lafettierung mit der Richtvorrichtung ziemlich einfach, fast wie von einem Dorfschmied hergestellt, und muß in diesem Zustand als nicht kriegsbrauchbar bezeichnet werden. Wie bei bisher allen besprochenen Orgelgeschützen war auch mit diesem Exemplar nur ein interruptives Schnellfeuer möglich; zwar konnten die dreißig Schüsse in sehr kurzer Zeit abgegeben werden, die Zeit bis zum nächsten Feuern war aber von einer mühsamen Ladeprozedur unterbrochen.

Trotz dieser Unzulänglichkeiten zeigt diese Versuchswaffe einen weiteren Entwicklungsschritt zur kontinuierlich feuernden Maschinenwaffe auf. Die hier verwendete nockenförmige Scheibe zur Betätigung der Abfeuerung findet sich später in technisch verbesserter Ausführung als wesentlicher Bestandteil des Mechanismus der Revolverkanone des Systems Hotchkiss. Dieses Detail kann als weitere Bestätigung der These angesehen werden, daß das Prinzip des rotierenden Rohrbündels den jeweiligen technischen Gegebenheiten der Zeit angepaßt werden konnte.

3.3.3. Das Prinzip der revolvierenden Trommel

Die schnellfeuernden Waffen mit rotierendem Rohrbündel waren nicht die einzigen Geschütze, bei denen das Drehprinzip Anwendung in der Praxis fand. Theoretisch vorstellbar ist nämlich eine Waffe mit einem feststehenden Rohr und dafür mit einer rotierenden Trommel, die in mehreren Kammern die Pulverladung und das Geschoß aufnimmt. Befindet sich eine Kammer in der direkten rückwärtigen Verlängerung des Rohres und ist fixiert, kann der Schuß gezündet werden. Danach wird die Trommel revolviert, bis sich die nächste geladene Kammer in Kongruenz mit dem Rohrende befindet. Insofern stellt die Trommel in gewisser Weise eine rotierende Magazinierung dar.

Der Ausgangspunkt dieser Entwicklung muß in den sogenannten Kammerladern gesehen werden. Dies waren Geschütze, meist in der Eisenschmiedetechnik hergestellt, bei denen die Pulverkammer nicht in das Rohr direkt eingearbeitet, sondern mit diesem jederzeit lösbar verbunden war. Um die Verbindung herzustellen, wurde die geladene Kammer an das Rohrende angesetzt[77]. Der abgesetzte vordere Teil der Kammer mit etwas geringerem Außendurchmesser paßte dabei in den die negative Form dazu darstellenden Teil des Flugs[78]. Gesichert wurde diese Verbindung mit einem keilförmigen Klotz, der in den Zwischenraum zwischen Kammer und Lafettierung getrieben wurde. Dadurch war die Kammer fest gegen den Flug gepreßt und konnte vom Gasdruck nicht nach hinten geschleudert werden. Die Lafette bestand im 14. und 15. Jahrhundert aus einem leicht ausgehöhlten Holzblock (Lade) in der Gesamtlänge des Geschützes, in dem das Rohr gelagert und mit eisernen Bändern befestigt wurde[79]. Diese Ladungsmethode, die besonders bei Festungs- und Schiffsgeschützen in Gebrauch war, hatte verschiedene taktische Vorteile aufzuweisen, die gerade unter räumlich beengten Verhältnissen zum Tragen kamen:

– Die Feuerbereitschaft konnte schneller wieder hergestellt werden, ohne das Geschütz zum Laden in der Feuerstellung verrücken zu müssen
– Mit zusätzlichen bereitgestellten Kammern war die Möglichkeit der Erhöhung der Feuergeschwindigkeit gegeben[80].

Der größte und nicht zu behebende Nachteil der Kammerlader bestand in dem ungenügend gasdichten Abschluß, d. h., ein Teil der Pulvergase entwich unausgenutzt an der Trennfuge zwischen Kammer und Flug.

Mit der zunehmenden Differenzierung und Leistungssteigerung der übrigen Artillerie verloren die Kammerlader im 17. Jahrhundert ihre Bedeutung.

Auf der Grundlage der Kammerlader müssen die Revolvergeschütze bewertet werden. Wesentlich erscheint hier die Tatsache, daß zu den Kammerladern eine gewisse Anzahl von Kammern gehörte, die an dem Geschütz austauschbar waren. Beim Feuerkampf kam es nun zu folgender Sequenz: Das Geschütz wurde abgefeuert, die leere Kammer entfernt und beiseite gelegt; der Bedienende ergriff die nächste geladene Kammer, setzte sie an den Flug an und löste den nächsten Schuß. In Feuerpausen konnten die Kammern neu geladen werden. Mit einem gewissen Abstraktionsvermögen war es nun möglich, diesen Vorgang zu mechanisieren, indem die

Kammern in einer Trommel angeordnet wurden, die sich an der rückwärtigen Rohröffnung vorbeibewegen ließ und nacheinander die Kammern zum Abschuß mit ihr in Übereinstimmung brachte[81]. Dazu bedurfte es einer gemeinsamen Basis, und zwar eines Rahmens, der das Rohr einerseits und die Lagerung der Trommel andererseits aufnahm. Die Trommellängsachse mußte dazu parallel zur Seelenachse des Rohres ausgerichtet sein.

Es ist einleuchtend, daß zwischen Rohr und Trommel ein kleiner Luftspalt vorhanden sein mußte, um die Drehbewegung überhaupt zu ermöglichen. An dieser Stelle schlugen die unter hohem Druck stehenden Pulvergase nach außen und wirkten einer möglichst hohen kinetischen Energie des Geschosses entgegen.

Die systembedingten Vorteile einer Waffe mit rotierender Trommel lagen in dem Vorhandensein von nur einem Rohr, also in einer erheblichen Einsparung von Material, Arbeitskraft und aufzuwendenden Geldmitteln einerseits sowie der erreichten Feuergeschwindigkeit andererseits, da ein Drehen der Trommel mit weniger Mühe verbunden war als das vollständige Auswechseln der Kammern bei den Kammerladern. Gegenüber den Rohrbündelwaffen versprach die Anwendung des Trommelprinzips eine deutliche Gewichtsreduzierung, die der Mobilität des Geschützes zugute kam.

Auffallend ist aber, daß die Trommelwaffen in den verschiedenen, bereits im anderen Zusammenhang vorgestellten Büchsenmeisterbüchern und Ikonographien keine Erwähnung finden[82], was den Schluß nahelegt, daß das Trommelprinzip bei einer Feuerwaffe weder in Theorie noch in der Praxis existent gewesen sein kann. Welche Gründe sprechen für diese Annahme?

1. Die nicht vorhandene Verbindung zwischen Rohr und Trommel erschien den Büchsenmeistern als zu gefährlich im Gebrauch, da die Gasausströmung in der Tat weitaus stärker sein mußte, als selbst bei einem schlecht abgedichteten Kammerstück.
2. Die Anfertigung der Trommel mit den einzelnen Kammern setzte, ob Guß- oder Schmiedetechnik, eine hohe Präzision voraus. Das gleiche galt für die Trommellagerung und deren Ausrichtung zum Rohr. Geringe Unstimmigkeiten in der axialen Übereinstimmung von Rohr und Trommel konnten zur Zerstörung der Waffe und zur Gefährdung der Bedienung führen.

Auch der Ingenieur Wilhelm Hassenstein weist in seinem Kommentar zum Feuerwerkbuch von 1420 nachdrücklich auf diesen Sachverhalt hin: »Sie (die Revolverwaffen) wurden mit einem Dreh- oder Schiebemechanismus in die Richtlage gebracht, dann leierte sich dieser infolge der hohen Beanspruchung nach wenigen Schüssen aus; daß die Revolverwaffen schließlich nicht mit der notwendigen feinmechanischen Bewegung und der erforderlichen Genauigkeit herzustellen waren leuchtete auch dem nur halbwegs technisch gebildeten Praktiker ohne weiteres ein«[83].

Aufgrund dieser Überlegungen ist anzunehmen, daß in der Frühphase der Feuerwaffen das Trommelprinzip allenfalls als Vorstellung existent war, da die aufgezeigten Nachteile die Vorteile überwogen haben dürften. Erst Mitte des 16. Jahr-

Abb. 44:
Fünfschüssige Trommelwaffe, 16. Jahrh.; Kal. 38 mm; es handelt sich um das vielleicht älteste erhaltene Stück dieses Typs (Bestand u. Aufnahme: Palazzo Ducale, Venedig).

Abb. 45:
Revolverwaffe, Anfang 17. Jahrh.; Trommel mit zehn Kammern, die jeweils zwei Ladungen hintereinander aufnehmen konnten (Gemanisches Nationalmuseum, Nürnberg).

hunderts hatten sich dann die technischen Möglichkeiten so vervollkommnet, daß die Revolverwaffen mit ausreichender Präzision hergestellt werden konnten. Nach den Untersuchungen von Arne Hoff ist dieser Tatbestand auch bei den Handfeuerwaffen mit Trommeleinrichtung festzustellen[84]. Früheste Exemplare (Gewehre) lassen sich für den Zeitraum zwischen 1580 und 1600 nachweisen. Nach der Jahrhundertwende fand sich die Trommel auch an Pistolen und Karabinern. Die Zündungen gehörten zur Gattung der Lunten- und Radschlösser.

Auch die Trommelwaffen mit größeren Kalibern, die den leichten Geschützen zuzurechnen sind, erscheinen erstmals in der zweiten Hälfte des 16. Jahrhunderts. Das vielleicht älteste erhaltene Stück dieser Gattung befindet sich im Dogenpalast zu Venedig[85]. Es handelt sich um eine fünfschüssige Trommelwaffe unbekannten Ursprungs, der die bei der Herstellung aufgetretenen technischen Schwierigkeiten anzusehen sind (Abb. 44). Insbesondere ist es dem Büchsenmeister nicht gelungen, die Trommel in einer exakten Zylinderform anzufertigen. Deutlich sind die gebrochenen Kanten an der Mantelfläche der Trommel zu erkennen. Die Zündung der Waffe mußte mit einer glimmenden Lunte vorgenommen werden. Das Rohr hat eine Länge von 800 mm; das Kaliber beträgt 38 mm. Zum Laden konnte die Trommel nach hinten von ihrer Drehachse abgezogen werden, so daß prinzipiell die Austauschbarkeit der Trommel zur zeitlichen Ausdehnung des Feuers gegeben war.

In technisch wesentlich verbesserter Ausführung präsentiert sich eine auf einem Bock montierte 1550 mm lange Revolverwaffe, die Essenwein erstmals vorstellte[86] und die aus dem Nürnberger Zeugvorrat stammt (Abb. 45). Die Herstellungszeit dürfte zu Beginn des 17. Jahrhunderts liegen. Die Trommel hat zehn kalibergleiche Bohrungen, von denen jede zwei Ladungen hintereinander aufnehmen kann. Für jede Kammer sind zwei Zündlöcher vorhanden, die mit kleinen Schiebern gesichert wurden. Aufgrund dieser Anordnung konnten aus jeder Kammer zwei Schüsse hintereinander abgegeben werden, wenn die beiden Ladungen mit entsprechendem Material voneinander getrennt waren. Um die Trommel in der Schußpo-

sition zu fixieren, befindet sich an der oberen flachen Kante des Rohres eine blattförmige Feder, deren Nase in eine Vertiefung der Mantelfläche der Trommel eingreifen kann. Auch hier ließ sich die Trommel zum Laden und zur Vornahme der Reinigung von ihrer Drehachse abziehen. Die Zündung mußte mit der Lunte vorgenommen werden.

Zusammenfassend kann festgestellt werden, daß sich die schnellfeuernden Waffen mit Revolvertrommel mit aller Wahrscheinlichkeit aus den Kammerladern entwickelt haben und die praktischen Erfahrungen im Umgang mit den einzelnen Kammern schließlich auch zu deren Anordnung in Trommelform geführt haben, als die technisch ausreichend genaue Fertigung von Trommel und Achse zwecks genauer Übereinstimmung mit der Seele des Rohres gegeben war.

Während Geschütze mit normal großem Kaliber aus Gründen der Zweckmäßigkeit (Gewicht, Handhabung) nicht als Trommelwaffe ausgeführt wurden, beschränkte sich die Anwendung des Trommelrevolverprinzips auf Kaliber bis etwa 40 mm, jedoch insbesondere auf Handfeuerwaffen. Wenngleich letzteren bis zum 19. Jahrhundert als Kriegswaffe eine unbedeutende Rolle zukam, und sie vornehmlich als Jagd- und Luxuswaffen in relativ geringen Stückzahlen für den kapitalkräftigen Adel hergestellt wurden, erschienen an ihnen sämtliche Zündsysteme und produktionstechnische Verbesserungen, die auch den übrigen Arten der Handfeuerwaffen eigen waren. Es sei aber darauf hingewiesen, daß schon Ende des 17. Jahrhunderts Systeme in Gebrauch waren, die beim Spannen des Hahnes des Steinschlosses über einen Zahnkranz die Trommel bewegten[87]. Völlig auf der Grundlage und in der Tradition dieser älteren Systeme stehend, vermochte dann der Amerikaner Samuel Colt 1836 das Trommelsystem durch Reduzierung auf einige wenige, jedoch in der Form komplizierte Bauteile unter Anwendung der modernen Maschinentechnik auf die Belange der industriellen Massenproduktion zu adaptieren. Die Kombination von technischem Einfühlungsvermögen, einem im Vergleich zu der Leistung und Zuverlässigkeit günstigen Preis und der Erschließung eines aufnahmefähigen Marktes bildeten die Grundlage des späteren wirtschaftlichen Erfolgs[88].

Die Revolverwaffen mit größerem Kaliber, die als leichte schnellfeuernde Geschütze eingesetzt werden konnten, stießen wegen ihrer nachteiligen Eigenschaften auf kein militärisches Interesse und blieben im Versuchsstadium. Noch 1718 hatte der Londoner Bürger James Puckle ein kleines Revolvergeschütz im Kaliber von 34 mm und mit neunschüssiger auswechselbarer Trommel für 14 Jahre patentieren lassen (Abb. 46), ohne daß sich sein erhoffter Verkaufserfolg rechtfertigte [89]. Zwar wies seine Waffe eine deutliche Verbesserung der Gasdichtheit auf, die durch die mit der rückwärtigen Kurbel bewerkstelligte Anpressung der vorne konischen Kammer an den Rohrmund erreicht wurde, doch war die Handhabung dieser Einrichtung ziemlich umständlich und einem schnellen Feuern abträglich. Abgebildet ist das Exemplar des Zeughausmuseums Kopenhagen (Inv.-Nr. A 348) [90].

Selbst im 19. Jahrhundert wurde das Trommelprinzip bei den handbetätigten Maschinenwaffen nicht aufgegriffen und weiterverfolgt, da zunächst keine Möglichkeit gefunden werden konnte, die Trommel als Hinterlader kontinuierlich mit Patronen zu beschicken und die leeren Hülsen zu entfernen. Dies gelang erst den Ingenieuren während des Zweiten Weltkrieges. Heute stehen Maschinenkanonen mit Revolvertrommel gleichberechtigt neben den fremdangetriebenen Rohrbündelwaffen sowie Waffen, die mit einem durch Gasdruck oder Rückstoß betätigten Drehverschluß arbeiten.

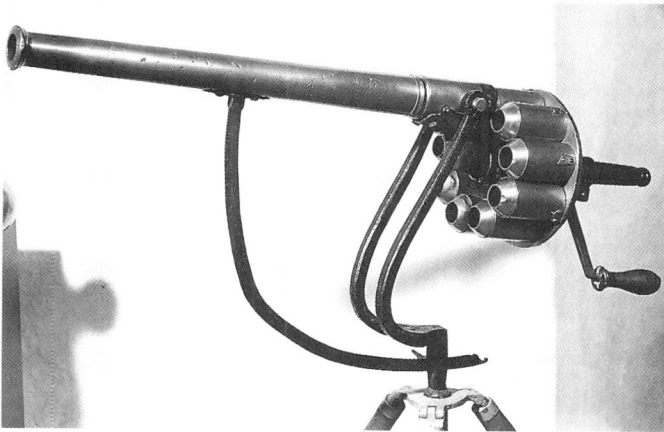

Abb. 46:
Kleines Revolvergeschütz von James Puckle mit neunschüssiger, auswechselbarer Trommel; patentiert 1718 (Zeughausmuseum Kopenhagen).

3.4.   Die Klotzbüchsen

Die bisher besprochenen schnellfeuernden Waffen beruhten auf der Anwendung des Prinzips der Anhäufung von gleichen Feuereinheiten auf oder an einem gemeinsamen Rohrträger. Zur Erlangung ihrer spezifischen Wirkung waren mindestens zwei, in der Regel mehrere Rohre vorhanden.
Diese Lösungen erforderten einen hohen Aufwand an Material und Arbeit, und sie waren, da an eine Lafettierung gebunden, kaum Feuerwaffen, die von einem Einzelnen gehandhabt werden konnten. Um aus nur einem Rohr ein Schnellfeuer zu unterhalten, gab es eine einzige Möglichkeit, die keine spezielle

Waffe voraussetzte, sondern bei der die Charakteristik des Schnellfeuers auf einer besonderen Munitionsart beruhte. Als nämlich mit der Vervollkommnung der Pulverwaffen im 14. und 15. Jahrhundert die Rohre derselben zur besseren Ausnutzung der Antriebsenergie der expandierenden Gase länger geworden waren, nutzten die Büchsenmeister diese Eigenschaft aus, um in einem Rohr mehrere komplette Ladungen einzubringen, die, einmal gezündet, von selbst hintereinander das Rohr verließen. Dazu wurde die Waffe abwechselnd mit Treibladung und Geschoß geladen und die Zündung von der

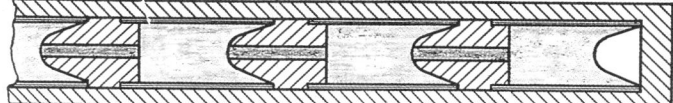

Abb. 47:
Prinzipskizze der Klotzbüchse mit alternierender Ladung von Geschoß und Treibmittel; die Waffe wurde von der Mündung her gezündet.

Mündung her mit einem Zündfaden, der mit der ersten Ladung in Verbindung stand, vorgenommen (Abb. 47). Damit nicht alle Schüsse gleichzeitig zündeten und den Rückstoß vervielfachten, mußten die aufeinanderliegenden Ladungen getrennt sein; dies erreichte man durch ein längliches, zylindrisches Geschoß, das »Klotz« genannt wurde. (Diese Bezeichnung verweist auf den funktionalen Zusammenhang mit dem üblicherweise aus Holz hergestellten Abdichtungsklotz oder Ladepfropfen bei den Geschützen, der, zwischen Treibladung und Kugel gelegen, für zusätzliche Verdämmung sorgte). Der Klotz selbst bestand aus Blei oder Eisen und hatte in seinem Zentrum eine kleine durchgehende Bohrung, durch die die sogenannten Schwefelkerzen – mit geschmolzener Salpeter-Schwefel-Kohle getränkte Zündfäden – gezogen waren. Mit dem ersten Schuß wurde die Schwefelkerze in Brand gesetzt und zündete entsprechend ihrer Abbrandgeschwindigkeit eine Ladung nach der anderen. Im »Feuerwerkbuch von 1420« findet sich folgende Beschreibung der Klotzbüchse:
»Wie man aus einer Büchse etwa viele Klötze mit einem Anzünden schießen soll, und daß jeglicher Klotz seinen besonderen Klopf[91] tut und doch nicht mehr, als einmal angezündet wird.
Willst du eine Klotzbüchse beschießen[92] mit etwa vielen Klötzen, sie seien aus Eisen oder Blei, und daß je ein Stück nach dem anderen geht und auch jegliches Stück seinen besonderen Klopf tut, so tu zuerst so viel Pulver in die Büchse, wie ein Klotz lang ist und schlag den Klotz auf das Pulver und abermals so viel Pulver und abermals ein Klotz darauf, und lade die Büchse mit Klötzen und mit Pulver, bis sie voll ist. Es soll ein jeglicher Klotz ein durchgehendes Blechlein[93] haben, daß das Feuer von einem durch das andere gehn kann. Die Löchlein sollen dermaßen groß sein wie einer Spindel Spitze. Und laß Pulver durch die Löcher, und stoß eine Schwefelkerze da hinein, und zünde sie an, so klebt[94] einer nach dem andern, bis die Büchse aller Dinge leer wird«[95].
Auf diese Weise konnte man gewöhnliche Waffen kleineren Kalibers mit den Eigenschaften eines Mehrladers versehen, der die Schüsse einer Ladung in kontinuierlicher Folge abgab. Die Wirkung dieses interruptiven Schnellfeuers beschränkte sich wegen der zum Geschoßgewicht relativ schwachen La-

dung nur auf den Nahbereich. Die Klotzbüchsen eigneten sich daher vornehmlich für den Einsatz bei Belagerungen, wenn es galt, einen unmittelbaren Sturmangriff auf Tore abzuwehren oder ein Übersteigen der Mauern zu verhindern. Da die Ladeprozedur recht aufwendig war, mußten vor dem Einsatz entsprechende Mengen geladener Klotzbüchsen bereitgestellt sein.

Ein ähnliches Prinzip der Mehrfachladung findet sich noch an Handfeuerwaffen des 17. und 18. Jahrhunderts. Jede Ladung stand dabei mit einem eigenen Zündloch mit dem Rad- oder Batterieschloß in Korrespondenz, das für den jeweils nächsten Schuß wieder zu spannen war [96].

Um die Mitte des 19. Jahrhunderts lebte dieses alte Prinzip für wenige Jahre wieder bei der dänischen Armee auf, als der Hofbüchsenmacher Nicolaj Johan Löbnitz (1798–1866), angeregt durch den Krieg von 1848, sich mit der Entwicklung von Schnellfeuerwaffen zu befassen begann. Zur Verwendung in alten Rohren von Gewehren entwickelte er eine neue Munition (Papierpatrone). Je 15 Patronen wurden dabei in ein Rohr hintereinander liegend geladen und an der Mündung mit einem speziellen Friktionszündröhrchen gezündet, so daß sich ein kurzer Feuerstoß ergab. Löbnitz bündelte die Rohre in zwei übereinanderliegenden Reihen zu je zehn Rohren. Diese »Orgelespingole« genannte Waffe wurde nach einer Reihe von Versuchen im Krieg von 1864 bei Düppel in vier Exemplaren eingesetzt, die aber verloren gingen. Noch während des Krieges wurden zwanzig weitere Waffen vom Modell 1864 in Auftrag gegeben, ohne daß sie noch zum Einsatz kamen. Die dänischen Orgelespingolen blieben nur eine marginale Episode; im Jahre 1877 wurden sie aus der Armeebewaffnung ausgesondert und veräußert [96a].

3.5. Die materielle Struktur der Orgelgeschütze

Aus der obigen Übersicht über die Entwicklung der Orgelgeschütze, ausgehend von den Darstellungen in den mittelalterlichen Bilderhandschriften, über die Originale der Spätgotik und Renaissance bis hin zu den Kammerladungssystemen als Vorstufe der Maschinenwaffen, ergeben sich aufgrund der Untersuchungen am Objekt die nachfolgenden strukturellen Bezüge (Abb. 48).

Ausgangs- und Grundelement des Orgelgeschützes war in jedem Fall das einzelne Rohr (= Feuereinheit), das als Arbeitszylinder für die Umsetzung der potentiellen chemischen Energie des Pulvers in mechanische Energie der Gase und Übertragung in kinetische Energie des Geschosses diente, d. h. in der 1. Stufe der Entwicklung unterschied sich das Orgelgeschütz in nichts von den übrigen Feuerwaffen, oder anders ausgedrückt, jede beliebige Feuerwaffe, sofern sie nicht zu groß dimensioniert war, konnte Ausgangselement für eine Waffe mit interruptivem Schnellfeuer sein.

Die 2. Entwicklungsstufe entstand durch beliebige Multiplikation von Rohren der Stufe 1, indem diese auf einer gemeinsamen Unterlage kombiniert wurden. Die Feuereinheiten blieben völlig unabhängig voneinander und mußten hintereinander abgefeuert werden.

Abb. 48:
Entwicklungsstufen der frühen Schnellfeuerwaffen (Ausf. der Zeichnung: D. Heinrich, Mendig).

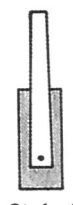

Stufe 1

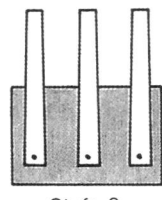

Stufe 2

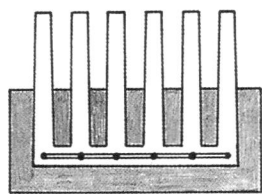

Stufe 3

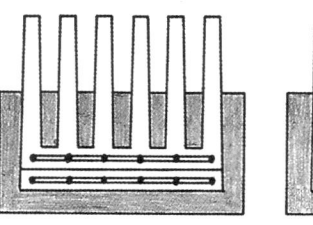

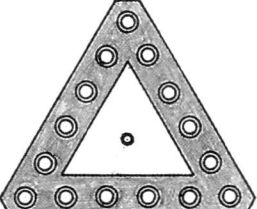

Stufe 4

Die 3. Stufe war dadurch gekennzeichnet, daß, ausgehend vom Zustand der Stufe 2, die Rohre z. B. mittels einer gemeinsamen Pulverrinne zu **einem Feuersystem** verbunden wurden. Durch diese Änderung der Funktion entstand eine neue, höhere Qualität, indem sich die Feuerkraft multipliziert hatte und nur von der Anzahl der vorhandenen Feuereinheiten und nicht von den Manipulationen der Bedienungsmannschaft abhängig war. Damit war der erste Schritt zur Mechanisierung der Funktionsabläufe bei Schnellfeuerwaffen vollzogen.

Die Entwicklungsstufe 4 baute unmittelbar auf der 3. Stufe auf. Es erfolgten keine technischen Änderungen, sondern lediglich erneut eine weitere Anhäufung von Feuereinheiten, indem das einreihige Feuersystem beliebig multipliziert und mehrere unabhängige Systeme in einer Lafettierung vereinigt wurden. Die Orgelgeschütze der Stufe 4 erschienen als verschiedenartige Kombinationen mit zwei, drei oder mehr Reihen übereinander, wobei die Rohrreihen gleich lang oder treppenförmig abgestuft sein konnten. Auch die Lagerung der Feuersysteme in Form prismatischer Körper war festzustellen. Theoretisch konnte auf diese Weise eine sehr große Anzahl von einzelnen Feuerreihen zu Orgelgeschützen kombiniert werden; praktisch setzten aber zunehmendes Gewicht und Volumen der weiteren taktisch sinnvollen Anhäufung von Feuereinheiten natürliche Grenzen.

Die vollständige Ausnutzung des Entwicklungsspielraumes in der 4. Stufe bei Rohren mit Vorderladung führte hinsichtlich Feuerkraft und Feuerschnelligkeit zwangsläufig zu den schnellfeuernden Geschützen der Stufe 5. Hier blieb das einzelne Rohr zwar weiterhin Urelement bzw. Feuereinheit, es unterschied sich aber durch die mechanisierte Ladevorrichtung und Hinter- oder Kammerladung allerdings grundlegend von den vorhergehenden Stufen.

Vorausschauend kann jedoch festgestellt werden, daß Orgelgeschütze der Stufe 5 Vorformen der automatischen Waffen darstellten und schon entsprechende Lösungsmöglichkeiten aufzeigten bzw. andeuteten (bewegliche Verschlußstücke, mechanisch betätigte Abfeuerung), wenn auch das für die Begriffsbestimmung einer automatischen Waffe erforderliche Kriterium der selbsttätigen Zuführung der Munition noch nicht erreicht war und diese Aufgabe daher noch von der Bedienungsmannschaft wahrgenommen werden mußte. Die Feuerkraft stand damit also im direkten proportionalen Verhältnis zur Leistungsfähigkeit der Bedienungsmannschaft, wobei Koordination und Organisation ihrer Funktionen in der Abstimmung auf die technisch-taktischen Merkmale des Orgelgeschützes eine entscheidende Rolle spielten.

Zusammenfassend ergibt sich folgende Einteilung:
- Entwicklungsstufe 1: Einzelnes von vorne zu ladendes Feuerrohr (Feuereinheit)
- Entwicklungsstufe 2: Anhäufung der Feuereinheiten auf einem gemeinsamen Träger
- Entwicklungsstufe 3: Verbund der Feuereinheiten zu einem System durch gemeinsame Abfeuerung (z. B. Pulverrinne)
- Entwicklungsstufe 4: Anhäufung identischer Feuersysteme als mehr- oder vielreihige Orgelgeschütze
- Entwicklungsstufe 5: Ansätze der Mechanisierung der Ladung und Abfeuerung bei Stufen 3 und 4

Die vorstehende Klassifizierung ist zunächst als modellhafter Versuch anzusehen, die Orgelgeschütze nach ihren technischen Merkmalen in ein Raster einzuordnen, das eine Bewertung und Einschätzung des Entwicklungsfortschrittes auch unabhängig von der Kenntnis der tatsächlichen Entstehungszeit zuläßt. Auch lassen sich die verschiedenen Stufen gegeneinander nur ungenügend zeitlich abgrenzen, weil die Übergänge nicht nur fließend sind, sondern sich zum Teil stark überlappen. Beispielsweise wurden einreihige Orgelgeschütze der Stufe 3 noch zu Anfang des 19. Jahrhunderts bei Kampfhandlungen eingesetzt[97].

Kennzeichnend für die Geschütze der Stufen 1 bis 5 bleibt in jedem Fall das Zusammenwirken von Mensch und Waffe; die Herstellung der Feuerbereitschaft erforderte von der Bedienung eine fortgesetzte, ausdauernde Tätigkeit, nämlich das Verbringen der Treibladung in die Rohre, das Ansetzen des Geschosses, das Verdämmen der Ladung mit dem Ladestock und schließlich das Abfeuern einzelner Rohre oder Rohrreihen. Diese Manipulationen unterschieden sich nicht von der Ladeweise einer gewöhnlichen Feuerwaffe kleineren Kalibers, da, wie festgestellt, an jedem Orgelgeschütz das Urelement isoliert betrachtet werden kann.

Bezüglich der aufgezeigten Relationen zwischen diesem Urelement und der Bedienung, erscheint es sinnvoll, die Ladetätigkeit als **elementare Ladebewegung** zu bezeichnen. Bei den verschiedenen Orgelgeschützen waren die elementaren Ladebewegungen grundsätzlich gleich; unterschiedlich war nur die Anzahl der Wiederholungen der Ladevorgänge, da hier eine Abhängigkeit von der Anzahl der vorhandenen Rohre eines Geschützes bestand.

Im Ausblick auf die nächsten Entwicklungsstufen der Orgelgeschütze unter Zugrundelegung der allgemeinen Entwicklung der Technik und ihrer Anwendung, läßt sich die Tendenz einer Verbesserung der Wirkung und der Feuergeschwindigkeit erkennen, die den physischen Einsatz des Menschen substituiert, bis schließlich die Waffe selbst alle Ladeoperationen – außer der Bereitstellung der Munition sowie der Abfeuerung – maschinenmäßig vornimmt.

Anmerkungen

[1] Die Typologie folgt in etwa den Ausführungen von Sixl, Entwicklung und Gebrauch der Handfeuerwaffen. A. Mehrläufige Feuerwaffen in den Handschriften und Waffeninventarien. In: ZHWK, Bd. 3 (1902–1905), S. 231 f. u. B. Orgeln und Orgelgeschütz, ebenda, S. 285 ff. Im Gegensatz zu Sixl aber, der die höher entwickelte Stufe der schnellfeuernden Waffen in deren Mehrlagigkeit zu sehen glaubt, hält der Verf. – wie noch dargestellt werden soll – die Verbindung der einzelnen Rohre, ob einreihig oder mehrreihig, zu einem gemeinsamen Feuersystem für den entscheidenden Schritt gerade im Hinblick auf die Durchformung der Maschinenwaffen im 19. Jahrhundert.

[2] Zum grundsätzlichen vgl. die Studie des Wiener Ingenieurs Hugo Th. Horwitz, Die Drehbewegung in ihrer Bedeutung für die Entwicklung der materiellen Kultur. In: Anthropos – Revue Internationale d'Ethnologie et de Linguistique, Bd. 28 (1933), S. 721 ff. u. Bd. 29 (1934), S. 99 ff.

[3] Essenwein, Bd. 1, S. 9, legt den Entstehungszeitpunkt auf die letzten Jahre des 14. Jahrhunderts, frühestens etwa 1380, vor.

[4] Der Spiegel der Zeichnungen schwankt zwischen 15,5 und 18 cm in der Höhe und zwischen 12 und 12,5 cm in der Breite.

[5] Eine Nachzeichnung bei Essenwein, Bd. 2, Taf. A. VII.

[6] Weitere Abbildungen in Form von Nachzeichnungen bei Essenwein, Bd. 2, Taf. A. VIII a. u. Sixl, Mehrläufige Feuerwaffen. In: ZHWK, Bd. 3 (1902–1905), S. 233, Fig. 95a.

[7] Vgl. Abbildung bei Essenwein, Bd. 2, Taf. A. XIIb sowie als Kopie des Cod. 50 der k.k. Ambraser-Sammlung, ebenda, Taf. A. XIV.

[8] Eine genaue Datierung des Cgm 734 war bisher nicht möglich, so daß als Entstehungszeit wohl das 15./16. Jahrhundert angenommen werden muß. Die Handschrift besteht insgesamt aus 234 Blatt im Folioformat mit einer dreiteiligen Unterglliederung, und zwar umfassen Bl. 1–59 das eigentliche Feuerwerksbuch mit der älteren Artillerie und der Pulverbereitung, während auf den Bl. 60–151 verschiedene Kriegsmaschinen farbig abgebildet sind. Die Bl. 152–208 beinhalten allerlei Mittel und Rezepte meist medizinischer Art; vgl. Die deutschen Handschriften der K. Hof- und Staatsbibliothek zu München. Nach J. A. Schmellers kürzerem Verzeichnis (Catalogus codicum manu scriptorum Bibliothecae Regiae Monacensis, Bd. V/VI), Teilnachdruck der Ausgabe von 1866, Wiesbaden 1972, S. 123.

[9] Zit. nach der Wiedergabe bei Essenwein, Bd. 2, Taf. A. XLI.

[10] Eine ausführliche Würdigung der maximilianischen Reformen unter Einbezug des ökonomischen Hintergrundes unternimmt Egg, Tiroler Geschützguß, im Kapitel »Kaiser Maximilians I. ›Artalerey‹ 1490–1520«, S. 49ff.

[11] Ebenda S. 50.

[12] Wiederum den Arbeiten Wendelin Boeheims war es zu verdanken, daß die Zeugbücher und die Entwurfcodices bekannt wurden und als Einheit zu verstehen sind; vgl. Boeheim, Die Zeugbücher des Kaisers Maximilian I. In: Jb. d. Kunsthistorischen Sammlungen d. Allerhöchsten Kaiserhauses, Bd. 13 (1892), S. 94–201 u. Bd. 15 (1894), S. 295–391.

[13] Siehe auch Thomas / Gamber, Katalog der Leibrüstkammer. I. Teil, der Zeitraum von 500 bis 1530. Hrsg. v. Kunsthistorischen Museum Wien, Waffensammlung (Führung durch das Kunsthistorische Museum, Nr. 13), Wien 1976, S. 213.

[14] Ein Teil der 42 × 28 cm großen Blätter war verlorengegangen und ist vor einigen Jahren in amerikanischen Besitz gekommen. Dieses Fragment stammt ursprünglich aus der fürstlich Liechtensteinschen Bibliothek.

[15] Anhand der Datierung der Hauptstücke muß der Codex um 1507 abgeschlossen worden sein; vgl. auch Egg, Tiroler Geschützguß, S. 51, Anm. 5.

[16] Das Falkonet, dessen Name sich wahrscheinlich von dem Wort Falken ableitete, gehörte zur leichtesten Gattung der maximilianischen Feldgeschütze und verschoß Bleikugeln im Gewicht von höchstens zwei Pfund. Angesichts der Tatsache, daß der Streitkarren von einem Pferd gezogen werden mußte, kann es sich nur um eine besonders leichte Ausführung desselben gehandelt haben.

[17] In den Zeugbüchern von 1512 kommen diese Geschütze nicht mehr vor, wohl aber im Inventar des Innsbrucker Zeughauses von 1515, dort werden vier Streitkarren mit je sechs Rohren aufgeführt; vgl. Egg, Tiroler Geschützguß, S. 67.

[18] Der Cgm 599 umfaßt 135 Blatt in der Größe 29,5 × 21 cm, die Mundart ist nordbayerisch/fränkisch. Der Codex beinhaltet drei voneinander abgesetzte Teile: a) Bl. 2ᵛ–47ʳ mit 80 ganzseitigen, teilweise doppelseitigen kolorierten Federzeichnungen ohne Text, die Geschütze, Belagerungsmaschinen, Sturmgeräte, Feuerwerkskörper und Burganlagen darstellen; b) Bl. 48ʳ–62ᵛ: Feuerwerkbuch (von 1420), das bis auf geringe Abweichungen mit dem Druck von Heinrich Steiner, Augsburg 1529, übereinstimmt (Neudruck dieses Erstdruckes mit Erläuterungen durch Wilhelm Hassenstein, Das Feuerwerkbuch von 1420. 600 Jahre deutsche Pulverwaffen und Büchsenmeisterei, München 1941); c) Bl. 66ʳ–101ᵛ: »wahrhafte kunst die aus den püxsen zu schiessen« verfaßt 1473 von dem aus der Pfalz gebürtigen Büchsenmeister Martin Merz, der für Herzog Friedrich den Siegreichen zu Bayern arbeitete und 1501 in Amberg (Grabmal an der Stadtkirche) starb (zu seiner Person vgl. Wolfgang Stammler/ Karl Langosch, Die deutsche Literatur des Mittelalters – Verfasserlexikon, Bd. 3, Berlin 1943, Sp. 368–370.); vgl. Karin Schneider, Die deutschen Handschriften der Bayerischen Staatsbibliothek München Cgm 501–690 (Catalogus codicum manu scriptorum Bibliothecae Monacensis, Bd. 5, Teil IV), Wiesbaden 1978, S. 225f.

[19] Sixl, Mehrläufige Feuerwaffen. In: ZHWK, Bd. 3 (1902–1905), S. 270.

[20] Die von Fürst Karl Anton (1848–1885) stark erweiterten Kunstsammlungen enthalten auch eine bedeutende Waffensammlung; diese wurde 1864 in einem ausgebauten Gewölbe unter dem Schloßhof untergebracht. Vgl. Walter Kaufhold / Rudolf Seigel, Schloß Sigmaringen und das Fürstliche Haus Hohenzollern, Konstanz 1966, S. 63f.; Für das Orgelgeschütz ebenda und Abb. S. 45. Eine genaue Beschreibung findet sich bei Sixl, B. Orgeln und Orgelgeschütz. In: ZHWK, Bd. 4 (1906–1908), S. 24f.

[21] Maße ebenda entnommen.

[22] Ebenda S. 25.

[23] Ebenda.

[24] Sixl, Orgeln und Orgelgeschütz. In: ZHWK, Bd. 3 (1902–1905), S. 288f. u. Das Königliche Zeughaus. Führer durch die Ruhmeshalle und die Sammlungen, 5. Aufl. Berlin 1910, S. 113, Nr. 108. Vgl. auch Wille, Kartätschgeschütze, S. 9.

[25] Sixl, ebenda S. 289.

[26] Ebenda.

[27] Vgl. H. Müller, Alte Geschütze. Kostbare Stücke aus der Sammlung des Museums. Hrsg. v. Museum für Deutsche Geschichte Berlin, Berlin 1968, S. 22f.; Kataloge: Das Königliche Zeughaus, 5. Aufl. 1910, S. 113, Nr. 109 u. 1914, S. 193; Sixl, Orgeln und Orgelgeschütz. In: ZHWK, Bd. 3 (1902–1905), S. 286f.

[28] Das Königliche Zeughaus, 5. Aufl. 1910, S. 113, Nr. 109.

[29] H. Müller, Alte Geschütze, S. 22.

[30] Die Besichtigung fand am 18.11.1981 zusammen mit Herrn Dr. Müller, stellv. Abteilungsleiter am Museum für Deutsche Geschichte, statt. Nach seiner mdl. Auskunft liegen dem Museum keine weiteren Erkenntnisse bzgl. der beiden Orgelgeschütze vor. Eine Notiz in der Kartei enthalte nur die Information, das W 459 während des deutsch-französischen Krieges im Jahre 1870 in Metz erbeutet worden sei.

[31] Sixl, Orgeln und Orgelgeschütz. In: ZHWK, Bd. 3 (1902–1905), S. 287f.

[32] Cod. icon. 222, Bl. 26ʳ; vgl. Abschnitt 3.2.1.2.

[33] Vgl. auch Sixl, Orgeln und Orgelgeschütz. In: ZHWK, Bd. 4 (1906–1908), S. 85ff. Zur Geschichte der Coburger Waffensammlung, eine der größten deutschen, vgl. Johannes v. Loßnitzer, Studien aus der Waffensammlung der Veste Coburg. In: ZHWK, Bd. 8 (1918–1920), S. 346–349.

[34] Sixl, ebenda, S. 87; hier heißt es: »Eine Richtmaschine war sehr wahrscheinlich vorhanden, wenigstens deutet dies ein rechts seitwärts an der Vorderwand des Lafettenkastens angeschraubter Bügel an ... Der Bügel diente sehr wahrscheinlich zur Aufnahme und Führung einer – jetzt fehlenden – Schraubenspindel, welche bei entsprechend geformtem Oberteil das hinterwichtige Laufbündel in einer bestimmten Elevation halten konnte«.

[35] Befindet sich in den Staatl. Kunstsammlungen der Veste Coburg.

[36] Im Katalog von 1910, S. 112, hat es als die Nummer 94 im Führer durch die Ruhmeshalle und die Sammlungen von 1914, S. 193, gibt außer der Inv. Nr. AB 6830 keine näheren Angaben. Nach Auskunft von Herrn Dr. Müller soll sich das Geschütz möglicherweise im Armeemuseum Warschau befinden.

[37] Sixl, ebenda S. 84f.

[38] Abbildung der Marke bei Eugène Heer, Der Neue Støckel. Internationales Lexikon der Büchsenmacher, Feuerwaffenfabrikanten und Armbrustmacher von 1400–1900, Bd. 1, Schwäbisch Hall 1978, S. 174.

[39] Vgl. Das Königliche Zeughaus, 5. Aufl. 1910, S. 112, Nr. 95; Katalog 1914, S. 193f. u. Abb. Taf. XXIX.

[40] Frdl. Mitteilung vom Konservateur des Zeughauses, Herrn Nicolo Vital, dessen Angaben auf die Auswertung der Stadtrechnungen im Staatsarchiv Solothurn zurückgehen. Vgl. auch Rudolf Wegeli, Katalog der Waffensammlung im Zeughaus zu Solothurn, Solothurn 1905, S. 69, Nr. 642 u. Abb. Taf. XIII., Nicolo Vital / Bendicht Weibel, Das Alte Zeughaus Solothurn, Solothurn 1980, S. 44f., hier auch eine Darstellung der Geschichte des Zeughauses und der Waffensammlung sowie ein Beitrag zum Wehrwesen der Stadt Solothurn.

[41] Die Darstellung folgt den Beschreibungen bei Johann Szendrei, Ungarische Kriegsgeschichtliche Denkmäler in der Millenniums-Landes-Ausstellung, Budapest 1896, S. 964ff. sowie Sixl, A. Mehrläufige Feuerwaffen in den Handschriften und Waffen-Inventarien. In: ZHWK, Bd. 3 (1902–1905), S. 327f.

[42] In: Mittheilungen über Gegenstände der Artillerie- und Kriegs-Wissenschaften, Jg. 1868, S. 295–303, hier S. 297f. u. Taf. 20, Fig. 5 u. 6.; Detaillierte Beschreibung bei Sixl, B. Mehrreihige Orgeln. In: ZHWK, Bd. 4 (1906–1908), S. 25ff. Auf der Oberseite des nach oben zu öffnenden Gehäuses befand sich die Jahreszahl und folgende Inschrift: »HOC OPVS/355 PONDO INVENTOR/ FECIT DANNIEL KOLMANN/CIVITATIS VIENNENSIS/ARMAMENTARII PRAE/ FECTVS.«

[43] Dittrich, Eine Mitrailleuse aus dem siebzehnten Jahrhundert. In: AAI, 35. Jg. (1871), Bd. 70, S. 269–272.

[44] Ebenda S. 272.

[45] Vgl. die Abbildungen in Form von Nachzeichnungen bei Essenwein, Bd. 2, Taf. A IX und Sixl, Mehrläufige Feuerwaffen. In: ZHWK, Bd. 3 (1902–1905), S. 234, Fig. 96a.

[46] Wiedergegeben ist der rechte Teil von Blatt 109a der zweibändigen von Götz Quarg edierten Ausgabe des Bellifortis, Düsseldorf 1967; Bd. 1: Faksimile der Bilderhandschrift, Bd. 2: Umschrift und Übersetzung. Gerade der letztere Band ist nur mit großer Vorsicht zu benutzen. Hermann Heimpel konnte in einer ausführlichen Rezension (In: Göttingische Gelehrte Anzeigen, 223. Jg. (1971), Heft 1/2, S. 115–148) Quarg hunderte von Lese- und Übersetzungsfehlern nachweisen, da er ohne die Beratung und den Beistand eines kompetenten Mittelalterhistorikers an diese schwierige Aufgabe wagte. Trotz dieser gravierenden Mängel bleibt Quarg das Verdienst, die Ausgabe überhaupt in Angriff genommen, die Zeichnungen mit einem fundierten technischen Kommentar versehen und neue bisher unbekannte Details zur Biographie Kyesers herausgearbeitet zu haben. Namentlich in diesem Punkt bedürfen die Angaben bei Jähns, Geschichte der Kriegswissenschaften, Bd. 1, S. 249ff. sowie bei Stammler/Langosch, Die deutsche Literatur des Mittelalters, Bd. 2, Sp. 1003f. der Ergänzung und Berichtigung. Demnach wurde Kyeser am 26.8.1366 im fränkischen Eichstätt als Sohn einer Kieser (Prüfer-)Familie geboren und genoß eine gutbürgerliche – gemessen an Wein, Bier usw. geboren und genoß eine gutbürgerliche – auch militärische Ausbildung. Am 28.9.1396 war er an der Schlacht bei Nikropolis beteiligt, als König Siegmunds Heer von den Türken so geschlagen wurde, daß es sich nur durch Flucht vor der totalen Vernichtung retten konnte.

Dieser Umstand scheint ein Schlüsselerlebnis in Kyesers Leben gewesen zu sein, denn seitdem empfand er gegenüber Siegmund Gefühle von Haß und Verachtung und wurde bald darauf Anhänger von Wenzel, König von Böhmen und Bruder Siegmunds, beide Söhne Kaiser Karls IV. Als Wenzel von seinem Bruder im April 1402 gefangengesetzt wurde und Siegmund Reichsverweser von Böhmen wurde, ging Kyeser in die Verbannung und lebte unterhalb einer bisher nicht identifizierten Burg; während dieser Zeit entwarf er bis 1405 den Bellifortis (der »Kampfstarke«). Sein Todesjahr ist unbekannt. Das Werk besteht aus 140 Foliopergamentblättern mit knappem in Reimen abgefaßten lateinischen Text und dazugehörigen farbigen Darstellungen, von denen die meisten vom Autor selbst, einige besonders sorgfältig ausgeführt von einem Miniaturmaler – wohl aus der Wenzelschule – gefertigt sind. Der in zehn Kapiteln gegliederte Inhalt behandelt eine Vielzahl der zur Kriegsführung benötigten Gerätschaften, Werkzeuge und Hilfsmittel sowie chemische Rezepte, u.a. auch zur Pulverbereitung. Den Feuerwaffen ist kein übermäßig breiter Raum vorbehalten. Dies hängt wohl damit zusammen, daß diesen um 1400 in der Praxis noch kein größerer Stellenwert eingeräumt worden ist. Alles in allem bleibt das Werk Kyesers als sehr früher Ansatz einer auf praktischer Erfahrung beruhenden Theorie der technischen Kriegsführung für die Geschichte der Militärtechnik von Bedeutung, wenngleich die theoretischen Elemente des Inhalts nur in sehr beschränktem Umfang sichtbar werden.

47 Übersetzung nach Quarg, Bellifortis, Bd. 2, S. 83.
48 Nach den Forschungen von Sixl (Entwicklung und Gebrauch der Handfeuerwaffen. In: ZHWK, Bd. 2 (1900–1902), S. 317ff.) wurden schon im letzten Viertel des 14. Jahrhunderts Büchsenrohre aus Bronze gegossen, die eben diese glatt-runde Oberfläche aufweisen. Zu Anfang des 16. Jahrhunderts wurden allerdings auch Bronzerohre mit Kupfergehalt hergestellt. Ein Vergleich mit der bei Sixl (ebenda S. 117, Fig. 59) angeführten Abbildung aus dem Codex 719 des Germanischen Nationalmuseums, in der eine auf einem dreibeinigen Gerüst lafettierte Büchse (Bockbüchse) dargestellt ist, macht deutlich, daß die Rohrlagerung, insbesondere das den Rückstoß aufnehmende Widerlager, mit jenem der Bockbüchse identisch ist; hier wurden also vorhandene Bockbüchsenrohre an eine drehbare räderförmige Lafette adaptiert.
49 = Zentner; gemeint ist das Rohrgewicht als indirektes Maß für das Kaliber des Geschützes. Hier handelt es sich wohl um besonders leichte Falkonetrohre.
50 Zit. nach Essenwein, Bd. 2, Taf. A.XLI
51 Vgl. Reuleaux, Die geschichtliche Entwicklung des Befestigungswesens vom Aufkommen der Pulvergeschütze bis zur Neuzeit (Sammlung Göschen, Bd. 569), Leipzig 1912, S. 12ff. und besonders Schmidtchen, Bombarden, S. 120ff.
52 Dieser Abschnitt stützt sich auch auf die Vorstudie des Verfassers: Die Anwendung des technisch-historischen Erfahrungsschatzes in der Gegenwart. In: Die Wehrtechnische Studiensammlung des BWB (Einführungsschrift), S. 40ff.
53 Quarg, Bellifortis, Bd. 1, Bl. 109a linke Seite; Nachzeichnungen und Beschreibungen auch bei Essenwein, Bd. 1, S. 18 und Bd. 2, Taf. A.XIIIa; Sixl, Mehrläufige Feuerwaffen. In: ZHWK, Bd. 3 (1902–1905), S. 235.
54 Übersetzung nach Quarg, Bellifortis, Bd. 2, S. 83.
55 Frdl. Mitteilung von Herrn Dr. Jürgen Kraus, wissenschaftlicher Angestellter im Bayerischen Armeemuseum, 20.10.81.
56 W. M. Schmid, Vierläufiges Handfeuerrohr. In: ZHWK, Bd. 5 (1909–1911), S. 24f. versucht in einer kurzen Notiz unter Bezug auf obiges Stück nachzuweisen, daß es sich dabei um keine Feuerwaffe im eigentlichen Sinn, sondern um einen bei festlichen Umzügen verwendeten Böller chinesisch-malaiischer Provenienz aus dem 18. oder 19. Jahrhundert handele. Seine Argumentation stützt er auf ein vergleichbares, jedoch dreirohriges Instrument (Inv.-Nr. Gr. 238) der Ethnographischen Sammlung (heutiges Staatl. Museum für Völkerkunde) München, das mit einer Sammlung malaysischer Waffen 1876 dorthin gelangte. Der in Holländisch-Indien ansässige Stifter beschrieb das Stück als zeitgenössisches Handbüchse. In der Tat weisen der Ingolstädter Faustrohrstreitkolben und Münchener Böller große Übereinstimmungen auf, wenngleich letzterer im gesamten ca. 150 mm länger ist (Rohrlängen 85 zu 165 mm). Die Bündelung der Rohre ist gleich, ebenfalls der durch drei eiserne Ringe bewirkte Zusammenhalt. Bei beiden Stücken befinden sich die Zündlöcher unmittelbar vor dem hintersten Ring, auch geht der Stoßboden in gleicher Weise in die zur Aufnahme des Stangenschafts bestimmte Tülle über. Das entscheidende Argument gegen die Funktion als Feuerwaffe, das Schmid anführt, ist abgesehen von dem etwas ungeraden Verlauf der Seelenachse und der unebenen Innenwände der Rohre seine These, daß wegen der besonderen Kürze der Rohre eine Verwendung als Schießwaffe unmöglich gewesen sei. Eine Eigenschaft der frühen Handfeuerwaffen bestand aber gerade in ihrer charakteristischen Kompaktheit, so bewegen sich in einer von Sixl (Entwicklung und Gebrauch der Handfeuerwaffen. In: ZHWK, Bd. 1 (1897–1899), S. 184) erarbeiteten Zusammenstellung früher Handwaffen die Rohrlängen zwischen 140 und 230 mm. Das Ingolstädter Stück fällt zwar mit einer Rohrlänge von nur 85 mm aus diesem Rahmen, es sei hier aber angeführt, daß sich die Entwicklung der Feuerwaffen und die Kunst bzw. die Kenntnis der Büchsenmeister vor 1400 immer noch im Bereich der erlebten Erfahrung bewegte, eine Theorie vom Pulver und seiner Wirkung aber höchstens ansatzweise vorhanden war (z. B. in Kyesers Bellifortis). Diese Waffen müssen vielmehr unter dem Gesichtspunkt der Suche nach dem Möglichen und der Notwendigkeit vieler Experimente bewertet werden. So lehrte denn auch später die Erfahrung, die Rohre zwecks besserer Ausnutzung der Energie länger zu machen. Ungeachtet der Meinung von Schmid über die Funktion des Münchener Böllers, besteht nach Meinung des Verf. die Möglichkeit, daß das Ingolstädter Stück tatsächlich eine Feuerwaffe war. Solange nicht unter Angabe stichhaltiger Gründe das Gegenteil bewiesen werden kann, sollte hiervon ausgegangen werden, zumal neuerdings auch Heinrich Müller, Gewehr-Pistolen-Revolver, S. 34, sie als mehrrohrige Handbüchse würdigt. R. Forrer, Die ältesten gotischen ein- und mehrläufigen Faustrohrstreitkolben. In: ZHWK, Bd. 4 (1906–1908), S. 55ff., argumentierte in ähnlicher Weise.
57 Forrer, ebenda S. 56f.
58 Ebenda S. 57, Abb. 2–3.
59 Vgl. M. v. Ehrental, Die Waffensammlung des Fürsten Reuß j. L. zu Schloß Osterstein zu Gera. In: ZHWK, Bd. 4 (1906–1908), S. 261–266, hier S. 265 u. Taf. nach S. 264. Es heißt dort: »Das älteste Stück ist ... eine vierläufige Handbüchse, Nr. 224, deren Ursprung wir noch in die erste Hälfte des 15. Jahrhunderts setzen. Vier eiserne Läufe, Kaliber 12 bez. 13 mm, sind in einem hinten achtkantigen, vorne zylindrischen Holzkeil, der an beiden Enden von je einem schmiedeeisernen Ring umfaßt wird, eingelassen. Die Zündlöcher werden durch Holzschieber verdeckt bez. freigelegt ... Mit dem vorderen, 0,32 m langen Teil ist ein wesentlich schwächerer, achtkantiger, 0,44 m langer Stab, an dem sich ein Gürtelhaken befindet, verbunden.«
60 Über diesen Waffentyp vgl. das Werk von Jack Dunlap, American, British and Continental Pepperbox Firearms, Palo Alto (Calif.) 1964.
61 Vgl. Bengt M. Holmquist/Birger Gripstad, Svensk Armémateriel under 350 År, Fran Kungl Kriegskollegiums tillkomst år 1630 fram till våra dagar, o.O. 1980, S. 16.
62 In der ersten Entwicklungsphase dieses Schloßtyps zu Anfang des 15. Jahrhunderts bestand dieses lediglich aus einer S-förmigen Eisenstange, die in einem Drehpunkt an der rechten Seite der Waffe beweglich gelagert war. Am oberen Ende dieser Stange befand sich die Halterung für die Lunte. Durch Betätigung des freien unteren Teils senkte sich diese auf die Pulverpfanne. Diese Einrichtung wurde in den folgenden Jahren weiter verbessert, indem alle für das Zünden notwendigen Teile an einer länglichen Schloßplatte befestigt wurden. Der Mechanismus stand jetzt unter Federspannung, so daß sich der Hahn beim Loslassen des Abzuges wieder selbsttätig in die Ruheposition bewegte. Dieser Schloßtyp findet sich schon in dem auch in anderem Zusammenhang behandelten Münchener Cgm 599 und zwar im Büchsenmeisterbuch des Martin Merz von 1473 (Abb. bei Essenwein, Bd. 2, Taf. B. VI.) In dieser Ausführung wurde das Luntenschloß über 200 Jahre hinweg die verbreitetste Zündungsart militärischer Handfeuerwaffen. Vgl. auch Arne Hoff, Feuerwaffen. Ein waffenhistorisches Handbuch, Bd. 1, Braunschweig 1969, S. 12ff.; Die Sammlungen des Wehrgeschichtlichen Museums im Schloß Rastatt, Bd. 2 Handfeuerwaffen, Teil I Die historisch-technische Entwicklung, bearb. von Rolf Wirtgen, 2. Aufl. Freiburg 1980, S. 8f.
63 Vgl. dazu G. v. Graevenitz, Das Arsenal zu Venedig und seine Sammlungen. In: ZHWK, Bd. 5 (1909–1911), S. 65–72, hier S. 71f. u. Umberto Franzoi, Die Waffensammlung des Dogenpalastes in Venedig, Venedig 1966, S. 41.
64 Vgl. Heer, Der neue Stöckel, Bd. 1, S. 86.
65 Reysinger (auch »Reisinger« oder »Reissinger«) ist vor allem als Gußmeister von Brunnenanlagen bekannt. 1568 entsteht ein Postament zu einem Brunnen für den Hoflustgarten Wien, 1572/1575 eine Fontäne für Herzog Albrecht in einem neuen Garten bei den neuen Feste in München. Eine in Aussicht genommene Beteiligung beim Guß der Figuren für das Innsbrucker Grabmal Kaiser Maximilians I. kam nicht zustande; vgl. Thieme-Becker, Allgemeines Lexikon der bildenden Künstler, Bd. 28, S. 141 u. Ausstellungskatalog: Welt im Umbruch. Augsburg zwischen Renaissance und Barock, Bd. 2, Augsburg 1980, S. 190ff.
66 Vgl. auch J. P. Kaestlin (Bearb.), Catalogue of the Museum of Artillery in the Rotunda at Wollwich, Teil 1 Ordnance, 2. Aufl. o.O. 1970, S. 25.
67 Militärwesen der Reichsstadt Augsburg, S. 427–445: »Verzeichnus alles grosen vnnd kleinen geschütz, armaturn ..., so in dem obern vnnd vnderen zeughaus, Königstadl ... auff dem Rathaus, Wehrthurn, Tag vnnd Nachtposten des Heyl: Röm: reichs Statt Augspurg inuentirt vnnd beschriben worden Anno 1681.«
68 Ebenda S. 435.
69 Nach dem Inventar befand sich kein weiteres nach ihm bezeichnetes Geschütz im Augsburger Zeughaus.
70 Die Inschrift ist, da keine Abbildungen vorlagen, zitiert nach Kaestlin, Catalogue of the Museum of Artillery, S. 25; geringe Abweichungen von der tatsächlichen Schreibweise mögen daher vorkommen.
71 Vgl. Boeheim, Die Zeugbücher des Kaisers Maximilian. In: Jb. d. Kunsthistorischen Sammlungen d. Allerhöchsten Kaiserhauses, Bd. 13 (1892), S. 156, Fig. 32.
72 Vgl. Kraus, Militärwesen der Reichsstadt Augsburg, S. 353. So stiegen die Geschützvorräte vom Jahre 1540 bis 1624 um 161 auf insgesamt 271 Stücke der verschiedenen Kaliber; ebenda S. 338.

[73] Vgl. Führer durch die Ruhmeshalle und die Sammlungen, 5. Aufl. 1910, S. 113, Nr. 110, 111.

[74] Diese fand im Beisein von Herrn Dr. Müller am 18.11.81 statt.

[75] Wille, Kartätschgeschütze, S. 13f. und Abb. Taf. I, Fig. 10.

[76] Herrn Lenselink sei an dieser Stelle für die Vermessung und die Anfertigung der Fotoaufnahmen herzlich gedankt.

[77] Die Funktion der Kammer als ein mit Pulver gefüllter Hohlkörper war nicht einheitlich. Des öfteren enthielt die Kammer bei kleineren Geschützen auch die Stein- oder Bleikugel; bei größeren Stücken wurde das Geschoß entweder durch die Mündung in das Rohr eingeführt, oder vor dem Ansetzen der Kammer von hinten eingebracht, so daß man letztere Geschütze nicht eindeutig den Vorder- oder Hinterladern zuzuordnen vermag. Vgl. zu dieser Frage und insbesondere zu der Ladeweise der Kammerstücke: Paul Post, Eine mittelalterliche Geschützkammer mit Ladung im Berliner Zeughaus. In: ZHWK, Bd. 9 (1921–1922), S. 117–121.

[78] Als »Flug« wird nur derjenige Teil des Rohres bezeichnet, der das Geschoß aufnimmt und führt, jedoch nicht die Pulverkammer.

[79] In der Mitte des 15. Jahrhunderts wurden die Kammerlader konstruktiv vereinfacht. Die Lade verschwand, stattdessen erschien am Kammerteil des Geschützes ein angelötetes oder feuerverschweißtes muldenförmiges Lager, das die Kammer aufnahm. Hinter der Kammer wurde dann durch zwei Öffnungen ein Keil quer durch die Mulde getrieben, um die Kammer fest an den Rohrmund anzupressen. Paul Reimer (Nochmals – Die älteren Hinterladungsgeschütze. In: ZHWK, Bd. 9 (1921–1922), S. 194–199, hier S. 198) hat mit Recht darauf hingewiesen, daß die Mulde eine in Form und Funktion analoge Erscheinung zu der »Hülse« der modernen Infanteriegewehre darstellte; diese war gleichfalls an dem Rohrmundstück angebracht (geschraubt) und diente als Gleitbahn des Schloßzylinders und als Patroneneinlage.

[80] Bernhard Rathgen, Das Geschütz im Mittelalter, S. 54, konnte z.B. in den Stadtrechnungen von Frankfurt a.M. in der Zeit der ersten Hälfte des 15. Jahrhunderts den Ankauf mehrerer Kammerlader mit jeweils einer Anzahl dazugehöriger Kammern nachweisen, so u.a. im Jahre 1414 »38 fl um ein issern kammerbuszen mit 4 kammern«.

[81] Die Überlegung, den Ersatz der Kammern zu mechanisieren, ließ in ihrer praktischen Anwendung noch eine zweite Möglichkeit zu: Abweichend vom Trommelprinzip können die Kammern nämlich nebeneinander in einem länglichen Block angeordnet werden, der mittels einer Zahnradübertragung am Rohrende vorbei quer zur Rohrachse in Führungsnuten bewegt werden kann, um die einzelnen Kammern mit der Seelenachse in Übereinstimmung zu bringen. Ein – wenn auch relativ spätes – schnellfeuerndes Falkonet, das nach diesem System arbeitet, wurde 1742 von dem Mechaniker (und Theologiestudenten) Johannes Welten von Saanen (Kreis Bern) hergestellt. Es besitzt einen quer zur Rohrachse verschiebbaren Kammerblock mit zehn Bohrungen. Die Waffe wurde vom Kanton Bern als höchstes Staatsgeheimnis angekauft und blieb in ihrer Art ein Einzelstück; zu diesem Geschütz vgl. E. A. Geßler, Die Grundlagen der heutigen Artillerie. In: Atlantis. Länder, Völker, Reisen, Zürich, 8. Jg. (1936), S. 272–280, hier S. 277f. u. Abb. S. 279.

[82] Dies war auch für das Feuerwerkbuch von 1420 zutreffend. Hassenstein äußert sich in seinen Erläuterungen dazu wie folgt (S. 81): »Nichts finden wir darin … von Hinterladern, …, nichts von Schnellfeuergeschützen, Revolverkanonen und Mehrladewaffen. Auch das ist offenbar kein Zufall, keine Nachlässigkeit und kein Versehen, sondern planvolle Absicht. Der mit der Praxis vertraute und sachverständige Verfasser hat eben, im Gegensatz zu anderen zeitgenössischen, vielfach mit alchemistischen Geheimniskrämereien und phantastischen Wunschträumen gespickten Werken, nichts seinen Berufskollegen vermitteln wollen, was er nicht selbst als bewährt im praktischen Betrieb, als brauchbar im Angriff und bei der Verteidigung ausprobiert hat«. Es sind jedoch Zweifel angebracht, ob die Aussage in dieser Absolutheit im Hinblick auf die besprochenen Rohrbündelgeschütze Gültigkeit behalten kann, da an dem Exemplar des Schwedischen Armeemuseums nachgewiesen werden konnte, daß selbst »phantastische Wunschträume« zuweilen realisiert worden sind, auch wenn sie keine allgemeine Verbreitung fanden. Dagegen ist

Hassenstein bezüglich der Geschütze mit revolvierender Trommel sicherlich zuzustimmen.

[83] Hassenstein, Das Feuerwerkbuch von 1420, S. 81f.

[84] Vgl. Hoff, Feuerwaffen, Bd. 2, Braunschweig 1969, S. 254ff.; er führt ein 12schüssiges Gewehr des Germanischen Nationalmuseums und eine Pistole im Hessischen Landesmuseum Darmstadt (Inv.-Nr. W 61:128) an, beide mit Luntenschloßzündung.

[85] Vgl. Graevenitz, Das Arsenal von Venedig. In: ZHWK, Bd. 5 (1909–1911), S. 71f. u. A. Gaibi, Le Armi da Fuoco Portatili Italiane dalle origini al Risorgimento, Milano 1968, ohne Seitenzählung.

[86] Essenwein, Bd. 1, S. 98 u. Bd. 2, Taf. A. CLI, Fig. b. Die 20schüssige Waffe (Inv.-Nr. W 419) befindet sich heute noch im Germanischen Nationalmuseum Nürnberg und hat folgende Abmessungen (mm): Gesamtlänge 1525; Rohrlänge 1135; Kaliber 18,7; Trommellänge 224; Tiefe der Ladungskammern 205. Die beiden vorderen Beine der Bocklafette sind in späterer Zeit ergänzt worden.

[87] Vgl. Hoff, Feuerwaffen, Bd. 2, S. 261; hier ist eine Revolverwaffe der Waffensammlung des Londoner Tower (Inv.-Nr. XII: 1780) angeführt, die wahrscheinlich von dem Londoner Büchsenmacher und Zunftmeister John Dafte stammt und beschriebene Einrichtung aufweist. Nach charakteristischen Schaftmerkmalen datiert Hoff diese Waffe auf 1680.

[88] Zur Geschichte der Colt-Waffen und ihrer Technik vgl. Charles T. Haven / Frank A. Belden, A History of the Colt Revolver and the other Arms made by Colt's Patent Fire Arms Manufacturin Company from 1836 to 1940, New York 1940.

[89] Vgl. George M. Chinn, The Machine Gun. History, Evolution and Development of manually operated, full automatic, and power driven Aircraft Machine Guns, Bd. 1, Nachdruck der Ausgabe 1951, Ann Arbor (Michigan) o.J., S. 17ff.; dort auch eine Wiedergabe der Patentschrift sowie Charles Ffoulkes, The Gun-Founders of England, 2. Aufl. London 1969, S. 32ff.

[90] Vgl. The Tøjhusmuseum (Hrsg.), The Cannon Hall, Copenhagen 1971, S. 36.

[91] Schuß; man konnte also die einzelnen Schüsse mit dem Gehör noch zeitlich differenzieren.

[92] Im Sinne von »abschießen«.

[93] Entweder im Sinne von »Löchlein« oder die Bohrung im Klotz war mit einem dünnen Blech ausgekleidet.

[94] Im Sinne von »geht ab«.

[95] Hassenstein, Feuerwerkbuch, Wiedergabe des Originaldruckes S. 34, die hier zitierte Übertragung S. 74; zu den Klotzbüchsen vgl. ferner Jähns, Geschichte der Kriegswissenschafften, Bd. 1, S. 406; Rathgen, Geschütz im Mittelalter, S. 128, und Wille, Kartätschgeschütze, S. 20ff.

[96] Zu diesem Typ ausführlich Hoff, Feuerwaffen, Bd. 2, S. 45ff.

[96a] Vgl. Egon Eriksen, Dänische Orgelespingolen mit Einheitspatronen 1850–1877 (Tøjhusmuseets Skrifter, Bd. 3, übersetzte Ausgabe), Kopenhagen 1945, S. 5ff.

[97] Beispielsweise befindet sich im Museum für Deutsche Geschichte ein einreihiges, elfrohriges Orgelgeschütz (Inv.-Nr. W 489), das von dem Kommandeur des 2. Husarenregiments, Ferdinand von Schill, im Jahre 1809 bei der Gewehrfabrik Gebrüder Schickler in Potsdam/Spandau in Auftrag gegeben worden sein soll. Die Bestellung mehrerer Geschütze muß in dem Zusammenhang mit der Aktion gesehen werden, als er unter dem Eindruck der österreichischen Erhebung in eigener Verantwortung mit seinem Regiment nach Art eines Freikorps den Kampf gegen die Franzosen aufnahm, um Preußen schon im Jahre 1809 zum Befreiungskrieg zu bewegen. Der Aufstandsversuch scheiterte jedoch nach wenigen Wochen. Schill erlag seinen sich in Stralsund zugezogenen Schußverletzungen am 31. Mai 1809. Das Geschütz ist aus 1020 mm langen gekürzten Rohren von Infanteriegewehren im Kaliber 18/19 mm zusammengesetzt und sollte wohl bei den Gefechten die fehlende infanteristische Komponente durch konzentriertes Feuer mehrerer Orgelgeschütze ausgleichen: zum Geschütz vgl. H. Müller, Alte Geschütze, S. 72f.; zur Person Schills vgl. J. E. L. Haken, Ferdinand von Schill. Eine Lebensbeschreibung nach Original Papieren, 2 Bde., Leipzig 1824 sowie aus marxistischer Sicht die kritische Biographie von Helmut Bock, Schill. Rebellenzug 1809, 3. Aufl. Berlin 1981.

4. Taktische Formationen als Vorstufen schnellfeuernder Waffen

4.1 Die Feuertaktik der Oranier

Solange im Kriegswesen des Mittelalters und der frühen Neuzeit die blanke Waffe das wichtigste Kampfinstrument des Soldaten war und das Gefecht mit Schwert, Degen und langer Pike in Verbindung mit der kollektiven Gewalt einzelner Truppenkörper, wie der der Gewalthaufen, ausgeführt wurde, stellte sich die Frage nach einer Möglichkeit des Schnellfeuers nur zu ganz besonderen seltenen Anlässen, zu denen dann noch die wenigen vorhandenen Feuerwaffenträger zusammengezogen wurden. Der Einsatz von Orgelgeschützen und anderen Formen von Schnellfeuergeschützen fand vornehmlich im Kampf um befestigte Plätze statt, sofern nicht leichte und fahrbare Konstruktionen es zuließen, mit ins Feld genommen zu werden.

Nach dem Aufkommen der Luntenzündung an Gewehren griffen gegen Ende des 15. Jahrhunderts mehr und mehr entsprechend ausgebildete Musketiere in das Gefecht ein.

Aber auch die Schlachtordnung, die sich bei den Schweizern und Spaniern im 16. Jahrhundert herauskristallisiert hatte, bevorzugte bei weitem noch die Aufstellung der Truppen in den riesigen Gewalthaufen oder Tercios[1].

Die zur Verfügung stehende Anzahl an Fußsoldaten wurde in drei gleichgroße Teile geteilt, und jedes Drittel formierte als taktische Einheit den Gewalthaufen. Typisch dafür war die sogenannte Vierung des Haufens nach der Anzahl der Soldaten. Bei fünfzig Gliedern zu je fünfzig Mann ergab sich die Stärke des Haufens zu 2500 Soldaten[2]. Ausgerüstet waren diese mit Harnisch, eiserner Sturmhaube, Degen und dem mehrere Meter langen Spieß, der Pike.

An den Flanken und vor dem Gewalthaufen nahmen die Feuerwaffenträger, bestehend aus Musketieren und Arkebusieren, Aufstellung. Während erstere ein langes und schweres Luntengewehr führten, das zum Zielen und Feuern auf einen oben gabelartigen Stock, die Zwille, gelegt werden mußte, kamen die Arkebusenträger wegen des leichteren und kleinkalibrigeren Gewehres ohne dieses Hilfsmittel aus.

Da diese Schützen nicht im Pikenierhaufen integriert waren, führten sie das Gefecht in fast zerstreuter Ordnung und versuchten, dem gegnerischen Gewalthaufen durch das Feuer ihrer Waffen Verluste beizubringen. Je dichter aber die schwerfälligen Haufen aufeinander zurückten und sich mit den Piken zu attackieren begannen, mußten die Schützen ausweichen und neben oder hinter den gewaltigen Massen Zuflucht nehmen.

Die Vermehrung der Feuerwaffenträger seit Anfang des 16. Jahrhunderts führte zu Bestrebungen nach einer taktischen Einheit von Pikenieren und Schützen, um das Gefecht in geschlossener Ordnung führen zu können[3].

Verschiedene Möglichkeiten wurden vorgeschlagen und in der Praxis erprobt, indem die Schützen als Flanken oder nur als Bollwerke an den vier Ecken der Haufen Aufstellung nahmen. Auch ein mehrere Glieder tiefer Besatz von Schützen an allen vier Seiten des Haufens konnte das Problem nicht lösen. In dieser gedrängten Aufstellung mußten sich Pikeniere und Feuerwaffenträger gegenseitig behindern, und keiner vermochte seine Waffen effektiv einzusetzen[4].

Genau hier setzten im ausgehenden 16. Jahrhundert die Oranier an. In dem Aufstands- und Widerstandskrieg der Niederländer gegen die spanische Herrschaft, dem sogen. 80jährigen Krieg (1568–1648), standen sie einer erdrückenden Übermacht gegenüber. Nur durch intensive Anspannung aller Kräfte auf politischem, ökonomischem, militärischem und technischem Gebiet konnte es gelingen, einen erfolgreichen Freiheitskampf zu führen. Dazu bedurfte es aber u. a. einer reflektierten Umgestaltung des Militärwesens in allen seinen Bereichen zur rationalen zielgerichteten Anwendung der knappen niederländischen Kräfte. Neben eigenen zeitgenössischen Studien bedienten sich die Führer und Organisatoren der Heeresform, Moritz von Oranien (1567–1625), Wilhelm Ludwig von Nassau (1560–1620) und Graf Johann der Mittlere von Nassau-Siegen (1561–1623), alter Erfahrungen aus griechischer, römischer und byzantinischer Überlieferung. Allerdings nicht »unkritisch lediglich als Ausdruck einer unreflektierten, mehr idealhaften Verehrung und Nachahmung«, wie W. Hahlweg es ausdrückt, sondern »mit kritischem-empirischem und dialektischem Sachverstand an die Probleme heranzugehen, ... und lediglich dasjenige auszuwählen, was für die gesellschaftspolitischen Bedingtheiten der Situation – und dazu zählte allerdings bei den aufständischen Niederländern der bewaffnete Kampf – tatsächlich passend war«[5]. In diesem Sinne wurden die Schriften des byzantinischen Kaisers Leo VI. (886–911) und die »Theorie der Taktik« des um 100 n. Chr. lebenden Griechen Ailianos ausgewertet[6].

Letzterer stützte sich allerdings auf die Schrift des Philosophen, Erdbebenforschers und Metereologen Asklepiodotos (ca. 110–40 v. Chr.) »Asklepodotou philosophou taktika kephalaia«, die in zwölf Kapiteln die Elementartaktik der Hoplitenphalanx in hellenistischer Zeit behandelt[7].

Die griechische Phalanx war eine lineare Aufstellung des Truppenkörpers, und zwar durch Nebeneinanderstellen einer Anzahl von Rotten. Die von ihnen gebildeten hintereinander gestaffelten Glieder liefen parallel zur Front, während die Rotten selbst senkrecht zur Front standen. Die Mitglieder der Phalanx setzten sich entsprechend der Gesellschaftsordnung aus dem schweren Fußvolk, den Hopliten, ausgerüstet mit Harnisch, Schwert und Spieß, und ihrem persönlichen Gefolge, das sich als Leichtbewaffnete (mit Wurfspeeren) hinter seinem Herrn aufstellte, zusammen. Indem also einige Hopliten hintereinander antraten und hinter diesen die Knechte, bildete sich eine Rotte. Mehrere Rotten nebeneinander ergaben die Phalanx[8].

Auch noch im Hellenismus standen in den ersten Gliedern die stärksten, mutigsten und mit den besten Schutzwaffen versehenen Krieger. Es konnte nun vorkommen, daß der Feind plötzlich im Rücken auftauchte und zum Angriff ansetzte; gerade die schwächsten und weniger gut geschützten Glieder waren nun dem Feind ausgesetzt[9]. Die griechische Taktik sah für diesen Fall eine besondere Elementarbewegung vor, den Kontermarsch (exeligmos)[10], um die stärksten Glieder wieder dem Feind gegenüberzustellen. Dazu machten die Rottenführer des ersten Gliedes rechts- oder linksum kehrt und liefen zwischen den auf Lücke stehenden Rotten vor, um sich dann wieder, mit dem Gesicht dem Feind zugewandt, aufzustellen. Die übrigen Glieder führten nacheinander die gleiche Bewegung aus, und die Ausrichtung der Phalanx nach dem Feind war wieder hergestellt[11], was der »kretischen« oder »chorischen« Art des Kontermarsches entsprach.

Dieses Element übertrugen die Oranier aufgrund der Überlieferung in ihre Truppenpraxis. In einem Brief Wilhelm Ludwigs von Nassau an Moritz von Oranien vom 8. Dez. 1594 werden die Überlegungen, die zu einer neuen feuertaktischen Reform führen sollten, deutlich:

»Ick hebbe gevonden ex evolutionibus een maniere om die musquettiers ende schutten nit alleen int schieten te oefenen, maer holde daerfoer, dat man in ene slachtordnung (te weten, dat sie nit à la desbendada gaen of in hecken ende uyt andere vordel konnen propiß gebruickt worden) seer bequaemlick, ende dat een elck seker ende bien à propos schieten conne, op dese wys af te voeren syn, welckes een grootes in ene slachtordenung solde syn, ja allene die victorie biswylen geven conde, ende sonder dit ick swaerlick gelove, dat beter middel solde gevonden worden. Als naemlick, dat so baldt het erste gelidt te gelyck affgeschoeten heft, per evolutionem et versum te rugge trede.

Het twede voor trede ofte stilstaende schiete te gelyck. Daerna afftrete, het derde ende navolgende dergelycken doe. Also aleer die leste gleder affgeschoeten hebben, het erste weder geladen heft, als dese navolgende figuer anzeiget, ende syn dese stippelckens die wech, den die gleder afftreten, so sie geschoten hebben«[12].

Dazu wurden die riesigen, schwerfälligen und schlecht dirigierbaren Gewalthaufen der Pikeniere teilweise aufgelöst und neue kleine, sehr mobile Truppenkörper (stark schematisierte Darstellung in Abb. 49) geschaffen und mit Luntengewehren[13] bewaffnet.

Die Quadrate der Abb. 49 zeigen die einzelnen Musketiere, die getönten stellen das erste Glied dar. Hinter jedem Rottenführer befinden sich weitere neun Schützen, insgesamt $10 \times 10 = 100$ Musketiere. Der Feuerkampf beginnt damit, daß das erste Glied auf Befehl des Offiziers die geladene Waffe auf den Feind abschießt und sogleich eine Kehrtwendung ausführt (Abb. 50). Dann marschiert es zwischen den Rotten hindurch, um sich als jetzt letztes Glied dem Verband wieder anzuschließen.

Die Glieder 2–10 sind inzwischen um eine Position vorgerückt, und das zweite, nunmehr erste Glied feuert ab und vollzieht

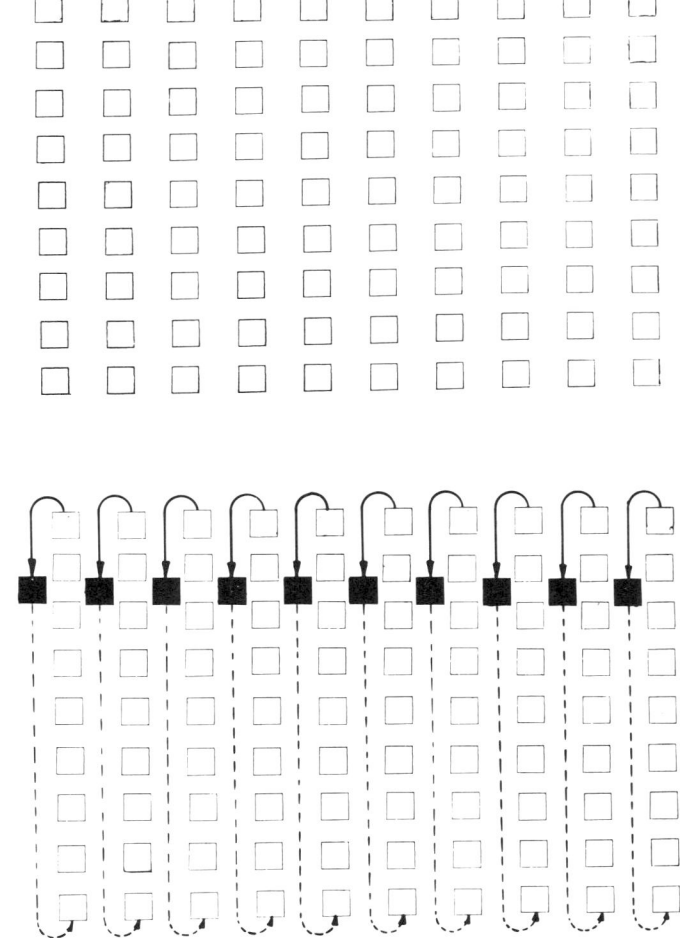

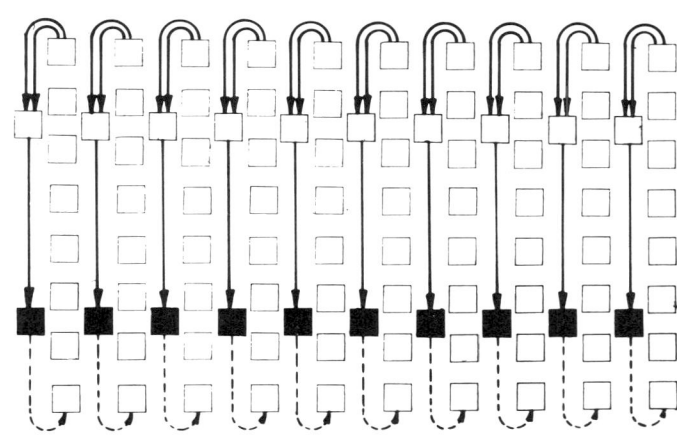

Abb. 49–51:
Vereinfachtes Ablaufschema des Kontermarsches der oranischen Musketiere, um 1600 (Entwurf u. Zeichnung: D. Heinrich, Mendig).

den Kontermarsch auf gleiche Weise. Es folgen die Glieder 3–10, und nach zwei bis drei Minuten befinden sich alle wieder in der oben beschriebenen Ausgangsstellung.

Abb. 51 zeigt die Situation im fortgeschrittenen Gefechtsablauf. Ein Glied (getönte Quadrate) befindet sich auf dem Kontermarsch, um sich hinten wieder anzuschließen, während das vorderste Glied gerade abgeschossen hat und zum Konter-marsch kehrt macht.

Anzahl der Glieder und Marschtempo waren dabei genau auf die technischen Gegebenheiten der Luntengewehre abgestimmt. Der Ladevorgang vollzog sich, während das erste Glied, nach-dem es seine Waffe abgeschossen hatte, den Kontermarsch ausführte und langsam wieder nach vorne rückte. Wenn es seine Position als erstes Glied wieder eingenommen hatte, war die Waffe geladen und die Feuerbereitschaft hergestellt.

Kamen alle zehn Glieder durch Vollzug des Kontermarsches jede zwei bis drei Minuten zum Schuß, ergibt sich folgende Rechnung:

Teilt man die angenommenen 150 Sek., die zu seinem voll-ständigen Ausführen notwendig sind, durch die Anzahl der Glieder, nämlich zehn, erhält man als Lösung 15 Sek., d.h., alle 15 Sek. feuert ein Glied seine Gewehre ab. Bei Betrach-tung des zeitlichen Ablaufs innerhalb der Rotten erkennt man die Zerlegung des Ladevorganges in gestaffelte Intervalle. Bei jedem Mitglied der Rotte befindet sich die Waffe in einem an-deren Ladezustand: Feuerbereit, abgeschossen, Ausblasen der Pfanne, Einführen der Kugel usw. Schon einer Rotte war es dabei möglich, ein kontinuierliches Feuer abzugeben, in-dem jede 15 Sek. ein Schuß fiel. Durch Nebeneinanderreihung einer Anzahl von Rotten steigerte sich die Zahl der abgege-benen Schüsse. In jeder der den Kontermarsch ausführenden Rotte war die Grundlage für das kontinuierliche Feuer des großen Truppenkörpers gegeben.

Auf einer anderen Ebene als die Waffenkonstrukteure von Re-volverkanonen hatten die Niederländer ein System der »um-laufenden Rohre« entwickelt, das durch die Verbindung von gedrillten Soldaten, Staffelung der Zeitabläufe durch den Kon-termarsch und die Waffentechnik quasi maschinenmäßig in der Lage war, kontinuierliches Schnellfeuer abzugeben. Ob-wohl der Vergleich zwischen dem umlaufenden Rohrbündel und der Revolverkanone mit der elementartaktischen Bewe-gung der Oranier nur von theoretischer Natur sein kann, »bil-dete der Kontermarsch gemäß den genialen Gedanken Wilhelm Ludwigs die Grundlage für ein System kontinuierli-cher Feuertaktik« [14].

Der taktischen Elementarbewegung mit drehender Kompo-nente zur Steigerung der Effektivität beim Feuerkampf kam aber schon mehr als einhundert Jahre vor der oranischen Heeresreform in Form eines Kontermarsches Bedeutung zu.

Im Jahre 1477 ließ nämlich Kurfürst Albrecht III. Achilles von Brandenburg einen »Mobilmachungsplan« aufstellen, der als Handlungsanweisung für seinen Sohn, den Markgrafen Jo-hann, gedacht war, als dieser an des Vaters Statt eine kriegeri-sche Erbauseinandersetzung um das Herzogtum Glogau gegen Herzog Hans von Sagan und den mit ihm verbündeten König Matthias I. Corvinus von Ungarn führte. Die »Praepara-toria« enthielten genaue Dispositionen für den im folgenden Jahr durchzuführenden Feldzug. Neben der Schlachtordnung, der Ausrüstung und der Besoldung enthielt der Plan auch tak-tische Bestimmungen für die Schützen-Fähnlein [15]. Die Schüt-zen sollten in zwei oder drei gleiche Haufen aufgeteilt werden, die an jeder Seite von 60 Spießträgern zu decken seien, wenn diese abgeschossen hätten,

»doch sollen dy Schutzen nicht zu glich an dy fynde rynen vnd abschyssen, alwe yn eim ratgen lassen ymb her gehen wen ein teyl abgeschassen das der ander hauffe wyder wort hawe vnd mit schyssen gereydt« [16].
Übertragung:
Doch sollen die Schützen nicht (alle) zugleich an den Feind rennen und abschießen, (sondern man soll sie) wie in einem Rädchen umhergehen lassen, damit, wenn ein Teil abge-schossen hat, der andere Haufen wieder mitsprechen könne und mit Schüssen bereit sei.

Nach dieser Aussage ließ Albrecht hier die Schützen offen-sichtlich den rottenweisen Kontermarsch ausführen, um ein kontinuierliches Feuer zu erhalten. Ob diese Bewegungen auf reglementsmäßiger Grundlage erfolgten, erscheint zweifel-haft. Es bleibt jedoch festzuhalten, daß in jener Periode des Kriegswesens, als die Bedeutung der mit Feuerwaffen ausge-rüsteten Infanterie ihren Anfang nahm, schon die Wichtigkeit dieser Elementartaktik erkannt worden war. Gerade das Rota-tionsprinzip ermöglichte es, auch die hintersten Glieder der an der Front schmalen, jedoch sehr tief gestaffelten Truppenkör-per in das Gefecht eingreifen zu lassen.

4.2. Die Lineartaktik

Mit der Verbesserung der Zündsysteme der Handfeuerwaffen steigerte sich im gleichen Maße die Ladebereitschaft, als de-ren Folge (neben weiteren taktischen Überlegungen) die An-zahl der Glieder reduziert werden konnte. Zu Anfang des 18. Jahrhunderts marschierte die Infanterie – bewaffnet mit Batterieschloßgewehren und aufgepflanztem Bajonett – in nurmehr vier Gliedern auf. Einige Armeen, darunter die preußi-sche, verzichteten bis zur Mitte dieser Periode auch noch auf das vierte Glied. Die Ausführung des Kontermarsches als feuertaktisches Element war ebenfalls in Wegfall gekom-men [17].

Um wegen der geringen ballistischen Leistungsfähigkeit der Gewehre eine genügende Wirkung zu erzielen, mußten sehr viele Soldaten möglichst andauernd schießen. Die Ausdeh-nung der Front wurde deshalb wesentlich verbreitert und eine lineare Aufstellung gewählt. Das Bataillon (ca. 600 Mann) um-faßte als kleinste Feuereinheit den Zug, Peloton genannt. Acht Pelotons zu drei oder vier Gliedern (evtl. noch zwei Grenadier-Bataillons) nahmen nebeneinander Aufstellung. Innerhalb die-ser Abteilung war der Feuerkampf so organisiert, daß auf Befehl das Peloton zugleich abschoß, indem das erste Glied dafür niederkniete, das zweite darüber hinwegschoß und das dritte die Lücken ausnutzte (bei der österreichischen Armee kam in den Schlesischen Kriegen ein etwas anderes Verfahren zur Anwendung, als nämlich die Glieder mit einer zeitlichen Differenz feuerten). Der Feuerablauf im ganzen Bataillon voll-zog sich von außen nach innen, d.h., die beiden Pelotons auf den Flügeln begannen, dann folgten die weiter innen stehen-den, schließlich die mittleren. Währenddessen luden die ande-ren Abteilungen schon wieder ihre Gewehre. Dieses Verfah-ren hatte den Vorteil, daß immer zwei Pelotons feuerbereit waren und keine Pausen entstanden. Der Feuerkampf begann für die Pelotons mit dem Kommando »Peloton!«, mit dem der Offizier seine Abteilung zur Aufmerksamkeit aufforderte. Wenig später gab er den Befehl »Machet euch fertig!«, worauf die Soldaten das Gewehr senkrecht vor die Brust hielten und den Hahn spannten. Dann folgte das Kommando »Schlaget an!«, mit dem das Ziel genommen wurde. Schließlich wurde auf »Feuer!« hin der Abzug durchgerissen. Die einzelnen Tempi der Gewehrladegriffe brauchten natürlich nicht mehr befehligt zu werden; sie waren den Soldaten durch ständiges Exerzieren in Fleisch und Blut übergegangen [18].

Das System des kontinuierlichen Feuers der Lineartaktik bestand nun darin, daß die einzelnen Pelotons in einem genauestens vom Reglement festgelegten Plan ihre Gewehre dechargierten. Natürlich kann das Kontinuierliche der Aktionen nicht auf eine Abteilung bezogen werden, denn nach wie vor benötigten die Infanteristen eine vom technischen Stand ihrer Gewehre bedingte Zeit zum Laden. Die Feuerart des einzelnen Pelotons ist daher mit jenem interruptiven Schnellfeuer der Orgelgeschütze vergleichbar. Durch die zeitliche Staffelung und den wiederholten von den Flügeln des Bataillons nach innen (zur Mitte) gerichteten Ablauf konnte eine annähernd kontinuierliche Wirkung erreicht werden. (Dies hatte jedoch nur dann einen praktischen Sinn, wenn die Ausdehnung bzw. Breite des Ziels in etwa dem des Bataillons entsprach). Das grafische Schema der Befehlsfolge in Abb. 52 [19], das genau die Bestimmungen des preußischen Infanteriereglements von 1743 wiedergibt, verdeutlicht den in Theorie wie in der praktischen Ausführung komplexen Vorgang.

Es ist hieraus ersichtlich, in welcher zeitlichen Staffelung die Pelotons zum Feuern kamen. Der Gesamtablauf war in fünf Phasen eingeteilt, nämlich in die vier, die mit den schon angesprochenen Befehlen eingeleitet wurden und eine „Ruhephase«, die mit dem Laden der Gewehre und Korrekturen in der Aufstellung ausgefüllt wurde. Jeweils vier Abteilungen befanden sich in letzterer Phase, während die übrigen sich je in einer der vier Aktionsphasen befanden, wodurch sichergestellt war, daß in jedem Zeitabschnitt ein Peloton feuern konnte. Ein Wesensmerkmal dieser Feuertaktik liegt darin, daß technische Systeme, die ein kontinuierliches Feuer ermöglichen, ähnliche Grundbedingungen erfüllen, als sich auch hier die einzelnen Rohre, resp. die Verschlüsse, in jeweils unterschiedlichen Phasen befinden. Stellt man die Ope-

Kommandotabelle
zur Chargirung mit Pelotons auf der Stelle.

Der Bataillonskommandeur kommandirt: „Mit Pelotons auf der Stelle chargiret! Der rechte Flügel fängt an! Chargiret!

Kommandos der Offiziere: „Peloton!" = Pel.
„Machet Euch fertig" = fertig!
„Schlaget an!" = schl. an!
„Feuer!" = **Feuer!**

1. Gr. Pel.	2. Gr. Pel.	1. Pel.	2. Pel.	3. Pel.	4. Pel.	5. Pel.	6. Pel.	7. Pel.	8. Pel.
		Pel. fertig!							Pel.!
		schl. an!	Pel.!						fertig!
		Feuer!	fertig!					Pel.!	schl. an!
			schl. an!	Pel.!				fertig!	**Feuer!**
			Feuer!	fertig!			Pel.!	schl. an!	
				schl. an!	Pel.!		fertig!	**Feuer!**	
		Pel.!		**Feuer!**	fertig!	Pel.!	schl. an!		
		fertig!			schl. an!	fertig!	**Feuer!**		
		schl. an!	Pel.!		**Feuer!**	schl. an!			Pel.!
		Feuer!	fertig!			**Feuer!**			fertig!
			schl. an!	Pel.!				Pel.!	schl. an!
			Feuer!	fertig!				fertig!	**Feuer!**
				schl. an!	Pel.!			schl. an!	
				Feuer!	fertig!	Pel.!		**Feuer!**	
					schl. an!	fertig!	Pel.!		
Pel.!					**Feuer!**	schl. an!	fertig!	**Feuer!**	
fertig!						**Feuer!**	schl. an!		
schl. an!	Pel.!						**Feuer!**		
Feuer!	fertig!								
	schl. an!								
Pel.!	**Feuer!**								
fertig!									
schl. an!	Pel.!								
Feuer!	fertig!								
	schl. an!								
	Feuer!								

NB. Die auf derselben Linie stehenden Kommandos wurden zu gleicher Zeit abgegeben.

Abb. 52:
Ablaufschema der Befehlsfolge, wie sie ein preußisches Infanteriebataillon nach dem Reglement von 1743 ausführte, um ein kontinuierlich rollendes Feuer zu erzielen (Aus: Die Kriege Friedrichs des Großen, 1. Teil, Bd. 1).

rationen in ihrer Funktion zum Faktor Zeit dar, ergibt sich für die Rohre ein ganz charakteristischer Kurvenverlauf (annähernd eine Halbwelle einer Sinusschwingung). Es wird dazu auf die technische Beschreibung des Feldl-Kartätschgeschützes verwiesen [20]. Vergleicht man die dort wiedergegebene Grafik der Verschlußbewegungen der vier Rohre mit den Phasen der Lineartaktik, so kann man eine auffällige Übereinstimmung feststellen [21]. Das bedeutet aber, daß die Lineartaktik mit menschlichen Mitteln das Prinzip eines technischen Systems simuliert hat; die Menschen wurden somit zu einem Element eines lebendigen, zum kontinuierlichen Feuer geschaffenen Mechanismus, der aufgrund der Befehle seiner Offiziere und nach dem Programm des Reglements tätig werden sollte. Diesem theoretischen Anspruch konnten die Bataillone allerdings nur selten gerecht werden, da im Gegensatz zum Exerzierplatz der geregelte Feuerablauf im Gefecht – insbesondere wenn der Kontakt zu den Pelotons des anderen Flügels unterbrochen war – durch Friktionen wie starke Rauchentwicklung, Gelände, Verluste usw. gestört wurde. Die Abteilungen mußten dann nach eigenem Ermessen handeln; sie gingen zum freien Feuer über.

Nach allem darf man davon ausgehen, daß die Taktik der Infanterie des 17. bis 19. Jahrhunderts stark von mechanistischen Strukturen geprägt war, die darauf abzielten, den einfachen Liniensoldaten mit hoher Effizienz als Operator seines Gewehres zu gebrauchen. Das einzelne Feuerelement, diese Symbiose aus Mensch und technischem Gegenstand, galt dabei recht wenig. Erst mit der Multiplizierung bzw. Anhäufung vieler Hundert solcher Einheiten, organisiert in Zügen, Pelotons, Divisionen und Bataillonen stellte sich die Wirkung ein. Belebt und wie durch ein »Programm« zum Funktionieren gebracht wurde das Ganze durch die minutiösen Bestimmungen der Reglements und durch die ihre Ausführungen überwachenden Offiziere, zumal sie nicht zuletzt mit harten Disziplinierungsmaßnahmen drohten oder diese praktizierten.

Die Infanterietaktik der vorindustriellen Zeit war in ihrer höchstentwickelten Form ein künstlicher Mechanismus, der mit lebendigen Menschen ein technisches System nachzuahmen versuchte, solange die Technik selbst noch keine schnell und kontinuierlich feuernden Apparate bereitstellen konnte [22]. Hierdurch erklärt sich gleichfalls die innere Ursache, warum die verschiedenen Typen der vorgestellten Orgelgeschütze in den Armeen der absolutistischen Staaten keine Anwendung mehr fanden. Dem Militärwesen dieser Zeit standen aus den bekannten politischen, gesellschaftlichen und ökonomischen Bedingtheiten die Mittel und Wege zur Verfügung, die Soldaten als Bediener ihrer Waffen heranzubilden und sie gleichzeitig als kleine Teile eines großen Räderwerkes agieren zu lassen.

Hervorzuheben bleibt, daß die Oranier mit ihrer Feuertaktik dem System der umlaufenden Rohre nahe kamen, die Lineartaktik dagegen in abstrahierter Form die Grundstruktur der späteren Maschinenwaffen mit nebeneinanderliegenden Rohren enthielt.

Anmerkungen

[1] Vgl. Rüstow, Geschichte der Infanterie, Bd. 1, S. 235 ff.
[2] Ebenda S. 237.
[3] Vgl. Jähns, Geschichte der Kriegswissenschaften, Bd. 2, S. 876.
[4] Ebenda S. 877 f.
[5] Hahlweg, Heeresreform der Oranier. Das Kriegsbuch, S. 9.
[6] Vgl. Hahlweg, Heeresreform der Oranier und die Antike, S. 41 f.
[7] Maßgebend ist die von Charles Henry und William Abbot Oldfather herausgegebene griech.-engl. Ausgabe als Bd. 156 der Loeb Classical Library, London 1923; griech.-deutsche Ausgabe: H. Köchly / W. Rüstow, Griechische Kriegsschriftsteller, Bd. 2, Nachdruck der Ausgabe 1853–1855, Osnabrück 1969.
[8] Vgl. Rüstow, Geschichte der Infanterie, Bd. 1, S. 3 ff.
[9] Ebenda S. 31.
[10] Das Wort »exeligmos« bezeichnet die stattfindende Bewegung als das Herumwinden einer Abteilung um sich selbst.
[11] Vgl. Köchly / Rüstow, Griechische Kriegsschriftsteller, Bd. 2, S. 172 ff.
[12] Abgedruckt als Anlage 12 bei Hahlweg, Heeresreform der Oranier. Das Kriegsbuch, S. 606 ff.
[13] Es sei nochmals bzgl. des Exerzierens mit den Gewehren auf de Gheyn, Wapenhandelinghe van roers, musquetten ende spiessen, verwiesen; vgl. auch Kap. 2, Anm. 24.
[14] Hahlweg, Heeresreform der Oranier und die Antike, S. 77.
[15] Ein Abdruck dieses damals im Preußischen Geheimen Staatsarchiv unter der Repositur 20 C verwahrten Feldzugplans erschien mit Erläuterungen unter dem Titel »Ein Brandenburgischer Mobilmachungsplan aus dem Jahre 1477« in: Kriegsgeschichtliche Einzelschriften. Hrsg. vom Großen Generalstabe, Abtheilung für Kriegsgeschichte, Heft 3, 2. Aufl. Berlin 1896, S. 1 ff.
[16] Ebenda S. 21 f.
[17] Hingegen wurde der Kontermarsch bei Paraden oder im Feld noch ausgeführt, wenn die Front (um 180 Grad) gewechselt werden sollte, wie dies beispielsweise das österreichische Reglement von 1749 vorsah; vgl. Regulament und Ordnung des gesammten Kaiserlich-Königlichen Fuß-Volcks von 1749, 2 Bde., Nachdruck der Ausgabe von 1749 mit einer Einleitung von Georg Ortenburg (BIBLIOTHECA RERUM MILITARIUM, Bd. 17), Osnabrück 1969, hier Bd. 1, S. 237 ff.
[18] Zur Feuertaktik vgl. primär: Reglement für die Königl. Preußische Infanterie, Nachdruck der Ausgabe von 1743 mit einem Vorwort von Hans Bleckwenn (Altpreußischer Kommiß offiziell, offiziös und privat, Hefte 31 u. 32), Osnabrück 1976, hier Heft 31, S. 70 ff., 116 ff. (Originalpaginierung); zu Darstellungen der Lineartaktik u. a. Curt Jany, Geschichte der Preußischen Armee vom 15. Jahrhundert bis 1914, Bd. 2, 2. Aufl. hrsg. von Eberhard Jany, Osnabrück 1967, S. 305 ff.; Siegfried Fiedler, Grundriß der Militär- und Kriegsgeschichte, Bd. 1: Die stehenden Heere im Zeitalter des Absolutismus 1640–1789, München 1972, S. 182 ff.; Volkmar Regling, Grundzüge der Landkriegführung zur Zeit des Absolutismus und im 19. Jahrhundert. In: Handbuch zur deutschen Militärgeschichte 1648–1939. Hrsg. vom Militärgeschichtlichen Forschungsamt, Bd. 5/Abschn. IX, München 1979, S. 34 ff.
[19] Wiedergegeben ist die »Kommandotabelle zur Chargirung mit Pelotons auf der Stelle« als Anlage Nr. 8 zu: Die Kriege Friedrichs des Großen. Hrsg. vom Großen Generalstabe, Abtheilung für Kriegsgeschichte, 1. Teil: Der Erste Schlesische Krieg 1740–1742, Bd. 1, Berlin 1890, S. 79 (eigene Paginierung).
[20] Vgl. Kapitel 6.5. u. Abb. 96.
[21] Ähnliches ergibt sich auch aus einer schematischen Darstellung dieses Verhältnisses bei der Gatling-Revolverkanone, bei der die Rohre allerdings nicht feststehend sind, sondern zusammen mit den Verschlüssen um eine zentrale Achse rotieren (vgl. Abb. 62).
[22] Ohne auf die hier beschriebenen Strukturen aufmerksam gemacht zu haben, kam Rüstow zu einem ähnlichen Urteil: »Die leitende Idee war von der allgemeinen Einführung des Feuergewehrs an einzig und allein die, aus den Bataillonen Schiessmaschinen zu machen, welche vor anderen Maschinen den Vorteil hatten, daß man nicht mechanischer Mittel bedurfte, um sie in Bewegung und Thätigkeit zu setzen, sondern dies durch das Commandowort bewerkstelligen konnte« (W. Rüstow, Die Feldherrnkunst des neunzehnten Jahrhunderts. Ein Handbuch zum Nachschlagen, zum Selbststudium und für den Unterricht an höheren Militärschulen, 1. Bd., 3. Aufl. Zürich 1878, S. 26).

5. Die Vereinigten Staaten von Amerika
– Ursprungsland der automatischen Waffen

5.1. Politische, ökonomische und kulturelle Grundbedingungen

Auf der Weltausstellung vom Jahre 1867 in Paris konnte die nordamerikanische Industrie erstmals nach dem Bürgerkrieg der europäischen Öffentlichkeit neben zivilen Produkten auch die neuesten Modelle von Feuerwaffen anschaulich präsentieren; sie stießen auf besonderes Interesse der Fachbesucher. In der Tat gingen von dieser konzentrierten Schau amerikanischen Erfindungsreichtums entscheidende Impulse für die Entwicklung von handbetätigten Maschinenwaffen in Europa aus. Diesbezügliche, die deutschen Verhältnisse berührende Relationen, ebenso wie die Reaktionen der deutschsprachigen Fachpresse, werden in den folgenden Kapiteln noch ausführlich gewürdigt.

Anziehungspunkt der militärischen Beobachter war die Revolverkanone von Gatling mit ihren sechs rotierenden Rohren und der daraus resultierenden hohen Feuergeschwindigkeit. Ihr Konstruktionsprinzip suchte in Europa seinesgleichen.

Aber auch die ausgestellten Handfeuerwaffen, insbesondere die Hinterladungs- und Magazingewehre und die Revolver fanden Anerkennung. Der offizielle Ausstellungsbericht der Staaten des Norddeutschen Bundes urteilte wie folgt: »Den ersten Rang in der Waffenfabrikation auf mechanischem Wege nehmen bis jetzt wohl die Amerikaner ein ...«[1]. Diese wurden insbesondere von den Firmen Colt, Winchester, Remington, Peabody, Providence Tool, Smith & Wesson und anderen repräsentiert. Nicht ohne stolzen Unterton auch der amerikanische Ausstellungsbericht: »It was found so difficult to decide upon the relative merits of the portable fire-arms exhibited in the American section, and their superiority was recognized as so indisputable, that the international jury, as a compliment, ... voted a gold medal to ›The Arm Manufacturing Industry of the United States‹ «[2].

Worin liegen nun die tieferen Ursachen für die Leistungsfähigkeit der amerikanischen Waffenindustrie, deren Ursprünge doch wesentlich jüngeren Datums waren als die der traditionellen europäischen Zentren mit ihrem jahrhundertealten Erfahrungsschatz?

Die Kenntnis der Technologie der Waffenherstellung wurde von europäischen Siedlern, vor allem Engländern und Deutschen, mit in ihre neue Heimat gebracht. Die Waffen der alten Welt entsprachen jedoch keineswegs den Anforderungen, die das unerschlossene Land an sie stellte, so daß schon vor 1700 sich eine Büchsenform entwickelt hatte, die unter dem Namen »Kentucky Rifle« bekannt wurde. Es waren gezogene, langrohrige Gewehre (Büchsen mit einer speziellen Schäftung und guter Visierung) – ganz auf die Jagdbedingungen in Nordamerika abgestimmt. Im 18. Jahrhundert wurden diese Waffen von

Büchsenmachern und kleinen Manufakturen[3] in geringen Quantitäten hergestellt und trugen die Eigentumsmerkmale ihrer Besitzer[4]. Mit den europäischen Militärwaffen hatten sie außer dem Prinzip des Zündsystems nichts gemein.

Als politisch-gesellschaftliche Vorbedingung muß an dieser Stelle die nach der erfolgreichen Abtrennung der Kolonien vom englischen Mutterland einsetzende Selbständigkeit der amerikanischen Wirtschaft und Industrie, verbunden mit kontinentaleuropäischen Einflüssen, in erster Linie von Frankreich ausgehend, genannt werden.

Vor dem Unabhängigkeitskrieg kontrollierte England den gesamten Handel mit den Kolonien, der durch die Erhebung von Steuern und Zöllen mit dazu beitragen sollte, den eigenen Staatshaushalt auszugleichen. Eine Vielzahl von Bedürfnissen, die das Leben in Amerika stellte, wurde mit englischen Waren befriedigt. Aus diesem Grund war es mit Ausnahme der Baumwollplantagen nicht zur Gründung von manufakturähnlichen Betrieben nach europäischem Vorbild gekommen. Der Krieg und die Unabhängigkeitserklärung zerbrachen diese einseitige Umklammerung und förderten in der Folge das Wirtschaftsleben der dreizehn Staaten. Dies vollzog sich zunächst mit fremder Hilfe auf der Grundlage eines Freundschaftsvertrages mit Frankreich, der die politischen Beziehungen regelte und durch ein Handelsabkommen ergänzt wurde[5]. Schon seit Februar 1776 hatte Frankreich die Aufständischen mit Handfeuerwaffen aller Art in der materiellen Aufrüstung unterstützt; bis 1781 erreichten nicht weniger als 100 000 Langwaffen die Häfen an der Ostküste[6]. Das größte Kontingent der Importe stellte das Modell von 1763, welches zum Vorbild der amerikanischen Infanteriebewaffnung wurde und als M. 1795 in den beiden staatlichen Gewehrfabriken von Springfield in Massachusetts und Harpers Ferry in Virginia gefertigt wurde. Die Genehmigung zur Errichtung eigener Produktionsstätten hatte der Kongreß im April 1794 erteilt[7].

Es ist wahrscheinlich, daß mit der Übernahme der französischen Bewaffnung auch die entsprechenden Fertigungsvorschriften angewendet wurden[8]. In den königlichen Manufakturen von Maubeuge, Charleville und St. Etienne, die unter der Aufsicht von Artillerieoffizieren standen, erfolgte die Bearbeitung der Teile von Hand, jedoch – verbindlich für alle Fabriken – nach Normen, die in Proportions- und Dimensionstabellen festgelegt waren und deren Einhaltung mit zahlreichen Lehren streng kontrolliert wurde[9]. Dieses System wurde mit der Einführung des Gewehrmodells von 1777 nochmals verfeinert und verbessert, so daß eine beschränkte Austauschbarkeit der Einzelteile gegeben war[10]. Das französische Infanteriegewehr M. 1777 repräsentierte sowohl an Hand seiner Konstruktionsdetails (z.B. Pfanne aus Messing) als auch durch den erreichten Grad der Präzision seiner Produktion mit den höchsten Standard überhaupt. Für die Durchsetzung dieser Richtlinien und ihre Überwachung zeichnete einmal mehr Jean Baptiste de Gribeauval verantwortlich, jener bedeutende Erneuerer des französischen Artilleriesystems in den sechziger und siebziger Jahren, dessen erfolgreiches Wirken in Frankreich selbst und bei den Artillerien, die das französische System adoptierten, noch bis in die vierziger Jahre des 19. Jahrhunderts nachwirkte [11].

Ein Exemplar dieses neuesten französischen Modells gelangte noch vor 1789 über diplomatische Kanäle [12] in die Vereinigten Staaten und auch in die Hände des Mechanikers und Waffenfabrikanten Eli Whitney aus New Haven in Connecticut, der durch die Erfindung einer Baumwollentkörnungsmaschine (1793) mit zum Aufblühen der amerikanischen Baumwollindustrie beitrug. Whitney erkannte sofort die Verbesserungen und Vorteile dieses Gewehres, insbesondere hinsichtlich einer Umstrukturierung der Produktion zu einer solchen mit großen Stückzahlen. Es gelang ihm, das amerikanische Kriegsministerium davon zu überzeugen, von nun an dieses anstatt des eingeführten Modells 1795 zu fertigen, für das er eigentlich den Auftrag erhalten hatte [13]. Eine Standardisierung der Produktion im strengen Sinne hatte bisher nicht erfolgen können, da neben den staatlichen Fabriken zahlreiche Privatfirmen mit Kontrakten bedacht worden waren, die ihrerseits kleine Änderungen am Grundmodell vornahmen. 1815 entschloß sich das Ordnance Department aus den besten Bauteilen der Modelle 1795 und des französischen 1777 ein neues Gewehr zu modifizieren, das von nun an für sämtliche Produktionsstätten verbindlich wurde. Es bestimmte, daß »a sufficient number of pattern muskets and rifles be made on the foregoing principles and distributed to the various armories, public and private, for the purpose of insuring practical uniformity; no derivations from those patterns to be tolerated after the work now in hand shall have been finished off« [14].

5.2. Das »amerikanische System« der Produktion

Die Periode zwischen 1790 und 1815 wird gemeinhin als der Beginn des spezifisch »amerikanischen Systems« in Produktion und Maschinenbau bezeichnet. Es basierte auf dem Bestreben, in der Form gleiche, normierte Teile eines Produktes in großen Mengen und mit hoher Produktivität herzustellen und aus den nach diesem Verfahren bearbeiteten Einzelteilen eine funktionsfähige Maschine oder Apparatur bzw. eine Waffe zusammenzusetzen. Daß dieses Verfahren nicht nur dem Fabrikanten handfeste ökonomische Vorteile brachte, sondern auch während der Nutzungsphase des Produktes für die Armeen, leuchtet ein. Reparaturen konnten sich nämlich nun weitgehend auf das Austauschen des schadhaften Teiles ohne Nachbearbeitung beschränken [15].

Das amerikanische System war allerdings vielschichtiger und beschränkte sich keineswegs auf die materiellen Komponenten. Wie angedeutet, erlangte die Wirtschaft mit der politischen Unabhängigkeit ihre Selbständigkeit. Mit dem 1785 vom englischen Parlament ausgesprochenen Verbot der Auswanderung von technisch vorgebildeten Facharbeitern und des Technologieexportes in Form von Maschinen begann in den Vereinigten Staaten die Besinnung auf die eigenen Fähigkeiten und das bisher kaum genutzte wissenschaftliche und technische Potential, das fortlaufend durch die Einwanderer ergänzt wurde. Die Ausbildung des Fabrikwesens litt anfangs unter der Einfuhr englischer Fertigprodukte, die nach dem Friedensschluß wieder in das Land flossen. Durch die Anwendung protektionistischer Maßnahmen, wie die Schutzzolltarife von 1824 und 1828, sah sich der Kongreß genötigt, die ausländische Konkurrenz vom Inlandsmarkt auszuschließen und die eigene Wirtschaft zu stärken. Diese Maßnahmen bildeten einen weiteren Grundpfeiler für das »amerikanische System« [16]. Eine Parallele dieser Entwicklung in der Gegenwart zeigt sich am Beispiel Japans, dessen Wirtschaft durch Schutzzölle erstarkt, zunächst mit importierter Technologie Produkte nachbaute, sie durch eigene Ideen weiterentwickelte und schließlich in bestimmten Bereichen heute den Weltmarkt beherrscht, so daß man geneigt ist, von einem »japanischen System« zu sprechen [17].

Entscheidende Bedeutung bei der Entwicklung der amerikanischen Wirtschaft hatte weiterhin die in der Verfassung verankerte Patentgesetzgebung, die dem Erfinder die vollen und ausschließlichen Rechte und die Freiheit der Herstellung, der Konstruktion, des Gebrauchs und des Handels mit seiner Idee garantierte [18].

Obwohl in den Neuengland-Staaten das britische Patentgesetz Gültigkeit hatte, gab es bis zur Unabhängigkeit kein Patent innovativen Charakters [19]. Dagegen wurden zwischen 1776 und 1800 so wichtige Erfindungen angemeldet wie die Baumwollentkernungsmaschine, die Dreschmaschine, ein Boot mit Schraubenantrieb, die Kreissäge usw.

Es zieht sich wie ein roter Faden durch die Patentbewilligungen, daß ein Schwergewicht in der Erfindung Arbeitskräfte sparender Maschinen bestand; mit anderen Worten: Die Handarbeit, die geschulte und gut bezahlte Kräfte erforderte, sollte durch Maschinenarbeit ersetzt werden [20].

In der Regel waren die Arbeitskräfte, mit Ausnahme der Zeit zwischen 1812 und 1828, als es viele Arbeitssuchende gab, knapp. Aus den Südstaaten, wo die Sklavenarbeit vorherrschte, kamen folglich bedeutend weniger Patentanträge für derartige Maschinen [21].

Kernpunkt der amerikanischen Erfindungstätigkeit war die Einstellung, mit dem neuen oder in seinen Eigenschaften verbesserten Produkt gleichzeitig die Spezialmaschinerie zu entwickeln, mit der es am ökonomischsten hergestellt werden konnte. Der amerikanische Erfinder sah, wenn auch aus einem kapitalistischen Blickwinkel, die dialektische Einheit von Produktionssystem und zu vertreibender Ware. Das ermöglichte ihm bei der Anlage einer Fabrik statt kapitalintensiver Universalmaschinen nur diejenigen Spezialgeräte aufzustellen, die er für die Fertigung des Produktes benötigte und sie durch große Serien auszulasten. Diese Erkenntnis förderte nicht nur die Spezialisierung der Industrie, sondern es erwies sich auch, daß bis 1870 nur wenige Großunternehmen mit breit gefächerter Produktpalette, aber dafür um so mehr kleinere, auf einen Bereich spezialisierte Unternehmen entstanden [22]. Die meisten dieser Betriebe gründeten ihre Existenz auf die Erteilung eines oder nur weniger Patente. Zuweilen erschien dieser Umstand auch in der Namensgebung, z. B.: »Patent Arms Manufacturing Company« [23].

Die wirtschaftlichen Rahmenbedingungen und der größer werdende Markt sicherten eine ausreichende Stückzahl bei hohen Gewinnraten. Auf dem Gebiete der Rüstung trat neben privaten Abnehmern der Staat als Auftraggeber auf, um das Präsenzheer und die Miliztruppen mit einer einheitlichen Bewaffnung auszurüsten. Auch hier bestand von seiten der Vertragsnehmer der Anreiz, mit geringst möglichem Aufwand zu fertigen. Austauschtechnik, Arbeitsteilung und Maschinensysteme bildeten die Produktionsverhältnisse, die diese Bedingungen erfüllten.

Zwischen dem theoretischen Anspruch, ein solches Arbeitssystem entwickelt zu haben, und seiner praktischen Verwirklichung lagen jedoch einige Jahrzehnte. Die ersten Schritte dazu hatte Eli Whitney in der Produktion der neuen Infanteriegewehre nach französischem Vorbild vollzogen, wobei er noch hauptsächlich auf die Ausführung von Handarbeit angewiesen war [24]. Die einzelnen Waffenteile, beispielsweise der Hahn des Batterieschlosses, wurden in Schablonen eingespannt und das Werkstück solange befeilt, bis die Schablonenform erreicht war [25]. Zur Verrichtung dieser Arbeit benötigte Whitney kaum gut geschulte und rare Fachkräfte, sondern kam mit angelernten Arbeitern aus. Die Austauschmöglichkeit der Gewehrteile mag vielleicht bei den von ihm gefertigten Serien vorhanden gewesen sein, keinesfalls galt das für den Austausch von Teilen mit den übrigen, räumlich weit auseinanderliegenden Gewehrfabriken.

Neue und erfolgreiche Versuche unternahm dann John H. Hall, der 1811 eine Hinterladungsbüchse mit nach oben zu öffnendem Klappenverschluß und gezogenem Rohr erfand. Dieses System wurde 1819 als Bewaffnung der Dragonerregimenter angenommen. Nachdem es Hall gelungen war, nach zahlreichen Verbesserungen an der Waffe ein Maschinensystem zu entwickeln, um eine bisher unerreichte Präzision der Bauteile zu gewährleisten, begann ab 1830 in Halls Fabrik in Harpers Ferry und derjenigen von Simeon North in Middletown (Conn.) die Produktion in größerem Umfang. Bis 1853 wurden etwa 56 000 Büchsen, Gewehre und Karabiner in verschiedenen Modellvarianten für Armeezwecke hergestellt [26]. Infolge der Aufteilung des Fertigungsganges in einzelne Schritte und Stufen setzte er mehrere, ganz verschiedene Maschinentypen ein, die jeweils einen Schritt der Bearbeitung ausführten [27]:

- Zwei Schmiedemaschinen, die größere und kleinere Teile in Gesenken schmiedeten

- Fräsmaschinen zur Bearbeitung ebener Flächen und Teilen mit gewölbter Oberfläche

- Maschinen zur Formgebung des Schaftes

- Schrauben- und Gewindeschneidemaschinen (Schrauben waren bei allen Waffenmodellen standardisiert).

Durch dieses Maschinensystem gelang ihm in praxi die Präzisionsfertigung und die völlige Austauschbarkeit von Komponenten, die in zwei weit entfernten Fabriken erzeugt wurden. »This is a ›first‹ that should stand as a landmark in industrial and technological history: it marks the beginning of mass-production as we know it« [28].

Zusammenfassend stellt sich das amerikanische Produktionssystem als Wirkungsquantum folgender Faktoren dar:

- Erlangung der nationalen und politischen Souveränität

- Aufnahme, Anwendung und Fortentwicklung der Kenntnisse und Prinzipien der französischen Mechanik in ihrem Zustand vor der Revolution 1789

- Freisetzung eines praktisch-technischen Potentials im Volk

- Substitution von Hand- durch Maschinenarbeit aufgrund der besonderen gesellschaftlich-ökonomischen Strukturen

- Weitgehende Ausschaltung der europäischen Konkurrenz durch Schutzzollpolitik

- Förderung der Konkurrenz im Binnenland durch Patentgesetzgebung

- Anregung der Industrie durch Steigerung der Nachfrage nach hochwertigen Produkten durch Staat (Kontrakte) und Privatpersonen (z. B. wurde der Waffenhandel auch durch sehr liberale Waffenbesitzbestimmungen belebt).

Bei der Ausbildung des amerikanischen Systems ist weiterhin eine Erscheinung zu berücksichtigen, die als »technologische Konvergenz« bekannt ist. Sie bedeutet, daß in allen metallverarbeitenden Sparten einer industriellen Wirtschaft ähnliche technologische Prozesse Anwendung fanden, und zwar angefangen vom Aufbereiten des Rohstoffes, seiner Bearbeitung, bis hin zur Integration der Einzelteile und Komponenten zu einem gebrauchsfähigen Endprodukt [29]. Obwohl Form und Nutzanwendung des Produktes von ganz unterschiedlichem Charakter sein konnten, lagen der Produktion doch gleiche oder sehr ähnliche Technologien zu Grunde. Das Bearbeiten eines Metallteiles, beispielsweise zu einem Maschinenelement, durch Drehen, Bohren, Fräsen und Schleifen findet sich gleichermaßen im Produktionsprozeß einer Nähmaschine, eines Getriebes oder eben einer Feuerwaffe. Von der Herstellung von Feuerwaffen ausgehend hieße das, die dort verwendeten Maschinen gleichfalls für nicht spezifische Erzeugnisse einzusetzen.

In der Tat bot gerade der amerikanische Werkzeugmaschinenbau eine Reihe von Beispielen dieser technologischen Konvergenz:

- Thomas Blanchard führte 1818 eine Holzdrehbank für die Bearbeitung der Holzschäfte ein, die in verbesserter Form wohl auch von John H. Hall eingesetzt wurde. Später diente die Maschine zur Herstellung von Stielen, Speichen, Rudern und Schuhleisten [30].

- Eli Whitney und Thomas Warner (Waffenfabrik Springfield) sowie die Firma Robbins & Lawrence aus Windsor (Vermont) trugen zu wichtigen Verbesserungen an den einfachen Fräsmaschinen bei. Ab 1855 wurden 100 000 dieser als »Lincoln miller« bekannten Maschinen an alle metallverarbeitenden Sparten verkauft [31].

- Stephen Fitch entwickelte um 1845, als er an einem Regierungsauftrag für Perkussionsschlosse arbeitete, eine Revolverdrehbank, die mit einem um eine waagerechte Achse rotierenden Revolverkopf zur Aufnahme von acht verschiedenen Werkzeugen ausgestattet war und die der Herstellung von Schrauben diente [32]. Verbesserungen nahmen u. a. vor: Elisha K. Root [33], Direktor der Coltschen Fabrik in Hartford (Conn.), um die Patronenlager der Revolvertrommel schneller bohren zu können [34] sowie Christopher M. Spencer, der 1873 die selbsttätige Revolverdrehbank erfand [35]. Spencer wurde auch als Konstrukteur eines Repetiergewehres bekannt, das weite Verbreitung fand [36]. Sehr viele Fabriken verwendeten die Revolverdrehbank zur Bearbeitung von Teilen für Nähmaschinen, Uhren, Lokomotiven und später von Schreibmaschinen und Fahrrädern [37].

– Die Fa. Brown & Sharpe in Providence konstruierte 1862 eine Universalfräsmaschine zur Herstellung von Metallbohrern für die in der Waffenfabrikation tätige Providence Tool Company. Da diese Maschine insbesondere komplizierte Formen fräsen konnte, wurde sie fast überall aufgestellt [38].

Die Auflistung ließe sich noch weiter fortsetzen; sie belegt aber schon den Übergang der für militärischen Zwecke genutzten Technologie in zivile Bereiche der Industrie. Dieses Phänomen, das im angelsächsischen Bereich gern als »spin-off«-Effekt bezeichnet wird [39], hat maßgeblichen Anteil an dem Erstarken der USA als Wirtschaftsmacht. Um 1860 belegte die USA hinter England den zweiten Rang der Güter produzierenden Staaten [40].

Zur gleichen Zeit war die innere Struktur der Industrie noch immer von der Land- und Forstwirtschaft (Getreide, Baumwolle, Holz) bestimmt, wenn man den Wert der jährlich erzeugten Produkte berücksichtigt. Die eisenverarbeitende Industrie und der Maschinenbau lagen wertmäßig im Jahr 1860 an fünfter Stelle und unmittelbar vor der Bekleidungswirtschaft [41]. Beide Zweige erlebten in den letzten drei Jahren des Bürgerkrieges einen weiteren Aufschwung.

5.3. Die Impulse des Bürgerkrieges und die Erfindungstätigkeit

Im amerikanischen Bürgerkrieg ging es nicht nur um den weltanschaulichen Standpunkt der Sklavenhaltung; er war vielmehr Ausdruck eines tiefen Interessengegensatzes zwischen der Plantagenwirtschaft im Süden der USA und einem im Norden aufstrebenden Industriekapitalismus [42]. Somit hatte er den Charakter einer fundamentalen Auseinandersetzung verschiedener Gesellschaftssysteme, von denen nur eines von beiden weiter existieren konnte [43].

Die Totalität dieses Krieges, die Einbeziehung eines großen Menschenreservoirs, die Ausschöpfung des wirtschaftlichen Potentials und der modernen Technik stellte sich wie folgt dar:

Gegen Ende des Krieges standen fast eine Million Soldaten unter Waffen, die versorgt und ausgerüstet werden mußten [44]. Infolgedessen begann auch in der Bekleidungsindustrie die Massenfabrikation von Uniformen [45]. Da die persönlichen Waffen nicht in ausreichender Stückzahl vorhanden waren, mußten Kontrakte mit zahlreichen privaten Herstellern abgeschlossen werden [46], wobei die Regierung gegenüber den staatlichen Fabriken einen zwei- oder dreimal so hohen Preis akzeptierte.

Die strategischen Entscheidungen wurden zunehmend von den technischen Gegebenheiten bestimmt, indem die Logistik mit Eisenbahnen und Dampfschiffen aufrechterhalten wurde.

Hinzu kam die schnelle Informationsübermittlung durch den Telegrafen und die Verbesserung der Aufklärung mit Hilfe von Ballons und Fotografie.

Der Krieg aktivierte nicht zuletzt die Erfindungstätigkeit. Obwohl zwischen 1861 und 1865 die Gesamtzahl der Patentbewilligungen im Jahresdurchschnitt zurückging, waren in den Bereichen Maschinenbau und Feuerwaffen starke Zuwächse zu verzeichnen [47]. Die Erfindungen im Maschinenwesen konzentrierten sich weiter auf die Arbeitskräfte sparenden Maschinen, so auch bezüglich der Mechanisierung der landwirtschaftlichen Produktion, da viele der dort tätigen Personen am Krieg teilnehmen und durch Maschinen ersetzt werden mußten. In den anderen Bereichen der Industrie konnten nicht genügend Menschen freigestellt werden, da diese zur Aufrechterhaltung der Produktion dort benötigt wurden.

Aber auch der amerikanische Bürgerkrieg selbst regte die Ingenieure und Techniker an, auf dem Rüstungsgebiet tätig zu werden und Ideen zu verwirklichen, solange die kriegführenden Parteien ihren Bedarf anmeldeten. Aus diesem Anlaß gingen auch schon zuvor patentierte Erfindungen in die Produktion, während viele andere Vorstellungen blieben oder erst nach dem Krieg zum Tragen kamen.

Dabei bestand die Bewaffnung der Armeen aus einem anachronistischen Konglomerat, das mit jeder in die Praxis umgesetzten Idee noch verstärkt wurde [48]. Mengenmäßig bildeten die Perkussionsvorderlader mit gezogenem Rohr den größten Bestand. Darüber hinaus wurden verschiedene Typen von Hinterladern mit Metallpatrone eingesetzt und schließlich in der letzten Phase sogar Repetierwaffen wie die von Spencer. Während letztere schon einen hohen Stand in der Technologie von Schnellfeuerwaffen repräsentierten, wurden sie aber zur gleichen Zeit von den Maschinenwaffen bzw. handbetätigten automatischen Waffen übertroffen.

Die Frage nach dem wirtschaftlich-technischen Potential und den politischen und gesellschaftlichen Grundbedingungen, die die Produktion solcher Kriegsmaschinen möglich machten, ist zu einem Teil oben beantwortet worden. Zudem gebar der Krieg selbst in seiner ganzen Totalität und Absolutheit auch absolute Mittel. Diese offenbarten, so interpretiert es Ellis, die Abhängigkeit von Maschinen und das neue Vertrauen an die unbegrenzten Möglichkeiten derselben, ebenso den Glauben, daß man alles in einem automatischen Prozeß machen könne, wenn man sich nur hinreichend geschickt anstelle [49]. »Thus, if it is only natural that an American should have the tools and the know-how to make the first machine gun, it is equally logical that it should be someone from that country who would actually want to turn killing into a matter of turning a crank or depressing a button« [50]. In diesem technisierten Konflikt, der die vitalen Interessen eines Jeden bedrohte – es fielen ca. 500 000 Soldaten – gab es einen psychologischen Druck, solche massenvernichtenden Waffen zu entwickeln und sie gegen den Feind einzusetzen. Den Erfinder bewegten natürlich nicht nur patriotische Gefühle für die Armee seines Staates, sondern er sah durchaus den Aspekt des Kapitalgewinnes als Motiv seiner Tätigkeit. In jenen Jahren zwischen 1860 und 1865 waren somit die Faktoren existent und die Voraussetzungen für eine mechanisierte Waffe erfüllt:

- Einbeziehung des technischen und industriellen Potentials als strategische Hauptgröße

- vergleichbar sehr hoher Entwicklungsstand des Maschinenbaus

- Förderung der Erfindungstätigkeit auf dem Gebiet der Rüstungstechnik

- Einbeziehung des technisch-historischen Erfahrungsschatzes

- Überschreiten einer psychologisch-sozialen Hemmschwelle.

Ellis hat mit Recht aus seiner Sicht konstatiert: »It was no coincidence that the machine gun, for many years the ultimate weapon of mass destruction, should make its first appearance during this particular conflict«[51].

Wenn in den obigen theoretischen Erwägungen von einer durch den Krieg belebten und angeregten Erfindungstätigkeit gesprochen wurde, bedarf es einer Überprüfung dieser Aussage an der Realität. Berücksichtigt man die hier relevanten Patente für schnellfeuernde Waffen[52], insbesondere für handbetätigte Maschinenwaffen (wobei Patente für reine Handfeuerwaffen nicht erfaßt wurden), so ergibt sich, daß die Beschäftigung mit dieser Materie in der Mitte der fünfziger Jahre des 19. Jahrhunderts in den USA zögernd begann und 1859 keine Erfindung mehr zu verzeichnen war (vgl. nachfolgendes Schema). Im Jahr 1861 wird dann der Kriegseinfluß offensichtlich. Es werden neun Patente bewilligt; 1862 steigt die Zahl auf zehn, um dann ab 1863 stetig bis auf das Durchschnittsniveau vor dem Krieg abzusinken. Um die weitere Tendenz festzustellen, wurden noch die Jahre 1869–1873 mit berücksichtigt, in denen wiederum eine Aufwärtsbewegung zu konstatieren ist, die sehr wahrscheinlich mit den Kriegsnachrichten aus Europa in einem ursächlichen Zusammenhang stand. Insgesamt wurden in den siebzehn Jahren zwischen 1855 und 1873 58 Patente für derartige Waffen erteilt; zum Vergleich: 1860 hatte die Gesamtzahl aller jährlichen Patente 4000 überschritten, stieg nach dem Frieden auf über 9000 und für die Jahre nach 1865 auf mehr als 13 000 jährlich an[53].

Schema: Übersicht über die erteilten Patente für schnellfeuernde bzw. handbetätigte Maschinenwaffen in den USA

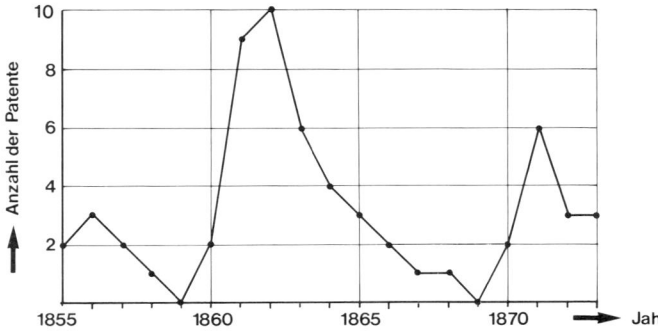

(Quelle: Extrahierung und Errechnung nach der Aufstellung »Patents on Machine Guns and Relating Mechanisms upon which the World's Automatic Weapons have been based« bei Chinn, The Machine Gun, Bd. 1, Anhang A, S. 621–655).

Die obigen Zahlen sind für die Jahre 1861 und 1862 um weitere drei Modelle zu ergänzen, die entweder im Ausland patentiert wurden oder die kein Patent erhielten, aber vereinzelt im Bürgerkrieg verwendet wurden. Namentlich sind dies die Ager Machine Gun, die Revolverkanonen der Südstaaten und die Vandenberg Volley Gun.

5.4. Neue Ideen – Alte Strukturen

In diesem Abschnitt soll anhand von Beispielen schnellfeuernder Waffen, deren Entwicklung über das Stadium des Papiers der Patenturkunde hinausgekommen war, die Frage untersucht werden, welche zeitgenössischen Elemente benutzt wurden und inwieweit der technisch-historische Erfahrungsschatz in die Konstruktionen mit einfloß.

Hierzu soll noch einmal der grundsätzliche Unterschied zwischen einer Feuerwaffe mit kontinuierlichem Feuer und interruptivem Schnellfeuer verdeutlicht werden. Während letztere ein salvenähnliches Feuer abgeben und die dazwischen liegenden Pausen genutzt werden müssen, um den zuvor in die Waffe gespeicherten Munitionsvorrat zu erneuern, sind die kontinuierlich feuernden Waffen mit mechanischen Vorrichtungen versehen, die eine ununterbrochene Munitionszuführung erlauben.

I. Der offensichtlich erste Verkauf einer handbetätigten Maschinenwaffe fand ein halbes Jahr nach dem Beginn der Feindseligkeiten am 16. Oktober 1861 statt, als der Agent J. D. Mills für 1300 Dollar ein einrohriges Schnellfeuergeschütz an die Union verkaufte. Die Erfindung stammt von dem Amerikaner Wilson Ager, der sie in England patentieren ließ. Zuvor hatte sich Ager mit der Verbesserung von landwirtschaftlichen Maschinen befaßt[54].

Abb. 53:
Schnellfeuergeschütz System Ager; etwa 50 dieser handbetätigten Maschinenwaffen erhielt die Union im amerikanischen Bürgerkrieg (Aus: Chinn, The Machine Gun).

Das Hauptmerkmal der Konstruktion (Abb. 53), die von Mills in werbewirksamer Verkürzung und Überspitzung als »an Army in six feet square« bezeichnet wurde[55], bestand in der Anwendung von losen Stahlzylindern, die entweder nach Art der Vorderlader mit Pulver und Minié-Geschoß im Kaliber .58 (14,7 mm) oder mit einer fertigen Papierpatrone geladen wurden. Auf seiner Rückseite war ein Piston für gewöhnliche Zündhütchen eingelassen (Perkussionszündung). Diese vorgeladenen »Kammern« gab die Bedienungsmannschaft des

Geschützes in einen hinter dem Rohrmund befindlichen trichterförmigen Schacht[56]. Bei Betätigung der seitlichen Handkurbel fiel der erste Zylinder durch seine Schwerkraft in eine Lademulde, um dann mit Hilfe eines über Zahnräder betätigten Keiles in der Mulde gegen den Rohrmund geschoben und fest gegen diesen gepreßt zu werden. Sodann wurde der Schuß durch das Vorschnellen eines Hammers, der auf das Zündhütchen schlug, abgefeuert. Mit weiterer Betätigung der Kurbel löste sich die feste Verbindung von Kammer und Rohr, und indem die Lademulde rotierte, wurde die entladene Kammer seitlich ausgestoßen und aus dem Ladetrichter eine neue Kammer zugeführt.

Die mit diesem System erzielbare Feuergeschwindigkeit lag bei ca. 120 Schuß pro Minute. Um die thermischen Belastungen des Rohres in Grenzen zu halten, verband Wilson die Welle der Handkurbel mit einer Turbinenschaufel, die ständig den hinteren Rohrteil mit Kühlluft umspülte und diese beim Kammerwechsel auch durch das dann geöffnete Rohr führte. Außerdem war das Rohr mit einer Schnellwechselvorrichtung versehen; beide Einrichtungen erfüllten somit Anforderungen, die gerade heute an eine automatische Waffe gestellt werden. Insgesamt lieferte Mills etwa 50 dieser auf hölzernen Räderlafetten montierten Waffen an die Union[57]. Der Erfolg ihrer Anwendung während des Krieges hielt sich aber in sehr bescheidenen Grenzen, da keine Armee zu dieser Zeit theoretische Überlegungen über die Einsatzgrundsätze von Maschinengeschützen geführt hatte. Da sie nie konzentriert eingesetzt wurden, erahnte man auch nichts von ihren wirklichen Möglichkeiten[58].

Bezüglich der Auswertung des historischen Erfahrungsraumes ist es in diesem Zusammenhang bemerkenswert, festzustellen, daß bei der Konstruktion von Ager das Prinzip des mittelalterlichen Kammerladers[59] mit modernen technischen Mitteln in eine zeitgemäße neue Form gebracht worden war. Hier wie dort hatte ein Zylinder oder eine Kammer die doppelte Funktion als Ladungsträger und Patronenkammer sowie als rückwärtiger Rohrabschluß, der in eine Lademulde eingesetzt gegen das Mundstück gepreßt wurde. Das schnelle Auswechseln der Kammern erfolgte bei der Ager Gun nicht mehr von Hand, sondern mittels einer Reihe mechanischer Elemente, die die Funktionen des menschlichen Bewegungsapparates nachahmten und ausführten, während allein die dafür erforderliche Antriebsenergie weiterhin von außen zuzuführen war. Die ehemals erforderlichen Tätigkeiten – Aufnehmen, Ansetzen, Umsetzen und Absetzen der Kammer – reduzierten sich auf das Einfüllen geladener Kammern und das Drehen einer Kurbel. Es erübrigt sich zu betonen, daß die Ager Gun den Typen mit kontinuierlichem Feuer angehörte.

II. Den Typus eines Salvengeschützes repräsentierte die sogenannte »Requa Battery Gun« (Abb. 54)[60]. J. Requa und W. Billinghurst aus Rochester (N. Y.) erhielten am 16. September 1862 für dieses »Improvement in Platoon Batteries« ein amerikanisches Patent. Billinghurst stellte das Geschütz in seiner Büchsenmacherwerkstatt selbst her. Auffälligstes Merkmal ist die horizontale Lagerung von 25 identischen Rohren im Kaliber .58 auf einer Räderlafette; es bot demgemäß ein den Orgelgeschützen der Entwicklungsstufe 3 analoges Er-

Abb. 54:
Die »Requa Battery Gun«, patentiert 1862; ein Salvengeschütz mit 25 Rohren und Beschleunigung des Ladens mit Hilfe von Laderahmen (Aus: Chinn, The Machine Gun).

scheinungsbild. Zur Beschleunigung des Ladens konnte an die rückwärtigen Rohröffnungen eine mit diesen korrespondierende Patronenhalterung angesetzt werden, an der 25 vorgeladene Stahlzylinder in Patronenform befestigt waren. Durch Hebeldruck wurden diese in die Rohre eingeführt und mit einem einzigen Zündhütchen simultan abgefeuert. Die Feuergeschwindigkeit soll 175 Schuß in der Minute betragen haben. Prinzipiell handelt es sich um ein Orgelgeschütz, das auf der Entwicklungsstufe 5 aufgebaut und bei dem das Feuern durch Laderahmen beschleunigt wurde.

III. Von den Konförderierten wurden sodann zwei Geschütze mit revolvierender Trommel eingesetzt[61]. Eines (Erfindung des Generals Josiah Gorgas) hatte eine flache, horizontal drehbare Trommel mit 18 Bohrungen im Kaliber 31,8 mm (Abb. 55). Das zweite Exemplar im Kaliber 50,8 mm benutzte eine Trommel mit fünf Bohrungen und üblicher Lagerung. Gegenüber dem oben vorgestellten Revolvergeschütz im Dogenpalast von Venedig sind hier keine Neuerungen zu erkennen, weshalb Chinn treffend bemerkte: »All the principles involved were as old as the use of gunpowder in warfare«[62]

Abb. 55:
Revolverkanone mit horizontal drehbarer Trommel, System Gorgas auf Seiten der Konföderierten versuchsweise eingesetzt (Aus: Chinn, The Machine Gun).

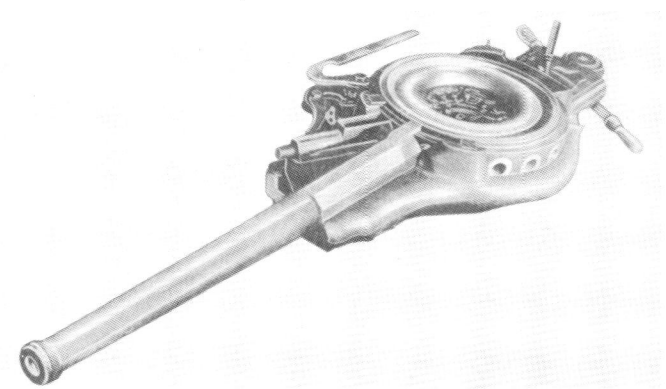

IV. Schließlich sei noch auf die Vandenberg Volley Gun verwiesen[63], die ein Beispiel für die extensive Anhäufung von Feuereinheiten analog den Orgelgeschützen der Entwicklungsstufe 4 mit quadratischem Rohrbündelquerschnitt darstellte (Abb. 56). Der amerikanische General O. Vandenberg faßte eine Anzahl Rohre in einem zylindrischen Bronzeblock zusammen und versah das Geschütz mit einem Schraubverschluß, der an einem Träger schwenk- und drehbar gelagert war. Eine englische Firma, die das Geschütz herstellte, konnte Modelle mit 85 bis 451 Rohren liefern. Die Union lehnte das Geschütz nicht zuletzt wegen des außerordentlich hohen Gewichtes ab, während bei den Südstaaten wohl ein Exemplar mit 85 Rohren in Gebrauch war.

Abb. 56:
Die »Vandenberg Volley Gun«, ein Salvengeschütz mit 85 Rohren und Hinterladung; konstruiert von dem amerikanischen General O. Vandenberg im Bürgerkrieg (Aus: Chinn, The Machine Gun).

Die obigen Beispiele belegen, daß in der kurzen Zeitspanne zwischen 1861 und 1863 die Ausformung der schnellfeuernden Waffen in der ganzen technischen Breite erfolgte, die der Stand des Maschinenbaus **und** die Rückbesinnung auf überkommene Prinzipien ermöglichte. Aufbauend auf diesem Erfahrungsschatz, der hier nur als latente Größe verstanden werden kann, ist eine Tendenz nach Erhöhung der Feuergeschwindigkeit durch Vereinfachung der Ladeprozeduren unter konsequenter Reduzierung des Bedienungsaufwandes zu konstatieren. Die schon bei der Maschinen- und Fabrikationstechnik festgestellte Substitution der menschlichen Arbeit durch mechanische Mittel diffundiert als innovatives Element mit aller Macht nun auch in das Gebiet der Rüstungstechnik selbst, nachdem die Impulse hierzu von der Erarbeitung neuer technischer Möglichkeiten zur Erzeugung derselben ausgegangen waren.

Angesichts der allgemeinen wirtschaftlichen Entwicklung in den USA kann es nicht verwundern, wenn in den Nordstaaten die höherentwickelten Maschinenwaffen erschienen und der Süden am Patentaufkommen mit nur drei Erfindungen partizipierte, also die Abhängigkeit bzw. der grundsätzliche Zusammenhang zwischen fortschrittlichem Ideenreichtum und dem ökonomisch-sozialen-politischen Raum damit verdeutlicht wird. Dies gilt um so mehr bei Einbeziehung einer weiteren handbetätigten automatischen Waffe in die Bewertung, nämlich der Gatling Revolverkanone, der aufgrund ihrer Bedeutung – insbesondere im Hinblick auf die Perspektiven in Deutschland – ein eigener Abschnitt vorbehalten werden soll.

Anmerkungen

[1] Zitiert aus: F. Weyersberg, Handwaffen. In: Berichte über die Allgemeine Ausstellung zu Paris im Jahre 1867, erstattet von den für Preußen und die Norddeutschen Staaten ernannten Mitgliedern der internationalen Jury, Heft IV, Berlin 1868, S. 309 ff., hier S. 310.

[2] Zitiert aus: General Survey of the Exhibition, with a Report on the Charakter and Condition of the United States Section. In: Reports of the United States Commissioners to the Paris Universal Exposition, 1867. Hrsg. von William P. Blake, Bd. 1, Washington 1870, S. 270.

[3] In geringem Umfang wurden hier auch Nachbauten von europäischen Militärwaffen gefertigt, namentlich englische Modelle. Sie konnten jedoch nur einen bescheidenen Beitrag zur Ausrüstung der Revolutionsarmee leisten.

[4] Zur Geschichte und zum Gebrauch dieser Waffen vgl. John G. W. Dillin, The Kentucky Rifle. Hrsg. von Kendrick Scofield, 6. Aufl. York (Pennsylv.) 1975; zur Technik ihrer Herstellung vgl. insbesondere S. 79 ff.

[5] Vgl. die Struktur vermittelnde, auf Untersuchungen vor Ort beruhende und auch heute noch lesenswerte Studie von Hermann Grothe, Die Industrie Amerika's, ihre Geschichte, Entwicklung und Lage unter besonderer Berücksichtigung der Volkswirtschaft und Handelspolitik, der Erfindungen und Fortschritte des Maschinenwesens etc. und der Weltausstellung zu Philadelphia, Berlin 1877, S. 46 f.; vgl. ferner zur finanziellen Unterstützung durch Frankreich Walter W. Jennings, A History of Economic Progress in the United States, New York 1926, S. 198 f.; Jennings arbeitet klar heraus, daß ohne diese Geldmittel die Revolution hätte kaum erfolgreich verlaufen können.

[6] Vgl. die Auflistung bei Arcadi Gluckman, Identifying old U.S. Muskets, Rifles and Carabines, 2. Aufl. New York 1965, S. 44 f.

[7] Ebenda S. 49.

[8] Tatsächlich hatte Thomas Jefferson, der spätere dritte Präsident der USA, während seiner Zeit als Botschafter in Paris (1785–1789) Kontakte mit dem Hauptkontrolleur der französischen Waffenmanufakturen, Honoré Blanc (auch Leblanc), der als erfahrener Techniker wesentlich Anteil an der Aufstellung der Fertigungsvorschriften und der Normierung der Teile hatte (über ihn vgl. Heer, Der neue Støckel, Bd. 1, S. 111). Jefferson übermittelte der amerikanischen Regierung dann Berichte über die französische Fertigungstechnologie; vgl. auch Sowjetisches Autorenkollektiv, Allgemeine Geschichte der Technik von den Anfängen bis 1870, Leipzig 1981, S. 183.

[9] Vgl. Maréchal Prince Alexandre, Instruction sur les Armes à Feu et Armes Blanches Portatives, à l'Usage des Troupes Françaises, rédigée et imprimée par Ordre de Ministre de la Guerre. In: Journal Militaire, Jg. 1806, Teil I, S. 197 ff., hier S. 200 u. Anm. 3, ebenda. Diese Instruktion enthält auch eine Übersicht der älteren bis 1800 erzeugten Waffenmodelle.

[10] Vgl. Jean Boudriot, Armes à Feu Françaises Modeles Reglementaires, Heft 5: Le Système 1777, Paris 1961, S. 1.

[11] Jean Baptiste Vaquette de Gribeauval (1715–1789), geb. in Amiens, trat 1732 in die französische Artillerie ein, wurde 1752 Hauptmann im Mineurkorps und studierte im Auftrag des Kriegsministers in Berlin die leichte preußische Artillerie. Als General und Kommandant des Artillerie- und Mineurkorps trat er in österreichische Dienste und leitete 1760 während des Siebenjährigen Krieges die Belagerungsarbeiten vor Glatz und 1762 die Verteidigung von Schweidnitz. Maria Theresia ernannte ihn zum Feldmarschalleutnant. Ludwig XV. rief ihn nach dem Friedensschluß nach Frankreich zurück, wo er Generalinspekteur der Artillerie wurde. Nachdem er aufgrund der Auseinandersetzungen um das von ihm geschaffene Artilleriesystem in Ungnade gefallen war, ernannte ihn Ludwig XVI. zum Gouverneur des großen Arsenals. In seinen letzten Positionen unterstanden ihm auch die Gewehrfabriken. Zu seinem System siehe auch Kap. 8, Anm. 11; zu seiner Person vgl. Handwörterbuch der gesamten Militärwissenschaften. Hrsg. von B. Poten, Bd. 4. Bielefeld, Leipzig 1878, S. 164.

[12] Die Aktion wurde ebenfalls von Botschafter Jefferson (siehe Anm. 8), veranlaßt, wie aus einem Bericht des amerikanischen Ordnance Office an den Kriegsminister vom 6.6.1814 hervorgeht; abgedruckt bei Gluckman, Identifying old U.S. Muskets, S. 65.

[13] Ebenda.

[14] Vgl. Ordnance Report – Recommendations for Standardization of Small Arms vom 10.6.1815; abgedruckt ebenda, S. 404–406, hier S. 405.
Im Zusammenhang mit der Produktion einer wesentlich von französischen Modellen beeinflußten Waffe wurde später eine französische Expertenkommission beratend hinzugezogen, um die identische Ausführung der Teile in den staatlichen und privaten Fabriken sicherzustellen. Diese hielt das Vorhaben bei den gegebenen Verhältnissen für undurchführbar; vgl. dazu eine Denkschrift des Erfinders und Produzenten John H. Hall an den Secretary of War vom 17.2.1827, auszugsweise abgedruckt bei R. T. Huntington, Hall's Breechloaders. John H. Hall's Invention and Development of a Breechloading Rifle with Precision-made Interchangeable Parts, and Its Introduction into the United States Service, York (Pennsylv.) 1972, S. 17.

[15] In der europäischen Waffenfabrikation mußten noch bis nach der Mitte des 19. Jahrhunderts die Einzelteile durch Feilen einander angepaßt werden, weshalb sie durch kleine Markierungen entsprechend gekennzeichnet waren, um

Verwechslungen auszuschließen. Auch die französische Präzisionsfertigung hatte durch die Revolution stark gelitten; die Manufakturen waren desorganisiert und die Fertigungskontrolle wurde weniger streng gehandhabt. Mit der Einführung des Gewehrmodells M. 1777/An IX (1800/01) konnte der alte Standard teilweise wieder erreicht werden. Für einen Vergleich der amerikanischen mit jenen in Frankreich zu Beginn des Jahrhunderts praktizierten Methoden bietet sich an die authentische Darstellung des Kapitäns des französischen Artilleriekorps, Michel F. Dale, in: La Fabrication du Fusil »Modèle 1777« à la Manufacture Impériale d'Armes de Liège. Mémoire écrit en 1810. Hrsg. von Claude Gaier, Liège 1977.
Einige Aspekte des amerikanischen Systems und die Auswirkungen der industriellen Revolution auf das Militärwesen, die Strategie und Taktik der österreichischen Armee hat untersucht Joachim Niemeyer, Das österreichische Militärwesen im Umbruch. Untersuchungen zum Kriegsbild zwischen 1830 und 1866 (Studien zur Militärgeschichte, Militärwissenschaft und Konfliktforschung, Bd. 23), Osnabrück 1979, S. 15ff., 133ff.

[16] Vgl. Grothe, Die Industrie Amerika's, S. 51, 52f.

[17] In Fortsetzung dieses Gedankenganges ergibt sich: In den USA war der Übergang von der Handarbeit zur Maschinenarbeit bestimmend; in Japan vollzog und vollzieht sich der Übergang zur kybernetisch kontrollierten, d.h. von Computern gesteuerten Massenfertigung beispielsweise in der Automobil-, der fotografisch/optischen Industrie sowie in der Unterhaltungselektronik. Eine neuere wirtschaftliche Macht Japans versuchen u.a. Richard Gaul/Nina Grunenberg/Michael Jungblut, Japan-Report, Wirtschaftsriese Nippon – die sieben Geheimnisse des Erfolgs, München 1981, insbesondere S. 162ff.

[18] So die sinngemäße Übersetzung der Präambel der nordamerikanischen Patenturkunden. Zur Patentgesetzgebung allgemein vgl. Grothe, Die Industrie Amerika's, S. 78ff. und John W. Oliver, Geschichte der amerikanischen Technik, Düsseldorf 1959, S. 133ff.

[19] Vgl. Grothe, Die Industrie Amerika's, S. 79.

[20] Von den bis 1823 erteilten 3500 Patenten hatten über 1800 Maschinen und verwandte Geräte zum Inhalt; ebenda S. 97.

[21] Ebenda.

[22] Ebenda S. 122.

[23] Hier: Die Bezeichnung der Fa. Colt.
Um auch die Gebrauchsware zu kennzeichnen, erschien in der Regel auf jeder »Patent-Waffe« die Patentnummer und das genaue Datum der Erteilung.

[24] Zur Person Whitneys und seines Systems vgl. Joseph W. Roe, Eli Whitney 1765–1825. In: Beiträge zur Geschichte der Technik und Industrie, Bd. 10 (1920), S. 155–173. Zur Bedeutung Whitheys aus amerikanischer Sicht weiterhin Walter Millis, Amerikanische Militärgeschichte in ihren politischen, wirtschaftlichen und sozialen Zusammenhängen, Köln 1958, S. 45f.; aus englischer Sicht: Landes, Der entfesselte Prometheus, S. 289.

[25] Vgl. Karl Heinz Mommerz, Bohren, Drehen und Fräsen. Geschichte der Werkzeugmaschinen (Kulturgeschichte der Naturwissenschaften und der Technik, Bd. 4), Reinbeck b. Hamburg 1981, S 87f. In Abb. 59, S. 87, findet sich eine Darstellung dieser Vorrichtung.

[26] Vgl. die Produktionsübersicht bei Huntington, Hall's Breechloaders, S. 233.

[27] Im Dezember 1826 hatte eine Kommission des Ordnance Office sich in der Fabrik Halls über die Fertigungstechnologie informiert und berichtete nach Washington:
»Captain Hall has formed, and adopted a system in the manufacture of small arms, entirely novel, and which, no doubt, may be attended with the most benefitial results to the country, especially if carried into effect on a large scale. His machines for this purpose are of several distinct classes, and are used for cutting iron and steel and for executing woodwork: all of which are essentially different from each other and differ materially from any other machines we have ever seen in any other establishment«; Bericht vom 6.1.1827, abgedruckt in der Anlage 2 bei Huntington, Hall's Breechloaders, S. 319.
Wie der Kommissionsbericht weiterhin aussagt, (S. 321) demonstrierte Hall in einem Experiment die Leistungsfähigkeit seiner Maschinerie, indem die gleiche Tätigkeit – das Feilen von gesenkgeschmiedeten Teilen wie Hahn, Gehäuse – einmal von Arbeitern nach der gewöhnlichen Metholde mit Feile und Schablone und das andere Mal durch eine Maschine ausgeführt wurde. Die Maschine benötigte nur ein Drittel der Zeit der Handarbeiter, zugleich war die Maßhaltigkeit der Teile wesentlich besser. Die Substitution von Hand- und Maschinenarbeit war mit Hall mit ökonomischen Vorteilen verbunden: Die zwölf- bis vierzehnjährigen Jungen, die die Maschinen bedienten, bekamen nur einen Bruchteil des Lohnes der Facharbeiter, wodurch sich seine Produktionskosten erniedrigten. Die Investitionskosten für die Maschinen konnten durch hohe Stückzahlen und einen durch den Staat gesicherten Absatz ausgeglichen werden.

[28] Ebenda S. 266.

[29] Zur Herkunft und zum Inhalt des Begriffes »technologische Konvergenz« vgl. Nathan Rosenberg, Technischer Fortschritt in der Werkzeugmaschinenindustrie 1840–1910. In: Moderne Technikgeschichte. Hrsg. von Karin Hausen u. Reinhard Rürup (Neue Wissenschaftliche Bibliothek, Bd. 81), Köln 1975, S. 216ff., hier S. 222f.

[30] Ebenda S. 225.

[31] Ebenda S. 226.

[32] Vgl. Wittmann, Die Entwicklung der Drehbank, S. 52.

[33] Root (1808–1865) entstammte einer Farmerfamilie. Für Samuel Colt projektierte er dessen neue Fabrik in Hartford und nahm neben Patenten für Verbesserungen an Maschinen auch solche für Feuerwaffen. Nach dem Tode von Colt (1862) übernahm er die Leitung der Firma; vgl. die Kurzbiographie bei Lugs, Handfeuerwaffen, Bd. 1, S. 588.

[34] Patent vom 28.11.1854; abgedruckt bei Haven/Belden, A History of the Colt Revolver, S. 573ff.

[35] Bei dieser Maschine vollzog sich die Umschaltung und Steuerung des Einsatzes der Werkzeuge und der Werkstücke durch verschiedene mechanische Elemente. Der Automat rationalisierte zuerst die Schraubenherstellung; vgl. Rosenberg, Technischer Fortschritt in der Werkzeugmaschinenindustrie, S. 226.

[36] Spencer (1833–1922) erhielt in einer Seidenspinnerei eine Mechanikerausbildung, arbeitete vorübergehend in der Coltschen Fabrik und nahm 1860 und 1862 ein Patent für seinen Repetierer mit Magazin im Kolben für neun Randfeuerpatronen Kaliber .56 (14,2 mm). Während des Bürgerkrieges konnte er über 100000 Gewehre und Karabiner an die Staaten der Union absetzen; vgl. die Kurzbiographie bei Lugs, Handfeuerwaffen, Bd. 1, S. 591. Zur Geschichte seiner Waffen zwischen 1861 und 1866 vgl. William E. Edwards, Civil War Guns. The complete Story of Federal and Confederate Small Arms, Secaucus (New Jersey) (1978), S. 144ff.

[37] Vgl. Rosenberg, Technischer Fortschritt in der Werkzeugmaschinenindustrie, S. 227.

[38] Ebenda S. 227 u. Abb. 65 bei Mommerz, Bohren, Drehen und Fräsen, S. 92.

[39] Zu diesem Begriff im allgemeinen und mit Berücksichtigung der Verhältnisse in England vgl. Clive Trebilcock, Rüstung und Industrie. Zum »spin-off«-Problem in der britischen Wirtschaftsgeschichte 1760–1914. In: Moderne Technikgeschichte. S. 337ff., auch S. 346.

[40] Vgl. Ellis, The Social History of the Machine Gun, S. 21.

[41] Vgl. die Aufstellung bei Harold U. Faulkner, Geschichte der Amerikanischen Wirtschaft, Düsseldorf 1957, S. 407.

[42] Ebenda S. 317.

[43] Zum Verlauf des Krieges und seinen Operationen vgl. u.a. Constantin Sander, Geschichte des vierjährigen Bürgerkrieges in den Vereinigten Staaten von Amerika, Frankfurt a.M. 1865; Robert Paul Jordan, The Civil War. Hrsg. von der National Geographic Society, 3. Aufl. Washington 1975.

[44] Vgl. Millis, Amerikanische Militärgeschichte, S. 90. Insgesamt nahmen etwa 2,4 Millionen Soldaten am Krieg teil; ebenda.

[45] Vgl. Faulkner, Geschichte der Amerikanischen Wirtschaft, S. 342. So stieg die Fabrikation wollener Tuche auf das 2½-fache.

[46] Edwards, Civil War Guns, S. 25–57, führt nicht weniger als 107 verschiedene private Kontraktnehmer an. Die überwiegende Masse der gelieferten Gewehre stellte das gezogene Infanteriegewehr M. 1861. Diese extensive Auftragsvergabe war für die Union auch dadurch erforderlich geworden, daß die Konföderierten im April 1861 die staatliche Fabrik in Harpers Ferry in ihre Hand brachten und sie nach dem Abtransport der schon fertigen Waffen und der maschinellen Einrichtung zerstörten.

[47] Vgl. Faulkner, Geschichte der Amerikanischen Wirtschaft, S. 342.

[48] Offiziell registrierte die Union 79 verschiedene Modelle von Gewehren und Büchsen, 23 Modelle von Karabinern und 19 Modelle von Pistolen und Revolvern, von denen die meisten eigene Munitionsarten benötigten; vgl. Wahl/Toppel, The Gatling Gun, S. 7.

[49] Vgl. Ellis, The Social History of the Machine Gun, S. 23.

[50] Ebenda.

[51] Ebenda S. 25.

[52] Es wurde dazu die Aufstellung der in den USA erteilten Patente ausgewertet: »Patents on Machine Guns and Relating Mechanisms upon which the World's Automatic Weapons have been based« bei Chinn, The Machine Gun, Bd. 1, Anhang A, S. 621–655.

[53] Vgl. Grothe, Die Industrie Amerika's, S. 109.

[54] Zu den technischen Daten und zur Geschichte dieser Waffe vgl. Chinn, The Machine Gun, Bd. 1, S. 37ff.; Edwards, Civil War Guns, S. 229ff. sowie Ellis, The Social History of the Machine Gun, S. 25.

[55] Zit. nach Ellis, ebenda S. 25.

[56] Nach seinem kaffeemühlenähnlichen Aussehen erhielt das Geschütz schnell den Spitznamen »Coffee Mill Gun«.

[57] Vgl. Edwards, Civil War Guns, S. 231.

[58] Unmittelbar nach Kriegsende wurden die noch vorhandenen Geschütze als »Surplus« verkauft; vgl. Edward, Civil War Guns, S. 231.

[59] Zu den Kammerladern siehe oben Abschn. 3.3.3.

[60] Vgl. Chinn, The Machine Gun, Bd. 1, S. 35f.; Kropatschek, Ueber Revolver-Geschütze, S. 301f.; Wille, Ueber Kartätschgeschütze, S. 28ff.; hier auch weitere technische Details.

[61] Vgl. Edwards, Civil War Guns, S. 232f.; Chinn, The Machine Gun, Bd. 1, S. 46f.

[62] Chinn, ebenda S. 46.

[63] Ebenda S. 43ff.; Edward, Civil War Guns, S. 231f.

6. Die Gatling-Revolverkanone und ihre Konkurrenten in Deutschland

6.1. Das Gatling-System – Prinzip der umlaufenden Rohre

6.1.1. R. J. Gatling und das Wesen seiner Erfindung

Am 4. November 1862 erteilte das United States Patent Office unter der Nummer 36 836 Richard Jordan Gatling ein Patent für die Verbesserung von Revolver-Batterie-Geschützen [1]. Gatling wurde am 12. September 1818 in Maney's Neck im Staate North-Carolina geboren und starb am 26. Februar 1903 in New York [2]. Seine Eltern waren Nachkommen von Siedlern englischer Abstammung und bearbeiteten eine große Farm (Plantage). Nachdem sich schon sein Vater mit der Konstruktion von neuen Landwirtschaftsmaschinen befaßt hatte, gelang es auch dem Sohn als junger Mann auf gleichem Gebiet einige Erfindungen zu machen, beispielsweise eine Reissämaschine und einen Dampfpflug. Sein Verständnis für die Möglichkeiten der Technik und der Umgang mit den verschiedensten Maschinenelementen und Kraftübertragungseinrichtungen war also schon früh entwickelt. Den Lebensunterhalt verdiente er sich in seiner Heimat als kleiner Ladenbesitzer und später als Verkäufer in St. Louis, Missouri; währenddessen beschäftigte er sich weiter mit Erfindungen.

Wirtschaftliche Erwägungen hatten den Südstaatler veranlaßt, in den Norden zu gehen, weil er sich hier günstigere Produktionsmöglichkeiten für seine Maschinen erhoffte. In der Tat war die Erfindung von in der Landwirtschaft benötigten Geräten, ihre Herstellung und ihr Vertrieb bis Anfang der sechziger Jahre der Grundpfeiler seiner Existenz. Anläßlich der ersten Weltausstellung in Lodnon im Jahre 1851 erhielt Gatling für eine Weizenmähmaschine mehrere Auszeichnungen. Das erfolgreiche Studium der Medizin – beeinflußt durch eigene und schwere Krankheiten in seiner Familie – blieb nur eine Episode, da er nicht praktizierte. In Indianapolis (Indiana) ansässig geworden und dort verheiratet, war Gatling infolge seiner unternehmerischen Politik ein wohlhabender Mann, als 1861 der Bürgerkrieg aufflammte und er mit der Konstruktion einer wirkungsvollen schnell feuernden, maschinenähnlichen Waffe begann, die in der Lage sein sollte, die Feuerkraft der Truppen zu vervielfachen [3]. Gegen Ende des Jahres hatte er den ersten Prototyp fertiggestellt, und zu Anfang des folgenden Jahres konnte er sein Geschütz in Indianapolis der Öffentlichkeit vorstellen.

Gatling selbst bemerkt zu seiner Erfindung in einer kleinen Schrift, die anläßlich der Vorstellung seines Geschützes auf der Weltausstellung 1867 in Paris erschien und die als Firmenprospekt für die europäischen Artilleriekomitees bestimmt war:

»Dies Geschütz unterscheidet sich wesentlich von allen anderen Feuerwaffen durch seine mechanische Einrichtung und die Eigentümlichkeit seiner Arbeit. Man kann es mit Recht als mechanisches oder Maschinengeschütz bezeichnen, denn es arbeitet völlig automatisch, d. h. in rein mechanischer Weise ladet es sich und feuert unaufhörlich, solange man die Kurbel dreht, welche das ganze in Bewegung setzt und solange durch die Einfüllbüchsen Patronen in genügender Anzahl zugeführt werden. Erforderlichenfalls lassen sich tausend Geschosse ohne die geringste Unterbrechung daraus verfeuern. Dies Geschütz verhält sich zu den übrigen Feuerwaffen wie die Druckerpresse zur Feder, oder wie die Eisenbahn zur Postkutsche. Es wird ohne Zweifel ein hervorragendes Mittel bilden, um eine durchgreifende Umwälzung in dem gegenwärtigen Systeme der Kriegskunst herbeizuführen« [4].

Gatlings Prototyp arbeitete wie die Ager Gun anstatt mit Patronen noch mit Ladungskammern aus Stahl, die zuvor mit Pulver und Geschoß oder mit einer Papierpatrone und auf ihrer Rückseite mit einem Zündhütchen versehen werden mußten. Die Kammern fielen bei Betätigung der Antriebskurbel in eine mit den Rohren rotierende Lademulde, wurden von Zylindern über eine Steuerkurve fest gegen den Rohrmund gepreßt, und ein Schlagstück löste den Schuß aus [5]. Der historische Kern von Gatlings Erfindung bestand somit in der Verbindung der Kammerladung mit dem Prinzip des revolvierenden Rohrbündels bei gleichzeitiger kontinuierlicher Munitionszuführung. Die schon den Kammerladern als Nachteil anhaftende Gasundichtheit hatte auch Gatling nicht zu überwinden vermocht. Erst in einem zweiten Prototyp, der für die kurz zuvor in Gebrauch gekommene Metallpatrone mit selbstdichtender Kupferhülse und Randfeuerzündung modifiziert war, konnte er dieses Problem lösen; er ließ sich die weiter vorgenommenen Verbesserungen durch das Patent Nr. 47631 von 1865 schützen.

Dieses Modell von 1865 war der Ausgangspunkt zu einer ganzen Modellpalette, so auch für das um 1877 entstandene Schnitt- bzw. Demonstrationsmodell, das für eine Zentralfeuerpatrone Kal. .42 eingerichtet ist und an dem sich die prinzipielle mechanische Einrichtung besonders gut studieren läßt. Dieses Exemplar (Abb. 57–60) befindet sich heute in der Wehrtechnischen Studiensammlung des Bundesamtes für Wehrtechnik und Beschaffung (WTS/BWB) in Koblenz (Inv.-Nr. 1005-6754-0001929).

Um eine am vorderen und hinteren Ende des eisernen Trägers gelagerten zentralen Achswelle sind zehn Rohre in Form eines Hohlzylinders angeordnet, wobei die Rohre den gleichen Abstand voneinander haben. Am hinteren Ende der dort in einer vertikalen Scheibe eingelassenen Rohre schließt sich ein ebenfalls auf der Achse befindlicher größerer Zylinderblock an. Auf seiner Mantelfläche sind Führungsnuten für die zehn zu den Rohren gehörenden Verschlußstücke eingefräst. Nicht sichtbar im hinteren Ende des Verschlußgehäuses befindet

Abb. 57:
Die bekannteste handbetätigte Maschinenwaffe aus der Zeit des
amerikanischen Bürgerkrieges war die Gatling Gun, hier ein um
1877 entstandenes Schnitt- bzw. Demonstrationsmodell im Kaliber .42
(Wehrtechnische Studiensammlung des BWB, Koblenz).

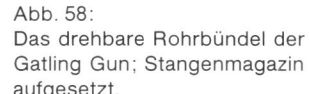

Abb. 58:
Das drehbare Rohrbündel der
Gatling Gun; Stangenmagazin
aufgesetzt.

Abb. 59:
Zuführseite der Gatling-Maschinenwaffe; aus dem Magazin fallen
die Patronen in Ladetrichter; durch das Drehen der Kurbel folgen
die Verschlüsse dem Verlauf der Steuerkurve im Gehäuse und
führen die Patronen kontinuierlich zu; die abknickende Stelle der
Steuerkurve legt den Beginn der Verriegelungs- und Zündphase
fest.

sich ein Winkelgetriebe, bestehend aus einem großen Zahnrad auf der Hauptwelle und einem eingreifenden Schneckengang, der auf der rechts aus dem Gehäuse herausführenden
Antriebswelle sitzt. Mit der hier angebrachten eisernen Handkurbel läßt sich der ganze Mechanismus des Geschützes in
eine rotierende Bewegung im Uhrzeigersinn versetzen, bei
der die zu den rotierenden Rohren gehörenden Verschlüsse
diese mitmachen, gleichzeitig aber vor- und zurücklaufen, um
die Patrone in das Patronenlager einzuführen oder die leeren
Hülsen auszuziehen. Dabei werden die Verschlüsse von einer
im Gehäuse eingelassenen raum-elliptischen Kurve zwangs-
gesteuert, d.h. bei Drehung des Rohrbündels laufen sie an
der Steuerkurve entlang und werden automatisch vor- und zurückgeführt.

Abb. 59 zeigt am aufgeschnittenen Modell den Verlauf der
Steuerkurve. Deutlich erkennbar sind die bei der Patronenzuführung befindlichen Verschlüsse; der unterste hat das Rohr
bereits erreicht und ist im Begriff, in die Verriegelungsphase
einzutreten (Steuerkurve knickt hier ab), während die oberen
beiden Verschlüsse ihren Weg erst zu einem bzw. zwei Drittel
zurückgelegt haben.

Anhand Abb. 60 lassen sich alle charakteristischen Merkmale
zusammenfassen. Die Mundstücke der Rohre lagern in der
vertikalen Bronzescheibe. Dann schließt sich der Zylinder mit
Führungsnuten und Patroneneinlage an. Der Ladetrichter, an
den das Stangenmagazin angesetzt werden kann, ist hochgeklappt. Beim Drehen der Kurbel laufen die beiden hier unteren
Verschlüsse zurück und ziehen die Patronenhülse aus. Zwei
Verschlüsse sind ganz zurückgeführt, um die Zuführung der
Patrone aus dem Magazin zu ermöglichen. Die beiden hinteren Verschlüsse befinden sich gerade auf dem Vorlauf, um die

Abb. 60:
Ausziehseite der Gatling Gun; Ladetrichter hochgeklappt.

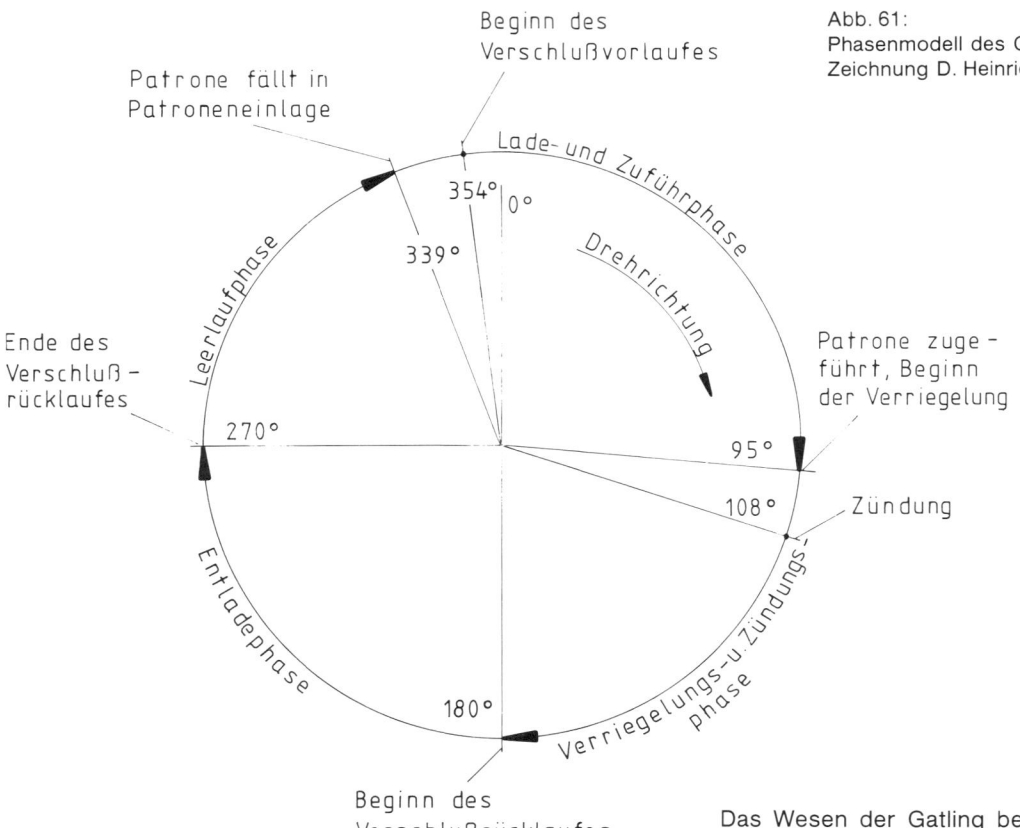

Beginn des
Verschlußvorlaufes

Patrone fällt in
Patroneneinlage

Abb. 61:
Phasenmodell des Gatling-Systems (Entwurf: R. Wirtgen;
Zeichnung D. Heinrich, Mendig).

Lade- und Zuführphase

Drehrichtung

354° 0°

339°

Leerlaufphase

Ende des
Verschluß-
rücklaufes

270°

Patrone zuge-
führt, Beginn
der Verriegelung

95°

108°

Zündung

Entladephase

Verriegelungs- u. Zündungs- phase

180°

Beginn des
Verschlußrücklaufes

zugeführte Munition in das Patronenlager einzuführen. Es findet ein kontinuierliches Spiel von Zuführen, Abfeuern und Ausziehen statt, solange das Rohrbündel mit der Handkurbel in Rotation versetzt wird.

Das Phasenmodell des Gatling-Systems (Abb. 61) verdeutlicht noch einmal den Zusammenhang von zeitlichem Ablauf bei einer vollen Umdrehung des Rohrbündels und den Aktionen, die dabei stattfinden. Es lassen sich vier Phasen unterscheiden:

1. Lade- und Zuführphase
2. Verriegelungs- und Zündungsphase
3. Entladephase
4. Leerlaufphase

Phase 1 startet mit der Zuführung der Patrone aus dem Magazin in die Patroneneinlage des Zylinders. Bei 354° beginnt die Bewegung des Verschlusses, gesteuert durch die Kurve, in Richtung Rohr und schiebt die gerade zugeführte Patrone vor sich her, während die Kralle des Ausziehers in den Rand der Patrone eingreift. Nachdem bei 95° die Patrone ganz zugeführt ist, verläuft die Steuerkurve jetzt ohne Steigung, der Verschluß ist starr verriegelt. Schon kurz vorher hat ein Greifer den Kopf des Schlagbolzens erfaßt und spannt seine Feder, bis bei 108° der Bolzen aus der Greiferbahn austritt, nach vorne schnellt und das Zündhütchen trifft. Der Schuß bricht. Der Verschluß bleibt aber bis 180° verriegelt, um dann mit Phase 3 die leere Hülse aus dem Patronenlager herauszuziehen. Bei 270° hat der Verschluß seine hinterste Stellung wieder erreicht, und die Hülse wird ausgeworfen. Von 270° bis 359° schließt sich eine kürzere Leerlaufphase an, in der der Verschluß bis unter den Ladetrichter geführt wird.

Das Wesen der Gatling besteht darin, daß gleichzeitig alle Phasen bei den 10 vorhandenen Rohren gestaffelt ablaufen, d.h., jeder Verschluß nimmt eine andere Stellung zum Rohr ein. Abb. 62 zeigt als Momentbild den schematischen Ablauf der Verschlußbewegung in Relation zu den Rohren. Die Rohre I bis IV befinden sich gerade in der Lade- und Zuführphase. In der Verriegelungs- und Zündphase befinden sich Rohr und Verschluß V, bei dem der Schlagbolzen freigegeben ist und die Zündung erfolgen wird; bei Rohr VI ist die Zündung erfolgt. Rohre VII bis IX sind in der Entladungsphase, Rohr X ist in der Leerlaufphase.

Durch die Aufteilung der zur Operation des Geschützes notwendigen Phasen auf 10 Rohre und 10 gesteuerte Verschlüsse sowie die stetige Munitionszuführung aus dem Magazin werden pro Umdrehung des Rohrbündels 10 Geschosse abgefeuert, wobei aber jedes Rohr pro Umdrehung nur einmal zu feuern hat.

Je schneller mit der Handkurbel das Rohrbündel in Rotation versetzt wird, desto größer ist die daraus resultierende Feuergeschwindigkeit. Vernachlässigt man die Reibungswerte der mechanischen Teile, wird die maximale theoretische Feuergeschwindigkeit nur durch die Leistungsfähigkeit der die Handkurbel drehenden Bedienung bestimmt.

Die oben beschriebene Gatling hat folgende technische Daten:

Rohranzahl:	10
Kaliber:	.42 (10,7 mm)
Rohrlänge:	459 mm
Anzahl der Züge:	6
Gesamtlänge:	915 mm
Magazinkapazität:	40 Schuß

Das Geschütz ruht auf einer hölzernen Blocklafette mit einer Spurweite von 1175 mm und einem Raddurchmesser von 1150 mm.

Zur Abgabe von 10 Schuß (= ein Umlauf des Rohrbündels) werden bei diesem Modell 3 ¹/₃ Kurbelumdrehungen benötigt. Das zylindrische Verschlußgehäuse trägt die Nummer »41«, der eiserne Träger ist mit »No 235« gekennzeichnet. Staatliche Prüf- und Abnahmestempel konnten nicht festgestellt werden.

6.1.2. Die zeitgenössische Verwendung und Weiterentwicklung

Der Bürgerkrieg hatte für keines der Modelle handbetätigter Maschinenwaffen nennenswerte Verkaufserfolge und Ergebnisse gebracht. Einzig und allein Gatlings Revolverkanone blieb im Gespräch, obwohl nur wenige Exemplare versuchsweise von dem General der Nordstaaten, Butler, angekauft und bei der Verteidigung von Petersburg mit unbekannten Resultaten eingesetzt worden waren. Die ersten Versuche von seiten des Ordnance Department fanden mit dem neuen Modell von 1865 im Januar des gleichen Jahres im Arsenal zu Washington statt. Nach weiteren positiv verlaufenen Versu-

chen orderte die Regierung im August 1866 bei der Coltschen Fabrik in Hartford 50 Geschütze im Kaliber 1 Zoll und weitere 50 im Kaliber des Infanteriegewehres .50 (12,7 mm)[6]. Die Fa. Colt bot mit ihrer maschinellen Ausstattung die besten Voraussetzungen für die Fertigung der Geschütze, die während des Jahres 1867 ausgeliefert wurden. Sie war zugleich auch Teilhaberin der »Gatling Gun Company«, der bald international operierenden Verkaufsgesellschaft, die in den infrage kommenden Märkten zudem über geschäftstüchtige Agenten verfügte. In den USA selbst hielt der ehemalige General John Love ständigen Kontakt mit den Institutionen, und seinem immer noch wirkenden Einfluß konnte Gatling seinen ersten Erfolg verdanken. Die amerikanische Regierung zählte aber auch weiterhin zu den Dauerkunden; 1878 verfügte die US Army schon über 269 Revolverkanonen der verschiedenen Modelle[7].

Auch das kaiserliche Rußland hatte eine große Anzahl Gatling Guns in seinem Artilleriepark. In den Jahren 1868/69 stellte Colt 100 zehnrohrige Kanonen mit dem russischen Infanteriekaliber .42 (10,7 mm) her, die mit Modifikationen versehen waren, die auf den russischen Ingenieur und Artillerieobersten A. P. Gorlow[8] zurückgingen. Dieser führte in Hartford die staatliche Endabnahme durch[9]. Mit diesem Kontrakt hatte

Abb. 62:
Verschlußstellungen bei einem Gatling-System mit 10 Rohren zu einem Zeitpunkt x (Aus: Wahl/Toppel, The Gatling Gun).

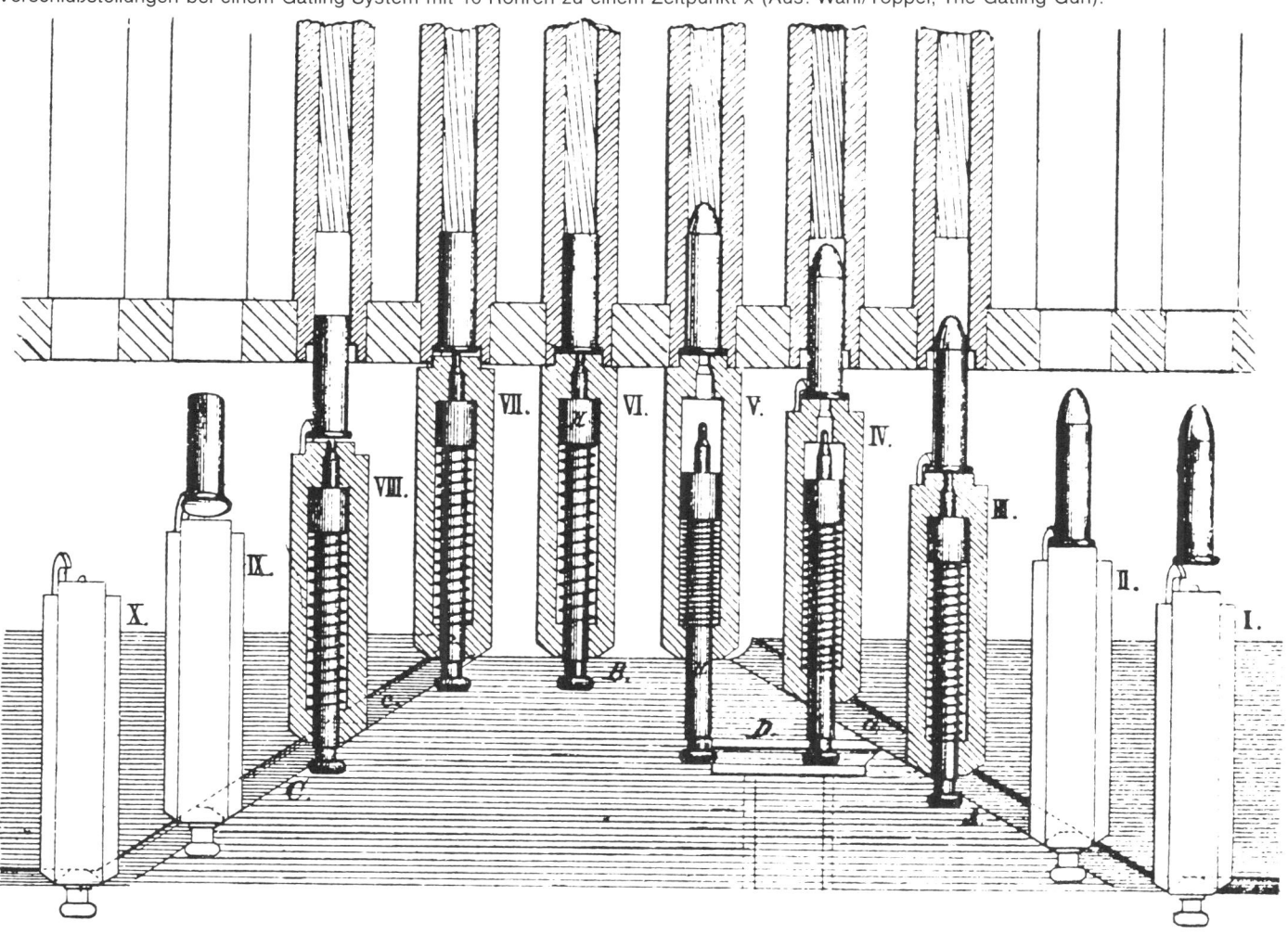

Rußland eine unentgeltliche Lizenz erhalten, die Gatling-Kanonen in den eigenen Fabriken herstellen zu dürfen, und es tat dies auch[10]. Die scheinbare Großzügigkeit der Gatling Gun Company mußte mit einem hohen Preis erkauft werden, der pro Geschütz bei 1500 Dollar lag und bei dem die Gesellschaft je fast 800 Dollar Gewinn einstrich[11].

Vergleichbare Konditionen galten auch für andere Staaten. Einen bedeutenden Erfolg stellten auch die 1870 mit der Türkei abgeschlossenen Verträge über die Lieferung von 230 Revolverkanonen im türkischen Kaliber .58 dar. Die Herstellung erfolgte bei der Wiener Firma Paget & Co.

Gatling sah sich vom wirtschaftlichen Erfolg seiner Produkte bestätigt und ruhte nicht, sie immer auf den neuesten technischen Stand zu bringen und die vielen praktischen Erfahrungen, die aus zahlreichen Versuchen in der US-Armee sowie den meisten größeren Staaten bekannt wurden, in neuen Modellen weiter zu entwickeln. Die Modelle von 1875, 1877, 1879, 1883 und 1888 zeugen von seiner Arbeit.

1883 führte Gatling auch bei den größeren Geschützen einen Mantel aus Bronze ein, der das Rohrbündel gegen Umwelteinflüsse schützen sollte.

Abb. 63:
Gatling Gun Modell 1883 Kal. .45 (11,4 mm); hergestellt 1887 von der Firma Colt in Hartford, Conn. (Wehrtechnische Studiensammlung des BWB, Koblenz)

Abb. 63 zeigt das Modell 1883 (Inventarnummer 1005-6753-001740) der WTS/BWB mit seinem charakteristischen kanonenähnlichen Aussehen. Das von James G. Accles erfundene 104 Patronen fassende Trommelmagazin löste das bislang verwendete Schwerkraftmagazin ab und ermöglichte einen erheblich vergrößerten Höhen- und Tiefenrichtbereicht (Elevation 74°; Depression 78°). Die Feuergeschwindigkeit konnte für kurze Zeit bis auf 800 und durch Umstecken der Kurbel auf die zentrale Achse bis auf 1500 Schuß pro Minute gesteigert werden[12].

Technische Daten:	Rohranzahl:	10
	Kaliber:	.45 (11,4 mm)
	Rohrlänge:	810 mm
	Gesamtlänge:	1290 mm
	Spurweite der Lafette:	1400 mm
	Raddurchmesser:	1580 mm

Das Verschlußgehäuse ist bezeichnet mit »1887«; »GATLING GUN PATENTED«; »MODEL 1883, N° 475, CAL. 45«; »MANUF^D BY Colt's Pat. F. A. Mfg. Co. HARTFORD. CONN. U.S.A.«
Um unterschiedlichen taktischen Anforderungen gerecht zu werden, konnten mit dieser Waffe zwei verschieden laborierte Munitionsarten gleichen Kalibers verfeuert werden. Die linke Visierlinie ist für das 405 grain (26,2 Gramm) Geschoß berechnet; sie hat eine Einteilung von 200–1000 Yards. Die rechte Visierlinie ist für das 500 grain (32,4 Gramm) Geschoß mit Einteilungen von 200–2000 versehen.

Bei der eisernen Lafette handelt es sich um die Standardausführung der US-Army mit zwei Munitionskästen zu je zwei Trommelmagazinen auf der Achse, zu der auch eine Protze gehört.

Die praktische Verwendung der Geschütze entsprach aber nicht Gatlings Vorstellung. Glaubte er anfangs noch, sie könnten ein ganzes Bataillon Fußsoldaten einfach ersetzen, so mußte er sehen, daß die Militärs die Gatling als Schnellfeuergeschütz weniger im Feldkrieg als vielmehr auf Festungen und Forts zur Verteidigung der Flanken einstellten. Dies galt auch für die Mehrzahl der außeramerikanischen Länder, die Gatlings Kanone kauften oder in Lizenz herstellten. Besondere Bedeutung erlangte die Gatling aber bei beginnendem imperialistischen Wettlauf der Großmächte um die Eroberung von Kolonien. Insbesondere die Engländer konnten in den zahlreichen Kolonialkriegen, so 1879 in Afghanistan und 1884/88 im Sudan-Feldzug, durch die Verwendung von Gatling-Batterien einige Gefechte zu ihren Gunsten entscheiden. Die Gatling hatte sich damit zu einem Geschütz zum bevorzugten Niederkämpfen wilder Kriegsvölker entwickelt. Auch im Kampf der weißen Amerikaner gegen die indianischen Ureinwohner leisteten sie »gute Dienste«[13].

Zu den letzten Einsätzen der Gatling-Geschütze zählte im Sommer 1898 der amerikanische Angriff auf Santiago (Kuba) während des spanisch-amerikanischen Krieges[14].

Die Marinen verschiedener Staaten z.B. der USA, England, Rußland, Türkei führten die Gatling neben den Kanonen auf ihren Schlachtschiffen in zwei Kalibern ein; die einzöllige Ausführung zur Bekämpfung der nur leicht gepanzerten, kleinen und schnellen Torpedoboote und eine kleinkalibrige Ausführung für die Munition der Handfeuerwaffen zur Bestreichung des Decks feindlicher Schiffe[15].

Inzwischen hatte der Amerikaner Hiram Maxim sich 1883 ein Maschinengewehr patentieren lassen, das den Rückstoß-Impuls zur Betätigung der Waffenfunktionen ausnutzte, keine Handkurbel benötigte und nur einen Bruchteil des Gewichtes der Gatling besaß, so daß man fortan auf eine Räderlafette verzichten konnte[16]. Das Maxim-MG wurde, nachdem es auf die rauchschwachen Patronen umgestellt war, im letzten Jahrzehnt des 19. Jahrhunderts und zu Anfang des 20. Jahrhunderts bei der Mehrzahl der Armeen der Welt als feuerstarke Infanterie-Waffe eingeführt. Ein Bedarf an schnell feuernden handbetätigten Mitrailleusen bestand damit nicht mehr. Ebenso hatte die Artillerie durch neuentwickelte einrohrige Schnellfeuergeschütze im Kaliber 50–80 mm und Schrapnell-Geschosse eine flächenwirksame Waffe.

Die Zeit der durch Muskelkraft betätigten Maschinenkanonen war endgültig abgelaufen. Einzig und allein das Gatling-Prinzip mit umlaufendem Rohrbündel und zwangsgesteuerten Verschlüssen barg eine Option auf die Zukunft, die sich abzeichnete, als es im Jahre 1890 der New Yorker Firma Crocker-Wheeler im Auftrag der US-Navy gelang, einen Elektromotor mit einem Drittel Pferdestärke anstelle der Handkurbel an ein Modell 1881 anzukoppeln. Nach Aussage des Herstellers lag die damit erreichbare maximale Feuergeschwindigkeit bei 1500 Schuß/min [17].

Gatling selbst bekam 1893 ein Patent [18] für einen in die Waffe integrierten elektrischen Antrieb, der die Feuergeschwindigkeit auf 3000 Schuß/min anhob; ein Wert, der mit keiner anderen Waffe dieser Zeit auch nur annähernd erreicht werden konnte. Hierbei war die zentrale Achse hinter dem die Verschlüsse tragenden Rotor um den Platz für den Motoranker verlängert. Ein Notbetrieb von Hand war vorgesehen, indem der Motor gegen ein Winkelgetriebe ausgetauscht wurde.

Der elektrische Motorantrieb setzte die taktische Verwendungsfähigkeit der Waffe zu dieser Zeit allerdings weiter herab und war nur dort sinnvoll, wo Energie zur Verfügung stand, etwa auf Schiffen mit Elektrogeneratoren, jedoch nicht im Feldkrieg; – und welche Ziele wären den 3000 Schuß/min der Gatling wohl adäquat gewesen? So verblieb die elektrisch angetriebene Gatling nur im Projektstadium und geriet bald in Vergessenheit.

6.1.3. Exkurs: Die Wiederentdeckung der Revolverkanone

Nach Einführung des rauchschwachen Nitro-Pulvers begann im letzten Jahrzehnt des 19. Jahrhunderts die Entwicklung von selbsttätigen Maschinenwaffen in fast unübersehbarer Modellvielfalt. Bald nachdem auch die Flugzeuge ihre Kriegsbrauchbarkeit bewiesen hatten, erkannte man den Wert eines Flugzeuges nicht nur als Bombenabwurfgerät, sondern mit entsprechender Bewaffnung ausgerüstet als geeignet zur Bekämpfung gegnerischer Fluggeräte. Dazu wurden für den Erdeinsatz ausgelegte Maschinengewehre modfiziert und in die Maschinen eingebaut.

Schon der 1. Weltkrieg trieb die Entwicklung spezieller für den Luftkampf und für den Luft-Bodeneinsatz optimierter Bordkanonen voran; im 2. Weltkrieg steigerte sich das Normalkaliber von 8–13 mm auf 20 mm bei einer Kadenz, die unterhalb von 1000 Schuß/min lag [19].

Da beim Luftkampf zum Bekämpfen eines Flugzeuges im Regelfall nur einige Sekunden zur Verfügung stehen, in denen sich der Gegner in der Visierlinie des Bord-MG's befindet, müssen in dieser kurzen Zeitspanne möglichst viele Geschosse das Rohr verlassen, um eine ausreichende Wirkung im Ziel für den Abschuß sicherzustellen. Durch Einbau mehrerer Bordkanonen, also der Anhäufung von Feuereinheiten, läßt sich naturgemäß die Feuergeschwindigkeit vervielfachen, das resultierende hohe Gewicht mehrer Bordkanonen beeinträchtigt aber die Flugleistung des Flugzeuges.

Ende des 2. Weltkrieges und danach steigerten sich die Fluggeschwindigkeiten infolge der Strahltriebwerke bis an die Schallgrenze und darüber hinaus, so daß die Waffentechniker nach neuen, den Flugzeugen leistungsmäßig äquivalenten Bordkanonen suchten. Einerseits verfolgte man die Entwick-

lung entsprechender Waffen mit einem Rohr und Trommelzuführung weiter, welche die Fa. Mauser in den vierziger Jahren optimiert hatte, andererseits besann man sich in den Vereinigten Staaten 1945 auf das Gatling-Prinzip und versah ein altes Modell 1883 mit einem elektrischen Antrieb. In Versuchen wurde eine Kadenz von 5800 Schuß/min erreicht, womit der Nachweis der Entwicklungsfähigkeit des Konzeptes erbracht war [20].

Im Juni 1946 erhielt die General Electric Company den Entwicklungsauftrag für das Projekt »Vulcan«, einer extern angetriebenen Bordkanone des Gatling-Systems mit 5–10 Rohren im Kaliber .60 (15,2 mm). Mit dem 1949 fertiggestellten Prototyp erreichte man eine Feuergeschwindigkeit, die bei deutlich über 5000 Schuß/min lag. Wegen der vielen, die Zuverlässigkeit und Lebensdauer herabsetzenden Einzelteile führten weitere Studien und Tests in Zusammenarbeit mit staatlichen amerikanischen Erprobungsstellen zur Entwicklung der 20-mm-Kanone T-171.

Im Jahre 1956, inzwischen von der US-Army und US-Airforce standardisiert, wurde sie als »M-61, 20 mm Vulcan Aircraft Gun« eingeführt und zur Produktion gebracht [21].

Mit der Einführung des Starfighters F-104 G bei der deutschen Luftwaffe wurde auch die Vulcan-Bordkanone mitübernommen (Abb. 64).

Technische Daten: [22]		
Rohranzahl:	6	
Kaliber:	20 mm	
Kadenz:	6000 Schuß/min	
V_o:	1055 m/sec	
Kampfentfernung:	800 m	
Rohrlänge:	1522 mm	
Anzahl der Züge:	9	
Gesamtlänge:	1830 mm	
Gewicht (einschl. Antrieb u. Gurtzuführer):	ca. 125 kg	
Munition 20 mm × 102; Vorrat im Flugzeug 725 Patronen.		

Der Funktionsablauf der Vulcan-Kanone entspricht weitgehend dem alten Gatling-Prinzip. Die Drehrichtung des Rohrbündels mußte aber wegen des linksseitigen Einbaus im Flugzeug gegen den Uhrzeigersinn hin verändert werden. Unverändert blieb die Zwangssteuerung der Verschlüsse durch eine elliptische Kurve im Waffengehäuse. Zur Verriegelung betätigt nun eine Verriegelungsrampe über einen Stempel die Stützklappe des Verschlusses. Die 20 mm-Munition wird über einen Kontakt elektrisch abgefeuert.

Die Systemvorteile des Gatling-Prinzips kommen besonders bei der hochbelasteten 20-mm-Waffe zum Tragen: Verteilung der Gesamtleistung auf sechs Rohre; pro Umdrehung des Rohrbündels feuert jedes Rohr nur einmal und kann sich während der Auszugs- und Zuführphase wieder abkühlen. Die Lebensdauer der Waffe beläuft sich unter Berücksichtigung mehrfachen Auswechselns aller Funktionsteile auf etwa 90 000 Schuß [23] und konnte bei dem Modell M 61 A 1 dank nochmals verbesserter Werkstoffe und Bearbeitungsverfahren auf 150 000 Schuß gesteigert werden [24].

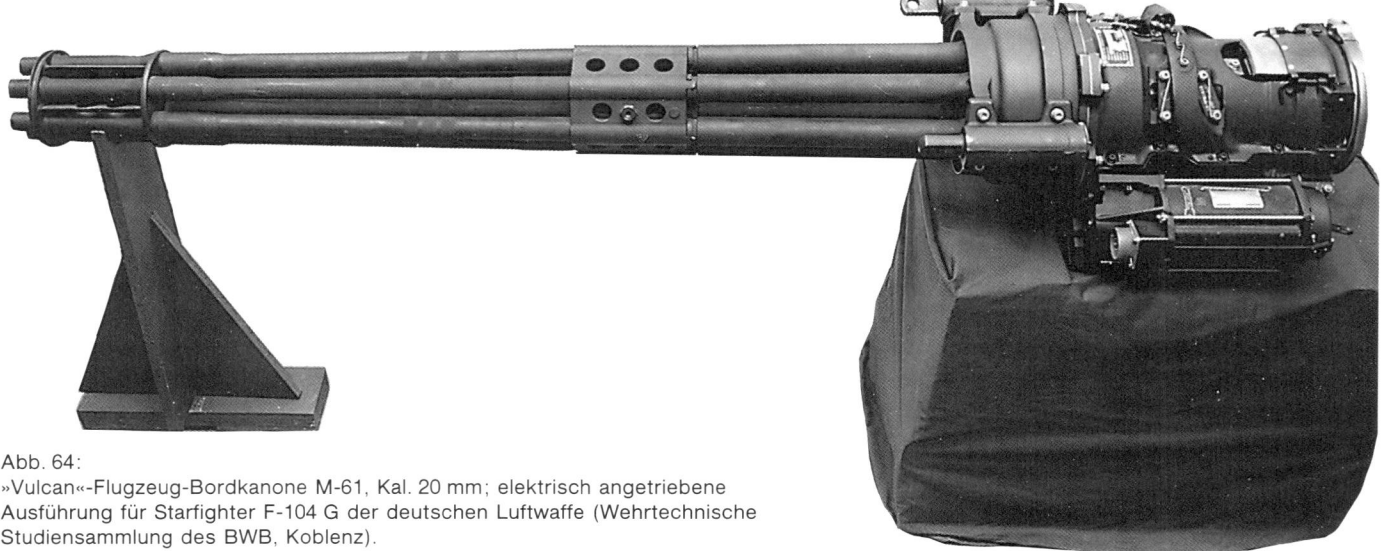

Abb. 64:
»Vulcan«-Flugzeug-Bordkanone M-61, Kal. 20 mm; elektrisch angetriebene
Ausführung für Starfighter F-104 G der deutschen Luftwaffe (Wehrtechnische
Studiensammlung des BWB, Koblenz).

Mit der Bord-Kanone M 61 A 1 sind heute ausgerüstet die Kampfflugzeuge F-4 Phantom (auch die der deutschen Luftwaffe), F-14 Tomcat, F-15 Eagle sowie F-16 und F-111 [25].
Die Beschreibung der von General Electric ebenfalls entwickelten weiteren Modelle in den Kalibern von 5,56 mm bis 30 mm würde den Rahmen dieser Arbeit sprengen, zeigt aber, daß sich das Gatling-System auf die unterschiedlichsten Anforderungen hin adaptieren läßt [26].
In achtjähriger Entwicklungsarbeit wurde das 30 mm GAU-8/A Avenger Armament System zur Serienreife gebracht und bildet heute die Hauptbewaffnung zur Panzerabwehr des Luftnahunterstützungsflugzeuges A-10 Thunderbolt. Diese siebenrohrige Waffe vom konventionellen Gatling-Typ verfügt über eine wahlweise Kadenz von 2100 oder 4200 Schuß/min. Das Armor Piercing Incendiary (API)-Geschoß mit einem Kern aus abgereichertem Uran soll in der Lage sein, auch moderne Panzerungen schwerer Kampfpanzer zu durchschlagen. Trotz des beträchtlichen Gewichtes von 335 kg ist die GAU-8/A das leistungsfähigste Bord-Kanonen-System überhaupt. Übertrifft doch die abgegebene Leistung von über 14 000 kw die anderer vergleichbarer Bordkanonen um mehr als das Doppelte, so stellt auch die spezifische Leistung von 50,9 kw/kg das bislang in der westlichen Welt erreichte Maximum dar [27].
Um der zunehmenden und im Falkland-Konflikt erwiesenen Bedrohung der Kampfflotten durch tieffliegende, teilweise überschallschnelle Marschflugkörper und Raketen ein Abwehrmittel entgegenzusetzen [28], entschloß sich die US-Navy nach zwölfjähriger Entwicklung unter großen Schwierigkeiten, das allwettertaugliche, automatische Nahbereichswaffensystem »Phalanx« auf verschiedenen Schiffstypen einzuführen. Es besteht aus einer autonomen Einheit von Suchradar, Verfolgungs- und Feuerleitradar, der General Electric Kanone M 61 A 1, der Energieversorgung sowie einem schnellen Digitalrechner neuerer Bauart, der alle Funktionen steuert [29]. Hat das Suchradar ein mögliches Ziel erfaßt und der Computer die Lage analysiert, wird im Bedrohungsfall automatisch das Feuer bei einer Zielentfernung von 1850 m eröffnet. Durch

Nachrichten der Kanone und aufgrund ihrer Kadenz von 3000 Schuß/min kann ein frontal angreifender Flugkörper dann bei etwa 460 m Entfernung mit hoher Wahrscheinlichkeit vernichtet werden.
Bemerkenswert ist, daß die sowjetische Kriegsmarine ein dem amerikanischen sehr ähnliches System, bestehend aus einer sechsrohrigen 30-mm-Kanone vom Gatling-Typ sowie Feuerleitanlage, auf ihren Schiffen zur Abwehr von Seeziel-Flugkörpern neuerdings eingesetzt und damit das schon früher einmal eingeführte System wiederentdeckt hat [30]. Dies zeigt die ungewöhnliche Anpassungsfähigkeit des Gatling-Prinzips an die verschiedenen taktischen Situationen nun schon seit 120 Jahren!
Mit der Bezeichnung »Phalanx« für jenes Waffensystem wird, ob gewollt oder rein zufällig, die Beziehung zu der den Kontermarsch ausführenden altgriechischen Phalanx hergestellt und damit auf den historischen Kern des Systems der umlaufenden Rohre hingewiesen.

6.2.   Die belgisch-französische Mitrailleuse

6.2.1.   Kurzer Abriß ihrer Geschichte

Eine geschichtliche Zusammenschau der französischen und belgischen vielrohrigen Schnellfeuerwaffe mit dem Namen »Mitrailleuse« oder »Mitrailleur« liegt bis heute noch nicht vollständig vor, sondern verteilt sich auf kleinere Arbeiten. Dies nachzuholen, wäre sicherlich notwendig, würde aber der Aufgabenstellung dieser Arbeit nicht mehr gerecht.
Die Grundkonstruktion läßt sich bis in die fünfziger Jahre des 19. Jahrhunderts zurückverfolgen, als bei allen Armeen die Einführung gezogener Infanteriegewehre ihren Höhepunkt und vorläufigen Abschluß fand. In diesem Zusammenhang fielen Versuche, das gezogene Rohrsystem auch auf eine schnellfeuernde Waffe zu übertragen, die unter gewissen Umständen im Feld oder als Festungsgeschütz verwendbar sein

sollte. Infolge der gesteigerten Wirkung der gezogenen Gewehre war die Artillerie nämlich zunehmend in den Wirkungsbereich der Infanterie geraten und konnte ihrerseits mit den Glattrohr-Geschützen auf große Distanzen das Feuer nicht wirkungsvoll erwidern[31]. Die Entwicklung eigener gezogener Systeme stand am Anfang; sie waren erst am Ende dieses Jahrzehntes einführungsreif. Ausgehend von diesem Sachverhalt könnte die Überlegung entstanden sein, die Artillerie für eine Übergangzeit durch ein Spezialgeschütz zu ergänzen, das den Kartätschschuß auch auf größere Entfernungen anbringen konnte, als es bisher möglich war (die eingeführten Schrapnells mit der Reichweite der herkömmlichen Granaten hatten sich als recht unzuverlässig erwiesen). Mit der Bündelung einer Anzahl gezogener Gewehrrohre zu einem einzigen Bündel auf einer geeigneten Lafette wäre die Artillerie wieder in der Lage gewesen, den aus dieser Anordnung resultierenden kartätschenähnlichen Salvenschuß auf größere Entfernung zur Anwendung zu bringen und die in diesem Bereich existente Überlegenheit der Infanterie in einem gewissen Umfang auszugleichen.

Die französische wie die belgische Mitrailleuse gingen auf einen gemeinsamen Ursprung zurück. Im Jahre 1851 entwikkelte der Belgier Toussaint Fafchamps[32], einer der großen Militäringenieure seiner Zeit und renommierter Spezialist für die Festungsverteidigung, eine Schnellfeuerwaffe mit 50 gebündelten Rohren, die alternierend zu fünf und sechs nebeneinander angeordnet waren. Mit einer besonderen von einer Handkurbel betätigten Mechanik konnte der Verschlußblock zurückbewegt und dann nach unten geschwenkt werden. Die Patronen wurden dann zusammen von hinten in die Rohre eingeführt. Das Zündsystem entstand in direkter Anlehnung an das preußische Zündnadelgewehr, nur enthielt die Papierpatrone den Zündsatz nahe dem Hülsenboden. Die Herstellung dieser Patrone erfolgte bei den Gebrüdern Montigny in Fontaine-l'Evêque. Im März 1857 kaufte der Staat vom Erfinder ein Exemplar der Mitrailleurse an, das im September des gleichen Jahres von einer Artilleriekommission auf dem Schießplatz von Brasschaet erprobt wurde. Wie viele dieser Geschütze tatsächlich hergestellt wurden, ist unbekannt; auch scheint sich kein Original erhalten zu haben[33].

Abb. 65:
Französische Mitrailleuse, System Reffye; das abgebildete Exemplar wurde im deutsch-französischen Krieg 1870–1871 erbeutet (Bayerisches Armeemuseum, Ingolstadt).

Für die französische Armee scheinen die eingangs erwähnten taktischen Grundsatzüberlegungen Ausgangspunkt für die Entscheidung gewesen zu sein, die Artilleriebewaffnung um ein schnellfeuerndes Geschütz mit kartätschähnlichem Feuer zu ergänzen. Die Entwicklung eines solchen Geschützes wurde dem Artillerieoffizier Jean Baptiste Auguste Verchere de Reffye[34] anvertraut, dem Direktor des Atelier de Meudon bei Paris und zugleich Adjutant des Kaisers, Napoleon III. Reffye konnte dabei seine aus den Tätigkeiten in der Manufacture von Tulle und am Dépôt Central de l'Artillerie gewonnenen praktischen Erfahrungen anwenden. Auf welchem Weg Reffye Kenntnis von der Konstruktion Fafchamps erlangt hat, ist nicht genau bekannt; jedoch ist zu vermuten, daß er die Informationen entweder von Napoleon selbst oder aber von Louis Christophe[35] erhalten hat, der in Meudon gearbeitet hatte und zugleich Geschäftspartner von Joseph Montigny[36] war, welcher die Herstellung der Munition für Fafchamps besorgt hatte.

Die Entwicklung der französischen Mitrailleuse durch Reffye begann wahrscheinlich schon gegen Ende des Jahres 1862, denn schon 1863 fand auf dem Schießplatz von Versailles (Satory) ein Funktionsschießen des ersten Prototypen statt, der noch 18, später aber 25 Rohre hatte. Im Jahre 1865 (September), welches schließlich als das Modelljahr der Mitrailleuse anzusehen ist, erteilte das Kriegsministerium die Konstruktionsfreigabe für ein komplettes Versuchsgeschütz mit Protze und Munitionswagen. Im Juli 1866 wurde die Einführung der Mitrailleuse dann definitiv entschieden. Die unter strenger Geheimhaltung in Meudon durchgeführte Produktion begann im Jahre 1867 mit 24 Geschützen und erreichte im folgenden Jahr mit 190 Exemplaren ihren Höhepunkt. Einschließlich der nach dem Krieg erfolgten Ersatzlieferungen dürften ungefähr 350 Mitrailleusen hergestellt worden sein[37].

Nachdem Christophe das Atelier de Meudon verlassen hatte, blieb er in Lüttich als Unterlieferant an der Fertigung der gezogenen Rohre für die französische Mitrailleuse beteiligt; seine guten Beziehungen zu Reffye hielt er aufrecht. Spätestens 1867 hatten sich Christophe und Montigny zu einer Teilhaberschaft in Brüssel zusammengeschlossen und verbesserten aufgrund ihrer Erfahrungen die französische Mitrailleuse soweit, daß das belgische Innenministerium ihnen am 30. September 1867 ein Patent für »une arme dite mitrailleur« erteilte[38]. Damit war die Herstellung des »Mitrailleurs« und die Vergabe von Lizenzen an andere Staaten auf eine geschäftsmäßige Grundlage gestellt, und die Fa. Christophe & Montigny profitierte zugleich an dem regen Interesse anderer europäischer Staaten, das insbesondere durch die Geheimhaltung der französischen Mitrailleuse – verbunden mit gezielten Indiskretionen – geweckt worden war[39].

Damit liegt nun die Entwicklungslinie der Mitrailleuse in folgender Reihenfolge fest: Mitrailleuse Fafchamps (1851), Mitrailleuse de Meudon (1863), Mitrailleuse Christophe & Montigny (1866/67).

Es soll hier nicht übergangen werden, daß auch Derivate oder Parallelentwicklungen der Mitrailleuse von Fafchamps fast zeitgleich erschienen. So konstruierte im Jahre 1854 der ehemalige Leiter der Manufacture de Tulle und Büchsenmacher Jules Manceaux[40] ein Schnellfeuergeschütz mit 21 Rohren in drei übereinanderliegenden Rohrreihen. Das Verschlußsystem war an einem Scharnier drehbar gelagert und konnte zum Laden nach unten abgeklappt werden. Mit einer Druckschraube wurde der Verschlußblock dann gegen die Rohrenden gepreßt und mit diesen fest verbunden. Die Zündung der Papierpatronen erfolgte über ein Perkussionsschloß, das über feine Zündkanäle mit allen Rohren korrespondierte.

Eine ähnliche Kriegsmaschine stellte 1857 der französische Kapitän Henri Gustave Delvigne[41] vor, bei der 25 bis 30 gezogene Rohre in ein und denselben Block gebohrt waren. Diese Entwicklungen blieben jedoch praktisch ohne Bedeutung.

6.2.2. Technische Beschreibung

I. Die Mitrailleuse (Abb. 65–69), die 1866 im französischen Heer eingeführt wurde und die in ähnlicher Form in Belgien über ein Jahrzehnt lang hergestellt und zum Teil fortentwickelt wurde, kann mit Recht als Anachronismus bezeichnet werden, entsprach sie doch, ebenso wie ihre Munition, zum Zeitpunkt ihrer Einführung kaum mehr dem Stand der Technik. Aufgrund ihrer Eigenschaften vermochte sie kein ununterbrochenes Schnellfeuer abzugeben, sondern analog den älteren Orgelgeschützen nur ein interruptives Schnellfeuer (Salvenfeuer).

Die Mitrailleuse[42] besteht aus 25 Gußstahlrohren im Kaliber 13 mm (zehn Züge), die zu einem im Querschnitt quadratischen Rohrbündel zusammengefügt und außen von einem zylindrischen Bonzemantel geschützt sind. In seiner rückwärtigen Verlängerung (Kulisse) über das Rohrende hinaus weist der Bronzekörper eine Aussparung auf, in der, von zwei seitlichen Nuten geführt, der Verschlußblock mit einer Kurbel vor- und zurückbewegt, gegen die Rohrenden angepreßt und verriegelt werden konnte (Abb. 67–68).

Zum Laden des Geschützes setzte der Kanonier bei zurückgezogenem Verschluß eine kubische mit 25 Bohrungen versehene Ladekammer (Abb. 69), die ebensoviele Patronen aufnehmen konnte, in den Zwischenraum von Rohrblock und Verschlußblock ein und betätigte daraufhin die Verschlußkurbel. Der Verschlußblock vollzog eine Vorwärtsbewegung, wo-

Abb. 66:
Französische Mitrailleuse aus der Sicht der Bedienung.

Abb. 67:
Bodenstück der Mitrailleuse mit Verschlußschraube,
Verschlußblock und Ladeplatte (-kammer).

Abb. 68:
Verschlußblock in hinterster Position, Ladeplatte kann an ihrem
Handgriff entnommen und gegen eine neue (geladene)
ausgetauscht werden.

durch die Ladekammer mit dem korrespondierenden Rohrblock fest verbunden wurde. Um eine unverkantete Führung der Ladekammer zu gewährleisten, war diese mit vier horizontal hervorstehenden Zapfen versehen, die in entsprechende Aussparungen im Rohrblock eintraten. Diese Einrichtung war eine unabdingbare Voraussetzung für die Funktionsfähigkeit des Geschützes, da die Ladekammer zugleich die Funktion von Patronenlagern hatte und eine Verlängerung der Rohre darstellte. Im Verschlußblock befand sich der eigentliche Abfeuerungsmechanismus mit 25 zu den Rohren korrespondierenden Schlagbolzen, die jeweils von kurzen Schraubenfedern betätigt wurden (Abb. 70). Wesentlichstes Teil dieser Abfeuerungsmechanik ist die Spannplatte, die beim Vorgehen des Verschlusses die Schlagbolzen an einer Weiterbewegung

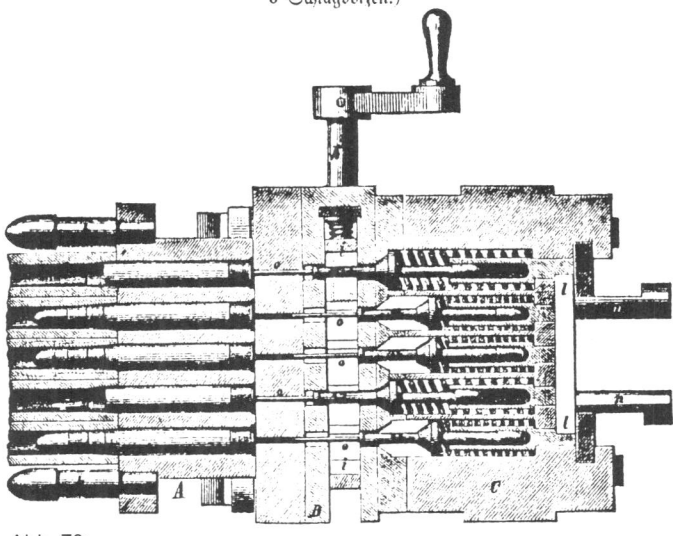

Durchschnitt des Rohrs, der Ladeplatte, Verschluß- und Schloßplatte mit dem Schloßmechanismus.

(b Führungsstifte; i Spannplatte; k kleine Kurbel zum Abfeuern.;
o Schlagbolzen.)

Abb. 70:
Schnitt durch die Abfeuerungsvorrichtung der Mitrailleuse (Aus:
Weygand, Die französische Mitrailleuse).

hindert, indem ein Kamm der Schlagbolzen an der Platte hängenbleibt und die Schlagfedern gespannt werden. Die Platte ist zur Führung der Schlagbolzen mit Durchbrechungen versehen und im Verschlußblock quer zu den Rohrachsen horizontal beweglich gelagert. Mit der kleinen Abfeuerungskurbel (Abb. 71), die sich an der rechten Kulissenseite befindet, wird die Platte über eine Schraubenspindel nach rechts geführt und gibt die Schlagbolzen entsprechend der besonderen Ausformung der Durchbrechungen in ganz kurzer Zeit, jedoch nacheinander, frei, wobei die horizontalen Rohrreihen von oben beginnend nach unten abgefeuert werden. Die Bedienung war dadurch in der Lage – um die Extreme zu nennen – die 25 Schüsse in nur zwei bis drei Sekunden, oder wenn die Kurbel ganz langsam gedreht wurde, im Einzelfeuer abzugeben; auch Zwischenstufen waren natürlich möglich, eine An-

Abb. 69:
Ladeplatte (-kammer) der Mitrailleuse, die 25 Patronen aufnimmt;
die vorstehenden Zapfen dienen der Führung und Fixierung im
Rohrblock.

Abb. 71:
Mit der kleinen Kurbel auf der rechten Gehäuseseite wurde die Mitrailleuse abgefeuert; je nach Drehgeschwindigkeit konnte die Feuergeschwindigkeit vom Einzelschuß bis zur Salve in 2 bis 3 Sekunden geregelt werden. (Armeemuseum der DDR, Dresden).

passung der Feuergeschwindigkeit an die taktische Situation im gewissen Rahmen gegeben.

Um die Ladekammer zu wechseln, wurde der Verschluß mit der Kurbel nach hinten geführt und diese entnommen. Nun konnte eine andere gefüllte Kammer, von denen einige zur schnellen Wiederherstellung der Feuerbereitschaft an Haken am Lafettenholm hingen, eingesetzt werden. War dieser Vorrat erschöpft, hatte die Bedienung die Kammern neu zu laden. Dazu befand sich auf dem Lafettenschwanz der sogenannte Entlader, ein Apparat, mit dem in einem Arbeitsgang durch einen Hebelmechanismus die leeren Patronenhülsen aus den Kammern entfernt werden konnten. Die eiserne Abdeckung des Entladers hatte noch eine zusätzliche Funktion, sie diente nämlich als Ladetisch. Die Kammer wurde zu diesem Zweck mit ihren Führungsbolzen hierauf abgestelllt und Munition aus

Abb. 72:
Der Munitionsvorrat am Geschütz bestand aus würfelförmigen Patronenkästen, die im Protzkasten aufbewahrt wurden. Mit einer speziellen Vorrichtung an der Lafette wurden die Patronen direkt in die Ladeplatten umgefüllt. Der hier gezeigte Kasten wurde bei Wörth (6. August 1870) einem Protzkasten entnommen (Wehrgeschichtliches Museum, Rastatt).

dem Protzkasten herbeigeholt. Diese befand sich in aus Karton hergestellten würfelförmigen, mit grüner Leinwand umgebenen Kästen zu je 25 Schuß analog der Anordnung der Bohrungen in der Kammer. Der Kasten hatte an einer Seite einen verschiebbaren Deckel. Mit dieser Seite wurde er auf die Platte gestellt, der Schieber herausgezogen und die Patronen fielen von selbst in die Bohrungen der Ladeplatte. Die Abb. 72 zeigt einen solchen Kasten, der nach einer beiliegenden alten Notiz auf der Höhe von Wörth (Gefecht am 6. August 1870) einem französischen Protzkasten entnommen worden sein soll und sich jetzt im Wehrgeschichtlichen Museum Rastatt befindet.

Die Munitionsdotation belief sich auf 81 in dem Protzkasten mitgeführten Patronenkästen und weiteren 243 in dem Munitionswagen einer Mitrailleusen-Batterie.

Die 116,6 mm langen Patronen (Abb. 73) waren für Zentralfeuerzündung eingerichtet; die aus Karton hergestellte Hülse, die beim Schuß nicht verbrannte, hatte eine 14 bis 20 mm hohe Bodenkappe aus geprägtem Messingblech mit Rand. Die ca. 40 mm langen und 50 Gramm schweren Hartbleigeschosse waren am Boden kanneliert. Die Geschoßführung basierte auf dem Prinzip der Stauchführung, bei der das Geschoß durch den Gasdruck in der Länge etwas verkürzt und dadurch fest in die Züge hineingepreßt wurde. Die Ladung bestand aus 12 Gramm Gewehrpulver in Form von sechs zylindrischen Preßlingen. Der Ladungsquotient betrug demnach 1:4,2 (Vergleichswerte: Preuß. Zündnadelpatrone von 1855 mit Langblei 1:6,3; Patrone für bayerisches Infanteriegewehr M. 69, System Werder 1:5,1). Dieser Wert entsprach ungefähr dem Ladungsquotienten der Vorderlader mit nicht gezogenem Rohr, die eine starke Ladung benötigten, um den Gasverlust teilweise zu kompensieren, während bei der Mitrailleuse die Energie ganz für die Vortriebskraft des Geschosses zur Verfügung stand.

Die Radlafette der französischen Mitrailleuse war nach dem Blocksystem eingerichtet und wurde aus vorhandenen Beständen der Feldartillerie bereitgestellt[43].

Die Höhenverstellung wurde mit einer doppelt wirkenden Richtmaschine (innere und äußere Spindel mit entgegengesetzten Gewinden) vorgenommen. Während der Elevationsbereich für den Feldgebrauch ausreichend groß war, umfaßte die horizontale Rohrverstellung nur wenige Seitengrade, so daß das Geschütz hauptsächlich mit der ganzen Lafette ausgerichtet werden mußte, wozu wie bei den gewöhnlichen Feldgeschützen am Lafettenschwanz eine Richtbaumöse vorhanden war. Hemmkette und Hemmschuh vervollständigten das Zubehör.

Die Hauptabmessungen und Gewichte der französischen Mitrailleuse betragen[44]:

	mm
Rohrlänge (Seele)	945
Länge des Rohrbündels (ohne Verschlußkurbel)	1420
Kaliber	13
Feuerhöhe	1040
Lafettenraddurchmesser	1415
Spurweite	1525

	kg
Rohrgewicht	348
Gewicht des ausgerüsteten Fahrzeuges einschl. Protze	1250

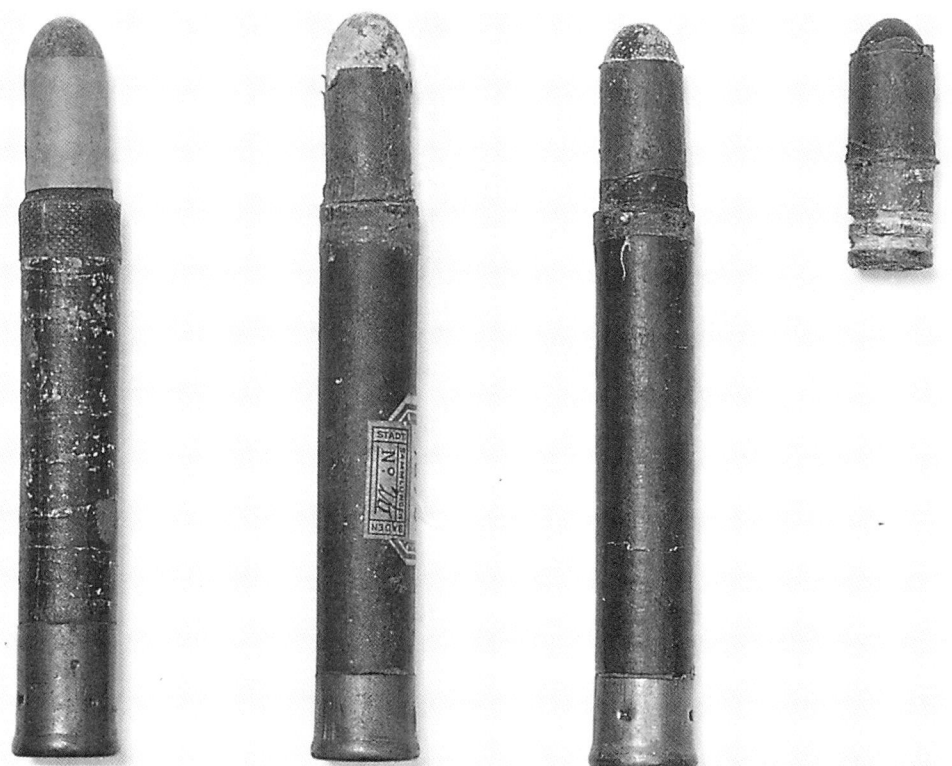

Abb. 73:
Die 116,6 mm langen Patronen mit Papphülsen und Metallböden sowie Geschossen aus Hartblei; deutlich erkennbar ist die sehr unterschiedliche Verarbeitung (Wehrgeschichtliches Museum, Rastatt).

II. Die Mitrailleuse der Fabrikanten Christophe und Montigny (Abb. 74–75) hatte originär einen aus 37 Rohren zusammengesetzten Rohrblock, der mit einem Mantel aus Eisen oder Bronze umgeben war[45]. Zum Vor- und Zurückschieben des Verschlusses diente ein in der Kulisse gelagerter Hebelmechanismus mit Kniegelenk. Wurde der aus dem Gehäuse herausragende Hebelarm nach oben geführt, bewegte sich der Verschluß nach rückwärts in Ladestellung. Beim Niederführen des Hebels ging der Verschluß nach vorne, und die Schlagbolzen spannten sich. Dabei wurden gleichzeitig die Patronen, die zuvor mittels einer ca. 10 mm starken Ladeplatte zwischen Rohr und Verschluß eingesetzt worden waren, in die Patronenlager eingeführt und die Verriegelung durch die Übersetzung des Kniegelenkes sichergestellt. Die Betätigung eines seitlich unter dem Gehäuse herausgeführten Hebels löste in schneller Folge hintereinander die Schüsse, indem sich die Spannplatte, die keine Durchbohrungen aufwies, nach unten bewegte und über ihre obere Kante die Schlagbolzen Reihe für Reihe freigab. Die Abb. 74 und 75 zeigen eine in Brüssel im Jahre 1867 gefertigte Mitrailleuse, die in gleicher oder in geringfügig modifizierter Form den interessierten Artilleriekomitees zu Eprobungszwecken von der Firma Christophe & Montigny offeriert worden war (Exemplar des Kgl. Belgischen Armeemuseums Brüssel; Inv.-Nr. VI/688). Eine der frühesten Ausführungen noch mit Verschlußschraube – ganz ähnlich der französischen Waffe – ebenfalls aus dem Jahr 1867 zeigt Abb. 76 (Armeemuseum Brüssel; Inv.-Nr. VI/687).
Die Verkaufserfolge des Systems Christophe und Montigny

Abb. 74:
Verschlußteil der Mitrailleuse der belgischen Fabrikanten Christophe und Montigny; der Verschluß wurde bei dieser Konstruktion durch einen Hebelmechanismus mit Kniegelenk bewegt; die Abfeuerung erfolgte mit dem Hebel an der linken Gehäuseseite (Musée de l'Armée, Brüssel).

Abb. 75:
Die Mitrailleuse in Brüssel ist mit dieser Messingplakette gekennzeichnet.

Abb. 76:
»Mitrailleur« von Christophe und Montigny von 1867; frühe Ausführung mit Verschlußschraube analog der französischen Mitrailleuse (Musée de l'Armée, Brüssel).

konnte. Damit bestand die sofort verfügbare Munitionsdotation aus 740 Patronen. Die Vorderseite der Kästen war mit einer Stahlplatte verkleidet, um der Bedienung vor feindlichen Geschossen einen gewissen Schutz zu geben. Ein Geschütz

Abb. 77:
1870 wurden in Österreich 100 Mitrailleusen des Systems Montigny eingeführt; die Herstellung erfolgte in Lizenz durch die Österreichische Waffenfabriks-Gesellschaft Steyr (Armeemuseum der DDR, Ausstellung Festung Königstein).

Abb. 78:
Bodenstück der österreichischen Mitrailleuse; der Hebel für die Verschlußbetätigung fehlt.

hielten sich in Grenzen. Zwar wurden an alle größeren Staaten Versuchsgeschütze verkauft, zu einer definitiven Einführung hatten sich offensichtlich nur Belgien selbst und Österreich entschließen können. Nach langjährigen Vergleichsversuchen hatte sich das k. k. Reichs-Kriegsministerium am 29. Juli 1870 entschieden, das belgische System mit einigen Änderungen anzunehmen [46]. Nachdem von den Erfindern aus Brüssel die Lizenz erworben worden war, erteilte das Ministerium am 21. November 1870 die Fertigungsfreigabe für 100 Geschütze [47]. Die Herstellung der höhenrichtbaren Masse erfolgte durch die Österreichische Waffenfabriks-Gesellschaft Steyr, die Lafetten entstanden im Artillerie-Arsenal Wien aus modifizierten Feldlafetten. Schon im Mai 1871 konnte die erste vollausgerüstete Batterie ein Probeschießen durchführen [48]. Das Geschütz war für die 11-mm-Patrone des Infanteriegewehres Werndl (M. 1867) eingerichtet und hatte eine mit dem Abzugshebel verbundene automatische Seitenstreueinrichtung [49]. Die Rohrlänge betrug 842 mm. Auf der Achse der Lafette befand sich links und rechts neben dem Rohr je ein Munitionskasten, der jeweils zehn Ladeplatten aufnehmen der österreichischen Mitrailleuse ist auf den Abb. 77–78 dargestellt und befindet sich in der Ausstellung »Militärtechnik und Gesellschaftsordnung« im Neuen Zeughaus der Festung Königstein bei Dresden (Dependance des Armeemuseums der DDR).

6.2.3. Bewertung

Die französische Mitrailleuse als auch diejenige der Belgier Christophe und Montigny gehörten beide aufgrund ihrer ähnlichen technischen Auslegung zur Gruppe der Salvengeschütze, die kein ununterbrochenes Feuer abgeben konnten, sondern ein interruptives Schnellfeuer, bei dem die Feuerpausen durch die Schnelligkeit des Ladens bestimmt wurden. Die Anordnung ihrer vielen Rohre ist prinzipiell mit derjenigen der mehrreihigen Orgelgeschütze der Entwicklungsstufe vier vergleichbar, wie das Beispiel des 49schüssigen Exemplars der Veste Coburg gezeigt hat. Hier wie dort bilden gleiche Rohre ein kompaktes Rohrbündel; bei den Geschützen des 19. Jahrhunderts umfaßte der gemeinsame Abfeuerungsmechanismus nicht mehr nur einzelne, sondern sämtliche Rohrreihen. Das wesentlichste Kriterium der neuen Modelle bestand jedoch in der Möglichkeit der Hinterladung, die nun für alle Rohre zugleich gegeben war. Die notwendige Verschlußbewegung wurde dabei mit einer einfachen mechanischen Vorrichtung – Schraube oder Hebel mit Kniegelenk – bewerkstelligt. Der Abfeuerungsmechanismus war hiervon bis auf das Spannen der Schlagbolzenfedern völlig unabhängig und erforderte zusätzliche Manipulationen. Eine Verbindung dieser Funktionsabläufe, wie bei anderen handbetätigten Maschinenwaffen (Gatling, Feldl) üblich, ist aus Systemgründen nicht möglich gewesen. Die Charakteristik des Feuers mit reihenweiser Zündung der Patronen bei der französischen Mitrailleuse entsprach wiederum weitgehend den Orgelgeschützen. Überhaupt scheinen sich die Konstrukteure dieses Waffentyps an ein altes Vorbild angelehnt zu haben, das durch ein Hinterladungssystem modernisiert wurde. Die Anhäufung von bis zu 40 Rohren hatte zu einer erheblichen Gewichtssteigerung geführt, was die Mobilität der Mitrailleusen auf das Maß entsprechender Feldgeschütze reduzierte. So gesehen liegt der ideelle Ursprung der Mitrailleusen tatsächlich im 16. und 17. Jahrhundert und wurde um die technischen Möglichkeiten ergänzt, die die vierziger und fünfziger Jahre des 19. Jahrhunderts bereitstellten. Indem Napoleon III. seine Mitrailleusen-Batterien auch noch mit schlecht instruierten Bedienungsmannschaften auf die Gefechtsfelder schickte, demonstrierte die Mitrailleuse mit aller Deutlichkeit, daß sie kaum die Eigenschaften einer brauchbaren Kriegswaffe besaß, allenfalls kann man ihr zuerkennen, daß sie eine »moralische« und »politische« Waffe war, die in Militärkreisen nun für lebhaften Diskussionsstoff sorgte und die Sensibilität für die geistigen und praktischen Auseinandersetzungen mit schnellfeuernden Waffen steigerte.

6.3. Das Repetiergeschütz des Colonel Claxton

Im Februar 1868 erhielt das bayerische Kriegsministerium von der in Lüttich ansässigen Maschinenfabrik Lachaussée eine Offerte über ein mehrrohriges Maschinengeschütz, das vom Äußeren her eine Kopie des Gatling-Systems zu sein schien [50]. Es handelte sich um eine Erfindung von F. S. Claxton [51], die unmittelbar nach dem amerikanischen Bürgerkrieg gemacht worden war. In den USA blieb der Waffe die Anerkennung der Offiziere und anderer Verantwortlicher versagt, weil sich bei ersten Versuchen der Mechanismus als zu zerbrechlich und in der Feuergeschwindigkeit als zu langsam erwies. Claxton verlegte sein Tätigkeitsfeld daraufhin nach Paris und ließ in der genannten Fabrik in Lüttich und später in England bei der Fa. Guthrie & Lee Explosive Arms Co. eine verbesserte Ausführung herstellen [52].

Kennzeichnendes Merkmal dieser Konstruktion ist ein Bündel mit je nach Ausführung sechs, acht oder zehn Rohren, das um eine zentrale Achse gedreht werden konnte. Das hintere zylindrische Gehäuse nimmt zwei in einer horizontalen Ebene liegende Verschlüsse auf, die durch eine Mimik miteinander verbunden sind und mit einem zweiarmigen Hebel betätigt wurden. Es feuerten folglich immer nur zwei diametral gegenüberliegende Rohre des Bündels und zwar solange, bis das Feuer wegen Überhitzung der Rohre eingestellt werden mußte. Dann aber hatte der Bediener die Möglichkeit, mit weniger Handgriffen innerhalb von einigen Sekunden das Rohrbündel weiterzudrehen und das nächste Rohrpaar in die Verschlußebene zu bringen. Aus einem trichterförmigen Magazin gelangten die Patronen durch ihr Gewicht in die Ladeebene, wo sie von einer Klappe gehalten wurden. Durch Betätigung des Antriebshebels wurde die Patrone von dem Verschluß in das eine Rohr geführt, während gleichzeitig der zweite Verschluß die abgefeuerte Hülse des anderen Rohres herauszog; sie fiel dann, weil die Klappe inzwischen aus der Ladeebene geschwenkt worden war, nach unten.

Die Kopplung der gegenläufigen Verschlußbewegungen durch mechanische Bauelemente steigert die Feuergeschwindigkeit und ist bei modernen Maschinenkanonen vom Prinzip her immer noch ein gängiges Funktionssystem [53]. Auch Claxtons Erkenntnis, wegen der hohen Wärmebelastung der Rohre eine Schnellwechselvorrichtung vorzusehen, entspricht weitgehend taktischen Bedürfnissen auf dem heutigen Gefechtsfeld und ist bei einer Vielzahl von Typen in- und ausländischer Maschinengewehre und -kanonen verwirklicht. Claxton entwickelte nach diesem System eine vollständige Waffenfamilie, die aus drei Typen bestand [54]:

– »Geschütz auf von Hand bewegter Lafette (Artillerie a Bras)« mit einem oder wie in Abb. 79 dargestellt mit zwei verschiebbaren Rohrbündeln zu zehn Rohren im Kaliber 25 mm.
– Gebirgsgeschütz (Pièce de montagne) im gleichen Kaliber, jedoch mit sechs Rohren.
– »Mechanische Infanteriewaffe« (Infanterie mécanique) mit zehn Rohren im Kaliber 11 mm.

Die Abb. 80 bis 83 zeigen das im Musée d'Armes Liège ausgestellte Gebirgsgeschütz (Inv.-Nr. 1832).

Abb. 79:
Zeichnung des Repetiergeschützes System Claxton in einer Werbebroschüre (BayKa, A X 2/21 I).

Abb. 80:
Repetiergeschütz System Claxton mit sechs Rohren, von denen immer nur zwei alternierend feuerten (Musée d'Armes, Lüttich).

Abb. 81:
Repetiergeschütz System Claxton; neben dem Rohrbündel die zwei Kästen für den Patronenvorrat.

Abb. 82:
Die Betätigung des zweiarmigen Hebels führte die beiden in einer Ebene liegenden Verschlüsse vor und zurück; mit einer Wechselvorrichtung konnte der Bediener auf das nächste, kühle Rohrpaar schalten.

Abb. 83:
Verschlußstellung nach einer Vierteldrehung des Hebels.

Mit einem Vorrat von 400 Patronen an der Lafette wog es rund 250 kg. Für verschiedene Einsatzarten waren drei Munitionsarten vorgesehen; das Geschoßgewicht betrug jeweils 225 g:
- Vollgeschoß (Reichweite ca. 2200 m)
- Verbundgeschoß, zerlegte sich in vier Teilgeschosse (Reichweite ca. 1200 m)
- Kartätschladung aus 11 Pistolenkugeln (Reichweite 350 m).

Weitere technische Daten des Geschützes:

Kaliber	25 mm
Anzahl der Züge	5
Rohrlänge	700 mm
Gesamtlänge der Waffe	1200 mm
Länge des Verschlußsystems	350 mm
Spurweite der Lafette	1490 mm
Lafettenraddurchmesser	1275 mm

Um sich vor Infanteriegeschossen zu schützen, konnte die Bedienung ein an der Frontseite gepanzertes Schutzbild hochklappen, das jedoch die Geschützsilhouette erheblich

vergrößerte und somit dem Gegner eine schnelle Aufklärung der Stellung und deren Bekämpfung ermöglicht hätte.
Claxton konnte mit der wirtschaftlichen Verwertung seiner Erfindung keinen besonderen Erfolg verbuchen, weil die meisten Militärbehörden schon nach anfänglichen Versuchen die Konstruktion als unzuverlässig, störanfällig und damit unbrauchbar ablehnten[55]. Für die Geschichte der militärtechnischen Erfindungen und ihrer Interpretation bleibt das System Claxton dagegen auch heute noch belangreich.

6.4. Das Repetiergeschütz der Gebrüder Eberhardt

Die politische, gesellschaftliche und psychologische Situation, wie sie in den deutschen Staaten nach dem Krieg von 1866 bestand, bot ernsthaften Ingenieuren und Mechanikern wie potentiellen Erfindern offensichtlich genügende Motivation, sich mit der Konstruktion schnellfeuernder, maschinenähnlicher Waffen zu befassen. Die Kriegsministerien in Preußen, Sachsen, Bayern und Württemberg erhielten in dieser Zeit eine Reihe von Projekten unterbreitet, von denen der allergrößte Teil kaum das Papier wert waren, auf dem sie beschrieben wurden, weil die Konstrukteure die harten militärischen und wirtschaftlichen Realitäten sowohl auf dem Gefechtsfeld als auch in den Büros der Ministerien und den ihr unterstellten Artilleriekommissionen verkannten. Bei nur ganz wenigen Vorschlägen lohnte sich eine eingehende Prüfung der zugrundeliegenden technischen Konzeption, und nur ein verschwindend geringer Bruchteil der Ideen erlebte die Umsetzung zu einem greifbaren Modell oder gar zu funktionsfähigen Prototypen. Hierzu gehörte unzweifelhaft das Repetiergeschütz der Gebrüder Eberhardt, die in Ulm eine Fabrik für landwirtschaftliche Maschinen betrieben. Das einzige noch erhaltene Geschütz (Inv.-Nr. 005987) befindet sich im Wehrgeschichtlichen Museum Rastatt und stellt heute eine gegenständliche Quelle sui generis für die Geschichte der Militärtechnik dar[56].

6.4.1. Technische Beschreibung

Das Maschinen- bzw. Repetiergeschütz von Eberhardt (Abb. 84–91) besteht aus vier Hauptbaugruppen:
– Lafettierung aus Eisen mit Holzrädern
– drei identische Rohr/Verschluß-Systeme
– gemeinsame Antriebsmechanik
– Magazinkasten mit drei Magazinen
Träger der höhenrichtbaren Masse ist ein 590 mm breiter und 1010 mm langer Rahmen mit Längs- und Querverstrebungen (Abb. 84–85). Die Antriebsenergie zur Betätigung der Waffenfunktionen wird durch Drehen eines großen Schwungrades im Uhrzeigersinn erzeugt und über eine zentrale Welle den drei Feuereinheiten zugeleitet. Die Umsetzung der rotatorischen in eine translatorische Bewegung bewerkstelligte Eberhardt durch doppelte Exzenterscheiben, deren Schubstangen am Verschluß angelenkt sind (Abb. 86). Der Verschluß

Abb. 84:
Repetiergeschütz mit drei Rohren, Kal. 13,9 mm, der Ulmer Gebr. Eberhardt
(Wehrgeschichtliches Museum, Rastatt).

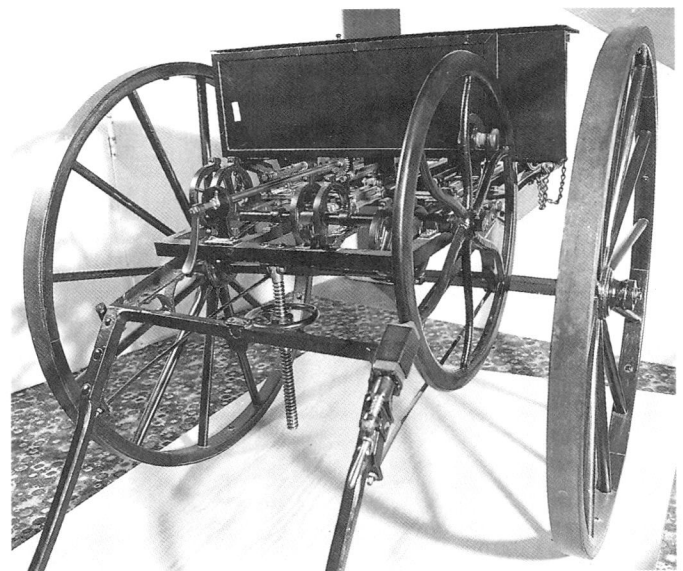

Abb. 85:
Mit dem großen Schwungrad wurde der Repetiermechanismus in Gang gesetzt.

Abb. 86:
Die Verschlüsse werden jeweils von doppelten Exzentern über Schubstangen betätigt.

(Abb. 87–88) – um vorerst nur eine Einheit zu betrachten – gleitet in einem dem Rohr angeschlossenen Gehäuse, das vorne von annähernd quadratischem Querschnitt ist und nach hinten in einen zylindrischen Teil übergeht, der die Schlagbolzenfeder, den Schlagbolzen und den Auslösemechanismus enthält (Abb. 89). Der Boden des Verschlußgehäuses ist beim

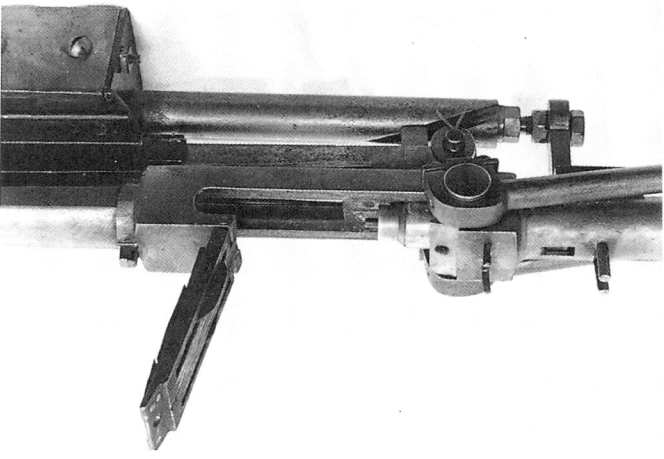

Abb. 88:
Bei geöffnetem Verschlußgehäuse ist der Verschlußkopf (aus Messing) mit Schlagbolzenspitze sichtbar.

Feuern fest verschlossen, hier aber (Abb. 88) geöffnet dargestellt, um einen Einblick auf den Verschlußkopf zu gewähren. Dieser besteht aus Messing und ist in seinem Durchmesser

Abb. 89:
Schlagbolzen (Zündstift) mit Feder und Auslösehebel.

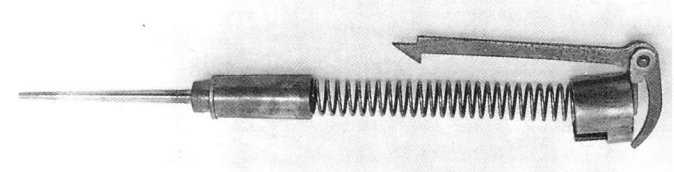

Abb. 87:
Funktionsteile des Repetiersystems: Schubstangen, Verschluß (in hinterster Position), Verschlußgehäuse (Klappe geöffnet) sowie Patronenzuführer.

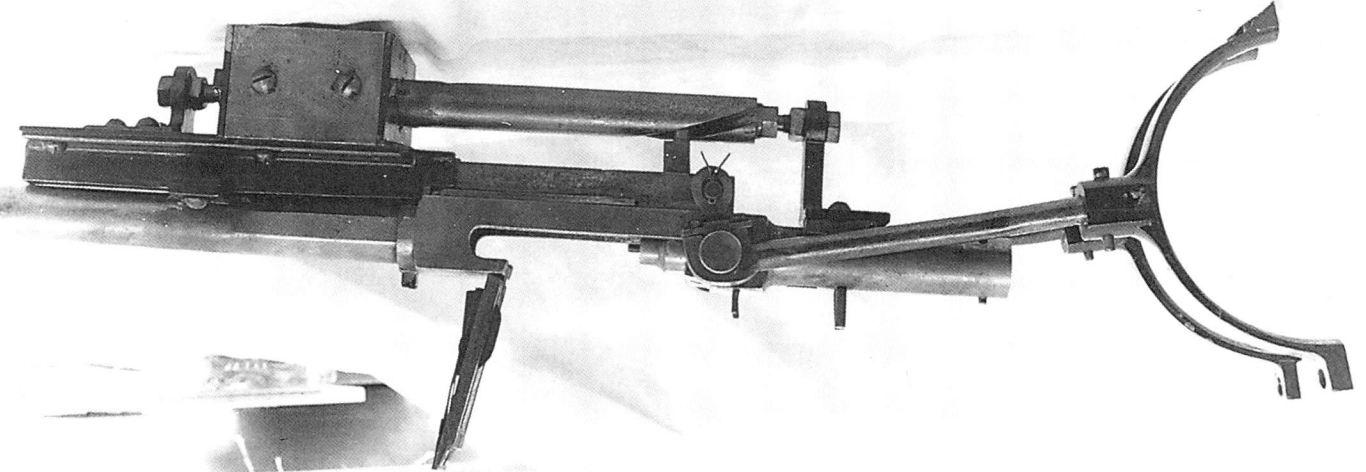

Abb. 90:
Zuführmechanismus mit Mulde, in die die Patrone aus dem Magazinkasten fällt. Die Bewegung des Kurvenleistenrohres steuert die Patronenzufuhr (näheres siehe Text).

abgesetzt. Der vorderste Teil tritt bei der Zuführung der Patrone mit in das Rohr ein, während sich die konische Fläche an eine korrespondierende des Rohrmundes anlegt, um eine weitgehende Gasdichtheit herzustellen.

Für die Munitionszuführung hatte Eberhardt eine komplexe Lösung gewählt. Aus dem Magazinschacht fällt die Patrone zunächst in eine Mulde (Abb. 90), die ein Teil eines Rotors darstellt, der insofern mit der Verschlußbewegung gekoppelt ist, als daß durch eine spiralförmige Nut (Kurvenleistenrohr), in die ein Stift eingreift, der Rotor von links nach rechts und entgegengesetzt gedreht wird, wodurch die Patrone in dem quaderförmigen Rotorgehäuse eine Ebene tiefer befördert wird [57]. Bei vorderster Verschlußstellung gleitet sie dann in die Öffnung eines Schiebers und wird von diesem bei zurücklaufendem Verschluß horizontal mit nach hinten geführt. Bei Erreichung der hintersten Position öffnen sich zwei federbelastete Zungen, und die Patrone fällt in das Verschlußgehäuse und kommt unmittelbar vor dem Verschlußkopf zu liegen. Der

Verschluß geht nun wieder nach vorne, führt die Patrone ein, und der Schlagbolzen (Zündstift) schnellt in dem Moment vor, wenn ein zwischen den Exzentern auf der Antriebswelle befindlicher Nocken den Abfeuerungsmechanismus auslöst. Die Exzenter sind auf der Antriebswelle so angeordnet, daß mit jeder vollen Umdrehung des Schwungrades jedes System einmal feuert, daher drei Schüsse abgegeben werden. Als Sicherung ist ein einfacher Bremsklotz vorhanden, der das Schwungrad feststellt.

Der Munitionskasten (Abb. 91), dessen Deckel und Hinterwand aufklappbar ist, enthält drei kleinere auswechselbare Magazinkästen mit je neun senkrechten Schächten, die ca. zehn bis zwölf Patronen aufnehmen konnten. Somit standen für jede Feuereinheit 90 bis 108, insgesamt 270 bis 324 Patronen zur Verfügung. Damit jeweils ein gefüllter Schacht über der Zuführung zu stehen kommt, kann man die auf Schienen aufgesetzten und mit einer Zahnstange verbundenen Kästen über ein Stirnrad seitlich verschieben. Problematisch ist in

Abb. 91:
Die Patronen wurden in drei Boxen mit je neun Schächten bevorratet; die Boxen konnten seitlich verschoben werden.

diesem Zusammenhang die Beantwortung der Frage nach der zugehörigen Patrone. Aus den bisherigen Darlegungen ergibt sich zweifelsfrei, daß es sich nicht um eine Metallpatrone handeln konnte, da zum einen der Verschlußkopf keinen Auszieher besitzt, um die leere Hülse aus dem Patronenlager zu extrahieren, und zum andern diese wegen der Konstruktion des Verschlußgehäuses nicht herausfallen könnte. Nach Abwägung dieser technischen Sachverhalte und der überlieferten Zeugenaussagen, die ein Funktionieren des Geschützes bestätigt hatten[58], ergeben sich folgende Möglichkeiten:

1. Es handelte sich um eine Patrone mit einer Treibladung – ähnlich der der französischen Mitrailleusen-Patrone – aus einem Pulverpreßling, in dessen zum Schlagbolzen hingewendeten Seite eine Aushöhlung den Zündsatz aus Knallquecksilber enthielt. Die Hülse bestand aus einer dünnen Papierwand, die auch den Patronenboden umschloß und rückstandsfrei verbrannte. Dagegen spricht allerdings die Empfindlichkeit solcher Munition gegen mechanische Beanspruchung, die bei dem Eberhardt-Geschütz im besonderen Maße gegeben war.

2. Es handelte sich um eine Papierpatrone mit dem prinzipiellen Aufbau der Zündnadelpatrone, jedoch mit einem besonders starken Hülsenboden, in dem der Zündsatz eingebracht war und der dem Zündstift genügend Widerstand entgegensetzen konnte, um eine sichere Zündung zu gewährleisten. Ein Verbleiben des nicht verbrannten Bodens im Patronenlager mußte dabei in Kauf genommen werden[59].

3. Es handelte sich um eine Zündnadelpatrone nach preußischem Modell, jedoch mit einem anderen Geschoß kleineren Kalibers. Dagegen spricht der Befund des Zündstiftes, der die Befestigung einer Zündnadel nicht zuläßt.

Nach Abwägung der Sachverhalte ergäbe sich für die bei dem System Eberhardt verwendete Patrone folgender Aufbau:

- Geschoß des süddeutschen Konventionskalibers 13,9 mm[60]
- Papierhülse
- Besonders fester und starker Hülsenboden aus Kartonlagen mit integriertem Zündsatz
- Axiale Lochung des Bodens, wodurch sich der lange Zündstiftweg erklärt
- Nicht verbrannter Patronenrest wird beim nächsten Schuß durch das Rohr ausgestoßen.

Dieses Ergebnis wird in etwa durch die Aussage eines Augenzeugen bestätigt, der an einer Vorführung des Geschützes teilgenommen hat: »Der letztere [Verschluß] enthält in seiner Achse den Zündstift, welcher eine im Boden der Patrone angebrachte Zündpille trifft«[61].

Weitere technische Daten:

Kal.	13,9 mm	(urspr.; nach Rostentfernung jetzt 14,1 bis 14,2 mm)
Rohrlänge	755 mm	
Gesamtlänge	2200 mm	
Gesamtbreite	1240 mm	
Durchmesser des Handrades	650 mm	
Lafettenraddurchmesser	1150 mm	
Länge über alles	2200 mm	
Breite über alles	1240 mm	

Abb. 92:
Die Gründer der später weltbekannten Pflugfabrik Eberhardt; links Schmiedemeister Wilhelm, rechts Wagnermeister Albert Eberhardt (Aus Festschrift von Karl Götz, Eberhardt 1854–1954).

6.4.2.   Die Fa. Gebrüder Eberhardt[62]

Wie viele der später Weltruhm erlangenden Industriefirmen erwuchs das Unternehmen aus einem kleinen Handwerksbetrieb, den der von der Ulmer Alb stammende Wagner Georg Eberhardt in Ulm 1818 nach Erhalt des Meisterbriefes eröffnet hatte. Während Sohn Albert (Abb. 92) den väterlichen Betrieb als Nachfolger übernahm, wurde Sohn Wilhelm (1824–1887; Abb. 92) Schmied und erwarb sich auf elfjähriger Wanderschaft, die ihn auch nach Wien, Belgien, England und Holland geführt hatte, die Fähigkeiten, die seinen Erfindergeist beflügelten. Er galt als ein äußerst tüchtiger und akkurater Handwerksmeister und hatte das Naturell eines echten schwäbischen Tüftlers[63]. Auch in der im Jahre 1854 mit seinem Bruder gegründeten Firma blieb Wilhelm der führende technische Kopf. Der Betrieb begann mit dem Bau von Chaisen nach Pariser Modell, bevor die Fertigung auf Bauernfahrzeuge und Akkerbaugeräte verlegt wurde. Die Existenz der Fabrik war damit eng mit der Umstrukturierung der deutschen Landwirtschaft in der ersten Phase der Industrialisierung verknüpft, deren spezifisches Merkmal – die Erhöhung der Agrarproduktion – auf der Ausdehnung der bearbeiteten Flächen und in einer intensiveren Nutzung des Bodens beruhte[64]. Die Nachfrage nach leistungsstarken, den Erfordernissen der Praxis entsprechenden Geräten, insbesondere von Pflügen, die von Wilhelm Eberhardt verbessert und neukonstruiert wurden, ließen die Firma in den folgenden Jahrzehnten stetig expandieren, so daß der Betrieb in der engen Altstadt aufgegeben und vor den Stadtmauern Ulms vergrößert werden konnte[65]. Wenngleich schon der Preiskatalog von 1871 die Diversifizierung des Unternehmens auswies[66], erwirtschaftete die Produktion der

Pflüge, die unter dem Fabriksignet »Eber« vertrieben wurden, den Hauptumsatz und sicherte bis in die jüngste Vergangenheit seine Existenz; im Frühjahr 1980 wurde die Firma liquidiert[67].

6.4.3. Das Repetiergeschütz im Urteil der Militärbehörden

Nach eigenem Bekunden hatten sich die Gebrüder Eberhardt und insbesondere Wilhelm schon längere Zeit mit Versuchen zur Verbesserung der Hinterladungswaffe befaßt, die Konstruktion einer Schnellfeuerwaffe war offensichtlich aber erst unter der psychologischen Wirkung des Krieges von 1866 in Angriff genommen worden[68]. Wenn sich auch die Motivation hierfür – neben der Absicht der wirtschaftlichen Verwertung der Erfindung – explizit kaum noch erschließen läßt, so heißt es doch in dem ersten an das Kgl. Württembergische Kriegsministerium gerichtete Angebotsschreiben vom Februar 1867 wie folgt:
»Wir bitten Ew. Excellenz um Prüfung derselben, weil wir es für unsere Pflicht halten, zunächst unser engeres Vaterland – wenn es möglich wäre zu dienen – und wir hoffen und wünschen nur, daß auch diese Maschine uns von sachverständiger Seite das Zeugnis verschaffe, frei von Schwindel gearbeitet zu haben, zur Ehre unseres Vaterlandes und damit auch unserer selbst«[69].
Bei ihrem Angebot hob die Firma ferner die Einfachheit des Mechanismus, die hohe Feuergeschwindigkeit und die vielfältige Anwendungsmöglichkeit der Konstruktion zu jeder Art von Geschütz sowie mit einem oder zwei bis vier Rohren hervor. Das Truppenkommando Ulm, durch Erlaß mit der Untersuchung der Waffe beauftragt[70], für die die Gebrüder Eberhardt ein Erfinderpatent auf fünf Jahre erhielten, setzte eine aus zwei Offizieren bestehende Kommission ein, die am 14. März 1867 ein Gutachten über das Repetiergeschütz vorlegte. In ihrem Urteil bringt die Kommission zum Ausdruck, daß, obwohl das Verschlußsystem zufriedenstellend funktionierte, die bedeutendsten Mängel in der Munition, die zudem ungenau laboriert war, und in dem durch die Anbringung der Magazine äußerst schwierigen Zielvorgang bestünden. Ihr Resümee lautete daher:

»1. Das Eberhard'sche Hinterladungsgewehr nebst Gestell empfiehlt sich nicht für den Feldgebrauch.

2. Die Anwendung desselben auf Artillerie ist höchstens auf Schiffen zulässig.

3. Die Wirkung des Feuers während der Bewegung ist eine illusorische, da die Elevation sich auf unebenem Boden fortwährend ändert.

4. Die Abhülfe der ausgesprochenen Mängel, welche bestehen: in der Verbesserung des Rohres selbst, in der Erhöhung des Lauflagers zum bequemen Visieren auf Infanteriehöhe, in der Entfernung des Patronenbehälters oberhalb des Rohres, im Auswerfen anderer und zwar massiver Einheitspatronen nach rückwärts, welche ihre Spannung im Patronenlager nicht allein durch conische Vorrichtung derselben zu erhalten hätten.

5. Die Verwendung dieser Maschine für den Militärgebrauch läßt sich nur auf Schiffen, in Küstenbatterien oder in Festungen denken. Im ersten Falle gestattet ihre Einrichtung eine Verwendung der Dampfmaschine zur Bedienung, im letzteren Falle dürfte mit Rücksicht der schweren Handhabung und dem starken Rückstoß der bis jetzt üblichen Wallbüchsen in den süddeutschen Festungen für den einzelnen Mann obige Erfindung zur Anwendung oder Erprobung von Kleingewehrbatterien, welche sowohl über Bank, als durch Scharten die feindlichen Annäherungsarbeiten mit Vortheil beschießen, zu empfehlen sein«[71].

Von der ablehnenden Haltung des Kriegsministeriums ließen sich die beiden Brüder keineswegs entmutigen, sondern richteten ihre Energie auf die Ausreifung der Konstruktion und veranstalteten Schießvorführungen vor Vertretern der Presse, um wenigstens auf diesem Wege eine positive Resonanz in der Öffentlichkeit zu erzeugen, die dann womöglich auf die Behörden zurückgewirkt hätte. Eine dieser Aktionen, die man nach modernem Sprachgebrauch als »PR-Maßnahme« bezeichnen könnte, fand noch im April in Ulm statt. Die »Ulmer Schnellpost« berichtete unter dem 27.:
»Jetzt, wo in den französischen Blättern aus der Kupferkanone des Oberstlieutenants de Brettes[72] ein Schreckschuß um den anderen geschossen wird, ist es Zeit, zu erwähnen, daß von den Gebrüdern Eberhardt in Ulm eine Waffe konstruiert worden ist, die nach dem Urtheil von Sachverständigen von entsetzlicher Wirkung sein muß und jene französische Kupferkanone mit Leichtigkeit aus dem Felde schlägt. Auf einem Rahmen mit zwei Rädern liegen entweder vier Gewehrläufe, oder zwei Kanonen kleineren Kalibers oder eine Kanone. Jeder Lauf feuert 60mal in einer Minute ... Die Konstruktion dieser Waffe kann auf jedes Kaliber, vom Gewehrlauf an bis zur Schiffskanone in Anwendung kommen, nur müßte diese durch eine einfache Transmission mit der Maschine in Verbindung gebracht werden. Im Defiléegefecht, sowohl bei Angriff als Vertheidigung, gegen Sturmkolonnen, gegen Quarrée's, überhaupt gegen geschlossene Truppenhaufen muß diese Eberhardt'sche Waffe von unwiderstehlicher, wahrhaft vernichtender Gewalt sein«[73].
Mit betonter Sachlichkeit und kritischer Distanz berichtete dagegen der Korrespondent der »AMZ«, der die »Schießmaschine« zwar für außerordentlich leistungsfähig, aber für den Gebrauch im offenen Gefecht für weniger empfehlenswert hielt[74].

Nachdem trotz allem das württembergische Kriegsministerium bei seiner ablehnenden Haltung geblieben war, hatten die Gebrüder Eberhardt im Spätsommer des Jahres dem Kriegsministerium in München ihre Erfindung zur Erprobung angeboten. Der bayerische Kriegsminister beauftragte den Generalmajor und Brigadier v. Steinle[75] mit der Begutachtung der angebotenen Waffe. Einen entsprechenden Bericht mit dem Titel »Betrachtungen über den taktischen Werth einer Schnell-Schieß-Maschine nach dem System von Ludwig[76] Eberhardt in Ulm« unterbreitete dieser am 12. Oktober 1867[77]. Steinle betonte in seinem ausgewogenen Urteil, daß die der Maschinenkanone zugrundeliegende Idee zwar gut, ihre technische Realisierung demgegenüber noch mangelhaft sei.

Gleichwohl könne mit geringen Kosten diesem Umstand abgeholfen werden. Auch sei die Feuerkraft der Waffe durch Vermehrung der Rohre von drei auf fünf in Verbindung mit einer neuen geeigneten Munition bis auf Entfernungen von 1200 Schritten und einer Kadenz von bis zu 300 Schuß pro Minute zu erweitern.

Damit einhergehend forderte Steinle eine Lafettierung mit Seitenrichtmaschine, um horizontale Truppenbewegungen verfolgen und das Bestreichen der feindlichen Front ohne Verrücken der Lafette bewerkstelligen zu können. Eine Protze mit Kästen zur Aufnahme von Zubehörteilen und des Munitionsvorrates in Höhe von etwa 3000 Schuß könne den Wert des Geschützes nochmals erhöhen. Er führte weiter aus:

»Jede Compagnie dürfte, je nach ihrer Stärke, eine oder mehrere dieser Maschinen erhalten. Nach Bedarf könnten einige dieser in eine Batterie zusammengestellt werden.

Solche Maschinen würden nicht nur in der Verteidigung gegen Cavalerie und Infanterie sondern auch im Angriff von großem Nutzen sein … Die Feuer geschloßener Abtheilungen würden noch seltener werden, als sie bis jetzt waren.

Da eine solche Maschine in kurzer Zeit so viel zerlegt werden kann, als nothwendig ist, um sie in Gebäuden ja selbst in den oberen Stockwerken aufzustellen, so kann sie bei Vertheidigung von Ortschaften und Bestreichung deren Umgebung gute Dienste leisten« [78].

Das Kriegsministerium aber – in Anspruch genommen von der Erprobung anderer und effizienter erscheinender Systeme – unterließ es schließlich doch, das Ulmer Modell einem technischen Versuch zu unterziehen, obwohl Steinle nochmals bei dem bayerischen Kriegsminister interveniert hatte [79] und die Behörde daraufhin der Fa. Eberhardt günstige Vertragsbedingungen einräumen wollte [80].

Ob Wilhelm Eberhardt nach den Vorschlägen der Prüfungskommissionen die Mängel des Repetiergeschützes behob und es insbesondere für eine Metallpatrone einrichtete, ist nicht überliefert. Die vermutlich letzte Vorführung der Waffe fand am 5. April 1869 durch den Mechaniker Bührlen hinter dem Schützenhaus in der Friedrichsau statt [81].

Bewertung

Den Gebrüdern Eberhardt war mit ihrer Konstruktion einer dreirohrigen Maschinenkanone kein wirtschaftlicher Erfolg beschieden. Das auf den Landmaschinenbau spezialisierte Unternehmen hatte sich als Produzent von Rüstungsgütern ein weiteres Standbein des Umsatzes verschaffen wollen, scheiterte jedoch an der technischen Unvollkommenheit des Produktes sowie an der sich besser profilierenden Konkurrenz. Dem zunächst positiven Echo der Tages- und Fachpresse folgte die Ernüchterung aufgrund der zurückhaltenden und negativen Beurteilung durch die beiden süddeutschen Kriegsministerien in Stuttgart und München. Letztlich scheiterte die Maschinenfabrik an dem Widerspruch zwischen Brillanz der Idee und ihrer technischen Realisierung. Denn die Konstruktion beinhaltete durchaus einige zukunftsweisende Elemente wie
– Zylinderverschluß mit axialem Schlagbolzen
– Etagenzuführung der Munition
– Steuerung der Zuführung über Verschlußbewegung.

6.5 Das bayerische Kartätschgeschütz System Feldl

In den Jahren 1867 und 1868 konstruierte der aus Forsthardt (Bezirksamt Vilshofen) stammende Mechaniker und Techniker Johann Feldl [82] ein bemerkenswertes Repetiergeschütz. Die Hintergründe und die Motivation für die Erfindung haben sich nicht mehr ermitteln lassen. Es darf aber angenommen werden, daß Feldl sich mit seiner Idee und evtl. auch Zeichnungssätzen im Jahre 1868 an die Maschinenfabrik Augsburg AG gewandt hatte, weil er dort mit Recht einen leistungsfähigen Partner für die Herstellung der Prototypen, der Serienfertigung sowie der Vermarktung der neuen Waffe vermutete. Die Maschinenfabrik Augsburg war nämlich schon zu dieser Zeit ein in Deutschland und zum Teil auch in Europa bekanntes Unternehmen, das insbesondere durch den Bau von Druckmaschinen, Dampfmaschinen und Wasserturbinen gerade in dem Teilbereich des Maschinenbaues spezialisiert war, der in enger Verbindung zum Waffenbau stand [83]. Den Rahmen für Fertigung und Vertrieb des Geschützes steckten zwei Dokumente ab: Ein gemeinsam von der Maschinenfabrik und Feldl am 14. April 1869 bei dem Kgl. Ministerium des Handels und der öffentlichen Arbeiten erwirktes »Gewerbsprivilegium« sicherte den Antragstellern für die Dauer von zwei Jahren die alleinige Auswertung der Erfindung [84]. Am 10. September 1870, als sich die feste Bestellung einer Anzahl von Geschützen seitens des bayerischen Kriegsministeriums endlich abzeichnete, schlossen die Maschinenfabrik und Feldl ihrerseits eine vertragliche Vereinbarung über die gemeinsame finanzielle Ausbeutung des Produktes [85]. Schon im Frühjahr des gleichen Jahres hatte die Maschinenfabrik die Möglichkeit erhalten, das Feldl-Geschütz auch im befreundeten Ausland vorzustellen, als das österreichische technische und administrative Militär-Komitee – angeregt durch positiv lautende Veröffentlichungen in der Militärpresse [86] – Hersteller und Erfinder zu einem Versuchsschießen im Wiener Arsenal aufforderte, um bei der anstehenden Entscheidung über die Einführung einer handbetätigten Maschinenwaffe außer den geprüften Systemen von Gatling und Montigny ein drittes Konkurrenzmodell als Vergleichsmaßstab heranzuziehen [87]. Der Versuch fand im März 1870 mit einem bayerischen Originalgeschütz statt und verlief so befriedigend, daß die Maschinenfabrik Augsburg mit der Lieferung eines für die österreichische Infanteriepatrone Modell Werndl eingerichteten Exemplars beauftragt wurde, dessen Ablieferung sich infolge der Kriegsereignisse noch bis Ende Oktober hinauszögerte. Die dann durchgeführten vergleichenden Schieß-, Fahr- und Packversuche erbrachten hinsichtlich der Konstruktion und der Treffleistung im allgemeinen positive und zu den bayerischen Erkenntnissen [88] analoge Resultate, dagegen erschienen dem Komitee die festgestellten Störungen im Magazin- und Zuführsystem als so schwerwiegend, daß die Waffe bei der Auswahlentscheidung nicht mehr berücksichtigt werden konnte [89].

Technische Beschreibung

Hinsichtlich der technischen Einrichtung des Feldl-Geschützes wird auf den als Anlage 4 angefügten »Entwurf einer Vorschrift für den Unterricht und die Uebungen mit dem Orgelgeschütze« verwiesen, der im Kapitel I authentische und ausführliche Angaben enthält, die an dieser Stelle nicht wiederholt zu werden brauchen[90].

Die nachfolgenden Ausführungen beruhen auf Untersuchungen am Original und sollen dem besseren Verständnis der allgemeinen technischen Zusammenhänge dienen.

Das Geschütz von Feldl (Abb. 93–99) besteht aus den Hauptbaugruppen

– Rohren
– Gehäuse
– Verschluß- und Antriebssystem
– Magazine
– Lafettierung.

Die vier gezogenen Rohre aus Gußstahl entsprechen dem Kaliber und Zugsystem des Werder-Gewehres M. 69, die Dicke der Rohrwandungen ist jedoch aus Gründen der starken thermischen Belastung erhöht worden; die Anlieferung erfolgte von der bayerischen Gewehrfabrik Amberg.

Seinem Wesen nach ist das Feldl-Geschütz, wie schon dasjenige von Eberhardt, eine fremdangetriebene Repetierwaffe mit vier gleichartigen und untereinander gekoppelten Feuereinheiten. Die Betätigung erfolgt durch eine an der linken Gehäuseseite aufgesteckten Handkurbel, die noch einmal übersetzt mit der zentralen Welle in Verbindung steht. Auf dieser Welle sitzen vier exzentrische Körper, die über Kniehebel das Verschlußspiel steuern und durch weitere mechanische Übertragung die Zuführung der Patronen und den Auswurf der leeren Hülsen steuern. Während der Verschluß zurückgleitet, wird der Schlaghammer gespannt und solange arretiert, bis der wieder vorlaufende Verschluß die Patrone in das Rohr eingeführt hat. Dann schlägt der Hammer auf den in der Verschlußachse sitzenden Zündstift und zündet die Patrone.

Die Verschlußstellung und die Ladezustände in den Phasen I–IV ergeben sich aus nachfolgender Aufstellung:

| | Rohr-Nr. | | | |
	1	2	3	4
I	Patr. gezündet	Hammer wird gespannt	Verschluß in hint. Posit.	Verschl. läuft vor
II	noch verriegelt	Verschl. in hint. Posit.	Verschl. läuft vor	Patr. wird gezündet
III	Verschl. läuft zurück	Verschl. läuft vor	Patr. gezündet	Hammer wird gespannt
IV	Verschl. läuft vor	Patr. gezündet	noch verriegelt	Verschl. läuft zurück

Abb. 93:
Kartätschgeschütz (Repetiergeschütz) des bayerischen Mechanikers Johann Feldl, eingesetzt im deutsch-französischen Krieg 1870–1871 (Bayerisches Armeemuseum, Ingolstadt).

Hieraus und aus den Abb. 95 u. 96 ergibt sich deutlich die zeitliche Abfolge der Funktionssteuerung bei den einzelnen Rohren, die zudem so gestaffelt ist, daß immer ein Rohr feuert. In übertragenem Sinne kann das Spiel der Verschlüsse mit den Kolbenbewegungen eines Vierzylinder-Viertakt-Verbrennungsmotores in Beziehung gebracht werden.

Das Geschütz verfügt über eine Vorrichtung, mit der über die vier kleinen Stellhebel auf der Gehäuserückseite die Verschlußsysteme eines jeden Rohres von der Antriebswelle abgekuppelt werden können (Abb. 97). Damit konnte bei Störungen die Funktionsbereitschaft der nicht betroffenen

Abb. 95:
Nach Abnahme der Deckplatte ist die Mechanik zugänglich; auf der linken Seite die Antriebskurbel und die zentrale Welle mit vier (nicht sichtbaren) exzentrischen Körpern, die über Kniehebel das Verschlußspiel steuern; in der Mitte die Verschlüsse (die beiden mittleren sind hier geöffnet); rechts acht Ausnehmungen, durch die die Patronen aus den Magazinen in die Verschlußbahn fallen.

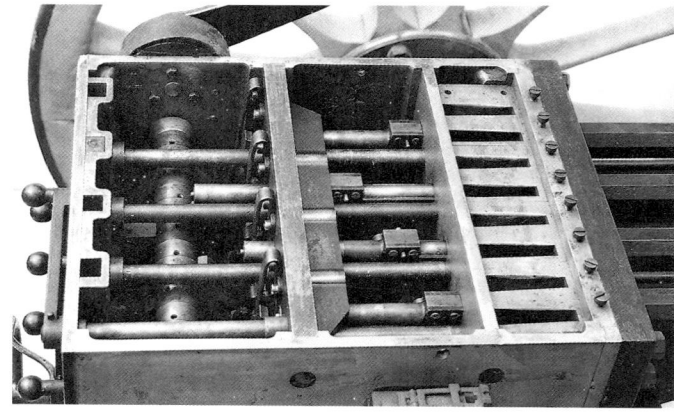

Abb. 96:
Das Bild zeigt die zeitliche Abfolge der Funktionssteuerung im Hinblick auf die Verschlußstellungen: I. Verschluß oben in vorderer Position noch verriegelt; II. Verschluß in hinterer Position, Patrone wird zugeführt; III. Verschluß geht vor und nimmt Patrone mit; IV. Verschluß in vorderer Position, Patrone wird gezündet.

Rohre aufrechterhalten werden, ohne das Feuer in kritischen Momenten ganz einstellen zu müssen.

Die Betätigung des großen Hebels am Gehäuse aktiviert die Sicherung, indem sich eine Sperre vor die Schlagbolzen legt.

Für einen vollständigen Durchlauf (= vier Schuß) mußte die Handkurbel 1 ¾ Umdrehungen bewegt werden.

Weitere technische Daten:

	mm
Rohrlänge	875
Länge Rohre und Gehäuse	1308
Verschlußweg	66
Raddurchmesser	1020
Spurweite	1245
Lafettenlänge	1570

Diese Angaben beziehen sich auf das Geschütz (gekennzeichnet mit der Nr. »2«) im Bayerischen Armeemuseum Ingolstadt (Inv.-Nr. D 302) [91].

An der Oberseite des Gehäuses befindet sich der Schutzdeckel der Patronenzuführung (Abb. 98), die für jedes Rohr zweifach vorhanden ist. Im Gefecht wurde der Deckel abgenommen und insgesamt acht Stangenmagazine mit einem Fassungsvermögen zu je 41 Patronen dort aufgesteckt. Da die Magazine keine innenliegende vorgespannte Feder besaßen, regelte sich die Zufuhr allein durch das Eigengewicht der Patronen. Bei extremen Rohrerhöhungen oder -erniedrigungen konnten, bedingt durch die stärkere innere Reibung, in den Magazinen leicht Hemmungen eintreten. Die Stangenmagazine wurden nacheinander geleert und die Bedienung hatte dafür Sorge zu tragen, daß die leeren durch gefüllte ausge-

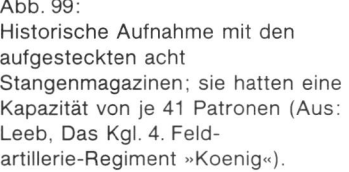

wechselt wurden, ohne daß eine Feuerunterbrechung erforderlich wurde. Die Magazinanordnung ist aus Abb. 99 ersichtlich.

Bewertung

Das Maschinengeschütz von Feldl repräsentierte ebenso wie das Werder-Gewehr in seiner technischen Auslegung absolut den Stand der Zeit. Es verkörperte den Typ der modernen kontinuierlich arbeitenden Schnellfeuerwaffe und war in seiner Konzeption – abgesehen von dem Arbeitsprinzip – auf die gleiche Stufe mit der Gatling-Revolverkanone zu stellen. Dem Erfinder gereichte es zum Vorteil, daß die Fertigung der erfahrenen Maschinenfabrik Augsburg übertragen wurde, die diese Aufgabe mit der gebotenen Präzision, Solidität und Detailliebe ausführte, soweit man dies bei der Anschauung des Originals zu erkennen vermag. Wenn es trotzdem beim Einsatz zu schwerwiegenden Störungen kam, auf die später noch eingegangen wird, lag dies an für den Konstrukteur und Hersteller nur schwer vorauskalkulierbaren Faktoren.

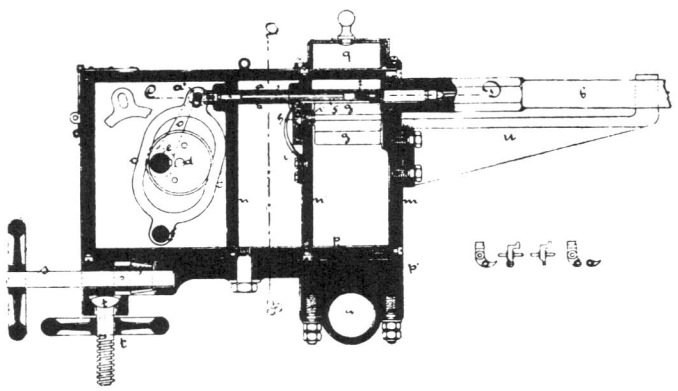

Revolver-Kanone.

Konstrukteur Wiele, Nürnberg und Ritschler, Erlangen.

Abb. 100:
Eine gewisse Weiterentwicklung des Systems Feldl stellte die Konstruktion von Wiele und Ritschler dar; sie kam jedoch nicht zur Ausführung (Reichspatentschrift Nr. 46 697 vom 12. August 1888).

Obwohl das Feldlsche Geschütz nach dem deutsch-französischen Krieg keine Weiterentwicklung erfahren hatte, wurde das Konzept ausgangs der achtziger Jahre des neunzehnten Jahrhunderts noch einmal aufgegriffen, als die Maschinengeschütze von Hotchkiss, Nordenfelt und Gardner noch den Markt beherrschten. Die deutsche Konkurrenzentwicklung von A. Wiele in Nürnberg und Jos. Ritschler in Erlangen war eine handbetätigte, achtrohrige Maschinenwaffe (Abb. 100), die am 12. August 1888 im Deutschen Reich patentiert wurde (Patent-Nr. 46 697). Aus den Zeichnungen der Patentschrift geht deutlich hervor, daß die Erfinder die Konstruktion von Feldl zum Vorbild hatten. Dies bezieht sich nicht nur auf die eigentümliche Form des Gehäusekastens, der Lagerung und Halterung der Rohre und der Magazinierung der Patronen, sondern vornehmlich auf die Steuerung der Repetierfunktionen der Verschlüsse durch eine mittels Handkurbel angetriebene zentrale Welle und die auf ihr befestigten Exzenter. Im Kern handelt es sich um eine geringfügige, an den techni-

schen Stand der Zeit angepaßte Modifikation der Feldlschen Grundkonzeption. Wie die Erfinder erklärten, war ihre Waffe allerdings für eine größere Patrone (schätzungsweise 20 mm) dimensioniert.

Ob und ggf. inwieweit diese Maschinenkanone eine Realisierung erfahren hat, ließ sich bei den Untersuchungen zu dieser Arbeit nicht ermitteln.

6.6 Das Salvengeschütz System Dreyse (?)

Wie Institutionen in anderen deutschen Staaten hatte sich auch die preußische Artillerie-Prüfungskommission (siehe Kapitel 9.1.) mit Schnellfeuerwaffen einheimischer Konstruktion befaßt. Um welche Projekte es sich im einzelnen handelte,

Abb. 101:
Salvengeschütz mit 10 Rohren, vermutl. eine Konstruktion des Nikolaus oder Franz v. Dreyse (Bestand u. Aufnahmen: Museum für Deutsche Geschichte, Berlin).

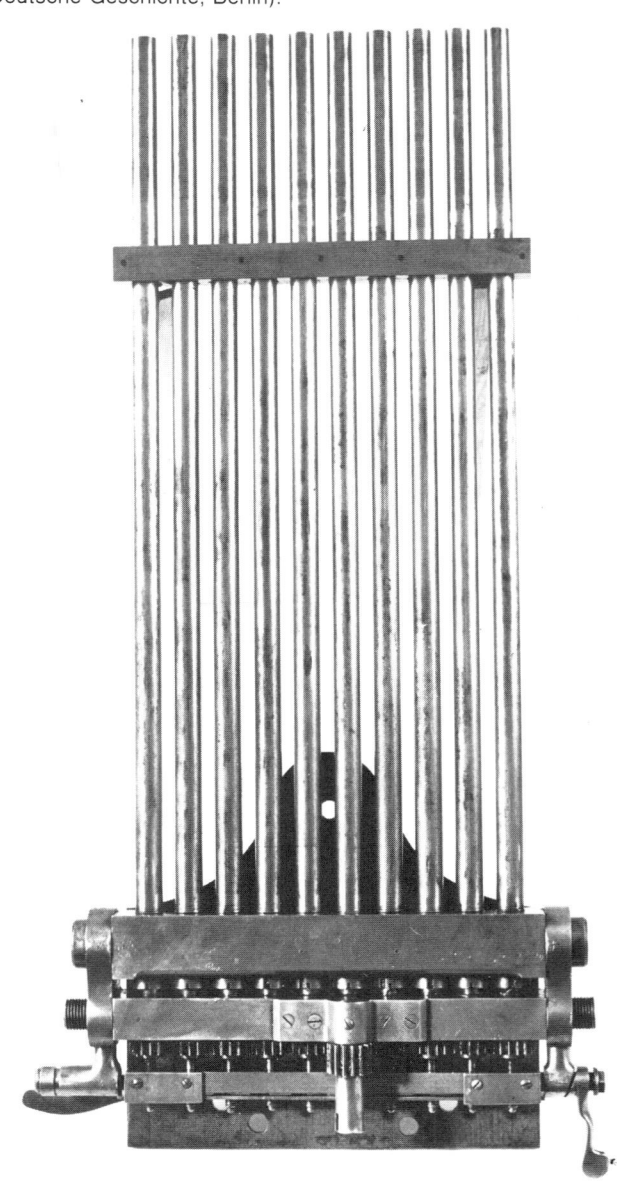

Abb. 102:
Zum Laden konnte der Verschluß-
und Abfeuerungsmechanismus des
Salvengeschützes nach oben
geschwenkt werden.

darüber enthalten die vorliegenden Quellen keine Angaben. Namentlich angesprochen sind nur »Dreyse'sche Projekte ähnlicher Art«, die ohne durchschlagenden Erfolg im Hinblick auf militärische Verwendung einer Erprobung unterzogen worden waren [92].

Eine Schnellfeuerwaffe (Abb. 101–103), die möglicherweise von Dreyse konstruiert wurde, befindet sich im Berliner Museum für Deutsche Geschichte (Inv.-Nr. W 59.4679). Es handelt sich um einen Hinterlader mit zehn, parallel in einer Ebene gelagerten Rohren, eingerichtet für eine Zentralfeuerpatrone. Eine Lafettierung ist nicht vorhanden und war vermutlich zunächst für dieses Versuchsmodell (Prototyp) auch nicht vorgesehen.

Abb. 103:
Nach Einführung der
Zentralfeuerpatronen wurde der
Verschlußblock nach unten
geschwenkt und die Verschlüsse
mit Hilfe der Zahnradmechanik nach
vorne gekurbelt; mit dem Hebel
rechts wurde ausgelöst.

Technische Daten:

Anzahl der Rohre	10
Kaliber	16-16,2 mm
Rohrlänge	804 mm
Patronenlagerdurchmesser	17,6 mm
Patronenlagerlänge	50 mm
Gesamtlänge	938 mm
Gesamtbreite	470 mm

Die Rohre werden im vorderen Viertel sowie hinten am Patronenlager durch je einen Lagerblock gehalten und geführt. Am hinteren Lagerblock sind seitlich zwei schwenkbare Halterungen angebracht, zwischen denen der Verschluß- und Abfeue-

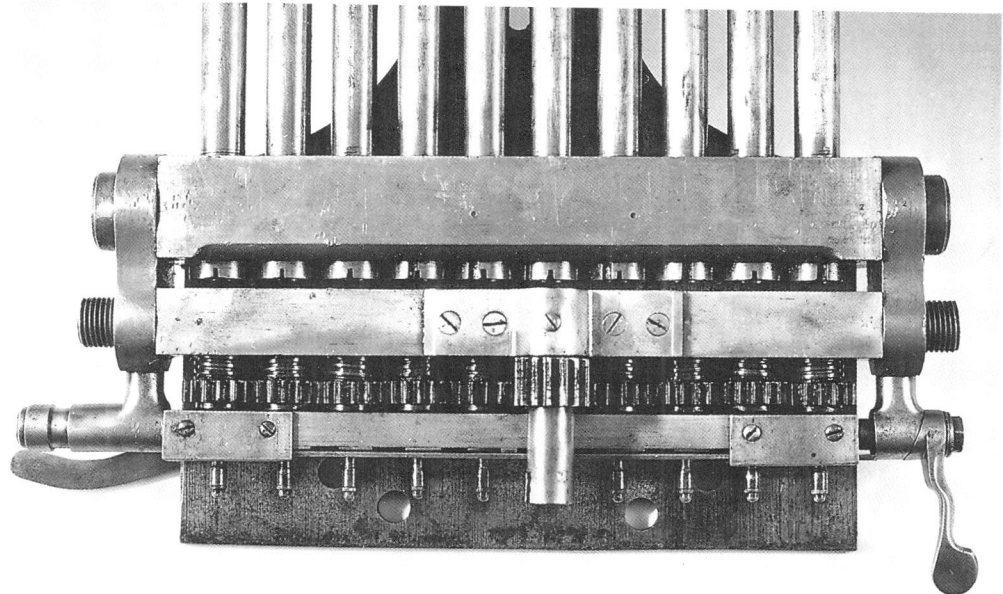

rungsmechanismus gelagert ist, so daß dieser zum Laden und Entladen nach oben geklappt werden kann (Abb. 102). Zum Laden werden zunächst die Verschlüsse zurückgekurbelt. Dies geschieht an der zentralen Kurbelachse, die über Zahnräder mit jedem Verschluß in Verbindung steht. Dann wird ein an der linken Seite der die ganze Waffe aufnehmenden Halteplatte befindlicher Handgriff betätigt, der die Verriegelungsnase am Verschlußblock freigibt, so daß dieser nun nach vorn geschwenkt werden kann. Die Patronen können jetzt von Hand oder mit Hilfe eines Laderahmens in die Patronenlager eingeführt werden. Nach Herunterklappen des Verschlußblockes werden die Verschlüsse nach vorne gekurbelt, wodurch sich die Schlößchen spannen. Durch Betätigen des rechts am Verschlußblock befindlichen Abfeuerungshebels schnellen die Schlagbolzen in rascher Folge vor und zünden die Patronen. Zum Ausziehen der Patronen ist an jedem Rohrmundstück eine Kerbe eingearbeitet, um mit einem hakenähnlichen Gegenstand den Patronenrand ergreifen zu können. Weitere Untersuchungen haben ergeben, daß Dimension und Form der Patronenlager mit denen der Zündnadelgewehre M. 62 identisch sind. Auch Form und Art der Züge stimmen überein, wohingegen das Nennkaliber um rd. 0,5 mm größer ist. Daraus folgt, daß sich die innenballistische Auslegung der Schnellfeuerwaffe stark an die der Zündnadelwaffen anlehnt, jedoch der Übergang zur Metallpatrone mit Zentralzündung schon erfolgt ist. Hierbei handelt es sich um keine flaschenförmige, sondern um eine zylindrische Patronenhülse.

Aus den Untersuchungen ergibt sich folgende abschließende Beurteilung:

Die Versuchswaffe hinterläßt einen indifferenten Eindruck. Sie verfügt zum einen über Zentralzündung und Metallpatrone, zum andern über die Ballistik der Zündnadelwaffen. Hierin liegt ein gewisser Widerspruch, der aber zugleich darauf hinweist, daß die Waffe in Deutschland im Umkreis von Dreyse entwickelt worden sein muß und zwar in der Übergangszeit zwischen Zündnadelsystem und Metallpatrone 1871. Als Herstellungszeit kommt vermutlich der Zeitraum zwischen 1866 und 1871 in Frage. Andernfalls hätte der Konstrukteur schon auf diese neue Patrone im Kaliber 11 mm mit ihrer verbesserten ballistischen Leistung zurückgreifen können.

Im Hinblick auf die feuertaktische Auslegung stellt die Waffe analog den Orgelgeschützen oder auch dem belgischen Mitrailleur ein Salvengeschütz dar. Eine hohe Feuerdichte ließ sich nur im Rahmen einer Salve erreichen. Die recht aufwendigen Lade- und Entlademanipulationen standen einem schnellen Feuern entgegen. Dadurch ergab sich selbst in Relation zu den belgischen und französischen Konstruktionen eine technisch bedingte Unterlegenheit. Mithin war die Waffe schon im Fertigungsjahr veraltet und nicht mehr auf der Höhe der Zeit. Die fortschrittlichen Konstruktionen mit kontinuierlichem Feuer wie Gatling und Feldl wiesen ihr geradezu einen Platz in den Modellsammlungen der Zeughäuser bzw. der Museen zu.

Anmerkungen

[1] Reproduktion der Patenturkunde bei Wahl/Toppel, The Gatling Gun, S. 14ff.

[2] Zu den folgenden und weiteren biographischen Daten vgl. Dictionary of American Biography. Hrsg. von Allen Johnson u. Dumas Malone, Bd. 7, London, New York 1931, S. 191f. u. Wahl/Toppel, The Gatling Gun, S. 1ff.

[3] Über das Motiv und die Intention seiner Erfahrung äußerte sich Gatling in einem Brief aus dem Jahre 1877: Während der Eröffnungsphase des Krieges im Jahre 1861 habe er in Indianapolis den täglichen Marsch der Truppen an die Front gesehen und den Rücktransport der vielen Verwundeten, Kranken und Gefallenen. Dann erschien es ihm, als ob er eine Maschine – eine Waffe – erfinden könne, die durch ihre Feuergeschwindigkeit einen einzelnen Mann befähigen könnte, im Kampf soviel zu leisten wie einhundert und daß sie die Notwendigkeit der Aufstellung von starken Armeen vermindern könnten, die auch nicht dem Gefecht und der Krankheit preisgegeben zu werden brauchten; Brief abgedruckt bei Wahl/Toppel, The Gatling Gun, S. 12. An dieser Stelle kommt recht dezidiert Gatlings Anschauung von den menschenersetzenden Maschinen und der Glaube an ihre Möglichkeiten zum Ausdruck.

[4] Zitiert nach der Übersetzung aus dem Französischen bei Wille, Ueber Kartätschgeschütze, S. 35f. Dieser Broschüre mit dem Titel »Le Gatling Battery Gun« sollte noch im Hinblick auf Bayern besondere Bedeutung zukommen (siehe unter Kap. 8.2. und Anm. 35).

[5] Zu dieser Entwicklungsphase vgl. Chinn, The Machine Gun, Bd. 1, S. 48f. u. Wahl/Toppel, The Gatling Gun., S. 13ff.

[6] Vgl. Wahl/Toppel, ebenda S. 31.

[7] Vgl. dazu die Auflistung im amtlichen Leitfaden über die Gatling-Geschütze: Description of Gatling Guns, Caliber .45., with Rules and Regulations for their Inspection. Guns in Service, their Interchangeability, Carriages, Tripods, and Harness. Publication authorized by the Secretary of War, Washington 1878, S. 17.

[8] Gorlow war auch an der Entwicklung eines Hinterladers beteiligt, der 1868 bei der russischen Armee eingeführt wurde; vgl. Sowjet. Autorenkollektiv, Allgemeine Geschichte der Technik, S. 235.

[9] Vgl. Wahl/Toppel, The Gatling Gun, S. 39, 41.

[10] Ungefähr weitere 300 Geschütze mit zehn und sechs Rohren sind wohl in den eigenen Fabriken hergestellt worden. Diese waren nach der ab 1873 durchgeführten Heeresreform den Artilleriebrigaden des europäischen Armeeteils mit 328 und den Brigaden im Kaukasus und Asien mit 72 Geschützen zugeteilt, die in Batterien zu je acht formiert wurden; vgl. Ludwig Sembratowicz, Die Reorganisation der kaiserlich russischen Landmacht 1873. In: ÖMZ, 15. Jg. (1874), Bd. 1, S. 99ff., 143ff., hier S. 112 u. Tabellen S. 184ff. Doch schon im Juni 1876 wurden die Revolvergeschütze aus der Feldartillerie ausgegliedert und den Festungen übergeben; vgl. Jahresberichte über die Veränderungen und Fortschritte im Militärwesen. Hrsg. von H. v. Löbell, 3. Jg. (1876), Berlin 1877, S. 120.

[11] Die Gewinnmargen lagen auch noch 1876 je nach Modellausführung zwischen 400 und 700 Dollar pro Geschütz. Außerdem verdiente Colt als Hersteller z. B. an einem zehnrohrigen Geschütz im Gewehrkaliber noch einmal 260 Dollar. Die reinen Fertigungskosten (ohne Lafette) beliefen sich auf nur 230 Dollar; vgl. die Aufstellung bei Wahl/Toppel, The Gatling Gun, S. 71. Wie die Gewinnerwartung nach dem Erscheinen der Konkurrenzmodelle handbetätigter Maschinenwaffen – vornehmlich der Konstruktionen von Palmcrantz/Nordenfelt, Gardner und Hotchkiss, die gleichfalls Verkaufserfolge aufzuweisen hatten – aussahen, haben Toppel/Wahl nicht mehr untersucht.

[12] Ebenda S. 111ff.

[13] Über die verschiedenen Verwendungen der Gatling-Geschütze und zu den damit zusammenhängenden Umständen vgl. insbesondere Ellis, The Social History of the Machine Gun, S. 62ff. sowie auch Layriz, Die Verwendung der Mitrailleusen. In: Kriegstechnische Zeitschrift, 7. Jg. (1904), S. 49–66, hier S. 49ff., 58ff.

[14] Eine ausführliche Darstellung der Ereignisse gibt der Führer der Gatling-Batterie, Leutnant John H. Parker, History of the Gatling Gun Detachment Fifth Army Corps, at Santiago, with a few unvarnished Truths concerning that Expedition, Kansas City 1898. Sein Buch enthält ein Vorwort des damaligen Unterstaatssekretärs im Marineministerium und späteren Präsidenten der USA, Theodore Roosevelt, der den Krieg gegen Spanien entschieden befürwortete.

[15] Vgl. Layriz, Die Verwendung der Mitrailleusen, S. 50f.

[16] Aus der Fülle der technischen, taktischen und reflektierenden Literatur seien hier neben Chinn, The Machine Gun, Bd. 1, S. 123ff., Ellis, The Social History of the Machine Gun, S. 33ff. nur genannt Anton Korzen, Maschinengewehre (Korzen-Kühn, Waffenlehre, Heft 8), Wien 1908 und das Maxim-Maschinengewehr in seiner Konstruktion, Leistungsfähigkeit und Verwendbarkeit, (Berlin) o. J.

[17] Vgl. Wahl/Toppel, The Gatling Gun, S. 121ff.

[18] Patent vom 25. Juli; Reproduktion, ebenda S. 128.

[19] So das von der Fa. Mauser entwickelte Bord-MG 151 mit 750 Schuß/min.

[20] Vgl. Wahl/Toppel, The Gatling Gun, S. 157.

[21] Ebenda S. 157f.

[22] Vgl. Merkblatt Nr. 37103 vom 9.5.1961 der Technischen Schule der Luftwaffe (TSLw) 1 Kaufbeuren, 20 mm Bordkanone M 61. Kurzbeschreibung und technische Daten.

[23] Ebenda.

[24] Vgl. Datenblatt der General Electric Company/Aircraft Equipment Division, Airborne and Surface Gun Systems – M 61 A1, 20 mm Vulcan Gun.

[25] Ebenda.

[26] So beispielsweise als Luftabwehr-Geschütz oder installiert in Hubschraubern zum Erdkampf; vgl. auch Jane's Infantry Weapons. Hrsg. von John Weeks, Jg. 1981/1982, 7. Aufl. London, New York 1981, S. 292 ff., 312 f., 314.

[27] Vgl. Edgar Gerndt, Technik moderner Maschinenkanonen. In: Wehrtechnik, Heft 8 (1978), S. 67 ff., hier S. 68.

[28] Hierzu vgl. Doug Richardson, Tiefstfliegende Flugkörper – Probleme der Seeverteidigung im Nahbereich. In: Internationale Wehrrevue, Heft 5 (1981), S. 627 ff.

[29] Vgl. J. Philip Geddes, Phalanx, für die amerikanische Marine in Produktion. In: Internationale Wehrrevue, Heft 9 (1979), S. 1583 f.

[30] Vgl. Notizen in Soldat und Technik, Heft 2 (1980), S. 101 und Nr. 4, S. 174.

[31] Vgl. Müller, Die Entwicklung der Feldartillerie, Bd. 1, insbesondere S. 124–144.

[32] Toussaint-Henri-Joseph Fafchamps (1783–1868) in der Provinz Lüttich geboren, war Ingenieur- und Artillerieoffizier. In der Armee Napoleons I. diente er als Kapitän. Nach dessen Verbannung kehrte er in seine Heimat zurück und studierte Bergwerksingenieurwesen. Eine von ihm erfundene Maschine zur Wasserhebung erlangte für die belgische Steinkohlegewinnung und die Eisenhüttenindustrie große Bedeutung. 1832 erfand Fafchamps einen Handmörser, der erfolgreich bei der Verteidigung von Anvers (1832) und Barcelona (1834) eingesetzt wurde, worauf der französische Generalstab eine größere Anzahl der Mörser bestellte. Zu weiteren biographischen Daten vgl. Jacques-Robert Leconte, Fafchamps. In: Biographie Nationale publiée par l'Académie Royale des Sciences, des Lettres et des Beaux-Arts de Belgique, Bd. 33 (Supplement, Bd. 5), Bruxelles 1965, Sp. 307 ff.

[33] Vgl. dazu insbesondere den sich auf die Auswertung der Akten der Archives de l'Artillerie in Paris stützenden Aufsatz von G. J. Demaison, L'Ancêtre des premières Mitrailleuses européennes: La Mitrailleuse Fafchamps. In: Carnet de la Fourragère, Bruxelles, série 15, carnet 3 (1963), S. 174–186, hier S. 175 ff.; auf S. 176 findet sich eine zeichnerische Darstellung dieser Mitrailleuse.

[34] Reffye (1821–ca. 1878) war u. a. Direktor der Geschützgießerei in Bourges und hatte 1867 ein gezogenes Hinterladungsgeschütz Kal. 8,5 cm entworfen, das später unter dem Namen »canon de sept« eingeführt wurde, sich jedoch im deutsch-französischen Krieg nicht sonderlich bewährte; vgl. Heer, Der neue Støckel, Bd. 2, S. 1021.

[35] Erwähnt 1860–1882, diente in der belgischen Armee; ebenda Bd. 1, S. 217. In einem Vertragsentwurf von 1867 bezeichnet er sich als »Mécanicien à Paris«; vgl. Militärarchiv der DDR (MA DDR), Bestand Sächsisches Kriegsministerium (Sa) 2205, Vertragsentwurf zwischen Christophe & Montigny und dem KM wegen Ankauf eines »Mitrailleur« vom April 1867, Bl. 12.

[36] Erwähnt 1856–1870; ebenda, Bd. 2, S. 823. Montigny war auch auf dem allgemeinen Artilleriegebiet tätig gewesen und hatte 1858 ein gezogenes Rohr mit Hinterladung konstruiert.

[37] Vgl. Demaison, L'Ancêtre des premières Mitrailleuses, S. 181; vgl. weiterhin den sich allerdings stark auf Demaison abstützenden Aufsatz von Charles Baschung, Une Mitrailleuse au masculin. La décevante Invention de Louis Christophe et Joseph Montigny. In: Gazette des Armes, Nr. 21 (1974), S. 8–19, hier S. 19.

[38] Vgl. Demaison, ebenda S. 183.

[39] Ebenda S. 186.

[40] Erwähnt 1838–1872. Manceaux hatte auch eine eigene Fabrik in Paris. Er erfand 1854 eine Rohrziehmaschine und erhielt 1856/1858 Patente für ein Perkussionssystem mit Hinterladung; vgl. Heer, Der neue Støckel, Bd. 2, S. 749. Zu seinem Geschütz vgl. Wille, Ueber Kartätschgeschütze, S. 93 f.; Oscar Malherbe, Des Mitrailleurs. Rapports et Expériences particulièrement relatifs au Mitrailleur Christophe & Montigny, Liége 1871, S. 23 f.

[41] Vgl. den Nekrolog in: Jahresberichte über die Veränderungen und Fortschritte im Militärwesen, 3. Jg. (1876), S. 469. Der gebürtige Hamburger Delvigne (1799–1876) gehörte zu jenen Waffentechnikern des 19. Jahrhunderts, die in theoretischer und praktischer Hinsicht bedeutende Beiträge zur Entwicklung brauchbarer gezogener Gewehre leisteten. Schon 1826 hatte er Kammerbüchsen mit Geschoßstauchung vorgeschlagen. 1844 sollte sein System für die französische Infanteriebewaffnung angenommen werden, unterlag aber demjenigen von Thouvenin, hingegen sein System oder eine Kombination von beiden von einer Reihe von Staaten adoptiert wurde.

[42] Die Beschreibung beruht auf eigener Anschauung an Originalen des Bayerischen Armeemuseums Ingolstadt (vgl. Ludwig Popp [Bearb.], Das Königl. Bayer. Armee-Museum im Hauptzeughause zu München, 2. Aufl. München 1886, S. 8, Nr. X) und des Armeemuseums der DDR, Dresden (Inv.-Nr. BC 0132); ergänzend wurden hinzugezogen: Wille, Ueber Kartätschgeschütze, S. 94 ff.; Malherbe, Des Mitrailleurs, S. 25 ff.; Wygand, Die französische Mitrailleuse, S. 4 ff.; Hilder, Die französische Mitrailleuse. In: AAI, 35. Jg. (1871), Bd. 69, S. 130 ff. u. Taf. II.

[43] Es handelt sich um die modifizierte Lafette des Vierpfünders. Diejenige in Ingolstadt wurde, wie aus der Kennzeichnung der Beschläge hervorgeht, 1863 hergestellt, die in Dresden im Jahre 1861.

[44] Es wurden hierbei die Daten des Dresdener Exemplares zu Grunde gelegt.

[45] In die Untersuchung einbezogen wurden die Exemplare des Kgl. Belgischen Armeemuseums Brüssel; zu den Inventarnummern siehe Text. Vgl. auch Malherbe, Des Mitrailleurs, S. 25 ff.; Wille, Ueber Kartätschgeschütze, S. 117 ff.

[46] Vgl. Veränderungen im k. k. Artillerie-Materiale bis Ende December 1870. In: MAUG, 2. Jg. (1871). S. 55 ff., hier S. 56 f.

[47] Ebenda.

[48] Vgl. Die erste österreichische Mitrailleur-Batterie. In: ÖMZ, 12. Jg. (1871), Bd. 3, S. 46 ff., hier S. 46 f.

[49] Vgl. auch Anton Dolleczek, Geschichte der Österreichischen Artillerie von den frühesten Zeiten bis zur Gegenwart. Nachdruck der Ausgabe von 1887, Graz 1973, s. 585 f.

[50] Es handelte sich um eine kleine Broschüre mit dem Titel »Artillerie a Bras Blindée – Système Claxton«; Beilage zu einer Note des KM an das ACC vom 18.2.1868; Bayerisches Hauptstaatsarchiv, Abt. IV – Kriegsarchiv (im folgenden: BayKa), A X 2/21 I, Nr. 2343.

[51] Über die Person des Erfinders, Sohn eines amerikanischen Marineoffiziers, ist nur wenig bekannt; vgl. auch Charles Baschung, Les Mitrailleuses Mècaniques, Versailles 1981, S. 35 f.

[52] Ebenda; vgl. auch Repetiergeschütze von Claxton. In: Zeitschrift für die Schweizerische Artillerie, 4. Jg. (1868), S. 55 f. u. Wille, Ueber Kartätschgeschütze, S. 76 ff.

[53] So z. B. bei der sowjetischen Flugzeugbordkanone GSh-23; diese wurde um 1970 zusammen mit dem Flugzeugtyp MIG-23 eingeführt.

[54] Vgl. die von der Herstellerfirma Lachaussee herausgegebene Broschüre: Les Mitrailleuses ou armes mécaniques, leur role dans les opérations militaires. Système du Colonel Claxton, Liège o. J., S. 3 ff.; diese ist teilweise in Übersetzung abgedruckt bei Wille, Ueber Kartätschgeschütze, S. 77 ff.

[55] In diesem Sinne hatte sich beispielsweise das österreichische »Artillerie-Comité« im Sommer 1868 ausgesprochen; vgl. Johann Sterbenz, Veränderungen im k. k. österreichischen Artillerie-Materiale während des Jahres 1868, und Übersicht der darauf bezüglichen Versuche. In: Mittheilungen über Gegenstände der Artillerie- und Kriegs-Wissenschaften, Jg. 1869, S. 19–73, hier S. 42 f.; vgl. auch Die Mitrailleuse von Montigny und die Revolver-Kanone von Claxton. In: MWB, 53. Jg. (1868), Nr. 87, S. 713.

[56] Ursprünglich befand sich das Stück im Artilleriedepot Ludwigsburg, gehörte dann zum Bestand des Württembergischen Landesmuseums Stuttgart bzw. seiner Vorgängerinstitutionen und wurde schließlich als Dauerleihgabe dem Wehrgeschichtlichen Museum überlassen. Dem kgl. Arsenal in Ludwigsburg oblag die Aufsicht und Instandsetzung der Geschütze und Wagen, der Bewaffnung der Infanterie und Kavallerie, der laborierten Munition sowie aller Werkstätten der Büchsenmacher und Handwerker einschließlich der Geschützgießerei. 1871 erhielt das Arsenal die Bezeichnung »Artillerie-Depot«; gleichzeitig wurden die preußischen Verwaltungsvorschriften maßgebend; vgl. Strack von Weißenbach, Geschichte der Königlich Württembergischen Artillerie, Stuttgart 1882, S. 286, 552.

[57] Die Steuerung der Zuführung über ein von der Verschlußbewegung aktuiertes Kurvenleistenrohr dürfte an einer Maschinenwaffe erstmals bei dem System Eberhardt zur Anwendung gekommen sein. Daß diese technische Lösung sich als Maschinenwaffenbauelement bis zur Gegenwart erhalten hat, verdeutlicht der Prototyp (XM 235) eines leichten Maschinengewehres des amerikanischen Rodman-Laboratory, Rock Island, von 1976. Bei dieser Waffe wird ebenfalls vom Verschlußgehäuse über einen Stift, der in die Nut des Kurvenleistenrohres eingreift, ein rotierendes Zuführungselement bewegt, das die Patronen aus dem Magazin in die Ladeebene befördert; vgl. Edward C. Ezell, Leichtes Maschinengewehr SAW. In: Internationale Wehrrevue, Heft 1 (1978), S. 81–85, hier S. 82 f.

[58] Vgl. AMZ, 42. Jg. (1867), Nr. 18, S. 143.

[59] Eine nahezu identische Patrone wurde im gleichen Jahr, als auch das Eberhardt'sche Geschütz vorgeführt wurde, realisiert und von einer großen europäischen Armee angenommen: Am 20. September 1867 erteilte das russische Kriegsministerium die Einführungsgenehmigung für ein von den Suhler Büchsenmachern J. F. C. Carle u. Sohn (erwähnt zwischen 1860 und 1870; die Konstruktion des Hinterladers stammt aus dem Jahre 1870; vgl. auch Heer, Der neue Støckel, Bd. 1, S. 189) vorgeschlagenes und durch die Gewehrkommission des technischen Komitees der Artillerie-Direktion abgeändertes Zündnadelsystem zur Umrüstung der gezogenen Vorderlader M. 1856 in Hinterlader (vgl. Anton Zdeněk, Die Handwaffen der k. russischen Armee. Aus dem Russischen. In: MAUG, 1. Jg. (1870), S. 215–269, hier S. 255 ff.). Für dieses Gewehr M. 1856/1867 war eine Patrone des Oberst Weltischtschew vorgesehen (vgl. S. 260 f.; eine Abb. bringt Hermann Weygand, Die technische Entwicklung der modernen Präcisionswaffen der Infanterie, Leipzig 1872, S. 60). Ihre Hülse bestand aus einer dreifachen Papierwandung und war leicht konisch gehalten, um einen genau definierten Sitz im Patronenlager zu gewährleisten. Der Boden setzte sich aus drei konzentrischen übereinandergelegten Scheiben Karton zusammen; die innerste war aus Hartkarton hergestellt und nahm den Zündsatz auf, der somit vor ungewollter Zündung gut geschützt war. Die beiden äußeren Scheiben hatten in ihrem Zentrum eine Lochung für den Weg der Zündnadel. Hülsenboden und Hülse waren verleimt und außen mehrmals mit einem Wollfaden umwickelt. Bei Zündung der Pulverladung wurde der Hülsenboden durch den Gasdruck aufgebläht, und die Umwicklung der Hülse legte sich dichtend an die Wand des Patronenlagers. Zurück blieben

der zylindrische Hülsenboden und evtl. unverbrannte Hülsenreste. Bei Zuführung einer neuen Patrone wurde der Boden des abgeschossenen Stückes vom Geschoß der neuen Patrone weiter in das Rohr hineingeschoben und beim Abfeuern mit durch das Rohr getrieben, wodurch sich gleichzeitig ein Reinigungseffekt einstellte – bei einer schnellfeuernden Waffe eine sehr praktische Einrichtung.

60 Um Schießversuche und Vorführungen abhalten zu können, hatten die Gebrüder Eberhardt im Kriegsministerium mehrmals den Ankauf von je 600 »Infanterie-Kugeln«, d. h. Geschossen, beantragt. Belegt sind die Weisungen des Ministeriums an die Arsenaldirektion, die gewünschte Menge zum Selbstkostenpreis abzugeben vom 30. 8. 1867 und vom 30. 3. 1868; Hauptstaatsarchiv Stuttgart (im folgenden: HStAS, E 271 h Bü 1820, Nr. 7704 u. 2092. Es ist wahrscheinlich, daß die Fa. Eberhardt auch schon vorher württembergische Geschosse erhielt und mit diesen eigene Munition laborierte.

61 Vgl. die Korrespondentennotiz der AMZ aus Württemberg vom April 1867 über eine »Neuconstruirte Schießmaschine des Mechanikers Eberhard in Ulm«, 42. Jg. (1867), Nr. 18, S. 142 f.

62 Zur allgemeinen Entwicklung der Fa. vgl. die Festschrift (Karl Götz), Eberhardt 1854–1954. Aus Anlaß des 100jährigen Bestehens herausgegeben von Gebrüder Eberhardt KG, Pflugfabrik, Ulm-Donau. Im Jubiläumsjahr 1954, Ulm 1954. S. 21 ff.

63 Wilhelm Eberhardt gehörte zu den Honoratioren der Stadt, so war er viele Jahre Mitglied des Bürgerausschusses und von 1879 bis zu seinem Tode Stadtrat. Die Angaben zur Person und zum Betrieb beruhen u. a. auf frdl. Mitteilung des Stadtarchivs Ulm vom 13. 2. 1981. Evtl. noch vorhandene persönliche Aufzeichnungen der Firmeninhaber standen nicht zur Verfügung, da der Aufenthaltsort des letzten Besitzers der liquidierten Firma nicht ermittelt werden konnte. Eine Anfrage bei dem damaligen Liquidator – Antwortschreiben vom 20. 10. 1981 – verlief negativ; alte Geschäftsakten oder sonstige Aufzeichnungen waren nicht mehr vorhanden.

64 Vgl. Friedrich-Wilhelm Henning, Die Industrialisierung in Deutschland 1800 bis 1914, 5. Aufl. Paderborn, München, Wien, Zürich 1979, S. 187 f.

65 Ursprünglich in der Deinselsgasse ansässig, erwarben die Gebr. Eberhardt im Januar 1863 für 35 000 fl zwei Anwesen in der Frauenpromenade vor der Stadtmauer, vgl. Karl Höhn (Hrsg.), Ulmer Bilder-Chronik, Bd. 2, Ulm 1931, S. 101. 1880 konnte die Betriebsfläche durch den Ankauf von Gelände auf der Unteren Bleiche im Nordosten Ulms auf 8,2 Ha vergrößert werden.

66 Hier waren neben den verschiedenen Pflugmodellen eine Vielzahl von Produkten, darunter Rechen sowie Mahl- und Mähwerke angeboten; vgl. Preis-Verzeichnis der Maschinen-Fabrik Gebrüder Eberhardt in Ulm a. D., 1871; Deutsches Museum München, Bibliothek, Sammlung Firmenschriften.

67 1882 stellten die Brüder Eberhardt 13 000 Pflüge her. 1886 übernahm ein Sohn Wilhelms, Albert, die alleinige Leitung. Unter dessen geschickter Geschäftspolitik hielt der Aufschwung des Werkes weiter an. In der Zeit vor dem Zweiten Weltkrieg beschäftigte sie bis zu 1300 Mitarbeiter. Auch danach konnte sie in fast gleichem Umfang weitergeführt werden. Die seit 1970 eingetretenen starken Umsatzeinbrüche erzwangen eine Produktionsdrosselung und die Entlassung vieler Arbeiter. Der endgültige Zusammenbruch erfolgte dann 1980.

68 Vgl. Eingabe der Fa. Gebrüder Eberhardt an das Stuttgarter KM vom 25. 2. 1867; HStAS, E 271 h Bü 1820, Nr. 2141.

69 Ebenda.

70 KM-Erlaß vom 8. 3. 1867; HStAS, E 271 h Bü 1820, Nr. 2141.

71 Bericht der Kommission zur Prüfung einer von den Gebrüdern Eberhardt erfundenen neuen Schießmaschine; HStAS, E 271 h Bü 1820, Nr. 2390. Ihre beiden Mitglieder waren Hauptmann Breithaupt von der Militärstrafanstalt sowie Hauptmann Uhland vom Festungsartilleriebataillon.

72 Martin de Brettes von der Waffenfabrik St. Cloud, die damals unter der Leitung des Generals und bekannten Militärschriftstellers Ildephonse Favé stand, hatte ein einrohriges Schnellfeuergeschütz entwickelt, welches bei Betätigung einer Kurbelvorrichtung in der Minute 50 etwa zwei Kilogramm schwere Sprenggeschosse vom Kaliber 50 bis 60 mm abfeuern sollte. Bei Vorführungen, die den Mechanismus unerkannt ließen, wurde die Wirkung propagandistisch herausgestellt; militärisch erlangte das Geschütz keine Bedeutung – wie es die Redaktion der »AMZ« in einem kritischen Kommentar schon im April 1867 vorausgesehen hatte; vgl. Neu erfundene Infanteriekanone des Oberstlieutenants Martin de Brettes. In: AMZ, 42. Jg. (1867), Nr. 18. S. 143 f.

73 Ulmer Schnellpost, 30. Jg. (1867), Nr. 99 v. 28. 4., S. 396.

74 Vgl. Neuconstruirte Schießmaschine des Mechanikers Eberhardt in Ulm. In: AMZ, 42. Jg. (1867), Nr. 18. S. 142 f.

75 Baptist v. Steinle war von 1867–1869 Kommandeur der 1. Infanteriebrigade. In seinem Bericht über die Herbstmanöver der bayerischen Armee 1867 charakterisierte ihn der preußische Generalleutnant v. Hartmann, Militärbevollmächtigter in München, wie folgt: »Generalmajor von Steinle …; ein hochbetagter Herr, schon übergegangen zum Divisionär, hatte bei Beginn des vorjährigen Feldzuges das Unglück, mit dem Pferde zu stürzen, und sich so zu beschädigen, daß er sein Kommando abgeben mußte. Er gilt als ein ein-

sichtiger Soldat, dessen große Kenntnis des Infanteriegewehres und unvergleichliche Erfahrung ihn für die Infanterieberatungskommission sowie für die stehende Schießkommission ganz unersetzlich machen. Für die Ausbildung der ihm untergebenen Truppe in anderer Richtung als auf dem Scheibenstande und als Truppenführer leistet er sehr wenig«; zitiert nach Eugen v. Frauenholz, Geschichte des Königlich Bayerischen Heeres von 1867 bis 1914 (Geschichte des Bayerischen Heeres. Hrsg. vom Bayerischen Kriegsarchiv, Bd. 8), München 1931, Beilage 12b, S. 466 f.

76 Es handelt sich um einen Schreibfehler; es muß heißen: »Wilhelm«.

77 BayKA, A X 2/21 I, Nr. 16819.

78 Ebenda.

79 Vgl. Eingabe vom 21. 7. 1868; BayKA, A X 2/21 I, Nr. 10 163.

80 Demnach sollten Eberhardt Verbesserungsvorschläge unterbreitet werden, die er bei Fertigung eines weiteren Prototypen – der erste aus dem Vorjahr stand nicht mehr zur Verfügung – hätte berücksichtigen können. Die Gewehrfabrik Amberg war beauftragt, die benötigten neuen Rohre und ein Munitionsquantum für Firmenversuche unentgeltlich zu liefern. Es war weiterhin vorgesehen, die Waffe in München mit von Bayern zu liefernder Munition unter Beachtung der Geheimhaltung zu erproben. In einer nach positivem Ergebnis abzuschließende Liefervereinbarung sollte die Fa. Eberhardt das alleinige Verwertungsrecht der Erfindung außerhalb Bayerns behalten können; vgl. Verfügung des KM vom 26. 7. 1868; BayKA, A X 2/21 I, Nr. 10 163.

81 Vgl. Höhn, Ulmer Bilder-Chronik, Bd. 2, S. 222 f.

82 Johann Nepomuk Feldl (oder Feltl) wurde am 23. März 1835 in Forsthart geboren und einen Tag später in Walchsing getauft. Sein Vater Josef, Neugütler zu Forsthart und die Mutter Anna, geb. Schneider, bewohnten dort das Schneideranwesen Nr. 4; vgl. Archiv des Bistums Passau, Auszug aus der Taufmatrikel der römisch katholischen Pfarrei Galgweis vom 22. Februar 1983, Bd. 8, S. 251. Weitere biographische Daten konnten trotz Nachforschungen bei noch lebenden Nachkommen Feldls nicht ermittelt werden. Auch das Werkarchiv der M.A.N. AG enthält keine entsprechenden Unterlagen.

83 Vgl. Fritz Büchner, Hundert Jahre Geschichte der Maschinenfabrik Augsburg-Nürnberg, o.O. (1940), S. 33; 1840 war die Maschinenfabrik von dem Badener Ludwig Sander gegründet worden; 1844 übernahmen der Oberaufseher der Maschinen der Cottaschen Druckerei, Carl Reichenbach, ein Neffe von Friedrich König, dem Erfinder der Schnellpresse, sowie der Zivilingenieur Carl Buz den Betrieb. 1857 wurde die Firma in eine Aktiengesellschaft umgewandelt. Auf dem Rüstungssektor engagierte sie sich seit etwa 1850, als für das Münchener Zeughaus Gießformen für Geschütze und später gußeiserne Granaten sowie Spezialmaschinen für die Rohrfabrikation geliefert wurden. Nach 1866 konnten in gewissem Umfang auch Verträge über die Lieferung von Gewehrteilen abgeschlossen werden. Gemessen am Gesamtumsatz schwankte der Anteil der Militärlieferungen zwischen 10% und 15% (vgl. M.A.N. Werkarchiv Augsburg, Zusammenstellung von wehrtechnischem Gerät, bearb. von C. Fischer, Masch.-MS, 1939, S. 6). In dem Geschäftsjahr 1869/1870 hatte die Maschinenfabrik ungefähr 400 Arbeiter (vgl. statistischen Anhang bei Büchner, Geschichte der Maschinenfabrik Augsburg-Nürnberg), der Gesamtumsatz im Bereich allgemeiner Maschinenbau (ohne Druckmaschinen) belief sich auf ca. 654 000 fl, der Umsatz an Rüstungsgütern betrug hiervon ca. 77 300 fl; ebenda. Noch bis 1875 war die Gesellschaft auch an der Herstellung des bayerischen Werder-Gewehres beteiligt. 1898 fusionierte die Gesellschaft mit der ehemaligen Maschinenfabrik Cramer-Klett in Nürnberg, in der Johann Ludwig Werder als Direktor wirkte, zur »Vereinigten Maschinen Fabrik Augsburg und Maschinenbaugesellschaft Nürnberg A.G.«.

84 M.A.N. Werkarchiv Augsburg, Note der Regierung von Schwaben und Neuburg – Kammer des Innern – an den Stadtmagistrat Augsburg vom 21. April 1869; hieraus geht auch hervor, daß den Inhabern des Privilegiums die Auflage erteilt worden sei, ihre Erfindung innerhalb eines Jahres »auszuführen«.

85 M.A.N. Werkarchiv Augsburg, Zusammenstellung von wehrtechnischem Gerät, bearb. von C. Fischer. S. 6.

86 Vgl. z. B. Ueber Revolverkanonen. In: AAI, 33. Jg. (1869), Bd. 66, S. 47–63, hier S. 50 ff.

87 Vgl. Johann Sterbenz, Veränderungen im k. k. österreichischen Artillerie-Materiale während des Jahres 1870, und Uebersicht der Versuche und Verhandlungen auf dem Gebiet des Artillerie-Wesens. In: MAUG, 2. Jg. (1871), S. 73 ff., hier S. 81 f.

88 Siehe Kapitel 8.3.1.

89 Vgl. Sterbenz, Veränderungen im Artillerie-Materiale während des Jahres 1870, S. 82 ff.

90 Vgl. ferner Wille, Ueber Kartätschgeschütze, S. 131 ff.; Alfred Ritter v. Kropatschek, Ueber das Verhalten der Waffen im deutsch-französischen Kriege 1870–1871. In: MAUG, 3. Jg. (1872), S. 1 ff., hier S. 15 ff.

91 Vgl. auch Popp, Das Königl. Bayer. Armee-Museum, S. 123, Nr. 4994.

92 Vgl. Vorlage des Majors im General-Quartiermeisterstab Karl Freiherr von Freyberg-Eisenberg, bayerischer Militärbevollmächtigter in Berlin, an das KM in München vom 30. 1. 1869 über die Versuche mit Maschinengewehren in Preußen; BayKA, A X 2/21 I, Nr. 1612.

7. Die Versuche mit der Gatling-Revolverkanone in Baden

7.1.   Vorbemerkung

I. Der Krieg zwischen Preußen und Österreich im Jahre 1866, in dessen Folge das Gefüge der im Deutschen Bund assoziierten Staaten auseinanderfiel, leitete auch im Großherzogtum Baden einen Prozeß der Umorientierung und Umstrukturierung ein.

Innenpolitisch befand sich Baden schon seit 1860 in einer schwierigen Phase, als mit der Berufung eines liberalen Staatsministeriums der Kulturkampf, jene elementare Auseinandersetzung um das Verhältnis von Staat und Kirche, ausbrach und noch bis Mitte der siebziger Jahre für Konfliktstoff sorgte[1].

National- und verfassungspolitisch traten nach dem Krieg die deutsche Einigung und die Anschlußbestrebungen an den Norddeutschen Bund in den Vordergrund. Der Entwurf seiner Verfassung von 1867 hatte Verträge mit den süddeutschen Staaten hinsichtlich der militärischen Zusammenarbeit vorgesehen[2].

Der erste förmliche Schritt einer Annäherung bestand in dem Abschluß der zunächst geheimgehaltenen Schutz- und Trutzbündnisse der süddeutschen Staaten mit Preußen im August 1866[3], die in direkter Verbindung mit dem Friedensvertrag zustande kamen und Preußen einen gewissen Einfluß in Süddeutschland sichern sollten. Von Bismarck wurden sie außerdem als vortreffliches Mittel angesehen, den Anschluß an den Norden vorzubereiten[4].

Die badische Regierung mit Karl Mathy als Ministerpräsidenten, Julius Jolly als Innenminister (ab Februar 1868 selbst Regierungschef) und nicht zuletzt der Großherzog Friedrich I. erstrebten aus innen- wie sicherheitspolitischen Erwägungen (exponierte Grenzlandlage Badens) entschieden den Anschluß an den Norddeutschen Bund, während Bayern und Württemberg eine Koalition mit einem erst zu schaffenden Südbund, der jedoch nie zustande kam, befürworteten.

Bismarck nahm das badische Vordrängen mit Zurückhaltung zur Kenntnis, da er wegen der europäischen Lage, besonders im Hinblick auf Frankreich, keine Zugeständnisse für eine alleinige Aufnahme Badens zu geben bereit war. So ließ die politische und nationale Einigung weiter auf sich warten; die Annäherung der Militärsysteme und des Militärwesens machte dagegen in den Jahren zwischen 1867 und 1870 bedeutende Fortschritte.

Angesichts der Bestimmung im Schutz- und Trutzbündnis, nach der im Kriegsfall die badische Armee unter den Oberbefehl des Königs von Preußen zu treten hatte, waren sich Großherzog und Regierung darüber einig und erhielten auch die Zustimmung der Ständeversammlung, daß man durch die Einführung einer der norddeutschen analogen Wehrverfassung

und Militäreinrichtung die Beziehungen mit Leben erfüllen müsse[5].

Die daraufhin in Baden durchgeführte Militärreform umfaßte im wesentlichen folgende Schwerpunkte[6]:

- Einführung der allgemeinen Wehrpflicht und Abschaffung des Stellvertretersystems sowie des Kontingentsgesetzes vom Februar 1868
- Friedenspräsenzstärke ohne Offiziere und Militärbeamten 14 000 Mann; Anzahl der Wehrpflichtigen 4700 pro Jahr
- Dreijährige aktive Dienstzeit, danach vierjähriger Dienst in der Reserve
- Ausbildung der badischen Offiziere und des Nachwuchses an preußischen Institutionen mit Abkommen von 1867 und 1868; Aufhebung des badischen Kadettenkorps
- Vereinbarung der gegenseitigen militärischen Freizügigkeit im Mai 1869 im Hinblick auf die Ableistung des Wehrdienstes in der jeweils anderen Armee
- Besetzung von drei wichtigen Kommandostellen mit preußischen Offizieren: Major v. Leszczynski wurde 1867 Chef des Generalstabes des Armeekorps, im Februar 1868 Ernennung des preußischen Militärbevollmächtigten in Karlsruhe, v. Beyer[7], zum Kriegsminister
- Umgliederung der Armee in eine Division preußischen Typs mit sechs Infanterieregimentern in drei Brigaden, drei Dragonerregimentern in einer Kavalleriebrigade sowie einer Artilleriebrigade
- Einführung preußischer Bezeichnungen und Dienstgrade sowie der entsprechenden Dienstvorschriften und Reglements
- Weniger einschneidend waren die teilweise Umorganisation des Kriegsministeriums und der Militärverwaltung[8]
- Einführung der preußischen Zündnadelbewaffnung am 13. Februar 1867.

Es ist verständlich, daß die Verlängerung der aktiven Dienstzeit und die mit der Verstärkung des Heeres erforderliche Steuererhöhung in der Bevölkerung und im Landtag nicht überall ungeteilten Beifall fand; so mußte das neue Militärstrafrecht 1868 von Friedrich I. auf dem Weg der Notverordnung verkündet werden[9].

Angesichts aller dieser Umstände erscheint es zunächst erstaunlich, daß das Kriegsministerium auch noch unter seiner preußischen Leitung Erprobungen mit einem ganz neuen Waffentyp durchführen ließ, als die Bewaffnungsfrage (Infanteriegewehr und auch Feldgeschütze) längst entschieden war.

Für die badischen Artillerieoffiziere bedeutete dieses Projekt – wie es noch zum Ausdruck kommen sollte – die Bewahrung ihrer eigenständigen und in diesem Fall unabhängigen Position und gleichzeitig eine Möglichkeit, sich gegenüber dem späteren Partner zu profilieren.

II. Während der großen Weltausstellung in Paris, die am 1. April 1867 ihre Tore öffnete, waren in der amerikanischen Abteilung zwei Gatling-Revolvergeschütze ausgestellt. Sie entsprachen weitgehend dem Modell, das die Regierung der Vereinigten Staaten in einer Stückzahl von 100 Exemplaren für ihre Armee beschaffen wollte. Eine Ausführung hatte das Kaliber 1 Zoll (25,4 mm) und sechs Rohre, das andere war von gewöhnlichem Gewehrkaliber 0,5 Zoll (12,7 mm) und war mit zehn drehbaren Rohren ausgestattet.

Mit dieser öffentlichen Zurschaustellung der neuesten Errungenschaft amerikanischer Waffentechnik begann in Europa gleichwohl die Geschichte der automatischen Waffen neuen Typs.

Sowohl Gatling selbst, als auch sein Verkaufsagent Lewis Wells Broadwell nutzten diese Gelegenheit zu ausgiebigen Reisen zu den Regierungen der Länder, für deren Armeen die Einführung des neuen Schnellfeuergeschützes geeignet erschien. Gatling durfte auf einen expansiven Markt hoffen, hatten doch bisher nur die USA und das zaristische Rußland Aufträge in nennenswertem Umfang erteilt.

Als Hauptstützpunkt neben England für den europäischen Verkauf sollte die »Broadwell Breech-Loading and Small Arms Company« in Karlsruhe fungieren, die eng mit der dort ebenfalls ansässigen Maschinenbaugesellschaft zusammenarbeitete.

Durch die räumliche Verwandtschaft zu dem großherzoglich badischen Kriegsministerium und noch mehr zum Zeughaus verwundert es nicht, daß die badische Regierung schon im Juli 1867, also noch während der Weltausstellung, beabsichtigte, erste Versuche mit den Gatling-Geschützen anzustellen.

Nach Durchsicht der Akten ist allerdings nicht sicher, ob eine badische Offizierskommission analog anderen Staaten die Pariser Weltausstellung besucht hat und dort auf die Gatling-Geschütze aufmerksam wurde; dies erscheint aber wahrscheinlich.

Zumindestens dürften die zuständigen Stellen aus der Fachpresse, die noch Mitte des Jahres 1867 von der neuen Schnellfeuerkanone ausführlich berichtete, erste Einzelheiten erfahren haben.

So veröffentlichte die »Zeitschrift für die Schweizerische Artillerie« schon in ihrem Juni-Heft eine technische Beschreibung mit einer erläuternden Tafel, die im Juli durch die Wiedergabe der offiziellen Scheibenbilder der in Fort Monroe (USA) stattgefundenen Vergleichsversuche zwischen derselben und einer 24pfündigen Haubitze ergänzt wurde. Der anonym erschienene Artikel kommt zu folgendem Resumee:

»Das Gatling-Geschütz hat nicht ermangelt, rasch auch die Aufmerksamkeit der europäischen Artillerieen auf sich zu ziehen, und schon haben in England und Frankreich Versuche mit solchen Geschützen stattgefunden; auch Preußen, das bereits ein Dreyse'sches Zündnadelgeschütz probirt, scheint sich mit demselben beschäftigen zu wollen.

Voraussichtlich wird auch die schweizerische Artillerie bald Gelegenheit haben, das Gatling-Geschütz zu erproben, dessen vielverheissende Eigenschaften ernstlich in Erwägung ziehen lassen werden, ob und in welchem Umfange solche Schiessmaschinen nicht nur als Kartätschgeschütze in festen Stellungen, sondern auch als leichte Feldgeschütze unsere jetzigen Geschütze zu ergänzen oder theilweise zu ersetzen berufen sein möchten« [10].

Als Ergänzung dazu erschien in den Heften September bis November der Zeitschrift in Übernahme aus dem österreichischen »Kamerad« der Aufsatz von Isidor Trauzl »Über nordamerikanisches Geschützwesen im Allgemeinen und speziell über das amerikanische Repetir-Geschütz« [11]. Auch in den österreichischen Militärorganen mit offiziellem Charakter findet sich eine ausführliche Berichterstattung über die Pariser Weltausstellung und das Gatling-Geschütz. Das Doppelheft der »Mittheilungen über Gegenstände der Artillerie- und Kriegs-Wissenschaften« enthält den ausführlichen »Bericht über den artilleristischen Theil der Pariser Welt-Ausstellung vom Jahre 1867« aus der Feder von Josef Ritter von Eschenbacher, Oberleutnant im k. k. Artillerie-Comité. Als erwähnenswerter Beitrag der ausgestellten nordamerikanischen Militärtechnik ist hier nur die Revolverkanone von Gatling beberücksichtigt [12].

Während die ausländischen deutschsprachigen Zeitschriften unmittelbar von der neuen Waffentechnik der Weltausstellung berichteten, hielten sich die deutschen Militärfachzeitschriften deutlich zurück. Nur die in Darmstadt erschienene »Allgemeine Militär-Zeitung« unterrichtete ihre Leser in den Nummern 35 bis 37 des Jahres 1867 über die Maschinengeschütze der Systeme Gatling und Eberhardt sowie über die bis dahin geheimnisumwitterte französische Mitrailleuse [13].

Bezeichnend ist, daß weder das »Militär-Wochenblatt« noch das technisch orientierte »Archiv für die Offiziere der Königlich Preußischen Artillerie- und Ingenieur-Korps« in diesem Jahr zu der sich anbahnenden Veränderung in der Waffentechnik Stellung nahmen, obwohl in Preußen Versuche mit den neuen Schnellfeuerwaffen stattfanden. Auch spätere Jahrgänge derselben Zeitschriften enthalten keine Berichte über diese durchgeführten Versuche, so daß angenommen werden muß, das preußische Kriegsministerium wünschte keine öffentlichen Verlautbarungen über Ergebnisse und die technisch-taktische Beurteilung der Waffen angesichts der greiflich gewordenen politischen Spannungen mit Frankreich, die aus der herausragenden Stellung Preußens nach dem erfolgreichen Feldzug 1866 im neu konstituierten Norddeutschen Bund resultierten.

Das bedeutet aber nicht, daß die preußische Regierung genausowenig mitteilungsfreudig gegenüber befreundeten und vertaglich gebundenen deutschen Staaten gewesen wäre. Infolge der Übernahme des preußischen Militärsystems und auf Grund des geheimen Schutz- und Trutzbündnisses mit dem Großherzogtum Baden, das nach dem Feldzug 1866 am 17. August abgeschlossen worden war, erhielt das badische Kriegsministerium zum Teil sehr detaillierte Angaben über neue Bewaffnungsprojekte, selbst wenn sie sich noch im Stadium des Versuchs befanden.

Die badische Armee stand in diesen Jahren nicht nur organisatorisch vor einer Umstrukturierung nach preußischem Vorbild. Konsequent sollte auch die Bewaffnung hiernach ausgerichtet werden. Dieser Entschluß konnte um so leichter fallen, als die gezogenen Perkussionsgewehre trotz ihrer guten ballistischen Leistungen den Vergleich mit dem schnellfeuernden Zündnadelgewehr im letzten Krieg nicht standhalten konnten.

Was lag also näher, als aus den preußischen Beständen Zündnadelwaffen zu übernehmen, in den Suhler Gewehrfabriken
solche neu zu beschaffen und die vorhandenen Perkussionswaffen dort auf das Zündnadelsystem umrüsten zu lassen.
Vor Beginn der Feindseligkeiten mit Frankreich war der gesamte Norddeutsche Bund sowie das Königreich Württemberg und das Großherzogtum Baden mit Zündnadelgewehren
einheitlich bewaffnet.
Die Ausnahme bildete das Königreich Bayern, das zielstrebig
sein Heer mit dem Hinterlader mit Metallpatrone System Werder ausrüstete und 1870 Maschinengeschütze System Feldl in
den Krieg schickte, worüber noch ausführlich zu berichten
sein wird.
Bayern behielt selbst nach der Aufnahme in den Norddeutschen Bund bzw. in das Deutsche Reich immer eine Sonderstellung bezüglich des Militärwesens inne. Im Frieden blieben
die Truppen und die Militärverwaltung weiterhin dem eigenen
Kriegsministerium unterstellt.
In Baden wünschte man seit 1866 den Anschluß an den Norddeutschen Bund; die Übernahme des preußischen Heeressy-
stems und der Bewaffnung war die vorweggenommene
Ausführung einer Entscheidung, die dann in der gemeinsamen Gründung des Deutschen Reiches unter der Kanzler-
schaft von Bismarck vollendet wurde.

7.2. Die Durchführung der Versuche

Bereits im Juli 1867 beabsichtigte das badische Kriegsministerium, ein Versuchsschießen mit der amerikanischen Revolverkanone durchzuführen, die vom europäischen Agenten
Gatlings, der Fa. Broadwell & Co., zur Verfügung gestellt worden war. Während das Geschütz zu dieser Zeit schon zum
Versuch bereit stand, lagerte die erforderliche Munition jedoch noch bei einem Spediteur im Hamburger Hafen und
sollte nach Erteilung der Transportgenehmigungen gleichfalls
nach Karlsruhe verbracht werden. Die Berlin-Hamburger Ei-
senbahngesellschaft verweigerte wegen der angeblichen Gefährlichkeit der Patronen aber die Beförderung, und selbst die
Vermittlung der Direktion der großherzoglichen Verkehrsanstalten führte zu keinem Ergebnis, so daß der Versuch im September auf unbestimmte Zeit verschoben werden mußte [14].
Im Frühjahr des folgenden Jahres schlug Broadwell dem badischen Kriegsminister eine Demonstration mit zwei sechsrohrigen Revolverkanonen im Gewehrkaliber vor. Aus jedem
Geschütz sollten 100 Schüsse auf drei verschiedene Distanzen bis zu einer maximalen Entfernung von 1000 Schritten abgegeben werden [15]. Wider Erwarten traten bei der Munitions-
beschaffung erneut Schwierigkeiten auf. Broadwells Spediteur in Bremen hatte die Patronen diesmal unter falscher
Deklaration versandt, und die Sendung war von der badischen
Polizei- und Eisenbahnverwaltung beschlagnahmt worden.
Weil die Behörden wegen dieses Delikts auf einer empfindlichen Bestrafung der Fa. Broadwell bestanden, bedurfte es zunächst einer Eingabe an den Großherzog Friedrich I. Broadwell machte darin unmißverständlich deutlich, daß die schon
seit Monaten in Karlsruhe befindlichen Geschütze anderen

Staaten zur Verfügung gestellt und die Versuche nicht stattfinden könnten, wenn die Patronen nicht unter Erlaß der ver-
hängten Geldstrafe dem Kriegsministerium zu den Versuchen
verabfolgt würden [16].
Diese »Drohung« bewirkte, daß das Kriegsministerium noch
eindringlicher als bisher beim Handelsministerium wegen der
Freigabe der Patronen vorstellig wurde [17] und letzteres sich
auch am 12. Mai unter Einsicht der dargelegten Notwendigkeit
zur Durchführung der Versuche bereit erklärte, die Munition
herausgeben zu lassen [18].
Nach zehnmonatiger Verzögerung erteilte die I. Sektion des
Kriegsministeriums am 14. Mai dem Kommando der Artilleriebrigade die Weisung, die Vorbereitungen für den Schießversuch in Gang zu setzen und sich wegen der näheren
Umstände und dem Versuchsprogramm mit der Fa. Broadwell
abzustimmen. Offiziere und technisch vorgebildete Ange-
stellte des Zeughauses sowie die Mitglieder des Artilleriekomitees – einer Kommission, die zu erprobende Waffen einer
Beurteilung unterzog – wurden zur Vorführung eingeladen [19].
Wenige Tage später setzte der Kriegsminister und Generaladjutant v. Beyer den Großherzog von den bevorstehenden Aktivitäten anläßlich eines Vortrages in Kenntnis [20] und teilte ihm
dann am 20. Mai mit, daß die Schießversuche mit den zwei
Gatling-Kanonen am 22. Mai auf dem Artillerieübungsplatz bei
Forchheim stattfinden würden [21]. Nach Durchführung des Versuchs erstattete die Versuchskommission [22] – bestehend aus
dem Premierleutnant Koch, dem Sekondeleutnant v. Carls-
hausen und ihrem Präses, dem Hauptmann v. Chelius [23] – am
28. Mai ihren Bericht [24]. Entgegen dem Versuchsprogramm
waren in der Schußentfernung und der Scheibengröße einige
Änderungen eingetreten. Da die Visiere der beiden Geschütze
mit englischer Maßeinteilung versehen waren, wurde auf 400,
800 und 1000 Yards geschossen; die Scheibe bestand aus
$^3/_4$ zölligen Dielen und hatte Abmessungen von 2,7 m Höhe und
18 m Breite [25].
Während das erste Geschütz von der amerikanischen Firma
Colt in Hartford, Conn. – dem bedeutendsten Fabrikanten der
Gatling-Revolverkanonen – stammte, war das zweite von der
Maschinenbaugesellschaft Karlsruhe angefertigt worden und
offensichtlich von schlechterer Qualität; infolge der unsaube-
ren Bearbeitung entstanden beim Laden und Feuern Schwierigkeiten; es konnten nur einzelne Probeschüsse und im
Dauerfeuer höchstens 25 Patronen abgefeuert werden.
Weitere Probleme ergaben sich bei dem Einschießen der Geschütze auf die vorgegebenen Entfernungen. Es mußten jeweils fünf bis zwölf, zweimal auch vierzehn Patronen verschossen werden, bis die Treffer ungefähr im Mittelpunkt der
Scheibe lagen. Aufgabe des Versuchs war es dann, im kontinuierlich abgegebenen Feuer die Kadenz, Treffähigkeit und
die Wirkung im Ziel zu ermitteln. Bei den Entfernungen von
600 und 800 Yards ergab sich für das amerikanische Geschütz ein durchschnittlicher Trefferquotient von 92% bei Berücksichtigung der durchgeschlagenen und angeschlagenen
Geschosse [26].
Bei den praktischen Schnellfeuerversuchen ermittelte die
Kommission eine durchschnittliche Feuergeschwindigkeit
(Kadenz) von 150 Schuß pro Minute. Dieses Resultat wäre
ohne die mehrmaligen Störungen am Ladetrichter während

des Magazinwechsels günstiger ausgefallen. Die Ergebnisse des in Karlsruhe hergestellten Geschützes lagen ungefähr auf gleichem Niveau oder geringfügig schlechter, allerdings konnten, wie erwähnt, nur wenige Schüsse im Dauerfeuer abgegeben werden. Ganz aus dem Rahmen fallend erscheint das Trefferbild des amerikanischen Geschützes auf 1000 Yards. Von 60 abgefeuerten Schüssen erreichten nur 4 die Scheibe, während bei dem Karlsruher Modell auf diese Entfernung eine Trefferquote von 96% ermittelt wurde. Über die Wirkung im Ziel machte die Kommission keine kritischen Anmerkungen, da 80 bis 90% der ins Ziel gelangten Geschosse die Scheibenwand glatt durchdrangen.

Das abschließende Urteil der Versuchskommission lautete wie folgt:

»Da dieser Versuch im ganzen nur als ein einleitender betrachtet werden kann, so wird von einem Raisonnement über die probirten Geschütze Umgang genommen«[27].

In der Tat wäre die Kommission wohl kaum in der Lage gewesen, ein sachlich begründetes und fundiertes Urteil über die Gatling-Geschütze zu fällen. Die drei Offiziere konnten sich erst wenige Tage vor dem Versuch aus einer Broschüre, deren Informationsgehalt als Firmenschrift vermutlich geringer war als die bis dato erschienen Fachaufsätze der Militärzeitschriften, über das zu untersuchende Objekt unterrichten. Zudem bestand – wie es in dem Versuchsprogramm zum Ausdruck kommt – keine wissenschaftliche Konzeption für den Versuch; man wußte nicht genau, was man ermitteln wollte, zu welchem Zweck und mit welchem Ziel; folglich mußte eine Bewertung der Ergebnisse ausbleiben. Zusammenfassend gesehen waren die ungenügende Vorbereitungszeit und die Vorgabe der Versuchsbedingungen durch die Fa. Broadwell sowie der mangelhafte technische Zustand der Geschütze für den unbefriedigenden Ausgang der Versuche bestimmend.

Diese Erkenntnis schien Broadwell veranlaßt zu haben, sich am 4. Juni noch einmal an den Kriegsminister zu wenden und ihm weitere Versuche auch mit einer neuen großkalibrigen Kanone vorzuschlagen[28]. Er machte das Ministerium dabei darauf aufmerksam, daß fast alle europäischen Staaten Geschütze zur Durchführung von Versuchen fest bestellt hätten. Die am 22. Mai in Baden stattgefundene Erprobung sei jedenfalls nicht dazu angetan, der Waffe Gerechtigkeit widerfahren zu lassen, da nur erst nach ausgedehnten, sorgfältigen offiziellen Eprobungen diese wertvolle Erfindung voll verstanden und eingeschätzt werden könne.

Da das Ministerium keine Reaktion erkennen ließ, versuchte Broadwell am 16. Juni mit dem Hinweis auf die große Reichweite des Geschützes mit größerem Kaliber und dem Angebot der Überlassung einer ganz neuen Revolverkanone mit zehn Rohren vom gewöhnlichen Gewehrkaliber das Interesse erneut zu wecken[29]. In der Tat liefen nun im Kriegsministerium die Vorbereitungen an, wobei sich insbesondere die Aktivitäten auf die Beschaffung der noch bei einem Spediteur in Bremerhaven eingelagerten Munition richteten. In den folgenden Monaten entstand ein lebhafter Schriftwechsel mit der Direktion der badischen Verkehrs-Anstalten einerseits und den Direktionen der preußischen Eisenbahnen in Hannover, der Main-Franken-Bahn in Kassel und der Main-Neckar-Bahn in

Darmstadt andererseits[30]. Letzten Endes scheiterte, ebenso wie schon 1867, der in Aussicht genommene Versuch an den strengen Transportbedingungen der Eisenbahngesellschaften, die über das normale Maß hinausgehende und finanziell kaum zu vertretende Sicherheitsauflagen machten[31].

Am 14. Oktober 1868 verzichtete das Kriegsministerium endgültig auf den Bezug der Munition, so daß die vorgeschlagenen Versuche in diesem Jahr nicht stattfanden[32].

Anfang April des Jahres 1869 trat die Fa. Broadwell & Co mit einem neuen Vorschlag an das badische Kriegsministerium heran[33]. In einem groß angelegten Test sollte die Feuerkraft einer Gatling-Revolverkanone vom Kaliber 1 Zoll oder ½ Zoll mit derjenigen von 100 mit neuen Zündnadelgewehren ausgerüsteten Infanteristen verglichen werden. Die Wirksamkeit seiner neu entwickelten automatischen Seitenstreuung wollte Broadwell gleichzeitig an einer 100 Schritte (75 m) breiten als Ziel dienenden Scheibenwand demonstrieren. Da nach wie vor die Beschaffung der Munition im Raum stand, war er nunmehr um eine praktikable Lösung nicht verlegen. Für ein geringes Entgeld wollte Broadwell der Zeughausdirektion die für den Versuch erforderlichen leeren, aber mit Zündhütchen versehenen Patronenhülsen und Geschoßformen für die beiden Kaliber liefern. Am 12. April billigte das Kriegsministerium sämtliche Vorschläge Broadwells und gab der Zeughausverwaltung die Weisung zur Anfertigung der Munition[34]. Diese war Mitte Mai zur Auslieferung bereit, so daß der Versuch noch im Juni stattgefunden hätte, wenn Broadwell nicht wegen zu dieser Zeit in Wien von der österreichischen Armee durchgeführten Erprobung der Gatling-Geschütze verhindert gewesen wäre[35]. Die badischen Versuche fanden schließlich am 14. August auf der Grundlage des von der Versuchskommission unter ihrem Präses Major v. Chelius aufgestellten Programm (Anlage 1)[36] auf dem Artillerieübungsplatz bei Forchheim statt. Die Bedienung der Geschütze übernahm die zweite 4pfünder Batterie des Feld-Artillerieregiments. Die Infanteristen, ausgerüstet mit Zündnadelgewehr und je 50 Patronen, waren vom Leibgrenadier-Regiment abkommandiert[37]. Allen dienstfreien Offizieren der Artillerie war es freigestellt, an dem Versuch teilzunehmen. Auch der preußische Militärbevollmächtigte, Rittmeister v. Lepel[38], war davon in Kenntnis gesetzt; ob er persönlich in Forchheim an den Erprobungen teilgenommen hat, ist nicht sicher, er erhielt jedoch später den vollständigen Bericht der Versuchskommission, die diesen am 14. September vorlegte (Anlage 2)[39].

Einen Tag nach dem aufschlußreichen Versuch wandte sich Broadwell nun unter der Firmenadresse der »Gatling-Gun Co., L. W. Broadwell in Carlsruhe, only European Agent« an Oberst Schuberg[40], legte noch einmal ausführlich die Vorteile der Geschütze für den praktischen Einsatz dar und schlug weitere sorgfältige Erprobung der Waffen vor, zumal nun schon deutlich geworden sei, daß eines dieser Geschütze auf größere Entfernungen wirkungsvoller als zwei- oder gar dreihundert Infanteristen sei. Schließlich bot er dem Kriegsministerium das 1-Zoll-Geschütz für 1800 Thlr. und das ½-Zoll-Geschütz für 1600 Thlr. zum Kauf an, nicht ohne zuvor folgende Bemerkung gemacht zu haben: »I do not urge the purchase of the two guns from any pecuniary motive, as the sale of two guns is a

very small matter to me, but because I wish your Govt [Government] to be fully able to appreciate their great value«[41].
Die maßgebenden badischen Artillerieoffiziere hatten jedoch gar nicht den Wunsch, eine Anzahl Gatling-Revolverkanonen für das Heer anzuschaffen, bevor nicht das Artilleriekomitee einen sachlich untermauerten Entschluß über den taktischen und technischen Wert der Waffen gefällt hatte.

Unter der Prämisse, daß auf Grund der wenigen Versuche der taktische Wert und die Notwendigkeit ihrer Einführung nicht hinreichend sicher abgeschätzt werden könnten, beauftragte demgemäß die I. Sektion des Kriegsministeriums am 6. Oktober das Artilleriekomitee, ein Urteil über den technischen Wert der Revolvergeschütze abzugeben und insbesondere zu den Fragen der Zuverlässigkeit und Feldbrauchbarkeit der mechanischen Konstruktion und der Munition sowie der Art und Weise der Bedienung unter kriegsmäßigen Bedingungen bei feindlicher Feuereinwirkung unter Berücksichtigung der eigenen Feuerkraft Stellung zu nehmen[42]. Die erste Sitzung des Artilleriekomitees, deren Protokoll Nr. 89 als Anlage 3 beigefügt ist, fand am 2. November statt. Die Mitglieder waren sich darüber einig, daß Ankauf oder Leihe von zwei Broadwell-Geschützen wünschenswert sei, um weitere Versuche durchzuführen. Dazu sollte aber zunächst ein Gutachten der Zeughausdirektion über die funktionstechnische Brauchbarkeit eingeholt werden[43]. Am 13. Januar 1870 urteilte der Direktor des Zeughauses, Oberst v. Neubronn[44], wie folgt:
»Bei näherer Besichtigung der Einzelteile gelangte die unterzeichnete Stelle zu der Ansicht, daß die Maschine bei all ihrer Complicirtheit keineswegs der Solidität entbehre und namentlich im Vergleich mit den bestehenden Hinterladungsgeschützen auch für kriegsbrauchbar erklärt werden könne«[45].
Daraufhin trat das Artilleriekomitee am 17. Januar zur zweiten und abschließenden Beratung über die Schnellfeuerkanonen zusammen, nachdem die Mitglieder ihre Meinung wegen der Wichtigkeit der Frage zuvor schriftlich formuliert vorgelegt hatten. Trotz vorgetragenen unterschiedlichen Meinungen faßte das Komitee dann aber folgenden Beschluß:

»Das Artillerie-Comitee erachtet die von der Firma Broadwell & Comp. behufs Einsichtnahme zur Verfügung gestellten beiden Gatling-Kanonen bezüglich ihrer Construction und ihres Mechanismus im Allgemeinen für Kriegsbrauchbar, indem diese Maschinen trotz ihrer Complicirtheit, solid hergestellt sind.
Ueber den technischen Werth, die Feldbrauchbarkeit und namentlich über die Art und Weise ihrer Bedienung, sowie über die Wirkung, glaubt jedoch das Artillerie-Comitee, ein endgiltiges Urteil erst dann abgeben zu können, wenn es weitergehende Versuche, als bisher geschehen mit diesen Geschützen vorgenommen haben wird, demgemäß beantragt die Majorität des Artillerie-Comitees die Beschaffung von je einem der von der Firma Broadwell & Comp. zu beziehenden Gatling-Geschütze nebst entsprechender Munition«[46].
Bevor ausführlicher auf die zu dieser Entscheidung führenden Hintergründe und Meinungen eingegangen wird, erscheint der Ausgang des Gatling-Projektes im Großherzogtum Baden von Interesse. Entgegen dem vom Artilleriekomitee geäußerten Wunsch, einen ausführlichen Truppenversuch zur Beurteilung der taktischen Vor- und Nachteile durchzuführen, fanden keine weiteren Erprobungen statt. Zwar kam es bis Sommer des Jahres noch zu einigen persönlichen Gesprächen zwischen Oberst Schuberg und Broadwell, und die Firma wiederholte mehrmals ihr Angebot zur Lieferung von Gatling-Kanonen, zuletzt am 22. Juli, dem gleichen Tag, da die badische Regierung offiziell erklärte, daß sie sich infolge der Verträge mit Preußen und der französischen Kriegserklärung als im Kriegszustande mit Frankreich befindlich betrachte[47].
Schließlich beendete das badische Kriegsministerium seine Beziehungen zu der Fa. Broadwell u. Co. am 5. Oktober mit der Bemerkung, daß »von Schießversuchen mit dem genannten Geschützsystem unter den obwaltenden Verhältnissen vorerst Umgang genommen werden muß«[48].
Nachdem Baden am 15. November 1870 in den Norddeutschen Bund eingetreten war, wurde am 25. November die Militärkonvention abgeschlossen, mit der die badische Armee ihre Selbständigkeit aufgab. Die badische Division wurde als XIV. Armeekorps nun ein ungetrennter Bestandteil der preußischen Armee. Die Verantwortlichkeit für die Organisation, Ausrüstung und Bewaffnung oblag nunmehr dem Kriegsministerium in Berlin, da das badische 1871 aufgelöst wurde.

7.3.   Analyse und Ergebnisse [49]

Der Versuch vom 14. August stand unter günstigeren Voraussetzungen als derjenige ein Jahr zuvor. Die von Broadwell zur Verfügung gestellten Geschütze zeigten durchweg eine mechanisch bessere Zuverlässigkeit und konnten, von geringfügigen schnell zu behebenden Störungen oder Patronenversagern abgesehen, ihre volle Feuerkraft entwickeln. Sehr aufschlußreich für den Stand der Feuertaktik vor dem deutsch-französischen Krieg ist die Auswahl einer 100 Schritte breiten und 6 Fuß hohen Scheibe, die ungefähr die Ausdehnung einer in Linie angreifenden Infanterieabteilung hatte. Bei diesem Simulationsversuch hatten die mit Zündnadelgewehren ausgerüsteten 100 badischen Infanteristen ihren Verteidigungswert den Gatling-Geschützen gegenüberzustellen. Um den Vergleich besonders realitätsnah zu gestalten, feuerten die Infanteristen halb gedeckt aus einem Schützengraben. Das Ergebnis der ermittelten Feuergeschwindigkeit lag ganz im Einklang mit den im Krieg gegen Österreich gemachten Erfahrungen:
Der Zündnadelhinterlader ließ sich auch in der gedrängten Enge gedeckter Stellungen zum Einsatz bringen[50]. Mit wenigen Handgriffen konnte das Gewehr wieder feuerbereit gemacht werden und brauchte während des Ladevorganges nur kurz aus dem Anschlag genommen zu werden. Unter annähernd gefechtsmäßigen Bedingungen, die bei dem badischen Versuch wohl zugrunde gelegen haben, erreichten die Infanteristen als Mittelwert zweier Schießen eine Leistung von sieben Schuß pro Minute. Demgegenüber stand die Feuergeschwindigkeit von maximal 320 Schuß/min bei der kleinkalibrigen Gatling-Kanone und 117 Schuß/min bei dem 1-Zoll-Geschütz, das wegen der mit dem Kaliber verbundenen großen Masse schwerfälliger zu bedienen war.

Bestimmt man das Verhältnis von abgefeuerten zu in der Scheibe eingeschlagenen Geschossen, so erreichten die Geschütze eindeutig die besseren Trefferquotienten. Die Verteilung der Treffer auf der Scheibe erfolgte durch die eingeschaltete automatische Seitenstreuung ähnlich gleichmäßig wie bei den Infanteristen. Bei dem Versuch ließ sich die Tendenz erkennen, daß bei zunehmender Zielentfernung die Trefferzahl stark abnahm, wobei die Verteilung gleichblieb, während das ½-Zoll-Gatling-Geschütz seine Trefferquote noch zu steigern vermochte. Bei dem Versuch mit ausgeschalteter Seitenstreuung, der mit dem großen Geschütz vorgenommen wurde, offenbarte sich bei dem einminütigen Schnellfeuer die Konzentration der Treffer auf einen relativ kleinen Bereich der Scheibe von 15 Fuß (4,5 m) Breite und über die gesamte Höhe der Scheibe. Anhand dieses Trefferbildes lassen sich weiterhin einige Aussagen zu der Qualität der zur Verfügung stehenden Munition machen, die mit Ausnahme der Hülsen bekanntlich vom Zeughaus in Karlsruhe angefertigt wurde. Theoretisch hätten die Treffer in einem sehr kleinen Kreis liegen müssen. Jede Ungenauigkeit in der Laborierung der Munition, d.h. in der Menge des Pulvers oder im Geschoßgewicht, führte zwangsläufig zu differierenden Anfangsgeschwindigkeiten der Geschosse und damit zu einer Streuung in der Tiefe des Raumes. Ähnliche Einflüsse könnten auch für die Seitenstreuung maßgebend gewesen sein, weil z.B. das Rohr bei dem Gatling-Geschütz während des Abfeuerns nicht feststeht. Da es sich auf einer Kreisbewegung befindet, verursacht eine vorhandene Ungleichmäßigkeit der Zündung zwangsläufig eine Seitenstreuung. Andere Einflüsse auf das Schußbild, wie die Stabilität der Lafettierung gegenüber dem Rückstoßimpuls, sind von der Versuchskommission nur oberflächlich festgestellt worden, so daß hier keine exakten Aussagen möglich sind. Als Folge all dieser Faktoren ergab sich für das 1-Zoll-Geschütz ein augenscheinlicher Streukreisdurchmesser von ca. fünf Metern, wahrlich kein Präzisionsgeschütz unter heutigem Verständnis! Für die Bekämpfung von punktuellen Zielen erwiesen sich die Gatling-Kanonen als nicht sonderlich geeignet, dagegen empfahl die Kommission bei in der Breite und Tiefe des Raumes gestaffelten Zielen die Einschaltung der automatischen Seitenstreuung.

Von grundsätzlichem Charakter sind die Aussagen des Gutachtens über das Verhältnis von Maschine und Infanterie im Feuerkampf. Durch die Art und Weise ihrer Konstruktion glichen die in den Versuchen verwendeten Gatling-Kanonen gewöhnlichen leichten Feldgeschützen und mußten wie diese mit Protze und Bespannung auf das Gefechtsfeld transportiert werden. Ähnlich verhielt es sich auch mit der Verwundbarkeit gegenüber feindlichen Geschossen, sofern keine gedeckten Stellungen bezogen werden konnten.

Hinsichtlich der Feuerleitung eines Gatling-Geschützes stellte die Kommission schwerwiegende Nachteile fest. Während die Infanteristen in jeder Phase des Schnellfeuers in der Lage waren, den Befehlen ihres Vorgesetzten nachzukommen und selbst die Bewegungen und Absichten des Feindes wahrzunehmen, mußte bei der Gatling-Waffe wegen der starken und konzentrierten Rauchentwicklung des Schwarzpulvers und des fortgesetzten Mündungsknalls stets das Schnellfeuer abgebrochen werden, um Befehle entgegenzunehmen oder das

Geschütz auf eine geänderte Entfernung einzurichten. Hervorgehoben wurde auch die Verwundbarkeit der Geschütze durch feindliche Geschosse (ein einziges genüge, um die Kanone unbrauchbar zu machen) und der jeder mechanischen Einrichtung innewohnenden natürlichen Störanfälligkeit, die je nach dem Grade der Hemmung eine kürzere oder längere Feuerpause verursache. Ohne diesen Faktor hier überbewerten zu wollen, sei doch darauf hingewiesen, daß die Zuverlässigkeit des technischen Systems einen entscheidenden Anteil an der Feldbrauchbarkeit einer Waffe besitzt.

Hierbei ist unter Zuverlässigkeit die Funktionsfähigkeit technischer Systeme und ihrer Elemente bzw. Teilsysteme zu verstehen, und sie wird durch die Fehlerfreiheit der Elemente, durch ihre Lebensdauer und die Möglichkeit ihrer Instandsetzung charakterisiert[51]. Abhängig von diesen Faktoren kann man die Zuverlässigkeit etwa durch folgende Maßnahmen erhöhen[52]:

- Einbau von redundanten Elementen, die bei Störungen die Funktion des Grundelements übernehmen
- Verwendung zuverlässigerer Bauelemente
- Überdimensionierung der Bauelemente, so daß auch unter ungünstigen Bedingungen die Belastungsgrenzen nicht erreicht werden
- Verbesserung der Instandsetzungsmöglichkeiten durch besondere konstruktive Maßnahmen (siehe Beispiel unten)
- Verbesserung der Fertigungstechnologie, beispielsweise durch höherwertige Werkstoffe und Reduzierung der Maßtoleranzen
- Verbesserung der Einsatzbedingungen, hier beispielsweise durch gedeckte Stellungen, um die feindliche Waffenwirkung herabzusetzen.

Da die Gatling-Konstruktion aus sechs oder zehn gleichen Elementen (Rohren mit je einem Verschluß) zusammengesetzt ist, erhöht sich gegenüber einer einrohrigen Waffe dementsprechend die Wahrscheinlichkeit des Ausfalls eines dieser Elemente. Entscheidend hierbei ist es, ob das Versagen nur eines Elementes die Nichtfunktion der ganzen Waffe bedingt, was beim Gatling-System normalerweise nicht der Fall war; durch die von außen zugeführte Antriebskraft und die Zwangssteuerung des Mechanismus war die Gatling-Kanone unempfindlich gegenüber zündunwilliger Munition, doch konnten nicht exakt hergestellte Munitionshülsen eine Störung bewirken, ebenso wie ein schlecht ausgeführtes Patronenmagazin die kontinuierliche Munitionszuführung behinderte. Diese und ähnliche Schwachstellen seiner Konstruktion veranlaßten Gatling, fortwährend Verbesserungen vorzunehmen. Um 1870 bekamen die neuen Modelle eine Schnellwechselvorrichtung für defekte Verschlüsse (gebrochener Schlagbolzen oder Feder), die sich nun in wenigen Sekunden durch eine Öffnung an der Gehäuserückseite austauschen ließen. Auch die Anwendung des »Baukastenprinzips«, die beim Gatling-System teilweise durch die Verwendung der gleichen Rohre, Verschlüsse und Getriebeteile an den sechs- und zehnrohrigen Modellen gegeben war, konnte die Zuverlässigkeit des einzelnen Systems verbessern.

Wenngleich die badischen Artillerieoffiziere als die für die Durchführung der Schießversuche Verantwortlichen zuverlässigkeitstheoretische Untersuchungen nicht gekannt haben, so belegen doch die Protokolle ein nicht geringes Urteilsvermögen gegenüber komplexen technischen Systemen und ein Gespür für Grundsatzprobleme moderner Technik, die erst in unserer Zeit wissenschaftlich erforscht wurden. So machte der Präses, Generalmajor von Sponeck [53], in seinem Vortrag in der Sitzung des Artilleriekomitees vom November 1869 deutlich, daß die Leistung der Gatling-Geschütze bei allen festgestellten Nachteilen durchaus zur Bekämpfung leichter, unbeweglicher Ziele geeignet sei und ein Geschütz in etwa die Feuerkraft von 30 Mann Infanterie repräsentiere. Da mangels geeigneter Munition und fehlender Möglichkeit zum indirekten Schuß schwere Ziele außer Reichweite lägen, solle man sie »als eine Art leichte Artillerie mit einseitiger, wenn auch in mancher Beziehung vervollkommneter Kartätschwirkung« betrachten [54].

In der Sitzung des Komitees, die sich mit dieser Frage befaßte, wurden die Urteile der Mitglieder noch einmal in akzentuierter Form geäußert.

Oberst Schellenberg [55] kam in seiner abschließenden Stellungnahme vom 20. Januar zu der Ansicht, daß die Gatling-Geschütze trotz der aufwendigen Mechanik bei hoher Güte in Material und Ausführung als Kriegswaffen anzusehen sind und gerade als Kartätschgeschütze weitere Aufmerksamkeit beanspruchen. Allerdings zeigt die folgende Bemerkung Schellenbergs die noch herrschende Unsicherheit bezüglich der Frage, ob man überhaupt Maschinengeschütze in der Feldarmee einführen sollte:

»Zunächst ist anzustreben, ein Urtheil über die Gebrauchs- und Leistungs-Fähigkeit der Kartätschgeschütze zu erlangen, was geschehen kann: entweder durch eine Commission von etwa drei Officieren, welche die Ausbildung und die Einführung der verschiedenen Systeme von Kartätschgeschützen in der Literatur, in der Tagespresse und durch Correspondenz verfolgt und deren Mitglieder auch an Orte gesendet werden, wo Versuche oder Uebungen mit Kartätschgeschützen gemacht werden, oder durch hierortige umfassende Versuche, welche zunächst auf die Gatling-Geschütze von Broadwell & Cie sich erstrecken dürften« [56].

Er räumte damit ein, daß die bisherigen Versuche den Entscheidungsfindungsprozeß noch nicht so weit vorangetrieben hatten, daß über den grundsätzlichen Entschluß, Maschinengeschütze anzuschaffen, debattiert werden könnte; zumal noch nicht einmal über das beste System derartiger Geschütze, von denen man bisher nur die Gatling-Konstruktion kennengelernt hatte, Klarheit herrschte. Schellenberg trat dafür ein, die Versuchsergebnisse fremder Artillerien insbesondere hinsichtlich der wirtschaftlichen Seite der Einführung für die Meinungsbildung zu berücksichtigen und sprach sich für die Anschaffung von zwei Gatling-Kanonen aus, damit möglichst viele Offiziere befähigt seien, sich ein eigenes Urteil über die neue Waffe hinsichtlich ihrer Feldbrauchbarkeit zu bilden.

Oberst v. Freydorf [57], ein anderes Mitglied des Artilleriekomitees, setzte sich besonders für die Berücksichtigung der wirtschaftlichen Umstände ein und sprach sich angesichts der für einen Ankauf erforderlichen Summe von 7000 fl gegen die Beschaffung der Geschütze aus, hielt es aber wie Schellenberg

für nötig, Offiziere in das Versuche durchführende Ausland zu entsenden. Bei dieser Gelegenheit könnten diese Offiziere ihre Kenntnisse über die fremden Heere erweitern bzw. vertiefen und ihre allgemeine Bildung verbessern; zudem könnten die zu erwartenden Versuchsberichte zusammen mit den eigenen Versuchen zu einer Klärung der Probleme beitragen. Die für das badische Heerwesen maßgebenden politischen Akzente jener Zeit kennzeichnen den Schluß seiner Ausführungen:

»Ein endgiltiges Urtheil behufs Einführung dieses Geschützes dürfte wohl nicht in Aussicht genommen sein, da gewiß auch hierin gleicher Schritt mit den in Preußen sich ergebenden Einrichtungen und tactischen Verhältnißen, gehalten wird« [58].

Oberst Schuberg, maßgebender Referent für die Geschützfrage im Kriegsministerium, stellte in seinem Gutachten noch einmal die Abhängigkeit von den politischen Entscheidungen deutlich heraus und betonte aber die in diesem Rahmen gegebene badische Eigenständigkeit:

»Die Großherzoglich badische Artillerie wird sich in ihrer Bewaffnung immer an jene der Norddeutschen Armee anschließen, damit darf aber, wenn unserer Waffe nicht jedes selbsttätige Denken und Handeln entzogen werden soll, nicht ausgeschlossen sein, daß sie innerhalb der ihr gewährten Mittel sich Kenntniß verschaffe von den neueren in ihr Gebiet gehörenden Vorschlägen und Erfindungen« [59].

Aus diesen Gründen und im Hinblick auf die Tatsache, daß es der Artillerie an einem ausgiebigen Kartätschschuß mangelte, befürwortete Schuberg die Anschaffung von zwei Gatling-Kanonen.

In der Abstimmung des Oberstleutnants v. Khuon [60] standen die technisch-taktischen Fragen im Vordergrund seiner Beurteilung. Er setzte sich für die Beschaffung von Gatling-Kanonen mit dem Kaliber 1 Zoll ein und begründete seine Einstellung mit dem Hinweis darauf, daß der Wirkungsbereich des Geschützes kleineren Kalibers auf 800 Schritte (600 m) begrenzt sei und damit ein feuerndes Geschütz sich noch innerhalb des Treffbereichs des Zündnadelgewehrs befinde. In der Tat war die Gatling-Kanone einschließlich der Bedienungsmannschaft und der großen Menge bereitgelegter Munition als weithin sichtbares Ziel feindlicher Geschoßwirkung besonders schutzlos ausgesetzt, und Khuon befürchtete zu Recht, daß die Bedienung in dieser Situation ihre Ruhe und Kaltblütigkeit verliere und das Feuer gerade dann eingestellt werden müsse, »wenn es am wirkungsvollsten hätte werden können ... Das größere Kaliber dagegen hat eine Tragweite bis zu 1600 Schritten [1200 m], und gestattet also auf einer Entfernung auffahren zu können, wo das gegenüberstehende Infanteriegewehr noch keine Schußwirkung hat« [61]. Die Kanone könnte seiner Auffassung nach als Begleitung der Infanterie vornehmlich bei Gefechtseröffnung mit Erfolg eingesetzt werden, während sie als reines Artilleriegeschütz nicht geeignet wäre. Khuon vermochte sich aber die Beistellung eines solchen Geschützes zu einer normalen Batterie vorzustellen, um auf die Vorteile des Kartätschschusses nicht verzichten zu müssen. Abschließend gab er – wie zuvor Schellenberg – zu bedenken, ob die für den Ankauf erforderlichen Geldmittel in einer guten Relation zum möglichen Erkenntniswert stünden.

Geleitet von obiger Überlegung, daß der Ankauf von Gatling-Geschützen nur zur »Befriedigung des allgemeinen sachlichen Interesses« wirtschaftlich nicht vertretbar sei und angesichts der enger werdenden politischen und militärischen Beziehungen zum Norddeutschen Bund kein Entscheidungsspielraum hinsichtlich einer Einführung bestehe, sprach sich das letzte Mitglied des Artilleriekomitees, Oberstleutnant von Theobald[62], eindeutig gegen den Ankauf der Geschütze aus[63]. Schließlich blieb der von der Mehrzahl der Mitglieder des Artilleriekomitees herbeigeführte Beschluß zum Ankauf von zwei Gatling-Geschützen bei der Fa. Broadwell infolge des deutsch-französischen Krieges und der veränderten politischen Verhältnisse ohne jegliche Auswirkungen.

Eine abschließende Würdigung der im Großherzogtum Baden stattgefundenen Auseinandersetzung mit dem neuen Maschinengeschütz vom System Gatling soll noch einmal die wesentlichsten Gesichtspunkte präzisieren und zusammenfassen:

1. Nahezu sämtliche Versuchsbedingungen waren von Broadwell diktiert und von der Versuchskommission widerspruchslos angenommen worden, ohne daß eigene Ideen und Vorschläge erkennbar waren oder zum Tragen gekommen wären.

2. Eine kritische Auseinandersetzung über Technik, Mechanismus und Wesen des Gatling-Systems hat ebensowenig stattgefunden wie eine ausführliche Einweisung in die Bedienung der Geschütze.

3. Demzufolge lag dem Versuch keine übergreifende Theorie des Denkens und Handelns zugrunde. Die Kommission wußte nur teilweise, welche Werte ermittelt und einer Auswertung zugeführt werden sollten.

4. Wesentliche Parameter, die schon Scharnhorst im ersten Band seines Handbuches der Artillerie als Voraussetzung für erfolgreiche Versuche genannt hatte, fanden überhaupt keine Berücksichtigung[64]:
   - Feststellung der Terrainbeschaffenheit in der Schußlinie
   - Aufzeichnungen über Wetter- und Windverhältnisse, die unbestritten Auswirkungen auf das Trefferbild haben[65]
   - Technischer Zustand des Geschützes, der Lafette und der Munition
   - Angabe über die Feuerhöhe des Geschützes in Bezug zum Ziel und die Rohrerhöhung (Elevationswinkel) in Graden ausgedrückt.

Auch die Maxime Scharnhorsts, daß man sich davor hüten solle, aus nur einem Versuch seine Schlüsse zu ziehen[66], fand in Baden keine Beachtung; Scharnhorst lehrte vielmehr, daß das gesuchte Resultat um so genauer sei, je größer die Anzahl der einzelnen Versuche sei. Aus jedem einzelnen Versuch errechne man dann die mittlere Wirkung und der Vergleich bzw. die Summe der mittleren Wirkungen ergebe ein realistisches Resultat[67].

Es wäre hier sicher verfehlt, zu behaupten, die Versuche auf dem Forchheimer Schießplatz wären unrealistisch gewesen, denn jeder dieser Versuche mußte die Wirklichkeit des Krieges simulieren, solange die Waffe nicht in einem wirklichen Gefecht eingesetzt werden konnte. Zur Ermittlung der ungefähren Treffwirkung scheinen die Versuche ausreichend ge-

wesen zu sein, denn die Scheibenbilder zeigten in etwa die gleichen Merkmale wie bei den in Bayern durchgeführten Versuchen[68]. Auch wurde kein Präzisionsschuß verlangt, sondern die Darstellung der möglichst gleichmäßigen Verteilung (Streuung) der Geschosse auf der Scheibe als Maß für die Feuerkraft gegen Infanterieabteilungen. Festzuhalten bleibt aber, daß hier gegen einige noch heute gültige Scharnhorstsche Lehrsätze verstoßen worden ist, eben weil die Versuche unter einem zu großen Einfluß von Broadwell gestanden haben. Dieser benötigte als Beleg für die Reputation seines von ihm vertriebenen Produktes möglichst eindrucksvolle Versuchsergebnisse, wie er sie in Baden zu haben glaubte, um sie in der Fachpresse oder in Firmenschriften verlautbaren zu lassen. Namentlich das Vergleichsschießen zwischen der kleinkalibrigen Gatling-Kanone und einhundert Infanteristen im Schnellfeuer mit dem Zündnadelgewehr sollte den Anschein erwecken, eine einzige Kanone repräsentiere die gleiche Feuerkraft wie jene, bzw. könne sie ersetzen. Diese Diktion schlägt selbst noch in dem 1965 erstmals erschienen Buch der beiden Amerikaner Wahl und Toppel durch, indem sie die Karlsruher Ergebnisse wie folgt werten: »These results proved the Gatling's superiority over massed infantery small arms fire«[69].

Wesentlich kritischer und differenzierter lauteten dagegen die oben vorgestellten Urteile der Mitglieder des Artilleriekomitees. Und hier liegt das historische Verdienst dieser Offiziere, die trotz der aufgezeigten negativen Begleitumstände bei den Versuchen folgende Erkenntnisse mit Sachverstand formuliert haben:

- Die Gatling-Kanone kann unter bestimmten eng-begrenzten taktischen Situationen den Feuerkampf der Infanterie unterstützen. Die Feuerkraft eines Geschützes im Gewehrkaliber ist annähernd mit derjenigen von 30 Infanteristen vergleichbar
- Das kleinkalibrige Geschütz muß, um wirken zu können, bis in die vorderste Feuerlinie vorgezogen werden. Hier sind Waffe und besonders die Bedienungsmannschaft direktem feindlichen Feuer ungeschützt ausgesetzt, was erhebliche Verluste erwarten läßt
- Die Gatling-Geschütze sind im Gefecht erheblich schwieriger zu führen als eine Abteilung Infanteristen
- Infolge der starken Rauchentwicklung sind Zielauffassung und -verfolgung beeinträchtigt
- Mit Aussicht auf Erfolg lassen sich aus eigener gedeckter Stellung unbewegliche Ziele bei bekannten Entfernungen bekämpfen
- Von der Komplexität des Mechanismus hängt direkt der Grad seiner Zuverlässigkeit ab; auf beste Fertigungstechnik muß großer Wert gelegt werden
- Unterordnung unter die politischen Notwendigkeiten bei der Bewaffnungsfrage bei Anerkennung der norddeutschen bzw. preußischen Prioritäten.

Anmerkungen

[1] Vgl. Bernd Ottnad, Politische Geschichte von 1850 bis 1918. In: Badische Geschichte. Vom Großherzogtum bis zur Gegenwart. Hrsg. von der Landeszentrale für polit. Bildung Baden-Württemberg, Stuttgart 1979, S. 70ff; 75f.
[2] Vgl. Manfred Messerschmidt, Die politische Geschichte der preußisch-deut-

schen Armee. In: Handbuch zur deutschen Militärgeschichte 1648–1939. Hrsg. vom Militärgeschichtlichen Forschungsamt, Bd. 2/Abschn. IV, München 1979, S. 205ff.

[3] Mit dem Großherzogtum Hessen war der Vertrag schon am 11.4.1866 abgeschlossen worden. Die Verträge sind abgedruckt bei Ernst-Rudolf Huber, Dokumente zur Deutschen Verfassungsgeschichte, Bd. 2: Deutsche Verfassungsdokumente 1851–1918, Stuttgart 1964, S. 214f.

[4] Vgl. Lothar Gall, Der Liberalismus als regierende Partei. Das Großherzogtum Baden zwischen Restauration und Reichsgründung (Veröffentlichungen des Instituts für Europäische Geschichte Mainz, Bd. 47), Wiesbaden 1968, S. 387f.

[5] Vgl. Heinz Riese, Die badische Wehrmacht 1866–1870/1871. Phil. Diss. Heidelberg 1934, S. 16.

[6] Ebenda S. 16ff., 25ff. Vgl. dazu auch die folgenden Arbeiten: Ewald Martin, Die militärischen Beziehungen Preußens zu den Süddeutschen Staaten und zu Hessen zur Zeit des Norddeutschen Bundes. Phil. Diss. (MS) Kiel 1939, S. 63ff.; Rolf Wilhelm, Das Verhältnis der süddeutschen Staaten zum Norddeutschen Bund 1867–1870 (Historische Studien, Bd. 431), Husum 1978, S. 37ff. sowie Wolfgang Petter, Deutscher Bund und deutsche Mittelstaaten. In: Handbuch zur deutschen Militärgeschichte 1648–1939, Bd. 2/Abschn. IV, S. 282f.

[7] Friedrich Gustav von Beyer (1812–1889), geb. in Berlin, aufgewachsen in Posen, trat als Musketier im 19. Preuß. Infanterieregiment seinen Armeedienst an; nach verschiedenen Verwendungen 1849 Hauptmann im Großen Generalstab; 1855 Chef der Zentralabteilung des preuß. Kriegsministeriums; als Oberst wurde er 1860 Kommandeur des 31. Infanterieregiments; Teilnahme an den Feldzügen 1864 und 1866; im gleichen Jahr wurde er Generalleutnant und ging 1867 als Militärbevollmächtigter nach Karlsruhe. Am 23.2.1868 wurde Beyer nach seinem vom preuß. König genehmigten Übertritt in badische Dienste zum Kriegsminister im Kabinett Jolly ernannt, eine Maßnahme, die nicht überall mit Zustimmung aufgenommen wurde. Am 24.2. wurde er Generalleutnant und Generaladjutant des Großherzogs und nahm 1870/1871 am Krieg gegen Frankreich als Kommandeur der badischen Division teil. Nach Friedensschluß wurde er zum Gouverneur von Koblenz ernannt; 1873 General der Infanterie und 1877 Chef des Füsilierregiments Nr. 39. 1880 nahm er seinen Abschied und starb im Dezember 1889 in Leipzig, wo er seine letzten Jahre als Kunstfreund und Musikliebhaber verbracht hatte; vgl. Kurt von Priesdorff, Soldatisches Führertum, Teil 10, S. 330ff.; zum allgemeinen vgl. Gall, Der Liberalismus als regierende Partei, S. 424 und Wilhelm, Das Verhältnis der süddeutschen Staaten zum Norddeutschen Bund. S. 117f.

[8] Zur Struktur der badischen Militärverwaltung und des Kriegsministeriums sowie zu seinem Aufgabenbereich vor der Militärreform vgl. Vogelmann, Die badische Militär-Verwaltung. Als Handbuch für Offiziere und Kriegsbeamte und als Anleitung zur Vorlesungen für das Kadettenkorps bearbeitet, Karlsruhe 1853, S. 11ff.; Zu Einzelheiten nach der Reform vgl. Karl Dörner, Die badische Heeresverfassung von 1806 bis zur Konvention mit Preußen, Phil. Diss. Heidelberg 1937, S. 47ff., 53ff.

[9] Vgl. Josef Becker, Der badische Kulturkampf und die Problematik des Liberalismus. In: Badische Geschichte, S. 95.

[10] Das Repetiergeschütz von Gatling. In: Zeitschrift für die Schweizerische Artillerie, 3. Jg. (1867) S. 101–108 u. Taf. V.

[11] S. 157–164, 177–180, 193–199.

[12] Bericht über den artilleristischen Theil der Pariser Welt-Ausstellung vom Jahre 1867. In: Mittheilungen über Gegenstände der Artillerie- und Kriegs-Wissenschaften, Jg. 1867, S. 390–458, hier S. 437ff. u. Taf. XXII. In der Schwesterzeitschrift, den »Mittheilungen über Gegenstände der Ingenieur- und Kriegs-Wissenschaften. Hrsg. vom k.k. Genie-Comité« erschien, Jg. 1867: Das Batteriegeschütz von Gatling, S. 271–276.

[13] Die Infanteriekanone. In: AMZ, Nr. 35 (1867), S. 275–277, Nr. 36, S. 283–284 u. Nr. 37, S. 290–293.

[14] GLA Karlsruhe 238/2019, Nr. 17970, 18154, 20567 betreffend Schriftwechsel zwischen der I. Sektion des Kriegsministeriums und der Direktion der Verkehrsanstalten.

[15] Eingabe Broadwells vom 31.3.1868; GLA 238/2019, Nr. 7269. Als Ziel schlug er eine acht Fuß (2,43 m) hohe und zwölf Fuß (3,65 m) lange Scheibe vor.

[16] Vgl. undatierte Immediat-Eingabe (ca. Anfang Mai 1868); GLA 238/2019. Weiterhin erklärte er sich bereit, die Kosten für den Versuch aus eigener Tasche zu bestreiten, da er der Regierung einen Dienst erweisen wolle und Baden nun seine Heimat sei.

[17] Schreiben vom 8.5.1868; GLA 238/2019, Nr. 10022.

[18] Vgl. GLA 238/2019, Nr. 10290; Die Freigabe wurde aber von der Bedingung abhängig gemacht, den Kaufpreis der Sendung nicht an Broadwell, sondern bis zum Abschluß des anhängigen Verfahrens an das Eisenbahnamt abzuführen.

[19] Vgl. Schreiben an das Kommando der Artilleriebrigade; GLA 238/1977, Nr. 2796.

[20] Vgl. Notiz zum Immediat-Vortrag vom 19.5.1868; GLA 238/2019, Nr. 10754.

[21] Meldung des Kriegsministers an S.K.H.; GLA 238/2019.

[22] Meldung des Kommandos der Artilleriebrigade über die Bestellung der Versuchskommission vom 19.5.1868; GLA 238/1977, Nr. 2953.

[23] Maximilian von Chelius (1827–1892), in Heidelberg geborener Sohn des Geheimen Rats und Professors von Chelius erhielt eine höhere Schulbildung und trat nach einjährigem Universitätsstudium in die großherzogliche Kriegsschule ein, um 1845 der zweiten Batterie der Artilleriebrigade zugeteilt zu werden. 1847 avancierte er zum Leutnant, 1856 zum Oberleutnant und wurde 1863 zum Hauptmann erster Klasse, 1868 zum Major im badischen Feld-Artillerieregiment befördert (vgl. Hof- und Staats-Handbuch des Großherzogthums Baden 1869, Karlsruhe o.J., S. 422). Am deutsch-französischen Krieg 1870/71 nahm er als Kommandeur der badischen Train-Bataillons teil, in dem er sich auszeichnen konnte. Als er 1874 wegen körperlicher Leiden seinen militärischen Abschied nahm, bemühte er sich noch bis 1885 als technischer Beamter im Innenministerium mit Erfolg um die Landespferdezucht; vgl. Badische Biographien, V. Teil, Bd. 1, Heidelberg 1906, S. 99f.

[24] Vorlage des Berichts am 6.6.1868; GLA 238/2019, Nr. 11783. Laut Vermerk der I. Sektion des KM ging eine Abschrift des Berichts an den preuß. Militärbevollmächtigten in Karlsruhe; ebenda.

[25] Die Scheibenwand setzte sich aus drei sechs Meter breiten Abteilungen mit je einem Anhaltepunkt zusammen, so daß für jede der drei Entfernungen ein anderer Scheibenteil anvisiert wurde.

[26] Die hier angeführten Trefferquotienten und die durchschnittliche Kadenz errechnete der Verf. aus den im Versuchsbericht enthaltenen Resultaten. Ein Versuch wich insofern von den anderen ab, als daß während des Feuerns durch Betätigung des Seitenrichtgetriebes die gesamte Breite der Wand bestrichen wurde, um die Wirkung gegen eine Infanteriekolonne zu testen. Eine Bewertung dieser Ergebnisse fand nicht statt. Aus dem Bericht beiliegenden Scheibenbild Nr. 3 läßt sich entnehmen, daß die Treffer recht gleichmäßig auf einer 1,2 m hohen, vertikalen Zone auf der Scheibe verteilt waren. Der Trefferquotient bei 95 abgefeuerten Patronen lag bei 79%.

[27] GLA 238/2019, Nr. 11783.

[28] Vgl. Eingabe Broadwells an v. Beyer; GLA 238/2019, Nr. 11744.

[29] GLA 238/2019, Nr. 12395; Broadwells Anerbieten schloß die Munition für das 1 Zoll Geschütz zum Preise von 160 Thlr. per 1000 Schuß und für die Gewehrmunition zum Preis von 40 Thlr. per 1000 Schuß mit ein.

[30] Vgl. dazu etwa GLA 238/2019, Nr. 14010, 14521, 14890.

[31] Beispielsweise erklärte sich die Eisenbahndirektion in Hannover nur dann zur Übernahme des Transports bereit, wenn die badische Militärverwaltung einen speziellen Munitionstransportwagen und ein mindestens zweiköpfiges Begleitkommando stelle, so daß sich ständig eine Person mit einem Eimer Wasser im Wagen befände. Die Transportkosten waren auf vier Silbergroschen für den Offizier, einen Silbergroschen für die zweite Person und zehn Silbergroschen für einen 2rädrigen Wagen jeweils pro Meile veranschlagt; vgl. Schreiben der Eisenbahndirektion Hannover vom 30.9.1868; GLA 238/2019, Nr. 18966.

[32] Verfügung der I. Sektion und gleichzeitige Mitteilung an die Fa. Broadwell; GLA 238/2019, Nr. 18966.

[33] Schreiben vom 8.4.; GLA 238/2019, Nr. 5982.

[34] Verfügung der I. Sektion des KM; GLA 238/2019, Nr. 5982.

[35] Vgl. Telegramm Broadwells vom 1.7.1868 und Verfügung des KM; GLA 238/2019, Nr. 10194. Über diese Versuche berichtet: Johann Sterbenz, Veränderungen im k.k. österreichischen Artillerie-Materiale während des Jahres 1869. In: MAUG, 1. Jg. (1870), S. 3ff., hier S. 8ff.

[36] Siehe Anlage 1. Vgl. auch Meldung der Artillerie-Brigade an die Großherzogliche Division vom 16.6.1869 über die Berufung der Versuchskommission; GLA 238/1977, Nr. 1305.

[37] Erlaß des KM vom 21.5.1869; GLA 238/2019, Nr. 8056.

[38] v. Lepel war aggregiert beim 1. Hannoverschen Ulanen-Regiment Nr. 13. Nach der Reichsgründung war er Adjutant (bis 1872) beim Generalstab des XIV. Armeekorps in Karlsruhe; vgl. Rang- und Quartier-Liste der Königlich Preußischen Armee und Marine für das Jahr 1870/71, S. 91.

[39] GLA 238/1978, Beilage zu Nr. 14829.

[40] August Schuberg war Adjutant des Präsidenten des Kriegsministeriums und zugleich als Rat der I. (militärischen) Sektion des Ministeriums zuständig für Artillerieangelegenheiten; vgl. Hof- und Staats-Handbuch des Großherzogthums Baden 1868, S. 439. Schuberg war ein ausgewiesener Kenner des Artilleriewesens seiner Zeit. 1856 hatte er ein Lehrbuch für die badischen Artilleristen veröffentlicht, das in seiner Konzeption der engen Anlehnung an das französische Artilleriesystem Rechnung trug und auch das bayerische System berücksichtigte, mit dem die Bundesfestung Rastatt ausgerüstet war: Handbuch der Artillerie-Wissenschaft mit besonderer Rücksicht auf das Materielle der Großherzoglich Badischen Artillerie, Karlsruhe 1856.

[41] Schreiben Broadwells vom 15.8.1869; GLA 238/2019, Anlage zu Nr. 12817.

[42] GLA 238/2019, Nr. 14829.

[43] Vgl. Protokoll Nr. 89 des Artilleriekomitees vom 2.11.1869; GLA 238/1978, Anlage zu Nr. 1993 vom 1.2.1870.

[44] Leopold Freiherr von Neubronn war Direktor des Zeughauses bzw. der Zeughausdirektion in Karlsruhe und dem Feld-Artillerieregiment aggregiert; vgl. Hof- und Staats-Handbuch des Großherzogthums Baden 1868, S. 441 und dass. 1869, S. 423.

[45] Neubronn an den Vorstand des Artilleriekomitees, Anlage 1 zum Protokoll Nr. 91 des Artilleriekomitees vom 17.1.1870; GLA 238/1978, Nr. 1993.

[46] Protokoll Nr. 91 des Artilleriekomitees vom 17.1.1870; GLA 238/1978, Nr. 1993.

[47] GLA 238/2019, Nr. 12154.

[48] GLA 238/2019, Nr. 20268.

[49] Die Analyse bezieht sich auf das Protokoll der Versuchskommission vom 14.8.1869, GLA 238/1978 o. Nr. u. die Protokolle Nr. 89 vom 31.1.1870 u. Nr. 91 mit 2 Anlagen vom 17.1.1870, GLA 238/1978, Nr. 1993.

[50] Schon im Krieg von 1864 gegen Dänemark war es zu keiner offenen Feldschlacht mit Massenfeuer der Infanterie gekommen; der Kampf spielte sich um Örtlichkeiten und Schanzen ab, da die Dänen vornehmlich das gedeckte Gelände gewählt hatten. Ansonsten wurde Infanterie vornehmlich in Kompaniekolonnen verwandt; vgl. Löbell, Des Zündnadelgewehrs Geschichte und Konkurrenten, S. 44. Auch im Krieg 1866 zeigte sich an mehreren Beispielen die fürchterliche Wirkung des gezielten Schnellfeuers, wenn das Feuer aus gedeckten Stellungen hinter Häusern und Zäunen abgegeben wurde. Bei dem Gefecht um Podol wurde das 18. Jäger-Bataillon der österreichischen Brigade Poschacher von dem Füsilier-Bataillon des preußischen 71. Infanterieregiments durch einen gewaltigen Feuerschlag aus gedeckter Stellung fast vollständig vernichtet; ähnlich verhielt es sich bei dem Gefecht um das Dorf Chlum bei Königgrätz, wo die Österreicher in strenger Ordnung in einem Frontalangriff eine von dem dreimal schwächeren Feind gehaltene Stellung zurückgewinnen wollten und sie unter hohen Verlusten zurückgeschlagen wurden; vgl. v. Doppelmeier, Der österreichisch-preußische Krieg vom artilleristischen Standpunkt aus betrachtet, vom kaiserlich russischen Premier-Lieutnant in der Garde-Artillerie v. Doppelmeier. In: AAI, 31. Jg. (1867), Bd. 62, S. 1–48, hier S. 4 u. 9f. u. Der Feldzug von 1866 in Deutschland. Redigirt von der kriegsgeschichtlichen Abtheilung des Großen Generalstabes. Berlin 1867, S. 383ff.

[51] Über den Begriff der Zuverlässigkeit technischer Systeme im allgemeinen vgl. Georg Klaus / Heinz Liebscher (Hrsg.), Wörterbuch der Kybernetik, Bd. 2, Frankfurt a.M. 1979, S. 926–932.

[52] Ebenda S. 926f.

[53] Carl Graf v. Sponeck war in dieser Zeit Kommandeur der Artilleriebrigade in Karlsruhe, die aus dem Feld-Artillerieregiment, dem Festungs-Artilleriebataillon in Rastatt und der Pionier-Abteilung gebildet wurde; vgl. Hof- und Staats-Handbuch des Großherzogtums Baden 1869, S. 408. Sponeck gehörte nach der Militärkonvention mit Preußen nicht mehr der preußischen Armee an.

[54] Protokoll Nr. 89 des Artilleriekomitees vom 2.11.1869; GLA 238/1978, Nr. 1993.

[55] Oberst Wilhelm Schellenberg war in seiner Eigenschaft als Kommandeur des Feld-Artillerieregiments Mitglied des Artilleriekomitees; vgl. Hof- und Staats-Handbuch des Großherzogtums Baden 1869, S. 421.

[56] Abstimmung von Schellenberg in der Anlage 2 zum Protokoll Nr. 91 des Artilleriekomitees; GLA 238/1978, Nr. 1993.

[57] Berthold Michael von Freydorf (1820–1878) stammte aus einer badischen Offiziersfamilie und wurde in Frankfurt geboren, wo sein Vater, der Generalleutnant von Freydorf, die Staaten der im VIII. Armeekorps des Deutschen Bundes zusammengefaßten Armeen in der Bundes-Militärkommission vertrat. Nach dem Schulbesuch und der Absolvierung der badischen Kriegsschule trat er als Freiwilliger und Offiziersaspirant 1838 in die Artilleriebrigade (reitende Batterie) ein. 1844 erhielt er die Beförderung zum Oberleutnant. Nach dem Feldzug von 1848/1849, in dem er u.a. im Korps des Generals von der Gröben an der Belagerung von Rastatt teilnahm, begann seine wissenschaftliche Tätigkeit im Artilleriewesen. Als Hauptmann nahm er an den in Magdeburg abgehaltenen preußischen Belagerungs- und Verteidigungsübungen teil und unternahm 1855 eine ausgedehnte Studienreise nach Preußen, den Niederlanden, England und Frankreich, wo er sich über die Festungsfrage und den dortigen Stand der Artillerietechnik informierte. 1861 war er zu den in Berlin stattfindenden Versuchen mit gezogenen Gußstahlrohren abkommandiert. Seine Beschäftigung mit dieser damals vieldiskutierten Materie ging so weit, daß er 1862 ein Zugsystem für von vorne zu ladende Bronzerohre entwickelte, welches ein leichtes Einführen des Geschosses ermöglichte, von dessen weiterer Verfolgung wegen mangelnder Schußpräzision jedoch abgesehen werden mußte (er publizierte seine Konstruktion in der ÖMZ, 4. Jg. (1863), Bd. 2, S. 105–110 unter dem Titel »Beschreibung eines Vorderladungsgeschützes neuer Construction ...«). Nach wiederholter Verwendung als Begleitoffizier ausländischer Staatsgäste und als Flügeladjutant des Großherzogs wurde er im März 1868 schließlich zum Oberst und Kommandeur des Festungs-Artilleriebataillons in Rastatt befördert (vgl. Hof- und Staatshandbuch des Großherzogthums Baden 1869, S. 423). Am Krieg 1870/71 nahm er als Kommandeur des Feld-Artillerieregiments teil; in dieser Eigenschaft konnte er sich mehrmals auszeichnen. 1872 wurde er mit Rücksicht auf seinen Gesundheitszustand zur Disposition gestellt; vgl. Badische Biographien, III. Teil, Karlsruhe 1881, S. 37–43.

[58] Abstimmung Freydorfs vom 21.1.1870 in der Anlage 2 zum Protokoll Nr. 91 des Artilleriekomitees; GLA 238/1978, Nr. 1993.

[59] Abstimmung Schubergs (undatiert); ebenda.

[60] Albert Khuon von Wildegg gehörte 1869 dem Stab des Feld-Artillerieregiments an; vgl. Hof- und Staats-Handbuch des Großherzogthums Baden 1869, S. 422.

[61] Abstimmung Khuons vom 22.1.1870 in der Anlage 2 zum Protokoll Nr. 91 des Artilleriekomitees; GLA 238/1978, Nr. 1993.

[62] Carl von Theobald gehörte dem Stab des Feld-Artillerieregiments an; vgl. Hof- und Staats-Handbuch des Großherzogthums Baden 1869; S. 422.

[63] Abstimmung Theobalds vom 17.1.1870 in der Anlage 2 zum Protokoll Nr. 91 des Artilleriekomitees; GLA 238/1978, Nr. 1993.

[64] Vgl. Gerhard von Scharnhorst, Handbuch der Artillerie (Handbuch für Officiere in den angewandten Theilen der Kriegs-Wissenschaften, 2. Aufl., Teil I), Bd. 1, Hannover 1804, insbesondere Kapitel 2 (S. 91ff.): »Besondere Regeln und Bemerkungen über die Versuche, zur Bestimmung der Wirkung des Feuergewehrs«.

[65] Bei modernen Waffensystemen wird diese Tatsache in besonderem Maße Rechnung getragen. Die von Sensoren erhaltene Werte über Lufttemperatur, Luftdruck und Querwind können von einer Feuerleitanlage, mit der z.B. der deutsche Kampfpanzer Leopard 2 ausgerüstet ist, direkt in Korrekturen der Rohrerhöhungs- und Vorhaltewinkel umgerechnet werden; vgl. dazu u.a. Jürgen Neumann, Die Feuerleitanlage des Leopard 2. In: Soldat und Technik, Heft 10 (1980), S. 554–557.

[66] Vgl. Scharnhorst, Handbuch der Artillerie, Bd. 1, S. 63. Er folgert weiter (ebenda): »Resultate aus einzelnen Wirkungen stehen, durch die oben erwähnte Unregelmäßigkeit, nicht selten mit der Natur der Dinge und mit der Theorie im Widerspruch, und erzeugen alsdann Mißtrauen gegen alle aus der Erfahrung gezogenen Schüsse [Druckfehler! Es muß heißen »Schlüsse«; Anm. d. Verf.], und gegen den Nutzen der Versuche überhaupt«.

[67] Ebenda S. 61, 66f.

[68] Siehe unten, Abschn. Bayern.

[69] Wahl/Toppel, The Gating Gun, S. 41.

8. Die Versuche mit handbetätigten automatischen Waffen in Bayern und die Praxis im Krieg 1870/71

Am Krieg von 1866 hatte das Königreich Bayern als größter der Mittelstaaten an der Seite Österreichs teilgenommen und ebenso eine Niederlage hinnehmen müssen. Während die technische Ausrüstung dem üblichen entsprach, deckte der Krieg Mängel im Ausbildungsstand der Armee auf, die auf eine jahrelange Vernachlässigung der Ausbildung zugunsten der Rüstung sowie auf die Bewilligung nur knapper Mittel durch den bayerischen Landtag zurückzuführen waren. In der Folge mußte auch die Personalstärke der Armee vermindert werden [1].

Nachdem dann am 22. August 1866 der Friedensvertrag zwischen Preußen und Bayern abgeschlossen und am gleichen Tage das Schutz- und Trutzbündnis unterzeichnet war, begannen im Münchener Kriegsministerium die Vorbereitungen für eine Reorganisation der Armee. Wie Wolf D. Gruner in seiner Studie über das bayerische Heer zwischen 1825 und 1864 herausarbeiten konnte, hatte man in Bayern seit der Regierungszeit König Ludwigs I. und verstärkt unter Maximilian II. die preußischen Einrichtungen (Wehrsystem, Vorschriften, Ausrüstungen, Waffen usw.) wohlwollend begutachtet und einen gegenseitigen Erfahrungsaustausch eingeleitet [2]. Grundlage für die Veränderung der inneren Heeresstruktur war eine neue Wehrverfassung, deren Entwurf im Februar 1867 dem Landtag vorgelegt wurde und die schließlich im Januar 1868 in Kraft trat. Ihre Leitlinien – Allgemeine Wehrpflicht ohne Exemtionen und Einsteher – lehnten sich im wesentlichen an das preußische Vorbild an. Noch im gleichen Jahr fand die Wehrverfassung ihre praktische Anwendung [3]. Die Überwindung der damit verbundenen Schwierigkeiten war nicht zuletzt dem Kriegsminister Sigmund Frhr. v. Pranckh [4] zuzuschreiben, den Ludwig II. unmittelbar nach Kriegsende ernannt hatte.

Die Stärke der aktiven Armee – ohne Offizierkorps und Militärbeamte – sollte bis zum Jahre 1870 1% der Bevölkerung betragen. Weitere Maßnahmen der Reorganisation betrafen die Einteilung der Armee in zwei Generalkommandos (ab 1872 Armeekorps), die Intensivierung der taktischen Ausbildung sowie die vorher vernachlässigten regelmäßigen operativen Übungen in gemischten Verbänden [5]. Zunächst nicht nach preußischem Muster ausgerichtet wurden die Dienstvorschriften; auch in der aktuellen Frage der Bewaffnung entschied sich Bayern mit dem Werder-Gewehr M. 69 für eine moderne Eigenentwicklung.

Die bayerische Regierung verstand es, im Zuge der Beitrittsverhandlungen zur Verfassung des zum Deutschen Bund erweiterten Norddeutschen Bundes eine Reihe von Reservatrechten durchzusetzen, ohne aber die deutsche Einigung scheitern zu lassen. Nach dem am 23. November 1870 abgeschlossenen Vertrag (Versailler Vertrag) [6] blieb die bayerische Armee im Frieden unter dem alleinigen Oberbefehl und unter der Verwaltung ihres Königs; nur im Kriegsfall ging die höchste Gewalt an den Bundesfeldherrn über, dem jedoch im Frieden ein Inspizierungsrecht eingeräumt war. Auch ein gewisses eingeschränktes Militärgesetzgebungs- und Militär-Verordnungsrecht verblieb unter bayerischer Verantwortung; ebenso durfte die eigene Uniformierung und Numerierung beibehalten werden.

Unter den Aspekten der auf Tradition gegründeten Eigenständigkeit und Eigenverantwortung muß auch die in diese Zeit fallende Beschäftigung der bayerischen Armee mit handbetätigten automatischen Waffen gesehen werden. Zum besseren Verständnis der Bezüge wird als Exkurs ein Abschnitt über die Geschichte der mit diesen Fragen befaßten Artillerie-Beratungskommission eingeschoben [7].

8.1. Exkurs: Die Artillerie-Beratungskommission

Als eine von der Technik geprägte Waffengattung verfügten alle namhaften Artillerien über besondere Kommissionen oder Institutionen, die sich mit der Entwicklung und Erprobung der Waffen, Munition, Lafetten und Fuhrwerken sowie der übrigen Ausrüstung beschäftigten, um dem Soldaten ein wirkungsvolles, zuverlässiges und sicheres Instrument in die Hand zu geben [8]. Ihnen waren Offiziere mit entsprechender Sachkenntnis zugeteilt. Neben der Auswertung von Erfahrungen in Krieg und Frieden mit dem Ziel, evtl. auftretende Schwachstellen an den Waffenmodellen im Laufe der Nutzungsphase sukzessive abzustellen, gehörte zur Aufgabenstellung insbesondere die Begutachtung von neuen Konstruktionen und Erfindungen. In der Tat stürzte seit den zwanziger Jahren des 19. Jahrhunderts eine Flut neuer technischer Ideen und Vorschläge auf die Offiziere ein, die einmal direkt an die Kommissionen herangetragen wurden oder zunehmend in den militärischen Fachzeitschriften eine Verbreitungsbasis fanden. Auf dem Gebiet der Handfeuerwaffen kennzeichneten die Einführung der Perkussionszündung, die Anwendung der gezogenen Rohre mit vereinfachter Ladeweise (z.B. die Systeme von Minié, Delvigne usw.) und die Verwendung der Hinterladung auf breiter Front die Meilensteine bis um das Jahr 1870 [9]. In der Zeit zwischen 1850 und 1860 sah sich die Artillerie dem Feuer der Präzisionsgewehre ausgesetzt, ohne die Infanterie mit den glattrohrigen Vorderladergeschützen ausreichend auf Distanz halten zu können. Zwangsläufig hatten die Artillerietechniker den bei den Handfeuerwaffen vorgezeichneten Weg nachzugehen: gezogene Rohre für weittragende Langgeschosse und Verschlüsse, die eine Ladung von hinten ermöglichten. Wesentlich begünstigt wurde die Entwicklung der leistungsgesteigerten Geschütze durch neue Verhüttungstechniken und die Ergebnisse der metallurgischen Forschung, so daß ca. ab 1860 statt der Geschützbronze zunehmend Gußstahl für die Rohrfertigung eingesetzt werden konnte. Die Firma Krupp in Essen leistete hier Pionierarbeit und begründete ihren Ruf als einer der führenden Rüstungsbetriebe der Welt in jenem Jahrhundert [10].

Zusammen mit den bald nachziehenden ausländischen Unternehmungen – Schneider-Creusot in Frankreich, Armstrong in England – etablierte sich die Privatindustrie als der Waffenlieferant des Staates. Die ständig verbesserten Kommunikations- und Verkehrsmittel begünstigten einen weltweiten Absatz der Rüstungsproduktion. Technisches »know how«, Kreativität und die Kenntnis der fortschrittlichen Technologie konzentrierten sich fortan in diesen Industrien und konkurrenzierten mit den staatlich-militärischen Institutionen, die ebenfalls neue Geschützmodelle entworfen und zur Einführung gebracht hatten. In vielen Ländern waren es die technisch begabten und hohe Ränge einnehmenden Artillerieoffiziere, die für ihre Zeit bedeutende Geschützsysteme geschaffen hatten. An dieser Stelle sei nochmals an das einschlägige Wirken von Jean-Baptiste de Gribeauval erinnert, dessen 1764 aufgestelltes vereinfachtes, leichtes und bewegliches Artilleriesystem bis in die vierziger Jahre des 19. Jahrhunderts bei vielen Staaten in Verwendung stand [11].

In Bayern war von 1836 bis 1868 das »System Zoller« in Gebrauch. Es beruhte auf einem Entwurf des damaligen Obersten und Zeughaus-Hauptdirektors Karl Julian Freiherr v. Zoller (1773–1849), der auf der Grundlage des alten »Systems Manson« [12], von dem teilweise die Rohre mit leicht zu bewerkstelligenden Änderungen übernommen wurden, ein aus 6- und 12pfündigen Kanonen sowie 7pfündigen Haubitzen bestehendes Feldgeschützsystem vorschlug [13]. Charakteristisch für das neue System war auch die Verwendung von nur zwei Lafettentypen und gleicher Räder, Achsen und Protzen für alle Geschütze. Im Mai 1836 wurde das System Zoller nach ausführlichen Erprobungen und auch fahrdynamischen Versuchen mit den Gespannen angenommen.

In diesen Zusammenhang fällt die Geburtsstunde des Vorgängers der bayerischen Artillerie-Beratungskommission. Bis in die zwanziger Jahre hinein hatte es keine Institution gegeben, die sich mit der Verbesserung des Artilleriematerials befaßte.

Zwar wurden von Zeit zu Zeit von den Regimentern Untersuchungskommissionen gebildet, die einen ganz bestimmten Sachverhalt zu bearbeiten hatten, aber Bedeutendes leisteten diese offenbar nicht [14]. Am 26. März 1823 befahl der König dann die Schaffung eines ständigen technischen Ausschusses, »um den Herrn Officieren des Artillerie-Corps Gelegenheit zu geben, Beweise ihrer durch Erfahrung und wissenschaftliches Forschen gesammelten Kenntnisse darzulegen und in jedem Augenblicke einen Schatz von wissenschaftlichen Aufklärungen bereit zu halten, aus welchem nach Gelegenheit für Einrichtungen und Material der Artillerie Gebrauch gemacht werden kann« [15]. Zu seinen Aufgaben gehörte vor allem die Prüfung von Erfindungen und die Verfolgung und Auswertung einschlägiger Berichte in der militärisch-artilleristischen Fachliteratur, darunter die seit dem Ende der Befreiungskriege im Aufschwung begriffene Periodica – z. B. das seit 1816 existierende »Militär-Wochenblatt«, die seit 1808/18

herausgegebene »Österreichische militärische Zeitschrift« oder etwa das ab 1823 in Paris erschienene »Journal des Sciences Militaires«; diese und viele andere bedeutende Reihen lagen in der Bibliothek des »Hauptkonservatoriums der Armee« zur Auswertung auf, wie der 1913 erschienene Katalog ihrer Nachfolgerin, der »Armeebibliothek«, ausweist [16]. Noch war aber die Tätigkeit des Ausschusses nicht koordiniert, da er bei beiden Regimentern bestand. Unter Zoller wurden die beiden Abteilungen in »höhere Artilleriekommissionen« umbenannt und endlich 1833 in München zentralisiert. Ständige Mitglieder waren Offiziere der Artillerieregimenter, des Kriegsministeriums und der Zeughaus-Hauptdirektion [17]. Ein Schwerpunkt der Tätigkeit der Kommissionen lag in der Eignungsprüfung von Gußeisen für die großen Kaliber der Festungs- und Belagerungsgeschütze, wozu sich mehrere Offiziere im Ausland aufhielten. Die Geschütze wurden schließlich 1836/37 in Finspong (Schweden) und in Lüttich hergestellt und von der Kommission abgenommen, d. h. die Güteprüfung durchgeführt [18].

Im Zusammenhang mit der technischen Erprobung des zur Einführung anstehenden Artilleriesystems Zoller kam es 1829 zur Bildung einer »Spezialkommission« unter ihrem Präses Zoller, und wie es scheint, als Unterkommission der höheren Artilleriekommissionen. Der Spezialkommission oblag die Herstellung der Probegeschütze und die Durchführung der Schieß- und Fahrversuche. Später befaßte sich diese Kommission mit der Erprobung des 1843 eingeführten neuen Systems von Festungsgeschützen [19].

Zum weiteren Tätigkeitsbereich gehörte die Untersuchung neuer Geschoßformen und Pulversorten, schließlich auch die Erstellung von Schußtafeln zu den verschiedenen Geschützen [20].

Im Hinblick auf die gesteigerten Zielvorstellungen und die Zunahme des Arbeitsumfanges nahm König Maximilian II. im Jahre 1853 eine erneute Umorganisation vor. An Stelle der nur aus den Artillerieabteilungen abkommandierten Offizieren der Spezialkommission wurde nun eine »Artillerie-Beratungskommission« etatmäßig konstituiert. Neben ihrem Vorsitzenden, einem Artilleriegeneral, bestand sie aus fünf referierenden ständigen Mitgliedern und war direkt dem Artillerie-Korpskommando (ACC) unterstellt [21]. Ihr erweiterter Wirkungskreis umfaßte alle mit der Artillerie und Heeresbewaffnung zusammenhängenden Beratungen, technische und Schießversuche sowie Fragen des Dienstes, der Übungen, des Materials und der Erfindungen [22]. Erster Präses (Vorstand) der Kommission wurde Generalleutnant Carl v. Weishaupt [23]. Erwähnenswerte Tätigkeiten der Artillerie-Beratungskommission erstreckten sich u. a. auf die Einführung der 12pfündigen Granatkanone Modell 1856, die als Universalgeschütz sowohl Vollkugeln als auch Granaten und Kartätschen verfeuern konnte. Seitdem Alfred Krupp auf der ersten Weltausstellung in London 1851 ein für die Geschützherstellung geeignetes Gußstahlmaterial vorgestellt hatte, begann in allen Artillerien eine lebhafte Beschäftigung mit diesem Objekt. In München fanden im Winter 1856 Gewaltversuche mit einem Kruppschen Stahlrohr statt, die die eindeutige Überlegenheit gegenüber dem Bronzematerial bestätigten [24].

Auch auf dem Gebiet der Handfeuerwaffen war die Kommission in enger Zusammenarbeit mit der »Gewehr-Prüfungs-kommission« tätig, als 1858 ein neues Gewehrsystem mit gezogenen Rohren erprobt und eingeführt wurde. Diese Vorderlader, eine Konstruktion des Artillerieoffiziers und späteren Generalleutnants Philipp Freiherr v. Podewils (1809–1885), zeichneten sich zwar durch hervorragende Schußpräzision aus, lagen aber in der Feuergeschwindigkeit hinter dem Zündnadelgewehr, so daß schon 1866 diese Gewehre auf Hinterladung (System Podewils-Lindner) abgeändert werden mußten[25].

Die Mitglieder der Beratungskommission beschränkten sich keineswegs auf den praktischen Anteil des Artilleriewesens. Es galt auch, den über Jahrzehnte gesammelten Erfahrungsschatz an praktischem und theoretischem Wissen kritisch zu reflektieren, aufzuarbeiten und in geeigneter Weise dem heranwachsenden Artilleriepersonal zugänglich zu machen. Zwei Hauptleute, Joseph Hütz und Joseph Schmoelzl, unterzogen sich dieser nicht einfachen Aufgabe und erarbeiteten nach dem großen französischen Vorbild, dem »Aide-Mémoire A L'Usage Des Officiers d'Artillerie«[26], ein speziell auf die bayerischen Verhältnisse Rücksicht nehmendes Werk, das 1847 in München unter dem Titel »Versuch eines Handbuches der k. b. Artillerie« erschien[27]. Zehn Jahre nach der ersten Auflage konnten die Verfasser eine stark überarbeitete und erweiterte Neuauflage[28] vorlegen, die den Veränderungen in dem bayerischen Geschützmaterial Rechnung trug und unter der fachlichen Überwachung der Artillerie-Beratungskommission stand, so daß der Ausgabe offiziellen Charakter zukam.

Insbesondere Joseph Schmoelzl war ein Kenner der Waffenkunde und Waffentechnik; er beobachtete und registrierte gewissenhaft die Veränderungen der Zeit und gab seine Erkenntnisse in Form von Hand- und Lehrbüchern weiter. Für das Kadettenkorps und zum Gebrauch an den höheren Regimentsschulen bearbeitete er eine »Ergänzungs-Waffenlehre« (als Fortsetzung der letztmals 1844 aufgelegten »Waffenlehre« von Xylander[29]) und zwar mit dem bezeichnenden Untertitel »Die Feuerwaffen der Neuzeit«[30]. Schon 1857 erschien die zweite Auflage dieses Werkes, allerdings wesentlich erweitert und umgearbeitet. In dem Vorwort nennt Schmoelzl die Ursachen und die Intention seiner Arbeit:

»Die im Jahre 1851 erst in einzelnen Heeren eingeführt gewesenen neuen Waffen sind seitdem zu förmlichen Waffensystemen ausgebildet und selbst durch neu aufgestellte Systeme bereichert worden, welche nun gegenwärtig eine allgemeine Verbreitung gefunden haben. Bei den so wesentlichen Verschiedenheiten der Principien dieser Systeme und deren Modifikationen wird als Grundsatz anerkannt, daß es heut zu Tage nicht mehr genügt, die eigene Waffe und die Waffen seines Heeres genau zu kennen, sondern daß man auch diejenigen aller Heere zu beurtheilen und zu würdigen wissen müsse, mit denen man möglicherweise bekämpft werden kann. Es ist darum zum Studium der neuen Waffen nicht nur die Kenntniß aller derselben in ihren Principien, sondern auch in ihren Modifikationen nöthig, durch welche sie sich in ihren Eigenthümlichkeiten von einander unterscheiden, und durch welche man allein nur vermögend ist, in ihre nähere Beurthei-

lung und Würdigung unter Benützung der Hilfswissenschaften einzugehen«[31].

Im Jahre 1860 bereicherte Schmoelzl die in der militärischen Fachwelt stattfindende Diskussion über die Nützlichkeit von gezogenen Geschützen um eine Studie über »Die gezogene Kanone«[32], in der er sich für die baldige Einführung von gezogenen Gußstahlgeschützen aus der Kruppschen Fabrik aussprach[33].

Überhaupt mußte sich die Artillerie-Beratungskommission nun mit dieser Frage intensiv auseinandersetzen und gegen mancherlei Widerstände konnten zumindest die vier Landesfestungen Ingolstadt, Germersheim, Landau und Marienberg (Würzburg) mit gezogenen Festungsgeschützen des Systems Wahrendorff dotiert werden. Die Feldartillerie erhielt, nachdem sich die politischen Konstellationen nach dem Krieg von 1866 geändert hatten, wie es Schmoelzl vorausgesagt hatte, das gezogene Gußstahlgeschütz C/67 von Krupp[34].

8.2.   Die Gatling-Revolverkanone

Im Juni des Jahres 1867 hielt das Königlich Bayerische Kriegsministerium in München eine kleine, fünfzehn Seiten umfassende Broschüre in Händen, die in Bayern zum Ausgangspunkt der Beschäftigung mit einer neuartigen Waffentechnik wurde. Ob die in Französisch verfaßte und in Paris gedruckte Schrift auf dem Postweg oder über einen Besucher der Pariser Weltausstellung dorthin gelangt ist, war nicht zu ermitteln. Der Titel lautete: »Le Gatling Battery Gun Ou Mitrailleuse Gatling. Exposé Du Système – Extraits Des Rapports Officiels Adressés Au Ministère De La Guerre Des États-Unis Par Les Officiers D'Artillerie De L'Armée Fédérale Qui Ont Été Chargés De L'Étude De Cette Arme. – Ces Rapports Ont Eu Pour Résultat Une Première Commande De Cent de Ces Mitrailleuses Par Le Gouvernement Des États-Unis«[35].

Der Referent im Ministerium ging sehr aufmerksam und zielrichtig an die Sache heran und analysierte in einer Aufstellung die Gewichts-, Geschoß- und Ladungsverhältnisse der Gatling-Kanonen vom Kaliber 12,7 mm und 25,4 mm (1 Zoll) in Gegenüberstellung mit denjenigen des bayerischen Infanteriegewehres[36] und der Wallbüchse[37]. Dabei ergab sich, daß das kleine Geschütz in Relation zum Geschoßgewicht eine schwächere Pulververladung hatte und die Wallbüchse dem 1-Zoll-Geschütz unterlegen war. Rückschlüsse auf die Rasanz der Flugbahnen konnten daraus nicht gezogen werden, da hier auch die Rohrlänge eine Bedeutung hat[38].

Der Vorgang wurde vom Ministerium an die Artillerie-Beratungskommission unter Einschluß des folgenden vorläufigen Resümees zur Begutachtung weitergeleitet: »Die nun vorliegende Waffe ist ... nach den neuesten technischen Grundsätzen construirt und dürfte daher jedenfalls ein ganz gutes Resultat ergeben – solange eben der Mechanismus keine Störung erleidet«[39].

Die Kommission gab daraufhin am 27. Juni folgende Stellungnahme ab:

»Mit dem Augenblicke, in welchem es gelungen war, die Schwierigkeit der Anfertigung gezogener Kanonen zu überwinden, hat für die Artillerie eine Epoche begonnen, in welcher

auf Jahre hinaus Erfindungen aller Art auftauchen werden. Manche, wohl die Mehrzahl dieser Erfindungen werden ohne praktische Anwendung bleiben, einige bis zur praktischen Einführung gelangen, um vielleicht bald durch neue Erscheinungen überholt, außer Gebrauch gesetzt zu werden, bis nach mannigfachen Erfahrungen und Studien eine Construktion von genügender Güte und Dauerbarkeit einen längeren Abschnitt bezeichnet.

Dieser Zustand verlangt fortwährende prüfende Thätigkeit der Artillerie nach allen einschlägigen Richtungen, nichts darf ignorirt werden, was auf Verbesserung von Waffen Bezug hat, denn wie die neuesten Erfahrungen in die Augen springend gezeigt haben, ist der Vortheil einer besseren Bewaffnung ein sehr wesentlicher, mitunter gar nicht auszugleichender Faktor in der Kriegsführung.

Vorliegende Erfindung dürfte als der Beginn der Construktion von Revolver-Kanonen zu betrachten und mit Sicherheit zu erwarten sein, daß in nächster Zeit noch manche derlei Combinationen zu Tage treten, welche bald mehr, bald weniger von dieser ersten Gattung abweichen werden«[40].

Diese wohl von Oberstleutnant v. Pillement[41] formulierten Betrachtungen zeugen nicht nur von dem ihnen innewohnenden tiefen technischen Verständnis, sondern auch von einer von Logik und Philosophie durchdrungenen Denkweise, die in ihrer Knappheit doch den Kern der Erkenntnis beinhaltet. Die Aussagen über das Wesen der Erfindungen bilden Grundgedanken jener Theorie vom Phasenverlauf der militärtechnischen Entwicklung, wie sie der sowjetrussische Oberst Bondarenko kürzlich formuliert hat[42]. Folgerichtig erscheint daher die Überlegung Pillements von der Ganzheitsschau. Alle auftauchenden Erfindungen müssen nach den Gesetzen der Logik begutachtet und auf den möglichen Stellenwert in der Kriegsführung überprüft werden; eine willkürliche Ignorierung von einzelnen Entwicklungen könnte zu folgenschweren Fehleinschätzungen des Gesamtbildes führen. Die geäußerte Vermutung über die Zukunft der Revolverkanonen bzw. überhaupt der automatischen Waffen hat sich im nachhinein vollständig bestätigt. Innerhalb weniger Jahre drängten die verschiedensten Systeme auf den Markt, und die Erfindung Gatlings gab hierzu den entscheidenden Impuls; sie stand tatsächlich am Beginn einer Epoche und hat sich bis heute behaupten können.

Unter diesen Voraussetzungen hielt es die Kommission für wünschenswert, zu Erprobungszwecken ein Geschütz im Kaliber 1 Zoll anzukaufen, um Erfahrungen damit sammeln zu können. Allgemein hielt man die Revolverkanonen besonders für den Festungskrieg geeignet. Die vorgesetzte Dienststelle, das Artilleriekorpskommando (ACC), beantragte in diesem Sinne bei dem Kriegsministerium die Anschaffung eines Geschützes[43]. Zwecks Kostenermittlung setzte sich die Beratungskommission mit der Maschinenbaugesellschaft in Karlsruhe, die im Auftrag von Broadwell für die in Europa verkauften Gatling-Revolverkanonen zum Teil die Lafetten fertigte, in Verbindung. Am 27. Juli erschien dann Broadwell, aus Wien kommend, persönlich in München und führte mit der Kommission Vorverhandlungen, die kein greifbares Ergebnis hatten, da er sich bewußt auf die Kaufabsichten der Bayern sehr ausweichend verhielt[44]. Erst in seinem an den Kriegsmi-

nister gerichteten Schreiben vom 7. August offerierte er neue, von New York aus zu verschiffende Geschütze zum Preis von 2000 Dollar (5000 fl) für die groß- und 1500 Dollar (3750 fl) für die kleinkalibrige Revolverkanone. Broadwell hätte es aber lieber gesehen, wenn das bayerische Kriegsministerium ein von ihm leihweise zur Verfügung gestelltes Geschütz erprobt oder aber Beobachter zu den in Karlsruhe geplanten Versuchen entsandt hätte[45]. Diese Versuche verzögerten sich aber – wie bereits geschildert – ständig, so daß man in Bayern nach einem anderen aktuellen Test Ausschau hielt.

Eine günstige Gelegenheit bot sich kurz darauf in der Schweiz. Pillement, der sich schon sehr in die Materie eingearbeitet hatte, wurde nach Thun beordert, um an den am 24. September auf dem dortigen Schießplatz stattfindenden Versuchen als Gast teilzunehmen[46]. Die Durchführung lag in den Händen der schweizerischen Kommission für Hinterladungsgewehre und der Artilleriekommission. Da das Militärdepartement des Bundesrates keine restriktiven Beschränkungen auferlegte, überreichte Pillement im Oktober dem ACC einen Bericht seiner Eindrücke[47].

Im wesentlichen sind dort die in der »Zeitschrift für die Schweizerische Artillerie« enthaltenen Daten aus persönlicher Sicht wiedergegeben[48]. Darüber hinaus notierte Pillement Erfahrungen, die in ähnlicher Weise schon bei den Versuchen in Baden zu Tage traten: Es entstanden Schwierigkeiten bei dem Einschießen auf bestimmte Entfernungen; Einzelschüsse hatten oft abnorme Abweichungen; mehrmals traten auch Störungen der Munitionszufuhr auf, die auf mangelhafte Patronenfertigung zurückzuführen waren[49]. Diesem Problem ist in einem Nachtrag zum Bericht besonderer Raum gewidmet; wenn sich seine Ausführungen auch auf die zu gleicher Zeit stattfindenden Versuche mit neuen Hinterladungsgewehren beziehen, kommt ihnen doch für die Revolverkanonen gleich hohe Bedeutung zu[50].

Pillement erwähnte, daß die Hülsen für das auf Hinterladung aptierte Repetiergewehr in einem geheimgehaltenen Verfahren auf einer amerikanischen Maschine hergestellt würden. Sehr wichtig erschien ihm ferner der Hinweis auf die notwendige Präzision bei der Anfertigung und später bei der Verpackung, die recht stabil sein müsse, um die Kupferhülsen auf dem Transport nicht zu deformieren. Dieser Defekt verursache dann häufig Ladestörungen, indem die Patronen nicht ganz in das Patronenlager eingeführt oder herausgezogen werden könnten.

Zu dem Problemkreis Fertigungstechnologie bei Munition und ihr Zusammenwirken mit Rohr und Verschluß äußerte sich Pillement wie folgt:

»Wie bekannt bildet bei den Gewehren neuer Construction die Patrone einen wesentlichen Bestandtheil des Verschlusses, gleichsam einen Construktionstheil desselben. Durch sie wird die Vereinfachung des Verschlußmechanismus und dadurch das rasche Laden des Gewehres erzielt.

Es geht aber hieraus hervor, daß der Fabrikation des, viele Millionen umfassenden Vorraths an Patronen, eine in der That schwer durchführbare Sorgfalt gewidmet werden muß, und daß ebenso wie die Hülsen der Patronen auch sämmtliche Gewehre an jenem Theile, welcher die Patronen aufzunehmen

hat [gemeint ist das Patronenlager], ein und dieselbe Dimension auf jeden Fall ein Minimum von Toleranz haben müssen.
Bei Versuchen mit verschiedenen Gewehrmustern, namentlich solcher, welche aus Amerika gesendet waren und welchen der Unterzeichnete Gelegenheit hatte beizuwohnen, wurde sehr häufig den mangelhaften Kupferpatronen die Schuld für ungünstige Ergebnisse beigemessen«[51].

Wenngleich hier die konstruktive Einheit von Munition und Waffe und ihre Bedeutung für das Zusammenwirken des Mechanismus erkannt worden sind, sollte gerade dieser Umstand drei Jahre später zu dem entscheidenden Versagen der bayerischen Mitrailleusenbatterien im deutsch-französischen Krieg führen!

Der zugleich mit diesen Berichten an das Kriegsministerium eingereichte Antrag auf Genehmigung des Ankaufs von einem Gatling-Geschütz im Kaliber 1 Zoll und eines von Gewehrkaliber wurde am 18. Oktober genehmigt und Beschaffungsmittel in Höhe von 8750 fl bereitgestellt[52].

Dann verstrichen fünf Monate, in denen Broadwell sich bemühte, die Geschütze aus der Fabrik von Colt in Hartford auf dem Seewege nach Deutschland schaffen zu lassen.

Im April des Jahres 1868 begannen dann die konkreten Vertragsverhandlungen, in denen Broadwell folgende Bedingungen stellte[53]:

Der für die beiden Versuchsgeschütze genannte Preis gelte auch dann, wenn sich die Regierung entschließe, die Revolverkanonen einzuführen; es müßten mindestens 100 Geschütze abgenommen werden (diese Zahl wurde später auf 50 Exemplare reduziert[54]). Dieser hohe Preise müsse gefordert werden, da die Regierung es abgelehnt habe, Gatling ein Patent zu erteilen. Die Geschütze würden auf Kosten des Bestellers bis Karlsruhe transportiert, während die Munition wegen strenger Sicherheitsvorschriften der Eisenbahngesellschaften von Bayern selbst in Hamburg abzuholen sei. Als Lafette offerierte Broadwell das neueste Modell mit Seitenstreueinrichtung, hergestellt in der Maschinenbaugesellschaft Karlsruhe. Falls Bayern eine größere Anzahl Geschütze in Auftrag gebe, könne es auch das Kaliber frei wählen. In der Beratungskommission und im ACC waren nämlich zuvor Bedenken entstanden, daß die Geschütze nur in den amerikanischen Kalibern geliefert werden könnten. Angestrebt wurde in jedem Fall eine Kalibergleichheit von Infanteriegewehr und Revolvergeschütz, sofern das kleine Geschütz eingeführt werden sollte[55].

Am 24. Juni konnte dann endlich der Kaufvertrag unterzeichnet werden, dessen Inhalt aus einer Note des Kriegsministeriums hervorgeht, die hier zitiert wird:

»Nach dem vorliegenden Vertrag vom 24. Juni verpflichtet sich die Gatling-Kanonen-Compagnie zu Karlsruhe an die Zeughaus Haupt-Direction München zu liefern:

A. 1	sechsläufiges Gatlings-Geschütz mit dem Kaliber 1'' englisch samt Munitions Büchse und allem Zubehör, exclusive der Laffete um den Preis von	1853 Rt[56] 20 Sgr
	mit Einrechnung von 53 Rt 20 Sgr Transport und Zoll-Kosten von Amerika nach Karlsruhe;	
	1 verbesserte eisene Laffete mit Seitenverschiebungs-Mechanismus um	450 Rt – Sgr
	1000 Stück gewöhnliche und 500 Stück Kartätsch-Patronen dazu um 265 Rt per 1000 Stück =	397 Rt 15 Sgr
	exclus.: der Frachtkosten von Amerika nach Hamburg, welche Kosten noch eigens nach dem wirklichen Ergebnisse in Berechnung gebracht werden.	
	Summa A für das größere Geschütz	2701 Rt 5 Sgr
B. 1	sechsläufiges Gatlings-Geschütz mit dem Kaliber 0'',5 englisch samt Munitionsbüchse und allem Zubehör exclus.: der Laffete um	1377 Rt 4 Sgr
	mit Einrechnung von 24 Rt 4 Sgr Transport- und Zollkosten von Amerika nach Karlsruhe;	
	1 eisene Laffete dazu	400 Rt – Sgr
	2000 Stück Patronen des neuesten und besten Modells a 45 Rt per 1000 Stück =	90 Rt – Sgr
	jedoch exclus. der Frachtkosten von Amerika nach Hamburg, welche sowie die weitern Transportkosten von da nach München und jene für die Geschütze mit Zubehör von Karlsruhe nach München nach dem wirklichen Ergebnisse noch besonders werden aufgerechnet werden.	
	Summa B. für das kleine Geschütz	1867 Rt 4 Sgr
Hiezu	Summa A. für das größere Geschütz	2701 Rt 5 Sgr
	Totalsumme vorläufig	4568 Rt 9 Sgr
	oder in süddeutscher Währung	7994 f 31 ½ kr
	Hiezu die ebenbemerkten Fracht- dann die Uebernahmenskosten in Karlsruhe durch bayer. Offiziere beiläufig	800 f – kr
	Dann ein außerordentlicher Aufwand a conto des außerordentlichen Etats angenommen in runder Summe von	8800 f – kr[57].

In einer weiteren Vereinbarung des Vertrages hatte sich das Kriegsministerium für den Fall der Einführung mit der Abnahmepflicht von weiteren 48 Geschützen einverstanden erklärt, dann aber für zusätzliche Exemplare die Regelung durchsetzen können, daß die bayerische Regierung ohne Zahlung von Lizenzgebühren berechtigt war, Geschütze des Systems Gatling in jeder beliebigen Menge in den eigenen Fabriken herstellen zu lassen [58].

Am 27. Juli begab sich dann Hauptmann Franz Will nach Karlsruhe, um die beiden Geschütze nach München zu überführen. Größere Schwierigkeiten infolge der Sicherheitsbestimmungen ergaben sich dagegen bei dem Abtransport der in Hamburg lagernden Munition. Da die gleiche Problematik schon die badischen Versuche verzögert hatte und dort bereits angeschnitten wurde, soll an dieser Stelle nicht weiter darauf eingegangen werden. Durch tätiges Einschreiten der bayerischen Gesandtschaft in Berlin und des Generalkonsulates in Hamburg konnte die in siebzehn Kisten verpackte Munition durch Militäreskorte endlich am 26. Oktober auf den Weg nach München gebracht werden [59].

Abb. 104 und 105:
Gatling-Kanone, Kal 1 Zoll (25,4 mm), 1868 vom bayerischen Staat für die technische Erprobung angekauft; die Lafette lieferte die Karlsruher Maschinenfabrik Broadwell & Co. (Bayerisches Armeemuseum, Ingolstadt).

Nach dem Eintreffen der Munition in München begann das Zeughaus mit ihrer Laborierung, und die Beratungskommission erstellte ein vorläufiges Versuchsprogramm [60], das aber in dieser Form nicht zur Ausführung gelangte, weil mittlerweile Angebote anderer Hersteller von Schnellfeuergeschützen vorlagen und geprüft wurden. Namentlich war dies die belgische Mitrailleuse des Systems Christophe & Montigny, während sich das Kartätschgeschütz von Feldl zu diesem Zeitpunkt noch im Entwicklungsstadium befand.

Im Verlaufe der Wintermonate machte sich die Kommission eingehend mit der unterschiedlichen Konstruktionsphilosophie der beiden Systeme vertraut, begutachtete den Mechanismus, die Visiereinrichtungen und die Munition sowie die Fertigungsqualität der ganzen Waffe [61].

Schließlich setzte das ACC, nachdem die Vorbereitungen abgeschlossen waren, ein Vergleichsschießen zwischen den beiden Gatling-Geschützen und der belgischen Mitrailleuse für den Vormittag des 16. Februar 1869 an [62].

Als Ergänzung wurden noch zwei Abteilungen Infanterie zu je 16 Mann hinzugezogen, die mit dem neuen Infanteriegewehr System Werder M. 69 und dem aptierten Gewehr M. 57/67 System Podewils-Lindner als Maßstab für die Feuerkraft der Infanterie an den Versuchen teilzunehmen hatten [63].

Zu den Versuchen selbst wird in einem eigenen, vergleichenden Abschnitt Stellung genommen, da sowohl Methodik und Ausführung der Erprobungen als auch Analyse der Ergebnisse als eine nicht zu trennende Einheit aufzufassen sind und sie die Grundlage für den stattgefundenen Entscheidungsprozeß bildeten.

Während dieser Phase offerierte Broadwell der Artillerie-Beratungskommission eine verbesserte Gatling Gun mit zehn anstatt mit sechs Rohren. Das Geschütz war im Juli noch in Österreich auf der Simmeringer Heide bei Wien getestet worden [64] und sollte in München für zusätzliche Versuche zur Verfügung stehen, gerade noch rechtzeitig vor der endgültigen Entscheidung, um seine Überlegenheit gegenüber dem Kartätschgeschütz von Feldl – so glaubte jedenfalls Broadwell – unter Beweis stellen zu können [65]. Die Kommission deckte aber die gleichen Mängel auf, die schon dem 1868 angekauften sechsrohrigen Exemplar anhafteten. Um die letzte Möglichkeit für einen größeren Geschäftsabschluß zu wahren, erklärte sich Broadwell daraufhin bereit, das alte Geschütz auf seine Rechnung von der Maschinenbaugesellschaft Karlsruhe nach den von der Kommission gegebenen Vorschlägen umbauen zu lassen. Mit verschiedenen Modifikationen versehen, die die Munitionszuführung und die Getriebeübersetzung sowie die Anbringung einer Seitenstreuvorrichtung betrafen, gelangte das Geschütz Ende März 1870 wieder nach München. Tatsächlich ergaben die neuerlichen Versuche eine deutliche Zunahme der Zuverlässigkeit und eine Steigerung der Feuergeschwindigkeit auf weit über 300 Schuß pro Minute [66].

Diese günstigen Resultate vermochten den Kommissionsbeschluß zugunsten der Konstruktion von Feldl nicht mehr zu verändern; er war ein halbes Jahr zuvor definitiv gefällt worden!

Als letzter Sachzeuge für die obigen Versuche hat sich das angekaufte 1-Zoll-Geschütz im Bayerischen Armeemuseum erhalten (Abb. 104–107) [67]. Nicht mehr vorhanden ist das ½-Zoll-Geschütz Modell 1865 mit sechs Rohren [68].

Die 1-Zoll-Revolverkanone befindet sich in einem restaurierungsbedürftigen Zustand; verschiedene Kleinteile sowie der Ladetrichter sind abhandengekommen. Das feuernde System wurde von der Fa. Colt in Hartford hergestellt, die eiserne Lafette mit Holzrädern von Broadwell & Co in Karlsruhe, d. h., bei der Maschinenbaugesellschaft Karlsruhe.

Abb. 106:
Verschlußgehäuse und Rohrbündel der Gatling-Kanone; Ladetrichter nicht mehr vorhanden.

Die wesentlichsten Abmessungen betragen:

	mm
Gesamtlänge der höhenrichtbaren Masse	1705
Rohrlänge	839
Kaliber (8 Züge)	25,4
Lafettenlänge	2490
Lafettenraddurchmesser	1253
Spurweite	1410

Abb. 107:
Bedienungselemente für die Höhen- und Seitenrichtung.

Der Verzicht auf ihr System war nicht die einzige Niederlage, die die Gatling Gun Company in Bayern erleben mußte. Im Juni 1867 ersuchte das Staatsministerium des Handels und der öffentlichen Arbeiten das Kriegsministerium um Amtshilfe bezüglich des Antrages von Richard Jordan Gatling auf Erteilung eines Patents für seine Maschinenkanone im Königreich Bayern[69]. Das Kriegsministerium sprach sich eindeutig gegen die Erteilung des Patents aus[70], weil die Erfindung einmal durch die bereits erwähnte Broschüre Gatlings, zum andern durch die ausführliche Beschreibung und Abbildung in der Juni-Ausgabe der »Zeitschrift für die Schweizerische Artillerie« publiziert war[71] und das gegen § 95 und § 100 der Vollzugsinstruktion für das Gewerbegesetz von 1862 verstieß, wonach Patente nicht bewilligt werden sollten, die in öffentlichen Druckschriften deutlich beschrieben waren[72]. Daraufhin wies das Staatsministerium des Handels die Regierung von Oberbayern an, dem Patentanwalt von Gatling mitzuteilen, daß das Gesuch auf Erteilung eines Patents »auf eine nach Hinterladungssystem construirte Revolverkanone« abgelehnt sei[73]. Hierdurch hatte sich die bayerische Regierung immerhin die Möglichkeit offengehalten, die technischen Grundzüge des Gatling-Systems eventuell im eigenen Land, sei es in Regie der Artilleriewerkstätten, sei es durch Privatbetriebe wirtschaftlich auszunutzen, wozu es jedoch nicht mehr kam.

8.3. Die bayerische Armee und das Kartätschgeschütz System Feldl

8.3.1. Die Vergleichsversuche

8.3.1.1. Ergebnisse und Analysen

Mitten in der Vorbereitungsphase für die unmittelbar bevorstehenden Vergleichsversuche zwischen der Gatling Gun und der belgischen Mitrailleuse[74] erhielt das bayerische Kriegsministerium eine weitere Offerte für eine »Infanterie-Kanone«, nämlich die der Maschinenfabrik Augsburg. Das ACC und die Artillerie-Beratungskommission wurden angewiesen, dem Fabrikdirektor Buz mitzuteilen, er möge das Feldlsche Geschütz zwecks Erprobung nach München überführen, während die Institutionen selbst alle organisatorischen Maßnahmen treffen sollten[75]. Schon in der ersten Märzwoche des Jahres 1869 führte die Beratungskommission mit dem Geschütz einen ersten Versuch mit dem Ergebnis durch, daß die Maschinenfabrik Augsburg veranlaßt wurde, einige mechanische Mängel, die zu Ladestörungen geführt hatten, abzustellen. Mit einer modifizierten Ausführung des Geschützes setzte die Kommission die Erprobung am 31. März fort[76]. Hierbei ging es zunächst um die Ermittlung der Präzision, der Treffwahrscheinlichkeiten und der Feuergeschwindigkeit. Als Ziel diente eine 9 Fuß (2,82 m) hohe und 48 Fuß (15,06 m) breite Scheibe, die Entfernungen lagen zwischen 250 und 1200 Schritt (187,5 u. 900 m). Folgende Ergebnisse wurden erzielt[77]:

Entfernung (Schritt)	Schußzahl	Trefferzahl	Trefferquotient (%)
250	110	110	100
500	107	107	100
600	214	191	89
800	116	85	73
1000	106	70	66
1200	196	91	46

Die erreichte Kadenz im Schnellfeuer lag zwischen 350 und 400 Schuß pro Minute.

Wie die dem Bericht beigegebene Aufnahme der Treffbilder bestätigte[78], verfügte das Geschütz über eine ausgezeichnete Schußpräzision. Bei einer Entfernung von 250 Schritt lagen alle Treffer innerhalb eines Quadrates von etwa drei Fuß (0,94 m) Seitenlänge. Bei der Entfernung 600 Schritt bedeckten die Treffer eine Fläche von 6 × 5 Fuß (1,88 × 1,57 m). Bei 1200 Schritt nahmen die Treffer eine Fläche von 20 × 9 Fuß (6,28 × 2,82 m) auf der Scheibe ein, wobei die Höhe der Scheibe zur Ermittlung des genauen Ausmasses der vertikalen Streuung nicht ausreichend war[79]. Insgesamt gesehen konnte davon ausgegangen werden, daß die Leistungsfähigkeit der Maschinenkanone von Feldl die Kommission zufriedenstellte. Daraufhin genehmigte das Kriegsministerium am 9. April die Fortsetzung der Erprobung mit einem Dauerversuch von 4700 Schuß[80]. Die Maschinenfabrik Augsburg stellte dazu ein wiederum modifiziertes Geschütz, das zudem auf die Munition des neu einzuführenden Infanteriegewehres System Werder umgestellt worden war, bereit. Dieser Test fand vom 5. bis 9. Juli statt und beinhaltete auch ein Erschießen von Treffbildern bei Entfernungen zwischen 400 und 1400 Schritt. Als Feuerart wählte die Kommission kontinuierliches, d. h. Dauerfeuer, wobei durch Auswechseln der Magazine bis zu 730 Schuß hintereinander abgegeben werden konnten. Neben der Aufdeckung von Zuführungsstörungen[81] bei höchster Feuergeschwindigkeit hatte der Versuch zur Erkenntnis geführt, daß der Drall der Rohre zu stark war, so daß die weichen Bleigeschosse den Zügen nicht mehr zu folgen vermochten und diese vollständig verbleiten. In Folge sanken die Trefferquotienten auf unterdurchschnittliche Werte. Als Abhilfe empfahl die Kommission eine Reduzierung des Dralls auf das bei dem Infanteriegewehr übliche Maß von 36 Zoll für eine Umdrehung[82].

Das Ministerium erklärte sich mit den bisherigen Ergebnissen einverstanden und ordnete die Umrüstung des Geschützes sowie einen neuen Dauerversuch an.

Obwohl zu diesem Zeitpunkt der für eine Fertigung erforderliche Konstruktionsstand, d. h. ein definitives Modell, noch nicht festgelegt, eine Entscheidung zugunsten eines der angebotenen Geschütze nicht einmal getroffen war, hatte das ACC unter seinem Kommandeur, dem Generalleutnant v. Brodeßer[83], in Mißdeutung einer Weisung des Ministeriums mit der Maschinenfabrik Augsburg am 15. Mai, vorbehaltlich einer höheren Genehmigung, einen Liefervertrag über 59 Feldl-Geschütze abgeschlossen[84]. Das ACC hatte nämlich nur Vorverhandlungen zwecks Ermittlung des für insgesamt 80 Geschütze erforderlichen Finanzvolumens führen und die Liefermöglichkeiten sondieren sollen. Gleichwohl war aber auch der Artillerie-Referent im Ministerium, Major v. Büller[85], von einer Beschaffung der Feldl-Geschütze ausgegangen und veranlaßte die Aufnahme der Beschaffungssumme von 150 000 fl in den Haushalt der 10. Finanzperiode. Tatsächlich erschien dann dieser Betrag erst in dem den Landtagskammern vorgelegten Haushaltsentwurf für das Jahr 1870[86]. Der Sachstand zwang den General-Verwaltungsdirektor im Kriegsministerium, Carl Ritter v. Feinaigle[87], das ganze Vertragsverfahren zu mißbilligen, und er hielt es angesichts der Tatsache, daß sich der außerordentliche Kredit für Artilleriematerial nur mehr auf 2000 fl belaufe und der neue außerordentliche Kredit gesetzlich noch nicht genehmigt sei, als politisch äußerst gewagt und unzulässig[88]. Nach dieser im übrigen ziemlich scharf formulierten Weisung lehnte der Artilleriereferent die Genehmigung des Vertrages ab und ließ dem ACC nur zum Ankauf eines weiteren Prototypen freie Hand. Erst nach erfolgreichem Abschluß neuer Dauerversuche wollte das Kriegsministerium eine definitive Entscheidung zugunsten eines Systems treffen[89]. Der Referent, der General-Verwaltungsdirektor, das ACC sowie die Maschinenfabrik Augsburg einigten sich Anfang September schließlich auf folgendes Procedere: Die Firma liefert dem Ministerium kostenlos für drei Wochen einen neuen Prototypen mit den innenballistischen Verhältnissen des Werder-Gewehres als Versuchsgeschütz. Nur bei positivem Ausgang der Erprobung erklärt sich das KM bereit, den von der Maschinenfabrik geforderten Preis von 4000 fl zu begleichen, während hingegen für weitere zu bestellende Geschütze ein ermäßigter Betrag von 1500 fl plus 300 fl für die Lafette vereinbart wird[90].

Die neuerlichen Versuche fanden am 27. September 1869 statt, und die Kommission ermittelte Trefferquotienten von 65% bei einer Entfernung von 1000 Schritt und 83% auf eine verbreiterte Zielscheibe in 500 Schritt Entfernung, wobei während des Feuers die Seitenrichtung verändert wurde[91].

Nach dem Abschluß der Versuche ging die Kommission an die Auswertung der Ergebnisse. Außer dem Resultat der getroffenen Entscheidung ist dabei auch der methodologische und analytische Weg des Entscheidungsprozesses von grundsätzlichem Interesse.

Als Abschluß ihres eigenen Entscheidungsprozesses reichte Generalmajor Herdegen[92] am 12. Oktober 1869 den abschließenden Bericht der Artillerie-Beratungskommission als Vorlage an das ACC ein[93].

Hiernach ergab sich für die Kommission, deren Bericht von Hauptmann v. La Roche[94] ausgearbeitet worden war[95], hinsichtlich der Mechanik der Geschütze, ihrer Feuerwirkung und ihrer ballistischen Kenndaten folgendes Bild (vgl. die technischen Daten in Anlage 5):

1. Die Gatling Gun[96]

Der Konstruktion des Geschützes und seiner technischen Ausführung wurde ein gutes Zeugnis attestiert; der Mechanismus erwies sich auch unter erschwerten Umweltbedingungen als sehr dauerhaft und robust. Wenngleich die Kommission hervorhob, daß Störungen im Verschlußsystem (Bruch des Schlagbolzens) keinen Totalausfall der Feuerkraft bedeute-

ten, sah sie in dem Rohrbündel einen gravierenden Nachteil, indem nämlich größere Friktionen in den gemeinsamen Funktionsteilen den gesamten Mechanismus lahmlege. Gleichfalls wurde das ungleichmäßige Auswerfen der leeren Patronenhülsen und die unbefriedigende Zuführung der Munition aus den Ansteckmagazinen kritisiert.

Bei der Beurteilung der »Feuerwirkung und Treffähigkeit« wurde der Charakter des ununterbrochenen Feuers hervorgehoben, das, auf eine angreifende Truppe abgegeben, von großer moralischer Wirkung sei. Die Ausbildung der munitionszuführenden Bedienung (Magazinwechsel) bedürfe allerdings einer besonderen Beachtung. Die Feuergeschwindigkeit (Kadenz) belief sich bei der 1-Zoll-Waffe auf ca. 100 Schuß, während mit dem kleineren Geschütz bis zu 250 Schuß pro Minute abgegeben werden konnten. Bei der Bewertung der Wirkung im Ziel lag das ½-Zoll-Geschütz weit vor dem größeren, dessen ungenügende ballistische Eigenschaften bemängelt wurden, insbesondere die Kartätschmunition zeigte nur im Nächstbereich Wirkung.

Über die bei den Versuchen für das ½-Zoll-Geschütz ermittelten Trefferquotienten als Funktion der Zielentfernung gibt die vergleichende graphische Darstellung in Anlage 6 Aufschluß[97].

2. Die belgische Mitrailleuse von Christophe u. Montigny[98]

Bei der Mitrailleuse stellte die Kommission schwerwiegende Mängel in der Funktionssicherheit fest, die auf die Verschlußkonstruktion selbst und in dem komplizierten Spiel von Abzugsmechanismus sowie der vielen Federn und Schlagbolzen zurückzuführen waren. Hiervon ausgehende Störungen in Verbindung mit den festgestellten Hemmungen beim Schließen (zerquetschte Patronen) und Öffnen des Verschlusses (Steckenbleiben der leeren Hülsen im Rohr) müßten zwangsläufig wegen der erforderlichen zeitaufwendigen Demontage des Systems zu einer Einstellung des Feuergefechtes führen. Die erreichte Feuergeschwindigkeit lag zwischen vier- und achtmaligem Wechsel der Ladeplatten (124 bis 248 Schuß) pro Minute. Bezüglich der Wirkung im Ziel und der Präzision wurde eine insgesamt geringere Leistung als bei den Gatling-Geschützen konstatiert (vgl. Anlage 6), wodurch der Wirkungsbereich auf maximal 800 Schritt eingeschränkt sei.

Als einziges positives Kriterium vermerkte die Kommission den Umstand, daß die Entfernung der Hülsen nicht von einer Mechanik, sondern von Hand durchzuführen sei.

3. Das Kartätschgeschütz System Feldl[99]

Bei diesem Modell hob die Kommission das gleichfalls kontinuierliche Feuer und die Unabhängigkeit der Rohre hervor, die es gestatte, bei Ausfall eines Systems mit den anderen weiter zu operieren. Die Konstruktion wurde als solide und zuverlässig beurteilt und man bescheinigte ihm einen »ungestörten Gang aller Funktionen«[100].

Infolge der hohen möglichen Feuergeschwindigkeit und der guten ballistischen Eigenschaft der Werder-Munition erreichte das Feldl-Geschütz insgesamt die besten Werte (vgl. Anlage 6).

Unter Berücksichtigung dieser wesentlichen und weiterer Punkte formulierte die Beratungskommission folgendes Resümee:

»Da es bisher nur mit dem neuen Augsburger Modell gelungen ist, ein längeres Feuer ohne jede Störung zu unterhalten, die Solidität seines Mechanismus, wenngleich der äußeren Beurtheilung gemäß, dem des Gatling Gun nachstehend, sich als vollkommen genügend erwiesen, die mit demselben erzielte Feuergeschwindigkeit die größte und dessen Treffähigkeit bedingt durch die Adoptierung des Werdergewehres mit Berdan-Patrone (Metallpatrone des Infanterie Gewehres Muster 1869) einen hohen vollkommen befriedigenden Grad erreicht hat, – außerdem von allen den Versuchen unterworfenen Systemen von Repetirgeschützen – das Augsburger Modell allein es zuläßt, bei eventuell eintretenden Störungen, – veranlaßt durch den Mechanismus oder Munition, – einen Lauf vollkommen und ohne jeden Zeitaufwand leicht auszulösen und so das Feuer ungestört mit den übrigen Läufen fortzusetzen, so dürfte dieses System in seinem jetzigen Stande entschieden als das beste und empfehlenswertheste zu bezeichnen sein«[101].

Um den bayerischen Entscheidungsfindungsprozeß in einen größeren Zusammenhang zu stellen, sollen an dieser Stelle die einschlägigen Versuche im Ausland beleuchtet und gegenübergestellt werden. Als sehr wichtig für eine Beurteilung der Treffwahrscheinlichkeiten bei verschiedenen Versuchen ist in erster Linie die vertikale Ausdehnung der Zielscheibe anzusehen, die möglichst übereinstimmen sollte, um einen gleichen Ausschnitt aus der vertikalen Gesamtverteilung der Schüsse zu geben, da die verwendeten Scheiben bei mittleren und großen Zielentfernungen in der Höhe zu gering dimensioniert waren[102]. Dahingehend erwiesen sich die horizontalen Scheibenmaße als ausreichend.

Trotz der jeweils unterschiedlichen Versuchsbedingungen wie Witterung, Windverhältnisse, Einflüsse der differenten Lafettentypen, Zielfehler usw., die teilweise nicht bekannt und auch praktisch nicht als Korrektiv der Daten verwendet werden können, läßt doch die die Einzelwerte beinhaltende graphische Gegenüberstellung mit hinreichender Sicherheit Aussagen über die Treffwahrscheinlichkeit des einzelnen Modells bei den angegebenen Zielentfernungen zu. Unter diesen Voraussetzungen konnten österreichische Versuchsschießen, die am 27. Mai und 12. Juni 1871 auf der Simmeringer Heide mit dem im Herbst 1870 eingeführten Mitrailleur System Montigny stattfanden[103], und ein belgischer Versuch am 9. August 1870 mit dem Mitrailleur System Christophe u. Montigny auf dem Polygon zu Brasschaet berücksichtigt werden[104].

In der als Anlage 6 beigefügten Graphik sind die ermittelten Trefferquotienten[105] als Funktion der Zielentfernungen aufgetragen, so daß sich für jedes Modell der charakteristische Kurvenverlauf für die Treffwahrscheinlichkeit ergibt.

Augenscheinlich waren dabei die Leistungen des Systems Christophe u. Montigny durch die neuen österreichischen und belgischen Munitionsarten[106] gegenüber der in Bayern vorhandenen alten Munition erheblich gesteigert worden. Hinsichtlich der Treffwahrscheinlichkeit und der Präzision erwies sich das Modell von Feldl auch im internationalen Vergleich als

die bessere Waffe. Der Entschluß zur beschränkten Einführung dieses Systems in Bayern kann auch noch unter heutigen Prämissen als die richtige Entscheidung bezeichnet werden.

In einem Anhang zum Bericht ging die Beratungskommission auch auf die taktische Verwendbarkeit der Repetiergeschütze ein. La Roche leugnete hierbei nicht, daß zu einer realistischeren Beurteilung noch die praktischen Erfahrungen fehlten. Die Einschätzung belief sich daher auf nachfolgende, hier stichpunktartig zusammengefaßte Aussagen[107]:

– Wegen des hohen Gewichts bis zu zehn Zentnern Fortbewegung nur als Pferdegespann
– Fortbewegungsmöglichkeit vom Terrain abhängig
– Vergleich der Wirkungen Feld- zu Repetiergeschütz fällt zugunsten Feldgeschütz aus
– Wertung deshalb besser im Vergleich mit Infanterie
– Im gewöhnlichen Gefecht normalerweise keine Erhöhung der Feuerwirkung durch »künstliche Maschine« erforderlich
– Eine Gruppe Infanterie läßt sich leichter verwenden und dirigieren
– Vorteilhafter Einsatz bei schmalen Stellungsräumen; zur Verteidigung von Engpässen und gegen Infanterie bei plötzlicher Demaskierung
– Gibt eigener Truppe moralischen Rückhalt
– Auch zum Gebrauch im Festungskrieg gut geeignet.

Die Kommission ging letztlich davon aus, daß die Repetiergeschütze den Kartätschschuß der Feldgeschütze nicht ersetzen könnten, sondern als Verstärkung des Infanteriefeuers in bestimmten taktischen Situationen zu betrachten seien. Hinsichtlich der Eingliederung der Maschinenkanonen in die bestehenden Truppenkörper wurde die Bildung selbständiger leichter Batterien in der Reserve der Divisionen oder Armeekorps, die Vereinigung von zwei bis vier Geschützen mit den Munitionsreserven der Infanterie, als Regiments- oder Bataillonsgeschütze der Infanterie oder die Zuteilung einzelner Geschütze zu den Feldbatterien als Verteidigungskomponente für den Nahbereich vorgeschlagen.

Nach Meinung der Kommission belaufe sich der Beschaffungsbedarf auf 32 Geschütze für die Infanteriebrigaden sowie insgesamt zehn für den Einbau in die Vorwerke der Festung Ingolstadt[108].

Auf der Grundlage der Versuchsberichte und dem »Vor- und Antrage« der Artillerie-Beratungskommission erarbeitete Büler unter dem 10. November eine entscheidungsreife Vorlage an den Minister[109]. Den Schwerpunkt seiner Ausführungen setzte er im taktisch-operativen Bereich, da er die Beurteilung der technischen Seite der Repetiergeschütze aus dem Kommissionsbericht übernehmen konnte. Den ausschlaggebenden Umstand für die bevorstehende Entscheidung, schnellfeuernde Maschinengeschütze bei der bayerischen Armee einzuführen, sah er in der festgestellten »Lücke artilleristischer Wirkung«, wie sie infolge der Einführung gezogener Infanteriegewehre mit weittragenden Spitzgeschossen durch den unzureichenden Kartätschschuß sowohl der glatten als auch der gezogenen Geschütze gegeben war. Die Kartätschwirkung erstreckte sich auf bis zu 400 Meter[110], während die tempierbaren Schrapnells vornehmlich für Entfernungen über

1000 Meter geeignet erschienen, diese aber in Bayern noch nicht zur Verfügung standen [111]. In dieser Wirkungslücke wollte der Referent die neuen Waffen eingegliedert sehen, also in den Entfernungsbereich von über 700/800 Schritt, wo die Wirkung der Handfeuerwaffen geringer wurde.

Zur Beurteilung und als vorgegebener Maßstab der technischen, ballistischen und operationellen Leistungsmerkmale einer neuen Waffe werden heute taktische Forderungen (TaF) und Lastenhefte erstellt, in denen alle Bedingungen erfaßt sind, die von dem Waffensystem in technischen Erprobungen und Truppenversuchen zu erbringen sind [112]. In der strukturierten und durchreflektierten Vorlage des Referenten findet sich ähnliches. Von einem neu einzuführenden Repetiergeschütz fordert er dezidiert folgende Leistungskriterien:

- Feuergeschwindigkeit mindestens 200 Schuß pro Minute
- gute Treffähigkeit bis 1200 Schritt verbunden mit ausreichender Wirkung gegen »weiche« Ziele
- Handhabungs- und Bedienungsfreundlichkeit beim Laden und Richten
- Mechanik muß sich als zuverlässig erwiesen haben und auch nach Störungen durch Redundanz der feuernden Systeme weiter arbeiten können
- Geschütz muß von maximal drei Mann bedient und von zwei Pferden fortbewegt werden können
- durch möglichst kleines Gesamtgewicht muß die Waffe mobil und ohne viel Troß auch in schwierige Stellungen zu verbringen sein; die Bedienung muß einen Stellungswechsel über kurze Entfernungen selbst durchführen können
- Um einen ausreichenden Munitionsvorrat am Geschütz zu haben und die logistische Versorgung sicherzustellen, muß es für die Patrone des Infanteriegewehres eingerichtet sein.

Die umfassenden Erprobungen, so lautete schließlich das Urteil des Referenten, hätten ergeben, daß nur das Repetiergeschütz von Feldl allen diesen Anforderungen genüge. Verbesserungen seien jedoch noch an der Konstruktion der Lafette erforderlich, auch müsse die Gesamtmasse durch Gewichtserleichterung einiger Teile deutlich verringert werden, um die Mobilität zu erhöhen.

Hinsichtlich der operativen Verwendung legte er dar, daß man von dem Grundsatz ausgehen müsse, die Repetiergeschütze hätten nicht die Wirkung gezogener Geschütze; deshalb könnten sie diese auch nicht ersetzen. Aufgabe der Maschinenkanone sei es vielmehr, eine Verstärkung des Infanteriefeuers für besondere Fälle und in bestimmten Gefechtslagen herbeizuführen, die dann gegeben wären, wenn die Beschaffenheit des Terrains keine Aufstellung von Infanterie zulasse, ein Geschütz zum Erreichen des Zweckes nicht erforderlich oder eine Geschützaufstellung überhaupt nicht möglich sei, also insbesondere dort, wo beengte Aufstellungsräume anzutreffen und Defileen und Brücken zu bestreichen oder zu besetzen seien. Ein weiterer Schwerpunkt sollte die Abwehr von Angriffs- und Sturmkolonnen darstellen. Es könne jedenfalls nicht darum gehen, einzelne Geschütze den Infanteriebataillonen beizustellen, um die Feuerwirkung der 800 Infanteristen um einen vergleichsweise geringen Prozentsatz zu erhöhen. In den oben aufgeführten Lagen erweise sich das äußerst lebhafte kontinuierliche Feuer von großer moralischer Wirkung

und bedeute eine wesentliche Verstärkung der Kampfmittel der Armee. Dies sei auch von anderen Staaten erkannt worden, bei denen eine Einführung schon erfolgt oder unmittelbar bevorstehe. Da folglich die Maschinengeschütze nach den besonderen Kriterien ihrer technischen und taktischen Leistungsfähigkeit eingesetzt werden müßten, sollten, so lautete der Vorschlag des Referenten, jeder Brigade vier Geschütze zugewiesen werden, da mit dieser Maßnahme am ehesten eine sachgerechte Verwendung gewährleistet sei.

Der Kriegsminister zeichnete die Vorlage ab und übertrug, wie es vorgeschlagen war, einer Kommission höherer Offiziere die abschließende Beratung und Beschlußfassung über die Einführung der Feldlschen Konstruktion in der bayerischen Armee [113].

De facto hatte das Kriegsministerium damit die Einführungsentscheidung bereits vorweggenommen; der Kommission verblieb nur die Regelung einiger technischer Fragen und die Lösung bestimmter organisatorischer Probleme. Die tatsächlich geleistete Arbeit dieses Gremiums hat in dem Aktenmaterial anscheinend keinen Niederschlag gefunden, jedoch nahm die Zeughaus-Hauptdirektion die Konstruktion einer neuen Lafettierung mit Protze sogleich in Angriff und verhandelte mit der Maschinenfabrik Augsburg über die Fertigung und die Lieferkonditionen.

Ein neuerlicher Vertrag wurde am 20. Dezember 1869 mit der Maschinenfabrik abgeschlossen [114]. Der General-Verwaltungsdirektor strich allerdings aus haushaltsrechtlichen Gründen die bereitzustellende Summe für die ersten Seriengeschütze stark zusammen, da er politische Verwicklungen befürchtete, solange über den beantragten außerordentlichen Etat von 150 000 fl für 80 Geschütze von den Kammern des Landtages noch nicht entschieden war. Mit der ausdrücklichen Billigung des Ministers wurde das ACC am 29. Januar 1870 angewiesen, wie folgt zu verfahren:

- Beschaffung eines Geschützes mit Lafette, Protze und Zubehör für 4900 fl
- ein Mechanismus ohne Lafette für 1500 fl
- eine Richtvorrichtung für 200 fl
- ein Kasemattenblock für 300 fl

Gesamtbetrag 6900 fl.

Diese Positionen sollten vier Monate nach Vertragsgenehmigung gütegeprüft und abgenommen werden [115].

Bis zum Sommer des Jahres 1870 waren in der Kartätschgeschützfrage keine nennenswerten Aktivitäten zu verzeichnen.

8.3.1.2. Die militärische Waffenerprobung – ein struktureller Vergleich

Staaten, die zur Deckung des Sachbedarfs ihrer Streitkräfte über eigene oder privatindustrielle Fertigungskapazitäten für wehrtechnisches Gerät verfügen, stützen sich bei der Auswahl des Materials vor der Einführung in die Truppe bei der Entscheidungsfindung vornehmlich auf die Tätigkeit von Erprobungsstellen ab. Heute gibt es in der Bundesrepublik

Deutschland im nachgeordneten Bereich der durchgängig zivil organisierten und für die Rüstung zuständigen Bundeswehrverwaltung mehrere dem Bundesamt für Wehrtechnik und Beschaffung unterstehende Dienststellen, die sich mit der Erprobung von Gerät für die drei Teilstreitkräfte befassen [116].

Die Erprobung von Waffen, Waffensystemen und Geräten besteht im allgemeinen aus zwei Hauptkomponenten, der technischen Erprobung und einer taktischen Beurteilung im Truppenversuch. Letztere wird von der das Gerät einsetzenden Truppe selbst durchgeführt.

Bei der technischen Erprobung wird vorrangig festgestellt, ob die technischen und militärischen Forderungen an die Waffe erfüllt, ob die Grundsätze der Wirtschaftlichkeit in Konstruktion und Fertigung berücksichtigt werden und ob der Aufwand in tragbarer Relation zum Erfolg steht. Darüber hinaus können die durch Messungen auf wissenschaftlicher Grundlage gewonnenen Daten zur Erarbeitung von Verbesserungsvorschlägen dienen, um eine Vervollkommung des Gerätes vor der Serienfertigung zu erreichen [117].

Im einzelnen werden die Funktion, Präzision, Leistung, Lebensdauer sowie die Wartungs-, Pflege- und Instandhaltungsmöglichkeiten der Waffe unter verschiedenen, teils simulierten Umweltbedingungen festgestellt. Neben der Prüfung der Austauschbarkeit von Einzelteilen und Baugruppen und der Beurteilung von Verpackungs-, Transport- und Lagerungsfragen hat auch das Kriterium der Handhabungs- und Schützensicherheit einen sehr wichtigen Stellenwert im Gesamterprobungsprogramm.

Den Abschluß der technischen Erprobung bildet die Erstellung eines Abschlußberichtes, aus dem zweifelsfrei hervorgehen muß, inwieweit das geprüfte Gerät dem Leistungskatalog entspricht. Die Gesamtbeurteilung in Zusammenhang mit dem Vorschlag einer Einführung oder auch Ablehnung geben dem BWB und dem Verteidigungsministerium wichtige Grundlagen für die Rüstungsentscheidung.

Vor einer prinzipiell gleichen Aufgabenstellung stand im Jahre 1869 die bayerische Kommission von Artillerieoffizieren, die mehrere in ihrer Konstruktion sehr unterschiedliche Systeme von Maschinenkanonen einer vergleichenden Erprobung und Beurteilung unterziehen sollte.

Konkrete Aussagen über die Arbeitsweise der Kommission kann die strukturelle Gliederung des Erprobungsberichtes geben.

Sein erster Teil behandelt ausführlich die technischen Einzelheiten der Geschütze, beschreibt die Waffen selbst und ihre Funktion beim Schuß; er geht dann auf die Lafettenkonstruktionen über und behandelt die Zieleinrichtungen sowie die Richtmaschinen. Als Abschluß dieses Teiles schließt sich eine Beurteilung der technischen Solidität und der Funktionssicherheit der Geschütze an, die auf der Grundlage der bei den Schießversuchen vorgekommenen Störungen basieren, und zwar in Form einer Gegenüberstellung der Vor- und Nachteile, d. h. ein Vergleich der technischen Eigenschaften der Geschütze. Der dann folgende Abschnitt unter der Überschrift »Feuerwirkung und Treffähigkeit« behandelt detailliert die Wirkung im Ziel anhand der Munitionsarten und der mit den Geschützen erreichten Feuergeschwindigkeit (Kadenz) sowie

die Treffwahrscheinlichkeit im prozentualen Vergleich und in Abhängigkeit von Zielgröße und Zielentfernung. Die geschossenen Treffbilder mit genauer Trefferaufnahme sind als Anhang beigefügt [118]. Ein weiterer Abschnitt befaßt sich mit den Kaliber- und Gewichtsverhältnissen. Es werden die Reichweite und Wirkungen beleuchtet und großes und kleines Kaliber gegeneinander abgewogen, wobei besonders logistische Gesichtspunkte eine Rolle spielen (Kalibergleichheit mit dem Infanteriegewehr; Transportkapazitäten beim Munitionsnachschub), da der Kommission die Aufrechterhaltung der Munitionszufuhr als Lebensbedingung der Maschinenkanonen erschien.

Im anschließenden Resümee trägt die Kommission den Ausgang der Vergleichserprobung vor und begründet ihr Urteil für die Auswahl eines bestimmten Modells.

Der Bericht schließt dann mit Ausführungen, die ausgehend von den bei den praktischen Schießversuchen gewonnenen Erfahrungen hinsichtlich Leistung, Handhabung und Zuverlässigkeit theoretische Überlegungen und Anschauungen zum taktischen Einsatz der Kanonen im Feld- und Festungskrieg behandeln. Es wird ferner versucht, taktische Einsatzgrundsätze zu erarbeiten und Möglichkeiten der Eingliederung der Maschinenkanonen in Infanterie- und Artillerieverbände erwogen. Es fällt hierbei ins Gewicht, daß die Kommission diese taktischen Gesichtspunkte ohne Überprüfung durch einen Truppenversuch aufstellt, wozu sich beispielsweise ein Manöver angeboten hätte. Schon allein aus diesem Umstand heraus ergibt sich die Wahrscheinlichkeit einer Fehlinterpretation in Bezug auf die Einschätzung der Kriegsrealität.

In einer abschließenden Bewertung kann konstatiert werden, daß der bayerische Bericht – vor 125 Jahren erarbeitet – aufgrund seiner methodischen Anlage durchaus von modernem Charakter ist. Der Verfasser hatte Gelegenheit, mehrere das gleiche Gebiet betreffende, aber naturgemäß der Geheimhaltung unterliegende neuzeitliche Erprobungsberichte einzusehen und konnte sich von der Richtigkeit dieser Annahme überzeugen [119].

8.3.2. Die Beschaffungsphase

Der Zulauf der Maschinengeschütze in Bayern ist in engem Zusammenhang mit den politischen und militärischen Ereignissen in der Juli-Krise des Jahres 1870 und dem Beginn des deutsch-französischen Krieges zu sehen.

Der schon lange schwelende Konflikt zwischen dem französischen Kaiserreich und dem Norddeutschen Bund mit der Vormachtstellung Preußens entzündete sich nun an der Kandidatur des Erbprinzen Leopold von Hohenzollern-Sigmaringen für den spanischen Königsthron. Nachdem die von emotionellen Ausbrüchen der Bevölkerung begleitete Krise durch den am 12. Juli ausgesprochenen Thronverzicht Leopolds beigelegt erschien, lösten beiderseitige diplomatische Demütigungen die Hemmschuhe für die militärischen Aktionen [120]. In Frankreich datierte die Einberufung der Reserven und damit die Mobilmachung vom 15. Juli. In der Nacht zum darauffolgenden Tag fiel in Berlin die Entscheidung, die am 16. verkündet wurde und das Norddeutsche Bundesheer nach dem

Mobilmachungsplan vom 7. November 1967 mobil machte [121]. Noch am gleichen Tag setzte der bayerische König den ersten Mobilmachungstag der bayerischen Armee auf den 17. fest, worauf die beiden Armeekorps und 16 Landwehrbataillone auf den Kriegsformationsstand zu bringen waren [122].

Die Ereignisse fielen mitten in die von den im bayerischen Landtag vertretenen Parteien geführten Auseinandersetzungen um den Militäretat, die dadurch noch um die Bewilligung der Kriegskredite ausgeweitet wurden. Nach der entscheidenden Rede des Kriegsministers vom 19. Juli, in der er seine Überzeugung zum Ausdruck brachte, daß die bayerischen Interessen beim bevorstehenden Kampf auf der Seite Preußens gewahrt blieben und die einzige Möglichkeit der Erhaltung der bayerischen Selbständigkeit in der Einhaltung der Bündnispflichten liege [123], bewilligte die Volksvertretung schließlich 18,26 Millionen Gulden als Kriegskredit [124].

Zur gleichen Zeit, als auch die offizielle Kriegserklärung Frankreichs in Berlin eintraf, aktivierte Referent Büller im Münchener Kriegsministerium die Beschaffung der Maschinengeschütze: »Um bei einem länger andauernden Kriege das Streitmittel der Infanterie Kanonen nicht entbehren zu müssen und schon des moralischen Factors wegen, den der Hinterhalt solcher Waffen bietet, dürfte nunmehr wegen Beschaffung einer bemessenen Anzahl derselben vorzugehen sein« [125]. Das ACC wurde dahingehend angewiesen, mit der Maschinenfabrik Augsburg einen Liefervertrag für zunächst 30 Geschütze auszuhandeln, die in Batterien zu je sechs Geschützen den fünf Infanteriedivisionen beigestellt werden sollten. Zur möglichen Beschleunigung der Angelegenheit stellte das Ministerium in fertigungstechnischen Fragen die Unterstützung durch die Gewehrfabrik sowie Gieß- und Bohranstalt in Aussicht und erhoffte den Abschluß der Lieferungen in acht bis zwölf Wochen [126].

Nur wenige Tage später, am 23. Juli, lag dem Ministerium ein entsprechender Vertrag zur Genehmigung vor. Der Preis für ein vollständig ausgerüstetes Geschütz betrug 3500 fl, die Lieferungen sollten sich aber über 23 Wochen (drei Geschütze pro zwei Wochen) erstrecken. Da man mit dieser Produktionsplanung nicht einverstanden sein konnte und unbedingt der von dem Feind ins Feld geführten Mitrailleuse eine gleichwertige Waffe entgegensetzen wollte, entschloß sich das Ministerium, nur 12 Geschütze zu beschaffen, die in zweieinhalb Monaten abgeliefert sein sollten. Der von der Maschinenfabrik geforderte Preis wurde zwar als um 1500 fl zu hoch angesehen, dann aber angesichts des unmittelbar bevorstehenden Krieges widerspruchslos akzeptiert [127]. Tatsächlich lieferte die Maschinenfabrik Augsburg schon am 18. August das erste Geschütz aus, das sogleich von einem Offizier der Zeughaus-Hauptdirektion technisch abgenommen wurde [128].

Innerhalb der nächsten Wochen galt es nun, durch enge Zusammenarbeit von Ministerium. Artilleriekorpskommando und dem 1. Feldartillerie-Regiment, resp. dem Hauptmann Grafen Hermann v. Thürheim [129], die Geschütze zu einer Batterie zusammenzustellen, sie gefechtsmäßig mit allen Utensilien, Pferden, Munitionswagen, Feldschmiede auszurüsten, eine Bedienungsmannschaft zusammenzustellen und diese mit dem Gebrauch der neuen Geschütze in der Kürze der Zeit ver-

traut zu machen [130]. Das Personal soll durchweg aus intelligenten Leuten bestanden haben, jedoch waren die Kanoniere meist unausgebildete Feldzugsfreiwillige, die Fahrer Reservisten oder Landwehrmänner; die Qualität der Pferde wurde als roh bezeichnet [131].

Die schwierige Aufgabe bestand für Thürheim nicht nur darin, die Mannschaft seiner Batterie auszubilden, sondern gleichzeitig einen Leitfaden für die Bedienung und den Umgang mit dem neuen Geschütz zu verfassen. Diesen Auftrag hatte er am 22. August erhalten; am 2. September legte er den »Entwurf einer Vorschrift für den Unterricht und die Uebungen mit dem Orgelgeschütze« dem Ministerium zur Genehmigung vor [132]. Einer nochmals redigierten Fassung erteilte Pranckh am 7. September seine Zustimmung [133].

Thürheim war für die Bearbeitung ausgewählt worden, weil er als Mitglied der Artillerie-Beratungskommission teilweise an den Versuchen teilgenommen hatte und die Konstruktion von Feldl bestens kannte. Er hielt auch nicht zurück, daß er dem Projekt sehr kritisch gegenüberstand, sich aber um so mehr engagierte, »damit man nicht an seinem Mute zweifle« [134].

Die von ihm erarbeitete Vorschrift stellt zweifellos den ersten deutschen Leitfaden für ein Maschinenwaffensystem dar und ist wegen seiner grundsätzlichen Bedeutung für die deutsche Waffenkunde und Technikgeschichte als Anlage 4 in der genehmigten und intern vervielfältigten Fassung vollständig abgedruckt [135].

Die Vorschrift ist in ihrer Funktion mit den Leitfäden oder den Instruktionen gleichzusetzen, etwa der »Instruction für die Verrichtungen bei der Bedienung der Feldgeschütze und für ihre Behandlung bei der Aufbewahrung und beim Transport« (Berlin 1876), wie sie dann später auch für die bayerische Artillerie maßgeblich war. Obwohl Inhalt der eigentlichen Exerzierreglements, fällt bei einem Vergleich der Vorschriften auf, daß Thürheim bei seinem Entwurf jedwede formalistischen Exerzierbestimmungen vermieden hat. Nur die Übungen und Kommandos, die unmittelbar und primär der Führung des Feuergefechtes dienen, fanden Eingang, so u. a.:

– Abprotzen
– Aufprotzen
– Richten
– Feuern
– Feuerartenwechsel
– Munitionsergänzung
– Zielwechsel
– Stellungswechsel.

Neben diesen taktischen Punkten legte Thürheim besonderen Wert auf die Darstellung der technischen Funktionszusammenhänge d. h., der Funktionsprinzipien und des Zusammenspiels der Mimik sowie den daraus hervorgehenden Anforderungen an Bedienung, Pflege und Instandsetzung der Maschinengeschütze.

In besonderer Weise belegt das Dokument, wie in der Praxis die moderne Technik bei der Ausformung der militärischen Organisationsstrukturen Einfluß gewann. Mit dem Kartätschgeschütz erhielt die bayerische Artillerie eine Waffe, die sich wegen ihres relativ komplizierten mechanischen Aufbaues der Einsicht eines durchschnittlich begabten und ausgebildeten Soldaten entzog. So war es ausdrücklich untersagt, mit Ausnahme des

Abbaues der Rohre und des Anhebens der Gehäusedeck-platte, irgendwelche weitergehende Eingriffe in die Mechanik vorzunehmen. Konkret heißt das: Der Vollzug der Trennung des militärischen Personals in solches mit kämpfender Funktion und in solches mit Funktion der Sicherstellung der Militärtechnik, also in einer engen Zusammenarbeit zwischen Kämpfer und technischem Spezialisten. Diesem mit der naturwissenschaftlich-technischen Entwicklung zwangsläufig fortschreitenden Prozeß hatte man bei der bayerischen Artillerie mit der Beistellung je eines Maschinentechnikers zu den Kartätschgeschütz-batterien konsequent Rechnung getragen [136].

Während dieser Formierungsphase suchten Ministerium und ACC nach einem offiziellen Namen für die Geschütze. Nachdem die Bezeichnung »Orgelgeschütz« in Anlehnung an das französische »Mitrailleuse« verworfen wurde, entschied sich Referent Büller schließlich für »Kartätschgeschütz« und »Kartätschgeschützbatterie« [137].

Schon am 11. September konnte das 1. Artillerieregiment dem ACC melden, daß seine 11. Kartätschbatterie in Bezug auf Bedienungsmannschaften und Pferde formiert sei [138].

Wenige Tage später konnten auch die Munitionswagen, die aus erbeuteten französischen umgerüstet worden waren, der Batterie zur Verfügung gestellt werden.

Insgesamt umfaßte die Batterie folgenden Personal- und Materialstand:

4 Offiziere, 8 Unteroffiziere, 2 Trompeter, 33 Bedienungs-mannschaften, 38 Fahrer, 1 Schmied, 1 Sattler, 3 Ouvriers, 4 Pferdewärter, 5 Offizier-, 16 Dienstreit- und 64 Zugpferde; 4 Kartätschgeschütze System Feldl, 8 Munitionswagen, 1 Feldschmiede, 1 Beiwagen zur Feldschmiede und 1 Gepäck- und Vorratswagen, jedes Fahrzeug mit vier Pferden bespannt [139]. Ein Geschütz vollständig ausgerüstet wog 490 kg, die Protze mit 6864 Patronen 658 kg. Der Munitionswagen hatte ein Gewicht von 1660 kg und beinhaltete einschließlich seines Protz-kastens 16016 Patronen. Somit konnte die Batterie auf einen Gesamtvorrat von über 135000 Patronen zurückgreifen. Dies hätte es jedem Geschütz theoretisch ermöglicht, bei einer Kadenz von 400 Schuß pro Minute ununterbrochen rd. 84 Minuten zu feuern [140].

8.3.3. Die Phase der Bewährung im Krieg 1870/71 – Die Batterie Thürheim in den Gefechten von Artenay und Coulmiers

In Situationen, ihren Munitionsvorrat anzutasten, war die Kartätschgeschützbatterie während des ganzen Feldzuges nur zweimal gekommen.

Am 26. September ging die Batterie zusammen mit anderen Reservebatterien auf einem Eisenbahntransport nach Frankreich ab [141] und wurde dort am 4. Oktober der 4. Division der Artillerie-Reserveabteilung des I. Bayerischen Armeekorps bei Longjumeau zugeteilt [142], das der General der Infanterie Ludwig Freiherr von und zu der Tann-Rathsamhausen [143] kommandierte. Dieses Korps bildete zusammen mit dem II. Bayerischen Korps, mit der Württembergischen und Badischen Felddivision, sowie mit den Preußischen V. und XI. Korps und

der 4. Kavalleriedivision die III. Armee unter dem Oberbefehl des Kronprinzen von Preußen [144].

Das Eintreffen der Kartätschgeschütze auf dem Kriegsschauplatz fiel mit dem Beginn der zweiten Kriegsphase zusammen, als nach dem Sturz von Napoleon die Truppen der Dritten Republik unter der »Regierung der nationalen Verteidigung« den Kampf teilweise mit dem Charakter eines Volkskrieges weiterführten [145].

Anfang Oktober begann die französische Südarmee aus ihrem Verfügungsraum an der Loire (Nevers-Bourges-Vierzon) einen Vorstoß nach Norden gegen die deutschen Zernierungstruppen von Paris. Dem bayerischen Armeekorps v. d. Tann gelang es zunächst, diesen Vormarsch aufzufangen und die Loire-Stadt Orléans einzunehmen.

In weitere Kampfhandlungen wurde die Batterie verwickelt, als die Loire-Armee unter General d'Aurelle mit 70 000 Mann von Westen Orléans angriff und das bayerische Armeekorps am 9. November mit 19 000 Mann über Coulombiers und Artenay nach Nordosten ausweichen mußte, um sich der drohenden Umschließung zu entziehen (Orléans konnte am 3. Dezember mit dem Beginn der großangelegten Gegenoffensive wieder besetzt werden) [146].

Das I. Armeekorps hatte Anfang Oktober den Auftrag erhalten, gegen die an der Loire gemeldeten feindlichen Truppenansammlungen vorzugehen und den Landstrich westlich bis Chartres und südlich bis Orléans vom Feind zu säubern und letztere Stadt einzunehmen. Während des Vormarsches kam es am 10. Oktober, einem kalten und regnerischen Tag, zu einem hartnäckigen Gefecht um den Ort Artenay, der an einer Bahnlinie nach Paris lag. Aufgrund eines mißverständlichen Befehls rückte auch die Kartätschgeschützbatterie auf der Hauptstraße nach Artenay vor und erreichte den Ort in der letzten Gefechtsphase, als er gerade genommen worden war. Hier wurde die Batterie an den südlichen Ortsausgang dirigiert und bezog auf einer Allee neben dem Bahndamm Stellung, um gegen die sich noch in der Nähe aufhaltenden feindlichen Schützen die hohe Feuerkraft einzusetzen. Da sich aber kein Ziel bot, ließ Thürheim die Geschütze unter einigen Schwierigkeiten auf dem Bahndamm Stellung beziehen, von wo sie gegen kleine feindliche Trupps das Feuer eröffneten und diese in ihrem schon begonnenen Rückzug beschleunigte. Da insgesamt nur 300 Patronen verbraucht wurden, war dieser erste gefechtsmäßige Einsatz nur ein sehr bescheidener Erfolg [147].

Im Zuge des weiteren Verlaufs der Operationen konnte, wie erwähnt, Orléans besetzt werden; die Batterien erhielten frische Munition und während der Ruhephase wurden beschädigte Gerätschaften und die Ausrüstung wiederhergestellt. Bedrohlich wurde die Lage allerdings, als nördlich der Loire bedeutende feindliche Truppenansammlungen aufgeklärt wurden und eine Einschließung drohte. General v. der Tann entschloß sich daraufhin am 8. November, unter Zurücklassung eines kleinen Detachments die Stadt zu räumen und die Entscheidung bei der nördlicher gelegenen Ortschaft Coulmiers zu suchen [148].

Hier entwickelte sich am 9. November ein schwerer Kampf, bei dem die deutschen Truppen der erdrückenden Übermacht mit letzter Kraftanstrengung und hohen Verlusten Einhalt zu bieten versuchten. Als letzte Batterie der Artilleriereserve wurden die Kartätschgeschütze ins Gefecht geworfen, um den bevorstehenden Fall der Ortschaft abzuwenden.

Der Batteriechef schilderte die nun folgenden Ereignisse:
»Als ich in das Dorf kam, ließ ich den ersten Zug südwestlich desselben auf einem ziemlich freien Platz auffahren, und den zweiten Zug eine mit Graben und Hecken umgebene Wiese besetzen, welche zwischen der Position des ersten Zuges und einem westlich vorspringenden Parke gelegen war; letzter war von unserer Infanterie besetzt. Wir traten sogleich auf 700 bis 800 Schritt gegen feindliche Infanterie in Aktion, und beschossen, nachdem dieselbe sich zurückgezogen hatte, eine Batterie, welche mit einer Geschützbatterie von uns kämpfte und ca. 1200 Schritte von uns entfernt war. Auch diese fand es nach kurzer Zeit für gut, sich zurückzuziehen und eine weiter rückwärts gelegene Position einzunehmen. Ebenso gelang es der Batterie, drei Mal vorbrechende feindliche Infanteriekolonnen zur Umkehr zu zwingen« [149].
Durch diese Erfolge ermutigt, befahl Thürheim weiter vorzugehen und die beiden Züge einander näherzuführen. Gerade dieser Stellungswechsel leitete jedoch die negative Wende ein. Oberleutnant Belleville und ein Kanonier vom 1. Zug wurden beim Vorfahren über die Ackerfurchen durch die stark federnde Protze von ihren Sitzen geschleudert und erheblich verletzt. Ferner verursachten die Erschütterungen des Fahrens, daß sich die Patronen in der Zuführung verklemmten und bei den zwei Geschützen nur noch zwei Rohre schossen; deshalb mußte sich der Zug in die zweite Linie zurückziehen. Nicht besser erging es dem anderen Zug. Nachdem die Feuerunterstützung weggefallen war und er seine offene Flanke dem Feind darbot sowie auch hier die Zuführung der Patronen mehr und mehr versagte, erging der Befehl, die Stellung zu verlassen und den Ort zu räumen [150].
Thürheim versuchte noch mit dem 2. Zug im Verein mit der Infanterie die letzten Häuser des Dorfes zu halten.

»Es gelang dieß auch für einige Zeit, und zur Unterstützung ... wurde ein Geschütz, welches noch 2 brauchbare Läufe hatte, am südwestlichen Ausgang des Ortes gegen feindliche Infanterie in Aktion gebracht, welche bereits bis auf 300 Schritte vorgedrungen war. Aber auch hier war unseres Bleibens nicht lange, denn alsbald wurde abermals ein Lauf unbrauchbar, die Infanterie hatte sich zum großen Theile verschossen und war, seitdem sie seit Mitternacht auf dem Marsche und seit Morgens 9 Uhr im Kampfe gewesen war, zu erschöpft, um länger der großen feindlichen Uebermacht erfolgreichen Widerstand zu leisten. Außerdem waren französische Abtheilungen bereits von Norden her in das Dorf gedrungen, so daß wir unter Kreuzfeuer kamen, und uns genöthigt sahen, mit unseren nicht mehr kampffähigen Geschützen den Rückzug anzutreten, welcher ruhig und ohne jede Störung von Seite des Feindes bewerkstelligt wurde. Es war dieß Abends 4 ½ Uhr« [151].
Die Batterie gehörte zu dem letzten Truppenteil, das die Ortschaft verließ, um mit dem Armeekorps den Rückzug auf Artenay anzutreten.
Während dieses Tages hatte die Batterie insgesamt 7550 Patronen verschossen; dies entsprach ca. 470 Schuß pro Rohr [152].

Hugo Helvig, Hauptmann im Generalstab des I. Armeekorps, beurteilte 1872 die Situation der Kartätschgeschützbatterie an diesem 9. November wie folgt:
»Trotz der Thätigkeit der Offiziere dieser Batterie konnte dieselbe ihre Wirkung nicht mehr zur vollen Wirkung bringen; die Krisis war schon eingetreten und es fehlte sowohl an der Zeit wie an Ruhe, für die Kartätsch-Geschütze Punkte zu suchen, von wo sie mit Erfolg eingreifen konnten. Eine Stunde früher, an der Park-Lisiere, hätte diese Batterie vielleicht vorzügliche Dienste gethan« [153]. Weiterhin empfand er hinsichtlich der wenigen noch brauchbaren Rohre den mit der Batterie getriebenen personellen und materiellen Aufwand als zu groß. Mit anderen Worten, der Aufwand stand in keinem Verhältnis zur Leistung.
In seinem offiziösen Tagebuch [154] äußerte sich Graf Thürheim im Gegensatz zu dem zitierten Beitrag für das »AAI« nur sehr reserviert über die Vorkommnisse und die Beurteilung der Lage. Er schilderte die Ereignisse aus dem Blickwinkel eines fast neutralen Beobachters und legte die taktischen Maßnahmen dar, ohne sich in Details zu verlieren und ohne zu einer abschließenden Bewertung zu gelangen [155].
Während in Frankreich mit dem neuen Material die ersten Erfahrungen gesammelt wurden, liefen in München die Vorbereitungen zur Komplettierung der schon abgegangenen Batterie mit zwei weiteren Geschützen und der Neuaufstellung einer 2. Kartätschgeschützbatterie beim 4. Feldartillerie-Regiment »König« in Augsburg. Das Ministerium hatte dies am 5. Oktober angeordnet [156]. Am 4. November meldete das 1. Artillerieregiment die vollständige Ausrüstung und Marschbereitschaft, verwies jedoch auf »einen ernstlichen Anstand«, da sowohl während des Einschießens der Geschütze bei der Maschinenfabrik als auch während der Schießübungen mit den Mannschaften wiederholt Störungen bei der Munitionszufuhr auftraten, die allerdings durch Nachbearbeiten der Magazine behoben werden konnten [157]. Daraufhin erging für den 3. Zug der 1. Kartätschbatterie am 6. November der Marschbefehl nach Frankreich [158].
Auch bei dem 4. Artillerieregiment begannen sogleich die Ausbildungsmaßnahmen der Bedienung und die Formation der Batterie zu sechs Geschützen, 13 anderen Fahrzeugen, 106 Pferden sowie einschließlich des Batteriekommandanten, des Hauptmanns Hermann Ritter v. Rogister [159], 117 Soldaten und 10 Nichtstreitbaren. Schon am 16. Oktober konnte das ACC die neue Batterie inspizieren und bald darauf in Marsch setzen [160].

8.3.4. Die Auflösung der Kartätschbatterien

Eine Analyse der Umstände, die am 9. November zum Versagen der Kartätschgeschütze geführt hatten, leitete bei allen Verantwortlichen ein Umdenken ein. Kriegsminister v. Pranckh zog mit der am 21. November ergangenen telegraphischen Weisung vom Hauptquartier aus Versailles, die weitere Beschaffung von Geschützen einzustellen, eine erste Konsequenz [161].
Am gleichen Tag verlegte die Batterie Thürheim zum II. Armeekorps in der Umschließungslinie von Paris [162]. Das I. Ar-

meekorps gab für diese Maßnahme folgende Begründung [163]:
– Die Kartätschgeschütze eigneten sich eher für einen stationären Einsatz im Verteidigungskrieg als für Aufgaben bei
einem mobilen Korps im offensiven Krieg.
– Die Ereignisse bei Coulmiers hätten offenbart, daß die Konstruktion noch nicht kriegsbrauchbar sei, da von 16 Rohren
schließlich nur noch drei funktionierten.
– Die Mobilität der Geschütze und insbesondere der schweren Munitionswagen sei bei dem durch langen Regen auf-
geweichten und morastigen Boden sehr eingeschränkt [164].

Inzwischen war am 7. November auch Ritter v. Rogister mit
seiner Batterie beim Kommando des II. Armeekorps in Chatenay eingetroffen und dort der 2. Division der Artillerie-Reserveabteilung zugeteilt worden [165]. An einen neuerlichen Einsatz
der Geschütze war bis zur Behebung der technischen Mängel
allerdings nicht zu denken. Das Korpskommando installierte
daher eine Untersuchungskommission, die sich mehrmals
eingehend mit den Geschützen befaßte, neuerliche Versuche
durchführte und nicht zuletzt den Konstrukteur zu Rate zog,
der Ende November nach Chatenay abreiste [166].

Bezüglich der Felddienstbrauchbarkeit der Batterie Rogister
konstatierte die Kommission zunächst unzureichend genau
kalibrierte Munition, die vom Verschluß nicht ganz in die Patronenkammer des Rohres eingeführt wurde bzw. der Verschluß
die Hülsen wegen übergroßer Hülsenränder nicht auswerfen
konnte [167].

Nachdem die Munition daraufhin neu kalibriert worden war,
analysierte die Kommission die Störungsfehler in den Magazinen aus Blech, die, wie erwähnt, den Patronenvorschub aufgrund der Schwerkraft sicherstellen sollten. Der Einbau einer
Magazinfeder, so wurde vorgeschlagen, könne ein durch das
Schießen selbst und durch Bewegungen des Geschützes her-
vorgerufenes Querstellen der Patronen wirksam vermeiden
helfen [168]. Damit wurde frühzeitig in der Geschichte des Maschinengewehres auf empirischem Weg die Bedeutung der
Magazinierung und ihrer praxisgerechten Auslegung für die
Aufrechterhaltung eines kontinuierlichen Feuers explizit.

Bei ihrer letzten Verhandlung am 9. Dezember und nach wiederholten technischen Versuchen bei Anwesenheit des Konstrukteurs Feldl beurteilte die Kommission die Felddienstbrauchbarkeit dahingehend, daß sie dem einzelnen Geschütz
diese absprach, der kompletten Batterie aber zubilligte, da
hier ein gestörter Mechanismus sich nicht so entscheidend
auswirkte. Schließlich empfahl die Kommission eine Neukonstruktion der Magazine und sorgfältige Kontrolle der Munition
auf ihre Maßhaltigkeit mit entsprechenden Lehren [169].

Soweit die amtliche militärische Darstellung; demgegenüber
führte Johann Feldl im Rahmen einer persönlichen Erklärung
und Rechtfertigung, die er im Februar 1871 dem Kriegsminister einreichte (Anlage 7), die negativen Erfahrungen in erster
Linie auf eine falsche Handhabung und den schlechten War-
tungszustand der Geschütze zurück [170]. Weiter brüskierte er
sich, daß man ihn als Konstrukteur entgegen der Gepflogen-
heit bei der Einführung des Werder-Gewehres nicht in der
Ausbildungsphase der Bedienungsmannschaften zu Rate gezogen hatte. Die Faktoren, die zum Versagen der Kartätschgeschütze führten, können wie folgt zusammengefaßt werden:

– Unzureichende Einweisung der Truppenführer und Ausbil-
der wie auch der Bedienungsmannschaften in die spezifischen Bedingtheiten einer komplexen Schnellfeuerwaffe
durch den Hersteller
– Nachlässige Reinigung und Wartung der Geschütze durch
die Truppe
– Unausgereifte, zu empfindliche Magazinkonstruktion
– Zu großer Toleranzbereich bei der Munitionsherstellung;
unzureichend kalibrierte Patronen führten in Verbindung
mit Verschmutzungen des Mechanismus zu Störungen.

Die aufgetretenen Mängel standen in enger Verbindung zur
konzeptionellen Anlage der Versuche. Die ausschließliche Abhängigkeit der Erkenntnisse vom Verhalten auf dem Schießplatz verfälschte die Ergebnisse, da der Bezug zur Gefechts-
realität nicht gegeben war. Schon ein nur wenig ausgedehnter
Truppenversuch, wie er auch sonst obligatorisch war und auf
den heute trotz moderner Simulationstechniken nicht verzichtet werden kann, hätte mit größter Wahrscheinlichkeit die
Mängel aufgedeckt – insbesondere das Querstellen der Patronen im Magazin war erkannt worden, wurde aber von seiten
der Kommission in seiner Bedeutung für die Funktionssicherheit des Gesamtsystems nicht ausreichend gewürdigt. Dem
Konstrukteur kann dieser Sachverhalt kaum angelastet werden, weil bei komplexen Mechanismen, wie es das Feldl-Geschütz darstellte, das Verhalten des einzelnen Bauelementes
nicht vorausberechenbar war, sondern der Verifizierung in
technischen Erprobungen und Truppenversuchen bedurft
hätte. Für den zuständigen Referenten im Ministerium, Major
Büller, bedeuteten die mit den Feldl-Geschützen gewonnenen
Erfahrungen nicht zuletzt eine persönliche Niederlage, zumal
auch von der kämpfenden Truppe die Kritik im Sinne obiger
Punkte [171] herangetragen wurde. In einer deutlich Stellung beziehenden Vorlage an den Minister wies Büller darauf hin, daß
die Aufstellung zweier Kartätschbatterien den alleinigen
Zweck gehabt habe, Einsatzerfahrungen zu sammeln, zu analysieren und die Vorschläge in materielle, organisatorische
und taktische Verbesserungen einfließen zu lassen. Daher
habe man sich vorerst auch auf zwölf Geschütze beschränkt.
Bezüglich der Verwendbarkeit der Batterien im Bewegungskrieg bemerkte er, daß es für ihn von vorn herein nicht erklär-
lich gewesen sei, »warum die für die III. Armee abgeschickte
Kartätschbatterie zum manövrierenden Corps Tann u. nicht
zum vor Paris stehenden Corps Hartmann eingeteilt worden
ist«. Batteriechef Graf Thürheim »mußte sich über die Verwendungsfähigkeit des Geschützes vollkommen klar gewesen
sein« [172]. Er, Büller, habe schon im November 1869 darauf hingewiesen [173], naturgemäß sei diese Konstruktion eben mehr
für den Stellungs- als für den Bewegungskrieg geeignet. Es
liege daher in der Hand der Truppenführer, nach diesen
Grundsätzen zu verfahren. Nur einen Tag nach dem Entwurf
dieser Entgegnung, am 15. Dezember, entschied der Minister
über die Auflösung der Batterie Thürheim und ordnete an, daß
die Geschütze und leeren Fahrzeuge nach Augsburg zurück-
geschickt werden sollten, während die Offiziere, Mannschaften und Pferde sich beim I. Armeekorps in Orléans zum
Ausgleich der Verluste einzufinden hätten [174].

Damit war zugleich über das Schicksal der zweiten Batterie
entschieden. Am 20. Dezember erhielt das II. Armeekorps-

Kommando aus München die Mitteilung, daß man »weiteren Anträgen bezüglich eventueller Auflösung auch dieser Batterie« entgegensehe [175]. Zwar verblieb die Batterie bis zum Ende des Feldzugs noch beim Armeekorps, wurde aber nicht mehr eingesetzt [176].

8.3.5. Der Verbleib der Kartätschgeschütze

Nachdem durch das Kriegsministerium die Beschaffung der Kartätschgeschütze storniert und die beiden Batterien aufgelöst waren, verfügte die Armee noch über 14 Exemplare, die zunächst als Flankengeschütze zur Grabenbestreichung in der Festung Ingolstadt aufgestellt wurden [177].
Währenddessen befaßte man sich in der Maschinenfabrik Augsburg mit der Weiterentwicklung des Modells und versuchte, das Geschütz in den Punkten zu verbessern, die Anlaß zu der massiven Kritik gegeben hatten [178]. Die Hoffnung, im Ausland einen Absatzmarkt zu erschließen, erfüllte sich nicht. Im August 1875 entschied das Kriegsministerium, dem eine Offerte der Fa. B. H. Grah aus Lüttich vorlag, die Geschütze in der Festung durch Feldgeschütze zu ersetzen und sie bis auf ein Exemplar, das dem Hauptkonservatorium der Armee zu überstellen sei, zu verkaufen. Der Hauptgrund dieser Maßnahme bildete aber die Annahme der reichseinheitlichen Bewaffnung mit dem Gewehrsystem Mauser und der neuen Patrone M. 1871, die mit der Werder-Patrone nicht kompatibel war. Die Möglichkeit, die Feldl-Geschütze für die neue Munition zu modifizieren, wie es analog mit den Werder-Gewehren durchgeführt wurde, faßte man nicht ins Auge [179]. Letztlich kann aber der Verkauf nicht definitiv belegt werden. Das bayerische Armeemuseum besaß ursprünglich ein Exemplar [180], ein zweites gelangte aus den während des Boxeraufstandes 1900 erbeuteten Waffenbeständen nach München [181].
Seit Mitte der achtziger Jahre des 19. Jahrhunderts befand sich im Berliner Zeughaus ein weiteres Geschütz [182], von dem im Museum für Deutsche Geschichte nur mehr der Mechanismus erhalten geblieben ist. Lafette und Zubehörteile werden seit der durch die Sowjetunion durchgeführten Verlagerung von Museumsgut zwischen 1945 und 1959 vermißt [183]. Nach Angaben von Morawietz besaß auch die Modellsammlung des Heereswaffenamtes ein Feldl-Geschütz, das jedoch vollständig verlorengegangen ist [184].

Anmerkungen

[1] Zur Entwicklung der bayerischen Armee vor 1866 vgl. Wolf D. Gruner, Das Bayerische Heer 1825 bis 1864. Eine kritische Analyse der bewaffneten Macht Bayerns vom Regierungsantritt Ludwig I. bis zum Vorabend des deutschen Krieges (Militärgeschichtliche Studien, Bd. 14), Boppard 1972, hier S. 338 f.
[2] Ebenda S. 340.
[3] Zu Einzelheiten der Wehrverfassung wie der Reorganisation vgl. Maximilian Leyh, Die bayerische Heeresreform unter König Ludwig II. 1866–1870 (Darstellungen aus der Bayerischen Kriegs- und Heeresgeschichte, Heft 23), München 1923, S. 7 ff.; Petter, Deutscher Bund und deutsche Mittelstaaten S. 298 f.
[4] Sigmund Frhr. v. Pranckh (1821–1888), ein aus Altötting stammender Offizierssohn, begann seine Ausbildung im Kadettenkorps, 1840 Junker im Leibregiment. Er wurde auf sein Ersuchen hin zum Ingenieurkorps versetzt, 1848 Oberleutnant im Genieregiment, dessen Kommandeur der spätere Kriegsminister Ludwig v. Lüder war. Von 1852–1859 war er Adjutant des Ministers und Referent. Bis 1866 folgte eine Verwendung in der Truppe, in der er bis zum Bri-

gadier aufstieg. Nach der Beförderung zum Generalmajor bekleidete er von 1866 bis 1875 das Amt des Kriegsministers. In dieser Eigenschaft nahm er entscheidenden Anteil an den Verhandlungen (u.a. mit dem preußischen Kriegsminister Roon), die zur Gründung des Deutschen Reiches führten. Im Zuge der Reorganisation verbesserte er die Ausbildung der Offiziere (zu dieser Laufbahn war nun die Hochschulreife erforderlich). 1875 wurde Pranckh als General der Infanterie zur Disposition gestellt und 1876 zum General-Capitän der Leibgarde der Hartschiere ernannt; vgl. ADB, Bd. 53, S. 105 f.; Gruner, Das Bayerische Heer 1825 bis 1864, S. 296, Anm. 289.
[5] Vgl. die schon in Anm. 3 genannte Literatur sowie Martin, Die Beziehungen Preußens zu den Süddeutschen Staaten, S. 58 f.
[6] Der Vertrag mit dem Wortlaut der Bayern eingeräumten Sonderregelungen ist abgedruckt bei Huber, Dokumente zur Deutschen Verfassungsgeschichte, Bd. 2, S. 264 ff.
[7] Vgl. auch Frauenholz, Geschichte des Königlich Bayerischen Heeres, S. 20 f. sowie Petter, Deutscher Bund und deutsche Mittelstaaten S. 299.
[8] In Preußen war 1809 die Artillerie-Prüfungskommission ins Leben gerufen worden. Im Laufe ihrer Geschichte entwickelte sie sich allerdings zu einem reinen Erprobungsinstitut und ist schon aus diesem Grund nicht direkt mit der bayerischen Beratungskommission gleichzusetzen. Letztere hatte umfassendere Aufgaben, gewissermaßen sollte sie einen Gesamtüberblick herstellen, sich mit allgemeinen Fragen über die Bewaffnung und Ausrüstung der Artillerie beschäftigen – Aufgaben, die in etwa von dem preußischen General-Artilleriekomitee wahrgenommen wurden, das aber keine eigenen technischen Versuche durchführte. In Frankreich wurden die mit der Bewaffnung zusammenhängenden Fragen in dem Pariser »Dépôt Central d'Artillerie« bearbeitet und die technischen Versuche an die Artillerieschulen delegiert (vgl. Hermann Pfister, Das französische Heerwesen. Eine ausführliche Schilderung nach amtlichen französischen Quellen, Kassel 1867, S. 197). In Österreich bestand seit 1855 das »Artillerie-Comité«; der Aufgabenbereich erstreckte sich im Rahmen des theoretischen und praktischen Artilleriewesens auch auf die Verfolgung des technischen Fortschrittes auf dem Gebiet der Bewaffnung und die Durchführung von Versuchen mit neuem Gerät (vgl. Niemeyer, Das österreichische Militärwesen im Umbruch, S. 18 f.). Im Jahre 1866 wurde auch in den USA ein Artilleriekomitee etabliert, dem alle Fragen bezüglich des Materials zur Diskussion und Begutachtung vorzulegen waren und das einige Zeit später durch die Installierung einer Prüfungskommission (Ordnance Commission) vervollständigt wurde; vgl. Löbell, Bildung eines Artillerie-Comitees in den Vereinten Staaten Nordamerikas. In: AAI, 30. Jg. (1866), Bd. 60, S. 275 f.; Artillerie-Prüfungs-Kommission in den Vereinigten Staaten Nordamerikas. In: AAI, 33. Jg. (1869), Bd. 65, S. 277 f.
[9] Zur Gesamtproblematik der Handfeuerwaffenentwicklung jener Zeit vgl. u.a. Eckardt/Morawietz, Die Handwaffen des brandenburgisch-preußisch-deutschen Heeres, S. 67 ff., 112 ff.; zu technischen Detailfragen gibt Auskunft: Thierbach, Die geschichtliche Entwicklung der Handfeuerwaffen, S. 128 ff.
[10] Einen Überblick der Artillerieentwicklung im 19. Jahrhundert geben Müller, Entwicklung der Feldartillerie, Bd. 1 (1815–1870) u. Erich Egg u.a., Kanonen. Illustrierte Geschichte der Artillerie, Herrsching 1975, hier besonders das Kapitel: Die Artillerie zwischen 1815 und 1870, S. 125 ff.
[11] Das System Gribeauvals zeichnete sich durch die strikte Trennung von Belagerungs- und Feldgeschütz aus, wodurch letzteres besonders leicht gehalten werden konnte. Die Treffsicherheit verbesserte er durch die Einführung von Korn und Visierstange. Trotz aller offenkundigen Vorteile bedeutete es einen großen Kampf, das System in Frankreich schließlich endgültig 1774 durchzusetzen, nachdem es zuvor für zwei Jahre abgeschafft worden war. Vgl. Egg u.a., Kanonen, S. 63 f.; Scharnhorst, Handbuch der Artillerie, Bd. 2, Hannover 1806, S. 565 ff.
[12] Benannt nach dem großen Organisator des bayerischen Artilleriewesens, Jacques Charles de Manson (1724–1809), der in Straßburg zu den Mitarbeitern Gribeauvals zählte und bei Beginn der Revolution nach Rußland emigrierte; er bekleidete dort den Rang eines Generals der Artillerie. Als der 76jährige im Jahre 1799 bei Ausbruch des zweiten Koalitionskrieges mit dem russischen Heer durch Bayern in die Schweiz zog, traf er auf einen früheren Untergebenen, Frhr. v. Zoller, der ihn begleitete. Nachdem Rußland die Koalition verlassen hatte, blieb Manson in München und übernahm am 6.2.1800 als Generalleutnant das 1. Artillerieregiment. Er etablierte sogleich die Zeughaus-Hauptdirektion, und noch im gleichen Jahr begann im Gießhaus zu München die Herstellung von Rohren nach dem von ihm angegebenen System, das eine Übertragung desjenigen von Gribeauval auf die in Bayern bewährten Einrichtungen war. Das Mansonsche Feldgeschützsystem 1800 umfaßte sechs- und zwölfpfündige Kanonen sowie eine siebenpfündige sehr kurze Haubitze. Zum weiteren Wirken Mansons vgl. Rudolf Ritter v. Xylander/Carl August v. Sutner, Geschichte des 1. Feldartillerie-Regiments Prinz-Regent Luitpold. 1791–1911, 3 Bde., Berlin 1905-1911, hier Bd. 1, S. 152 ff.; zum Zeug- und Artilleriewesen vgl. S. 292 ff.; zum Werdegang Mansons in Frankreich vgl. Georges Six, Dictionnaire Biographique des Généraux et Amiraux Français de la Révolution et de l'Empire, Bd. 2, Paris 1934, S. 147 f.
[13] Frhr. v. Zoller erhielt als Elsässer seine Ausbildung an französischen Militärschulen und schloß sich 1792 dem Korps des Prinzen Condé an, bevor er 1795 als Unterleutnant in pfalzbayerischen Dienst trat. Seine militärische Lauf-

bahn: 1800 Generaladjutant Mansons, 1824 Kommandeur des 1. Artillerieregiments, 1829 Direktor der Zeughaus-Hauptdirektion, 1836 Generalmajor, 1837 Vorstand der Artillerie-Spezialkommission, 1848 mit dem Charakter als Feldzeugmeister in den Ruhestand versetzt; ihm zur Ehre trugen zwei Fronten der Festung Ingolstadt seinen Namen; vgl. Xylander/Sutner, ebenda, S. 431 f.; Schmoelzl, Die bayerische Artillerie, S. 26 ff.; ADB, Bd. 45, S. 410 f. Ausführliche technische Angaben zum Geschützsystem Zoller bei E. A. Jacobi, Beschreibung des Materials und der Ausrüstung der Königlich Bayerischen Feldartillerie, Mainz 1841. Das Quellenmaterial wurde von Zoller selbst zusammengestellt.

[14] Vgl. Xylander/Sutner, ebenda, Bd. 2, S. 564.

[15] Ebenda.

[16] Vgl. Bücher-Verzeichnis der Königlich Bayerischen Armee-Bibliothek, München 1913.

[17] Vgl. Xylander/Sutner, 1. Feld-Artillerieregiment, Bd. 3, S. 18.

[18] Ebenda S. 18 f.

[19] Vgl. Schmoelzl, Die bayerische Artillerie, S. 26 ff.

[20] Ebenda S. 31 f.

[21] Ebenda S. 34.

[22] Ebenda.

[23] Weishaupt, geb. 1787, im Jahre 1848 für einige Monate Kriegsminister, verstarb 1853.

[24] Vgl. Schmoelzl, Die bayerische Artillerie, S. 36.

[25] Das Gewehrsystem M. 1858 umfaßte ein Infanterie-, ein Scharfschützengewehr und eine Scharfschützenbüchse, alle mit dem in Süddeutschland und Österreich üblichen Kaliber von 13.9 mm. Das Geschoß, das nach dem Expansionsprinzip arbeitete, war ebenfalls eine Entwicklung von Podewils. Nähere Einzelheiten bei Götz, Militärgewehre und Pistolen 1800–1870, S. 282 ff. Seit 1864 wurden in Bayern Versuche mit verschiedenen Hinterladern durchgeführt. Aus einem Vorschlag des Konstrukteurs Edward Lindner entwickelte Podewils dann einen Verschluß, mit denen die vorhandenen Gewehre abgeändert werden konnten, die alsdann mit Modell 58/67 bezeichnet wurden. Die Arbeiten begannen noch im Winter 1866. Zwei Jahre später befand sich bereits ein gänzlich neues Infanteriegewehr (System Werder) in Erprobung, das als M. 69 angenommen wurde; vgl. Götz, ebenda S. 346 ff.

[26] 2. Aufl. Paris 1844. Das Werk enthält alle relevanten Angaben über die Geschützrohre, Lafetten, Fuhrwerke und ihre Konstruktion, desweiteren über die Rohstoffe und ihre Verarbeitung, über die Pulverherstellung sowie auch physikalisch-mathematische Notizen.

[27] Wenig Gegenliebe fand die wissenschaftliche Tätigkeit der beiden Offiziere bei den vorgesetzten Stellen, die ihnen wenig eigenen Entscheidungsspielraum ließen; mehrmals wurde der Entwurf des Handbuches geprüft und Textänderungen wörtlich vorgeschrieben, die Auswertung historischen Aktenmaterials stark behindert. Schließlich »verdonnerte« Frhr. v. Zoller wegen angeblich nicht genehmigter Benutzung von Dienstakten die beiden zu fünf Tagen Stubenarrest; vgl. Xylander/Sutner, 1. Feldartillerie-Regiment, Bd. 3, S. 53 u. Anm. 1.

[28] Hütz/Schmoelzl, Handbuch der königlich bayerischen Artillerie, 2 Bde., 2. Aufl. München 1857–1861.

[29] Joseph Ritter v. Xylander, Waffenlehre (Lehrbuch der Taktik, Teil 1), 3. Aufl. München 1844.

[30] Schmoelzl, Ergänzungs-Waffenlehre oder die Feuerwaffen der Neuzeit, München 1851.

[31] Schmoelzl, Ergänzungs-Waffenlehre. Ein Lehrbuch zur Kenntnis und zum Studium der Feuerwaffen der Neuzeit, 2. Aufl. München 1857, S. III.

[32] Die gezogene Kanone. Deren geschichtliche Entwicklung und gegenwärtige Vervollkommnung, München 1860.

[33] Ebenda S. 99 f.

[34] Schmoelzl, Die bayerische Artillerie, S. 48 f. Schon 1861 waren dagegen 48 sechspfündige Hinterlader (Kal. 9 cm) von Krupp nach dem preußischen System angeschafft worden, um die bisherigen Zwölfpfünder-Batterien damit auszurüsten; vgl. Xylander/Sutner, 1. Feldartillerie-Regiment, Bd. 3, S. 139 f.

[35] Erschienen Paris 1867. Original befindet sich in den Akten des KM; Bayerisches Hauptstaatsarchiv, Abt. IV – Kriegsarchiv (im folgenden: BayKA), A X 2/25, Beilage zu Nr. 10476.

[36] Gemeint ist das Infanteriegewehr M. 58 (System Podewils), Kal. 13,9 mm; vgl. oben Anm. 25.

[37] Hier ist die bayerische Wallbüchse M. 1842 angesprochen. Sie hatte ein Kaliber von 22,9 mm und verfeuerte ein 101 Gramm schweres Expansionsgeschoß. Wallbüchsen waren speziell für den Festungskrieg entwickelte schwere Handfeuerwaffen, die nur im aufgelegten Zustand gehandhabt werden konnten. Die Projektile durchschlugen leichte Deckungen wie Sappkörbe, Sandsäcke und Schartenblenden; vgl. Sauer, Grundriß der Waffenlehre, S. 320 f.

[38] Vermerk vom 18. 6. 1867; BayKA, A X 2/25, Nr. 10476.

[39] Ebenda.

[40] Bericht der Artillerie-Beratungskommission vom 27. 6. 1867; BayKA, A X 2/25, Nr. 13547.

[41] Johann v. Pillement (1812–1889), geb. in Straubing, trat 1824 in das Artillerie-Elevenkorps ein und begann 1828 seinen Dienst als Unterkanonier beim 2. Feld-Artillerieregiment. Bis 1867 hatte er sich bis zum Obersten hochgedient

und wurde im November 1872 mit Pension verabschiedet; 1874 erhielt er noch den Charakter eines Generalmajors. Pillement nahm an den Feldzügen von 1866 und 1870 teil und erhielt verschiedene hohe Auszeichnungen. Seine Kenntnisse auf dem artillerietechnischen Gebiet kamen ihm bei seiner Tätigkeit als Mitglied der neu formierten Artillerie-Beratungskommission seit dem Jahre 1853 zu Gute; BayKA OP 55948.

[42] Vgl. W. M. Bondarenko, Die moderne Wissenschaft und die Entwicklung des Militärwesens, Berlin 1979, S. 93 f.

[43] Antrag vom 7. 8. 1867; BayKA, A X 2/25, Nr. 13547. Das KM entschied den Antrag dahingehend, erst einmal die Kosten zu ermitteln und die Möglichkeit der Teilnahme bayerischer Offiziere bei ausländischen Versuchen (z. B. in Baden) ins Auge zu fassen; Verfügung des KM vom 13. 8. 1867; ebenda.

[44] Meldung der Beratungskommission an das ACC vom 6. 8. 1867; BayKA, A X 2/25, Nr. 13547.

[45] Vgl. BayKA, A X 2/25, Übersetzung des in Englisch abgefaßten Schreibens als Anlage zu Nr. 13547.

[46] Weisung des KM an das ACC vom 12. 9. 1867; BayKA, A X 2/25, Nr. 15301. Vorbereitet wurde die Mission Pillements von der bayerischen Gesandtschaft bei der Schweizerischen Eidgenossenschaft in Bern.

[47] Der Bericht ist datiert 7. 10. 1867; BayKA, A X 2/21 I, Nr. 16570.

[48] Schiessversuche mit den Repetirgeschützen von Gatling. In: Zeitschrift für die Schweizerische Artillerie, 4. Jg. (1868), S. 6 ff. Erprobt wurden zwei sechsrohrige Geschütze von 25,4 mm und 12,7 mm Kaliber, die im Gegensatz zu den auf der Weltausstellung in Paris gezeigten Stücken anstatt mit Randfeuerzündung nun mit der modernen Zentralfeuerzündung ausgestattet waren. Der Versuch begann mit der Ermittlung der Elevationswinkel für Entfernungen zwischen 150 m und 1500 m, sodann wurden die Streukreise ermittelt, wobei die 1-Zoll-Kanone bessere Ergebnisse zeigte. Es schlossen sich Vergleichsschießen mit einem vierpfündigen Vorderladergeschütz und einem achtpfündigen Hinterlader an, die sowohl Kartätschen als auch Schrapnels feuerten. Da die Gatling-Kanonen keine Seitenstreueinrichtung hatten, oder diese jedenfalls nicht eingeschaltet war, erreichten die gewöhnlichen Geschütze eine günstigere Trefferverteilung auf der 2,7 m hohen und 30 m langen Zielwand.

[49] Vgl. BayKA, A X 2/21 I, Nr. 16570, Bl. 8 f. Weiterhin setzt Pillement hier die Wirkung eines einzelnen Geschosses der 1-Zoll-Kanone mit jener einer Wallbüchse, der der kleinen Kanone mit jener eines Infanteriegewehres gleich.

[50] Nachtrag vom 26. 10. 1867; BayKA, A X 2/21 I, Nr. 17788.

[51] Ebenda Bl. 8.

[52] KM-Reskript; BayKA, A X 2/21 I, Nr. 16570.

[53] Vgl. Bericht der Zeughaus-Hauptdirektion über diese Verhandlungen vom 18. 4. 1868; BayKA, A X 2/21 I, Nr. 5247.

[54] Broadwell sah sich offenbar zum Einlenken veranlaßt, nachdem er von dem diesbezüglichen Unwillen im KM gehört hatte und sich das Geschäft nicht mit überzogenen Forderungen kurz vor dem Abschluß verderben lassen wollte; vgl. das undatierte Schreiben Broadwells (ca. Anfang Mai), das als Übersetzung aus dem Englischen BayKA A X 2/21 I, Nr. 6563 vom 18. 5. 1868 beiliegt.

[55] Vgl. Bericht der Zeughaus-Hauptdirektion über die Verhandlungen mit Broadwell vom 18. 4. 1868; BayKA, A X 2/21 I, Nr. 5247. Das KM wies diese Auffassung allerdings am 29. 4. als nicht stichhaltig zurück; ebenda.

[56] Gemeint ist der Vereinstaler, der mit dem Wiener Vertrag von 1857 als Vereinsmünze der deutschen Zollvereinsstaaten sowie Österreichs und Liechtensteins eingeführt worden war und auf dem preußischen Taler fußte. In Süddeutschland war nebenher die alte Guldenwährung noch gesetzliches Zahlungsmittel. Der Vereinstaler verhielt sich zum Gulden wie 1:1¾; vgl. auch Deutsche Bundesbank (Hrsg.), Deutsche Taler. Vom Dreißigjährigen Krieg bis zum Ende der Talerprägung, Frankfurt a. M. o. J., S. XXIV f.

[57] Note an die Administration vom 14. 7. 1868; BayKA, A X 2/21 I, Nr. 9006.

[58] Note des Referenten an die Administration vom 14. 7. 1868; BayKA, AX 2/21 I, Nr. 9006.

[59] Mitteilung des Staatsministeriums des Äußeren vom 31. 10. 1868; BayKA, A X 2/21 I, Nr. 15270.

[60] Meldung des ACC an das KM vom 4. 11. 1868; BayKA, A X 2/21 I, Nr. 15453, Programm als Anlage; ebenda. Das Programm unterschied sich allerdings erheblich von den stattgefundenen Versuchen. Zunächst sollte die Eignung der Gatling-Kanone als Feldgeschütz getestet werden, woran sich im Vergleichsschießen mit nicht gezogenen Hinterladern (6- und 12-pfünder), die Kartätschmunition verfeuern sollten, unter den Bedingungen des Festungskrieges (Flankengeschütz zur Grabenbestreichung) anschloß. Dieser Programmteil wurde später nicht durchgeführt.

[61] Meldung der Beratungskommission an das ACC vom 8. 2. 1869; BayKA, A X 2/21 I, Nr. 1947.

[62] Verfügung des ACC vom 15. 2. 1869; BayKA, A X 2/21 I, Nr. 2197.

[63] Meldung der Beratungskommission an das ACC vom 8. 2. 1869; BayKA, A X 2/21 I, Nr. 1947.

[64] Vgl. Schießversuch mit Revolver-Geschützen auf dem Schießplatz der Simmeringer Haide am 9. Juli d. J. In: MWB, Jg. 1869, Nr. 67, S. 537–538; Nr. 99, S. 787–788; Nr. 105, S. 839.

[65] Bericht der Beratungskommission an das ACC vom 4. 9. 1869; BayKA, A X 2/21 I, Nr. 12244.

[66] Bericht der Beratungskommission an das ACC vom 20. 4. 1870; BayKA, A X

2/21 I, Nr. 5197. An diesem modifizierten Geschütz wurde weiterhin ein von Broadwell selbst entwickelter neuer Magazintyp eingesetzt, der ein Fassungsvermögen von 400 Patronen hatte. Das Magazin bestand aus einer zylindrischen Konstruktion mit 20 senkrechten Schächten, in die je 20 Patronen eingefüllt wurden. War ein Magazinschacht leergeschossen, genügte ein Handgriff an der Trommel, um den nächsten Schacht über die Patroneneinlage zu bringen. In fast identischer Ausführung wurde dieses Magazin (bekannt als »Broadwell drum«) am 9. 4. 1872 in den USA patentiert; vgl. Wahl/Toppel, The Gatling Gun, S. 49.

[67] Vgl. auch den Katalog von Popp, Das Königl. Bayer. Armee-Museum, S. 9, Nr. 8108.

[68] Ebenda S. 139, Nr. 5248.

[69] Anfrage vom 19. 6. 1867; BayKA, A X 2/25, Nr. 12 505.

[70] Erlaß vom 14. 8.; BayKA, A X 2/25, Nr. 12 505. Dahingegen hatte die badische Regierung einem Ersuchen mit Erteilung eines Patents vom 17. September 1867 stattgegeben.

[71] Der Bericht erschien unter dem Titel: Das Repetiergeschütz von Gatling. In: Zeitschr. für die Schweizerische Artillerie, 3. Jg. (1867), S. 101–108 u. Taf. 5.

[72] Schreiben des Staatsministeriums des Handels vom 23. 8. 1867 mit Abschrift der Entscheidung; BayKA, A X 2/25, Nr. 14 402. Die Bestimmung, daß die Erfindung nicht patentfähig sei, weil in öffentlichen Druckschriften der letzten einhundert Jahre deutlich beschrieben (Benutzung durch Sachverständigen möglich), wurde auch zum Bestandteil der Reichspatentgesetze.

[73] Erlaß vom 23. 8. als Abschrift an das KM; BayKA, A X 2/25, Nr. 14 402.

[74] Den Ankauf eines »Mitrailleurs« System Montigny u. Christophe hatte das KM auf Antrag der Artillerie-Beratungskommission am 16. 11. 1868 genehmigt. Der Kaufpreis betrug 7500 Francs, umgerechnet 3500 fl, zuzüglich 121 fl für 2000 scharfe Patronen; BayKA, A X 2/21 I, Nr. 5613.

[75] Verfügung des KM an das ACC vom 17. 2. 1869; BayKA, A X 2/21 I, Nr. 2224.

[76] Bericht der Kommission vom 3. 4. 1869 an das ACC; BayKA, A X 2/21 I, Nr. 4614.

[77] Vgl. Beilage 1, ebenda: Ergebnisse der Schießversuche mit dem Modell einer Infanterie-Kanone aus der Maschinenfabrik in Augsburg am 31ten März und 1ten April 1869 auf eine Scheibe von 9′ Höhe und 48′ Länge.

[78] Vgl. Beilage 2, ebenda.

[79] Ebenda.

[80] Verfügung des KM an das ACC vom 9. 4. 1869; BayKA, A X 2/21 I, Nr. 4614.

[81] Bei der hohen Kadenz von rd. 400 Schuß/min blieb den Patronen nur ein sehr kurzer Zeitraum, um aus den Magazinen in den Zuführer zu fallen, so daß bei Unregelmäßigkeiten Störungen verursacht wurden. Bei der späteren Serienausführung wurde durch eine Änderung der Getriebeübersetzung die Kadenz geringfügig reduziert, um damit die Zuführzeit zu verlängern.

[82] Vgl. Kommissionsbericht vom 13. 7. 1869 an das ACC; BayKA, A X 2/21 I, Nr. 558.

[83] Karl (Später Ritter v.) Brodeßer wurde 1793 in Mannheim als Sohn eines Oberfeuerwerkers geboren. Seine Laufbahn begann 1804 als Tambour im (1.) Artillerieregiment; 1813 Unterleutnant; 1833 Hauptmann; 1850 Oberst; 1856 Generalmajor und Brigadier der Artillerie; 1864 Generalleutnant; 1866 Feldartilleriedirektor und Mitglied der Beratungskommission über die zukünftige Bewaffnung. Nachdem er von 1870 bis 1873 Inhaber des 2. Feldartillerieregiments war, wurde im selben Jahr mit dem Charakter eines Feldzeugmeisters pensioniert. Er starb 1876 zu München. Zwischenzeitlich hatte er ab 1863 auch das Artilleriekorpskommando übernommen. In dieser Eigenschaft charakterisierten ihn Zeitgenossen wie folgt: »Er war bestimmt und sehr energisch, ein Praktiker durch und durch … Kenntnisse in Kriegsgeschichte und Truppenführung in höherem Sinne, so daß er geistig fortbildend hätte wirken können, besaß er nicht. Sein Gedankenkreis ging nicht über das Reglement hinaus; das aber beherrschte er in jeder Einzelheit und forderte seine peinlichste Befolgung … Von Schießen und Schießausbildung verstand er nichts, wissenschaftliche Tätigkeit war ihm selbst und auch an anderen unsympathisch … Daß die bayerische Feldartillerie in ihrer formalen Ausbildung und einer gewissen Schneidigkeit schon vor 1866 auf einer hohen Stufe stand, ist zweifellos Brodeßers Verdienst«; Xylander/Sutner, 1. Feldartillerie-Regiment, Bd. 3, S. 121f., vgl. auch Bd. 2, S. 643; ADB, Bd. 47, S. 272.

[84] Vgl. Akt Nr. 10 130; BayKA, A X 2/21 I; Vorlage des General-Verwaltungsdirektors v. Feinaigle vom 5. 8. 1869.

[85] Ernst v. Büller (1829–1910) wurde in München als Sohn eines Kreis- und Stadtgerichtsdirektors geboren. Nach der Absolvierung des Kadettenkorps trat er 1847 als Junker zum 1. Artillerieregiment. Mit der Beförderung zum Hauptmann im Mai 1859 wurde er bis Dezember 1861 Mitglied der Artillerie-Beratungskommission, um dann wieder bis Mai 1863 beim 1. Artillerieregiment Verwendung zu finden. Bis 1868 fungierte er als 1. Adjutant des Artilleriekorpskommandanten. Nach seiner Beförderung zum Major im Mai 1868 wurde er zum 3. Artillerieregiment versetzt. Von Januar 1869 bis Dezember 1874 war er Referent der Artillerie im KM und 1872 zum Oberstleutnant befördert worden. Nachdem er dann als Abteilungskommandeur im 1. Feldartillerieregiment wirkte, übernahm er im April 1877 mit der Ernennung zum Oberst als Kommandeur das 2. Feldartillerieregiment. Schon im September 1878 wurde Büller zum Sektionschef für artilleristisch technische Angelegenheiten bei der Inspektion der Artillerie und des Trains ernannt. Im November 1882 – wenige

Tage vor der Beförderung zum Generalmajor – übernahm er das Kommando über die Fußartilleriebrigade und war von 1884 bis zu seiner Pensionierung Ende Juli 1886 zugleich mit der Wahrnehmung der Geschäfte des Inspekteurs der militärischen Strafanstalten beauftragt. Seine wissenschaftlichen und technischen Qualifikationen konnte sich Büller neben der Truppenpraxis insbesondere bei verschiedenen Sonderverwendungen erwerben, so war er schon 1852 bis 1856 als Oberleutnant zum KM kommandiert und dann bis 1861 Mitglied der Landes-Militär-Kommission in Frankfurt a. M. 1874 wurde er bayerischer Bevollmächtigter einer bayerischen-württembergischen-preußischen Kommission, die sich mit Fragen über die Reichsfestung Ulm befaßte; BayKA, OP 5708; Xylander/Sutner, 1. Feldartillerie-Regiment, Bd. 3, S. 681. Über die sich auch auf das Gebiet der Handfeuerwaffen erstreckenden Dienstgeschäfte Büllers, namentlich sein Wirken ab 1869 bei der Einführung des Werder-Systems in Bayern, vgl. Hans Reckendorf, Die Faustfeuerwaffen der Königlich Bayerischen Armee, Dortmund (Selbstverlag) 1981, insbesondere die S. 409ff.; allerdings blieb sich Reckendorf über die Identität des »Referenten ›H‹« im Unklaren.

[86] Vgl. MWB, 55. Jg. (1870), Nr. 23, S. 183; Die Mittel zur Beschaffung von 80 Feldl-Geschützen und Munition befanden sich im ordentlichen Haushalt. Im außerordentlichen Etat wurden 3,665 Millionen Gulden für die Beschaffung der neuen Infanteriegewehre und ihrer Munition beantragt. Im Vergleich zu diesem wie zu anderen Kostenpunkten – etwa 4,1 Millionen für drei neue Kasernen, 1,5 Millionen für die Einkleidung der Landwehr – dürfte der Betrag im Rahmen der Verteidigungsinvestitionen kaum ins Gesicht gefallen sein.

[87] Vgl. Militär-Handbuch des Königreiches Bayern, Jg. 1869, S. 2.

[88] Vgl. Akt Nr. 10 130; BayKA, A X 2/21 I; Vorlage v. Feinaigle vom 5. 8. 1869.

[89] Ebenda, Verfügung des KM an das ACC vom 16. 8. 1869.

[90] Verfügung des KM an das ACC vom 3. 9. 1869; BayKA, A X 2/21 I, Nr. 11 991.

[91] Vgl. Scheibenbilder zum Schießversuch vom 27. September 1869 mit dem in der Maschinenfabrik Augsburg hergestellten verbesserten Modell einer Infanterie-Kanone als Beilage zum Bericht vom 27. 9., Nr. 743.

[92] Maximilian Herdegen (1804–1871), zuletzt Generalmajor und Kommandeur der 1. Artilleriebrigade, wurde in München als Sohn einer Artillerieoffiziersfamilie geboren und schlug den gleichen Weg wie sein Vater ein. Herdegen wurde nach erfolgreich absolviertem Lehrkurs im Kadettenkorps 1823 als Junker im (1.) Feldartillerieregiment angestellt und im Oktober des gleichen Jahres zum Unterleutnant befördert. Als Bayern die Griechen in ihrem Freiheitskampf gegen die türkische Herrschaft unterstützte, trat er, wie viele seiner Kameraden, in griechische Dienste und führte 1832 als Oberleutnant die erste Freiwilligen-Abteilung dorthin, nachdem zuvor Otto von Bayern zum griechischen König proklamiert worden war. 1835 kehrte er zur bayerischen Armee zurück und wurde dann 1850 zum Major, 1859 zum Obersten und Kommandeur des 4. Artillerieregiments und 1865 zum Kommandanten der Bundesfestung Landau ernannt. Ein Jahr später wurde er wirklicher Generalmajor und Vorstand der Zeughaus-Hauptdirektion, bevor er dann im Januar 1869 als Brigadier auch die Vorstandsfunktion der Artillerie-Beratungskommission ausfüllte. Während seiner Laufbahn beschäftigte sich Herdegen wiederholt und intensiv mit fortifikatorischen und artilleristischen Fragen. Von 1843 bis 1850 lehrte er als Professor an der Kadettenschule das Fach Fortifikation und war von 1853 bis 1859 Artillerie-Referent im Kriegsministerium und in dieser Zeit wiederholt Mitglied der Artillerie-Beratungskommission. 1860 nahm er an den preußischen Belagerungs- und Schießübungen mit gezogenen Geschützen im Jülich teil (vgl. dazu Heinrich v. Keil, Bericht über die im Jahre 1860 ausgeführten Belagerungsübungen bei der Schleifung der Festung Jülich. In: Mitt. d. k. k. Genie-Comité ü. Gegenstände der Ingenieurs- und Kriegs-Wissenschaften, Jg. 1861, S. 191–242). Kriegsminister Pranckh würdigte Herdegen als einen höchst intelligenten und pflichttreuen Offizier. Aus Gesundheitsgründen genehmigte König Ludwig am 21. April 1870 seine Versetzung in den bleibenden Ruhestand mit dem Charakter eines Generalleutnants. Vgl. BayKA, OP 86540 u. HS 1409 (sog. »Generalsbuch«, Bd. 1). S. 98; Xylander/Sutner, 1. Feldartillerie-Regiment, Bd. 2, S. 655 u. Bd. 3, S. 24f.

[93] BayKA, A X 2/21 I, Nr. 771.

[94] Max Kaspar du Jarrys Freiherr v. La Roche (1834–1888) absolvierte das Kadettenkorps. Der gebürtige Ingolstädter, dessen Vater als Kavalleriegeneral und General-Capitán der Leibgarde der Hartschiere bekannt war, kam 1854 zum (1.) Artillerieregiment, 1859 als Oberleutnant zum 2. und 1860 zum 3. Artillerieregiment. Während des Krieges 1866 fungierte er als Ordonanzoffizier des Prinzen Karl v. Bayern. Im Juli 1866 erhielt er das Patent zum Hauptmann und war von August 1868 bis März 1872 zur Artillerie-Beratungskommission versetzt. Den deutsch-französischen Krieg erlebte er als Generalstabsoffizier der 3. Infanterie-Division und nahm u.a. an den Schlachten und Gefechten von Weißenburg, Wörth und Sedan teil, in denen er sich durch Tapferkeit und hervorragende Leistungen auszeichnete. 1872/73 war er zur Dienstleistung bei Prinz Leopold v. Bayern kommandiert und dann von 1873 bis 1887 dessen Adjutant und spätere Hofmarschall. Im Range eines Oberstens und unter Belassung seiner Titel wurde La Roche im Februar 1887 der Abschied bewilligt; BayKA, OP 15312; Xylander/Sutner, 1. Feldartillerie-Regiment, Bd. 3, S. 691.

[95] Vgl. Vor- und Antrag des Hauptmanns Freiherrn v. La Roche. Schießversuche mit Repetiergeschützen betreffend. München, den 4ten October 1869;

BayKA, A X 2/21 I, Nr. 771. Der Vortrag umfaßt 57 paginierte Blätter und zwei Beilagen.

[96] Ebenda Bl. 3 ff., Bl. 24 ff.

[97] Zusammengestellt nach den im Vor- und Antrag La Roche's enthaltenen Daten.

[98] Ebenda Bl. 10 ff., Bl. 29 ff.

[99] Ebenda Bl. 18 ff., Bl. 31 f.

[100] Ebenda Bl. 23.

[101] Ebenda Bl. 38 f.

[102] Aus diesem Grund mußte die Absicht des Verfassers, die Trefferbilder mit den heute gebräuchlichen statistischen Methoden hinsichtlich mittlerem Treffpunkt, Varianz, Standardabweichung, fünfzigprozentiger Streuung und Streukreisfläche zu analysieren und die Ergebnisse untereinander differenziert zu bewerten, unterbleiben, da die nicht erfaßte Gesamtverteilung der Treffer das Ergebnis stark beeinträchtigt hätte. Dem Rechenzentrum der Erprobungsstelle 91 der Bundeswehr in Meppen, das sich seit vielen Jahren mit derartiger Auswertung befaßt, sei an dieser Stelle für die fachliche Beratung bei Klärung dieser Frage gedankt.

[103] Die unten (Anm. 105) aufgeführten Daten sind errechnet nach den Angaben von: Die erste österreichische Mitrailleur-Batterie, S. 49 f. Die Scheibenwand war 2,84 m hoch und 56,7 m breit, da sie für eine ganze Batterie zu zwei Halbzügen (4 Geschütze) bestimmt war. Insgesamt wurden auf die verschiedenen Entfernungen über 50 000 Patronen verfeuert. Bemerkenswert erscheint die dabei festgestellte hohe Versagerquote der Munition, die teilweise 5,8% erreichte; sie verdeutlicht die schwankende Qualität in den damaligen Herstellungsverfahren.

Wenige Tage nach den Versuchen auf der Simmeringer Heide fand in Bruck ein weiteres Schießen statt, bei dem die Scheibenabmessungen mit jenen in Bayern identisch waren. Hierbei erreichte man auf kürzere Distanzen etwas bessere, bei der Entfernung 1200 Schritt schlechtere Werte. Insgesamt blieben die Ergebnisse auch hier unter den Trefferquoten des Modells von Feldl.

[104] Die Angaben nach der Zusammenstellung der Versuche bei Malherbe, Des Mitrailleurs, S. 65, entnommen. Die Scheibenabmessungen betrugen in der Höhe 3 m, in der Breite 16 m. Vgl. auch: Belgische Versuche mit dem Mitrailleur von Christophe und Montigny. In: AAI, 35. Jg. (1871), Bd. 70, S. 256–259.

[105] Zusammenstellung der oben angeführten Versuchsergebnisse sowie der bayerischen Resultate nach dem Bericht der Artillerie-Beratungskommission vom 4. 10. 1869, Bl. 29, 31; BayKA, A X 2/21 I, Nr. 771.

Trefferquoten (%)

Schritt	m	Feldl	Gatling 12,7 mm	Mitraill. Bayern	Mitraill. Österr.	Mitraill. Belgien
250	187,5	100	100	60	–	–
400	300	–	–	–	64	–
500	375	92	88	31	–	–
550	412,5	–	–	–	59	–
800	600	78	46	18	44	53
1000	750	65	–	–	–	–
1066,6	800	–	–	–	–	56
1200	900	56	–	–	–	–
1333,3	1000	–	–	–	26	35
1400	1050	50	–	–	–	–
1500	1125	–	–	–	8	–
1600	1200	–	–	–	–	20

[106] Der österreichische Mitrailleur mit 37 Rohren war für die Gewehrpatrone M. 1867 eingerichtet (Geschoßgewicht 20 g; Ladungsgewicht 4 g), die in Belgien erprobte Mitrailleuse für die belgische Gewehrpatrone M. 1867 (Geschoßgewicht 25 g; Ladungsgewicht 5 g).

[107] Vgl. den Vor- und Antrag La Roche's vom 4. 10. 1869; BayKA, A X 2/21 I, Nr. 771.

[108] Ebenda Bl. 53, 54.

[109] BayKA, A X 2/21 I, Nr. 14 562.

[110] Vgl. die Zusammenstellung verschiedener Geschützsysteme bei Müller, Entwickelung der Feldartillerie, Bd. 1, S. 382, Tab. VIII.

[111] Die ausreichende Wirkung war zudem abhängig von einer genauen Schätzung oder Messung der Zielentfernung und der sich daraus ergebenden korrekten Zündereinstellung. Zur Entwicklungsgeschichte und Wirkungsweise der Schrapnells vgl. insbesondere Josef Sturm, Beitrag zur Entwicklung des Schrapnells. In: MAUG, 20. Jg. (1889), S. 567–592 u. Taf. 33.

[112] Dieses Verfahren ist eingebettet in die Phasen- und Stufenentscheidungen im Entstehungsgang für Wehrmaterial mit einer matrixartigen Struktur, die die Arbeit und Zusammenarbeit von Bundesministerium der Verteidigung als planender und leitender Instanz, dem Bundesamt für Wehrtechnik und Beschaffung als Vollzugsorgan der Objektstudien und der Entwicklung und Beschaffung, den Teilstreitkräften selbst sowie der Industrie regelt. Diese Regelung wurde im Rahmen der Neuordnung des Rüstungsbereiches von dem damaligen Minister Helmut Schmidt und seinem aus der Industrie kommenden Staatssekretär Ernst Wolf Mommsen initiiert und am 28. Januar 1971

in Kraft gesetzt; vgl. dazu im einzelnen: Der Bundesminister der Verteidigung, Neuordnung des Rüstungsbereiches. Rahmenerlaß und Bericht der Organisationskommission des BMVg zur Neuordnung des Rüstungsbereiches, Bonn 1971, insbesondere die S. 24 ff. Eine Gesamtdarstellung der Entstehung und Einführung wehrtechnischen Gerätes bei der Bundeswehr aus der Sicht des Rüstungsbereiches geben neuerdings Theodor Benecke und Günther Schöner, Wehrtechnik für die Verteidigung. Bundeswehr und Industrie – 25 Jahre Partner der Industrie, Koblenz 1984.

[113] BayKA, A X 2/21 I, Nr. 14 562.

[114] Vorlage der Zeughaus-Hauptdirektion an das ACC vom 24. 12. 1869; BayKA, A X 2/21 I, Nr. 17 243.

[115] Verfügung des KM; BayKA, A X 2/21 I, Nr. 17 243.

[116] Es sind dies im einzelnen die Erprobungsstelle (ErpSt) 41 in Trier für Kraftfahrzeuge und Panzer, die ErpSt 51 in Koblenz-Metternich für Pioniergerät, die ErpSt 52 in Oberjettenberg (Oberbayern) mit dem Schwerpunkt Winter- und Gebirgserprobung, die ErpSt 61 in Manching für Luftfahrtgerät, die ErpSt 71 in Eckernförde für Maringerät, die ErpSt 81 in Greding für Fernmeldegerät und Elektronik, die ErpSt 91 in Meppen für Waffen und Munition sowie die Wehrwissenschaftliche Dienststelle der Bundeswehr in Munster für ABC- und Brandschutz; vgl. insbesondere das dem Schwerpunktthema Erprobungsstellen gewidmete Heft 1 (1978) der Wehrtechnik sowie den einleitenden Beitrag von Heinz Barlet, Die technischen Dienststellen des BWB, ebenda, S. 19.

[117] Zum Grundsätzlichen der Erprobung vgl. Wilhelm Burgsmüller, Die technische Erprobung. In: Jahrbuch der Wehrtechnik, Folge 1, Darmstadt 1966, S. 182–192; Theodor Benecke, Erprobung. Fortschritt auch in der Methode der Erprobung. In: Jahrbuch der Wehrtechnik, Folge 3, Darmstadt 1968, S. 10–13.

[118] Als weiteres Kriterium zur Beurteilung der Leistung könnten heute die Trefferbilder hinsichtlich des Streukreisdurchmessers (50%-Streuung; 90%-Streuung) ausgewertet werden. Da bei den bayerischen Versuchen die vertikale Gesamtverteilung der Schüsse wegen zu geringer Scheibenhöhe nicht erfaßt wurde, konnte dieses statistische Verfahren hier nicht angewandt werden; es bot sich stattdessen an, die Zielscheibe in gleich große Sektionen aufzuteilen, die Treffer auszuzählen und die erhaltenen Werte in Form von Histogrammen aufzutragen. Dies wurde für die Entfernung von 800 Schritt (600 m) durchgeführt, weil nur für alle Testwaffen Ergebnisse vorlagen. Als Ergebnis der vom Verf. erstellten Auswertung kann konstatiert werden: Absolut hatten die Infanteristen die wenigsten Treffer zu verzeichnen; diese verteilten sich aber auf einen großen horizontalen Bereich, so daß bei dieser Entfernung nur Flächenziele – von Zufallstreffern abgesehen – mit Erfolg bekämpft werden konnten. Nicht unwesentlich bessere Resultate lieferte der belgische Mitrailleur, der, berücksichtigt man noch die ermittelten Trefferquotienten, als die schlechteste der erprobten Waffen angesehen werden mußte. Die Leistungen des ersten Modells von Feldl und der Gatling Gun im Kaliber 1 Zoll erwiesen sich demgegenüber als wesentlich gesteigert, liegen aber in der Präzision noch hinter der Gatling Gun im Kaliber ½ Zoll. Hier lagen 67% der Treffer in einer nur 2 Fuß breiten Sektion. Setzt man genaue Entfernungsmessung und präzises Richten voraus, so hätte sich mit diesem Geschütz die höchste Treffwahrscheinlichkeit für ein Punktziel ergeben. Insgesamt gesehen muß jedoch gefolgert werden, daß die Gatling Gun angesichts der zeitbedingten Möglichkeiten der Entfernungsmessung und der Einstellung der zugehörigen genauen Elevation fast schon zu präzise schoß. Schon bei geringen Richt- und Zielfehlern, die auch auf den Erprobungsplätzen nicht auszuschließen waren, erreichte diese Waffe insofern niedrigere Trefferquotienten als die mehr streuenden Feldl-Geschütze.

Demnach bestand für alle am Entscheidungsprozeß beteiligten Personen die Schwierigkeit, eine Auswahl auf der Grundlage nur weniger Schießversuche und ohne ausreichenden statistischen Unterbau zu treffen.

[119] Auf der Grundlage der modernen Meß- und Sensorentechnik, die naturgemäß damals noch nicht zur Verfügung stehen konnte, wird heute die Beurteilung einer Waffe u.a. auch nach folgenden Kriterien und Parametern hin vorgenommen: Geschoßgeschwindigkeit und -energie als Funktion der Zielentfernung, Zielballistik (Wirkung im Ziel), Ermittlung von Zuverlässigkeit und Lebensdauer, rechnerunterstützte Auswertung von Trefferbildern zur Ermittlung der Trefferwahrscheinlichkeit (Spannweite, Standardabweichung, mittlere quadratische Abweichung).

[120] Vgl. u.a. Messerschmidt, Politische Geschichte der preußisch-deutschen Armee, S. 40 ff.; Leonhard v. Muralt, Die diplomatisch-politische Vorgeschichte. In: Entscheidung 1870. Der deutsch-französische Krieg. Hrsg. vom Militärgeschichtlichen Forschungsamt durch Wolfgang v. Groote und Ursula v. Gersdorff, Stuttgart 1970, S. 7 ff., hier S. 23 ff.

[121] Zum organisatorischen Ablauf vgl. insbesondere Gustaf Lehmann, Die Mobilmachung von 1870/71. Mit Allerhöchster Genehmigung Seiner Majestät des Kaisers und Königs bearbeitet im Königlichen Kriegsministerium, Berlin 1904, S. 20 ff.

[122] Vgl. Frauenholz, Geschichte des Königlich Bayerischen Heeres, S. 320 f.; Hugo Helvig, Das I. bayerische Armee-Corps von der Tann im Kriege 1870/71. Nach den Kriegsacten bearbeitet, München 1872, S. 8.

[123] Vgl. Frauenholz, Geschichte des Königlich Bayerischen Heeres, S. 18.

[124] Vgl. Der deutsch-französische Krieg 1870–71. Redigirt von der kriegsge-

schichtlichen Abtheilung des Großen Generalstabes, 5 Bde. Berlin 1874–1881, hier Bd. 1, S. 51.

[125] BayKA, A X 2/21 I, Nr. 9384, 19. 7. 1870. Ursprünglich jedoch hatte Minister v. Pranckh es abgelehnt, Finanzmittel für die Geschütze in den außerordentlichen Etat aufnehmen zu lassen, da er unter dem Eindruck der Mobilmachung nicht mit ihrer baldigen Anfertigung rechnete. Durch eine Intervention des Generalverwaltungsdirektors wurde das Blatt noch einmal gewendet, indem man versicherte, wenigstens 30 Geschütze in acht bis zwölf Wochen zur Verfügung zu haben; hierauf waren dann 60 000 fl disponibel.

[126] Ebenda.

[127] Vorlage des Referenten und Verfügung vom 24. 7. 1870; BayKA, A X 2/21 I, Nr. 10176.

[128] Meldung des ACC an das KM vom 19. 8. 1870; BayKA, A X 2/21 I, Nr. 13567.

[129] Hermann Karl Friedrich Graf v. Thürheim wurde am 14. April 1835 im oberfränkischen Karolinenreuth als Sohn des kgl. Rechnungskommissärs Julius Graf v. Thürheim geboren und absolvierte die Ausbildung im Kadettenkorps. Seine Truppenverwendung begann 1855 als Unterleutnant im 1. Artillerieregiment, um 1859 zum 4. Artillerieregiment versetzt zu werden. Nachdem er 1867 zum 3. Artillerieregiment wechselte, wurde er ein Jahr später zum Hauptmann befördert und im Februar 1870 Mitglied der Artillerie-Beratungskommission. Im Juli 1870 ermöglichte ihm die Zuteilung zum 1. Artillerieregiment auf Kriegsdauer die Übernahme der Kartätschgeschützbatterie. Für die im Krieg gezeigten Leistungen, besonders für sein Verhalten während der Gefechte um Orléans, wurde Thürheim durch Armeebefehl gelobt und später mit dem Ritterkreuz 2. Klasse des bayerischen Militärverdienstordens sowie dem Eisernen Kreuz 2. Klasse ausgezeichnet. Als Major und etatmäßiger Stabsoffizier kam er 1875 wieder zum 4. Artillerieregiment und rückte bis zum Oberstleutnant auf. Von November 1882 folgte eine langjährige Verwendung bei der Inspektion der Artillerie und des Trains, zunächst als Referent und ab 1886 als Oberst und Sektionschef. Nach seiner Ernennung zum Generalmajor im März 1889 wechselte er zur Inspektion der Fußartillerie, um dann schließlich im Juni 1892 zum Präsidenten des Generalauditoriats ernannt zu werden. 1893 erhielt er die Beförderung zum Generalleutnant, und unter Verleihung des Prädikates »Exzellenz« wurde Graf Thürheim im Juni 1895 mit der gesetzlichen Pension zur Disposition gestellt. Die spezifisch militärwissenschaftliche Kenntnis erwarb er sich u.a. durch den Besuch der Artillerie- und Genieschule, einem einjährigen Kommandierung im Jahre 1866 zu einem Lehrkurs bei der Geschützgießerei Augsburg, der Belegung eines Informationskurses für Stabsoffiziere bei der preußischen Artillerie-Schießschule sowie durch einen Studienaufenthalt bei der Gewehrfabrik Spandau und der Fa. Krupp in Essen. Thürheim, vermählt seit 1881 mit Freiin Forstner-Dambenoy und Vater von 3 Kindern, verstarb am 26. Mai 1906 in München; BayKA, OP 14820; Xylander/Sutner, 1. Feldartillerie-Regiment, Bd. 3, S. 692; Nekrolog in der Augsburger Abendzeitung vom 28. Mai 1906, S. 5f. Von seinen militärliterarischen Arbeiten sind hervorzuheben die von der ÖMZ prämierte Schrift »Die Mitrailleusen und ihre Leistungen im Feldzuge 1870/71«. In: ÖMZ, 12. Jg. (1871), Bd. 4, S. 237–257, die nach dem Krieg eine Studie, in der er mittels mathematisch-statistischer Methoden die Überlegenheit der Wirkung der Repetiergeschütze gegenüber der Infanterie und den leichten Feldgeschützen nachzuweisen versuchte: Julius v. Olivier, Die Feuerwaffen und ihre Wirkung im Gefecht mit Rücksicht auf den Feldzug 1870/71, München 1871.

[135] BayKA, HS 137.

[136] Vgl. § 36 der Vorschrift, ebenda.

[137] Vermerk vom 7. 9. 1870; BayKA, A X 2/21 I, Nr. 15288.

[138] BayKA, FZM 1299, Nr. 5505.

[139] Vgl. KM-Reskript vom 12. 9. 1870 bzgl. Ersatz von Infanterie, Kavallerie und Artillerie für die mobile Armee, beziehungsweise weitere Zuteilungen von Artillerie betreffend, Beilage Bl. 3; BayKA, FZM 1299, Nr. 15798.

[140] Vgl. Munitionsausrüstung und Gewichtstabelle kriegsmäßig ausgerüsteter Fahrzeuge der Kartätsch-Batterien als Beilage zum KM-Reskript vom 5. 10. 1870; BayKA, FZM 1299, Nr. 17435.

[141] Vgl. Xylander/Sutner, 1. Feldartillerie-Regiment, Bd. 3, S. 649, Anl. 17.

[142] Vgl. Helvig, I. bayerisches Armee-Corps, S. 98.

[143] v. der Tann (1815–1881) begann seine militärische Laufbahn 1833 als Junker im 1. Artillerieregiment, wurde 1844 Adjutant des Kronprinzen Maximilian und 1848 als Major Flügeladjutant des Königs. Im gleichen Jahr ließ er sich beurlauben und nahm an der schleswig-holsteinischen Erhebung als Führer eines Freikorps teil. Nach einer kurzen Tätigkeit in der schleswig-holsteinischen Armee als Oberst und Chef des Generalstabes wechselte er 1850 wieder zur bayerischen Armee, in der er bald Adjutant Maximilians II. wurde, und machte

bei diesem seinen Einfluß zu Organisation der Armee nach preußischem Vorbild geltend. 1855 beförderte der König ihn zum Generalmajor; 1860 wurde er dessen Generaladjutant. Als Chef des Generalstabes der mobilen Armee unter dem Prinzen Karl von Bayern schloß er im Juni 1866 das Bündnis mit Österreich und leitete – in seinem Innersten vom Mißerfolg überzeugt – die bayerischen Operationen. Von ultramontanen Kreisen als »verkappter Preuße« für die Niederlage verantwortlich gemacht, hielt Ludwig II. jedoch an seinem General fest, ernannte ihn 1867 zum Inhaber des 11. Infanterieregiments und beförderte ihn zum General der Infanterie und zum Kommandeur des I. Korps. In dieser Funktion nahm er am Krieg gegen Frankreich teil und kehrte hochdekoriert nach München zurück. In Meran starb der Musik- und Theaterfreund 1881 an einem Herzleiden; BayKA, OP 14409; vgl. auch Kurt v. Priesdorff, Soldatisches Führertum, Bd. 8, Hamburg o. J., S. 166–173; Xylander/Sutner, 1. Feldartillerie-Regiment, Bd. 3, S. 672; ABD, Bd. 37, S. 373–380; Schrettinger, Der Königlich Bayerische Militär-Max-Joseph-Orden und seine Mitglieder, München 1882, S. 865 ff.

[144] Im Verlaufe des Krieges wurde die III. Armee um das VI. Armeekorps und die 2. Kavalleriedivision vermehrt.

[145] Zum Gesamtgeschehnis vgl. hierzu besonders Fritz Hoenig, Der Volkskrieg an der Loire im Herbst 1870. Nach amtlichen Quellen und handschriftlichen Aufzeichnungen von Mitkämpfern dargestellt, 6 Bde., Berlin 1893–1897.

[146] Vgl. Moser, Kurzer strategischer Ueberblick über den Krieg 1870/71, 2. Aufl. Berlin 1896, S. 27.

[147] Vgl. Xylander/Sutner, 1. Feldartillerie-Regiment, Bd. 3, S. 311f.

[148] Ebenda S. 330f.; zum Gesamtablauf des Gefechtes vgl. auch Studien zur Kriegsgeschichte und Taktik. Hrsg. vom Großen Generalstabe, 2. Bd.: Das Abbrechen von Gefechten, Kap. 4: Das I. Bayerische Armeekorps bei Coulmiers am 9. November 1870, Berlin 1903, S. 103–139.

[149] (Graf Thürheim), Nachrichten über Mitrailleusen. In: AAI, 34. Jg. (1870), Bd. 68, S. 268–277, hier S. 271. Diesen Beitrag verfaßte Thürheim noch während des Feldzuges in Frankreich.

[150] Vgl. Xylander/Sutner, 1. Feldartillerie-Regiment, Bd. 3, S. 339 u. Anm. 3; Helvig, I. bayerisches Armee-Corps, S. 196 ff.

[151] (Graf Thürheim), Nachrichten über Mitrailleusen, S. 272.

[152] Vgl. Xylander/Sutner, 1. Feldartillerie-Regiment, Bd. 3, S. 642, Anlage 16: Nachweisung über die von den Feldbatterien im Feldzuge 1870/71 verfeuerte Munition.

[153] Helvig, I. bayerisches Armee-Corps, Anm. S. 202.

[154] »Tagebuch über meinen Antheil am Feldzuge 1870 gegen Frankreich. I. Heft. Angefangen den 26. September. Ende den 21. November«; BayKA OP 14820.

[155] Ebenda Bl. 33 f.

[156] Reskript an das ACC; BayKA, FZM 1299, Nr. 17435.

[157] 1. Artillerieregiment an das ACC; BayKA, FZM 1299, Nr. 6686.

[158] Reskript vom 6. 11. 1870 an das ACC; BayKA, FZM 1299, Nr. 20378. Das Personal bestand aus einem Feuerwerker, einem Korporal, einem Einjährig-Freiwilligen, einem Trompeter, 17 Mann Bedienung sowie 21 Pferden.

[159] Hermann Ritter v. Rogister (1835–1919), geboren in Weyher bei Landau in der Pfalz als Offizierssohn, absolvierte vor seinem Diensteintritt im Jahre 1852 als freiwilliger Unterkanonier und Kadett im 2. Artillerieregiment drei Kurse des Polytechnikums. 1855 erfolgte die Beförderung zum Junker im 3. Artillerieregiment, 1870 zum Hauptmann im 4. Artillerieregiment, 1878 zum Major und 1880 zum Stabsoffizier und Bataillonskommandeur im 1. Fußartillerie. Im Februar 1884 wurde er auf Ersuchen als charakterisierter Oberstleutnant mit Pension verabschiedet. Rogister gehörte zu dem Kreis bayerischer Offiziere, die 1867 die Pariser Weltausstellung zwecks militärwissenschaftlicher Weiterbildung besuchen konnten; BayKA, OP 22296.

[160] Telegramm des ACC an das 4. Artillerieregiment in Augsburg vom 16. 10. 1870; BayKA, FZM 1299, Nr. 6301; vgl. ferner Luitpold Lutz, Die Bayerische Artillerie von ihren ersten Anfängen bis zur Gegenwart, München 1894, S. 121.

[161] Telegramm des Ministers aus Versailles an das Ministerium in München vom 21. 11. 1870; BayKA, A X 2/21 I, Nr. 21662.

[162] Vgl. Helvig, I. bayerisches Armee-Corps, S. 223; Der deutsch-französische Krieg 1870–71, Bd. 3, Anl. 92, S. 169. Die Batterie Thürheim war dann vom 26. November bis zum 16. Dezember der 1. Division der Artillerie-Reserveabteilung des II. Bayerischen Armeekorps zugeteilt.

[163] Schreiben des Generalstabschefs der Armeekorps, Oberst v. Heinleth, vom 30. 11. aus Orgéres an den Referenten im KM, Major Büller; BayKA, FZM 1299, Nr. 23177. Adolf v. Heinleth (1823–1895) avancierte nach dem Krieg zum General, wurde 1878 Chef des Generalstabes der Armee, 1882 Generalleutnant und Kommandeur der 4. Division. Zuletzt bekleidete er von 1885 bis 1890 das Amt des bayerischen Kriegsministers; ADB, Bd. 50, S. 147; Schrettinger, Der Militär-Max-Joseph-Orden, S. 378 ff.

[164] Diese Erfahrung hatte die Batterie machen müssen, als sie am 10. November während des Rückzuges nach Artenay in St. Péravy biwakierte und beim Abmarsch am frühesten Morgen zwei der 42 Zentner schweren Munitionswagen vor dem Feind in die Hände fallen lassen mußte, da sie trotz Vorspannens von 10 Pferden nicht aus dem Morast zu bewegen waren, vgl. Xylander/Sutner, 1. Feldartillerie-Regiment, Bd. 3, S. 344 f.

[130] KM-Reskript vom 21. 8. 1870 an das ACC; BayKA, FZM 1299, Nr. 13567.

[131] Vgl. Xylander/Sutner, 1. Feldartillerie-Regiment, Bd. 3, S. 302.

[132] Vorlage des ACC an das KM vom 3. 9. 1870; BayKA, A X 2/21 I, Nr. 15133.

[133] KM-Reskript an das ACC; BayKA, FZM 1299, Nr. 15288.

[134] Zit. nach Xylader/Sutner, 1. Feldartillerie-Regiment, Bd. 3, S. 302, Anm. 2; derart äußerte er sich auf eine Frage, ob er nicht mit dem Hauptmann Olivier tauschen wolle, der eine Ersatzbatterie mit Sechspfündern zu formieren hatte und der neuen Technik viel aufgeschlossener gegenüberstand; ebenda S. 302. Olivier veröffentlichte nach dem Krieg

[165] Vgl. Der deutsch-französische Krieg 1870–71, Bd. 3, Anl. 95, S. 241; W. Leeb, Das Kgl. Bayerische 4. Feldartillerie-Regiment »König«. Ein Rückblick auf seine 50jährige Entwicklung 1859–1909, Stuttgart o. J., S. 93.

[166] Vgl. Vorlage des II. Armeekorps-Kommandos aus Chatenay vom 19. 11. 1870 und Übersendung der Protokolle vom 13., 15. u. 19. November über die Untersuchung der sechs Kartätschgeschütze der Batterie Rogister hinsichtlich ihrer Felddienstbrauchbarkeit; BayKA, FZM 1299, Nr. 22920.

[167] Vgl. Protokoll vom 13. 11., ebenda.

[168] Protokoll vom 15. 11., ebend.

[169] Protokoll vom 9. 12. 1870; BayKA, FZM 1299, Nr. 22920.

[170] Bericht des Johann Feldl über die bayerischen Kartätschbatterien in Chatenay vom 14. 2. 1871 an das KM; BayKA, FZM 1299, Nr. 7161.

[171] Vgl. Anm. 163.

[172] Ministervorlage des Referenten vom 14. 12.; BayKA, A X 2/21 I, Nr. 22920 u. 23177. Der Vorgang erledigte sich mit Entscheidung zur Auflösung der Batterie.

[173] Vorlage vom 10. 11. 1869; BayKA, A X 2/21 I, Nr. 14562; vgl. Anm. 109.

[174] Telegrafische Weisungen an das II. Armeekorps-Kommando in Chatenay und das I. Armeekorps-Kommando in Orléans vom 15. 12. 1870; BayKA, A X 2/21 I, Nr. 23892.

[175] KM-Reskript vom 20. 12. 1870 an das II. Armeekorps-Kommando; BayKA, A X 2/21 I, Nr. 24271.

[176] Vgl. Rückblicke auf die inneren bayerischen Heeresverhältnisse während des deutsch-französischen Krieges 1870/71. In: Darstellungen aus der Bayerischen Kriegs- und Heeresgeschichte. Hrsg. vom Königlich Bayerischen Kriegsarchiv, Heft 3, München 1894, S. 99.

[177] Vgl. Alfred Ritter v. Kropatschek, Ueber das Verhalten der Waffen im deutsch-französischen Kriege 1870–1871. In: MAUG, 3. Jg. (1872), S. 1 ff., hier S. 18.

[178] Am 9. 8. 1872 erteilte das KM der Inspektion der Artillerie und des Trains die Genehmigung zum Verkauf von 6000 Patronen M. 69 an die Maschinenfabrik Augsburg zwecks Durchführung von Versuchen mit abgeänderten Feldl-Geschützen; BayKA, A X 2/21 I, Nr. 19095.

[179] Verfügung des KM vom 9. 8. 1875; BayKA, A X 2/21 I, Nr. 11740.

[180] Vgl. Popp, Königl. Bayer. Armee-Museum, S. 123, Nr. 4994.

[181] Das Geschütz war im Arsenal von Peking gefunden worden, und der deutsche Major Taubler hielt nach dessen Instandsetzung damit noch Schießübungen ab, konnte es jedoch nicht mehr zum Einsatz bringen; vgl. Layriz, Die Maschinenwaffen und ihre Verwendung, S. 547 u. Morawietz, Die bayerischen Kartätschgeschütze 1870, S. 30. Zum Verlauf des Boxeraufstandes und seiner Niederschlagung durch eine internationale Streitmacht vgl. v. Löbell's Jahresberichte über Veränderungen und Fortschritte im Militärwesen, 27. Jg. (1900), S. 515–552 u. 28. Jg. (1901), S. 497–529.

[182] Ebenda S. 31.

[183] Besichtigung der Überreste durch den Verf. im Jahre 1981. Die Inv.-Nr. ist nicht bekannt.

[184] Vgl. Morawietz, Die bayerischen Kartätschgeschütze 1870, S. 31.

9. Die Versuche in anderen deutschen Staaten

9.1. Die Versuche in Preußen

Über die preußischen Versuche mit handbetätigten Maschinenwaffen liegen infolge der Vernichtung der Bestände des Heeresarchivs nur wenige Informationen und diese nur in Abschriften der Originalakten vor [1]. Am 1. September 1867 erteilte demnach das Allgemeine Kriegsdepartement des Kriegsministeriums der Artillerie-Prüfungskommission den Auftrag, mit zwei der von der amerikanischen Gatling Gun Co. angebotenen Schnellfeuergeschütze Schießversuche durchzuführen. Es handelte sich dabei um die gleichen Modelle im Kaliber ½ und 1 Zoll, die auch in Baden und Bayern erprobt wurden [2]. Daraufhin etablierte sich eine Spezial-Kommission mit dem Präses v. Neumann [3] als Vorsitzenden, dem Major v. Teichmann als Referenten sowie vier weiteren Offizieren.

Ziel des ersten Versuches sollte es sein, die
- Feuergeschwindigkeit
- Treffähigkeit und den Wirkungsbereich sowie
- Gangbarkeit des Mechanismus
auf Entfernungen zwischen 400 und 1200 Schritten zu ermitteln.

Zunächst stellte die Kommission in ihrem Gutachten heraus, daß das Geschütz aus einer »höchst sinnreichen Anwendung des Prinzips des Zündnadelgewehres und Erweiterung desselben zu einem Repetiergewehr« bestehe, bemängelte jedoch dessen komplizierten Aufbau und die nicht genügend gegen Verstauben und Verschmutzen geschützte und dadurch wartungsintensive Mechanik [4]. Die Konstruktion der Lafette erwies sich als nicht brauchbar, ebenso wurde die Munition – insbesondere die im Kaliber 1 Zoll – negativ bewertet, was einmal auf die unregelmäßige Herstellung der Hülsen und zum anderen auf die ungenügende Wirkung der Kartätschpatrone zurückgeführt wurde. Hinsichtlich der Feuergeschwindigkeit erreichte man in den Versuchen, die zum Teil in Anwesenheit des Königs durchgeführt wurden, Werte um 120 Schuß pro Minute. Bei der Auswertung der Treffbilder ergab sich für beide Geschütze ein zufriedenstellendes Ergebnis. Die Kommission zog folgendes Resümee: »Das Prinzip der vorliegenden Waffe, Treffsicherheit mit einer ungewöhnlichen Schnelligkeit des Feuers zu vereinen, scheint für besondere Gefechtszwecke und einzelne Momente im Feld- und Festungskriege eine erhebliche Wirkung zu versprechen, und wenn auch nicht geeignet, irgend eine im Gebrauch befindliche Waffe zu verdrängen, doch im Stande, in einzelnen Fällen die Wirkung derselben zu ergänzen und zu erweitern«. Sie beantragte, da die Versuche wegen Munitionsmangel nicht mit der gewünschten Intensität durchgeführt worden waren, die Beschaffung von eigenen Geschützen und Munition und falls möglich, schon an diesen Exemplaren die Beseitigung der festgestellten Mängel [5]. Am 9. Oktober kam daraufhin zwi-

schen dem Königreich Preußen und der Gatling Gun Company, vertreten durch ihren Agenten, dem amerikanischen General John Love, ein Vertrag des Inhalts zustande, daß Preußen drei Gatling-Geschütze verschiedenen Kalibers käuflich erwarb. Der Vertrag enthielt eine Option auf weitere 97 Waffen, wenn sich das Ministerium nach erfolgreicher Erprobung für das Gatling-System entschieden hätte [6].

Unabhängig von diesen Modellen betrieb die Generalinspektion unter Amtshilfe der sächsischen Regierung (siehe Kap. 9.2.) die Beschaffung einer Mitrailleuse vom System Christophe & Montigny [7]; ein diesbezügliches Versuchsschießen hatte am 23. Juni 1868 stattgefunden. In einem an die Generalinspektion gerichteten Gutachten sprach sich die »Spezial-Commission für Kartätschgeschütze« für die Einstellung der Erprobung mit dem Gatling-System aus, da es sich dem belgischen Konkurrenten als unterlegen erwiesen habe, obwohl die drei in Auftrag gegebenen neuen Geschütze inzwischen in Berlin eingetroffen waren und die Versuche bereits begonnen hatten [8]. Mit Kritik bedacht wurden die vergleichsweise geringe Feuergeschwindigkeit, bestimmte Mängel in der Konstruktion und nicht zuletzt die Zuverlässigkeit der Patronenzuführung (Magazine und Ladetrichter). Im Hinblick auf eine mögliche Einführung von handbetätigten Maschinenwaffen für den Feldkrieg war zudem eine Grundsatzentscheidung gefallen, als die Kommission definitiv erklärte: »Von der Einführung von gatlings oder mitrailleurs für den Feldkrieg wird Abstand genommen« [9]. Als Begründung wurde angeführt, daß beide Systeme nur auf Entfernungen von bis zu 600 Schritt wirksam seien und darüber hinaus die Beobachtung und Korrektur des Feuers im Gegensatz zu den Feldgeschützen nicht oder nur unzureichend möglich sei. Die Versuche sollten allerdings zur Feststellung ihrer Eignung als Festungsgeschütze fortgesetzt werden. Die Fortführung der Erprobung fand am 13. April 1869 statt, als ein Vergleichsschießen zwischen dem belgischen Mitrailleur, den Gatling-Geschützen, zwei Feldgeschützen mit glatten Rohren sowie 20 mit Zündnadelgewehren bewaffneten Infanteristen durchgeführt wurde, um anhand des speziellen Zielaufbaues die Eignung der Modelle für den Festungskrieg festzustellen. In dem der Generalinspektion vorgelegten Bericht konstatierte die Kommission, daß der Mitrailleur in der Zahl der Schüsse pro Zeiteinheit sowohl zehn Infanteristen als auch dem glatten Sechspfünder in Kasemattenlafette überlegen sei. Zur Bestreichung eines Grabensystems könne der Mitrailleur auch im Hinblick auf das geringere Gewicht und den geringen Platzbedarf durchaus an die Stelle des Geschützes treten [10]. In einem zweiten Versuchsteil befaßte sich die Kommission noch einmal mit der Verwendung der Schnellfeuerwaffen in einem gewöhnlichen Feldkrieg und stellte fest, daß der belgische Mitrailleur, was die Trefferzahl auf den aufgestellten Zielscheiben anbelangte, mehr leiste als der gezogene Vierpfünder. In ihrem abschließenden Urteil bemerkt die Kommission jedoch: »Da sowohl gatlings als mitrailleur jeder 6–7 Mann zur Bewerkstelligung eines Schnellfeuers bedürfen, wozu noch die Fahrer der Bespannung zu rechnen sind, dessen Mannschaften aber jedes offensive Element fehlt und irgendeine Ladehemmung einen ganz anderen Einfluß ausübt, als bei einem Infanteristen, so darf wohl mit Recht behauptet werden, daß die für einen mitrailleur oder gatling aufgewendeten Mittel in keinem Verhältnis stehen, zu den Resultaten, welche im Feldkriege mit ihnen zu erreichen wären«[11]. Daraus zieht sie den Schluß: »Es erscheint vielmehr gerechtfertigt, statt derartige Maschinen für den Feldkrieg anzuschaffen, alle Mittel darauf zu verwenden, das Infanterie-Gewehr zu verbessern und die Feldgeschütze mit kriegsbrauchbaren Shrapnels zu versehen«[12].

Der vorläufig letzte Versuch fand nur wenig später am 23. April in Anwesenheit des Königs statt. Die Bedingungen und die Durchführung waren ähnlich wie zuvor. Im Grundsatz wurden hier die Ergebnisse noch einmal bestätigt. Die Kommission gelangte zu den gleichen Erkenntnissen[13].

Ausschlaggebend für die Beurteilung war unter anderem die Erstellung einer Rangfolge, die die Kommission aus den Schießresultaten ermittelt hatte. Gewertet wurde bei den Entfernungen 500 und 800 Schritt nach vier verschiedenen Kriterien, die sich auf den Zielaufbau bezogen. Verteilt man nun für die jeweilige Plazierung Wertungspunkte (8 bis 1) und bildet ein Gesamtergebnis, so stellt sich anhand der Schußleistung (Trefferzahl) die Rangfolge wie folgt dar[14]:

1. Gezogener Sechspfünder
2. Belgischer Mitrailleur
3. Zehn Infanteristen mit Beckschen-Gewehren[15]
4. Gatling-Kanone im Kaliber ½ Zoll
5. Gezogener Vierpfünder
6. Zehn Infanteristen mit Chassepot-Gewehren[16]
7. Zehn Infanteristen mit normalen Zündnadelgewehren
8. Gatling-Kanone im Kaliber 1 Zoll

Hierbei liegen Nr. 1 bis Nr. 3 in der Wertung dicht beieinander, während schon zu Nr. 4 ein deutlicher Abstand besteht.

Die Spezial-Kommission unter Leitung des Präses der APK, Oberst v. Rieff[17], fällte daraufhin folgendes Urteil: »Zur Bestreichung von Gräben in neu zu erbauenden Festungswerken kann der Mitrailleur mit Rücksicht auf die günstigere und leichtere Construction der zu seiner Aufstellung erforderlichen bedeckten Räume an Stelle des glatten Sechspfünders verwendet werden. Es ist jedoch nöthig, die Versuche zur Verbesserung der Patronen fortzusetzen und eine entsprechende Lafette zu construiren«[18].

Der Generalinspekteur der Artillerie, v. Hindersin[19], schloß sich in seinem dem Ministerium vorgelegten Gutachten, das als Anlage 8 hier abgedruckt ist, im wesentlichen den Ausführungen der APK an, beantragte jedoch die baldige Anschaffung einiger belgischer Mitrailleurs, weniger im Zusammenhang mit der Ausrüstung der Festungen, als vielmehr zur Unterweisung der preußischen Infanterie in die Leistungen dieser Waffe – in Anbetracht der Einführung einer solchen Waffe in Frankreich eine legitime Forderung[20].

In dem dem badischen Kriegsministerium überlassenen Aktenmaterial fanden sich jedoch keine Hinweise, die auf den Ankauf von Mitrailleurs hindeuten.

Versucht man abschließend die preußischen Erprobungen der handbetätigten Maschinenwaffen zu analysieren, so ergibt sich die Schwierigkeit, daß über die Versuchsbedingungen, die in einem Erprobungsprogramm niedergelegt waren, keine detaillierten Angaben vorliegen und diese nur ersatzweise und unvollständig aus den Versuchsberichten zu gewinnen sind. Die vorliegenden Dokumente lassen jedoch die Grundzüge erkennen. Danach scheint in Preußen die Struktur der Versuche deutlich komplexer gewesen zu sein als in Baden und Bayern. Die Offiziere der APK versuchten mit spezifischen Methoden, die möglicherweise etwas realitätsnäher als jene waren, zum Kern der Erkenntnis vorzudringen. Dazu gehörten die Fahrversuche, die bei dem Marsch von der Kaserne zum Schießplatz Eindrücke von der mechanischen Qualität der Waffe vermitteln konnten, ebenso wie die Errichtung eines in der Tiefe gestaffelten Mehrfachzieles. Es überrascht nicht, wenn die APK aufgrund dieser Bedingtheiten in der Klassifizierung der Modelle zu anderen Ergebnissen gelangte als das bayerische ACC. Der fundamentalste Unterschied in den Anschauungen lag jedoch darin, daß die preußischen Offiziere die Eignung von handbetätigten Maschinenwaffen für den offenen Feldkrieg schon damals kategorisch verneinten, während das Ministerium in München bekanntermaßen zwei Batterien an die Front schickte, um das Urteil mit den Erfahrungen der Praxis begründen zu können.

9.1.1. Exkurs: Die Artillerie-Prüfungskommission

Die Bildung eines technischen Institutes »zur Prüfung aller in Artillerie-Angelegenheiten eingehenden Vorschläge«[21] ist in engem Zusammenhang mit der Reorganisation der preußischen Armee nach dem Tilsiter Frieden zu sehen und tangiert hier die Verbesserung der materiellen Ausrüstung der Streitkräfte auf dem Bewaffnungsgebiet. Auf Vorschlag des Prinzen August von Preußen[22] wurde am 17. März 1809 die Artillerie-Prüfungskommission (APK) ins Leben gerufen und mit der allgemeinen Leitung der Geschäfte der General Scharnhorst beauftragt. Ihr Haupttätigkeitsfeld sollte die Prüfung der mechanischen Einrichtung der Geschütze und Fahrzeuge sowie die Erarbeitung von Vorschlägen über die Übungen und den Gebrauch der Artillerie sein. Bei diesen Überlegungen sollten die Einrichtungen der französischen Artillerie zum Vorbild genommen und gleichzeitig die von Scharnhorst im 2. Band seines »Handbuches der Artillerie« gemachten Verbesserungsvorschläge berücksichtigt werden[23]. 1810 begannen die ersten praktischen Versuche, die fortan durch Protokolle dokumentiert wurden und als Entscheidungsgrundlage für die dem Ministerium vorzulegenden Vorschläge über Annahme oder Abweisung eines Projektes dienten. Das für die Durchführung der Versuche notwendige Personal wurde zunächst von der Garde-Artillerie-Brigade kommandiert, bevor 1832 ein ständiges Versuchskommando zugewiesen wurde, das aus Offizieren, Feuerwerkern, Unteroffizieren und Mannschaften bestand. Die Versuchsschießen fanden bis 1829 auf dem

Schießplatz Wedding und dann auf dem Schießplatz Tegel statt.

Bis 1865 erfuhr die Kommission verschiedene organisatorische Änderungen, die sich auf den Geschäftsgang und die Zusammensetzung ihrer Mitglieder bezogen. Mit der in diesem Jahr erfolgten Etablierung eines General-Artillerie-Komitees, das unter dem Präsidium des Generals der Infanterie v. Hindersin stand, gehörte der Präses der Prüfungskommission diesem als stimmführendes Mitglied an. Als Mitglieder gehörten zur Kommission nun außer dem Präses 17 Offiziere (davon sieben zur Dienstleistung kommandiert) und 13 Assistenten (davon fünf zur Dienstleistung). Hierunter befanden sich die etatmäßigen Mitglieder, der Feuerwerksmeister der Artillerie, der Direktor der Geschützgießerei Spandau, der erste Lehrer der Artillerie an der Vereinigten Artillerie- und Ingenieurschule sowie bei Bedarf der Direktor der Pulverfabrik Spandau [24].

Zu den größeren Vorhaben, die die Prüfungskommission seit ihrem Bestehen bis 1871 bearbeitete, gehörten [25]:

- Feldartilleriematerial C/16
- Feldartilleriematerial C/42
- Feldartilleriematerial C/56
- gezogene 9-cm-Kanone C/61
- gezogenes Feldartilleriematerial C/64
- Belagerungsgeschütze C/64
- neues System der Schiffs- und Küstenartillerie (Kaliber 8 cm bis 26 cm).

Die positiven Erfahrungen mit den Stahlrohren mündeten nach dem deutsch-französischen Krieg in die Entwicklung des wesentlich leistungsgesteigerten Feldartilleriematerials C/73.

Zur Bearbeitung der verschiedenen Projekte wurden aus den Mitgliedern jeweils »Spezial-Kommissionen« gebildet, die für das Programm, die Durchführung und die Auswertung der Versuche verantwortlich waren. Die abschließenden Berichte wurden vom Präses schlußgezeichnet und liefen dann auf dem Dienstweg zu den vorgesetzten Dienststellen, beispielsweise zur Generalinspektion der Artillerie.

Nicht immer arbeitete die Kommission mit der von Scharnhorst angestrebten Effektivität, sofern man dem Urteil des Prinzen Kraft zu Hohenlohe-Ingelfingen, des späteren Generals der Artillerie und Generaladjutanten des Kaisers, Glauben schenkt. Dieser war 1849 – gegen seinen Wunsch – zur APK versetzt worden und schildert in seinen Erinnerungen mit bissiger Ironie seine Eindrücke über die Arbeit und die Mitglieder der APK:

»... die Prüfungskommission bestand damals aus drei Arten von Offizieren: erstens Mitgliedern, die vornehmlich in der Sitzung am Mittwoch von früh neun bis nachmittags vier Uhr schwatzten, zweitens Assistenten, welche in der Sitzung bei den Abstimmungen über die Beschlüsse keine Stimme hatten, denen aber die Schriftlichen Gutachten übertragen wurden, und drittens zur Dienstleistung kommandirten jungen Offizieren (wie ich), denen von den Mitgliedern und Assistenten alle Arbeit übertragen wurde, die diese eigentlich machen sollten« [26]. Er berichtet ferner von skurrilen und pedantischen Erfindern, deren Erfindungen »nie gebraucht worden sind, sondern bald wieder abgeschafft werden mußten« [27]. »Im Allgemeinen«, so fährt Prinz Kraft fort, »kommandirte man da-mals als Mitglieder zu dieser Kommission Offiziere, die im praktischen Dienst nicht zu gebrauchen waren. Die Beschlüsse der Kommission fielen daher damals auch immer so aus, daß sie von der Generalinspektion und vom Kriegsministerium verworfen wurden, und die Königliche Artillerie-Prüfungskommission war die verlachteste Behörde der damaligen Zeit« [28].

Diese kritischen Anmerkungen können sicherlich nicht auf die folgenden Jahrzehnte übertragen werden, denn spätestens seit der technischen Herausforderung durch die Gußstahlgeschütze und den Hinterlader leistete die APK mit der Erprobung und Einführung der neuen Modelle und ihrer Munition auch vom Ausland anerkannte fachliche Arbeit.

Der der Kommission gegebene Name kennzeichnete nur einen Teilbereich ihres Tätigkeitsfeldes, das bis um 1870 neben der Prüfung der technischen Zuverlässigkeit und der Leistung der Artilleriebewaffnung zu gleichen Teilen auch jenen Bereich umfaßte, den man heute als die Durchführung der Entwicklung bezeichnen würde. Das bedeutete, daß der Kommission von der Konstruktion eines neuen Geschützes und der zugehörigen Munition bis zur Erprobung der Prototypen und der Weiterentwicklung der Serienmodelle alle technischen Arbeiten oblagen. Die Ausnahme bildete lediglich die Fertigung, die von Werkstätten oder Gießereien durchgeführt wurde. Entwicklung und technische Erprobung hatten bis dahin in einer Hand gelegen.

Die Verlagerung der Aufgaben zum Bereich der Erprobung zeichneten sich erstmals in den sechziger Jahren stärker ab, als im Zuge der Industrialisierung die Privatindustrie sich auch verstärkt auf dem Gebiet des Artilleriewesens engagierte. Ein Meilenstein dieser Vorgänge war der Gußstahl, der aufgrund seiner überlegenen Qualitäten der Werkstoff für Geschützrohre wurde. Auf den von jetzt anzutreffenden technologischen Vorsprung der Industrie konnte die Prüfungskommission nur noch reagieren und nicht mehr selbst agieren. Es ging der Kommission nun darum, aus der Vielzahl der vorgelegten Entwicklungen das Brauchbare mit Hilfe wissenschaftlicher Versuche herauszukristallisieren. Die Versuche mit handbetätigten Maschinenwaffen sind nur ein Glied in dieser Kette. In besonderem Maße setzte sich dieser Trend in den achtziger Jahren und dem Zeitraum vor dem Ersten Weltkrieg fort, in dem eindeutig die Waffenerprobung vorherrschend war.

So gesehen war die Artillerie-Prüfungskommission die Vorläuferin der entsprechenden Abteilung im Heereswaffenamt und des heutigen Bundesamtes für Wehrtechnik und Beschaffung.

9.2. Die Versuche in Sachsen

Das Königreich Sachsen war flächenmäßig der viertgrößte deutsche Staat und folgte mit einer Einwohnerzahl von ca. 2,4 Millionen an dritter Stelle der Bevölkerungsstatistik [29].

Die Königlich Sächsische Armee am Vorabend des Krieges von 1866 stand unter dem Kommando des Generals der Infanterie Kronprinz Albert. Als Chef des Generalstabes fungierte

Generalmajor v. Fabrice[30], der spätere Kriegsminister. Das am Feldzug in Böhmen teilnehmende Armeekorps bestand aus den Feldtruppen mit 20 Bataillonen Infanterie, 16 Schwadronen Kavallerie, 58 bespannten Geschützen in zehn Batterien, einem Pionierdetachement und Munitionskolonnen sowie den Depottruppen mit fünf Bataillonen Infanterie, vier Schwadronen Kavallerie und weiteren zehn Geschützen in zwei Batterien sowie weiteren Einheiten zur logistischen Versorgung. Die Stärke der Armee am Tag der Mobilmachung betrug 591 Offiziere, 23350 Unteroffiziere und Mannschaften sowie 8641 Reservisten[31].

Trotz der Niederlage konnte Sachsen im Friedensvertrag vom 21. Oktober 1866 seine staatliche Existenz behaupten, wenngleich die Vereinbarungen u.a. den Beitritt zum Norddeutschen Bund und die Reorganisation der sächsischen Armee vorsahen, die als integrierender Bestandteil der Bundesarmee unter den Oberbefehl des Königs von Preußen zu treten hatte. Dieser übte als Bundesfeldherr in Sachsen das Inspektionsrecht aus, während der sächsische König Chef der Armee blieb und auch die Offiziere allein ernannte, die Höchstkommandierenden jedoch nur mit preußischer Zustimmung[32]. Die Reorganisation vollzog sich unter Belassung des Kriegsministeriums, wie schon bei den süddeutschen Staaten, nach preußischem Vorbild hinsichtlich der Übernahme der Exerzier- und sonstiger Vorschriften für die Ausbildung und Verwendung der Truppen. Der sächsischen Armee standen damit auch die Einrichtungen des Gesamtheeres wie höhere Militärbildungsanstalten, technische Institute, Schießschule, großer Generalstab usw. offen[33]. Das zu formierende in sich abgeschlossene Armeekorps (XII. AK des norddeutschen Bundesheeres) gliederte sich mit Wirkung vom 7. Januar 1867 in zwei Infanteriedivisionen zu je zwei Brigaden sowie einem Schützenregiment und zwei Jägerbataillonen, einer Reiterdivision mit zwei Kavalleriebrigaden und dem Artilleriekorps mit je einem Festungsartillerie- und Feldartillerieregiment. Die Friedenspräsenzstärke betrug 24143 Mann[34]. Neben der Wehrstruktur war auch die Bewaffnung Veränderungen unterworfen. Die Linieninfanterie erhielt das preußische Zündnadelgewehr, das Schützenregiment das kürzere Füsiliergewehr M./60 und die Jägerbataillone bekamen die Jägerbüchse M./65. Die Feldartillerie übernahm die 8- und 9-cm-Hinterladekanonen System Krupp[35].

Schon vor der Weltausstellung in Paris hatte in Dresden die Beschaffung von Informationen über die neuerfundenen Schnellfeuergeschütze gerade auch vor dem Hintergrund ihrer Einführung in Frankreich einen wichtigen Stellenwert. Als besonders vorteilhaft für den Fortgang der Angelegenheit erwies sich die Tatsache, daß der Wirkliche Geheimrat Frh. August Friedrich Oswald v. Fabrice, Bruder des Kriegsministers, als Gesandter am belgischen Hofe wirkte[36]. Dieser erhielt Anfang März des Jahres 1867 den Auftrag, mit den Fabrikanten Christophe & Montigny in Kontakt zu treten und über eine mögliche Liefervereinbarung zu verhandeln. Eine erste Sondierung ergab, daß die Firma an einer Geschäftsverbindung interessiert war, und sie gewährte Einblick in einen unlängst mit dem Kaiserreich Rußland abgeschlossenen Kontrakt. In seinem Bericht kommt Oswald v. Fabrice zu dem Ergebnis, es sei für eine Kriegsmacht unverantwortlich, sich

nicht mit dieser »furchtbaren Waffe« zu befassen[37]. Dank der Einsatzfreude Fabrices und der erstaunlich unbürokratischen Haltung der Behörden konnten die Verhandlungen schon am 5. Mai mit der Unterzeichnung des Kontraktes abgeschlossen werden[38]. Ein zweiter, geheimer Vertrag, der ebenfalls von dem sächsischen Gesandten unterzeichnet worden war, beinhaltete die Lieferung eines weiteren Geschützes nach Berlin[39]. Hierbei hatte sich das preußische Kriegsministerium der diplomatischen Kanäle Sachsens bedient[40] und vermied dadurch angesichts der schwelenden Luxemburger Krise eine direkte Fühlungnahme mit den belgischen Lieferanten in einer sensitiven Rüstungsangelegenheit. Diese sächsische Vermittlerrolle blieb kein Einzelfall. Fabrice beschaffte wenig später in Lüttich mehrere der neuen französischen Chassepot-Gewehre, die in Berlin zur Abschätzung der von der französischen Infanteriebewaffnung ausgehenden Bedrohung technischen Versuchen und einer Bewertung unterzogen werden sollten[41].

Auch die Fabrikanten der belgischen Mitrailleuse betrieben zum Schutze ihrer Erfindung vor der Konkurrenz eine Geheimhaltung. Die einzelnen Bauteile des Geschützes wurden in verschiedenen kleineren Werkstätten hergestellt, um den dort arbeitenden Personen die Gesamtkonstruktion zu verschleiern. Diese Fertigungsmethode sowie schwerwiegende Probleme in der Qualitätssicherung bei der Herstellung der Munition verzögerten die Ablieferung der Geschütze um mehrere Monate[42].

Nachdem eine Feldlafette zur Aufnahme der Waffe adaptiert worden war, stand das zu einem Preis von 7000 Francs gelieferte Geschütz im September für die Versuche in Dresden bereit.

Zuvor waren die Mitglieder der Artilleriekommission durch Christophe in die Handhabung und Bedienung eingewiesen worden. Der erste Versuch fand schließlich am 27. September in Anwesenheit des Kronprinzen und des Kriegsministers statt[43].

Die Zielentfernungen betrugen 200 bis 1200 Schritt, die Scheibe hatte die Abmessungen 4,16 m × 4,16 m. Hinsichtlich der Geschützmechanik konnte die Kommission keine schwerwiegenden Mängel feststellen, doch lief das Geschütz bei Betätigung der Abfeuerung leicht aus der Visierlinie. Die zahlreichen Anzündversager bei den Patronen waren weniger auf die Zündmechanik als vielmehr auf die schlechten Zündhütchen zurückzuführen. Bei der Auswertung der Treffbilder ergaben sich ähnliche Resultate wie bei den preußischen und bayerischen Versuchen. Es wurde festgestellt, daß die Treffleistung nur bei kurzen Entfernungen genügend war und ab 600 Schritt sehr stark abfiel.

Am 18. Oktober führte die Kommission die Erprobung zunächst mit dem Ziel weiter, eine modifizierte Munitionsart mit neuer Zündung, Laborierung und Geschoß auf Leistungsfähigkeit und Zuverlässigkeit zu testen. Hierbei wurde eine deutliche Verbesserung sowohl hinsichtlich der Anzahl der Anzündversager als auch der Treffleistung konstatiert. Die Kommission sprach sich für die Weiterverwendung der Munition aus[44].

Nach dem zur Verfügung stehenden Material sind die Versuche mit handbetätigten Maschinenwaffen in Sachsen jedoch wohl nicht weiter verfolgt worden, da inzwischen die preußische Artillerie-Prüfungskommission auf diesem Gebiet ihre Tätigkeit aufgenommen hatte. Der intensive Informationsaustausch mit diesem Gremium über die Berliner Versuche, die zudem auf breiterer Basis durchgeführt wurden, ließen aus politischer und ökonomischer Sicht eine Weiterführung der Erprobungen in Sachsen kaum noch sinnvoll erscheinen.

Anmerkungen

[1] Im Juni 1870 erhielt das badische Kriegsministerium in Abschriften fünf Dokumente aus Berlin, die Aufschluß über die in Preußen stattgefundenen Aktivitäten geben. Im einzelnen handelt es sich um folgende Vorgänge: 1. Bericht der Artillerie-Prüfungskommission (APK) vom 2. 10. 1867 über die Schießversuche mit dem Gatling-Geschütz; 2. Bericht der APK vom 15. 7. 1868 über das Vergleichsschießen mit Kartätschgeschützen; 3. Bericht der APK vom 17. 4. 1869 über ein Vergleichsschießen mit Kartätschgeschützen, Feldgeschützen und Infanterie-Gewehren; 4. Bericht der APK vom 26. 4. 1869 über das Vergleichsschießen vor Seiner Majestät dem König am 23. April 1869; 5. Gutachten der General-Inspektion der Artillerie vom 5. 5. 1869; GLA 238/1978, Nr. 1993.
[2] Bericht der Artillerie-Prüfungskommission vom 2. 10. 1867 über die Schießversuche mit dem Gatling-Geschütz; Abschrift in GLA 238/1978, Nr. 1993.
[3] Der Schlesier Rudolf Sylvius von Neumann (1805–1881) entstammt, wie nicht wenige der technischen Artillerieoffiziere, einfachen bürgerlichen Verhältnissen; sein Vater war Gärtner am Hofe des Herzogs Eugen von Württemberg. Beginnend 1825 als Kanonier im 6. Artilleriebrigade bildete er sich ohne Mittel, doch mit sehr großem Fleiß, zum Offizier heran. Aufgrund seiner hervorragenden technischen und mathematischen Fähigkeiten wurde er schon 1840 Mitglied der Artillerie-Prüfungskommission. Hier betätigte er sich vornehmlich als Konstrukteur auf dem Gebiet der Gußstahlgeschütze und ihrer Munition, zu deren Annahme in der preußischen Armee und von der technischen Seite her maßgeblichen Anteil hatte. Er entwickelte ferner brauchbare Zünder sowie Meßgeräte, die in Versuchen zum Einsatz kamen und die Leistung und Sicherheit dieser Geschütze auch wissenschaftlich nachvollziehbar bestätigten. Auch bei dem artilleristischen Angriff 1864 auf die Düppeler Stellung erwarb er sich große Verdienste, die dahingehend honoriert wurden, daß er Vorstand der Versuchsabteilung der Kommission und 1865 ihr Präses wurde. Wegen seiner Verdienste um die Artilleriewaffe erhob ihn der König kurz darauf in den Adelsstand und beförderte Neumann zum Generalmajor. Schon 1868 wurde er als Generalleutnant mit Pension zur Disposition gestellt – zurückzuführen auf seinen Eigensinn und das »respektwidrige Auftreten gegen die höchsten Behörden«, wie es formuliert wurde von Prinz Kraft zu Hohenlohe-Ingelfingen, Aus meinem Leben, Bd. 1, Berlin 1897, S. 119; vgl. auch Priesdorff, Soldatisches Führertum, Bd. 7, S. 218 ff.
[4] Bericht der APK vom 2. 10. 1867 über die Schießversuche mit dem Gatling-Geschütz; Abschrift in GLA 238/1978, Nr. 1993.
[5] Ebenda.
[6] Vgl. Wahl/Toppel, The Gatling Gun, S. 37; Bericht des Majors im Generalquartiermeister-Stab Karl Freiherr von Freyberg-Eisenberg, bayerischer Militärbevollmächtigter in Berlin, an das KM in München vom 30. 1. 1869; BayKA, A X 2/21 I, Nr. 1612. Nach seinen Angaben betrug der Preis für das Modell im Kaliber 1 Zoll 2000 Thaler und für das im Kaliber ½ Zoll 1500 Thaler.
[7] Nach der Aussage von Freyberg-Eisenberg (vgl. Anm. 6) war für dieses System in Brüssel ein Betrag von 7000 Franc ohne Lafette bezahlt worden. Folgende technische Daten zu dieser Waffe sind bekannt: Anzahl der Rohre: 31; Kaliber: 13,6 mm; Anzahl der Züge: 10; Geschoßgewicht: 33,3 g; Treibladungsgewicht: 8 g; Gewicht des Rohrblocks: 213 kg.
[8] Vgl. Bericht der APK vom 15. 7. 1868 über das Vergleichsschießen mit Kartätsch-Geschützen; Abschrift in GLA 238/1978, Nr. 1993. Die Kommission sprach sich ferner dafür aus, die Gatling-Geschütze im Artillerie-Museum zu deponieren.
[9] Ebenda.
[10] Bericht der APK vom 17. 4. 1869 über ein Vergleichsschießen mit Kartätsch-Geschützen, Feldgeschützen und Infanterie-Gewehren; Abschrift in GLA 238/1978, Nr. 1993.
[11] Ebenda.
[12] Ebenda.
[13] Bericht der APK vom 26. 4. 1869 über das Vergleichsschießen vor Seiner Majestät dem König am 23. April 1869; Abschrift in GLA 238/1978, Nr. 1993.
[14] Errechnet nach der Beilage II zum Bericht der APK; ebenda.
[15] Es handelte sich um das von dem Werkmeister Beck unter Zuhilfenahme des Abdichtungssystems der französischen Zündnadelwaffen (System Chassepot) in Vorschlag gebrachte verbesserte Zündnadelsystem. Hierbei wurde durch eine Modifikation am Verschlußkopf und durch Einbeziehung einer

[15a] Kautschukdichtung der Verschluß wesentlich gasdichter, der Ladevorgang konnte verkürzt werden, und in Verbindung mit einer neuentwickelten Patrone ergab sich eine größere Anfangsgeschwindigkeit des Geschosses sowie eine gestrecktere Flugbahn. Dieses System wurde 1869 eingeführt und die Umrüstung der Zündnadelgewehre, die noch ein geändertes Visier erhielten, in Angriff genommen, aber durch den Krieg unterbrochen und erst danach vollendet; vgl. auch Vorschrift für die Umänderung des Verschlusses an den Zündnadel-Gewehren M/62 und den Füsilier-Gewehren M/60, Berlin 1871.
[16] Es handelte sich hier um die französische Infanteriewaffe »fusil modèle 1866«, genannt »fusil Chassepot«, eine Konstruktion des Oberkontrolleurs in der französischen Waffenfabrik Mutzig, Antoine-Alphonse Chassepot (1833–1905). Die Einführung dieses Zündnadelgewehres erfolgte unmittelbar nach dem Krieg von 1866 als Antwort auf die von Preußen mit dem Zündnadelgewehr von Dreyse errungenen Erfolge. Gegenüber dem preußischen Pendant zeichnete sich das Chassepot durch einen verbesserten Verschluß, kleineres Kaliber (11 mm) sowie eine überlegene außenballistische Leistung aus. Die schlechte Bewertung in dem Vergleichsschießen war, wie die Kommission betonte, auf die nachgefertigte, nicht reglementsmäßige Munition zurückzuführen; zum Chassepot-Gewehr vgl. u. a. H. Meinecke, Das Chassepot-Gewehr der französischen Infanterie, Darmstadt, Leipzig 1867; Pierre Lorain, Petite histoire des armes à feu et Cinquante ans d'armes francaises 1866–1916, Paris 1975, S. 68 ff.
[17] Karl Theodor v. Rieff (1816–1908) begann seine Laufbahn 1835, nach dem Besuch des Gymnasiums in Trier, bei der 4. Artilleriebrigade, in der er 1847 Adjutant wurde. 1859 wurde er ins Berliner Kriegsministerium versetzt, in dem er bis zum Oberst aufrückte und drei Jahre Chef der Artillerieabteilung war, bevor er im Juni 1868 zum Präses der Artillerie-Prüfungskommission ernannt wurde. Es gelang ihm, die Arbeitsleistung der Kommission beträchtlich zu steigern. Sein Vorgesetzter beurteilte Rieff als einen Mann mit großen geistigen und wissenschaftlichen Fähigkeiten verbunden mit dem Hang zur Eitelkeit und Selbstüberschätzung. Im Krieg 1870/71 nahm er in führender Stellung an der Beschießung von Toul und der Belagerung von Paris teil. Nach dem Krieg übernahm er – nun als Generalmajor – das Kommando über die 4. Artilleriebrigade, bevor er 1873 mit Pension zur Disposition gestellt wurde; über ihn vgl. Priesdorff, Soldatisches Führertum, Bd. 8, S. 142 ff.
[18] Bericht der APK vom 26. 4. 1869 über das Vergleichsschießen am 23. April 1869; Abschrift in GLA 238/1978, Nr. 1993.
[19] Gustav Eduard v. Hindersin (1804–1872), geboren in Wernigerode als Sohn eines Pastors, trat nach dem Besuch des Gymnasiums zur dritten Artilleriebrigade und wurde 1825 Offizier. Er besuchte u. a. die allgemeine Kriegsschule und wurde 1842 als Hauptmann zum Generalstab versetzt. Bei der Niederwerfung der Revolution in Baden war er 1849 gefangengenommen und in der Festung Rastatt festgesetzt worden. 1850 wurde er Chef des Generalstabes des 6. Korps, 1854 Oberst und Kommandeur des 2. Artillerieregiments in Stettin. Mit der Ernennung zum Generalmajor 1858 übernahm er als Inspekteur die 3. Artillerie-Inspektion in Breslau, in welcher Funktion er 1861 zum Generalleutnant befördert wurde, bevor er 1864 die 2. Inspektion übernahm. Im Krieg von 1864 wurde ihm die technische Oberleitung des Artillerie- und Ingenieurangriffs auf die Düppeler Schanzen übertragen. Für die dort gezeigten Leistungen erhob ihn der König in den Adelsstand, verlieh ihm den Orden pour le mérite und beförderte Hindersin zum 2. Generalinspekteur und im Dezember 1864 schließlich zum Generalinspekteur der Artillerie. In dieser Stellung engagierte er sich besonders um die Verbesserung der Schießausbildung der Artillerie. Aufgrund der Erfahrungen des Krieges gegen Österreich setzte er 1867 die Errichtung der Artillerie-Schießschule durch. Weiterhin war er gegen manchen Widerstand einer der Hauptverfechter für die Einführung der gezogenen Feldgeschütze. Eine treffende Charakterisierung des wegen seiner äußersten Strenge gefürchteten Vorgesetzten gibt Prinz Kraft zu Hohenlohe-Ingelfingen, Aus meinem Leben, Bd. 3, 4. Aufl. Berlin 1906, S. 162 ff.; über ihn vgl. auch Priesdorff, Soldatisches Führertum, Bd. 6, S. 461 ff.; ADB, Bd. 12, S. 458 f.
[20] Gutachten der General-Inspektion der Artillerie vom 4. 5. 1869; Abschrift in GLA 238/1978, Nr. 1993.
[21] Aus dem Antrag des Prinzen August von Preußen vom 7. März 1809 an den König; zitiert nach Moewes, Kurzgefaßte Geschichte der Artillerie-Prüfungs-Kommission, S. 1.
[22] Prinz August von Preußen war 1808 zum Brigade-General und Chef der Artillerie ernannt worden.
[23] Vgl. Moewes, Kurzgefaßte Geschichte der Artillerie-Prüfungs-Kommission, S. 1 f.
[24] Vgl. Denecke, Geschichte der Artillerie-Prüfungskommission, S. 9 f.; Rang- und Quartier-Liste der Königlich Preußischen Armee und Marine für das Jahr 1865, S. 287 f.
[25] Vgl. Denecke, Geschichte der Artillerie-Prüfungskommission, S. 63 ff.
[26] Prinz Kraft zu Hohenlohe-Ingelfingen, Aus meinem Leben, Bd. 1, Berlin 1897, S. 118.
[27] Ebenda S. 119.
[28] Ebenda S. 119.
[29] Vgl. Illustrierter Kalender für 1872. Jahrbuch der Ereignisse, Bestrebungen und Fortschritte im Völkerleben und im Gebiete der Wissenschaften, Künste und Gewerbe, 27. Jg., Leipzig 1871, S. 14.

[30] Georg Friedrich Alfred von Fabrice (1818–1884) entstammte einem hessischen Gelehrtengeschlecht. Gleich seinem Vater, zuletzt sächsischer Generalleutnant und Oberstallmeister des Königs, entschied sich der Sohn für die militärische Laufbahn und trat 1834 als Portepeejunker in das 2. Reiterregiment ein, um 1840 als Premierleutnant in das Gardereiterregiment versetzt zu werden, in dem er 1842 Regimentsadjutant wurde. Mit der Versetzung zum Generalstab in Dresden im Jahre 1850 begann für den gebildeten und strebsamen Offizier eine geradlinige Generalstabskarriere, in der er auch seine staatsmännisch-diplomatischen Fähigkeiten unter Beweis stellen konnte, so, als er 1863/64 Differenzen beilegen konnte, die zwischen den vom sächsischen General v. Hake kommandierten Bundesexekutionstruppen und den preußischen Truppen in Erscheinung getreten waren. Nach dem Feldzug in Böhmen übernahm Fabrice 1866 die Leitung des Kriegsministeriums, nach dem er 1865 zum Generalmajor und Chef des Generalstabes befördert worden war. In dieser Stellung zeigte er großes Geschick und Umsicht bei den diffizilen Verhandlungen über den Abschluß der Militärkonvention zwischen Sachsen und Preußen. Während des Krieges 1870/71 verblieb er zunächst in Dresden, wurde dann aber von König Wilhelm als Generalgouverneur für ein Departement und die besetzten französischen Nordprovinzen berufen. Nach der Abreise Bismarcks erhielt er die Aufgabe, diesen in den Friedensverhandlungen mit der französischen Regierung zu vertreten. Nach Dresden zurückgekehrt widmete er sich in alter Stellung dem weiteren Ausbau des sächsischen Heeres und konnte auch den Grundstock für den Fundus des späteren Armeemuseums beschaffen. 1872 wurde er zum General der Kavallerie befördert und in den erblichen Grafenstand erhoben. 1882 übernahm er schließlich das Ministerium des Äußeren. Zur Person Fabrices vgl. Hubert Richter, Georg Friedrich Alfred von Fabrice. In: Sächsische Lebensbilder. Hrsg. von der Sächsischen Kommission für Geschichte, Bd. 2, Dresden 1938, S. 70–95; NDB, Bd. 4, S. 729.

[31] Vgl. im einzelnen: (Gustav v. Schubert), Der Antheil des Königlich Sächsischen Armeecorps am Feldzuge 1866 in Oesterreich, Dresden 1869, S. 10ff.

[32] Vgl. Petter, Deutscher Bund und deutsche Mittelstaaten, S. 268f.

[33] Vgl. O. Schuster/F. A. Francke, Geschichte der Sächsischen Armee von deren Errichtung bis auf die neueste Zeit, 3 Bde., Leipzig 1885, hier Bd. 3, S. 133.

[34] Ebenda S. 136ff.

[35] Ebenda S. 144f.

[36] Vgl. NDB, Bd. 4, S. 729.

[37] Schreiben an den Minister vom 5. 3. 1867; MA DDR, Sa 2205, Bl. 1.

[38] Eingabe an das KM vom 5. 5. 1867; MA DDR, Sa 2205, Bl. 22. In der Anlage wurde die Vertragsausfertigung mit eingereicht; ebenda Bl. 23.

[39] Ebenda Bl. 25.

[40] Vgl. Schreiben des Direktors des AKD des preußischen KM, General v. Podbielski, an den sächsischen Kriegsminister vom 16. 3. 1867; MA DDR, Sa 2205, Bl. 9.

[41] Schreiben von Oswald v. Fabrice an den Minister vom 21. 6. 1867; MA DDR, Sa 2205, Bl. 28f. Hiernach hatte der preußische Major v. Burg, aggregiert dem Generalstab und kommandiert zur Botschaft nach Paris (vgl. Rang- und Quartier-Liste der Königlich Preussischen Armee und Marine für das Jahr 1867, S. 30) den Auftrag erhalten, dort vier oder fünf Chassepot-Gewehre zu beschaffen, was ihm aber nicht gelungen war, so daß er sich schließlich an den sächsischen Gesandten in Brüssel mit der Bitte um Amtshilfe wandte.

[42] Schreiben von Oswald v. Fabrice an den Minister vom 27. 7. 1867; MA DDR, Sa 2205, Bl. 30f.

[43] Vgl. Protokoll der sächsischen »Artillerie Commission« vom 27. 9. 1867; MA DDR, Sa 2205, Bl. 36ff.

[44] Vgl. Protokoll der Artilleriekommission vom 18. 10. 1867; MA DDR, Sa 2205, Bl. 48ff.

10. Die Rezeption der Maschinenwaffen zwischen 1867 und 1874

10.1. Das Meinungsbild von dem deutsch-französischen Krieg

Zu den ersten Veröffentlichungen eines deutschen Blattes, das sich sachlich-kritisch mit der militärtechnischen Innovation auseinandersetzte, gehörte eine Artikelfolge unter dem Leitthema »Die Infanteriekanone« in der »Allgemeinen Militär-Zeitung« vom Sommer 1867[1]. Ausgehend von einer Beschreibung der in Paris ausgestellten Kanonen von Gatling und den zu dieser Zeit noch spärlichen Kenntnissen über die in Frankreich schon eingeführte Mitrailleuse versuchte der ungenannte Autor eine Einschätzung ihrer Leistungsfähigkeit und eine Interpretation ihrer taktischen Anwendbarkeit zu geben, wobei er zunächst als Voraussetzung für eine maschinenähnliche Waffe die Entwicklung einer zuverlässigen Metallpatrone herausstellte[2]. Die Feuercharakteristik der Maschinenwaffen wolle die artilleristische Wirkung durch die Schnelligkeit des Feuers nachahmen und zwar den Streuungskegel einer Granate durch die rasche Folge kleiner Geschosse und die Nachahmung der Granat- und Kartätschwirkung bei jedem einzelnen Schuß, wie dies etwa bei der entsprechenden Munitionsart der Gatling-Kanone im Kaliber 1 Zoll der Fall war. Doch diese sei für das Gefecht ungeeignet und zeige keine Wirkung – das belegten dann auch die späteren Versuche[3]. Das zukünftige Potential der Schnellfeuerkanone liege deshalb »in der höchsten mechanischen Steigerung des Schnellfeuers«, um in sich die Feuerkraft einer kleineren Abteilung Infanteristen zu konzentrieren, denn »nur auf diesem Wege wird sie als ein originelles Kriegsmittel neue Möglichkeiten des Erfolgs, ..., gewähren«[4]. Dabei, so betonte der Autor, sei die Gleichheit der Munition mit der des Infanteriegewehres aus Gründen ihres Gewichtes und des Nachschubs angesichts des zu erwartenden hohen Verbrauchs eine Grundvoraussetzung für die Wirkung[5]. Er bezweifelte nicht, daß die Maschinenwaffen in entscheidenden Momenten das Feuergefecht der Infanterie in seiner Wirkung steigere, sah aber im Hinblick auf die bis dahin vorgestellten Typen in naher Zukunft keine Umwälzung des Artilleriewesens, wenngleich er verbessertem Material längerfristig einen großen Einfluß voraussagte. Die Verantwortlichen sollten sich bald darüber klarwerden, »was man der mechanischen und moralischen Wirkung des neuen Instruments entgegenstellen will, besonders wenn uns dasselbe in Verbindung mit einer überlegenen Handwaffe[6] des kleinen Kalibers gegenübertritt«[7]. Der Autor selbst sah ein brauchbares Äquivalent zum einen in der Einführung eines Repetiergewehres, zum andern in einer gesteigerten Tätigkeit der Artillerie, die die Mitrailleusen vorrangig bekämpfen müsse[8]. Der erste Artikel im »Archiv für die Offiziere der Königlich Preußischen Artillerie- und Ingenieur-Korps«, der sich mit Maschinenwaffen ernsthaft befaßte. erschien 1869 von einem un-

genannten – wahrscheinlich bayerischen – Offizier unter dem Titel »Über Revolverkanonen«[9]. Hauptanliegen des Verfassers war, der Mystifizierung dieser Waffen, die hauptsächlich durch die Gerüchte und die Geheimhaltung um die französische Mitrailleuse in dem gespannten politischen Klima Nahrung erhalten hatte[10], durch die Vermittlung von Sachinformationen ein schnelles Ende zu bereiten und die Kameraden für eine kritische Auseinandersetzung zu sensibilisieren. Aufgrund der taktischen Entwicklung des letzten Jahrzehntes unter dem Eindruck der Wirkung der Handfeuerwaffen mit gezogenem Lauf glaubte er, daß die Revolvergeschütze beim Angriff unter bestimmten Voraussetzungen die Rolle der Artillerie wirksam übernehmen könnten und ferner, um bei gemischten Truppenabteilungen einen Teil der Infanterie für andere Aufgaben freizusetzen[11]. Für die Zwecke der Verteidigung, insbesondere an räumlich beengten Punkten, die die Aufstellung von Infanterie nur schwer zulassen, sei die Nützlichkeit der Schnellfeuerkanonen unbestritten. Ihre eigentliche Wirkungssphäre sei daher der Kampf aus nächster Entfernung (bis ca. 1000 Schritt), da sie durch Geschwindigkeit und Kontinuität des Feuers den Kartätschschuß der gewöhnlichen Kanonen weit übertreffen würden[12]. Da sie trotz des doch beschränkten Einsatzspektrums mit Erfolg zu verwenden sein würden, sei dies Veranlassung genug, Revolverkanonen einzuführen. Sie würden sich zudem durch große Beweglichkeit und leichte Bedienung auszeichnen und dem Feind nur geringe Zielfläche bieten[13].

Schließlich sprach sich der Autor dafür aus, die Revolverkanonen auf Divisionsebene in Batterien zu vereinigen, von denen sie unmittelbar vor oder im Gefecht den Truppen zugeteilt werden sollten[14].

Diese Anschauungen riefen bei den Lesern des im selben Verlag erschienenen »Militär-Wochenblatts« Kritik hervor und unter der Überschrift »Ueber den taktischen Wert sogenannter Kugelspritzen oder Revolver-Kanonen im Felde« erschien im gleichen Jahr eine Entgegnung eines ebenfalls anonymen Verfassers[15]. Dieser gab zu bedenken, daß die auf dem Schießplatz erreichten Resultate nicht mit der realen Situation auf dem Gefechtsfeld gleichgesetzt werden dürften. Ein Hauptproblem der Systeme sei das Richten auf bewegliche Objekte, da die Mechanismen dies nur bedingt in kurzer Zeit zuließen. Auch die Bekämpfung größerer Ziele mit Hilfe der eingeschalteten Streuvorrichtung gestalte sich recht schwierig, weil dieses Verfahren nur bei in völliger Ebene aufgestellten Scheiben den Anforderungen genüge. Der Verfasser hielt dann mit seiner Meinung nicht zurück, daß die Maschinengeschütze bei der Bekämpfung mehrerer und beweglicher Ziele einer Abteilung Infanterie unterlegen seien; im übrigen wären die Geschütze schon zu schwer und unbeweglich, als daß sie allein von Menschen transportiert werden könnten, und er qualifizierte sie als Artillerie mit Infanteriewirkung ab [16]. Infolge dieser Zwitterstellung, die sich weder für offensive, noch für defensive Aufgaben eigne, lehnte der Autor die Einführung von Maschinengeschützen als Feldgeschütze kategorisch ab und verwies sie als Flankengeschütze in die Festungen, wo sie in gesicherter Stellung vor Überraschungsangriffen sicher seien. Im Feld könne es zu keinem Zusammenwirken, weder mit der Infanterie, noch mit der Artillerie kommen – im Gegenteil, die Maschinen würden bei größerer Entfernung wehrlos von der feindlichen Artillerie zusammengeschossen und bei kürzerer Distanz von der das Gelände geschickt nutzenden Infanterie attackiert bzw. die Mannschaft durch das Feuer von Scharfschützen vorzeitig dezimiert werden [17]. Mit dieser seiner Überzeugung lag der Autor ziemlich genau auf der Linie der im bayerischen, badischen und preußischen Kriegsministerium vertretenen offiziellen Meinungen. Diese waren zum Teil so deckungsgleich, daß das badische Artillerie-Komitee im November 1869 wortwörtliche Formulierungen aus dem »Militär-Wochenblatt« in ihr Sitzungsprotokoll übernahm [18]. Dies zeigt einerseits, wie sehr die veröffentlichte Meinung auf die Entscheidungsfindung der Kommissionen zurückwirkte und zum anderen, daß die Urteilskraft der Offiziere im Hinblick auf die Bewertung und Einordnung der neuen Technik noch nicht im besonderen Maße ausgeprägt war.

Vor allen Diskussionsbeiträgen, die in den diversen Fachzeitschriften über das Für und Wider von Maschinenwaffen veröffentlicht wurden, nehmen naturgemäß die Beiträge der am Geschehen unmittelbar Beteiligten einen besonderen Stellenwert ein. Aus kompetenter Feder liegen neben internen, dienstlichen auch mehrere publizierte Stellungnahmen zu dieser umstrittenen Thematik vor. Von besonderem Gewicht sind dabei die Aussagen des bayerischen Hauptmanns Thürheim, der – wie oben ausgeführt – die erste deutsche Batterie von Maschinengeschützen kommandierte. Schon lange bevor sich überhaupt ein kriegsmäßiger Einsatz abzeichnete, griff Thürheim mit dem im November 1869 verfaßten Aufsatz »Der taktische Werth der Revolverkanonen« [19] in den Meinungsstreit ein. Ausgehend von seinen Kenntnissen über die verschiedenen Modelle und vor dem Hintergrund der Feldl-Entwicklung versuchte er drei zentrale Fragen zu beantworten, nämlich bei welchen taktischen Situationen das Maschinengeschütz einen besonderen Wert hat, wie es in die Schlachtordnung eingegliedert werden sollte und welche technischen Anforderungen an das System gestellt werden müßten [20]. Mit anderen Autoren stimmte Thürheim darin überein, daß ein Maschinengeschütz die Wirkung der Voll- und Sprenggeschosse der Artillerie nicht zu ersetzen vermöge, wohl aber den immer weniger praktizierten Büchsenkartätschschuß. Auch ginge es nicht an zu behaupten, aufgrund der auf dem Schießplatz ermittelten Feuergeschwindigkeit repräsentiere das Geschütz eine bestimmte Anzahl von Soldaten; es könne die Infanterie nämlich kaum dort ersetzen, wo diese ein Massenschnellfeuer abgeben könne. Das Revolvergeschütz, so folgerte er, habe im Feldkrieg nur eine sehr beschränkte Anwendung und nur einen defensiven Wert [21]. Es ließe sich nicht als selbständiges Infanteriegeschütz in die Truppenkörper einreihen, denn die Infanterie müsse sich unter der verheerenden Wirkung des Feuers der modernen gezogenen Gewehre stark gliedern, die

Deckung des Geländes voll ausnützen und so mobil als möglich sein [22]. Größe, Gewicht und die erforderliche Bespannung der Kanone von wenigstens zwei, im Normalfall von vier Pferden widersprächen diesen Bedingtheiten, da das Infanteriebataillon in seinen Bewegungen gehemmt werde. Weil sie nicht in das taktische Konzept paßten, lehnte Thürheim ebenso die Beistellung von Mitrailleusen zu normalen Artilleriebatterien ab. Sie sollten vielmehr in einer Anzahl von vier bis sechs den Reserven der Divisionen zugeteilt werden [23]. Ihre spezifische Feuercharakteristik mache ihren Einsatz an besonders bedrohten, zu behauptenden oder zu bekämpfenden Punkten zur Notwendigkeit. Zur Feuerleitung eigneten sich nur Offiziere mit besonders weitgehender taktischer Schulung [24]. Ferner hielt Thürheim die Maschinengeschütze in ihrer defensiven Eigenschaft als sehr gut für den Festungskrieg, namentlich als Flankengeschütz, geeignet [25]. Im Hinblick auf eine realistische Verwendung dieser Waffen verlangte Thürheim die Erfüllung folgender technischer Forderungen [26]:

– wegen des hohen Munitionsverbrauches und der leichteren logistischen Versorgung Gleichheit mit der Infanteriepatrone
– sehr hohe Beweglichkeit setzen geringes Gewicht und als Bespannung nur zwei Pferde voraus
– einfach und leicht zu bedienende Richtvorrichtungen; Möglichkeit des nicht über Kimme und Korn gehenden, intuitiven Richtens müsse gegeben sein.

Das Lager der Publizisten war demnach vor dem Krieg zu etwa gleichen Teilen in Kritiker und Befürworter gespalten; die Anschauungen beider Seiten entbehrten aber der praktischen Erfahrungen eines feldmäßigen Einsatzes von Maschinenwaffen. Zur Einschätzung der weiteren Entwicklung ist es folglich erforderlich, einen kurzen Blick auf den Einsatz der französischen Mitrailleusen im deutsch-französischen Krieg und den von ihnen hervorgerufenen Wirkungen zu werfen.

10.2.   Die Mitrailleusen in der Realität des Krieges

Analog den bayerischen Kartätschgeschützen wurden die Mitrailleusen wie normale Kanonenbatterien organisiert. Jede Infanteriedivision der die französische Rhein-Armee bildenden acht Armeekorps erhielt eine Batterie zu sechs Geschützen zugewiesen. Zugunsten dieser 24 Batterien (battéries montées de canons à balles) waren 22 Batterien Vierpfünder und zwei Batterien Zwölfpfünder ausgeschieden worden. Von insgesamt 924 Geschützen der Rheinarmee machten die in der Anfangsphase des Krieges vorhandenen 144 Mitrailleusen einen Anteil von 15,5 % aus [27]. Der Personalstand einer Batterie umfaßte einschließlich der Reserve 148 Mann und fünf Offiziere. Als Zug- und Reittiere standen 110 Pferde zur Verfügung. Die Munitionsdotation der Batterie sah für jedes Geschütz 324 Schuß zuzüglich 94 Schuß in den Reservemunitionswagen, gleich 418 Schuß zu 25 Patronen vor [28].

Infolge der von Napoleon III. auferlegten strikten Geheimhaltung über alle die Mitrailleuse betreffende Angelegenheiten erhielten die Divisionen die Geschütze erst, als es sicher war, daß der Krieg auf diplomatischem Wege nicht mehr zu vermeiden war, das war Mitte Juli 1870 (die offizielle Kriegserklärung erfolgte bekanntlich am 19. Juli)[29]. Waren folglich die Mehrzahl der Kanoniere nur unzureichend mit den notwendigen Kenntnissen über die Geheimwaffe versehen, so beging bei der Mobilmachung die Heeresverwaltung überdies noch den schwerwiegenden Fehler, die 1869 bei Meudon in Einweisungskursen und Übungen ausgebildeten Capitains nicht etwa als Chefs von Mitrailleusen-, sondern von gewöhnlichen Kanonenbatterien einzusetzen[30].

Die Verwendung von Mitrailleusen, von denen die deutsche Truppenführung seit 1869 durch Informanten und Indiskretionen Kenntnis hatte, kam für die deutschen Armeen nicht so überraschend, wie sich das die französische Heeresleitung erhofft hatte. Es ist nicht auszuschließen, daß die deutsche Seite über mehr technische Detailinformation verfügte, als mancher französische Artillerieoffizier, der nicht unmittelbar am Projekt beteiligt gewesen war. Weniger umfangreich waren dagegen die Informationen über die taktischen Einsatzgrundsätze der Mitrailleusenbatterien, ihre tatsächliche Wirkung und wirksame Reichweite. Diese Unwägbarkeiten mußte man auf sich nehmen und durfte für die erste Gefechtsberührung auf die solide Ausbildung und Standhaftigkeit der Soldaten wie der Lernfähigkeit und Improvisationsgabe ihrer Führer rechnen. Im übrigen forderte die Einführung einer neuen Waffe, die technisch wie taktisch eine neue Qualität bedeutete, beim Gegner Anstrengungen heraus, die darauf hinausliefen, mit gleichartiger Bewaffnung oder geeigneten Gegenmitteln aus dem Ungleichgewicht wieder ein Gleichgewicht der materiellen und moralischen Kräfte herzustellen. Es überrascht folglich nicht, wenn schon unmittelbar nach Kriegsbeginn entsprechende Maßnahmen gesucht und gefunden wurden. Am 30. Juli 1870 verfügte der kommandierende General des II. bayerischen Armeekorps, v. Hartmann:

»Die Mitrailleusen der Franzosen ... bilden in dem gegenwärtigen Kriege jenes Unbekannte, welches stets einen bedenklichen moralischen Eindruck auf den nicht vorbereiteten Soldaten macht. Es ist daher anfangs mit großer Umsicht gegen diese neue Waffe des Feindes vorzugehen ...

Behufs Bekämpfung der Mitrailleusen durch die Infanterie befehle ich folgendes:

1. Es ist bei jedem Bataillon ein besonderer Schützenzug zu bilden bestehend aus: 1 findigen Offizier, 2 tüchtigen Unteroffizieren, 25 bis 30 der besten Schützen.

Diese Schützenzüge sollen vorzugsweise auf die weiteren Entfernungen schießen, sich daher an die feindlichen Mitrailleusenbatterien heranschleichen und dieselben sowie Reitergruppen, berittene und unberittene Offiziere usw. aus möglichst gedeckter Stellung beschießen ...

2. Gegen die mit Gewißheit wahrgenommenen Mitrailleusen ist ferner von den diesseitigen Abteilungen ein konzentriertes Schützenfeuer zu richten, weiter als auf 600 Schritt aber nur durch die verlässigeren Schützen feuern zu lassen.

...

Zum Aufsuchen der Mitrailleusen haben unter anderem auch die mitfolgenden zwei Feldstecher zu dienen, welche daher versuchsweise an Kommandanten der nach Ziffer 1 zu bildenden Schützenzüge abzugeben sind«[31].

Die Entscheidung für den Einsatz der bayerischen Scharfschützen beruhte nicht zuletzt auf geschichtlichen Erfahrungswerten, die in den erfolgreichen Einsätzen von Schützenabteilungen und Jägerkorps beispielsweise in Kleinkriegen überliefert wurden. Dementsprechend sah auch Carl Friedrich Gumtau in seinem bekannten Werk über die preußischen Jäger und Schützen den gefährlichsten Feind der Artillerie in dem einzelnen, gedeckt vorschleichenden Scharfschützen[32]. Eine Abteilung Büchsenschützen vermöge sich im geeigneten Terrain an die feindliche Artillerie heranzuarbeiten und genau in der Weise zu wirken, die Hartmann in seinem Befehl forderte[33]. Es ist noch anzufügen, daß diese Feuertaktik den mit Hinterladern bewaffneten Schützen ungleich leichterfallen mußte als ihren Vorgängern, weil sie ihre Waffen auch im Liegen wieder feuerbereit machen konnten. Über die Gefühle eines Soldaten, der erstmals dieser neuartigen Waffe in der realen Gefechtssituation gegenübertreten mußte, findet sich in den Aufzeichnungen des Prinzen Kraft zu Hohenlohe-Ingelfingen ein bezeichnender Hinweis. Der damalige Brigadekommandeur der Garde-Artillerie näherte sich mit seinen Batterien am 18. August dem Schlachtfeld von St. Privat, wo der Feuerkampf schon einem fortlaufend rollenden Donner glich:

»Einzelne Schüsse waren schon nicht mehr zu unterscheiden. Fortwährend knatterte das Infanteriefeuer. Der Kanonendonner war sehr heftig. Unheimlich hob sich daraus das Schnarchen der Mitrailleusen ab. Ich hörte es hier zum ersten Male. Etwas neues macht im Kriege immer einen mystischen Eindruck. Wir hatten die bombastischen Erzählungen französischer Journale von der verheerenden Wirkung dieser Kugelspritzen verlacht. Unsere Versuche hatten nicht dahin geführt, daß wir sie einführten. In dem Augenblick aber, wo man ihnen gegenübertreten soll, beschleicht uns unwillkürlich der Gedanke, unsere Gelehrten könnten sich geirrt haben, und wir gingen am Ende doch einer sicheren Vernichtung entgegen«[34].

Nicht ohne Grund zweifelte Prinz Kraft am Kenntnisstand der »Gelehrten«. Deren Unterschätzung der überlegenen Wirkung des Chassepotgewehres kostete zusätzlich in den ersten Schlachten vielen Tausend Soldaten das Leben, weil sie und die Truppenführer nicht darauf vorbereitet wurden, obwohl doch, wie erwähnt, in Preußen schon 1869 Versuche mit dem französischen Infanteriegewehr stattgefunden hatten[35]. In völliger Unkenntnis der großen Tragweite mußten das Gardekorps und das XII. Korps bei St. Privat erleben, daß die Bataillonskolonnen schon auf mehr als 2000 Schritt von einem Geschoßregen überschüttet wurden, als sie die gedeckten Stellungen verließen und noch keinen Feind sehen konnten[36]. In den späteren Schlachten und Gefechten wurde schon aus größeren Entfernungen die Bildung von zahlreichen Schützenschwärmen befohlen und damit die Terraindeckung länger und besser ausgenutzt. Durch diese Maßnahmen und die bessere Artillerieunterstützung verminderte sich die Verlustrate der Infanterie erheblich[37].

Zu den hohen Verlustzahlen hatten in Einzelfällen auch die Mitrailleusenbatterien beigetragen, obwohl bei großer Entfernung kaum zu unterscheiden war, ob es sich um Chassepot- oder Mitrailleusengeschosse handelte, die diese nicht erwartete Wirkung im Ziel hervorriefen.

Die Mitrailleusen bewährten sich insbesondere dort, wo sie von vorbereiteten, gedeckten Stellungen heraus eingesetzt wurden und ein weites Schußfeld gegen die heranrückenden deutschen Truppen hatten. Am 2. August 1870 hatte eine Batterie des französischen Korps Frossard im Gefecht bei Saarbrücken gegen eine kleine preußische Truppenabteilung Erfolge zu melden, obwohl das Feuer gegen die Kolonnen auf über 1800 m eröffnet worden war [38]. Am 16. August erlitt die Brigade Wedel bei Greyère-Ferme durch Mitrailleusenfeuer empfindliche Verluste, ebenso deutsche Truppen in der Schlacht bei Gravelotte-St. Privat. Bei St. Privat wurde die Erstürmung des Dorfes erschwert und bei Gravelotte konnte das Waldstück von La Folie durch zwei Batterien wirksam verteidigt werden [39]. Auch die Artillerie des IX. Armeekorps geriet auf dem Höhenrücken südlich des Bois la Cusse in eine gefährliche Lage, als auf dem äußersten linken Flügel eine Mitrailleusenbatterie der preußischen Geschützlinie unbemerkt entgegentrat und das Feuer aus 500 m Entfernung gegen die 4. schwere Batterie eröffnete. Diese, durch Infanteriefeuer schon geschwächt, verlor innerhalb weniger Minuten mehrere Offiziere, fünf Geschützführer, 40 Mann Bedienung und fast sämtliche Pferde [40]. Auf die Darstellung weiterer ähnlicher Ereignisse im Verlaufe des Krieges, in denen die Mitrailleusen ihrem Potential entsprechend adäquat verwendet wurden, soll hier nicht weiter eingegangen werden, da hieraus keine neuen Erkenntnisse hergeleitet werden können.

Und doch hatten die Mitrailleusenbatterien keinen leichten Stand, wenn sie durch taktische und Führungsfehler in Situationen gerieten, in denen sie selbst große Verluste erlitten. Sobald die Feuerstellungen der Mitrailleusen optisch oder akustisch (an dem charakteristischen Geknatter) aufgeklärt waren, zogen sie das Feuer der deutschen Artillerie konzentriert auf sich. Dies vollzog sich regelmäßig in jedem der größeren Gefechte und Schlachten – etwa bei Weißenburg, als eine Batterie von der bayerischen und preußischen Artillerie sogleich zum Stellungswechsel gezwungen wurde oder bei Wörth, wo unter Verlusten ähnliches geschah [41]. Neben der Artillerie trug auch die Infanterie mit zur Neutralisierung der Mitrailleusenwirkung bei. Mehrere Male konnten sich Infanterieabteilungen unter hohen Verlusten an die Stellungen heranarbeiten; beim abschließenden Sturmlauf fielen die Batterien trotz heftigen Abwehrfeuers in deutsche Hand. Bei Wörth war eine Batterie in 800 m Entfernung aufgefahren und verlor bald durch Schützenfeuer ihre Bedienung [42]. Ferner mußten die Batterien witterungsbedingte und technische Friktionen hinnehmen. Gleichfalls bei Wörth ordnete Marschall Mac Mahon [43] den Austausch einer Mitrailleusenbatterie durch eine Kanonenbatterie an, da wegen des Nebels die Feuerwirkung nicht mehr zu beobachten war. In der gleichen Schlacht traten nicht wenige Funktionsstörungen an den Verschlüssen und den Ladeplatten ein (steckengebliebene Hülsen), die durch das Fahren mit eingesetzten Ladeplatten hervorgerufen wurden, da die Papphülsen der Patronen gegen das Rütteln sehr empfindlich waren [44]. Zudem überschätzten die Truppenführer aus taktischer Sicht die Wirkung der Geschütze, und man ließ sie in Einheit mit Kanonenbatterien auf Entfernungen von bis zu 3000 m feuern, obwohl hier der Erfolg gleich Null war. Die in der ersten Kriegsphase gemachten taktischen Fehler, vornehmlich das Feuern auf zu große oder zu nahe Entfernungen sowie das gemeinsame Operieren mit Kanonenbatterien, versuchten die Franzosen später dadurch zu beheben, daß nun zwei oder drei Geschütze in enger Verbindung mit der Infanterie agierten und auf Entfernungen über 1500 m nicht mehr geschossen wurde.

Zusammenfassend kann für die Verwendung der Mitrailleusen im deutsch-französischen Krieg konstatiert werden, daß sich deren Technik im wesentlichen bewährt hatte, konstruktionsbedingte Ausfälle nicht zu verzeichnen und die eingetretenen Störungen durch Nichtbeachtung der Vorschriften entstanden waren. So kommt denn auch eine vom französischen Kriegsminister am 28. Juni 1871 angeordnete Enquete zu nachfolgendem Resümee:

»Die Kartätschgeschütze erfüllen die Hauptbedingung, welche bei ihrer Construction maßgebend gewesen ist, in angemessener Weise. Sie gestatten auf Entfernungen, welche die Leistungsfähigkeit der Gewehre übertreffen, ein sehr wirksames Gewehrkugelfeuer und können in entscheidenden Momenten eine große Wichtigkeit erlangen; die Batterien der Kartätschgeschütze gehören daher in die Reserve. Ihre Wirkung würde sich noch vortheilhafter gestalten, wenn die Streuung der Geschoße durch eine automatische Vorrichtung bewirkt würde« [45].

In taktischer Hinsicht erfüllte die Mitrailleuse die in sie gesetzten Erwartungen nur teilweise. In dem französischen (provisorischen) Reglement über den Gebrauch und die Bedienung der Mitrailleusen wurde noch die Hoffnung geäußert, daß mehrere Batterien, im entscheidenden Augenblick auf den Hauptpunkt des Schlachtfeldes dirigiert, im Handumdrehen den Widerstand brechen und das Schicksal des Kampfes entscheiden könnten, weil man es keiner ungedeckten Truppe zutraute, dem noch bei 2000 m festzustellenden Kugelhagel zu widerstehen. Auch erscheine es wahrscheinlich,

»daß Truppen, die die Wirkung der Kartätschgeschütze einmal erfahren haben und sich von Neuem ihrem Feuer ausgesetzt sehen, einen unmöglichen Kampf nicht wieder versuchen, sondern die Waffen niederlegen werden. Die Kartätschgeschütze werden daher vielleicht weniger Leute tödten, als Gefangene machen, und trotz ihrer vernichtenden Wirkung die Kriege mit weniger Opfern an Menschen zu Ende führen« [46].

Die französische Führung rechnete demnach kaum damit, daß die deutsche Infanterie auch unter schwersten Verlusten sich an die Batterien heranarbeitete und die Stellungen nahm. Gerade im Nächstbereich aber war die Feuerkraft der Mitrailleusen zu gering, waren die Geschoßgarben zu gebündelt, und die Richtvorrichtungen ließen kein schnelles Schwenken der Rohre zu. In keinem einzigen Fall vermochte ihr Einsatz das Ergebnis der Schlacht entscheidend zu beeinflussen; das Vordringen der deutschen Armeen konnte weder verlangsamt noch die endgültige Niederlage hinausgezögert werden. Der immense materielle und personelle Aufwand rechtfertigte im nachhinein – zumindest aus deutscher Sicht – nicht die Aufstellung der Batterien.

Nach Kriegsende ergab eine vom französischen Kriegsministerium erarbeitete Aufstellung, daß 230 Mitrailleusen in deutsche Hand gefallen waren, hiervon ca. 80 Stücke innerhalb der ersten vier Wochen nach Beginn der Operationen [47]. Gleichwohl dachte man in der französischen Republik noch nicht daran, die Mitrailleusen ganz abzuschaffen, sondern wollte die während des Krieges begonnene Ergänzungsfertigung weiterführen [48]. Eine ministeriell eingesetzte Kommission sprach sich im Rahmen der Reorganisation der Armee für die Aufstellung von 24 gezogenen und 12 reitenden Batterien mit zusammen 216 Geschützen aus [49]. Infolge der 1876 begonnenen Einführung eines neuen Feldgeschützmaterials wurden die Mitrailleusen schließlich nach und nach ausgesondert und den Artilleriedepots der Festungen überwiesen, in denen sie noch Jahre als Festungsgeschütze bereitgehalten wurden [50].

10.3. Das Meinungsbild nach dem Krieg

Die erstmalige Verwendung von handbetätigten Maschinenwaffen in einem europäischen Krieg der Neuzeit stieß bei den militärischen Fachmedien auf ein lebhaftes Echo und setzte die 1867 begonnene Berichterstattung über dieses Thema in verstärktem Umfang fort, wobei zwei Phasen zu unterscheiden sind. In den ersten Wochen und Monaten nach Beginn der Auseinandersetzungen stand die aktuelle Berichterstattung fast gänzlich im Zeichen der technischen Sachverhalte. Die Deskription von Waffe und Munition, Handhabung und Bedienung bildete den Schwerpunkt. Bei den Zeitschriften mit langem redaktionellen und produktionstechnischen Vorlauf – wie beispielsweise »AAI«, »ÖMZ« oder »MAUG« – erstreckte sich diese Phase noch bis in das Jahr 1871. Die Berichte wurden größtenteils auf der Grundlage der Untersuchungen erbeuteter Geschütze sowie der vorgefundenen französischen Instruktion erstellt. Abgesehen von Schießversuchen vollzog sich hier in der Öffentlichkeit ein Verfahren, das institutionalisiert heute mit den Worten »Auswertung fremden Wehrmaterials« umschrieben und in der Bundesrepublik vom BWB und in den Vereinigten Staaten u.a. vom Army Intelligence and Threat Analysis Center durchgeführt wird und sowohl der Unterrichtung der eigenen Streitkräfte über das Bedrohungspotential des Gegners als auch einer bedrohungsgerechten Entwicklung von eigenem Wehrmaterial dient [51]. Außerhalb der Zeitschriftenliteratur befaßten sich ferner noch 1871 eine Reihe von Buchpublikationen mit der technischen Analyse der Kartätschgeschütze. Zu nennen sind die – auch schon im anderen Zusammenhang zitierten – Arbeiten von Hilder [52], Weygand [53] und Wille [54]. Ihren Niederschlag fanden die Maschinenwaffen sodann in den nach dem Krieg erschienenen Neuauflagen der militärischen Ausbildung dienenden Waffenlehre wie beispielsweise derjenigen von Sauer [55] und Schott [56].

Die zweite Phase der Rezeption verließ die rein technische Ebene und behandelte die Auswirkung der modernen Waffentechnik auf den taktisch-operativen Bereich. Die Aufarbeitung dieses Themenkomplexes war wiederum gekennzeichnet von den gegensätzlichen Standpunkten der Autoren. Beide Seiten – Befürworter und Gegner der Kartätschgeschütze – sahen sich durch die Analyse der Kriegsereignisse in ihren Meinungen bestätigt. Die nachfolgenden Beispiele mögen stellvertretend für das Meinungsspektrum in den Jahren nach 1870 stehen. In einem Artikel, der zu Beginn des Jahres 1872 in dem »AAI« erschien, kritisierte Hauptmann Schmidt [57] vom Ostpreußischen Feldartillerieregiment Nr. 1 die in den militärischen Kreisen herrschende Antipathie gegenüber den Maschinenwaffen und plädierte dann mit zahlreichen Sachargumenten für deren Einführung [58].

In einem nach modernen Regeln der Taktik geführten Gefecht sei die hohe Feuerkraft der Maschinenwaffen unverzichtbar und sie bewähre sich, solange die Mitrailleusenbatterien nicht auf sich alleine gestellt wären, sowohl in Verbindung mit der Artillerie als auch bei offensiven Operationen mit der Infanterie und Kavallerie [59]. Schmidt hielt die französische Waffe für verbesserungsfähig, jedoch kriegsbrauchbar und forderte die Ausstattung der Korpsartillerie und der Kavalleriedivisionen mit den erbeuteten Stücken bis ein neu entwickeltes Modell eingeführt würde [60], das an technischen Verbesserungen neben einer Erhöhung der Reichweite, der Wirkung im Ziel, der Rasanz der Flugbahn sowie der Steigerung der Feuergeschwindigkeit auch eine Modifizierung der Lafette aufzuweisen hätte [61].

Aufgrund ihrer Fähigkeit, in sehr kurzer Zeit große Wirkung zu erzielen, hielt Schmidt die Mitrailleusen geeignet
- zur Verstärkung von bereits in Stellung befindlicher Artillerie gegen feindliche Angriffe
- zur Unterstützung des Gefechtes der Infanterie, indem sie deren Bewegungen folgen
- zur Unterstützung des Massenangriffes der Infanterie
- bei offensiven Operationen in Verbindung mit der Kavallerie oder selbständig zur Herbeiführung der Entscheidung
- in der Defensive zur Verteidigung von Feldbefestigungen, zur Bestreichung von Defilees [62] und ähnlichem [63].

Selbstkritisch räumte Schmidt ein, daß das Einsatzspektrum der Maschinenwaffen in ihrer jetzigen Form nicht universell sei. Man solle sie aber als »fahrende Infanterie«, als eine neue Waffe betrachten, die in den zuvor bezeichneten Gefechtssituationen ihre Daseinsberechtigung gezeigt habe und weiterhin zeigen werde [64]. Die Ablehnung der Einführung von Maschinenwaffen, wie sie in Preußen ausgesprochen worden war, bedeutete für Schmidt eine Fehleinschätzung ihres tatsächlichen Potentials als materielles Streitmittel einer Feldarmee [65].

In Österreich bezogen die beiden Autoren Kefer und Brunner [66] in der »ÖMZ« gleichfalls für die Maschinenwaffen eindeutig Stellung [67]. In einer rückblickenden Bewertung des deutsch-französischen Krieges bezeichneten sie die von der französischen Führung getroffene Maßnahme, Kanonen durch Mitrailleusen zu ersetzen als – wie sich gezeigt habe – gefährliche Schwächung der artilleristischen Wirkung. Gleichwohl verfügten die Mitrailleusen über so bedeutende Vorteile, um sie zusätzlich in die Bewaffnung aufzunehmen [68]. Die aus ihnen gebildeten Batterien sollten aus Gründen der spezifischen Wirkung unter der Befehlsgewalt eines höheren, einen größeren Überblick über die Gefechtslage besitzenden Kommandeurs stehen, folglich den Divisionen zugeteilt werden [69]. Hinsichtlich der taktischen Verwendbarkeit eigneten sich die Maschinenwaffen für eine Vielzahl von offensiven und defensiven Operationen. Besonders auch in Begleitung eines Infanterieangriffes sollten sie zur Sicherung der besetzten Geländestreifen eingesetzt werden, da man mit Gegenangriffen ständig rechnen müsse. Eine ähnlich gute Wirkung versprachen sich die Autoren für die Situationen, in denen es gelänge, die Mitrailleusen – durch das Terrain gedeckt – und nur dann an die feindlichen Linien heranzuführen und aus kurzer Distanz mit Massenfeuer den Bajonettangriff vorzubereiten[70]. Nachdem der Wert der Maschinenwaffen zur Verteidigung von Festungen allgemein anerkannt wurde, schlug Brunner ihre Verwendung auch beim Angriff einer Festung vor, so etwa zur Sicherung der Ausfallwege des Belagerten und schließlich zur Bekämpfung des Geschütz- und Gewehrfeuers[71]. Aus den dargelegten Sachverhalten ergab sich für die Autoren, daß es sich bei dem Einsatz von Maschinenwaffen letztendlich darum handele, Infanteriemassenfeuer aus beschränktem Aufstellungsraum überraschend mit der Schnelligkeit der Kavallerie an einen entfernten Ort des Schlachtfeldes zu bringen[72], wobei die Faktoren Massenfeuer und Überraschung einen besonderen Stellenwert in der Argumentation einnahmen. Für Kefer und Brunner stand es fest, »daß die Mitrailleusen eben weil sie ›Soldaten ersetzende Kriegsmaschinen‹ sind, von außerordentlichem Einfluß auf die Wehrhaftigkeit eines Staates sein müssen, und daß man nicht leicht deren zu viel haben kann«[73]. Einen ähnlichen, wenngleich in der Schlußfolgerung konträren Standpunkt vertrat der Militärpublizist Gustav Ratzenhofer[74]. Im Rahmen einer umfangreichen Studie über die taktischen Lehren des Krieges untersuchte er im Lichte der Erfahrungen die Einsatzgrundsätze für Mitrailleusen im allgemeinen. Ratzenhofer sah wie andere die besondere Problematik in der Ähnlichkeit des Materials mit dem der Artillerie und die sich daraus ergebenden Formen und Regeln der Verwendung, Bewegung usw. einerseits[75] sowie andererseits die dem Infanterieschnellfeuer ähnliche Feuerwirkung[76]. Die Mitrailleuse sei eine Defensivwaffe und sollte – in der Divisionsreserve eingegliedert – in entscheidenden Momenten überraschend in die Front eingegliedert werden, um dann mit ihrem spezifischen Feuer die Entscheidung zu suchen. Wenn diese Taktik erfolgreich bleiben wolle, müsse aufgrund des feindlichen Artilleriefeuers die Mitrailleuse hernach wieder in die zweite Linie zurückbeordert werden[77]. Es gelte daher, so oft es die Gefechtssituation zuließe, mit den Schnellfeuergeschützen Schlüsselpositionen wie Gehöfte, Dörfer, Wälder, Defilees usw. zu besetzen, sie gegen die vermutete Hauptangriffsrichtung des Gegners zu maskieren, dann überraschend zu wirken und schließlich sich rasch zurückzuziehen. »Die Verwendung der Mitrailleuse in allen Gefechtssituationen«, so Ratzenhofer, »ist nicht, wie die der Artillerie eine fortgesetzt wirkende, sondern ... eine intermediäre. Diesem entspricht, daß sie das Überraschungsmoment in's Auge fassen muß; dies wird sie vom artilleristischen Standpunkte durch rechtzeitiges Demaskiren, vom taktischen durch unerwartetes Auftreten an den entscheidenden Punkten erreichen«[78]. Resümierend gab Ratzinger dagegen zu bedenken, daß die durch die Einführung von Mitrailleusen festzustellende Belastung der Heeresstruktur – ökonomisch wie personell – zu ihrer einseitigen und geringen Leistungsfähigkeit in keinem Verhältnis stünde, weshalb sie trotz technischer Verbesserungen zukünftig als Kriegsmittel keine Rolle mehr spielen würden[79]. Abschließend soll noch Graf Thürheim zu Wort kommen, da er

unter dem Titel »Nachrichten über Mitrailleusen« unmittelbar vom Kriegsschauplatz von seinen Erfahrungen als Batteriechef der ersten einsatzfähigen deutschen Maschinengeschütze berichtete[80]. Im Resümee seiner Ausführungen, die im wesentlichen Schilderungen der Kampfhandlungen sind und die im Kapitel 8.3.3. schon herangezogen wurden, sah sich Thürheim in seinen vor dem Krieg geäußerten Anschauungen durch die Praxis vollkommen bestätigt. »Nach meiner Ueberzeugung«, argumentierte er, »hat daher ein Revolvergeschütz nur da großen Werth, wo seine Wirkung jene einer größeren Anzahl Infanteristen ersetzen muß, zu deren Aufstellung es an Raum gebricht. Also Defilees, Festungsgräben etc. ... Immer und immer aber steht die Wirkung einer sechspfündigen Feldbatterie, deren Apparat nur um weniges kostspieliger ist, als jener der Revolvergeschütz-Batterien, ungleich höher, denn ihre allgemeinere und meist ausgiebigere Verwendung wird den Mangel an Revolverbatterien in den ganz wenigen speziellen Fällen reichlich ersetzen«[81].

Im Februar 1871 setzte die angesehene »Österreichische Militärische Zeitschrift« mehrere Preise aus, mit denen u.a. der beste eingesandte Artikel mit der Themenstellung »Über die Leistung der Mitrailleusen im Feldzuge 1870 – Angaben über ihre faktischen Wirkungen und ihre zukünftige Verwendung« ausgezeichnet werden sollte[82].

Mit seiner Studie »Die Mitrailleusen und ihre Leistungen im Feldzuge 1870/71« erhielt Thürheim den Zuspruch des Preisgerichtes[83]. Hier versuchte Thürheim ansatzweise die Maschinengeschütze bzw. Mitrailleusen und ihr Einfluß auf Veränderungen im damaligen Militärwesen in der historischen Dimension zu begreifen und die Hintergründe bzw. tieferen Ursachen ihres Auftretens aus seinem Blickwinkel zu erläutern. Zentrale Abschnitte seiner Arbeit, die auch als Seperatdruck erschien, sind die dialektische Auseinandersetzung mit der französischen Mitrailleuse und ihrem bayerischen Gegenpart, dem System Feldl, deren spezifische Eigenschaften und Wirkungsweisen, ihr zwischen Infanterie- und Artilleriewaffe angesiedeltes Zwitterwesen sowie ihre auf den Gefechtserfahrungen gegründete taktische Verwendbarkeit in gegenwärtigen und zukünftigen Kriegen. Nach Ansicht Thürheims besteht der wesentlichste Nachteil der Maschinengeschütze in obiger Zwitterrolle, wodurch sie weder die eine noch die andere Gattung ersetzen könnten. Ebenso sei schon die bloße Ergänzung für beide Seiten mehr als problematisch, da sie, wie bereits erwähnt, die Infanterie in ihrer Operation beeinträchtige und für die Artillerie aufgrund ihrer beschränkten Reichweite keinen wirklichen Gewinn bringe[84]. Das Mitführen von ganzen Batterien solcher Maschinenwaffen stärke gänzlich unerwünscht die defensive Komponente, wo doch für eine operierende Armee, die dem Gegner durch Handeln ihren Willen aufzwingen wolle, die Defensive nur eine Ausnahme sein dürfe. Und nur in diesen Ausnahmesituationen befürwortete Thürheim uneingeschränkt den Einsatz, denn hier – beispielsweise in einer gut gedeckten Verteidigungsstellung – würden bei gleicher Feuerleistung eine viel geringere Anzahl von Soldaten dem gegnerischen Feuer exponiert[85]. Das abschließende Urteil über die Maschinengeschütze formulierte Thürheim wie folgt: »Das Kartätschgeschütz ist nun und nimmer ein sehr brauchbares Werkzeug für den Krieg im freien Felde, *denn im Allgemeinen leistet es weit weniger als ein ihm entsprechender Theil Infanterie oder Artillerie. Nur in ganz einzelnen Fällen ist seine Wirkung wirklich von großem Vortheile ... Dagegen bietet es in der Festung und besonders in der Verwendung als Flankengeschütz außerordentliche taktische und fortifikatorische Vorteile, so daß der Ingenieur und der Artillerist in Zukunft wohl mit dieser Waffe zu rechnen haben«* [86].

Anmerkungen

[1] Nr. 35, S. 275–277, Nr. 36, S. 283f., Nr. 37, S. 290–293.

[2] Ebenda S. 283.

[3] Siehe S. 208 u. Anlage 6.

[4] Die Infanteriekanone, S. 284.

[5] Ebenda S. 291.

[6] Angesprochen ist der durch die Einführung des Chassepot-Gewehres vollzogene Schritt zum Kaliber 11 mm anstatt 15,43 mm bei der preußischen Zündnadelbewaffnung.

[7] Die Infanteriekanone, S. 292.

[8] Ebenda S. 293.

[9] AAI, 33. Jg. (1869), Bd. 66, S. 47 ff.

[10] Welchen Stellenwert die Maschinenwaffen in der Berichterstattung der internationalen Presse einnahmen, belegt u.a. folgende Begebenheit aus dem Jahre 1868: In Bierlaune hatte eine Gruppe von Offizieren in Königsberg in einem Gasthaus einem Reporter der »Ostpreußischen Zeitung« über gerade stattgefundene Versuche mit Revolverkanonen berichtet. Die Geschichte, einschließlich der technischen Angaben und Daten, war jedoch frei erfunden und entbehrte einer wahrheitsgemäßen Grundlage. Der wenig später erschienene Artikel, der die Unüberwindlichkeit der preußischen Armee mit der neuen Erfindung in Verbindung brachte, wurde dann auch von der »AMZ« und anderen Fachblättern übernommen. Selbst die Londoner »Times« und eine Zeitung in Schweden brachten diese »Ente«. Erst im Jahre 1870 wurde der Sachverhalt richtiggestellt; vgl. AMZ, 45. Jg. (1870), Nr. 4, S. 30f.

[11] Vgl. Ueber Revolverkanonen, S. 57.

[12] Ebenda S. 59f.

[13] Ebenda S. 60.

[14] Ebenda S. 62.

[15] MWB, 54 Jg. (1869), Nr. 83, S. 660ff. u. Nr. 84, S. 668ff.

[16] Ebenda S. 662.

[17] Ebenda S. 669.

[18] Vgl. besonders den Vortrag seines Präses, Generalmajor v. Sponeck, im Protokoll Nr. 89 vom 02. 11. 1869;GLA 238/1973 (abgedruckt als Anlage 3).

[19] In: AAI, 34. Jg. (1870), Bd. 68, S. 1–10.

[20] Ebenda S. 2.

[21] Ebenda S. 3.

[22] Ebenda S. 4.

[23] Ebenda S. 6.

[24] Ebenda S. 7.

[25] Ebenda S. 8f.

[26] Ebenda S. 7f.

[27] Vgl. Der deutsch-französische Krieg 1870–71, Bd. 1, Anlage 1, S. 1: Ordre de bataille der Rheinarmee, Anfang August 1870.

[28] Die französische Kugelspritze. In: MAUG, 1. Jg. (1870), S. 665ff., hier S. 673f.
Die Batterien selbst waren in zwei Halbbatterien und drei Züge eingeteilt, von denen jeder durch einen Zugführer kommandiert wurde. Nach dem französischen Reglement gehörten zur Bedienung eines Geschützes sechs Mann, von denen vier die Betätigung des Verschlusses, das Laden, das Richten und Abfeuern ausführten, während die zwei verbliebenen abwechselnd die Munition von dem Wagen herantrugen. Für den nicht seltenen Fall, daß die Geschütze ohne Munitionswagen transportiert wurden, nahmen drei Mann auf dem Protzkasten und der vierte auf dem Bock der Lafette Platz; vgl. dazu auch Nachrichten über die französische canon à balles (die Mitrailleuse, das Kartätschgeschütz). In: AAI, 35. Jg. (1871), Bd. 69, S. 24ff., hier S. 31f.

[29] Vgl. Max Jähns, Das französische Heer von der großen Revolution bis zur Gegenwart. Eine kulturhistorische Studie, Leipzig 1873, S. 486.

[30] Ebenda S. 508f.

[31] Zit. nach Roser, Verwendung von Scharfschützen gegen Mitrailleusen 1870/71 und gegen Maschinengewehre in Zukunft. In: MWB, 91 Jg. (1906), Nr. 90. Sp. 2095f.

[32] Die Jäger und Schützen des Preußischen Heeres. Was sie waren, was sie sind und was sie sein werden, 3 Bde., Berlin 1834–1838, hier Bd. 3, S. 102.

[33] Ebenda S. 103.

[34] Prinz Kraft zu Hohenlohe-Ingelfingen, Aus meinem Leben, Bd. 4, S. 70.

[35] Siehe Abschnitt 9.2.

[36] Vgl. Prinz Kraft zu Hohenlohe-Ingelfingen, Aus meinem Leben, Bd. 4, S. 114f. u. Der deutsch-französische Krieg 1870–71, Bd. 2, S. 701ff., 850f. Ein Befehl des Prinzen von Württemberg, nur in Schwärmen, nicht in Kolonnen vorzugehen, hatte die 1. Garde-Infanteriebrigade nicht mehr rechtzeitig erreicht. Der Glaube, daß sich die Reichweite der feindlichen Waffe nicht über die der eigenen erstrecke, wurde später in der Bewertung der Ereignisse vom Großen Generalstab als der »gefährlichste Irrtum« bezeichnet, aus dem aber für die späteren Kriegsperioden die taktischen Lehren gezogen wurden, u.a. wie es in der von König Wilhelm am 21. August 1870 erlassenen Allerhöchsten Ordre zum Ausdruck kam, die das Formieren der Infanterie in Bataillonskolonnen beim Angriff wegen der großen Verluste nicht mehr zuließ; vgl. Der 18. August 1870. Hrsg. vom Großen Generalstabe, Kriegsgeschichtliche Abteilung I (Studien zur Kriegsgeschichte und Taktik, Bd. 5), Berlin 1906, S. 588.

[37] In der Schlacht von Gravelotte-St. Privat hatten die I. und II. Armee einen Gesamtverlust von über 20 000 Soldaten – davon rd. 5200 Tote – zu beklagen, während bei der III. Armee sowie der Maas-Armee in der Schlacht bei Sedan die Verlustquote auf 9000 Soldaten – davon rd. 2300 Tote – zurückging; vgl. Der deutsch-französische Krieg 1870–71, Bd. 2, Anlage 24, S. 227 u. Anlage 50, S. 342.

[38] Vgl. Layriz, Die Maschinenwaffen und ihre Verwendung. In: Kriegstechnische Zeitschrift, 6. Jg. (1903), S. 540ff., hier S. 590.

[39] Vgl. Schmidt, Ueber Mitrailleusen-Batterien und deren Verwendung im Feldkriege. In: AAI, 36. Jg. (1872), Bd. 71, S. 150ff., hier S. 169.

[40] Vgl. Der deutsch-französische Krieg 1870–71, Bd. 2, S. 712.

[41] Vgl. Layriz, Die Maschinenwaffen und ihre Verwendung, S. 590f.

[42] Vgl. Zur Verwendung der französischen Mitrailleuse im Bereich von Infanterie-Feuer. In: MAUG, 1. Jg. (1870), S. 674.

[43] Marie Edme Patrice Maurice de Mac Mahon (1808–1893), Herzog von Magenta, berühmter französischer Heerführer, hatte am Oberbefehl über das I. Armeekorps, wurde bei Wörth geschlagen und mußte sich zurückziehen; er übernahm später das neuformierte XII. Korps und geriet nach der Schlacht von Sedan in deutsche Kriegsgefangenschaft; von 1873 bis 1879 bekleidete er das Amt des Präsidenten der Republik.

[44] Vgl. Layriz, Die Maschinenwaffen und ihre Verwendung, S. 591.

[45] Enquete über das von der Französischen Artillerie während des Krieges 1870–1871 verwendete Material. In: AAI, 38. Jg. (1874), Bd. 75, S. 234ff., hier S. 241; vgl. auch L'enquête sur le matériel d'artillerie employé pendant la guerre de 1870–1871. In: Revue d'Artillerie, 2. Jg. (1874), Bd. 4, S. 62–80, 165-178; die in der Truppe vorhandene Kriegserfahrung versuchte man durch umfangreiche Fragebogen, die jeder Artillerieoffizier auszufüllen hatte, zu gewinnen.

[46] Das französische canon à balles (die Mitrailleuse, das Kartätschgeschütz). In: MWB, 56. Jg. (1871), Nr. 31, S. 153ff., Nr. 33, S. 165ff. u. Nr. 34, S. 170ff., hier S. 174; vgl. ferner mit fast gleichlautendem Text Instruction über den Dienst des canon à balles (Mitrailleuse), übersetzt von O. Meinecke. In: Militärische Blätter, 13. Jg. (1871), Bd. 25, S. 113–141; aus einer Fußnote (S. 13) geht hervor, daß der Übersetzer die in einer Protze verborgene Vorschrift fand, als er nach der Belagerung von Verdun mit der Fortschaffung des Artillerie-Parks beauftragt war.

[47] Vgl. Das Kriegs-Material der französischen Armee vor und nach dem Kriege 1870/71 (Nach amtlichen Berichten). In: MWB, 58. Jg. (1873), Nr. 57, S. 506f., hier S. 506; allein in der Schlacht von Sedan fielen 70 Mitrailleusen in deutsche Hand.

[48] Auch während der Einschließung von Paris durch deutsche Truppen konnte in den staatlichen und zivilen Werkstätten und Gießereien die Produktion von Handfeuerwaffen und Geschützen mit Einschränkungen aufrecht erhalten werden. Darunter befanden sich bis Ende Oktober auch über 200 neue Mitrailleusen; vgl. Jähns, Das französische Heer, S. 557. Bei ihnen handelte es sich um eine der Notlage gehorchende Neukonstruktion. Die Anzahl der in zwei runden Platten aus Bronze gelagerten Rohre war von 25 auf acht reduziert worden. Die innenballistische Auslegung und das Kaliber von 18 mm entsprachen dem Gewehrsystem Tabatière, der Verschluß entsprach den bei dem canon à balles angewandten Prinzipien. Bei Ausfallgefechten wurde das Geschütz verschiedentlich eingesetzt; es war der Mitrailleuse hinsichtlich Feuergeschwindigkeit, Reichweite und Wirkung beträchtlich unterlegen; vgl. R. W., Eine neue französische Mitrailleuse. In: Polytechnisches Journal, 52. Jg. (1871), Bd. 200, S. 435.

[49] Vgl. Ueber die französische Artillerie. In: MWB, 58. Jg. (1873), Nr. 65, S. 589f. Die Kommission von 76 Offizieren war mit Verfügung von 27. September 1871 eingesetzt worden; vgl. ferner Jähns, Das französische Heer, S. 755f.

[50] Vgl. Jahresberichte über die Veränderungen und Fortschritte im Militärwesen, 10. Jg. (1883), S. 397: Bericht über das Heerwesen Frankreichs.

[51] Die Inhalte der Analysen und tiefergehende technische Beschreibungen gelangen aus Gründen der Geheimhaltung und des Quellenschutzes in der Regel erst nach einigen Jahren an die Öffentlichkeit und werden beispielsweise von dem Fachblatt »Soldat und Technik« publiziert.

[52] Die Mitrailleuse, 2. Aufl. Danzig 1871.

[53] Die französische Mitrailleuse der Feldartillerie. Kurze Beschreibung und Beurtheilung von Geschütz und Munition, Darmstadt, Leipzig 1871.

[54] Ueber Kartätschgeschütze, Berlin 1871.

55 Grundriss der Waffenlehre, 2. Aufl. München 1876.

56 Grundriss der Waffenlehre, 2. Aufl. Darmstadt, Leipzig 1872; 3. Aufl. 1876.

57 Schmidt stand à la suite des Regiments und war Lehrer an der Kriegs-schule in Erfurt; vgl. Rang- und Quartier-Liste der Königlich Preußischen Ar-mee und Marine für das Jahr 1872, S. 779.

58 Ueber Mitrailleusen-Batterien und deren Verwendung im Feldkriege. In: AAI, 36. Jg. (1872), Bd. 71, S. 150 ff., 224 ff.

59 Ebenda S. 228.

60 Ebenda S. 234 f.; schon ein Jahr zuvor, noch während des Krieges, war der Gedanke geäußert worden, die erbeuteten Mitrailleusen als Belagerungsge-schütze bei der Belagerung von Paris zu verwenden, um die deutschen Stell-ungen vor den französischen Ausfällen zu sichern; vgl. Französische Mitrailleusen als preußische Belagerungsgeschütze. In: MWB, 56. Jg. (1871), Nr. 12, S. 58 ff.

61 Vgl. Schmidt, Ueber Mitrailleusen-Batterien, S. 235.

62 Vom franz. défilée, gedeckte Stellung; bezeichnete im militärischen Sprachgebrauch jene Verengung im Terrain, die die Truppen nur in schmaler Frontbreite passieren können, z. B. Brücken, Pässe, Dämme, Waldwege, Dorf-straßen usw.

63 Ebenda S. 236.

64 Ebenda.

65 Ebenda S. 237.

66 Moriz Brunner, Hauptmann im Geniestab, redigierte die »ÖMZ« von 1870 bis 1884.

67 Vgl. Kefer/Brunner, Über die Organisation der Mitrailleusen-Batterien und deren Verwendung im Kriege. In: ÖMZ, 12. Jg. (1871), Bd. 1, S. 145 ff.

68 Ebenda S. 145.

69 Ebenda S. 155.

70 Ebenda S. 150.

71 Ebenda S. 157 f.

72 Ebenda S. 154.

73 Ebenda S. 158.

74 Ratzenhofer (1841–1904) verfaßte zahlreiche militärwissenschaftliche Bei-träge und bekleidete zum Höhepunkt seiner militärischen Laufbahn den Rang eines GML (1898); ferner widmete er sich zunehmend soziologischen und phi-losophischen Problemstellungen, und er gilt als ein wichtiger Vorläufer der modernen österreichischen Soziologie; vgl. Österreichisches Biographisches Lexikon 1815–1950, Bd. 8, Wien 1983, S. 434 f.

75 Vgl. G. Ratzenhofer, Die taktischen Lehren des Krieges 1870–71. In: ÖMZ, 13. Jg. (1872), Beilage zu Bd. 4 mit eigener Paginierung, S. 1 ff., hier S. 80.

76 Ebenda S. 77.

77 Ebenda S. 79.

78 Ebenda S. 80.

79 Ebenda S. 82.

80 (Graf Thürheim), Nachrichten über Mitrailleusen, S. 268–274.

81 Ebenda S. 274.

82 Vgl. Beilage zum 1. Bd. des Jahrgangs.

83 In: ÖMZ, 12. Jg. (1871), Bd. 4, S. 237–257.

84 Ebenda S. 251.

85 Ebenda S. 252.

86 Ebenda S. 257.

11. Das System Mensch-Militärtechnik und die Maschine als Waffe – Faktoren moderner Kriegsführung

11.1. Weiterführende Gedanken zum System Mensch-Feuerwaffe

In Kapitel 2 wurde anhand von Beispielen die grundlegende Bedeutung des Systems Mensch-Feuerwaffe im Militärwesen darzustellen versucht unter Berücksichtigung der Interdependenzen zwischen diesem System und übergeordneten Faktoren wie Ökonomie und Technik. Im folgenden soll nun im Rahmen einer gedanklichen Weiterführung der erarbeiteten strukturellen Grundlagen der Orgelgeschütze (vgl. auch Kap. 3.5) der innere Aufbau des Systems unter dem Aspekt der Systemanalyse untersucht und auf die automatischen Waffen in ihrer Gesamtheit ausgedehnt werden [1]. Ganz zweifellos setzt sich das spezielle hier angesprochene System aus den Hauptkomponenten Mensch (Bedienungsmannschaft) und Feuerwaffe zusammen, wobei beide Subsysteme des Gesamtsystems sind. Dieses besteht also in dem angenommenen Fall aus der Menge von zwei relativ isolierten Elementen, von denen jedes seinerseits als System dargestellt werden kann. Die Einheit der Elemente im System wird dabei durch bestimmte systembildende Verknüpfungen erreicht, woraus sich erhellt, daß die Eigenschaft des Systems als Ganzes mehr als die Summe der Eigenschaften seiner Elemente ist. »Insgesamt hängen die Eigenschaften eines Systems und vor allem die in ihm vorhandenen Beziehungen und Verbindungen nicht nur von den spezifischen Eigenschaften der Elemente, sondern auch von deren Struktur ab. Systeme können zum Beispiel gleichen quantitativen und qualitativen Bestand der Elemente aufweisen, sich aber infolge von Strukturunterschieden, das heißt durch die Spezifik des Gesetzes ihrer Komposition beziehungsweise Ordnung, wesentlich unterscheiden« [2].

In den hier relevanten Fällen besteht das Gesamtsystem aus den Komponenten Schnellfeuerwaffe und Mensch mit der Aufgabe bzw. dem Ziel, bei gewaltsamen Auseinandersetzungen den Gegner in besonders gefährlichen Situationen oder Stellungen, in denen größtmögliche Feuerwirkung erforderlich ist, mit schneller als üblich feuernden Waffen zu bekämpfen. Folgt man den Thesen des sowjetischen Militärwissenschaftlers A. B. Pupko, dann ist die Technik und auch die Militärtechnik ein bestimmtes System vom Menschen umgeformter Naturkräfte, die künstlich geschaffene Organe für die Tätigkeit des Menschen darstellen und zur Verstärkung der Einwirkung seiner eigenen Organe auf den Arbeitsgegenstand (hier: Feind) im Prozeß der zielgerichteten Tätigkeit genutzt werden [3].

Demnach wären auch sämtliche Arten von Feuerwaffen mit jenen künstlich geschaffenen Organen gleichzusetzen, weil sie die Materialisierung der menschlichen Vorstellungskraft, bezogen auf einen Kampf mit großen Entfernungen zum Feind außerhalb der körperlichen Wurfreichweite, darstellen. Für die

Schnellfeuerwaffen bzw. Orgelgeschütze trifft dies im Hinblick auf eine gesteigerte Wirkung (Feuerdichte) ebenfalls zu. Folglich ist die Konstruktion der Militärtechnik darauf gerichtet, die Besonderheiten der menschlichen Organe, die für die Lösung der unmittelbaren Gefechtsaufgaben benutzt werden, funktionell nachzubilden. Aus der ihr innewohnenden Logik ergibt sich dann, daß die vom Menschen entwickelten technischen Vorrichtungen anstelle der natürlichen Organe eingesetzt werden, sobald diese den Bedingtheiten des bewaffneten Kampfes entsprechen. Pupko kommt dann zu einer allgemein gültigen Aussage:

»Die Entstehung der Kampftechnik [als einem System vom Typ Mensch-Vernichtungsmittel] ist somit die Folge der immer fortschreitenden Lösung des Widerspruchs zwischen den Forderungen des Militärwesens und den relativ begrenzten Möglichkeiten der natürlichen Organe des Menschen, die im bewaffneten Kampf gebraucht werden. Ein Weg zur Lösung dieses ... Widerspruchs ist die weitere Vervollkommnung der Kampftechnik, deren Hauptrichtung in der Vergegenständlichung neuer Kampffunktionen des Menschen und ihrer Nachbildung in der Technik besteht « [4].

Ausgehend von diesen grundsätzlichen Überlegungen sollen zunächst die Verbindungen der Komponenten im System Mensch-Vernichtungsmittel (Fernwaffe) an dem konkreten Beispiel der Orgelgeschütze aufgezeigt werden.

Gemeinsames Merkmal dieses Systems ist, wie schon angedeutet, die Bekämpfung des Feindes in bestimmten vorgegebenen taktischen Situationen mit schnellfeuernden Waffen, die nicht nur als Ersatz der natürlichen Organe des Menschen anzusehen sind, sondern darüber hinaus geleistete menschliche Arbeitskraft in Form von geladenen Feuerrohren speichern, diese durch die Anwendung von naturwissenschaftlichen Erkenntnissen zu potenzieren, um sodann im kampfentscheidenden Moment die dadurch gewonnene Feuerkraft zur Wirkung zu bringen. Praktisch verfügte die Bedienung in diesem Augenblick im Vergleich zu den mit gewöhnlichen Handfeuerwaffen ausgerüsteten Soldaten über ein mehrfaches an Feuerkraft.

Aus der Untersuchung der Konstruktion der Orgelgeschütze hat sich aber ergeben, daß diese immer nur für kurze Zeit und intermittierend zur Verfügung stand (interruptives Schnellfeuer). Für die Bedienungsmannschaft und besonders für den Geschützführer resultierte aufgrund dieser Bedingtheiten folgendes intellektuelles Anforderungsprofil:

Jeder mußte mit der Konstruktion, Bedienung und den Besonderheiten der Waffe absolut vertraut sein und sich auf das Können der eigenen Person wie das der anderen Mannschaft bei der Herstellung der Feuerbereitschaft verlassen können. Dies verlangte ein großes Maß an Disziplin, Ausdauer und geistiger Aufnahmefähigkeit gerade unter gefechtsmäßigen Bedingungen. Weiterhin wurden ein gutes Erkennen der taktischen Lage und die daraus abzuleitenden Aktionen gefordert, während durch logisches Denken und Urteilskraft im Verein mit Willensstärke die Situation gemeistert werden konnte, in denen die Orgelgeschütze zum Einsatz kamen. Angesprochen ist vor allem die Fähigkeit zum Erkennen des richtigen Feuermomentes, der wiederum resultierte aus der Analyse der tatsächlichen Bedrohung und den technischen Gegebenheiten des Geschützes, wie sie sich in der günstigsten Entfernung zum Feind, dem Charakter des Schnellfeuers (gerichtet oder breit gestreut) und in dessen möglicher Dauer äußerten. Die spezifischen Einsatzbedingungen in einer Burg, Festung oder auf den Verteidigungsanlagen einer Stadt bei der Abwehr eines Sturmangriffes setzten neben obigen Fähigkeiten weiterhin Mut zum Abwarten des günstigsten Augenblickes und Standvermögen voraus.

Die aufgezeigten Anforderungen machen deutlich, wie sich die geistigen, moralischen und körperlichen Qualifikationen von denen der anderen Waffengattungen unterscheiden. Bei der Infanterie und Kavallerie fand der Kampf in einer anderen psychologischen Situation statt, die geprägt war durch die Aktion **in** und **mit** einem größeren Truppenkörper, der aus sich heraus jedem einzelnen ein subjektives Maß an Sicherheit gab. Ebenso bestand bei der Artillerie ein relatives Maß an Sicherheit, da der Kampf auf größere Entfernungen geführt wurde und das Moment der unmittelbaren körperlichen Nähe des Feindes im Normalfall nicht zum Tragen kam.

Es kann selbstverständlich nicht geleugnet werden, daß die Soldaten und Unterführer dieser Truppen nicht ohne die geistigen und moralischen Voraussetzungen auskommen konnten, um einen erfolgreichen Kampf zu führen, die den Bedienungsmannschaften der Orgelgeschütze zugesprochen wurden, aber, bei letzteren mußten diese Voraussetzungen in einer höher qualifizierten Art und Weise vorhanden sein. Das gesteigerte Anforderungsprofil resultierte nämlich nicht nur aus den schwierigen Kampfsituationen, sondern auch aus den spezifischen Eigenschaften der eingesetzten Waffen. Obwohl diese aus nahezu gleichen Elementen – nämlich den einzelnen Rohren – aufgebaut waren, ergab sich aus der Anhäufung der einzelnen Elemente und deren Verbindung zu einem Feuersystem eine neue Qualität auf höherer Ebene. Diese neue Qualität wirkte nun ihrerseits auf die angesprochenen menschlichen und moralischen Größen prägend ein, während andererseits von jenen entscheidende Impulse für die Erhöhung der Gefechtseffektivität der Orgelgeschütze durch Anpassung ihrer Grundidee an den Stand der Technik in der jeweiligen Epoche ausgingen. Diese Interdependenzen galten grundsätzlich ebenso für die Zeit der handbetätigten Maschinenwaffen. Solange die Konstruktionen zwischen 1865 und 1890 noch nicht ihren artillerieähnlichen Charakter abgelegt hatten und pferdebespannt ins Feld zogen, waren die Bedienungsmannschaften wie die Führer besonderer Belastung ausgesetzt, der die Truppenführung mit höherqualifiziertem Personal zu begegnen suchte. Es war nicht allein der im Vergleich zur tatsächlichen Wirkung relativ hohe Kostenfaktor des Materials (Anschaffung, Wartung, Instandsetzung), sondern es hing im besonderen Maße von der militärfachlichen Ausbildung, der geistigen Konstitution und der Motivation des Personals ab,

ob es den spezifischen Anforderungen des Gefechtes genügte. Bedingt durch ihre ungünstige Silhouette sowie die effektive Reichweite mußten sich die Batterien auf dem Gefechtsfeld genau so dem feindlichen Feuer exponieren wie die Infanterie, die das Gelände zudem vorteilhafter ausnutzen konnte, jedoch weitaus mehr als die Artillerie, die in der Regel aus größerer Entfernung in das Gefecht eingriff. Hinzu kamen die noch fehlenden Erfahrungen im Umgang mit dem Material, die nur kurze Einweisungs- und Ausbildungsphase des Personals und wohl auch die teilweise Unkenntnis der wirklichen Stärken und Schwächen der neuen Waffen – allesamt Faktoren, die einer distanzierten Einstellung zum Material Vorschub leisteten, wie es auch in der Haltung des bayerischen Batteriechefs Graf Thürheim deutlich wurde.

Prinzipiell bestanden bei Orgelgeschützen und handbetätigten automatischen Waffen die gleichen Relationen im System Mensch-Feuerwaffe, jedoch mit dem Unterschied, daß die Gestaltung des Nachladens weiter mechanisiert worden war, und zwar beim System Feldl um einen Entwicklungsschritt weiter als bei der belgischen oder französischen Mitrailleuse, da die Patronen vom Mechanismus selbst zugeführt und die leeren Hülsen entfernt wurden. Indem nun ein weiterer Bereich der ursprünglichen vom Menschen zu leistenden Arbeit auf die Mechanik übergegangen war, konnte sich das Bedienungspersonal mehr auf die Steuer- und Lenkfunktion bzw. auf die »operative Steuerung« [5] konzentrieren, wodurch die Effektivität des Systems in der Erfüllung des militärischen Auftrages erhöht wurde, aber gleichzeitig die Verantwortung des einzelnen für seine Gruppe und die Ausführung der Befehle merklich stieg. Dieser zwangsläufige und dialektische Prozeß verlief daher analog zu dem bei der Analyse der Orgelgeschütze festgestellten. Bei der höheren Truppenführung waren nach den Erfahrungen im deutsch-französischen Krieg die aus diesem Vorgang abzuleitenden Konsequenzen durchaus präsent. Man forderte intelligentes Personal und insbesondere bei den Batteriechefs beste Qualifikation [6], um den Anforderungen der Praxis gerecht zu werden. Mit der Einführung automatischer Waffen, die ihre Antriebsenergie einzig aus der chemisch gespeicherten Energie in der Treibladung bezogen und ohne vom Menschen zugeführte Muskelkraft – mit Ausnahme der Betätigung der Abzugeinrichtung – arbeiteten, war eine weitere Funktion auf die Maschine übertragen worden, so daß dem Menschen in bezug zur Handfeuerwaffe die Heranbringung des Kampfmittels in Gefechtsentfernung und die Ausübung der Steuer- und Lenkfunktion verblieb.

Automatische Feuerwaffen stellen heute einen ganz wesentlichen Bestandteil der Kampfausstattung der Feldheere dar und werden auch bei den beiden anderen Teilstreitkräften (Luftwaffe, Marine) immer dann bevorzugt, wenn die taktischen Forderungen eine möglichst große Feuerkraft und Feuerdichte verlangen. Seitdem das automatische Gewehr (Sturmgewehr) zu der persönlichen Waffe des Infanteristen geworden ist und Repetierwaffe und Selbstladegewehr vollständig verdrängt hat, ergibt sich aus dem potenzierten Feuerkraftzuwachs für den einzelnen Schützen, daß die Feuerkraft der modernen, technisierten Massenheere in gleicher Größenordnung gestiegen sein muß. Die Auswirkungen auf das Verhalten auf dem Gefechtsfeld waren und sind offen kundig. Die eigene Überlebensfähigkeit kann nur durch die konsequenteste Ausnutzung eines jeden auch noch so geringen Geländevorteils, der Schutz vor dem feindlichen Feuer bietet, sichergestellt werden. Infolgedessen ist auch die Zeitspanne, in der ein Ziel aufgefaßt und bekämpft werden kann, auf ein Minimum zusammengeschrumpft. Die jüngste, vor der Einführung stehende Generation von Gewehren trägt dieser Entwicklung mit folgenden Merkmalen Rechnung [7]:

- optimale ergonomische Auslegung
- Verbesserung der Zieleinrichtung
- Steigerung der ballistischen Leistung
- Erhöhung der Treffwahrscheinlichkeit durch 3-Schuß-Feuerstoß mit extrem hoher Kadenz.

Die breite Anwendung dieser Konstruktion wird den Bewegungsspielraum des einzelnen bei Erfüllung seines Auftrages weiter einschränken. Verschärfend kommt noch hinzu, daß alle Truppenteile in zunehmendem Maße mit optronischen Geräten ausgestattet werden, die eine Gefechtsfeldaufklärung bei Tag und Nacht sowie bei allen Witterungsbedingungen ermöglichen (dadurch werden neue Wege der Tarnung und Täuschung beschritten werden müssen).

Die zielgerichtete Weiterentwicklung der Technik und die Forschungen auf den Gebieten der Informationsverarbeitung und Kybernetik lassen es schon heute zu, daß der Mensch sich auch der operativen Steuerung des Systems Mensch-Feuerwaffe entledigen und diese an eine automatische Anlage übertragen kann. Dies war möglich, weil die wissenschaftlich und interdisziplinär ausgeübte Kybernetik, die von dem amerikanischen Mathematiker Norbert Wiener (1894–1964) mitbegründet wurde [8], in der Formulierung der Allgemeingültigkeit des Regelungsprinzipes auch das menschliche Tun als Regel- oder Handlungskreis versteht. Der Regelkreis ist dabei das universelle Gebilde der methodisch vollendeten Technik, der mit technischen Mitteln eine Arbeit ausführt, für die ansonsten die physische und psychische Kraft des Menschen aufgewendet werden muß [9]. Hiernach ist es nicht entscheidend, ob etwa ein Handwerker unter Benutzung des sensorischen Stranges (Tastgefühl der Hände, Augen) und des motorischen Stranges (Nerven, Muskeln, Hände) sowie dem Gehirn einen Gegenstand in die gedanklich festgelegte Form (Sollzustand) bringt oder ob ein Soldat ein Ziel entdeckt und auffaßt, seine Waffe darauf richtet und es vernichtet. Zweck des Handlungskreises ist es dabei, in einer von der militärischen Lage diktierten Situation eine Problemlösung unter Gewaltanwendung herbeizuführen. Diese im System Mensch-Feuerwaffe auszuübenden Funktionen können als systeminterne bezeichnet werden [10], und sie lassen sich, gerade weil sie nach kybernetischen Gesetzmäßigkeiten ablaufen, an einen technischen Apparat übertragen. Auf bestimmten Gebieten der Militärtechnik, so etwa bei den Führungszentralen der Kampfschiffe und in weniger komplexer Form bei Kampf- und Flugabwehrpanzern, ist dieser Übergang schon verwirklicht worden; er wird sich in Zukunft noch verstärken. Als Element des neugeschaffenen Systems Mensch-kybernetische Maschine wird der Soldat vorzugsweise als Überwacher oder Kontrolleur der Anlage fungieren und der Erfolg wird nicht mehr ausschließlich von den klassischen soldatischen Tugenden abhängig sein, sondern davon, in welchem Ausmaße der Mensch fähig ist, mit

seinen intellektuellen Fähigkeiten das System auch im Störfall effektiv zu betreiben. Auf der Grundlage umfassender Ausbildung und Fähigkeiten werden besonders die schöpferischen Fähigkeiten des Menschen gefordert, seine persönliche Verantwortung ist zugleich gestiegen, woraus eine größere Anspannung seiner moralischen, physischen und psychischen Kraft resultiert.

Trotz der vielfältigen und effektiven Möglichkeiten, die das System Mensch-kybernetische Maschine bei der Anwendung im militärischen Bereich bietet, wird es das System Mensch-Feuerwaffe nicht verdrängen, sondern die Existenz beider – jeweils auf einer anderen Ebene – ist Ausdruck der ungeheueren Intensivierung des Kampfgeschehens auf der Grundlage von Wissenschaft und Technik. Aus dieser Erkenntnis sowie des dialektischen Zusammenhangs zwischen hochstehender militärischer Technik und intellektueller Anforderung an den einzelnen Soldaten formulierte Pupko: »Die Hauptkraft im Kriege bleiben die Menschen, die ihre Waffen vollkommen beherrschen und deren Gefechtseigenschaften richtig zu nutzen verstehen« [11]. Diese Auffassung kann nach den vorausgegangenen Untersuchungen eindeutig bestätigt werden.

11.2. Die automatische Waffe unter den Aspekten der technisch-industriellen Entwicklung

Im folgenden Abschnitt sollen die wechselseitigen Abhängigkeiten zwischen allgemeiner technischer Entwicklung, d. h. der vorrangig im zivilen Bereich genutzten Technik und Technologie und der militär-technischen Entwicklung auf dem Gebiet der handbetätigten automatischen Waffen untersucht werden, um dann im größeren Kontext den allgemeinen Zusammenhang zwischen der der Produktion dienenden Maschinerie und der Waffe als Maschine herauszuarbeiten, woraus deutlich werden wird, daß die automatischen Waffen außer der Vergegenständlichung von technischen Ideen und Wissenschaft über eine eminente ökonomische und politische Dimension verfügen.

Der Entwicklungsprozeß von Orgelgeschütz des ausgehenden Mittelalters und der frühen Neuzeit bis zur handbetätigten Maschinenwaffe war auf das engste verknüpft mit dem technischen und technologischen Stand der jeweiligen Epoche und nahm keine Sonderstellung ein. Schon die Konstrukteure der ersten Orgelgeschütze bedienten sich bei der Erfüllung der militärischen Forderungen nach höherer Feuerdichte und schnellerer Feuerbereitschaft des ihnen zur Verfügung stehenden technischen Wissens und ihrer handwerklichen Fähigkeiten. Die besondere eigenschöpferische Leistung bestand nun darin, wie in Kapitel 3 nachgewiesen wurde, die bekannten und allgemein benutzten Bauelemente zu einem praxisorientierten Gerät höherer Qualität und Leistung zu kombinieren.

Ein ganz analoger Vorgang vollzog sich bei den Erfindern der handbetätigten Maschinenwaffen; auch sie gründeten ihre Konstruktion auf die im zivilen und militärischen Bereich verfügbare Technik und Technologie. Die wesentlichsten Voraussetzungen – wie kostengünstige Produktion gleicher, sehr maßhaltiger Einzelteile von Waffe sowie von Munition, Hinterladeverschluß und Einheitspatrone usw. – wurden an anderer

Stelle ausführlich analysiert. Betrachtet man die wichtigsten Konstruktionen aus der Nähe, stellt sich folgendes heraus: Richard J. Gatling, obwohl auch medizinisch ausgebildet, sowie die Ulmer Brüder Eberhardt waren in der Konstruktion landwirtschaftlicher Maschinen tätig gewesen, bevor sie die Entwicklung einer Schnellfeuerwaffe angingen, während Johann Feldl aus dem allgemeinen Maschinenbau stammte. Diese Erfinder verfügten zweifellos über den Erfahrungsschatz angewandter Technik, der sie befähigte, ihre Vorstellung in einem funktionsfähigen Modell zu realisieren. Wie wenig sie sich dabei von der sie täglich umgebenden Technik entfernten, zeigen die folgenden Details auf: Bei den Konstruktionen des Kartätschgeschützes von Feldl und des Repetiergeschützes der Gebrüder Eberhardt ist es offensichtlich, daß ihnen Funktionselemente des Dampfmaschinenbaues zugrunde gelegen haben. Das komplette Antriebssystem der Verschlüsse entsprach im wesentlichen der Schiebesteuerung bei zahlreichen Modellen von Dampfmaschinen, bei der die Drehbewegung der vom Kolben angetriebenen Kurbelwelle mit Hilfe eines Exzenters in eine translatorische für den Schieber oder die Ventile umgewandelt wurde [12]. Eine ähnliche Aufgabe, nämlich die Regelung der Vor- und Rücklaufbewegung eines Funktionsteils, hier Verschluß, dort Schieber, wurde mit den gleichen Maschinenelementen gelöst.

Die Gebrüder Eberhardt griffen bei ihrem Modell darüber hinaus auf Einzelteile ihres Produktionsprogrammes zurück. So ist das Geschütz als Ganzmetallkonstruktion ausgeführt; Räder und Achse gleichen in ihrer Bauweise derjenigen leichter Pflüge oder Sämaschinen, während das seitliche Antriebsrad nach dem Preiskatalog von 1871 mit den Schwungrädern der angebotenen Schrotmühlen übereinstimmte [13].

Eine Parallele zur zivil genutzten Technik findet sich ferner bei der Gatling-Kanone. Es handelt sich dabei um die Maschinenelemente, die die Rotation des Rohrbündels ermöglichen. Dies sind die Handkurbel mit ihrer Triebwelle und der Schneckengang, in den ein Zahnrad der zentralen Rohrbündelachse eingreift. Eine fast identische Lösung fand sich bei dem Rührmechanismus eines amerikanischen Asphaltkochers, der anläßlich der Weltausstellung in Paris gezeigt worden war [14].

Diese drei Beispiele, die sich durch solche anderer handbetätigter Maschinenwaffen ergänzen ließen, belegen, aus welchem technisch-historischen Erfahrungsschatz die Konstrukteure schöpften. Ihre Konzepte waren einerseits eingebettet in den von dem Stand der allgemeinen Technik, insbesondere auf dem Gebiet des Land- und Dampfmaschinenbaues, vorgegebenen Rahmen, andererseits von dem aktuellen Entwicklungsstand auf dem Gebiet der Waffentechnik. Die Ansätze einer großen Umstrukturierung im Sinne einer spezialisierten und zweckgebundenen Technik und Technologie waren bei diesen Konstruktionen vorgezeichnet; sie bildeten den Ausgangspunkt für weitere waffentechnische Entwicklungen, während gleichzeitig die spezifischen militärischen Konstruktionen ihrerseits befruchtend auf die Ausformung der allgemeinen Technik einwirkten – und zwar weniger im Hinblick auf bestimmte Lösungsmöglichkeiten als vielmehr in den Anstößen für die metallurgische Forschung und die Weiterentwicklung und Perfektionierung der Werkzeugmaschinen.

Im Zusammenhang mit der Konvergenz von militärisch und zivil genutzter Technik soll noch kurz auf die Rolle der Weltausstellungen für die Verbreitung der innovativen Idee der handbetätigten Maschinenwaffen hingewiesen werden. Mit der ersten Weltausstellung in London 1851 hatten die Unternehmen die Möglichkeit erhalten, sich und ihre Produkte auf internationalem Parkett zu präsentieren und eine bis dahin nicht bekannte Beziehung zwischen Öffentlichkeit und Betrieb zu schaffen, die sich einmal in den Besucherzahlen vor Ort, zum anderen in publizistischen Aktionen wie Artikeln in Tages- und Fachpresse, Werbemaßnahmen und Broschüren widerspiegelte [15]. Was die Frage der Weltausstellungen als Drehscheibe der Innovationen und der Diffusion von Innovation anbelangt, kommt Evelyn Kroker zu dem Ergebnis, daß die Ausstellungen nicht von vornherein Meilensteine des technischen Fortschrittes bildeten und ausschließlich den neuesten technischen Stand repräsentierten [16]. Nicht spektakuläre Einzelerfindungen, sondern kontinuierliche Weiterentwicklungen hätten ihren Stellenwert im Diffusionsprozeß bestimmt, und daß sich Massenfertigung und damit einhergehende ökonomische Preiswürdigkeit als tragende Kategorien in diesem Zusammenhang herauskristallisierten. So hätten die Weltausstellungen darin allenfalls einen »Verstärkereffekt«; man könne ihnen jedoch keine »Veranlasserfunktion« zuschreiben, weil sie im wesentlichen einen Nachvollzug schon anderweitig bekannter technischer Einrichtungen und Verfahren böten; die indirekten Auswirkungen von Innovationen durch das Medium Weltausstellungen bezeichnet Kroker bei weitem größer als die direkten Folgeerscheinungen [17].

Auf dem Gebiet des allgemeinen Maschinenbaues und der Montanindustrie und der damit zusammenhängenden Produktionsbereiche ist dem obigen Standpunkt sicherlich vollinhaltlich zuzustimmen, wenngleich es auch dort einzelne Produkte und Technologien gegeben haben dürfte, deren direkte Folgewirkung im Diffusionsprozeß von Innovation augenscheinlich waren. Für die militärtechnische Entwicklung sind jedenfalls zwei Ausstellungen zu benennen, die einen maßgeblichen und direkten Einfluß auf die weitere Ausformung des Militärwesens genommen hatten, nämlich die von London im Jahre 1851, auf der Krupp die Anwendbarkeit von Gußstahl für hochbeanspruchte Kanonenrohre demonstrierte, und diejenige von Paris 1867, auf der die Gatling Gun Co. ihr handbetätigtes Maschinenwaffensystem als Verkörperung des Fortschrittes im amerikanischen Waffenbau vorstellte. Die direkte Einflußnahme auf die Erfindungstätigkeit in Deutschland und die Auseinandersetzung der Militärbehörden mit dem neuen Phänomen sind im Zuge der Darstellung schon mehrmals angeklungen und können wie folgt zusammengefaßt werden: Vor der Ausstellung von 1867 hatten die Erfinder bzw. Konstrukteure kaum jemals eine realistische Chance, daß sich die Prüfungskommissionen in der gebotenen Sorgfalt und mit dem nötigen Aufwand mit ihren Vorschlägen befaßten, weil von seiten der Armee keine konkreten Forderungen vorgelegen hatten und die Konzepte selbst zum Teil zu abenteuerlich und praxisfremd waren. Die Weltausstellung sensibilisierte die Aufnahmebereitschaft der militärischen Führung und der Fachoffiziere für Innovationen dieser Art, wobei die Anschauung und das »Begreifen« vor Ort sowie die illustrierten Artikel der

Fachzeitschriften bedeutungsvoll waren. Auf der anderen Seite erfuhren die Konstrukteure eine Bestätigung ihres Konzeptes für eine Maschinenwaffe, und die Konkurrenz, deren Agenten sogleich bei den Regierungen vorstellig wurden, beflügelte das schöpferische Denken und das Streben nach neuen, noch besseren Lösungen für das alte Problem des kontinuierlichen Feuerns. Mit der handbetätigten Maschinenwaffe machte sich die Armee nun auch direkt die Fortschritte in der Entwicklung der Technik während der industriellen Revolution des 19. Jahrhunderts zunutze. Durch die strukturelle Veränderung der Produktionsmittel war es möglich geworden, die Armee in immer kürzer werdenden Zeitabständen mit neuen Waffenmodellen auszustatten. Die Nutzungsdauer jeder neuen Gewehrgeneration nahm entsprechend der technischen Entwicklung und den Fortschritten der Wissenschaft fast degressiv ab [18]. Die Kriegsministerien erteilten (Beispiel Preußen mit Einschluß des Zündnadelgewehres) im Verlaufe des Jahrhunderts Einführungsgenehmigungen für sieben neue Gewehrmodelle der Linieninfanterie, so daß im Durchschnitt nach nur vierzehn Jahren eine komplette Neubewaffnung durchgeführt werden mußte [19]. Der Prozeß des Veraltens von Technik vollzog sich in allen Staaten mit gleicher Geschwindigkeit und bedeutete für die Haushaltsbudgets einen erheblichen Kostenfaktor. Zur Aufrechterhaltung der nationalen Sicherheit waren diese Belastungen nicht zu vermeiden, bedeutete doch der Vorsprung des potentiellen Gegners auf militärtechnischem Gebiet eine Schwächung der eigenen Position, die nur unter besonderen Umständen durch die bessere Strategie, das geschicktere taktische Verhalten auf dem Gefechtsfeld oder bessere Motivation auszugleichen war. In dieser Epoche des technischen und sozialen Wandels und mit dem Beginn der Industrialisierung des Krieges war die massenhaft zu beschaffende Waffe endgültig zu einem Politikum sui generis geworden, wie schon im Krimkrieg (1854–1856) mit der Überlegenheit der Feuerwaffe mit gezogenem Rohr nachhaltig demonstriert worden war und die meisten europäischen Staaten innerhalb kürzester Zeit eine Modernisierung ihrer Infanteriebewaffnung durchführen mußten [20]. Die Veränderung der Produktionsmittel, insbesondere die Verbesserung der Bearbeitungsmaschinen, gaben dem Konstrukteur und Techniker neue Möglichkeiten, seine Vorstellungen zielgerichteter, effizienter und ökonomischer zu realisieren, während gleichzeitig die Verfügbarkeit eines bestimmten Produktionsmittels den Konstrukteur vorher nicht ins Auge gefaßte, neue Lösungswege beschreiten ließ. Unverkennbar waren die Auswirkungen auf die gedankenmäßige Ausformung sowie die Durchgestaltung der Konstruktion hinsichtlich praktischem Nutzen, Leistungsfähigkeit und der Verwertbarkeit auf dem Markt für Rüstungsgüter.

Wie in diesem Zusammenhang nicht nur eine rein technische Abhängigkeit, sondern auch eine philosophische Interdependenz zwischen der Maschine im allgemeinen und der handbetätigten Maschinenwaffe im speziellen bestand, soll im folgenden analysiert werden, wobei es sachlich gerechtfertigt erscheint, den Begriff »Produktionsprozeß« sowohl für die Beschreibung der maschinenmäßigen Herstellung und Bearbeitung von Stoffen als auch für die in der Maschinenwaffe in bezug auf die Patrone sich vollziehenden Phasen anzuwenden [21].

In seiner tiefgehenden, klassischen Analyse der industriellen Produktion kam Karl Marx zu dem Ergebnis, daß die Manufaktur selbst dem »Maschinensystem« die Grundlage für die Teilung der Arbeit und daher der Organisation des Produktionsprozesses lieferte [22].

Ein Maschinensystem wird dadurch gekennzeichnet, daß der Arbeitsgegenstand eine zusammenhängende Reihe verschiedener Stufenprozesse durchläuft, die von einer Kette verschiedenartiger, aber einander ergänzender Werkzeugmaschinen ausgeführt werden. Weiter führt Marx dazu aus: »Jede Teilmaschine liefert der zunächst folgenden ihr Rohmaterial, und da sie alle gleichzeitig wirken, befindet sich das Produkt ebenso fortwährend in den verschiedenen Stufen seines Bildungsprozesses, wie im Übergang aus einer Produktionsphase in die andre. Die kombinierte Arbeitsmaschine, jetzt ein gegliedertes System von verschiedenartigen einzelnen Arbeitsmaschinen und von Gruppen derselben, ist um so vollkommener, je kontinuierlicher ihr Gesamtprozeß, d. h. mit weniger Unterbrechung das Rohmaterial von seiner ersten Phase zu seiner letzten übergeht, je mehr also statt der Menschenhand der Mechanismus selbst es von einer Produktionsphase in die andre fördert. Wenn in der Manufaktur die Isolierung der Sonderprozesse ein durch die Teilung der Arbeit selbst gegebnes Prinzip ist, so herrscht dagegen in der entwickelten Fabrik die Kontinuität der Sonderprozesse« [23].

Zwei Gesichtspunkte sind für die Argumentation von besonderer Wichtigkeit: Das Produkt befindet sich fortwährend im Übergang aus einer Produktionsphase zur nächsten und das Maschinensystem arbeitet um so effizienter, je kontinuierlicher – ohne Unterbrechungen – das Material durch die Maschine selbst von der ersten Bearbeitungsphase zur letzten weitergeleitet wird. Ein analoger Prozeß vollzog sich bei den Maschinenwaffen, insbesondere beim Gatling-System. Auch diese Maschinenwaffe besteht nämlich aus mehreren Teilmaschinen, nämlich Magazin, Zuführer, Verschlüssen, und den Rohren. Ferner finden sich die drei Grundelemente der von Marx beschriebenen sogenannten »entwickelten Maschinerie« [24] auch hier, wenngleich auf kleinem Raum komprimiert, wieder vor. Die »Antriebsmaschine«, die die Antriebsenergie erzeugt und bereitstellt, wäre zwar bei den handbetätigten Maschinenwaffen zunächst mit dem Menschen gleichzusetzen, doch wurde dieser später durch ein technisches Element ersetzt, sei es, daß die Energie auf elektrischem, hydraulischem oder pneumatischem Weg von außen zugeführt wurde, sei es, daß die Antriebsmaschine in die Waffe selbst integriert werden konnte, wie es zum Beispiel bei dem sogenannten Gasdrucklader ein heute weit verbreitetes Prinzip ist, bei dem die zum Antrieb der Waffenfunktion nötige Bewegungsenergie in einem kleinen Zylinder mit Kolben erzeugt wird, der von aus dem Rohr abgezapften Verbrennungsgasen beaufschlagt wird. Der »Transmissionsmechanismus« findet sein Gegenstück in der Triebwelle mit Schneckengang (Gatling) oder Exzenter (Eberhardt), während die »Werkzeugmaschinen« mit den zuvor angeführten Teilmaschinen gleichzusetzen wären. Das Rohmaterial bzw. Produkt, von dem Marx spricht, findet sein Pendant in der Patrone der Maschinenwaffe. Sie wird von dem Zuführer (Teilmaschine) aus dem Magazin entnommen und in die Verschlußbahn gebracht, von wo sie der Verschluß (Teilmaschine) in das Rohr einführt und zündet. Im Rohr als weitere Teilmaschine wird die in der Treibladung enthaltene Energie in Geschoßenergie umgesetzt und dann vom Verschluß die leere Hülse entfernt. Die Patrone durchläuft folglich ohne Eingriff des Menschen mehrere Phasen: 1. Lade- und Zuführphase; 2. Verriegelungs- und Zündungsphase; 3. Entladephase; 4. Leerlaufphase), die, um bei dem genannten Vergleich zu bleiben, mit den Produktionsphasen der Maschinensysteme gleichzusetzen wären.

Nachdem nun der fundamentale Zusammenhang von handbetätigter Maschinenwaffe und der Organisationsstruktur der industriellen Produktion aufgezeigt wurde, ergibt sich für die Konstruktionen zwangsläufig ein neuer Bewertungsmaßstab. Am weitesten fortgeschritten war eindeutig das Gatling-System, weil es der Struktur der maschinellen Produktion in seiner konzeptionellen Auslegung am nächsten kam und durch die Verbindung mehrerer Feuereinheiten zu einem Funktionssystem am kontinuierlichsten arbeitete. Bei anderen Systemen wie Feldl oder Eberhardt konnte die nächste Patrone erst dann zugeführt werden, wenn die vorhergehende leere Hülse aus der Waffe ausgestoßen war. Auf einer weit tieferen Entwicklungsstufe lagen die belgischen Mitrailleuse und die mit ihr verwandten Systeme, weil hier noch alle Funktionen manuell auszuführen waren. Sie standen damit den alten Orgelgeschützen noch um vieles näher als die anderen Konstruktionen und gehörten zur Zeit ihrer Einführung schon nicht mehr zum Stand der Technik. Während sämtliche übrigen Konstruktionen ihre militärtechnische Bedeutung bald verloren, erlebte Gatlings Erfindung nach dem Zweiten Weltkrieg eine Auferstehung, eben weil es wie kein anderes System in Vergangenheit und Gegenwart den Wandel in der industriellen Produktion auf dem Gebiet der Feuerwaffen abstrahierte.

Als »Das Kapital« von Karl Marx erschien, veröffentlichte ein anonymer Autor in der »Zeitschrift für die Schweizerische Artillerie« im Rahmen der Vorstellung der neuesten Modelle von Hinterladungsgewehren und am Vorabend der Entscheidung des schweizerischen Bundesrates, ein Repetiergewehr als Infanteriewaffe einzuführen, einige weiterführende Gedanken zur Thematik der Maschine als Waffe; sie zeigen, wie weit diese Problematik auch schon in das Bewußtsein der Militärs gerückt war. Das vom Soldaten geführte Gewehr, wurde argumentiert[25], bilde in dessen Händen eine Maschine, durch deren geleistete Vernichtungsarbeit der Feind abgewehrt und überwältigt werden könne. Die wirkliche Effizienz setze sich aus zwei Komponenten zusammen, einmal der technischen Leistungsfähigkeit von Konstruktion und Ausführung der Waffe, zum anderen von ihrer Bedienung durch das handhabende Individuum, welches verschiedenen moralischen Einflüssen ausgesetzt sei. Für die Erhöhung der Feuerwirkung der Infanterie empfehle sich zunächst die Erhöhung der technischen Vollendung und Leistungsfähigkeit des Gewehres »als der am sichersten festzuhaltende Fortschritt«[26]. Die Waffe in ihrer maschinellen Eigenschaft sei bedingt durch die Ladeunterbrechungen von intermittierender Wirkung. »Diese Zwischenzeit von einer Wirkung zur andern auf ein Minimum

reduzieren durch möglichste Vereinfachung der Handhabungen und Verminderung ihrer Zahl und dadurch zugleich auch die Wahrscheinlichkeit einer Störung infolge Mißgriffes bei einer der Handhabungen vermindern, das heißt den andern Faktor der technischen Leistungsfähigkeit auf einen dem ersten entsprechenden Grad heben und damit diese selbst auf's Höchste steigern«[27].

Die Technik der Neuzeit, die sich durch die Substitution der Handarbeit durch die Maschinenarbeit charakterisiere, indem sonst von der menschlichen Hand vollzogene Bewegungen durch Bewegungsmechanismen automatisch ausgeführt werden, würden die Mittel zur Steigerung der Feuergeschwindigkeit und damit der Wirkung bieten.

Der österreichische Genie-Leutnant Isidor Trauzl führte in einer Studie über das amerikanische Geschützwesen diesen Gedankengang weiter und stellte ihn in einen allgemeingültigen Zusammenhang, als er den tiefgreifenden, rapid wachsenden Einfluß sowohl der Bewegungs- und Kraftmaschinen (Eisenbahntransportwesen) als auch der neuen Waffentechnik auf die gesamte Kriegführung – von der Leitung des kleinsten Gefechtes bis zum Operationsentwurf eines ganzen Feldzuges – konstatierte. »Ausgedehnteste Anwendung der Maschinen zur Massenproduction«, schlußfolgerte er, »ist die Grundlage der großartigen Entfaltung der neuen Industrie, umfassender Gebrauch der Maschinenkraft zur Massenvernichtung bildet das revolutionierende Analogon in der heutigen Kriegskunst«[28]. Dieser dialektische Gedankengang, dem man auch oder gerade heute zustimmen kann, wäre allerdings noch um den Faktor »Massengesellschaft« zu ergänzen. Welche politischen und die Beziehung von Militärwesen und Gesellschaft in ihrer Gesamtheit berührenden Gesichtspunkte können aus den vorausgegangenen Analysen abgeleitet werden? Massenvernichtung und Massengesellschaft sind zwei sich gegenseitig bedingende Größen. Mehr denn je wurde die auf die Errungenschaften des technischen Fortschrittes bauende moderne Gesellschaft unter dem Eindruck der allgegenwärtigen atomaren Bedrohung ein hervorragender Zielpunkt für die größten Vernichtungspotentiale. Mit dem Vorhandensein von Kernwaffen beschränkt sich die Vernichtung nicht allein auf die militärischen Einrichtungen des Feindes, was Trauzl noch annehmen durfte, sondern sie wird die Grundstruktur der Gesellschaft erschüttern. Massenproduktion, Massengesellschaft und Massenvernichtung als sozioökonomisch-militärische Folgeerscheinungen der technisch-wissenschaftlichen Entwicklung sind folglich in eine der zentralen Fragen der Gegenwart, nämlich die um Krieg und Frieden, eingebettet. In dem Ringen um globale Machtansprüche, das von gegensätzlichen Gesellschafts- und Wirtschaftssystemen mit politisch-ideologischen, propagandistischen und militärischen Mitteln ausgetragen wird, erscheint eine friedliche Lösung der Kernproblematik entfernter als je zuvor, wenngleich im Grundsatz noch möglich.

Anmerkungen

[1] Zur grundsätzlichen philosophischen Methode der Analyse des Systems Mensch-Militärtechnik vgl. insbesondere die Studie des sowjetischen Autors A. B. Pupko, System Mensch-Militärtechnik. Ein philosophisch-soziologischer Abriß, Berlin 1979.

[2] Ebenda S. 31.

[3] Ebenda S. 9.

[4] Ebenda S. 85.

[5] Pupko versteht darunter die Hauptform der militärischen Tätigkeit beim Einsatz der Kampftechnik. Hierunter fallen die Soldaten, die unmittelbar die Kampftechnik steuern und lenken wie beispielsweise die Angehörigen der allgemeinen Einheiten, die Bedienungen der Artilleriegeschütze und die Besatzungen der Flugzeuge und Panzer; ebenda S. 111.

[6] In der Zeit nach dem deutsch-französischen Krieg bestand im preußisch-deutschen Heer aus den bekannten Gründen der Nichteinführung dieser Modelle keine Möglichkeit diesen Grundsatz in praxi anzuwenden. Bei den Befürwortern der Repetiergeschütze wurde er auch später in Fachblättern immer wieder formuliert wie z.B. in dem Artikel: Die moderne Mitrailleuse und ihre Verwendung im Felde. In: Neue Militärische Blätter, Jg. 1888, Bd. 32, S. 519ff., hier S. 523.

[7] Eine aktuelle nationale und internationale Übersicht der gegenwärtigen Modelle und des zukünftigen Trends gibt Günther Schäfer, Sturmgewehre. In: Wehrtechnik, Heft 12 (1984), S. 68–80.

[8] Wiener prägte 1948 die klassische Formulierung: »Wir haben beschlossen, das gesamte Gebiet der Regelungstechnik und der Informationstheorie, ob bei Maschinen oder Lebewesen, mit dem Namen Kybernetik zu belegen«; zitiert nach Felix v. Cube, Was ist Kybernetik? Grundbegriffe, Methoden, Anwendungen, 3. Aufl. München 1975, S. 34.

[9] Vgl. H. Schmidt, Die Entwicklung der Technik als Phase der Wandlung des Menschen. In: Cube, Was ist Kybernetik?, S. 278.

[10] Vgl. Pupko, System Mensch-Militärtechnik, S. 113.

[11] Ebenda S. 39.

[12] Ein Gang durch die entsprechende Abteilung des Deutschen Museums in München zeigt mehrere Dampfmaschinen mit dieser Steuerung: Balancie-Dampfmaschine von Freund in Berlin (1815), Schiffsdampfmaschine von Cokkerill in Seraing (1841), Ventildampfmaschine der Gebrüder Sulzer in Winterthur (1865).

[13] Vgl. Preis-Verzeichnis der Maschinen-Fabrik von Gebrüder Eberhardt in Ulm a.D., (Ulm) 1871.

[14] Vgl. Arthur Beckwith, Report on Asphalt and Bitumen as applied to the Construction of Streets and Sidewalks. In: Reports of the United States Commissioners to the Paris Universal Exposition, 1867. Hrsg. von William P. Blake, Bd. 4, Washington 1870, S. 14 u. Taf. III, Fig. 12, 13.

[15] Vgl. Evelyn Kroker, Die Weltausstellungen im 19. Jahrhundert. Industrieller Leistungsnachweis, Konkurrenzverhalten und Kommunikationsfunktion unter Berücksichtigung der Montanindustrie des Ruhrgebietes zwischen 1851 und 1880 (Studien zur Naturwissenschaft, Technik und Wirtschaft im Neunzehnten Jahrhundert, Bd. 4), Göttingen 1975, S. 71.

[16] Ebenda S. 119.

[17] Ebenda S. 201f.

[18] Die Nutzungsdauer betrug bei: Vorderlager mit Luntenschloß ca. 200 Jahre, Vorderlader mit Batterieschloß ca. 140 Jahre, Vorderlader mit Perkussionsschloß ca. 15 Jahre (1840–55), der gleiche Typ jedoch mit gezogenem Rohr ca. 15 Jahre (1856–71), Hinterlader großen Kalibers (11 mm) mit Metallpatrone ca. 15 Jahre (1871–1884), Repetiergewehr mit gleicher Patrone und Ballistik ca. 5 Jahre (1884–1889), Repetierer mit kleinem Kaliber (7,9 mm) und Patrone mit Nitro-Pulver als erstem Modell ca. 10 Jahre (1889–1899). Um 1900 folgte die Einführung eines verbesserten Modells, das in seiner Grundkonzeption erst gegen Ende des Zweiten Weltkrieges von dem vollautomatischen Sturmgewehr langsam verdrängt wurde.

[19] Im Vergleich zu dieser stürmisch zu nennenden Entwicklung befindet sich das Sturmgewehr G 3 der Bundeswehr schon mehr als 25 Jahre im Truppendienst, und es wird möglicherweise nicht vor Ablauf eines weiteren Jahrzehntes abgelöst sein. Auch dies stellt einen Beweis für die Tatsache dar, daß gegen Ende des 19. Jahrhunderts, spätestens jedoch mit dem Ausgang des Ersten Weltkrieges die grundlegenden Konstruktionen vorhanden und, abgesehen von zahllosen Detailverbesserungen, keine Entwicklungssprünge mehr zu verzeichnen waren. Als solcher ist nun das von einem deutschen Unternehmen vorgestellte Sturmgewehr für hülsenlose Munition, das sich vor der Serienreife befindet, zu bewerten. Es wird zweifellos einen neuen Innovationsschub auf dem Gebiet der Feuerwaffen auslösen und kann schon heute als Konstruktion von historischer Tragweite angesehen werden. Zu technischen Einzelheiten über Waffe und Munition vgl. die Firmenschrift: Gesellschaft für hülsenlose Gewehrsysteme (GHGS), Die neue Gewehrgeneration. Gewehr G 11 mit hülsenloser Munition, o.O. (1982).

[20] Vgl. hierzu neuerdings auch William H. McNeill, Krieg und Ma. Militär, Wirtschaft und Gesellschaft vom Altertum bis heute, München 1984, insbesondere das Kapitel »Beginn der Industrialisierung des Krieges 1840–1884«, S. 199ff. Eine Untersuchung zur deutschen Rüstungspolitik u.a. dieser Epoche liegt jetzt vor von Michael Geyer, Deutsche Rüstungspolitik 1860–1980, Frankfurt a.M. 1984 (Neue historische Bibliothek, Neue Folge, Bd. 246), S. 24ff.

[21] Während bei der industriellen Herstellung das Produkt im Verlaufe vieler Bearbeitungsschritte erzeugt wird, trennt die Maschinenwaffe die mit eben diesem Verfahren hergestellte Munition bis zu einem bestimmten Grad wieder in ihre Bestandteile auf, wobei die Zielsetzung des Prozesses in der Beschleunigung und der Richtungsgebung des Geschosses liegt.

[22] Vgl. Marx, Das Kapital, Bd. 1, s. 400; es ist in diesem Zusammenhang keineswegs unerheblich, daß die Erstausgabe 1867 erschien und damit genau in der Periode, in der die ersten brauchbaren handbetätigten Maschinenwaffen entwickelt wurden; zur Entstehungsgeschichte des »Kapitals« vgl. auch die Anmerkung 1 des Herausgebers, ebenda S. 843ff.

[23] Ebenda S. 401.

[24] Ebenda S. 393.

[25] Vgl. Die Hinterladungsfrage und die eidgenössischen Projectgewehre. In: Zeitschrift für die Schweizerische Artillerie, 3. Jg. (1867), S. 41ff., hier S. 42.

[26] Ebenda S. 43.

[27] Ebenda.

[28] Trauzl, Ueber nordamerikanisches Geschützwesen, S. 179.

12. Zusammenfassung und Ergebnisse

I.

Gegenstand der vorliegenden Untersuchung zur wissenschaftlich-historischen Waffenkunde waren die automatischen Waffen, die durch das selbsttätige, mechanisierte und automatische Ablaufen der Ladevorgänge charakterisiert sind. Die Hauptzielsetzung bildete dabei die Darstellung der Maschinenwaffe in ihrer ganzen historischen, sozialen, ökonomischen und politischen Dimension auf der Grundlage ihrer materiellen Struktur und die Analyse der Interdependenzen zum Militärwesen als Teil der Gesellschaft.

Um den Prozeß der Evolution zu verdeutlichen, wurden zunächst die historischen Grundbedingungen schnellfeuernder Waffen dargestellt, wie sie in den Relationen Mensch – Feuerwaffe manifestiert sind. Die Einführung von Feuerwaffen überhaupt bedeutete eine neue Qualität des bewaffneten Kampfes, weil sie einherging mit einer größeren Unabhängigkeit von der physischen Konstitution des Menschen. Zugleich begann hier, als damit angefangen wurde, Produktionsmittel für eben diese Waffen aufzubauen – etwa in den Zentren wie Suhl und Innsbruck – ein fundamentales Abhängigkeitsverhältnis zu den erforderlichen Rohstoffressourcen, dem technologischen Wissen und den wirtschaftlich-produktiven Potentialen. Wie sich dies konkret auf die Relationen Mensch – Feuerwaffe auswirkte, konnte anhand der Entwicklungsgeschichte der Feuerwaffen und ihrer Munition im allgemeinen und an der Veränderung der elementaren Ladetätigkeit im besonderen nachgewiesen werden. Hervorzuheben war, daß die Ladetätigkeit respektive das Fertigmachen der Waffe für den Schuß mit mechanischen Mitteln nachgebildet und ein großer Teil der Ladeoperationen vom Schützen losgelöst wurde, indem durch die Patronierung der Munition ihre Herstellung auf einen Manufakturbetrieb mit handwerklicher Massenfertigung oder später auf eine industrielle Fertigungsanlage überging, also in räumlicher und zeitlicher Distanz zum Verbrauchsort. Da die Patronen nun – in abstrakter Form materialisiert – vom Menschen losgelöste Ladetätigkeit enthielten, resultierte daraus in der Praxis durch die Reduzierung der Zeitabstände zwischen zwei Schüssen eine beträchtliche Steigerung der Feuergeschwindigkeit. Außer diesen Faktoren waren als weitere Voraussetzungen zur Entstehung der Maschinenwaffen die Verbesserung und Vereinfachung der Zündung sowie die von Nikolaus Dreyse an seinem Zündnadelsystem verwirklichten Elemente zu nennen, nämlich der weitgehend gasdichte, vor- und zurückgleitende Verschluß, der die einfache Hinterladung ermöglichte, und die Einheitspatrone, die nun auch die Zündmasse enthielt. Mit der Weiterentwicklung der Papierpatrone zur Metallpatrone, ihrer maschinellen Massenfertigung mit hoher Maßhaltigkeit sowie die in den sechziger Jahren des 19. Jahrhunderts erfolgte Ausbildung eines den Erfordernissen der Praxis genügenden Repetiergewehres wurden die technischen Voraussetzungen komplettiert.

II.

Nachdem als Motivation der Entwicklung außer politischen und wirtschaftlichen Faktoren das Streben nach höherer Feuerkraft bei gleichzeitiger Erhöhung der Funktionssicherheit und Verfügbarkeit herausgestellt wurde, ist in Kapitel 3 anhand mittelalterlicher Bilderhandschriften und an exemplarischen Originalstücken aus der Zeit der Spätgotik und Renaissance bis hin zum 19. Jahrhundert untersucht worden, wie die taktische Forderung nach hoher Feuergeschwindigkeit und Feuerdichte vor der Erfindung der eigentlichen Maschinenwaffe gelöst wurde und wie die geschaffenen Strukturen als historischer Erfahrungsschatz die weitere Entwicklung von Schnellfeuerwaffen prägten. Das Entwicklungsziel der Konstrukteure führte zunächst zu einer Steigerung der Feuerdichte lediglich durch Erhöhung der Waffen- bzw. Rohranzahl. Als Ergebnis dieser Überlegungen entstanden Waffen mit interruptiver Feuercharakteristik, die nur über eine kurze Zeitspanne ein Schnellfeuer in Form mehrerer Einzelschüsse oder in Form von Salvenfeuer abgeben konnten, worauf sich eine mehr oder wenig lange – von der Rohranzahl abhängige – Ladephase anschloß. In der Praxis konnten fünf Entwicklungsschritte der Salven- oder Orgelgeschütze analysiert werden:

1. Ausgangs- und Grundelement war das einzelne, sich nicht von den übrigen Feuerwaffen unterscheidende Feuerrohr (Feuereinheit), womit theoretisch wie praktisch jede beliebige Feuerwaffe zum Ausgangselement einer Waffe mit interruptivem Schnellfeuer werden konnte, sofern eine entsprechende Forderung an die Büchsenmeister und Waffenschmiede vorlag.

2. Mehrere Feuereinheiten wurden auf einem gemeinsamen Träger (Lafette) angehäuft. Die Einheiten blieben völlig unabhängig voneinander und mußten hintereinander abgefeuert werden. Praktiziert wurden die horizontale Anordnung in einer Ebene und die Fixierung der Rohre auf der Mantelfläche eines um seine Längsachse revolvierenden Zylinders (Prinzip der umlaufenden Rohre oder Rohrbündelprinzip). Ein Spezialfall hierzu stellte das Revolverprinzip dar, bei dem eine Anzahl in Trommelform angeordnete Ladekammern an einem einzigen, hinten offenen Rohr vorbeigeführt und immer dann gezündet wurde, sobald die Kongruenz der Seelenachsen von Rohr und Trommel mechanisch fixiert war.

3. Der erste Schritt zur Mechanisierung der Funktionsabläufe vollzog sich mit der Verbindung der Feuereinheiten zu einem Feuersystem durch gemeinsame, gleichzeitige Abfeuerung über eine, die Zündlöcher verbindende Pulver- respektive

Zündrinne. Mit dieser neuen Qualität erhöhte sich die Feuerdichte. Ein Spezialfall muß in den »Klotzbüchsen« oder »Espingolen« gesehen werden, bei denen das Feuersystem durch die alternierende Ladung von Treibmittel und Geschoß in einem Rohr hintereinander erreicht wurde. Die Zündung pflanzte sich von der Mündung bis zum Stoßboden fort, so daß sich ein kurzer Feuerstoß ergab.

4. Eine nochmalige Steigerung der Feuerdichte und der Feuerbereitschaft stellte sich durch die Anhäufung von Feuersystemen zu mehr- oder vielreihigen Orgelgeschützen als Kombination von zwei oder mehr horizontalen Reihen übereinander ein, wobei diese treppenförmig abgestuft oder gleich lang sein konnten. Ebenso wurde die Lagerung der Feuersysteme in Form prismatischer Körper praktiziert. Der taktisch sinnvollen weiteren Anhäufung von Feuersystemen setzten zunehmendes Gewicht und Volumen natürliche Grenzen.

5. Direkte Vorformen der automatischen Waffen – allerdings noch ohne kontinuierliche Munitionszufuhr – waren die Orgelgeschütze mit teilweiser Mechanisierung der Ladung und Abfeuerung (Hinter- bzw. Kammerladung, bewegliche Verschlußstücke, mechanisch betätigte Abfeuerung und Zündung). Bei sämtlichen Entwicklungsstufen der Orgelgeschütze blieb die erreichbare Leistung und Wirkung ein Produkt aus Technik der Waffe und Geschicklichkeit der Bedienungsmannschaft. Hinsichtlich der zeitlichen Einordnung der Schnellfeuerwaffen muß konstatiert werden, daß die Entwicklung zwar in chronologischer Reihenfolge verlief, die Übergänge jedoch fließend waren.

III.

Salven- oder Orgelgeschütze hatten, obwohl sie den Stand der Technik in der jeweiligen Epoche repräsentierten, keine tiefergehenden Spuren im Militärwesen hinterlassen. Ihr Einsatz erfolgte auch aus Gründen der Kostspieligkeit nur in kleiner Stückzahl und nur sehr punktuell, hauptsächlich zur Verteidigung von besonders gefährdeten Stellen einer Wehranlage (Stadtbefestigung) gegen Sturmangriffe. Den Bedingtheiten einer offenen Feldschlacht dürften sie nur in den seltensten Fällen gerecht geworden sein. Primär war für die geringe Verbreitung der Orgelgeschütze die Umgestaltung des Militärwesens und insbesondere die Evolution der Taktik bei den Fußtruppen unter dem Einfluß der Handfeuerwaffe ausschlaggebend. Im Vordergrund der Ende des 15. Jahrhunderts begonnenen feuertaktischen Reform, die andererseits auch nicht isoliert von den politisch-militärischen Zielsetzungen der maßgebenden gesellschaftlichen Kräfte bewertet werden kann, stand im wesentlichen die umfassende Entfaltung der Wirkung des Gewehrfeuers im Rahmen der waffenseitig gegebenen Voraussetzungen. Nachdem sich seit der Mitte des 15. Jahrhunderts das Luntenschloßgewehr neben dem Spieß, der Pike, als Bewaffnung des Fußvolkes allmählich etablieren konnte, stellten die Heerführer auf ein kontinuierlich rollendes Feuer ab, weil es die größte Wirkung und die moralische Erschütterung des Gegners versprach. Dazu mußte aber für die in der Front schmalen, jedoch sehr tief gestaffelten Truppenkörper ein Verfahren gefunden werden, die

relativ lange Zeit beanspruchende Ladetätigkeit der Gewehre zu neutralisieren. Schon Kurfürst Albrecht III. von Brandenburg führte 1477 als elementartaktische Maßnahme eine Art von Kontermarsch ein, der die hinteren Glieder des Truppenkörpers zum Waffeneinsatz an die Front brachte, während die vorderen Glieder diese Zeit zum Fertigmachen ihrer Gewehre nutzten. Dieses Rotationssystem wurde während des Achtzigjährigen Krieges im Zuge der oranischen Heeresform (1590–1600) von den Niederländern auf der Grundlage griechischer, römischer und byzantinischer Traditionen (Aïlianos, Kaiser Leo VI.) in der Elementartaktik, insbesondere der griechischen Phalanx, wieder aufgegriffen, kritisch durchreflektiert und unter Anpassung an die bestehenden Bedingtheiten für die neugeschaffenen kleinen, sehr mobilen und flexiblen Truppenkörper von Feuerwaffenträgern eingeführt. Bei dieser Art des Kontermarsches waren die Anzahl der Glieder und das Marschtempo genau auf die technischen Gegebenheiten der Luntengewehre abgestimmt. Die Heeresreformer um Moritz von Oranien und seinen beiden nassauischen Vettern hatten ein »lebendiges« System der umlaufenden Rohre geschaffen, das quasi maschinenmäßig in der Lage war, ein kontinuierliches Feuer zu unterhalten. Hierzu bedurfte es als Voraussetzung einer straffen Organisation der Abläufe auf der Grundlage von Disziplinierung, neuer Befehlsstrukturierung und einfacher, verständlicher Kommandosprache.

Den Höhepunkt der Weiterentwicklung der Feuertaktik zu einem künstlichen, weil lebendigen Mechanismus, der mit Menschen ein technisches System sowohl nachahmte (Orgelgeschütze) als auch vorwegnahm (Maschinenwaffe), erreichten die Heere der absolutistischen Staaten in der Lineartaktik des 18. Jahrhunderts. Innerhalb des Infanteriebataillons wurde das ständig rollende Feuer von den zeitversetzt schießenden Zügen (Peletons) erzeugt und zwar von den beiden Flügeln zur Mitte laufend. Damit hatten die beiden wichtigsten Formen in der Evolution der Orgelgeschütze – die Hintereinanderreihung von Feuereinheiten zu einem System der umlaufenden Rohre und die lineare Anhäufung von Feuereinheiten in einer Ebene – in analoger Weise die Infanterietaktik determiniert, wobei jedoch zur Entfaltung einer größeren Wirkung die Zahl der Einheiten stark vermehrt worden war. Das Exerzierreglement enthielt unter Berücksichtigung der Technik der Handwaffe die Handlungsanweisung für diesen kunstvollen und »menschlichen« Mechanismus; den gesellschaftlichen Rahmen bestimmten die Staatspolitik, die Machtfülle des Herrschers bzw. Feldherrn und die soziale Stellung des Soldatenberufes.

IV.

Die feuertaktischen Möglichkeiten der Infanterie und die extensive Entfaltung des Gewehrfeuers hatten auf die unmittelbare Entwicklung der Orgel- und Salvengeschütze nur insofern Auswirkungen, als daß die Technik keine Systeme bieten konnte, die unter Gefechtsbedingungen ähnlich wirkungsvoll und dabei noch sicher und zuverlässig waren. So blieben die Orgelgeschütze von ganz wenigen Ausnahmen abgesehen als Versuchsmuster und Studienobjekte in den Zeughäusern.

Es ist im Rahmen der Untersuchungen an den gegenständlichen Quellen festgestellt worden, wie seit der Mitte des 19. Jahrhunderts mit den besseren Möglichkeiten der Technik und der Metallbearbeitung in Europa verschiedene Konstrukteure versuchten, Neuansätze für eine moderne Version von Salvengeschützen zu schaffen. Sie standen damit zwar voll und ganz in der Tradition der Büchsenmeister der frühen Neuzeit, doch im Grunde unterschieden sich die neuen Modelle nur durch die Hinterladung und dem Grad der Mechanisierung von ihren Vorgängern. Eine Abgabe von kontinuierlichem Feuer war damit genau so wenig zu bewerkstelligen. Eine Lösung dieses Problems war nur durch die gleichzeitige und fortgesetzte Munitionszufuhr zu erreichen.

Hierzu kamen während des Bürgerkrieges konkretisierte Vorschläge aus den USA. Weshalb gerade von jenseits des Atlantiks neue weiterführende Impulse ausgingen, die in und über der Zeit standen, bedurfte der Begründung durch die Beleuchtung des spezifischen politischen und wirtschaftlichen Klimas seit der Unabhängigkeit. Im einzelnen waren zu nennen:

- Erlangung der nationalen und politischen Souveränität bei gleichzeitiger Abkoppelung von England und intensiver Beziehung zu Frankreich
- Aufnahme, Anwendung und Fortentwicklung der Kenntnisse und Prinzipien der französischen Mechanik in ihrem Zustand vor der Revolution 1789; Technologietransfer des französischen Waffenbaues an staatliche und private Fertigungsstätten war die Grundlage eigener Entwicklungen zur Deckung des Bedarfs für die amerikanische Armee
- Freisetzung eines praktisch-technischen Potentials im Volk
- Besondere Anreize zur Substitution von Hand- und Maschinenarbeit und Entwicklung von speziellen Bearbeitungsmaschinen und Maschinensystemen zur Massenproduktion
- Förderung der Konkurrenz im Binnenland durch Patentgesetzgebung
- Weitgehende Ausschaltung der europäischen Konkurrenz durch Schutzzollpolitik
- Anregung der Industrie durch Steigerung der Nachfrage nach hochwertigen – auch waffentechnischen – Produkten durch Staat und private Abnehmer.

Neben diesen Eckpfeilern des »amerikanischen Systems« der Produktion setzte insbesondere der Bürgerkrieg als zentrale Auseinandersetzung zweier Wirtschaftssysteme – Plantagenwirtschaft im Süden, aufstrebender Industriekapitalismus im Norden – weitere Impulse zur Entwicklung von schnellfeuernden Waffen, wie auch anhand einer statistischen Erhebung der hierfür erteilten Patente nachgewiesen werden konnte. Bei der Betrachtung der relevanten Modelle mußte konstatiert werden, daß der strukturelle Aufbau der alten Orgelgeschütze in der ganzen Breite und Tiefe die Neukonstruktionen der amerikanischen Techniker determiniert hatte. Als eigenschöpferische Leistung konnte die Erhöhung der Feuergeschwindigkeit durch Vereinfachung und Mechanisierung der Bedienerfunktionen, d. h. der Substitution der menschlichen Arbeit durch mechanische Mittel herausgestellt werden. Die

differierende wirtschaftlich-technische Entwicklung in den Nord- und Südstaaten der USA manifestierte sich sowohl in der Zahl der Patente für handbetätigte Maschinenwaffen als auch in der Qualität der realisierten Modelle. Im allgemeinen waren die von den Nordstaaten vorgelegten Konstruktionen wesentlich fortschrittlicher in der Vergegenständlichung des aktuellen technisch-wissenschaftlichen Kenntnisstandes als die Modelle aus dem Süden, die als Salvenwaffen kein kontinuierliches Feuer abgeben konnten.

V.

Den Höhepunkt der waffentechnischen Entwicklung während des Bürgerkrieges stellte sicherlich das Gatling-System dar, weil diese 1862 patentierte Erfindung als historischer Kern die geniale Verbindung der Kammerladung mit dem Prinzip des revolvierenden Rohrbündels bei gleichzeitiger kontinuierlicher Munitionszuführung hatte. Doch erst durch die Adaption an die neue Metallpatrone konnte es als brauchbar bezeichnet werden. Seine erstmalige Präsentation in Europa anläßlich der Pariser Weltausstellung löste bei den Fachmilitärs rege Aufmerksamkeit aus, wie es sich auch in der Berichterstattung in den Militärzeitschriften widerspiegelte. Gatling war von der Ausnahmestellung seines Systems überzeugt; er bezeichnete es als automatisch arbeitendes Maschinengeschütz, das sich wie die Eisenbahn zur Postkutsche verhalte und eine durchgreifende Umwälzung der Kriegskunst herbeiführen werde. Wie und warum sich das Gatling-System von den Konkurrenzmodellen in Europa und besonders von den in Deutschland entwickelten abhob bzw. unterschied, war in Kapitel 6 Gegenstand von Untersuchungen an den gegenständlichen Quellen. Ausgehend von der Person der Erfinder, ihrer Herkunft, ihres Wirkens und ihres Schicksals stand die materielle Grundlage und die Technik der Schnellfeuerwaffe im Vordergrund. Als wesentlich bleibt festzuhalten:

- Das dem Gatling-System zugrunde liegende Funktionsprinzip war in seinen Möglichkeiten um 1870 nur zu einem geringen Bruchteil ausgeschöpft, solange die Antriebsleistung noch vom Menschen erbracht werden mußte und die unzweckmäßigen Magazinkonstruktionen immer wieder Funktionsstörungen hervorriefen. Aufgrund nicht vorliegender militärischer Forderungen bestand auch kein Anlaß, die Leistungsfähigkeit über das erreichte Maß hinaus zu erhöhen. Die Abhängigkeit von Fremdenergie ließ den so kometenhaft aufgegangenen Stern verblassen, als beginnend mit dem System Maxim Maschinenwaffen mit Eigenantrieb, die zudem wesentlich leichter und kompakter und vor allem von ein bis zwei Soldaten tragbar waren, eingeführt wurden. Seine Wiederentdeckung erlebte das Gatling-System nach dem Zweiten Weltkrieg, als von seiten der amerikanischen Luftwaffe die Forderung nach einer Hochleistungsmaschinenkanone zur Bewaffnung der Strahljäger an die Industrie herangetragen wurde. Vom Prinzip her unverändert wuchs seit dem seine Bedeutung als Rohrwaffenkomponente von autonom operierenden Waffensystemen wie Flugzeugen und Schiffen und das sowohl im Westen als auch im Bereich des Warschauer Vertrages.

- Ganz im Gegensatz zur kontinuierlicher Feuercharakteristik standen die Schnellfeuerwaffen mit Salvenfeuer, namentlich der belgische Mitrailleur System Christophe u. Montigny und die von ihm abgeleitete französische Mitrailleuse System Reffye. Zurückgehend auf eine Erfindung aus den fünfziger Jahren des 19. Jahrhunderts blieben diese Modelle trotz der erfahrenen Weiterentwicklung Vertreter der vorindustriellen Epoche und waren zum Zeitpunkt ihrer Einführung schon ein Anachronismus.
- Als ungleich moderner, den damaligen Stand der Technik repräsentierend, dürfen das württembergische Modell von Eberhardt und das bayerische von Feldl gelten. Beide stellten eine geschickte Kombination von in einer Ebene gelagerten Repetiersystemen dar, die über eine zentrale Triebwelle mechanisch betätigt wurden.

VI.

Es ist für den Verlauf der technisch-wissenschaftlichen und industriellen Entwicklung charakteristisch und zeugt von der Verlagerung des Fortschrittes in diesen Bereichen auf die kapitalstarken, profitorientierten privatwirtschaftlichen Strukturen, daß keines der relevanten Modelle von automatischen Waffen aus dem Militär selbst hervorging. Sie wurden von außerhalb an die Regierung bzw. Kriegsministerien der Staaten herangetragen. Wie sich die Situation zugespitzt hatte, belegt die Tatsache, daß sich die APK in Preußen in den Jahren 1867/1868 plötzlich mit zwei, die Artillerie-Beratungskommission in Bayern mit nicht weniger als vier so grundverschiedenen Modellen konfrontiert sah. Dies stellte hinsichtlich der Entwicklung von Beurteilungsmaßstäben und Kriterien eine Herausforderung für die Offiziere des technischen Dienstes dar, die in Bayern und Preußen innerhalb der großen Prüfungsinstitutionen im allgemeinen zufriedenstellender gelöst wurde als in Baden, wo der Firmenagent noch Einfluß auf die Versuchsbedingungen nehmen konnte. Schließlich wurden aber zu den sich recht lange hinziehenden Versuchen Prüfkriterien und Bedingungen aufgestellt, die in ihrer grundsätzlichen Methodologie teilweise noch heute gültig sind. So ist davon auszugehen, daß die Versuchsergebnisse in ihrer Substanz den Realitäten entsprachen, die Auslegung oder Interpretation der Ergebnisse von seiten der militärischen Führung je nach Staat aber verschieden war.

Die Realisierung handbetätigter automatischer Waffen, ihr politisch-ökonomisches Umfeld und ihre Verkörperung einer neuen Qualität in bezug auf die militärische Anwendbarkeit charakterisieren sie als manifestierten Beleg des Überganges von der personal-intensiven zur material-intensiven Rüstung[1]. Trotz der aufgezeigten vielfältigen historischen Bezüge müssen diese Waffen als innovatives Element der Rüstung gesehen werden und keinesfalls nur als bloße Weiterentwicklung schon bestehender Qualitäten. Damit markieren die Maschinenwaffen als Indiz sui generis den Ausgangspunkt der material-intensiven Rüstungsphase, deren eigentlicher Beginn in den Jahren 1914/1916 gesehen wird.

Nicht wenige aus dem Kreis der militärischen Technokraten, die diese Zusammenhänge zumindest zu ahnen begannen, forderten mit aller Macht öffentlich die Einführung der neuen Technik. Doch Befürworter, letztendlich die Entscheidungsträger auf höchster Ebene, fanden sich bis 1870 nur in den USA, dem Staat, der die Initialzündung zur modernen Rüstungsentwicklung gegeben hatte, in Rußland, in Frankreich, dessen Motivation von einer irrationalen Angstpsychose gegenüber dem von Preußen beeinflußten Deutschland getragen war, sowie in Bayern, das sich in den Jahren zwischen der Heeresreform und dem Krieg militärtechnischen Neuerungen nicht verschließen wollte.

Wenngleich eine kriegsentscheidende Bedeutung der automatischen Waffen zu diesem Zeitpunkt schwerlich konstatiert werden konnte und von den damaligen Entscheidungsträgern auch nicht gesehen wurde, präjudizierte ihre Existenz aber eine Situation eines bivalenten Konflikts, wie er für um Machtansprüche konkurrierende Staatssysteme typisch erscheint. Die Geschehnisse in Frankreich und Bayern offenbarten, daß auch technisch und organisatorisch noch unvollkommene Projekte in Krisensituationen forciert und wenigstens als ein die Kriegsmoral festigender Faktor ausgespielt werden konnten.

Die angesprochenen technischen Unzulänglichkeiten sowie der zweifelhafte Wert im taktischen System der Zeit, das unter keinen Umständen eine von den Maschinenwaffen erwartete Verstärkung der defensiven Komponente zulassen konnte, stellten die Hauptgründe dar, weshalb die Bilanz der handbetätigten Maschinenwaffen in Deutschland in Relation zu den auf sie verwandten personellen und finanziellen Mitteln überwiegend negativ ausfiel und von einer Einführung für lange Zeit abgesehen wurde. Dies wirkte gerade hier so nachhaltig, daß bis zum Ersten Weltkrieg der Anschluß an die technische Entwicklung der Maschinenwaffen fast gänzlich verpaßt wurde, wie auch das Studium der seit 1878 erteilten Patente belegt.

Direkte, von den Maschinenwaffen ausgehende Einflüsse auf eine großangelegte Umstrukturierung des Militärwesens, namentlich der Taktik und der Zusammensetzung der Infanterie, blieben folglich zunächst aus. Gleichwohl wirkten die Erfahrungen und die theoretischen Überlegungen latent weiter. Dennoch bleibt festzuhalten, daß bis 1871 ganz grundlegende Erkenntnisse hinsichtlich der Technik und der Taktik der Maschinenwaffen gewonnen werden konnten, die eine Neueinschätzung ihrer historischen wie der zukünftigen Entwicklung ermöglichten. Mit den handbetätigten Maschinenwaffen als einem vorwiegend von hochentwickelten Maschinen hergestellten Rüstungsprodukt und zur gleichen Zeit als einer Verkörperung und Komprimierung der organisatorischen Struktur der modernen industriellen Produktion war einer der bedeutendsten Eckpfeiler für die Industrialisierung des Krieges gesetzt.

---

[1] Vgl. Geyer, Deutsche Rüstungspolitik, S. 12f.

13. Anlagen 1–8

Anlage 1
(GLA 238/1977, Beilage zu Nr. 5351)

Programm
für das durch hohen Kriegs-Ministerial Erlaß vom 21. Mai ds. Js. N° 8056 befohlene Schießen mit zwei Gatling Kanonen und einem Hinterladungs-Gebirgs-Geschütz am 19ten Juni 1869 auf dem Artillerie Uebungsplatz Nachmittags 3 Uhr
Der Zweck obigen Schießens mit der Gatling Kanone ist die Ermittelung der Treffwirkung von 2 Calibern, obiger Construction, sowie ein Vergleich dieser Treffwirkung mit der Treffwirkung von 100 Zündnadelgewehren bei Zugrundelegung, gleicher Zeit und Entfernung. Als Entfernungen sind bestimmt, 600 und 800^1; als Ziel dient eine Bretterwand 100^ lang und 6'2 hoch, welche in Rechtecke von 2' Höhe und 5' Länge eingetheilt ist und auf welcher in einem Abstand von 10 Schritten 8 Centrums aufgetragen sind.
Der Versuch beginnt auf 600^ mit dem Schießen von 100 mit dem Zündnadelgewehr bewaffneten Infanteristen, dieselben feuern eine Minute lang in einem Schützengraben postirt auf oben genannte Scheibe. Hierauf wird die Treffwirkung aufgenommen. Nachdem die Aufnahme beendigt ist, feuert die 10läufige ½zöllige Gatling Kanone auf die gleiche Scheibe eine Minute lang.
Nachdem die Treffwirkung dieses Geschützes aufgenommen ist, feuert auf gleiche Weise die 6läufige 1zöllige Gatling Kanone; sodann eine gleiche mit verbesserter Construction.
Auf gleiche Weise wird der Versuch auf 800^ vorgenommen.
Für das Schießen mit dem Hinterladungs-Gebirgs-Geschütz, ist der Zweck die Ermittelung der Treffwirkung dieses Geschützes und geschehen 25 Schüsse auf nahe Entfernungen, von denen jeder einzelne beobachtet und signalisiert wird.

Karlsruhe den 15. Juni 1869
Der Präses der Versuchs Commission
v. Chelius Major

1 ^ = Schritt
2 ' = Fuß

Anlage 2
Protokoll der Versuchskommission
(GLA 238/1978, Beilage zu Nr. 14829)

Geschehen, den 14ten August 1869

In Gegenwart
des Major von Chelius vom Feld-Artillerie-Regiment als Präses
des Hauptmann + Batterie-Chef Freiherr von Böcklin vom Feld-Artillerie-Regiment
des Premierlieutenant Löhlein vom Großh. Leib-Grenadier-Regiment
des Premierlieutenant Kühlenthal +
des Secondelieutenant Foßler vom Großh. Feld- Artillerie-Regiment.
In Gemäßheit hohen Erlasses Großherzoglichen Kriegs-Ministeriums vom 21. Mai d. J. N° 8056 fand heute Mittag 3 Uhr ein Versuch mit zwei Gatling-Kanonen und einem Hinterladungs-Gebirgsgeschütz auf dem Forchheimer Schießplatz statt.
Die in dem Programm angezeigte verbesserte 6läufige 1zöllige Gatling-Kanone wurde von dem Agenten nicht zu den Versuchen herangezogen.
Der Zweck des Schießens mit der Gatling-Kanone war die Ermittelung der Treffwirkung von zwei Calibern obiger Construction (eine 6läufige zöllige + eine 10läufige ½zöllige) sowie ein Vergleich dieser Treffwirkung mit der Treffwirkung von 100 Zündnadelgewehren bei Zugrundelegung gleicher Zeit + Entfernung.
Als Entfernung waren bestimmt 600 und 800^; als Ziel diente eine Bretterwand von 100^ Länge + 6' Höhe, welche in Rechtecke eingetheilt und auf welcher acht Centrums angebracht waren.
Die Anlage 1. + 2. enthält die Scheibenbilder, die Anlage 3 das Ergebniß der Wirkung.

Der Versuch begann auf 600^ mit dem Schießen von 100 mit dem Zündnadelgewehr bewaffneten Infanteristen.
Dieselben feuerten eine Minute lang, hinter einem Erdaufwurf gelegen, auf oben beschriebene Scheibe.
Nach Beendigung des Feuers wurde die Munition abgezählt und ergab sich, daß 687 Schuß geschehen, außerdem 43 Gewehre noch geladen waren.
Von diesem 687 Schuß waren 275 Treffer – 40% – und zwar 235 durchgeschlagene + 40 angeschlagene Kugeln.
Hierauf wurde mit der großen Gatling-Kanone ohne Streuung geschossen und zwar in einer Minute 114 Schuß, wovon 43 Treffer – 37,7% – und zwar sämtliche Treffer Durchschläge waren.
Das Feuer wurde ein Moment unterbrochen, da eine Patrone verkehrt im Geschoßkasten lag.
Ein weiterer Versuch mit der großen Gatling-Kanone mit Streuung auf gleiche Entfernung und gleiches Ziel ergab günstigere Resultate. Es geschahen in einer Minute 117 Schuß und waren noch drei Läufe geladen.
Von diesen 117 Schuß waren 101 Treffer – 86% – und zwar 97 Durch- + 4 Anschläge.
Eine Patrone versagte.

Hiernach wurde mit der kleinen Gatling-Kanone mit Streuung auf gleiche Entfernung und gleiches Ziel gefeuert.
Es geschahen in einer Minute 320 Schuß, wovon 247 Treffer – 77% – und zwar 246 Durch- + 1 Anschlag waren.
Die weiteren Versuche wurden auf der Distance von 800^ ausgeführt.
Zunächst feuerten wieder die 100 Zündnadelgewehre und zwar auf gleiches Ziel, wie auf 600^.
Es geschahen in der Minute 721 Schuß und waren noch 44 Gewehre geladen.
Von diesen 721 Schuß waren 196 Treffer – 27% – und zwar 152 Durch- + 44 Anschläge.
Hierauf wurde mit der kleinen Gatling-Kanone mit Streuung auf gleiche Entfernung + gleiches Ziel gefeuert.
Es geschahen in einer Minute 246 Schuß, wovon 216 Treffer – 81% – 188 Durch- + 28 Anschläge waren.

Ein weiter projectirter Versuch mit der großen Gatling-Kanone mit Streuung mußte unterbleiben, da die Munition nicht mehr ausreichend war.
Nach den bei diesen Versuchen gemachten Wahrnehmungen gibt die Commission folgendes Urtheil ab.
Das Feuern der Infanterie geschah in größter Ruhe auf Commando des leitenden Offiziers und wurde ebenso präcis eröffnet als eingestellt.
Die Abtheilung war gedeckt, gab somit dem Feinde kein Treffobject und war nach Beendigung des Feuers sehr rasch gesammelt.
Während dem Feuern wäre jedem Schützen ermöglicht gewesen, Aenderungen in den Formationen und Entfernungen feindlicher Abtheilungen wahrzunehmen, auch hätten von dem befehlenden Offizier Aenderungen in den Entfernungen angeordnet werden können, ohne daß das Feuer unterbrochen worden wäre.

Selbst gut treffende feindliche Geschosse hätten nur einzelne Gewehre zum Schweigen gebracht, das Feuer hätte ununterbrochen fortgesetzt werden können.

Die Gatling-Kanone von sinnreichem aber complicirtem Mechanismus bedarf zu ihrer Bedienung 5 Mann, wovon mindestens zwei ganz genau mit der Construction des Geschützes vertraut sein müssen, und ist falls das Feuer länger dauern sollte eine Ablösung in der Bedienung unbedingt geboten.

Jede Störung, sei es durch Munition oder Mechanismus hervorgerufen, hat zur Folge, daß das Feuern eingestellt werden muß und unter Umständen längere Pausen eintreten werden.

Ein treffendes feindliches Geschoss ist im Stande, das Geschütz außer Gefecht zu setzen.

Der Bedienung ist nicht ermöglicht, während dem Feuern Formations- oder Distanceveränderungen des Feindes wahrzunehmen und wird bei jeder Aenderung der Entfernungen eine Feuerpause eintreten.

Die Leitung eines oder mehrerer dieser Geschütze durch einen etwa seitwärts aufgestellten Vorgesetzten ist nicht ermöglicht, da die Bedienung ertheilte Befehle nicht nur nicht hört, sondern auch nicht im Stande ist, auszuführen, ohne das Feuer einzustellen.

Das Geschütz erfordert zu seinem Transport eine Protze mit Bespannung und wird in Folge dessen ein jedem andern Geschütz gleichkommendes Zielobject abgeben.

Vor Beginn des Feuers muß der Lafettenschweif am Boden befestigt werden, da sonst der Rücklauf die Bedienung nicht zuläßt, auch muß die Munition zur Seite des Geschützes bereit gelegt werden, da andernfalls zwei weitere Mann als Munitionsträger erforderlich sind.

Die Treffwirkung ist anerkennenswerth und wird sich das Geschütz zur Grabenbestreichung und Vertheidigung bestimmter Positionen bei genauer Kenntniß der Entfernung des Ziels mit Vortheil anwenden lassen, für den gewöhnlichen Feldgebrauch ist dasselbe aber nicht empfehlenswerth, hauptsächlich wegen der Schwierigkeit dasselbe in die Feuerlinie vorzuziehen.

Bezüglich der verschiedenen Caliber wird der kleinen Gatling-Kanone der Vorzug ertheilt, da, wenn auch die bereits geltend gemachten Nachtheile bei beiden Calibern auftreten, immerhin die Anzahl Schüsse, welche in gleichem Zeitraum aus dem Geschütz kleineren Calibers gegenüber dem großen Calibers abgegeben werden können, eine ungleich größere ist, und nachdem keine Sprenggeschosse in Anwendung gebracht werden dürfen, das Caliber des kleinen Geschützes vollkommen zureichend erscheint, somit auch die Treffwirkung eine erhöhte ist.

Die kleine Gatling-Kanone hat ferner gegenüber dem gleichen Geschütz größeren Calibers den Vortheil, daß sie mit einem Pferd fortgebracht werden kann, da sowohl die Lafettirung als auch eine correspondirende Quantität Munition gegenüber der Kanone großen Calibers eine bedeutende Gewichtsverminderung nachweist, außerdem das Zielobject ein geringeres ist.

Beide Caliber können jedoch hauptsächlich nur mit der Einrichtung zur Streuung empfohlen werden, da andernfalls, wie der näher berichtete Versuch genügend constatirt. die Treffwirkung eine sehr beschränkte und ungenügende ist.

Die Vortheile des Zündnadelgewehrs sind, wenn auch die Gatling-Kanone bei bekannten Entfernungen eine größere Trefffähigkeit nachzuweisen im Stande wäre, nach Berücksichtigung des Vorgetragenen überwiegend und wird hier anerkannt, daß die Distance 600 + 800 ^ für das Geschütz gegenüber dem Gewehr äußerst günstige Entfernungen waren.

Ein definitives Urtheil in Betreff der Trefffähigkeit und Wirkung beider Waffen kann jedoch nur auf einem Versuch mit Anwendung unbekannter Entfernungen basirt, gegeben werden.

Ein weiterer Versuch mit dem Hinterladungs-Gebirgsgeschütz zum Zweck der Ermittlung der Treffwirkung wurde auf Wunsch der Agenten schon nach dem 5ten Schuß eingestellt.

Beilage 4 enthält das aufgenommene Scheibenbild.

[Es folgen die Unterschriften der Mitglieder der Versuchskommission.]

Ergebniß
der vergleichenden Versuche mit 2 Gatling-Kanonen und einer Abtheilung Infanterie.

Kaliber	Entfernung ^	Dauer des Feuers	Schußzahl	Treffer in Summa	Treffer in Prozent	Bemerkungen
100 Mann Infanterie	600	1 Minute	687	275	40	Schnellfeuer
Große Gatling	600	1 Minute	114	43	37,7	Schnellfeuer
Große Gatling	600	1 Minute	117	101	86	Schnellfeuer
Kleine Gatling	600	1 Minute	320	247	77	Schnellfeuer
100 Mann Infanterie	800	1 Minute	721	196	27	Schnellfeuer
Kleine Gatling	800	1 Minute	246	216	81	Schnellfeuer

Anlage 3
(GLA 238/1978, Nr. 1993)

Artillerie-Comite
Protokoll
N° 89.

Carlsruhe den 2. Novber. 1869.

In Gegenwart des
Generalmajor Graf v. Sponeck als Präses
Oberst von Neubronn
Oberst von Freydorf
Oberst Schuberg
Oberstlieutenant von Khuon
Premierlieutenant Weizel als Protokollführer
Abwesend.
Oberst Schellenberg, beurlaubt.

Der Präses eröffnet die Sitzung mit nachstehendem Vortrag:

Die in den letzten Jahren aufgetauchten s. g. Kartätsch-Geschütze – d. h. Kriegsmaschinen, welche bestimmt sind, den, wie vielfach angenommen wird, durch die Einführung der gezogenen Geschütze verloren gegangenen Kartätschschuß zu ersetzen – haben die Aufmerksamkeit aller Artillerien auf sich gezogen und sind in der Militairliteratur Gegenstand vieler Controversen geworden.

Das Großherzogliche Kriegs-Ministerium fordert nun, nachdem wir Gelegenheit hatten, eines dieser Systeme (die Gatling-Kanone) in seiner Beschaffenheit und Leistungsfähigkeit kennen zulernen, von dem Artillerie-Comitee ein Urtheil über den technischen Werth solcher Geschütze bezüglich ihrer Construktion der Einrichtung und Feldbrauchbarkeit ihres Mechanismus, sowie ihrer Munition, die Art und Weise ihrer Ladung vor dem Feinde, ihrer Wirkung u. s. w. –

Nach meiner Ansicht haben wir bei der Beurtheilung der Kugelspritzen, oder wie sonst man diese Maschinen nennen will, zwei Categorien zu unterscheiden, nämlich solche Systeme, welche Infanterie-Munition verwenden und Systeme größeren Calibers.

Die ersteren sind in Bezug auf Rasanz, Perkußionskraft und Wirkungsweite dem correspondirendem Infanteriegewehre nur um ein geringes Maaß überlegen.

Eine größere Perkußion macht sich nur gegen feste Ziele geltend; beweglichen Zielen gegenüber stehen sie im Nachtheil gegen das Infanterie-Gewehr, weil die Veränderung der Richtung schwieriger ist. Durch ihre Feuergeschwindigkeit repräsentirt diese Art Kugelspritze etwa 30 Mann Infanterie.

Die Schwere dieser Maschinen ist zu groß, um den Transport durch Menschen zu gestatten, sie bedürfen hierzu 1 bis 2 Pferde u. sind als eine Art Artillerie mit Infanteriewirkung anzusehen.

Die belgische (Montigny) und soweit auch bekannt die französische Mitrailleuse gehören hierher.

Die Systeme größeren Calibers (z. B. die Gatling-Kanone mit Geschoß von 13 bis 14 Loth) gewinnen entsprechend an Flugbahnrasanz, Perkußionskraft, Präzision und Wirkungsweite und können deßhalb als ein wirksames Kartätschgeschütz angesehen werden. –

Im Vergleich zum Geschütz entbehren sie den indirekten Schuß, die zum Zerstören todter Ziele (Geschütze, Mauren, Barrikaden) erforderliche Perkußionskraft und die Brandwirkung, sowie einen beträchtlichen Theil an Wirkungsweite, da die ihrige sich nicht über 1500 Schritt erstreckt.

Dagegen besitzen sie einen in gewisser Beziehung vervollkommneten Kartätschschuß, dessen Vorzüge in einer mehr als doppelten Wirkungsweite, großer Perkußionskraft der einzelnen Geschoße und in continuirlichem Feuer ohne Pausen bestehen, wenn der Mechanismus nicht versagt.

Man kann daher diese Systeme als eine leichte Artillerie mit einseitiger, wenn auch in mancher Beziehung vervollkommneter Kartätschwirkung betrachten; nur sie allein können bei Beurtheilung auf Feldbrauchbarkeit zur Sprache kommen.

Damit nun das Artillerie Comitee in die Lage gesetzt werde, ein sicheres Urtheil über den technischen Werth dieser Geschütze sich bilden und die ihm gestellte Aufgabe in umfaßender Weise lösen zu können, dürfte nöthig werden, in den Besitz von einem oder zwei der größeren Gatling-Geschütze zu gelangen.

Oberstlieutenant von Khuon erklärt sich mit den Anschauungen des Präses einverstanden.

Oberst von Freydorf hält nach den vorliegenden Schießresultaten die Gatling-Kanone kleinen Calibers bezüglich ihrer Wirkung für sehr beachtenswerth und spricht sich für leihweise Beistellung von je 1 bis 2 Geschützen jeden Calibers aus.

Oberst von Neubronn ist ebenfalls der Ansicht 2 Geschütze jeden Calibers zu beschaffen.

Oberst Schuberg: Die Frage der Einführung der Kartätschgeschütze ist bereits in verschiedenen Staaten angeregt; am weitesten vorgeschritten ist dieselbe in Oestreich, woselbst deren Beschaffung in größerer Anzahl in Aussicht genommen ist.

Für unsere Artillerie ist eine sofortige Einführung natürlich nicht beabsichtigt, da eine derartige Veränderung in der Bewaffnung nur bei gleichzeitiger Annahme in der norddeutschen Bundes-Armee möglich ist. –

Immerhin verdienen diese neuen Geschütze aber die Aufmerksamkeit aller Artillerien, wie schon die zahlreichen Versuche, welche beinahe auf allen Schießplätzen abgehalten wurden, beweisen.

Vor allem erscheint es wichtig genaue Kenntniß über den Mechanismus, die Munition, u. s. w. zu erhalten und würde die Zeughaus-Direktion durch einen Sachverständigen, mit dem Fabrikanten sich ins Benehmen zu setzen haben um durch eine genaue Prüfung des ganzen Mechanismus deßen Solidität und Haltbarkeit bei längerem Gebrauch beurtheilen zu können. Würde dieses Urtheil ein befriedigendes Resultat liefern, dann wäre es erwünscht das Geschütz auch in militairische Hände zu geben, um es für die Brauchbarkeit im Felde u. s. w. einer weiteren Beurtheilung unterziehen zu können, und wäre hierzu die Beschaffung von je einem der durch die Firma Broadwell & Cie gefertigten Gatling-Geschütze erwünscht. Von Interesse dürfte es sein, hierüber auch die Absicht des z. Zt. beurlaubten Commandeurs des Feld-Artillerie-Regiments zu hören.

Die Mitglieder des Artillerie-Comitees erklären sich mit diesen Ausführungen im Allgemeinen einverstanden und wird daher der Beschluß gefaßt:

»Die weiteren Berathungen bis zur Rückkehr des Obersten Schellenberg auszusetzen, inzwischen aber den Zeughausdirektor Oberst von Neubronn zu beauftragen, die genaue technische Prüfung der Geschütze durch einen Sachverständigen zu veranlaßen und sodann ein Urtheil über den Werth und die Brauchbarkeit der Construction dem Artillerie-Comitee vorzulegen.

Im Falle günstiger Resultate würde das Artillerie-Comitee den Antrag auf Beschaffung von je einem dieser Geschütze stellen.« –

II. die weitere Frage, welche in Berathung genommen wurde betrifft die Verwendung von Schrapnel-Eisenkernen als Granaten bei den Schieß-Uebungen des Feld-Artillerie-Regiments.

Auf Antrag des Obersten Schuberg wird die Berathung bis zur Rückkehr des Commandeurs des Feld-Artillerie-Regiments ausgesetzt. [Es folgen die Unterschriften der anwesenden Mitglieder des Artillerie-Komitees.]

Anlage 4
(BayKA, HS 137)

Entwurf
einer Vorschrift für den Unterricht und die Uebungen mit dem Orgelgeschütze.

Erster Abschnitt.
Das Material des Orgelgeschützes.

Einleitung.
Das bayrische Orgelgeschütz (von Feldle in Augsburg) besteht, ähnlich den übrigen Geschützen der Feldartillerie, aus den beiden Haupttheilen, dem Vorderwagen oder der Protze, und dem Hinterwagen oder der Laffete mit Rohr.

Die Verbindung dieser beiden Theile ist nach dem Blocksystem hergestellt, weshalb das Fahrzeug nicht wie die übrigen Fahrzeuge der bayrischen Artillerie dem Reibscheid- sondern dem Balanciersysteme angehört.

I. Capitel.
Das Rohr und der Mechanismus.

§ 1.
Aeußere Einrichtung des Rohres.
Das Rohr besteht aus 4 in gleichen Abständen parallel nebeneinander liegenden Gewehrläufen aus Gußstahl. Dieselben sind von conischer Form, am rückwärtigen Kammertheile 8 seitig gefaltet, und zur Vermeidung einer starken Erhitzung stark gehalten. Die Mündungsfläche des Laufes ist abgerundet, während der Lauf rückwärts senkrecht zur Seelenachse abgeschnitten, und zur Führung des eingreifenden Verschlußmechanismus mit 2 horizontalen und 1 vertikalen diametral stehenden Schlitz versehen.

Die 4 Läufe werden durch 2 senkrecht zur Laufachse stehende Laufbänder auseinander gehalten, und sind mit denselben auf der Rohrunterlagplatte befestigt.

Das vordere Laufband hat 2 Ansätze, zwischen denen die vertikale Rohrbefestigungsschraube steht, und mit ihrem Kopfe das Laufband auf die Rohrunterlagplatte niederdrückt. Mit dem rückwärtigen Laufbande sind die Läufe mittelst 5 numerierter Schrauben an der Stirnwand des Mechanismusgehäuses angeschraubt.

Zur sicheren Feststellung der beiden Laufbänder sind dieselben mittelst zweier Spreizstangen auseinandergehalten, welche innerhalb der 2 äußeren Läufe angebracht sind.

Die Läufe sind schwarz gebeizt und werden von rechts nach links numeriert. Der Lauf mißt von der Mündung bis zur Bodenfläche 88 cm.

§ 2.
Innere Einrichtung des Laufes.
Die Construction des Laufes ist eine des bayrischen Gewehres Muster 1869.

Die Bohrung des Laufes hat einen Durchmesser von 11 mm. Dieselbe ist mit 4 gleichbreiten von oben nach rechts und unten gewundenen Zügen versehen, welche fast die gleiche Breite wie die Felder haben, 0,3 mm tief sind, und auf 91,5 cm einen ganzen Umgang vollenden. Am rückwärtigen Ende des Laufes befindet sich die der äußeren Form der gekröpften Patronen entsprechende Kammer, deren Uebergang in den gezogenen Theil des Laufes konisch gestaltet ist. Die Patrone hat in der Kammer einen Spielraum von 0,03 mm. Das Geschoß der eingeführten Patrone lagert sich schon beim Beginn seiner vordersten Arretirung unmittelbar an die Züge.

§ 3.
Die Visireinrichtung.
Die Visireinrichtung ist ähnlich jener des Gewehres Muster 1869. Die besteht, aus dem Korne, welches mittelst eines eisernen Bandes vorne an der Rohrunterlagplatte befestigt ist, und dem Klappenvisir weiter rückwärts neben dem Mechanismusgehäuse. Das Klappenvisir in einem Charnier beweglich und mit einem Fuße versehen besteht aus einer der Länge nach durchbrochenen Klappe, zwischen deren Schenkeln ein selbstfedernder Schieber auf- und abwärts bewegt werden kann. Auf den beiden Schenkeln sind die Schrittzahlen eingravirt, auf welche der Schieber mit seiner oberen Kante einzustellen ist. Die Entfernungen gehen von 600–1200 Schritt, während der höchste Punkt der Klappe selbst einer Entfernung von 1300 Schritt entspricht. Das Visir der horizontal umgelegten Klappe gilt für die Entfernung von 300 Schritt.
Die feste Lage der Klappe sowohl horizontal als vertikal ist durch die Form des Fußes selbst, sowie durch eine in den Fuß eingelassene und durch Schrauben festgehaltene Feder gesichert.

§ 4.
Der Mechanismus.
Der Mechanismus läßt sich im Allgemeinen in die beiden Haupttheile des Verschluß- und des Schloßmechanismus unterscheiden, welche jedoch beide miteinander zusammenhängen, und durch dasselbe Getriebe in Gang gebracht werden.
Der ganze Mechanismus ist mit einem Gehäuse von Gußeisen verschlossen, welches aus 4 senkrechten Seitenwänden besteht und im Innern durch 2 senkrechte Scheidenwände in 3 Abtheilungen getheilt ist.
Die hinteren 2 Abtheilungen sind mit einer einfachen Deckelplatte verschraubt, während die vordere nach oben mit rückwärts umlegbaren Aufsatze verschlossen ist.
Zu dem vorderen Theile des Mechanismus-Gehäuses sind bei aufgeklappten Deckel 8 Metallscheiden sichtbar, welche zur Aufnahme von eben so vielen Patronenbüchsen dienen.
An der linken Seite des Mechanismusgehäuses ist das metallene Schwungrad mit beweglichem Holzgriffe sichtbar, welches zur Ingangsetzung des Mechanismus dient. Zwischen ihm und dem Gehäuse ist eine Metallbüchse in Form einer 8 sichtbar, welche 2 Zahnräder birgt, dessen oberes Kleineres unmittelbar durch das Schwungrad bewegt wird, dessen unteres größeres mit der Getriebewelle verbunden ist und die Bewegung des Schwungrades auf dieselbe, die Drehgeschwindigkeit um die Hälfte verringernd, übersetzt.
An der Rückseite des Mechanismusgehäuses sind 5 Stellhebel sichtbar. Der große Stellhebel liegt horizontal und dient gewissermassen als Versicherung, indem er nach aufwärts gegen die Marke zu gedrückt vor sämmtlichen Hähnen Riegel schiebt und so das Schlagen derselben auf den Stift verhütet.
Die 4 kleinen Stellhebel befinden sich weiter unterhalb und dienen zur Abstellung der correspondirenden Läufe, indem sie deren Mitnehmer ausheben und die Getriebewelle für den betreffenden Lauf leer gehen lassen.
Die Verschlüsse und Schloßmechanismen der vier Läufe sind identisch und bestehen aus folgenden Theilen:

1.) Der Getriebewelle, welche für jeden Lauf mit einer cylinderförmigen Verstärkung versehen ist. Dieselbe hat einen sägezahnförmigen Einschnitt, in welchem

2.) der Mitnehmer mit einem gleichgeformten Zahn eingreift, sobald er an den Cylinder der Getriebewelle fest angedrückt ist. Dieser Mitnehmer ist an der Getriebewelle beweglich aufgesteckt, so daß dieselbe, wenn er mittelst des kleinen Stellhebels ausgehoben wird, leer in ihn läuft. Der Mitnehmer hat eine excentrische Form und bewegt

3.) einen Kniehebel vor- und rückwärts, welcher an einer oberhalb der Getriebewelle liegenden feststehenden Achse fest aufgehängt ist. Der vordere längere Arm dieses Kniehebels ist mittelst weiterer horizontaler Hebelarme und Vorsatzstücke mit

4.) dem Hahn, und

5.) dem Verschlußstück verbunden, und hat die Bestimmung beim Zurückgehen den Hahn zu spannen und das Verschlußstück aus dem Laufe zu ziehen, beim Vorgehen das Verschlußstück einzuschieben und den Hahn auszulösen.
An dem vorderen Ende des Verschlußstückes befindet sich der Extraktor, welcher die Patronen an der Krempe erfaßt und dieselbe beim Zurückgehen aus dem Laufe zieht. – Der Hahn, ein im ruhenden Zustande senkrecht stehendes Metallstück, ist mit einem Fuße versehen, auf welchen einerseits

6.) die senkrecht an der hinteren Scheidewand befestigte Schlagfeder drückt, und andererseits

7.) die Nuß eingreift, um ihn in der gespannten Lage zu erhalten.

8.) Das Verschlußstück ist ein horizontal liegender Cylinder mit einer Centralbohrung, welche zur Aufnahme

9.) des durch den Druck einer Spiralfeder rückwärts hervorstehenden Zündstiftes dient.
Der rückwärtige kürzere Hebelarm des sub 3 erwähnten Kniehebels drückt beim Zurückgehen mittelst eines Gelenkes

10.) eine in Führungen vertikal bewegliche Zahnstange nach aufwärts, deren Zahn beim Abwärtsgehen der Zahnstange, (was durch das Vorgehen des kurzen Hebelarmes veranlaßt wird) in

11.) das Zahnrad einer horizontal liegenden Drehstange eingreift und dieselben um den 8. Theil eines Kreises nach links dreht. Diese Drehstange steht vorwärts mit

12.) dem Zubringer in Verbindung, der sich unter der Metallscheibe befindet und die auf ihm liegende unterste Patrone der rechten Patronenbüchse nach abwärts dreht. Dieser feste Theil des Zubringers läuft unter einem beweglichen Stücke durch, in welches die Patronen der linken Patronenbüchse fallen, und sodann, wenn das feste Stück von der ersten Büchse nicht mehr mit Patronen versehen wird, seine Patronen an dieses abgibt. Es entleert sich daher beim Schießen stets zuerst die rechte Büchse des Laufes, und wenn diese entleert ist, die linke. Wird aber während des Feuerns die rechte Büchse rasch ergänzt, ohne daß die linke ausgelaufen ist, so beginnt der Zubringer augenblicklich wieder mit der Entleerung der rechten Büchse und die linke bleibt ausgesetzt.

§ 5.
Allgemeiner Gang des Mechanismus.
Wenn das Schwungrad und mittelst der Uebersetzung die Getriebewelle in Bewegung gesetzt wird, so wird durch den Mitnehmer zuerst der Hahn gespannt und fast gleichzeitig das über ihn weggleitende Verschlußstück aus dem Laufe zurückgezogen. Ist der Verschluß geoeffnet, so wird bei fortgesetzter Drehung der Zubringer, in welchem die unterste Patrone der Patronenbüchse liegt, gedreht und dieselbe von ihm in den Lauf gelegt. Der Zubringer gleitet sodann über die Patrone weg, das Verschlußstück wird vorgeschoben, und durch dasselbe die Patrone in den Lauf gedrückt, die Nuß wird ausgelöst und der Hahn schlägt den Zündstift auf die Zündkapsel, welche die Patrone entzündet.
Bei der nächsten Oeffnung des Verschlusses fällt sodann die abgeschossene Patronenhülse, welche an der Krempe vom Extractor des Verschlußstücks zurückgezogen wird, in den Auffangkasten. Der Mechanismus ist so eingerichtet, daß bei jeder Umdrehung des Schwungrades 2 Schuß abgegeben werden, sich jedoch jeder Lauf in einem anderen der 4 Stadien – Oeffnen des Verschlußes, Einführung der Patrone, Schließen des Verschlußes, Losschlagen des Hahnes, – befindet, so daß niemals alle 4 Läufe gleichzeitig abgeschlossen werden können. Ein Vortheil, welcher hoch anzuschlagen ist, weil er nicht allein eine genaue Regulierung des Feuers erlaubt, sondern auch für jeden einzelnen Schuß eine eigene Richtung ermöglicht. In diesem Vortheile sowohl, als in der Feuergeschwindigkeit besteht die große Uebergelegenheit des Feldleschen Orgelgeschützes gegen die französische Mitrailleuse, denn während diese in der Minute höchstens 250 Schuß abzugeben vermag, kann die Feuergeschwindigkeit der Feldle-Kanone bis auf 400 Schuß in der Minute gesteigert werden, und außerdem geht diese ununterbrochen fort, während bei jener zwischen 25 und 25 gleichzeitigen Schüssen immer noch die Ladepause liegt, deren Länge sehr von der Geschicklichkeit des betreffenden Kanoniers abhängt.

II. Capitel.
Die Munition.

§ 6.
Die Beschreibung der Patronen.

Die Munition des Orgelgeschützes ist dieselbe wie jene des Infanterie-Gewehres Muster 1869, eine Einheitspatrone mit Metallhülse. Die scharfe Patrone besteht:

1.) aus der einen eingepreßten ringförmigen Doppelboden enthaltenden gekröpften Hülse von Messing,
2.) aus der Pulverladung,
3.) aus der laborirten Zündkapsel oder Entzündungsmittel,
4.) aus dem Geschoß mit
5.) der Fettmischung in den Canelirungen
6.) aus einem kleinen Pappscheibchen zwischen Geschoß und Pulver.

Von der laborirten Patrone gehen circa 28,4 Stück auf ein Kilo. Das Stück wiegt demnach 35,21 Grammes.

Die Gesammtlänge beträgt 6,45 cm, die Hülsenlänge 5 cm, demnach überragt das Geschoß die Hülse um 1,45 cm.

ad 1.) Die Patronenhülse hat den doppelten Zweck, die Pulverladung in sich aufzunehmen und einen völlig dichten Gasabschluß nach vorwärts zu bewirken. Sie muß daher so elastisch sein, daß sie dem Pulvergase widersteht, und nach Verbrennung des Pulvers wieder so weit zusammenzieht, daß sie leicht aus der Kammer gezogen werden kann und keine Klemmungen entstehen. Die Krempe ist durch die zwischen Glocke und Hülsenwandung eingepreßten sehr steifen Doppelböden gegen jedes Eindringen von Gasen gesichert.

ad 2.) Die Pulverladung beträgt 4,3 Grammes des bayrischen Gewehrpulvers.

ad 3.) Die Zündkapsel muß, da der Zündstift dieselbe nicht durchsticht, empfindlicher als die sonst gebräuchlichen sein und besteht ihre Füllung aus

    4 Theilen Knallquecksilber
  25 Theilen chlorsaures Kali
  1,5 Theilen Antimon
    2 Theilen Glaspulver, und zwar in einem Füllungsquantum von 24 Grammes per mille.

ad 4.) Das Geschoß hat eine cylinder-ovale Form, 3 Canelirungen und eine kleine konische Aushöhlung in Mitte der Basis. Von denselben gehen 44,4 Stück auf ein Kilo, es wiegt daher ein Stück 22,5 Grammes.

ad 5.) Die Fettmischungen in den Canelirungen bezwecken die Verminderung der für die Anfangsgeschwindigkeit schädlichen, die Bedürfnisse der Geschoßrotation übersteigenden Reibung im gezogenen Theile des Laufes, dann die leichtere Reinigung des letzteren durch den Schuß selbst.

    Sie besteht aus 9 Theil Unschlitt, 2 Theil Wallrath und 1 Theil gelbem Wachs und schmilzt bei 33° R [= 41,3° C].

ad 6.) Das Pulverdeckplättchen ist ein Scheibchen aus Pappe und hat die Bestimmung Pulver und Geschoß zu trennen, und damit eine Verunreinigung des ersteren durch Fett, und bei Entwicklung des Schusses ein Umspühlen des Geschosses durch Gase zu verhindern.

§ 7.
Behandlung der Munition.

Von der Güte der Munition und namentlich der genauen Einhaltung der Dimensionen hängt zum großen Theil die Leistungsfähigkeit der Waffe ab. Nach dem bisher Gesagten ist leicht einzusehen, daß eine Deformation der Hülse sowohl als besonders der Krempe Störungen verursachen müsse. Es ist daher vor Allem darauf zu sehen, daß die Patronen stets gut und sorgfältig verpackt sind, um gegen Stöße, die namentlich beim Transport nicht unbedeutend sind, gesichert zu sein. Die Hülsen und besonders die Krempen sind so solid gefertigt, daß bei einiger Aufmerksamkeit derlei Beschädigungen nicht zu befürchten sind. Die Verpackung in den Pappschachteln ist in dieser Hinsicht vollkommen sicherstellend, und auch in den Patronenbehältern werden Beschädigungen nicht leicht zu befürchten sein, wenn die Vorsicht gebraucht wird, dieselben immer übervoll zu machen, damit der Deckel die Patronen aneinander preßt.

Von den richtigen Dimensionen der Patronen kann man sich überzeugen, wenn man von jeder Lieferung einiger Patronenbehälter voll bei geschlossenem horizontalem Hebel durchlaufen läßt. Hiebei soll jedoch die Vorsicht gebraucht werden, daß der Boden des Auffangkästchens mit einem weichen Stoffe z.B. Werg oder Leinwandlappen belegt wird.

Der Feind des Messings ist bekanntlich Grünspahn, weshalb die Patronen vor Nässe zu bewahren sind, und stets gut trocken verpackt werden müssen. Durch Fallen auf den Boden oder sonstwie beschmutzte Patronen sind vor der Verpackung sorgfältig zu reinigen. Schließlich ist noch Bedacht darauf zu nehmen, daß die Fettlage in den Canelirungen beim Abwischen etc. nicht entfernt werde.

III. Capitel.
Die Laffete, Protze und der Munitionswagen.

§ 8.
Die Laffete.

Die Laffete ist aus Eisen und besteht aus zwei nach vorwärts auseinandergehaltenen, nach rückwärts in einen Block zusammenlaufenden Laffetenwänden aus Winkeleisen. Vorne ruhen die Laffetenwände auf der schmiedeeisernen Achse, an welcher 2 Thonetsche Räder angesteckt sind.

An der Achse zwischen den Laffetenwänden ist nach abwärts ein eisernes Auffangkästchen zum Auffangen der verschossenen Patronenhülsen angebracht, dasselbe hat in der Stirnseite einen Schuber. Oberhalb des Auffangkästchens ist an der Achse der Richtteller befestigt, dieselbe mit 2 Tatzen umfassend und in diesem in vertikalem Sinne beweglich; Ungefähr in der Mitte der beiden Laffetenwände ist der eiserne Mittelringel angebracht, welcher zwischen zwei Ansätzen die metallene Richtspindelmutter hält.

Die Richtspindelmutter ist beweglich, und derselben zur leichten Handhabung, ein Glockenrad angegossen. Die vertikale Richtspindel selbst, von Eisen, läuft in der Mutter und greift mit einem Gelenkkopfe in das hintere Ende des Richttellers, welcher auf ihr ruht. Der Richtteller, von Gußeisen, hat oberhalb eine horizontale cylindrische Büchse, in der die horizontale Richtspindel läuft. Zu diesem Ende ist die Büchse in der Mitte, da wo an der Richtspindel das Gewinde angeschnitten ist, unterbrochen. Der Kopf der horizontalen Richtspindel bildet ein ähnliches Glockenrad wie an der Mutter der vertikalen Richtspindel.

Auf dem Richtteller ruht die Rohrunterlagplatte und ist mit jenem vorne durch einen Drehbolzen und rückwärts durch eine in der Nuthe des Richttellers eingreifende Metallschiene so verbunden, daß ein Ausweichen in vertikaler Richtung nicht möglich ist. Dagegen kann sie in horizontaler Richtung nach rechts und links verschoben werden, und ist dadurch ein Streuen des Geschützes während des Schiessens möglich.

Zu diesem Behufe ist die Rohrunterlagplatte mit einer Zahnschiene versehen, welche auf dem Schraubengewinde der horizontalen Richtspindel ruht, und durch diese nach rechts und links bewegt werden kann. Zur Feststellung der Rohrunterlagplatte während des Transportes ist auf der Richtspindelbüchse des Richttellers eine Sperrklinke angebracht, was ihn die Bewegung verhindert und mittelst einer starken Feder in horizontaler und vertikaler Stellung erhalten wird.

Die Grenzen der Seitenverschiebung sind 14° auf beiden Seiten der Mittellinie, so daß das Rohr im Ganzen innerhalb 28° bewegt werden kann.

Diese Verschiebung gestattet,

auf   600^x eine Streuung von 300^x [Schritt]
auf   700^x eine Streuung von 350^x
auf   800^x eine Streuung von 400^x
auf   900^x eine Streuung von 450^x
auf 1000^x eine Streuung von 500^x
auf 1100^x eine Streuung von 550^x
auf 1200^x eine Streuung von 600^x
auf 1300^x eine Streuung von 650^x
nach der Breite.

Innerhalb jeder Laffetenwand ist eine eiserne Hülse, die Wischstock-hülse, zur Aufnahme der beiden Wischstöcke angebracht. Dieselbe hat vorne einen Federhacken, welcher den Wischstock in der Hülse festhalten soll.

Nach rückwärts laufen die beiden Laffetenwände in eine einzige Schiene im Protzstock mit dem Protzringe zusammen. Vor denselben ist der Protzstock nach abwärts durch eine Schleifschiene verstärkt, mit welcher derselbe auf dem Boden ruht und welche der größeren Reibung halber gezahnt ist.

Die Räder von Thonetscher Konstruktion bestehen aus dem ganzen Radreif, 6 Felgen und 12 Speichen von Holz. Die Speichen stecken nicht wie bei den übrigen Rädern in einer hölzernen Nabe, sondern sind einfach auf der eisernen Nabbüchse mit Metallfutter aufgesetzt und durch 2 Eisenplatten mittelst 6 Bolzen verschraubt. Diese Räder haben den Vortheil bei größerer Solidität zugleich leichter zu sein, dann rascher reparirt werden zu können, als jene anderer Konstruktion.

IV. Capitel.
Ladezeug und Ausrüstungsgegenstände.

§ 11.
Geräthschaften zur Bedienung des Geschützes.
1.) Die Patronenbüchsen von Blech dienen dazu, die eingefüllten Patronen in den Zubringer und durch diesen in den Lauf zu bringen. Sie haben zum Verschluße oben einen Deckel zum Aufsetzen und unten eine Metallklappe, die mit Feder und Drücker versehen ist, welcher beim Aufsetzen des Behälters in die Metallscheiden aufstößt und die Klappe selbst oeffnet.
Eine Patronenbüchse faßt bei übervoller Ladung 41 Stück Patronen.
2.) Die Patronenklappe. Ein einfacher Messingdraht mit angedrehter Schlinge. Er wird beim Herausnehmen noch gefüllter Patronenkästen durch das in deren Klappe angebrachte Loch gesteckt, und verhindert so das Herausfallen der Patronen aus dem Behälter beim Entladen.
3.) Die Patronenheber. Eine Zange aus dünnem Eisenblech dient zum Herausheben der obersten, beim Herausnehmen der Büchsen in den Metallscheiden zurückgebliebenen Patronen.
4.) Das Patronenbüchsen-Füllholz ist zum Einstecken in den Boden mit einem eisernen Stiefel versehen und hat oben einen Schlitz. Die Patronenbüchsen werden über dasselbe gestürzt und bei allmäligem Hinausziehen gefüllt. Ist die Büchse soweit voll, daß die geoeffnete Klappe in Höhe des Schlitzes kommt, so wird erstere zugeklappt und die Büchse kann abgenommen werden.
5.) Die Reserveschlagfedern zum Ersetzen der erlahmten Schlagfedern.

§ 12.
Geräthschaften zum Reinigen des Geschützes und zum allgemeinen Gebrauch.
1.) Die Wischstöcke von Messing mit großem drehbaren Holzknopfe sind am unteren Ende behufs besserer Haftung des Putzmaterials eingekerbt. An der Verstabung sind Kerben eingeschnitten, in welche die Federhacken eingreifen.
2.) Die Wischstocklappen von Leder zur Befestigung der Wischstöcke an den Bändern der Wischstockhülsen.
3.) Flachs und
4.) Leinwandlappen zur Reinigung des Rohres. Die Leinwand soll weich und nicht so kräftig sein.
5.) der Handhammer und
6.) der Handschlägel,
7.) der Kreuzschraubenzieher und
8.) der Schraubenschlüssel zum Oeffnen und Schließen der verschiedenen Schrauben.
9.) Der Geschützüberzug,
10.) Die Gewehrpropfen,
11.) Reines Baumoel, gereinigtes Klauen- oder Kammfett,
12.) Schmirgelleinwand,

13.) Waffenschmiere,
14.) Die Spachtel von weichem Holze zur Entfernung stärkerer Rostflecken.

Zweiter Abschnitt.
Bedienung des Orgelgeschützes.

V. Capitel.
Bedienung des einzelnen Geschützes.

§ 13.
Einleitende Bestimmungen.
Für die Leistungen des Orgelgeschützes, besonders im offensiven Gefechte sind ein rasches Zumschußkommen und eine pünktliche Bedienung von größtem Belange. Es ist daher nöthig, daß die sämmtliche Bedienungsmannschaft mit den einzelnen Funktionen vollständig vertraut ist, und daß diese Funktionen mit Sicherheit, Ruhe und Besonnenheit ausgeführt werden.

Dem Exerzieren am Geschütze hat ein ausführlicher theoretischer Unterricht voranzugehen. Bei der Einübung der Bedienung des Orgelgeschützes muß vor Allem darauf gesehen werden, daß die Mannschaft ihre ganze Aufmerksamkeit auf die richtige Ausführung der einzelnen Funktionen vom Geschütze richte, daß aber die Beachtung der Form, wie sie solches thun, nicht das Wesen der Ausführung beeinträchtige und daß dabei die militärische Haltung und Präzision nicht vernachlässigt werde.

§ 14.
Eintheilung und Funktion der Mannschaft.
Zur Bedienung des Orgelgeschützes sind 1 Unteroffizier als Geschützkommandant und 5 Mann bestimmt, außerdem noch 3 Mann in Reserve, welche für gewöhnlich beim Munitionswagen verbleiben und das Füllen der Patronenbüchse zu besorgen haben.

Der Geschützkommandant hat außer der genauen Beaufsichtigung seiner Mannschaft die Wirkung des Schießens zu beobachten und das Feuer zu leiten, für das rechtzeitige Nachfüllen und Umwechseln der Patronenbüchsen besorgt zu sein und die Bewegung des gegenüberstehenden Feindes genau zu beobachten.

No 1 rechts versieht für gewöhnlich allein die Bedienung des Geschützes. Er besorgt und handhabt das Schwungrad.

No 1 links handhabt den Protzstock zur raschen Entscheidung einer annähernden Seitenrichtung. Außerdem unterstützt er den No 1 rechts beim Schnellfeuer, indem er die Handhabung des Schwungrades übernimmt. Er besorgt mit No 1 rechts allein das Auf- und Abprotzen des Geschützes.

No 2 rechts, No 2 links und No 3 links setzen die Patronenbüchsen ein, sorgen wenn es nöthig für deren Nachfüllungen an der Protze und für das Austauschen der entleerten Büchsen gegen volle. Sie sind jeder mit einem Patronenheber versehen.

No 3 links hilft den beiden No 2 beim Auf- und Abprotzen des unbespannten Geschützes, während No 3 rechts die Deichsel führt. Sonst befindet er sich mit beiden No 4 beim Wagen und hat dort mit diesen ausschließlich für die Ergänzung der Munition zu sorgen.

§ 15.
Aufstellung der Mannschaft und Einmarsch zum Geschütz.
Das Geschütz ist aufgeprotzt, die Geräthschaften sind in der Protze. Der Geschützkommandant stellt die Mannschaft in 2 Gliedern, 10 Schritte vor die Deichselspitze – Front vorwärts – so auf, daß die erste Flügelrotte in Verlängerung der Deichsel steht und numeriert die Rotten vom rechten Flügel der Reihe nach.

Das Vorderglied bildet die linke, das Hinterglied die rechtstehenden Nummern am Geschütz.

Der Einmarsch zum Geschütze erfolgt auf die Kommandos:
1.) Zum Geschütz!
2.) Rechts – um!

3.) Marsch.
Auf 2 wird die Wendung vollzogen, auf 3 vorgetreten und sogleich rechts geschwenkt. Beide Glieder ziehen sich soweit auseinander, daß sie auf beiden Seiten des Geschützes auf folgende Plätze zu stehen kommen:
beide N⁰ 1 in die Höhe des Requisitenkästchens
beide N⁰ 2 in die Höhe der Protzachse
N⁰ 3 rechts bleibt an der Deichselspitze
N⁰ 3 links bleibt einen Schritt hinter N⁰ 2 links stehen.
Die N⁰ 1 stehen 6″ seitwärts der Achsschenkel, die obigen N⁰ auf diese gedeckt. Auf ihren Plätzen angekommen, machen sämmtliche N⁰ kehrt Euch.

§ 16.
Abprotzen vorwärts und Stellung an dem abgeprotzten Geschütze.
Vorwärts *protzt* – ab! Zwei Bewegungen.
1.) Die Bedienung macht die Wendung zum Geschütze.
N⁰ 1 links zieht mit der rechten Hand die Protzstockschließe heraus und läßt sie fallen, ergreift sodann mit der linken Hand die Handhabe mit der rechten den Protzstock von unten, N⁰ 1 rechts entgegengesetzt.
N⁰ 3 rechts erhebt die Deichsel.
2.) Beide N⁰ 1 heben den Protzstock aus dem Protzhaken, N⁰ 1 links kommandiert: Protz – Marsch!
Die Protze, welcher die beiden N⁰ 2 und N⁰ 3 links zwischen ersterer folgen, macht links um kehrt, fährt zurück, kehrt nochmals links und stellt sich 15 Schritte hinter dem Protzstocke auf das Geschütz gerichtet auf. N⁰ 3 rechts legt die Deichsel nieder und stellt dann die Deichselstütze auf.
Sobald »Fertig Marsch« kommandirt wird, wird der Protzstock rechts im Halbkreis herumgetragen und ruhig niedergesetzt.
N⁰ 1 rechts oeffnet die Stellhebel der einzelnen Läufe und die Sperrklinke der horizontalen Richtspindel läßt jedoch den horizontalen Hebel geschlossen.
N⁰ 1 links klappt das Mechanismusgehäuse auf und stellt sich wie N⁰ 1 rechts mit Front zum Geschütze in der Höhe des Requisitenkästchens einen Schritt von diesem entfernt auf.
Die beiden N⁰ 2 oeffnen die Protze. Jeder von ihnen ergreift 3 Patronenbüchsen, N⁰ 3 links 2 solche letzteren und beide N⁰ 2 laufen vor und setzen, die beiden N⁰ 2 vor der N⁰ 3 links hinter dem Rade stehend, dieselben auf ihrer Seite indem sie die Büchsen fest aufdrükken. Ein Schlagen ist möglichst zu vermeiden. Sobald die Büchsen eingesetzt sind, begeben sie sich zurück hinter die Protze, jedes Nummer auf seine Seite, N⁰ 3 links zwischen den beiden N⁰ 2, schliessen den Deckel und nehmen Front vorwärts.
Sie versehen sich jeder mit einem Patronenheber.

§ 17.
Aufprotzen vorwärts.
Vorwärts – protzt – auf! Zwei Bewegungen:
1.) Die beiden N⁰ 2 und N⁰ 3 links begeben sich im Laufschritte zu Geschütze, heben die Patronenbüchsen mittelst der Patronenheber heraus und versorgen dieselben in der Protze.
N⁰ 1 rechts stellt die Läufe ab und schließt die Sperrklinke der horizontalen Richtspindel, wobei zu bemerken ist, daß, wenn es die Zeit erlaubt, und zur Erlangung gehöriger Fertigkeit bei der jedesmaligen Uebung nöthig ist, von einem Lauf nach dem andern die Hähne losschlagen zu lassen, damit dieselben nicht gespannt bleiben und die Schlagfedern nicht erlahmen. Ergreift sodann den Protzstock wie beim Abprotzen. N⁰ 1 links klappt das Gehäuse zu und ergreift den Protzstock. Beide N⁰ 1 erheben den Protzstock und tragen denselben etwa ³/₈ eines Kreises rechts herum, sobald die Protze am Geschütze vorübergefahren ist. Die beiden N⁰ 2 schließen die Protze sobald sie die Patronenbüchsen und Patronenheber versorgt haben, und folgen sodann N⁰ 3 links der Protze auf jene Seite, auf welcher sie beim aufgeprotzten Geschütz zu stehen haben. – N⁰ 3 rechts dirigiert die Deichsel. Die Protze zieht sich 4 Schritte rechts, wendet dann gerade aus, so daß sie 1 Schritt rechts seitwärts des Geschützes steht, und hält, sobald die Protzachse 2 Schritte über die Mündung hinausgekommen ist.

N⁰ 3 rechts hebt die Deichsel in die Höhe, das Geschütz wird zur Protze gebracht, und der Protzring in den Protzhacken eingehängt.
2.) N⁰ 1 links steckt die Protzhackenschließe ein; die Bedienung macht Front vorwärts und nimmt dieselben Plätze ein wie in § 15 beim Einmarsch vorgeschrieben wurde.

§ 18.
Ausmarsch vom Geschütze.
1.) Vom Geschütz!
2.) Marsch.
Die Bedienung tritt an, N⁰ 3 rechts so lange kurz, bis N⁰ 3 links neben ihm marschirt, beide Glieder ziehen sich vor der Deichsel oder den Pferden zusammen und schwenken 10 Schritte vor derselben auf Commando des Geschützkommandanten links.
Ist die rechte Flügelrotte in Verlängerung der Deichsel angekommen, so wird kommandirt:
1.) Halt!
2.) Rechts – um!

§ 19.
Erste Art der Ladung.
Nach Commando – *in* – Aktion!
– Schritte – Richt!
N⁰ 1 rechts tritt mit dem rechten Fuße gegen das Requisitenkästchen, schwingt sich mit dem linken über dasselbe, läßt sich auf dasselbe nieder und stellt sein Klappenvisir auf, und den Schieber auf die bezeichnete Schrittzahl.
N⁰ 1 links macht halb rechts um, tritt mit dem linken Fuß gegen den Protzstock, schwingt sich mit dem rechten Fuß hinter denselben, läßt sich auf ein Knie nieder und ergreift den Protzstock mit beiden Händen.
N⁰ 1 rechts gibt zunächst im Allgemeinen die Seitenrichtung, indem er mit einer Hand hinter dem Sitze dem N⁰ 1 links das Zeichen zur Verschiebung des Protzstockes gibt. Dieser hat dem Winke rasch Folge zu leisten und ist außerdem gehalten, die Seitenrichtung von selbst möglichst genau zu geben, sobald das Ziel ein vorher genau bezeichnetes oder scharf ausgesprochenes (vorrückende oder vorlaufende Infanterie- und Cavallerie-Colonnen oder feindliche Batterien) ist.
So oft N⁰ 1 rechts ein Zeichen zur Veränderung des Protzstockes gibt, muß er sich leicht vom Sitze erheben, um dem N⁰ 1 links die Flankirung zu erleichtern.
Die genaue Seitenrichtung gibt N⁰ 1 rechts mit der horizontalen Richtspindel, doch darf diese Korrektur nicht zu groß werden, da sonst nach der betreffenden Seite der Streuungswinkel des Geschützes zu sehr vermindert würde.
Wenn sowohl Seiten- als Höhenrichtung, letztere mit der vertikalen Richtspindel, gegeben ist, so bleibt N⁰ 1 ruhig sitzen den Oberleib gerade über dem Sitzbrette erhebend.

§ 20.
Feuern.
Geschütz – Feuern!
Auf das Commandowort »Geschütz« oeffnet N⁰ 1 rechts die horizontalen Stellhebel, ergreift mit der linken Hand den Griff des Schwungrades, mit der rechten das Rad der horizontalen Richtspindel, und beginnt ersteres langsam nach vorwärts zu drehen.
Für gewöhnlich und besonders immer am Anfange der Aktion soll das Feuern langsam vor sich gehen, da beim Schnellfeuern der Rauch zu dicht vor dem Geschütze lagert, um eine Verbesserung der Richtung vornehmen zu können.
So sehr dem Orgelgeschütze das Feuern beschleunigt werden kann, so ist ein sehr rasches Feuer doch in ganz besonderen und scharf ausgeprägten Fällen nothwendig und nützlich. Z. B. wenn vordringende Infanterie oder Cavallerie-Colonnen die eigene Stellung bedrohen. Es ist zu bedenken, daß ein wirksamer Schuß mehr werth hat als hundert unwirksame und daß bei einem raschen Feuern die Munition schnell zu Ende geht, und das Geschütz außer Wirkung gesetzt wird. Ueberhaupt kann Ruhe und Besonnenheit der Bedienungs-

mannschaft des Orgelgeschützes sowohl, als dem Commandanten nicht genug empfohlen werden. № 1 rechts hat daher stets die Richtung des Geschützes im Auge zu behalten und darauf zu achten, daß er durch eine gute Streuung einen möglichst großen Raum beherrscht.

Bei der Einübung ist es gut, Scheiben von verschiedenen Breiten herzustellen, oder die Breite auf der Scheibe zu bezeichnen, um die Mannschaft einzuüben vorgezeichnete Grenzen möglichst genau einzuhalten. Nur auf diese Weise kann das Orgelgeschütz viel leisten, und in einem wohlgezielten Feuer liegt sein größter Schutz.

§ 21.
Anhalten.

Halt – an!

Auf dieses Commandowort stellt № 1 rechts augenblicklich seinen horizontalen Stellhebel ab, erhebt sich von seinem Sitze, schwingt sich mit dem linken Fuß über dasselbe, und tritt mit einem Schritt des rechten Fußes, zugleich links um machend, an seinen Platz. № 1 links erhebt sich, macht links um, tritt mit dem rechten Fuß an und mit einem zweiten Schritt halbrechts machend, an seinen Platz.

§ 22.
Wechseln und Nummerwechseln.

Damit jeder Mann alle Funktionen verrichten kann, muß derselbe nach und nach jeden Posten einnehmen. Um dies zu bewerkstelligen wird kommandirt: »Wechselt!«

Die № 2 und 3 begeben sich, jeder auf seiner Seite zum Schütze, mit je einem Schritt Abstand neben einander. № 2 links übergibt seinen Patronenheber an № 1 links, bei 8 Mann Bedienung an № 4 links, № 2 rechts den seinigen an № 3 rechts. Sämtliche Nummern machen Front vorwärts.

Hierauf gibt der Anweiser das Commandowort:

»Marsch!«

Die beiden № 1 laufen zurück an die Plätze der № 3, die № 3 an jene der № 2. Die beiden № 2 treten in die Höhe des Requisitenkästchens. Alle Nummern nehmen die in § 16 vorgeschriebene Stellung ein. Um die Nummern auf die entgegengesetzte Seite des Geschützes zu bringen, wird kommandirt:

Wechselt – um!

Die beiden № 1 machen Kehrteuch, die beiden № 2 Front gegeneinander. № 3 links macht links um.

Auf »Marsch« treten sämtliche № an. № 1 rechts schwenkt rechts, № 1 links schwenkt links und marschiren um den Protzstock rechts ausweichend herum.

№ 3 rechts schwenkt linksumkehrt und begibt sich auf den Platz des № 3 links. Dieser geht außerhalb des № 2 vorbei und marschirt an die Deichsel, im Vorübergehen dem № 3 rechts den Patronenheber übergebend. Die beiden № 2 wechseln ihre Plätze. – Sämmtliche Nummern nehmen, auf den neuen Plätzen angekommen, die in § 16 vorgeschriebene Stellung.

§ 23.
Ruhen.

Ruht!

Die Mannschaft nimmt die für dieses Commando vorgeschriebene Haltung an.

§ 24.
Zweite Art der Ladung.

Die Ladung nach Commando ist nur so lange ausführen zu lassen, bis die Mannschaft die nöthige Gewandtheit, Sicherheit und Präzision in ihren Funktionen besitzt. Ist dies erreicht, so soll zu der in Ernstfällen allein anzuwendenden Art der Bedienung übergegangen werden.

– Schritt – in – **Aktion!**

Die bei der ersten Art der Ladung angegebenen Funktionen folgen sich ohne weiteres Commandowort.

Der Geschützkommandant überwacht auf das Genaueste die Ausführung, um jeder Vernachlässigung oder Unachtsamkeit zeitig vorzubeugen. Im Ernstfalle ist es Pflicht des Geschützkommandanten, die Eintheilung seiner Leute so zu treffen, daß besonders die beiden № 1 mit besonnenen und kaltblütigen Leuten besetzt sind.

§ 25.
Modifikation des Feuers.

Da es, wie bereits in § 20 erwähnt ist, Fälle gibt, in denen ein besonders schnelles Feuern zweckmäßig ist, so soll auf Befehl des Geschützkommandanten eine Erhöhung der Feuergeschwindigkeit viel ueben können. Zu diesem Behufe kommandirt er:

»Schnellfeuer!«

Auf dieses Commandowort erhebt sich № 1 links und tritt rasch an das Schwungrad, dieses allein möglichst schnell handhabend und dem № 1 rechts ausschließlich die Sorge für die Richtung überlassend. Da jedoch bei einem so raschen Feuern der Rauch sich so dicht vor das Geschütz lagert, daß ein Visiren nicht mehr möglich ist, so muß № 1 rechts durch Zuruf, langsam den № 1 links zur Ermäßigung des Tempo veranlassen, um durch den verziehenden Rauch die Richtung prüfen zu können. Ist es geschehen, so ruft er ihm wieder »schneller« zu.

Bemerkt der Geschützkommandant, daß das Schnellfeuer seine Wirkung gethan hat, und eine Fortsetzung desselben nur Munitionsverschwendung wäre, so kommandirt er:

»Langsamer Feuer

worauf № 1 links von seinem Platz hinter dem Protzstocke zurücktritt.

§ 26.
Ergänzung der Patronenbüchsen.

Wie Eingangs erwähnt wurde, läuft von den beiden Patronenbüchsen zuerst die rechtsstehende aus. Die Entleerung derselben ist an dem rückwärts befindlichen Schlitz sichtbar. Sobald № 1 rechts bemerkt, daß eine der Büchsen leer ist, ruft er, sich rechts um wendend, zurück: »Patronen!«, welcher Zuruf sowohl von № 1 links, als von dem Geschützkommandanten wiederholt wird. Sollte er von den rückwärtigen Nummern dennoch überhört werden, so schickt der Geschützkommandant den № 1 links zurück und übernimmt einstweilen dessen Stelle. № 1 links ist gehalten, sich nach vollzogenem Auftrage augenblicklich wieder an seinen Platz zu begeben.

Auf den Zuruf oder die Aufforderung durch № 1 links tragen die beiden № 2 je 2 neue Büchsen vor und wechseln dieselben mit den verschossenen aus. Hierbei kann es sich ereignen, daß die Büchsen zwar ausgelaufen, immerhin aber noch einige Patronen vorne in der Scheide sind, und somit die neuen Patronenbüchsen nicht festaufgesetzt werden können. Hierum haben sich sodann die № 2 nicht weiter zu bekümmern, sondern müssen die beiden № 1 und der Geschützkommandant für die seinerzeitige Feststellung der Büchsen besorgt sein, indem sie dieselben fest andrücken. Ein Schlagen soll hierbei sorgfältig vermieden werden, da sonst leicht in der Scheide liegende Patronen zerdrückt werden und so der Mechanismus gestört werden könnte.

§ 27.
Flankiren.

Sollte während des Feuerns ein Flankiren des Geschützes nothwendig werden, welches durch die horizontale Richtspindel nicht mehr zu bewerkstelligen ist, so kommandirt der Anweiser:

Rechts
Links $\Big\}$ **flankirt!**

Das Feuer wird nicht unterbrochen, sondern der Protzstock von № 1 links nur nach der der befohlenen Seite entgegengesetzten Richtung getragen und von № 1 rechts schnell die neue Schußrichtung gegeben. Dieser erhebt sich beim Flankiren von seinem Sitze und folgt der Bewegung des Geschützes.

Ist das Flankiren nicht mehr nöthig, so wird kommandirt:

Gradaus!

worauf durch das gleiche Verhalten die frühere Stellung wieder eingenommen wird.

§ 28.
Wendungen mit dem abgeprotzten Geschütze.

Rechts
Links $\Big\}$ um – **Marsch!**

Die Nº 1 ergreifen die Handhaben und den Protzstock wie beim Auf- und Abprotzen, und wenden das Geschütz so, daß die Mündung nach der benannten Seite sieht.

Die Protze macht die gleiche Wendung, so daß die Pferde nach derselben Richtung wie die Geschützmündung sieht.

Zur halben Wendung wird kommandirt:

Kehrt Euch – **Marsch!**

Beide Nº 1 tragen den Protzstock im Halbkreis links herum, die Protze fährt, das Geschütz links lassend, daran vorbei, und nimmt hinter demselben auf 15 Schritt Abstand die neue Frontstellung ein. Nach Vollzug der Wendung treten sämtliche Nummern auf ihre Plätze.

§ 29.
Abprotzen rückwärts.

Rückwärts – protzt – ab!

Zwei Bewegungen.

1.) Wie beim Abprotzen vorwärts.
2.) Sobald der Protzstock aus dem Hacken gehoben ist, und die Protze auf »Protz – Marsch« angefahren, wird der Protzstock auf den Boden niedergesetzt. Die Protze zieht sich 5ˣ rechts und stellt sich mit »linksumkehrt« 15ˣ hinter das Geschütz.

§ 30.
Aufprotzen rückwärts.

Rückwärts – protzt – **auf!** Zwei Bewegungen.

1.) Wie beim Aufprotzen, nur ohne Herumdrehen des Geschützes; Der Protzstock wird ein Achtel gegen die links stehenden Nummern ausgebogen. Die Protze fährt an und stellt sich soweit rechts, daß sie um eine halbe Wendung geradeaus so nahe als möglich vor derselben steht.

Das Geschütz wird zur Protze gebracht.

1.) Wie beim Vorwärts Aufprotzen.

§ 31.
Ab- und Aufprotzen in die Flanke.

$$\left.\begin{array}{l}\underline{\text{Rechts}}\\\underline{\text{Links}}\end{array}\right\}\text{ protzt} – \underline{\text{ab}}!\text{ oder auf!}$$

Die Ausführung geschieht ähnlich wie vor- und rückwärts, beim Abprotzen kommt die Mündung, bei Aufprotzen die Deichsel nach der im Commando befohlenen Richtung.

Die Protze macht beim Aufprotzen eine der anbefohlenen Richtung entgegengesetzte Viertelswendung und fährt mit einer Kehrtwendung nach derselben Seite wie die Viertelswendung, 15 Schritte hinter dem Geschütze vor.

Beim Aufprotzen wird der Protzstock etwas über den Viertelskreis nach der benannten Seite gewendet. Die Protze fährt vor demselben.

§ 32.
Vor- und Rückwärtsbringen des abgeprotzten Geschützes.

Bei der großen Leichtigkeit des Orgelgeschützes kann dasselbe auf große Entfernung vor- und rückwärts bewegt werden.

Zum Vorwärtsbringen wird kommandirt:

1.) Geschütz – vorwärts!
2.) **Marsch!**

1.) Die beiden Nº 1 ergreifen den Protzstock und erheben denselben, die beiden Nº 2 laufen vor und greift jeder in das Rad auf seiner Seite, während Nº 3 links an der Rückseite des Mechanismusgehäuses schiebt.
2.) Das Geschütz und die Protze werden solange vorwärts gebracht bis das Commando:

Halt!

erfolgt, auf welches der Protzstock niedergesetzt wird, und sich alle Nummern auf ihre Plätze begeben. Soll das Geschütz rückwärts gebracht werden, so wird kommandirt:

1.) Geschütz – rückwärts!
2.) **Marsch!**

1.) Die Nummer 1 ergreifen den Protzstock und erheben ihn. Die Nº 2 greifen in die Räder, Nº 3 links schiebt an der Rückseite des Mechanismusgehäuses.

Die Protze macht linksumkehrt.
2.) Geschütz und Protze werden rückwärts gebracht bis das Commando:

Halt!

erfolgt, worauf die Protze mit linksumkehrt wieder hinter das Geschütz fährt.

VI. Capitel.
Unterricht im Richten.

§ 33.
Richtübungen.

So einfach bei dem Orgelschütze auch die Richtung im Ganzen ist, so muß dieselbe doch gut und fleißig geübt werden, um die Mannschaft mit dem Visir vertraut zu machen und ihr eine große Fertigkeit in rascher Vollendung der Richtung beizubringen.

Es soll deshalb bei jeder Uebung auch wirklich gerichtet werden. Als Nº 1 sollen hauptsächlich Leute verwendet werden, welche außer den früher erwähnten Eigenschaften ein scharfes Auge besitzen, und wird zur Erlernung der Richtung und Einübung der Mannschaft die Richtmethode nach einem beweglichen Zielpunkte angewendet. Auf einen mit einer festen Unterlage angebrachten Bogen Papier wird ein anderer gehalten, welcher mit einem schwarzen Kreise versehen ist. Der Mittelpunkt desselben wird so durchstochen, daß er mit Bleistift auf der Unterlage bezeichnet werden kann.

Nachdem der Geschützkommandant das Geschütz im Allgemeinen auf die Unterlage gerichtet hat, läßt er den Richtenden an das Geschütz treten und die Scheibe von ihm durch Zurufen: »höher, tiefer, rechts, links« von dem sie handhabenden Mann so lange verschieben, bis der Richtende durch den Zuruf »fertig« die Beendigung der Richtung zu erkennen gibt. Hierauf wird der Scheibenmittelpunkt auf der Unterlage verzeichnet, die Scheibe neuerdings verschoben und dieselbe Uebung vorgenommen. Ein dreimaliges Vornehmen derselben wird 3 mehr oder weniger auseinanderliegende Punkte geben, welche mit Linien verbunden werden, und so ein Lehlerdreieck darstellen, welches ein genaues Zeugniß von der Fertigkeit des Mannes im Richten ergibt. In das Dreieck wird Name und Datum geschrieben und kann man sich so von den Fortschritten der Leute überzeugen.

Ein Schwarz von 2,5 cm Durchmesser entspricht der Entfernung von 60 Schritt.

Sobald die Leute genau zu richten wissen, ist auf die Schnelligkeit Bedacht zu nehmen. Hierzu werden 3 Scheiben von verschiedener Höhe in verschiedener Entfernung und Richtung aufgestellt, und dem Mann dann bezeichnet, welche er nehmen soll. Es wird nun die Zeit gemessen, welche der Mann vom Commando »Richt« bis zur Vollendung der Richtung, welche er mit »fertig« anzeigt, braucht. Die Zeit kann mit der Uhr oder mit einem Pendel gemessen werden, welches für jede Batterie beliebig lang sein kann, wenn es nur für alle Geschütze der Batterie stets dasselbe ist. Am geeignetsten würde sich ein Sekundenpendel erweisen. Bei dieser Uebung ist jedoch darauf zu sehen, daß die Seitenrichtung nicht zu sehr mit der horizontalen Richtspindel verbessert werde. Der Abrichter hat die Richtung nachzusehen, und zu korrigiren.

Die Scheiben selbst sollen einen 5 cm breiten Horizontal- und Vertikalstrich haben, auf dem der Kreuzungspunkt mit einem Schwarz von 20 cm Durchmesser bezeichnet ist, und können dann auf Entfernungen bis zu 1000 Schritt verwendet werden.

VII. Capitel.
Allgemeine Anhaltspunkte für die Einübung der Mannschaft im Feuern.

§ 34.
Die Mannschaft soll nachdem die einzelnen Funktionen der Bedienung von ihr erlernt sind, im Schießen nach der Scheibe unterrichtet werden. Hierzu ist anfangs eine Scheibe zu benutzen, wie sie die Infanterie zum Scheibenschießen verwendet und soll jeder Mann auf 4 verschiedene Distanzen je 10 Schuß machen, also eine Patronenbüchse verfeuern. Die Distanzen sollen immer um 200 oder 300 Schritte steigen. Hierzu ist nur eine Patronenbüchse aufzusetzen, nach jedem Schuße anzuhalten und derselbe aufzuzeigen. Die Treffer sind in einer Liste einzutragen. Mit den Läufen soll gewechselt werden.

Nach dieser Uebung soll jeder Mann auf 2 unbekannte Distanzen je 10 Schuß verfeuern, welche nicht einzeln anzuzeigen sind, sondern die Trefferzahl nur summarisch zu notiren ist.

Diesen Schießübungen des einzelnen Mannes folgen jene in der Batterie, wobei für jedes Geschütz 8 Patronenbüchsen verwendet werden. Diese Schußzahl soll auf unbekannte Distanzen auf Bretterwände von mindestens 20 m Breite verfeuert werden. Die Bretterwände sind mit schwarzen Vertikalstreifen zu versehen, und der Bedienungsmannschaft zwischen je zwei solchen Streifen die Streuungsgrenze zu bezeichnen.

Bei diesem Feuern sollen auch die Modifikationen desselben geübt, das Schnellfeuer jedoch nur auf kurze Zeit ausgedehnt werden. (Anmerkung: Für die späteren Uebungen im Frieden sollen die Schußzahlen vermehrt werden).

§ 35.
Reinigen des Geschützes.

Nach jedem Schießen sind die Läufe vollständig auszuwaschen. Sie werden zu diesem Behufe abgeschraubt, indem man den Kopf der Befestigungsschraube des vorderen Laufbandes lüftet, sodann die 5 Schrauben des hinteren Laufbandes herausnimmt und die 4 Läufe nach vorwärts wegzieht.

Hierauf werden die Läufe mit der Mündung in einen Kübel reinen, am besten lauen Wassers gestellt und mit dem mit Flachs, weicher Leinwand oder gehächeltem Werge umwundenen Wischer ausgewaschen. Dieses Auswaschen soll so lange fortgesetzt werden, bis das Wasser, welches selbstverständlich öfters erneuert wird, rein bleibt. Nach dem Auswaschen müssen die Läufe ausgetrocknet werden. Der Wischer wird mit trockenem Flachs umwickelt und so lange in jedem Laufe hin- und hergezogen, bis sich derselbe erwärmt.

Die vollkommen trockenen Läufe werden sodann mit Maschinenoel, in welches der Wischer getaucht wird, eingefettet und auf der Unterlagplatte wieder aufgeschraubt.

Beim Austrocknen und Einfetten der Läufe ist jedoch zu bemerken, daß dieselben nicht mit der Mündung auf den Boden oder sonst einen staubigen Gegenstand aufgestützt werden, da sich sonst Staub in die Läufe zieht, und daß ferner der Wischerstock dick umwickelt wird, daß sich an demselben die Züge abdrücken. Auch dürfen dieselben bei der Reinigung gegen keinen härteren Gegenstand als Holz gestemmt werden.

Vor dem Aufschrauben des Laufes sind nach einem allenfallsigen Regen die Zubringer zu reinigen, was mittelst eines mit Leinwand umwikkelten Holzes zu geschehen hat. Mit diesem ist von vorne hineinzufahren und von oben durch die Scheiden sowohl, als von unten durch das Auffangkästchen nachzuhelfen. Hierbei ist sehr sorgfältig zu verfahren und hat eine Abnahme der Scheide nur in den äußersten Fällen und nur unter Aufsicht eines Offiziers und Beiziehung eines Ouvriers zu geschehen, da das öftere Lockern der Schrauben deren Haltbarkeit sehr vermindert. Die Zubringer sind nach dem Abtrocknen mit einem Baumoel oder mit gereinigtem Klauenfett wieder einzuölen.

Nach dem Reinigen des Rohres von innen und des Zubringers sind die Rohre von aussen, das Auffangkästchen und sämtliche äußere Theile des Geschützes zu reinigen. Dieß geschieht im Allgemeinen durch einfaches Abtrocknen mit einem Leinwandlappen, wobei besonders die Fugen und Ecken genau zu berücksichtigen sind. Das Rohr sowie alle freiliegenden Stahl-und Eisentheile sind nach dem Reinigen mit einem Oellappen zu überfahren.

Sämmtliche Metalltheile sind nur einfach abzutrocknen.

Naß gewordene Patronenbüchsen sind gleichfalls abzutrocknen. Sollte sich an den Stahl- und Eisentheilen des Geschützes Rost zeigen, so wird ein geringer Rostanflug mit den oben angeführten Mitteln zu beseitigen sein. Stärkere Rostflecken müssen mittelst einer Spachtel von weichem Holze und wenn die Eisentheile blank sind, mit feiner Schmirgelleinwand, wenn sie angelaufen sind, mit Baumoel abgerieben werden.

Das Reinigen hat unmittelbar nach dem Schießen zu geschehen, und soll ein naß gewordenes Geschütz wo möglich nicht mit dem Ueberzuge bedeckt werden, und wenn es geschehen müßte der Ueberzug vor dem Wiederaufziehen vorher gut ausgetrocknet werden.

§ 36.
Behandlung des Geschützes überhaupt.

Jedes Schlagen und Stoßen ist möglichst zu vermeiden, und wenn solches wie z.B. bei zu feststeckendem Wischer nöthig ist, so hat es nur mit dem Handschlägel, niemals mit Eisen oder sonst sehr harter Gegenstände zu geschehen.

Wenn sich während des Schießens eine Patrone im Lauf klemmt, so ist derselbe augenblicklich abzustellen und der Mechanismus desselben abzuschrauben. Das Zerlegen des Mechanismus kann unter allen Umständen nur durch den der Batterie beigegebenen Maschinentechniker geschehen.

Ueberhaupt soll mit dem Geschütze so sorgfältig als möglich umgegangen werden, da sonst dessen Mechanismus, so solid derselbe auch gearbeitet ist, Schaden leiden könnte.

Ueber das Ablassen der 4 Hähne nach jeder Uebung ist bereits früher das Nähere gesagt worden.

Eine Zerlegung des Geschützes darf von der Mannschaft nicht weiter vorgenommen werden, als durch die Abnahme der Läufe und das Abheben des Deckels des Mechanismusgehäuses. Zu letzterem Behufe sind die 3 Schrauben von den beiden Seitenwänden und jene von der Rückseite des Mechanismusgehäuses herauszunehmen und der Deckel einfach aufzuheben.

Alle weiteren nöthig werdenden Zerlegungen haben durch Ouvriers zu geschehen.

§ 37.
Absichtliches Verderben des Geschützes.

Wenn eine Ueberrumpelung der Batterie ein Unbrauchbarmachen des Geschützes nöthig macht, so sind vor Allem die 5 Stellhebel, nachdem sie abgesperrt sind, abzunehmen, was durch Ausschlagen des Stiftes leicht bewerkstelligt wird. Zuerst ist jedenfalls auf den horizontalen Hebel Bedacht zu nehmen. Dieses Unbrauchbarmachen genügt jedoch nur auf kurze Zeit, und es ist daher nicht vollständig ausreichend. Das beste Mittel bleibt eine Abnahme der Läufe, doch wird wenn hierzu Zeit bleibt eine Rettung des Geschützes stets möglich sein. Als Vorschrift kann daher nur erstere Maßregel aufgestellt werden, welche den Vortheil hat, daß ein wiedereroberetes Geschütz sogleich wieder zu benutzen ist.

VIII. Capitel.
Bedienung der Batterie.

§ 38.
Aufstellung und Einmarsch zum Geschütze.

Nach Vorschrift des Bandes III, Theil 1, § 101[2] [Vorschriften für den Unterricht der Artillerie. Bde. 1–4, 7, München 1844–1870].

§ 39.
Richtung bei unbespannten Geschützen.

Nach Band III, Theil 1, § 102.

§ 40.
Von den Uebungen und verschiedenen Funktionen der Batterie.

Der Batterie Commandant läßt alle Uebungen vornehmen, welche beim Unterricht des einzelnen Feldgeschützes angewiesen wurden, um sich zu überzeugen, ob die Bedienung ihre Funktionen genau und pünktlich vollzieht.

Viertels und halbe Wendungen sollen in der Batterie nicht gemacht werden.

Geladen wird auf das Commandowort »– protzt – ab!«

Die Geschützkommandanten stehen bei abgeprotztem Geschütze 5 Schritte rechts seitwärts ihres Geschützes, 1 Schritt hinter dem Protzstocke.

Die Abgabe des Feuers erfolgt stets auf das Commandowort »Feuer« geschützweise, wobei die Zugs- und Geschützkommandanten die Schnelligkeit und Zielpunkte des Feuers zu bestimmen haben.

§ 41.
Ausmarsch vom Geschütze.

Analog Band III, Theil 1, § 106.

§ 42.
Abnahme und Ueberziehen des Geschützüberzugs.

Da bei dem Orgelgeschütze ein besonders befohlenes Vertheilen der Geräthschaften nicht stattfindet, so wird hinsichtlich des Geschützüberzuges Folgendes bestimmt:

1.) Wenn die Batterie in das Gefecht rückt, werden die Ueberzüge stets vorher abgenommen und in dem Munitionswagen versorgt.
2.) Bei bloßen Fahrübungen oder dem bespannten Exerziren ihrer Bedienung ist der Ueberzug am Geschütze zu belassen.
3.) Beim bespannten Exerziren mit Bedienung oder dem unbespannten Geschütze muß der Ueberzug nach dem Einmarsche abgenommen werden. Dies geschieht auf das Commandowort:

Ueberzug – ab!

Die beiden No 1 und 2 besorgen das Aufknüpfen und Aufschnallen des Ueberzuges, die No 1 vorn, die No 2 hinter der Achse. Der Ueberzug wird von rückwärts abgezogen und von No 2 rechts dem vorlaufenden No 4 rechts zur Versorgung im Wagen übergeben. Bei den Uebungen ohne Bespannung versorgt No 2 rechts den Ueberzug auf dem Trittbrette der Protze.

Will der Commandant keine Uebungen mit der Bedienung mehr vornehmen lassen, so kommandirt er:

Ueberzug – auf!,

welches Commando analog dem Abnehmen vollzogen wird.

§ 43.
Bespannung der Protzen.

Analog Band III, Theil 1, § 107.

Beim Exerziren stehenden Fußes rücken die beiden No 4 nicht aus, wenn es außerdem für die Bedienung sämmtlicher Geschütze an Mannschaften gebricht.

IX. Capitel.
Handhabung der Geschütze und Fahrzeuge in besonderen Fällen.

§ 44.
Allgemeine Bestimmungen.
Die Handhabungsarbeiten am Geschütze selbst sind seiner großen
Leichtigkeit halber viel einfacher als jene am Feldgeschütze, und kön-
nen durchgehends von 5 Mann ausgeführt werden. Für die Handha-
bungsarbeiten an der Protze und den übrigen Fahrzeugen bleiben die
Bestimmungen des III. Bandes I. Theil XI. Capitel maßgebend.

München, den 6. September 1870
Kgl. Artillerie – Corps – Commando.
(L.S.)

Anlage 5

Kaliber und Gewichtsverhältnisse der am Vergleichsschießen beteiligten Systeme (BayKa, A X 2/21 I, Nr. 771, Bl. 32)

	1zölliges Gatling Geschütz	½zölliges Gatling Geschütz mit 6 Rohren	½zölliges Gatling Geschütz mit 10 Rohren	Mitrailleur von Montigny u. Christophe	Feldl
Kaliber	25,4 mm	12,7 mm	12,7 mm	14 mm	11 mm
Geschoßmasse	239 gr	28,85 gr	28,85 gr	37,95 gr	21,67 gr[a]
Treibladungsmasse	35 gr	3,8 gr	3,8 gr	6,25 gr	4,3 gr[a]
Patronenmasse	324 gr	41,5 gr	41,5 gr	47,2 gr	35,15 gr[a]
Masse, welche in 10 Minuten verfeuert werden kann	315,3 kg	62,2 kg	103,6 kg	120,4 kg	105,3 kg
Masse des Geschützes samt Lafette	840 kg	385 kg		409 kg	560 kg

[a] Metallpatrone des Gewehres M. 1869

Anlage 6

Die bei Schießversuchen in Bayern,
Österreich und Belgien ermittelten
Treffwahrscheinlichkeiten als Funktion der Zielentfernung auf 2,8 m
bis 3 m hohe Scheibenwände

(Quelle: Vgl. Kap. 8.3.1., Anm. 103–105)

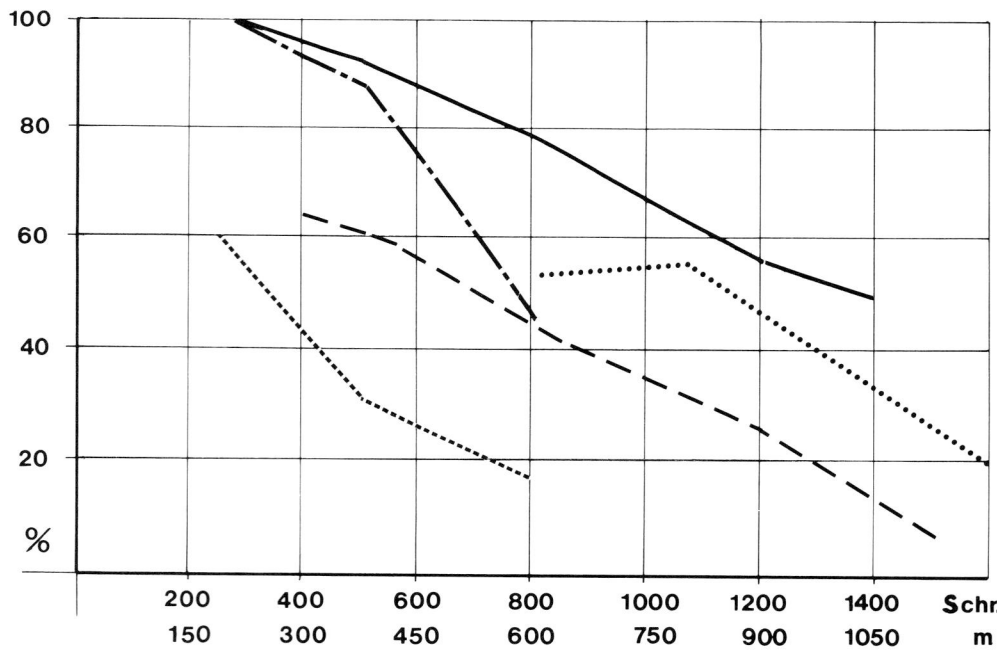

——————— : Kartätschgeschütz System Feldl (Bayern)

— · — · — : Gatling Gun Kal. 12,7 mm (Bayern)

- - - - - - - - : Mitrailleur System Christophe u. Montigny (Bayern)

· · · · · · · · · · · : Mitrailleur System Christophe u. Montigny (Belgien)

— — — : Mitrailleur System Montigny (Österreich)

Allerdurchlauchtigster Großmächtigster Koenig
Allergnädigster Koenig und Herr!

Allerunterthänigst treugehorsamster Bericht
des Johann Feldl, Techniker aus Forsthart, k.
Bezirksamt Vilshofen in Niederbayern
über die bayerischen Kartätschenbatterien
in Chatenay betreffend:

Der allerunterthänigst treugehorsamst Unterzeichnete, welcher im allerhöchsten Auftrage die beiden bayerischen Kartätschenbatterien in Chatenay untersuchte, und zu diesem Zwecke am 28. November vorigen Jahres von hier abgereist, und am 29. Dezember vorigen Jahres wieder zurückgekehrt ist, wagt es hiermit, die durch ihn gemachten Beobachtungen Euerer Königlichen Majestät zu unterbreiten:
Bei der ersten Batterie waren alle Läufe so verrostet, daß wenn ich um einige Tage später angekommen, ist es nicht im Stande gewesen wäre, dieselben wieder zu reinigen. ferner waren die Kanäle der Zuführungstrommeln so voll Fett angeschmiert, daß ich es nicht für möglich hielt, daß sie noch eine Patrone hätten aufnehmen können, das insbesondere das Fett bei der kalten Jahreszeit ziemliche Festigkeit erlangt; Aus den Werkzeugkasten waren die meisten Werkzeuge verschwunden und dafür mit anderen Sachen, wie französischen Patronentaschen, Leder und dergleichen vollgestopft, so daß ich mir die nothwendigsten Werkzeuge erst von sämmtlichen Geschützen zusammensuchen mußte, um die Läufe abnehmen zu können.
Unter den Patronen habe ich sehr viele gefunden, welche viel zu lang, viele, welche zu stark waren, so daß sie nicht ganz in die Pulverkammer hineingingen; viele andere fanden sich, welche einen so starken Rand hatten, daß die Extractoren sie nicht aufnehmen konnten.
Die Patronenlagerungshülsen, welche die Spänglermeister in München geliefert haben, sind so ungleich und unförmlich, daß die Patronen nicht horizontal liegen können, da erstere im Querschnitt zu kurz, von hinten zu eng, von vorne aber zu weit sind.
Der Mechanismus der Patronenlagerungshülsen, welcher sich in dem Momente öffnet, wenn man dieselben aufsteckt, ist so fehlerhaft, daß man sie bereits nicht öffnen kann, ohne daß die Röhre von der hinteren Seite verdrückt wird, da das Blech von vorneherein schon zu schwach ist; auch habe ich mehrere der eben erwähnten Patronenlagerungshülsen vorgefunden, welche sammt den sie enthaltenden Patronen voller Koth und Sand waren, welcher Umstand deshalb sehr gefährlich ist, weil der Sand die Pulverkammer und den Trall so verkratzt, daß eines Theils die Hülse nach dem Abfeuern schwerer herausgeht, andern Theils der Trall seine glatte Oberfläche verliert, wodurch Verbranden und Verbleien auf eine künstliche Weise hervorgerufen wird.
Es ist unumgänglich nothwendig, daß, gleich wie der Infanterist sich sein Gewehr sorgfältig reinigt, ist die Munition sicher aufbewahrt, man dieß beim Kartätschengeschütz gleichfalls thue.
Bei der zweiten Batterie waren nur Spänglerhülsen, von denen keine brauchbar ist; nunmehr hat dieselbe aber Patronenlagerungshülsen aus der Maschinenfabrik, und nachdem die Patronen so ziemlich durchcalibrirt sind, ist diese Batterie wieder in dem Zustande, wie die Maschinenfabrik sie übergeben hat.
Als das Werdergewehr für die bayerische Armee angenommen wurde, wurden zuerst die Herren Officire, dann die Unterofficire darauf sorgfältigst eingeschult, bei der Kartätschenbatterie aber wurde mir, dem Erfinder keine Gelegenheit geboten, Officire oder Soldaten mit der Behandlungsweise derselben eingehend vertraut zu machen, und war es daher bei der nicht vollkommenen Vertrautheit der einschlägigen Bedienungsmannschaft mit ihrer Waffe fast unausbleiblich, daß bei Stellungsveränderungen Störungen oder Irrungen eintreten mußten, wenn auch im Allgemeinen die Handhabung der Waffe eine noch so einfache ist.

In allertiefster Ehrfurcht erstirbt
Euerer Koeniglichen Majestaet

München den 14. Februar 1871

allerunterthänigst, treugehorsamster
Joh. Feldl

Gutachten der preußischen General-Inspektion der Artillerie
vom 4. Mai 1869 (Abschrift)
(GLA 238/1978)
General-Inspection der Artillerie.
Berlin den 4. Mai 1869.

<u>Br.M.</u> Dem Königlichen Allgemeinen Kriegs-Departement ganz ergebenst vorzulegen.
Im Allgemeinen mit den Vorschlägen der Artillerie-Prüfungs-Commission einverstanden, finde ich mich zu nachstehenden Bemerkungen veranlaßt:
1. Ich bin der Ansicht, daß der Mitrailleur zu vielen Zwecken der Festungsvertheidigung mit Vortheil wird verwendet werden können, namentlich zur Grabenbestreichung, zur Vertheidigung von Thoren, Dämmen pp., sowie der Bresche.
2. Die Vorzüge des Mitrailleurs, dem Gewehr und Geschütz gegenüber, bestehen in der ausgiebigeren Wirkung – innerhalb seiner Gebrauchssphäre –, in der besseren Deckung und dem minderen Bedarf an Raum, welcher es gestattet, die für Mitrailleurs zu errichtenden Bauwerke sehr klein zu halten und dadurch dem feindlichen indirecten Geschützfeuer möglichst zu entziehen.
Wenn dieser letztere Vorzug sich auch namentlich bei Neubefestigungen herausstellen wird, so glaube ich doch, daß auch für bereits bestehende Befestigungen der Mitrailleur in vielen Fällen – wenn auch mit minderem Vortheil zu verwenden sein wird.
3. Ich beantrage daher, daß recht bald mit der Beschaffung einer Anzahl von Mitrailleurs vorgegangen werde und zwar unabhängig von der Ermittelung des Bedarfs für die einzelnen Festungen.
Als Motiv zu diesem Antrage leitet mich auch die Erwägung, daß es zweckmäßig ist, die eigenen Truppen, namentlich die Infanterie, mit der Einrichtung und Wirkung des Mitrailleurs bekannt zu machen, damit ihnen bei einem eventuellen Kriege mit Frankreich, wo der Mitrailleur zum Feldgebrauch eingeführt ist, dieser keine neue und unerwartete Erscheinung darbiete. Durch Ueberweisung einer Anzahl von Mitrailleurs nebst dem erforderlichen Munitionsquantum an die Infanterie-Truppentheile würden Officiere und Soldaten das Wesen der neuen Waffe kennen lernen, sich demgemäß auch mit deren Schwächen vertraut machen und die geeigneten Mittel zur Bekämpfung der qu. Waffe finden. Auch würde durch diese Maßregel eine Anzahl von Bedienungsmannschaften für den Ernstgebrauch in Festungen vorgebildet.
Um die Kenntniß des Mitrailleurs in der Armee zu verbreiten, dürfte es sich empfehlen, zunächst für die Militair- und für die Artillerie-Schießschule eine Anzahl, für erstere Schule etwa 4, für letztere 2, Mitrailleurs nebst Munition zu beschaffen und in Gebrauch zu geben.
4. Die Laffettirung dieser Versuchs-Exemplare könnte vorläufig dieselbe sein, wie die als Mitrailleurs der Artillerie-Prüfungs-Commission. Die letztere Commission würde inzwischen eine zweckmäßigere Laffetten-Construction zu ermitteln haben, durch welche zugleich der Fehler der zu geringen Streuung der Mitrailleurgeschosse zu verringern wäre.
Ebenso würden die Bestrebungen dieser Commission dahin zu lenken sein, durch Verbesserungen der Patronen das Vorkommen von Versagern und Ladehemmungen zu beschränken.
5. Die geringe Percussionskraft der Mitrailleurgeschosse ist ein ferner Mangel, welcher bedingt, daß diejenigen Grabenbatterien, welche zur Bekämpfung des Grabenüberganges beim förmlichen Angriff in Thätigkeit kommen können, Einrichtungen erhalten müssen, welche deren Armirung auch mit Geschützen ermöglicht.
6. Es dürfte ferner schon jetzt hervorzuheben sein, daß wegen der wohl nie ganz zu beseitigenden Störungen des Mitrailleurfeuers, niemals <u>ein</u> Geschütz dieser Art allein, womöglich aber drei, zu demselben Zweck aufzustellen sein würden.
7. In Bezug auf den Feldkrieg halte ich sowohl den Mitrailleur als die Gatling-Geschütze vorläufig für bedeutungslos und eine Fortführung der Versuche mit diesen letzteren Geschützen überhaupt nur in soweit für empfehlenswerth, als es erforderlich ist, den Bestrebungen der Nachbarstaaten zu folgen.

gez. v. Hindersin.

14. Abkürzungs- und Siglenverzeichnis

AAI	Archiv für die Offiziere der Königlich Preußischen Artillerie- und Ingenieur-Korps; ab 1871: Archiv für die Artillerie- und Ingenieur-Offiziere des deutschen Reichsheeres
Abb.	Abbildung
ACC	Artillerie-Corps-Commando
ADB	Allgemeine Deutsche Biographie
AK	Armeekorps
AMZ	Allgemeine Militär-Zeitung
Anm.	Anmerkung
APK	Artillerie-Prüfungskommission
BayKa	Bayerisches Hauptstaatsarchiv, Abt. IV, Kriegsarchiv
Bl.	Blatt
BMVg	Bundesministerium der Verteidigung
Cgm	Codex germanicus Monacensis
DWJ	Deutsches Waffen-Journal
ErpSt	Erprobungsstelle
fl	Gulden
FZM	Feldzeugmeister/Feldzeugmeisterei
GLA	Generallandesarchiv Karlsruhe
GML	Generalfeldmarschalleutnant
hrsg.	herausgegeben
HS	Handschrift
HStAS	Hauptstaatsarchiv Stuttgart
Inv.-Nr.	Inventarnummer
Jb.	Jahrbuch
j.L.	jüngere Linie
Kal.	Kaliber
k.b.	königlich bayerisch
k.k.	kaiserlich-königlich
KM	Kriegsministerium
kr	Kreuzer
M	Modell
MA	Militärarchiv
MAUG	Mittheilungen über Gegenstände des Artillerie- und Genie-Wesens
MWB	Militär-Wochenblatt
NDB	Neue Deutsche Biographie
ÖMZ	Österreichische Militärische Zeitschrift
RT	Reichstaler
Sgr	Silbergroschen
Sp.	Spalte
V_0	Geschwindigkeit des Geschosses gemessen an der Rohrmündung
vgl.	vergleiche
WGM	Wehrgeschichtliches Museum
WTS	Wehrtechnische Studiensammlung
ZHWK	Zeitschrift für historische Waffenkunde; ab 1921: Zeitschrift für historische Waffen- und Kostümkunde

15. Quellen- und Literaturverzeichnis

15.1. Gegenständliche Quellen

15.2. Ungedruckte Quellen

Archiv des Bistums Passau, Passau:
Taufmatrikel der Pfarrei Galgweis, Bd. 8
Bayerisches Hauptstaatsarchiv München, Abt. IV-Kriegsarchiv:
Bestand A X 2/21 I
      A X 2/25
      FZM 1299
Offizierspersonalakt OP 5708; OP 14409; OP 14820; OP 15312; OP 22296; OP 55948
Handschriftenbestand HS 137; HS 1409
Bayerische Staatsbibliothek München, Handschriftenabteilung:
Cgm 599; Cgm 600; Cgm 734
Cod. icon. 222
Generallandesarchiv Karlsruhe:
Abt. 238/1977
     238/1978
     238/2019
Hauptstaatsarchiv Stuttgart:
Bestand E 271 h Bü 1703
          Bü 1820
Militärarchiv der DDR, Potsdam:
Bestand Sächsisches Kriegsministerium (Sa)
Sa 2122
Sa 2205
Privatarchiv Wirtgen, Neuwied:
Masch.-Schr. Ms. von Oberst a. D. Straehler, Fabrikation des Perkussionsgewehrs M. 39 und des Zündnadelgewehrs M. 41 in der Gewehrfabrik Spandau
Universitätsbibliothek Göttingen:
Codex ms. phil. 63
Werkarchiv der Maschinenfabrik Augsburg-Nürnberg AG:
Masch.-Schr. Ms. von C. Fischer, Zusammenstellung über wehrtechnische Geräte (1939)
Gewerbeprivilegien von 1869, 1870

15.3. Gedruckte Quellen

Alexandre, Maréchal Prince:
Instruction sur les Armes à Feu et Armes Blanches Portatives, à l'Usage des Troupes Françaises, rédigée et imprimée Ordre de Ministre de la Guerre. In: Journal Militaire, Jg. 1806, Teil I, S. 197–240.
Anlage 2 zum Exerzier-Reglement für die Fußartillerie. Vom 18. Februar 1911 (D.V.E. Nr. 201 a). Berlin 1911.
Boeheim, Wendelin:
Die Zeugbücher des Kaisers Maximilian I. In: Jahrbuch der Kunsthistorischen Sammlungen der Allerhöchsten Kaiserhauses, Bd. 13 (1892), S. 94–201 u. Bd. 15 (1894), S. 295–391.
Ein Brandenburgischer Mobilmachungsplan aus dem Jahre 1477. In: Kriegsgeschichtliche Einzelschriften. Hrsg. vom Großen Generalstabe, Abteilung für Kriegsgeschichte. Heft 3, 2. Aufl. Berlin 1896, S. 1–36.
Der Bundesminister der Verteidigung:
Neuordnung des Rüstungsbereiches. Rahmenerlaß und Bericht der Organisationskommission des BMVg zur Neuordnung des Rüstungsbereiches. Bonn 1971.

Dale, Michel F.:
La Fabrication du Fusil »Modèle 1777« à la Manufacture Impériale d'Armes de Liège. Mémoire écrit en 1810. Hrsg. von Claude Gaier. Liège 1977.
Description of Gatling Guns, Caliber. 45., with Rules and Regulations for their Inspection. Guns in Service, their Interchangeability, Carriages, Tripods, and Harness. Publication authorized by the Secretary of War. Washington 1878.
Dienst-Ordnung für die Militair-Waffen-Fabriken. Berlin 1857.
Die 3,7 cm Revolver-Kanone.
Nomenclatur und Beschreibung derselben, sowie der Munition. Ihre Behandlung vor, während und nach dem Schießgebrauche. Berlin 1882.
Die 3,7 cm Revolver-Kanone der Land-Artillerie und ihre Munition nebst Vorschriften über Behandlung und Instandhaltung. Mit den Deckblättern von 1888–1890. Berlin 1886.
Enquete über das von der Französischen Artillerie während des Krieges 1870–1871 verwendete Material. In: AAI, 38. Jg. (1874), Bd. 75, S. 234–254.
L'enquête sur le matériel d'artillerie employé pendant la guerre de 1870–1871. In: Revue d'Artillerie, 2. Jg. (1874), Bd. 4, S. 62–80, 165–178.
Essenwein, A.:
Quellen zur Geschichte der Feuerwaffen. Bd. 1: Text, Bd. 2: Tafelteil. Nachdruck der Ausgabe 1877. Graz 1969.
De Gheyn, Jacob:
Über den rechten Gebrauch der Muskete für die jungen und unerfahrenen Soldaten. 43 Faksimiledrucke nach den Originalstichen. Hrsg. vom Armeemuseum der Deutschen Demokratischen Republik. (Berlin 1973)
De Gheyn, Jacob:
Wapenhandelinghe van roers, musquetten ende spiessen.... Nachdruck der Ausgabe Den Haag 1607. Mit einem Kommentar von J. B. Kist. New York, Toronto, London 1971.
Hahlweg, Werner (Hrsg.):
Die Heeresreform der Oranier. Das Kriegsbuch des Grafen Johann von Nassau-Siegen. Wiesbaden 1973.
Hassenstein, Wilhelm (Hrsg.):
Das Feuerwerkbuch von 1420. 600 Jahre deutsche Pulverwaffen und Büchsenmeisterei. Neudruck des Erstdruckes aus dem Jahre 1529 mit Übertragung ins Hochdeutsche und Erläuterungen. München 1941.
Huber, Ernst-Rudolf:
Dokumente zur deutschen Verfassungsgeschichte. Bd. 2: Deutsche Verfassungsdokumente 1851–1918. Stuttgart 1964.
Instruction für die Verrichtungen bei der Bedienung der Feldgeschütze und für ihre Behandlung bei der Aufbewahrung und beim Transport. Berlin 1876.
Instruction über den Dienst des canon à balles (Mitrailleuse), übersetzt von O. Meinecke. In: Militärische Blätter, 13. Jg. (1871), Bd. 25, S. 113–141.
Instruction über die Einrichtung, die Konservirung und die Bedienung der k.k. Mitrailleuse. Wien 1878.
Köchly, H. / Rüstow, W.:
Griechische Kriegsschriftsteller. Griechisch und Deutsch mit kritischen und erklärenden Anmerkungen. 3 Bde. Nachdruck der Ausgabe 1853–1855. Osnabrück 1969.
Kyeser, Conrad aus Eichstätt:
Bellifortis. Hrsg. von der Georg-Agricola-Gesellschaft zur Förderung der Geschichte der Naturwissenschaften und der Technik. 2 Bde.: 1. Faksimile der Handschrift Phil. 63 der Niedersächsischen Staats- und Universitätsbibliothek Göttingen, 2. Umschrift und Übersetzung von Götz Quarg. Düsseldorf 1967.
Leitfaden für den Unterricht in der Waffenlehre auf den Königlichen Kriegsschulen. 5. Aufl. Berlin 1890.
Militärische Schriften weiland Kaiser Wilhelms des Großen Majestät. Auf Befehl Seiner Majestät des Kaisers und Königs herausgegeben vom Königlich Preußischen Kriegsministerium. 2 Bde. Berlin 1897. Bd. 2: Zündnadelgewehr oder gezogenes Perkussions-(Minié-) Gewehr. 1849–1858. S. 80–107.
Les Mitrailleuses ou armes mécaniques, leur role dans les opérations militaires (Artillerie a bras et infanterie mécanique). Système du Colonel Claxton. Liège o. J.
Neuconstruirte Schießmaschine des Mechanikers Eberhardt in Ulm. In: AMZ, 42. Jg. (1867), Nr. 18, S. 142–143.
Preis-Verzeichnis der Maschinen-Fabrik von Gebrüder Eberhardt in Ulm a. D. (Ulm) 1871.
Reglement für die Königl. Preußische Infanterie. Nachdruck der Ausgabe von 1743 mit einem Vorwort von Hans Bleckwenn (Altpreußischer Kommiß offiziell, offiziös und privat, Hefte 31 u. 32). Osnabrück 1976.
Regulament und Ordnung des gesammten Kaiserlich-Königlichen Fuß-Volcks von 1749. 2 Bde. Nachdruck der Ausgabe von 1749 mit einer Einleitung von Georg Ortenburg (BIBLIOTHECA RERUM MILITARIUM, Bd. 17). Osnabrück 1969.
Sondervorschriften für die Fußartillerie. Bde. A–D (D.V.E. Nr. 197). Berlin 1892–1904.
Vorschrift für die Umänderung des Verschlusses an den Zündnadel-Gewehren M/62 und den Füsilier-Gewehren M/60. Berlin 1871.

15.4. Handbücher, Lexika, Kataloge und Inventare

Allgemeine Militair-Encyclopädie.
Hrsg. und bearbeitet von einem Verein deutscher Offiziere und Anderen. 11 Bde. 2. Aufl. Leipzig 1868–1877.
Aide-Mémoire A L'Usage des Officiers D'Artillerie. 2. Aufl. Paris 1844.
Badische Biographien.
III. Teil, Karlsruhe 1881. V. Teil, Bd. 1, Heidelberg 1906.
Bücher-Verzeichnis der Königlich Bayerischen Armee-Bibliothek. München 1913.
Die deutschen Handschriften der K. Hof- und Staatsbibliothek zu München. Nach J. A. Schmellers kürzerem Verzeichnis (Catalogus codicum manu scriptorum Bibliothecae Regiae Monacensis, Bd. V/VI). Teilnachdruck der Ausgabe 1866. Wiesbaden 1972.
Dictionary of American Biography.
Hrsg. von Allen Johnson u. Dumas Malone. 20 Bde. London, New York 1928–1936.
Führer durch das Königliche Zeughaus in Berlin. 6. Aufl. Berlin 1895.
Gabriel, Erich (Bearb.):
Von der Luntenmuskete zum Sturmgewehr. Katalog zur Sonderschau der Entwicklung der Hand- und Faustfeuerwaffen im österreichischen Heer. Hrsg. vom Heeresgeschichtlichen Museum/Militärwissenschaftlichen Institut. Wien 1967.
Handbuch der neuzeitlichen Wehrwissenschaften. Hrsg. im Auftrage der Deutschen Gesellschaft für Wehrpolitik und Wehrwissenschaften und unter Mitarbeit umstehend aufgeführter Sachverständiger von Hermann Franke. 2. Bd.: Das Heer. Berlin, Leipzig 1937.
Handbuch zur deutschen Militärgeschichte 1648–1939. Hrsg. vom Militärgeschichtlichen Forschungsamt. 6 Bde. München 1964–1981.
Handwörterbuch der gesamten Militärwissenschaften. Hrsg. von B. Poten. 9 Bde. Bielefeld, Leipzig 1877–1880.
Hartfiel, Günter:
Wörterbuch der Soziologie. 2. Aufl. Stuttgart 1976.
Heer, Eugène:
Der Neue Støckel. Internationales Lexikon der Büchsenmacher, Feuerwaffenfabrikanten und Armbrustmacher von 1400–1900. 3 Bde. Schwäbisch Hall 1978–1982.
Hof-und Staats-Handbuch des Großherzogthums Baden 1868 ff.
Hoyer, J. G.:
Allgemeines Wörterbuch der Artillerie, welches die Erklärung aller verschiedener Kunstwörter, Begriffe und Lehrsätze der Geschützkunst in theoretischer und praktischer Hinsicht, nebst der Geschichte der wichtigsten Erfindungen in derselben, enthält. 4 Bde. Tübingen 1804–1812.
Hütz, Joseph / Schmoelzl, Joseph:
Versuch eines Handbuchs über die königlich bayerische Artillerie. München 1847. 2. Aufl. u. d. T.: Handbuch der königlich bayerischen Artillerie. 2 Bde. München 1857–1861.
Jähns, Max:
Geschichte der Kriegswissenschaften vornehmlich in Deutschland (Geschichte der Wissenschaften in Deutschland, Bd. 21, 1–3).

3 Bde. Nachdruck der Ausgabe 1889–1891. New York, Hildesheim 1966.

Kaestlin, J. P. (Bearb.):
Catalogue of the Museum of Artillery in the Rotunda at Woolwich. Teil 1 Ordnance. 2. Aufl. o. O. 1970.

Kaufhold, Walter / Seigel, Rudolf:
Schloß Sigmaringen und das Fürstliche Haus Hohenzollern. Konstanz, Stuttgart 1966.

Klaus, Georg / Liebscher, Heinz (Hrsg.):
Wörterbuch der Kybernetik. 2 Bde. Frankfurt a. M. 1979.

Das Königliche Zeughaus.
Führer durch die Ruhmeshalle und die Sammlungen. 5. Aufl. Berlin 1910 (u. 1914).

Militär-Handbuch des Königreiches Bayern. Jge. 1867 ff.

Militair-Conversations-Lexikon bearbeitet von mehreren deutschen Officieren. Hrsg. von Hanns Eggert Willibald von der Lühe. 8 Bde. Leipzig, Adorf 1833–1841.

Militärlexikon.
2. Aufl. Berlin 1973.

Militär-Lexikon. Handwörterbuch der Militärwissenschaften. Hrsg. von H. Frobenius. Berlin 1901.

Österreichisches Biographisches Lexikon 1815–1950. Hrsg. von der Österreichischen Akademie der Wissenschaften. Bd. 1-(8). Graz, Köln, Wien 1957 ff.

Philosophisches Wörterbuch.
Hrsg. von Georg Klaus und Manfred Buhr. 2 Bde. 12. Aufl. Berlin 1976.

Popp, Ludwig (Bearb.):
Das Königl. Bayer. Armee-Museum im Hauptzeughause zu München. Im Auftrage des k. b. Generalstabes bearbeitet. 2. Aufl. München 1886.

Priesdorff, Kurt v.:
Soldatisches Führertum, 10 Bde. Hamburg o. J.

Rang- und Quartier-Liste der Königlich Preußischen Armee und Marine für das Jahr 1865 ff.

Rheinmetall GmbH.
Waffentechnisches Taschenbuch. 3. Aufl. Düsseldorf 1977.

Sächsische Lebensbilder. Hrsg. von der Sächsischen Kommission für Geschichte. 2 Bde. Leipzig 1930–1938.

Scheibert, J. / Porth, W.:
Illustrirtes Militär-Lexikon für die k. und k. österreichisch-ungarische und deutsche Armee. Berlin 1897.

Schneider, Karin:
Die deutschen Handschriften der Bayerischen Staatsbibliothek München Cgm 501–690 (Catalogus codicum manu scriptorum Bibliothecae Monacensis, Bd. 5, Teil IV). Wiesbaden 1978.

Schrettinger:
Der Königlich Bayerische Militär-Max-Joseph-Orden und seine Mitglieder. München 1882.

Schröder, Bernd Philipp:
Die Generalität der deutschen Mittelstaaten 1815–1870 (Handbuch der deutschen Generalität im 19. Jahrhundert, Teil 1). 2 Bde. Osnabrück 1984.

Six, Georges:
Dictionnaire biographique des généraux et amiraux Français de la Révolution et de l'Empire (1792–1814). 2 Bde. Paris 1934.

Sowjetische Militärenzyklopädie. Auswahl. 29 Hefte. Berlin 1977–1984.

Stammler, Wolfgang / Langosch, Karl (Hrsg.):
Die Deutsche Literatur des Mittelalters – Verfasserlexikon. Bd. 2. Berlin u. Leipzig 1936; Bd. 3. Berlin 1943.

Streit, F. L.:
Militairische Encyklopädie für künftige Officiere besonders für Preußische. Berlin 1800.

Szendrei, Johann:
Ungarische Kriegsgeschichtliche Denkmäler in der Millenniums-Landes-Ausstellung. Budapest 1896.

Thomas, Bruno / Gamber, Ortwin:
Katalog der Leibrüstkammer. I. Teil, der Zeitraum von 500 bis 1530. Hrsg. vom Kunsthistorischen Museum Wien, Waffensammlung (Führer durch das Kunsthistorische Museum, Nr. 13). Wien 1976.

The Tøjhusmuseum – Royal Danish Arsenal Museum (Hrsg.): The Cannon Hall. Kopenhagen 1971.

Vogelmann:
Die badische Militär-Verwaltung. Als Handbuch für Offiziere und Kriegsbeamte und als Anleitung zu Vorlesungen für das Kadettenkorps bearbeitet. Karlsruhe 1853.

Wegeli, Rudolf:
Katalog der Waffensammlung im Zeughause zu Solothurn. Solothurn 1905.

Welt im Umbruch. Augsburg zwischen Renaissance und Barock (Ausstellungskatalog). 3 Bde. Augsburg 1980.

Werkzeugmaschinenfabrik Oerlikon-Bührle AG:
Oerlikon Taschenbuch. 2. Aufl. Zürich 1981.

Wirtgen, Rolf (Bearb.):
Handfeuerwaffen. Preußen (bis 1870), (Die Sammlungen des Wehrgeschichtlichen Museums im Schloß Rastatt, Abt. 2 / Teil II). Freiburg 1979.

Ders. (Bearb.):
Handfeuerwaffen. Die historisch-technische Entwicklung (Die Sammlungen des Wehrgeschichtlichen Museums im Schloß Rastatt, Abt. 2 / Teil I). 2. Aufl. Freiburg 1980.

Das Zeughaus zu Berlin und seine Sammlungen. Hrsg. von der Königlichen Zeughaus-Verwaltung. Aufgenommen nach der Natur von Adolf Halmas. 9 Lieferungen, Berlin 1887 ff.

15.5. Sachdarstellungen

Der 18. August 1870
Hrsg. vom Großen Generalstabe, Kriegsgeschichtliche Abteilung I (Studien zur Kriegsgeschichte und Taktik, Bd. 5). Berlin 1906.

Anschütz, Heinrich:
Die Gewehr Fabrik in Suhl im Hennenbergischen, ihre Entstehung, Einrichtung und dermahliger Zustand, nebst ausführlicher Beschreibung der Verfahrensart bey Verfertigung der Militär und Jagd Gewehre. Dresden 1811.

Artillerie-Prüfungs-Kommission in den Vereinigten Staaten Nordamerikas. In: AAI, 33. Jg. (1869), Bd. 65, S. 277–278.

Baer, Ludwig:
Die leichten Waffen der deutschen Armeen von 1841–1945. Schwäbisch Hall 1976.

Barlet, Heinz:
Die technischen Dienststellen des BWB. In: Wehrtechnik, Heft 1 (1978), S. 19.

Bartolomäus:
Der General der Infanterie von Hindersin. Ein Bild seines Lebens und Wirkens. Berlin 1895.

Baschung, Charles:
Une Mitrailleuse au masculin. La décevante Invention de Louis Christophe et Joseph Montigny. In: Gazette des Armes, Nr. 21 (1974), S. 8–19.

Ders.:
Les Mitrailleuses Mécaniques. Versailles 1981.

Becker, Josef:
Der badische Kulturkampf und die Problematik des Liberalismus. In: Badische Geschichte. Vom Großherzogtum bis zur Gegenwart. Hrsg. von der Landeszentrale für politische Bildung Baden-Württemberg. Stuttgart 1979. S. 86–102.

Beckwith, Arthur:
Report on Asphalt and Bitumen as applied to the Construction of Streets and Sidewalks. In: Reports of the United States Commissioners to the Paris Universal Exposition, 1867. Hrsg. von William P. Blake, Bd. 4, Washington 1870.

Belgische Versuche mit dem Mitrailleur von Christophe und Montigny. In: AAI, 35. Jg. (1871), Bd. 70, S. 256–259.

Benecke, Theodor:
Erprobung. Fortschritt auch in der Methode der Erprobung. In: Jahrbuch der Wehrtechnik. Folge 3. Darmstadt 1968. S. 10–13.

Benecke, Theodor / Schöner, Günther:
Wehrtechnik für die Verteidigung. Bundeswehr und Industrie – 25 Jahre Partner der Industrie. Koblenz 1984.

(Berenhorst, Georg Heinrich von):
Betrachtungen über die Kriegskunst, über ihre Fortschritte, ihre Widersprüche, und ihre Zuverläßigkeit. 3 Bde. Leipzig 1798–1799.

Berlin:
Handbuch der Waffenlehre. Für Offiziere aller Waffen zum Selbstunterricht besonders zur Vorbereitung für die Kriegsakademie.
3. Aufl. Berlin 1912.

Bezzel, Oskar:
Geschichte des Königlich Bayerischen Heeres von 1825 mit 1866
(Geschichte des Bayerischen Heeres. Hrsg. vom Bayerischen
Kriegsarchiv, Bd. 7). München 1931.

Bloch, Johann v.:
Der Krieg. Übersetzung des russischen Werkes des Autors: Der
zukünftige Krieg in seiner technischen, volkswirtschaftlichen und
politischen Bedeutung. 6 Bde. Berlin 1899.

Bock, Helmut:
Schill. Rebellenzug 1809. 3. Aufl. Berlin 1981.

Boeheim, Wendelin:
Handbuch der Waffenkunde. Nachdruck der Ausgabe 1890. Graz
1966.

Boelcke, Willi A. (Hrsg.):
Deutschlands Rüstung im Zweiten Weltkrieg. Hitlers Konferenzen
mit Albert Speer 1942–1945. Frankfurt a. M. 1969.

Bondarenko, W. M.:
Die moderne Wissenschaft und die Entwicklung des Militärwesens.
Wehrsoziologische Betrachtung. Berlin 1979.

Bonsignore, Ezio:
Die Nahbereichsflugabwehr auf Schiffen und Booten. In: Wehrtechnik, Heft 5 (1981), S. 34–43.

Boudriot, Jean:
Armes à Feu Françaises Modèles Reglementaires 1717–1861.
4 Bde. Paris 1961.

Bräckow, Werner:
Die Geschichte des deutschen Marine-Ingenieuroffizierkorps. Ol-
denburg, Hamburg 1974.

Büchner, Fritz:
Hundert Jahre Geschichte der Maschinenfabrik Augsburg-Nürnberg (1840–1940). o. O. (1940).

Burgsmüller, Wilhelm:
Die technische Erprobung. In: Jahrbuch der Wehrtechnik. Folge 1.
Darmstadt 1966. S. 182–192.

Carp:
Geschichte der Feld-Artillerie-Schießschule. Auf dienstliche Veranlassung bearbeitet. Berlin 1892.

Challeat, J.:
Histoire Technique de l'Artillerie de Terre en France pendant un
Siècle (1816–1919). Supplément au Mémorial de l'Artillerie Fran-
çaise. 2 Bde. Paris 1933–1935.

Chinn, George M.:
The Machine Gun. History, Evolution and Development of manually
operated, full automatic, and power driven Aircraft Machine Guns.
Prepared for the Bureau of Ordnance – Department of the Navy.
Bd. 1. Nachdruck der Ausgabe 1951. Ann Arbor (Michigan) o. J.

Clausewitz, Carl v.:
Vom Kriege. Hinterlassenes Werk. Vollständige Ausgabe im Urtext,
drei Teile in einem Band. Hrsg. von Werner Hahlweg. 19. Aufl. Bonn
1980.

Cube, Felix v.:
Was ist Kybernetik? Grundbegriffe, Methoden, Anwendungen.
3. Aufl. München 1975.

Däniker, Gustav:
Die Maschinenwaffen im Rahmen der Taktik. Berlin 1942.

Demaison, G. J.:
L'Ancêtre des premières Mitrailleuses européennes: La Mitrail-
leuse Fafchamps. In: Carnet de la Fourragère, série 15, carnet 3,
Bruxelles (1963), S. 174–186.

Denecke:
Geschichte der Königlich Preußischen Artillerie-Prüfungskommission. Aus Anlaß der Feier ihres 100jährigen Bestehens. Berlin 1909.

Deutsche Bundesbank (Hrsg.):
Deutsche Taler. Vom Dreißigjährigen Krieg bis zum Ende der Taler-
prägung. Aus der Münzensammlung der Deutschen Bundesbank.
Frankfurt a. M. o. J.

Der deutsch-französische Krieg 1870–71.
Redigirt von der kriegsgeschichtlichen Abtheilung des Großen Generalstabes. 5 Bde. Berlin 1874–1881.

Dillin, John G. W.:
The Kentucky Rifle. Hrsg. von Kendrick Scofield. 6. Aufl. York
(Pennsylv.) 1975.

Dittrich:
Eine Mitrailleuse aus dem siebzehnten Jahrhundert. In: AAI, 35. Jg.
(1871), Bd. 70, S. 269–272.

Dörner, Karl:
Die badische Heeresverfassung von 1806 bis zur Konvention mit
Preußen. Phil. Diss. Heidelberg 1937.

Dolleczek, Anton:
Geschichte der Österreichischen Artillerie von den frühesten Zeiten bis zur Gegenwart. Nachdruck der Ausgabe von 1887. Graz
1973.

Ders.:
Monographie der k. u. k. österr.-ung. blanken und Handfeuer-Waffen, Kriegsmusik, Fahnen und Standarten seit Errichtung des stehenden Heeres bis zur Gegenwart. Nachdruck der Ausgabe von
1896. Graz 1970.

Doppelmeier, v.:
Der österreichisch-preußische Krieg vom artilleristischen Standpunkt aus betrachtet, vom kaiserlich russischen Premier-Lieutnant
in der Garde-Artillerie v. Doppelmeier (Übersetzt aus dem 12. Heft
des Russischen Artillerie-Journals pro 1866). In: AAI, 31. Jg. (1867),
Bd. 62, S. 1–48.

(Dreyse, Nikolaus):
Abhandlung über die von des Königs Majestät von Preußen aller-
gnädigst patentirten Zündnadelgewehre erfunden von Nicolaus
Dreyße, Associé der Fabrik Dreyße und Collenbusch in Sömmerda.
Weißensee 1830.

Dunlap, Jack:
American, British and Continental Pepperbox Firearms. Palo Alto
(Calif.) 1964.

Eckardt, Werner:
Ladebewegungen von der Muskete bis zum Gewehr 98. In: Zeitschrift für Heeres- und Uniformkunde, Heft 94/96 (1936), S.
109–116.

Eckardt, Werner / Morawietz, Otto:
Die Handwaffen des brandenburgisch-preußisch-deutschen
Heeres 1640–1945. 2. Aufl. Hamburg 1973.

Edwards, William E.:
Civil War Guns. The complete Story of Federal and Confederate
Small Arms: Design, Manufacture, Identification, Procurement, Is-
sue, Employment, Effectiveness, and postwar Disposal. Secaucus
(New Jersey) 1978.

Egg, Erich:
Der Tiroler Geschützguß 1400–1600 (Tiroler Wirtschaftsstudien,
Bd. 9). Innsbruck 1961.

Egg, Erich u. a.:
Kanonen. Illustrierte Geschichte der Artillerie. Herrsching 1975.

Ehrental, M. v.:
Die Waffensammlung des Fürsten Reuß j. L. zu Schloß Osterstein
bei Gera. In: ZHWK, Bd. 4 (1906–1908), S. 261–266.

Ellis, John:
The Social History of the Machine Gun. New York 1975.

Entscheidung 1870. Der deutsch-französische Krieg. Hrsg. vom Militärgeschichtlichen Forschungsamt durch Wolfgang v. Groote und
Ursula v. Gersdorff. Stuttgart 1970.

Eriksen, Egon:
Dänische Orgelespingolen mit Einheitspatronen 1850–1877. Zwei
dänische Erfindungen von N. J. Löbnitz 1848–1877 (Tøjhusmuseets
Skrifter, Bd. 3; Übersetzte Ausgabe). Kopenhagen 1945.

Ders.:
The Gatling Gun. In: Four Studies on History of Arms (Tøjhusmu-
seets Skrifter, Bd. 7; Translated Edition). Copenhagen 1963.
S. 79–109.

Die erste österreichische Mitrailleur-Batterie. In: ÖMZ, 12. Jg. (1871), Bd. 3, S. 46–56.

Eschenbacher, Josef Ritter v.:
Bericht über den artilleristischen Theil der Pariser Welt-Ausstellung vom Jahre 1867. In: Mittheilungen über Gegenstände der Artillerie- und Kriegs-Wissenschaften, Jg. 1867, S. 390–458.

Ezell, Edward C.:
Leichtes Maschinengewehr SAW. Neues Element der NATO-Infanteriewaffen-Debatte. In: Internationale Wehrrevue, Heft 1 (1978), S. 81–85.

Faulkner, Harold U.:
Geschichte der Amerikanischen Wirtschaft. Düsseldorf 1957.

Feldhaus, Franz Maria:
Modernste Kriegswaffen – alte Erfindungen. Leipzig (1915).

Der Feldzug von 1866 in Deutschland.
Redigirt von der kriegsgeschichtlichen Abtheilung des Großen Generalstabes. Berlin 1867.

Ffoulkes, Charles:
The Gun-Founders of England. With a List of English and Continental Gun-Founders from the XIV to the XIX Centuries. 2. Aufl. London 1969.

Fiedler, Siegfried:
Grundriß der Militär- und Kriegsgeschichte. Bd. 1: Die stehenden Heere im Zeitalter des Absolutismus 1640–1789. München 1972.

Forrer, R.:
Die ältesten gotischen ein- und mehrläufigen Faustrohrstreitkolben. In: ZHWK, Bd. 4 (1906–1908), S. 55–61.

Französische Mitrailleusen als preußische Belagerungsgeschütze. In: MWB, 56. Jg. (1871), Nr. 12, S. 58–60.

Das französische canon à balles (die Mitrailleuse, das Kartätschgeschütz). In: MWB, 56. Jg. (1871), Nr. 31, S. 153–156, Nr. 33, S. 165–168, Nr. 34, S. 170–174.

Die französische Kugelspritze.
In: MAUG, 1. Jg. (1870), S. 665–674.

Franzoi, Umberto:
Die Waffensammlung des Dogenpalastes in Venedig. Venedig 1966.

Frauenholz, Eugen v.:
Geschichte des Königlich Bayerischen Heeres von 1867 bis 1914 (Geschichte des Bayerischen Heeres. Hrsg. vom Bayerischen Kriegsarchiv, Bd. 8), München 1931.

Freydorf, Berthold Michael v.:
Beschreibung eines Vorderladungsgeschützes neuer Construction nebst allgemeiner Darlegung des Ergebnisses der damit angestellten Versuche. In: ÖMZ, 4. Jg. (1863), Bd. 2, S. 105–110.

Fünfzig Jahre Deutsche Waffen- und Munitionsfabriken Aktiengesellschaft. Bearb. von Friedrich Haßler u. Adolf Bihl. Berlin 1939.

Gaibi, A.:
Le Armi da Fuoco Portatili Italiane dalle origini al Risorgimento. Milano 1968.

Gaier, Claude:
Four Centuries of Liège Gunmaking. Lüttich 1976.

Gall, Lothar:
Der Liberalismus als regierende Partei. Das Großherzogtum Baden zwischen Restauration und Reichsgründung (Veröffentlichungen des Instituts für Europäische Geschichte Mainz, Bd. 47). Wiesbaden 1968.

Gander, Terry / Chamberlain, Peter:
Weapons of the Third Reich. An Encyclopedic Survey of all Small Arms, Artillery and Special Weapons of German Land Forces 1939–1945. New York 1979.

Gaul, Richard / Grunenberg, Nina / Jungblut, Michael:
Japan-Report. Wirtschaftsriese Nippon – die sieben Geheimnisse des Erfolgs. München 1981.

Geddes, J. Philip:
Phalanx, für die amerikanische Marine in Produktion. In: International Wehrrevue, Heft 9 (1979), S. 1583–1584.

General Electric Company / Aircraft Equipment Division (Burlington, Vermont):
Airborne and Surface Gun Systems-M 61 A1, 20 mm Vulcan Gun.

General Survey of the Exhibition, with a Report on the Character and Condition of the United States Section. In: Reports of the United States Comissioners to the Paris Universal Exposition, 1867. Hrsg. von William P. Blake, Bd. 1, Washington 1870.

Gerndt, Edgar:
Technik moderner Maschinenkanonen. In: Wehrtechnik, Heft 8 (1978), S. 67–72.

Gesellschaft für hülsenlose Gewehrsysteme (GHGS):
Die neue Gewehrgeneration. Gewehr G 11 mit hülsenloser Munition. o. O. (1982).

Geßler, E. A.:
Die Grundlagen der heutigen Artillerie. In: Atlantis. Länder, Völker, Reisen, Zürich, 8. Jg. (1936), S. 272–280.

Geyer, Michael:
Deutsche Rüstungspolitik 1860–1980 (Neue historische Bibliothek, Neue Folge, Bd. 246). Frankfurt a.M. 1984.

Gluckman, Arcadi:
Identifying old U.S. Muskets, Rifles and Carabines. 2. Aufl. New York 1965.

Götz, Hans-Dieter:
Die deutschen Militärgewehre und Maschinenpistolen 1871–1945. Stuttgart 1945.

Ders.: Militärgewehre und Pistolen der deutschen Staaten 1800–1870. Stuttgart 1978.

(Götz, Karl):
Eberhardt 1854–1954. Aus Anlaß des 100jährigen Bestehens herausgegeben von Gebrüder Eberhardt KG, Pflugfabrik, Ulm-Donau. Im Jubiläumsjahr 1954. Ulm 1954.

Graevenitz, G. v.:
Das Arsenal zu Venedig und seine Sammlungen. In: ZHWK, Bd. 5 (1909–1911), S. 65–72.

Grant, Ellsworth S.:
The Colt Legacy. The Colt Armory in Hartford 1855–1980. Providence, RI 1982.

Grothe, Hermann:
Die Industrie Amerika's (Vereinigte Staaten von Nordamerika), ihre Geschichte, Entwicklung und Lage unter besonderer Berücksichtigung der Volkswirthschaft und Handelspolitik, der Erfindungen und Fortschritte des Maschinenwesens etc. und der Weltausstellung zu Philadelphia. Berlin 1877.

Gruner, Wolf D.:
Das Bayerische Heer 1825 bis 1864. Eine kritische Analyse der bewaffneten Macht Bayerns vom Regierungsantritt Ludwigs I. bis zum Vorabend des deutschen Krieges (Militärgeschichtliche Studien, Bd. 14). Boppard 1972.

Günther, Reinhold:
Die Entwickelung der Feuertaktik der Infanterie. Geschichtlicher Abriß. Berlin 1902.

Gumtau, Carl Friedrich:
Die Jäger und Schützen des Preußischen Heeres. Was sie waren, was sie sind und was sie sein werden. 3 Bde. Berlin 1834–1838.

Hahlweg, Werner:
Die Heeresreform der Oranier und die Antike. Studien zur Geschichte des Kriegswesens der Niederlande, Deutschlands, Frankreichs, Englands, Italiens, Spaniens und der Schweiz vom Jahre 1589 bis zum Dreißigjährigen Kriege (Schriften der kriegsgeschichtlichen Abteilung im Historischen Seminar der Friedrich-Wilhelms-Universität Berlin, Heft 31). Berlin 1941.

Ders.:
Militärgeschichte hat ihre »eigene Grammatik«. In: Hochschulpolitische Informationen (HPI), Heft 9 (16.5.1980), S. 7.

Haken, J. E. L.:
Ferdinand von Schill. Eine Lebensbeschreibung nach Original Papieren. 2 Bde. Leipzig 1824.

Haven, Charles T. / Belden, Frank A.:
A History of the Colt Revolver and the other Arms made by Colt's Patent Fire Arms Manufacturing Company from 1836 to 1940. New York 1940.

Heimpel, Hermann:
Rezension zu Conrad Kyeser aus Eichstätt, Bellifortis. In: Göttingische Gelehrte Anzeigen, 223. Jg. (1971), Heft 1/2, S. 115–148.

Helmert, Heinz:
Zu den Ursachen der militärischen Siege Preußens in den Kriegen

von 1864, 1866 und 1870/71. In: Zeitschrift für Militärgeschichte, 6. Jg. (1967), S. 5–22.

Helmert, Heinz / Rahne, Hermann:
Zur Kriegsführung des preußischen Generalstabes 1870/71. In: Zeitschrift für Militärgeschichte, 9. Jg. (1970), S.532–546.

Helvig, Hugo:
Das I. bayerische Armee-Corps von der Tann im Kriege 1870/71. Nach den Kriegsacten bearbeitet. München 1872.

Henderson, W. O.:
The State and the industrial Revolution in Prussia 1740–1870. Liverpool 1958.

Henning, Friedrich-Wilhelm:
Die Industrialisierung in Deutschland 1800 bis 1914. 5. Aufl. Paderborn, München, Wien, Zürich 1979.

Herzog, Hans:
Bericht über Gruppe XVI (Wiener Weltausstellung 1873-Schweizer Bericht, Heft 9). Schaffhausen 1875.

Hilder:
Die Mitrailleuse. Für Militärs und Nichtmilitär populär bearbeitet. Danzig 1870. 2. Aufl. 1871.

Ders.:
Die französische Mitrailleuse. In: AAI, 35. Jg. (1871), Bd. 69, S. 130–145 u. Taf. II.

Die Hinterladungsfrage und die eidgenössischen Projectgewehre. In: Zeitschrift für die Schweizerische Artillerie, 3. Jg. (1867), S. 41–46, 61–73, 77–86, 113–120.

Höhn, Karl (Hrsg.):
Ulmer Bilder-Chronik. 4 Bde. Ulm 1930–1934.

Hoenig, Fritz:
Der Volkskrieg an der Loire im Herbst 1870. Nach amtlichen Quellen und handschriftlichen Aufzeichnungen von Mitkämpfern dargestellt. 6 Bde. Berlin 1893–1897.

Hoff, Arne:
Feuerwaffen. Ein waffenhistorisches Handbuch. 2 Bde. (Bibliothek für Kunst- und Antiquitätenfreunde, Bde. 9 u. 9/A). Braunschweig 1969.

Hogg, Ian V. / Batchelor, John:
The Machine Gun (Purnell's History of the World Wars Specials). London 1976.

Hohenlohe-Ingelfingen, Prinz Kraft zu:
Aus meinem Leben. 4 Bde. Berlin 1897–1907.

Holmquist, Bengt M. / Gripstad, Birger:
Svensk Armématerial under 350 År. Från Kungl Kriegskollegiums tillkomst år 1630 fram till våra dagar. Försvarets Materielverk – Armémuseum o. O. 1980.

Dies.:
Swedish Weaponry since 1630. Army matériel during 350 years. Hrsg. von The Defence Matériel Administration of Sweden – The Royal Army Museum. o. O. 1982.

Horwitz, Hugo Th.:
Die Drehbewegung in ihrer Bedeutung für die Entwicklung der materiellen Kultur. In: Anthropos – Revue Internationale d'Ethnologie et de Linguistque, Bd. 28 (1933), S. 721 ff. u. Bd. 29 (1934), S. 99 ff.

Huhn, F. W.:
Die Griffe und die Chargirung mit dem Zündnadelgewehr in ihrer Zerlegung für die erste Ausbildung des einzelnen Mannes. 4. Aufl. Berlin 1867.

Huntington, R. T.:
Hall's Breechloaders. John H. Hall's Invention and Development of a Breechloading Rifle with Precisionmade Interchangeable Parts, and Its Introduction into the United States Service. York (Pennsylv.) 1972.

Hyman, Alan:
Doctor Gatling's Brainchild – a Report on Airborne Guns. In: Military Technology and Economics, Heft 19 (1980), S. 28–35.

Illustrierter Kalender für 1872. Jahrbuch der Ereignisse, Bestrebungen und Fortschritte im Völkerleben und im Gebiete der Wissenschaften, Künste und Gewerbe. 27. Jg. Leipzig 1871.

Die Infanteriekanone.
In: AMZ, Nr. 35 (1867), S. 275–277, Nr. 36 (1867), S. 283–284, Nr. 37 (1867), S. 290–293.

Jacobi, E. A.:
Beschreibung des Materials und der Ausrüstung der Königlich Bayerischen Feldartillerie (Beschreibung des gegenwärtigen Zustandes der Europäischen Feldartillerien, Heft 8). Mainz 1841.

Jähns, Max:
Das französische Heer von der großen Revolution bis zur Gegenwart. Eine kulturhistorische Studie. Leipzig 1873.

Jane's Infantry Weapons.
Hrsg. von John Weeks. Jg. 1981/1982. 7. Aufl. London, New York 1981.

Jany, Curt:
Geschichte der Preußischen Armee vom 15. Jahrhundert bis 1914. 4 Bde. 2. Aufl. hrsg. von Eberhard Jany. Osnabrück 1967.

Jennings, Walter W.:
A History of economic Progress in the United States. New York 1926.

Johannsen, Otto:
Geschichte des Eisens. 3. Aufl. Düsseldorf 1953.

Jordan, Robert Paul:
The Civil War. Hrsg. von der National Geographic Society. 3. Aufl. Washington 1975.

Kefer / Brunner:
Über die Organisation der Mitrailleusen-Batterien und deren Verwendung im Kriege. In: ÖMZ, 12. Jg. (1871), Bd. 1, S. 145–158.

Keil, Heinrich Ritter v.:
Bericht über die im Jahre 1860 ausgeführten Belagerungsübungen bei der Schleifung der Festung Jülich. In: Mittheilungen des k. k. Genie-Comité über Gegenstände der Ingenieurs- und Kriegs-Wissenschaften, Jg. 1861, S. 191–242.

Koerner, Alfred:
The Hotchkiss Revolving Cannon. A Description of the System. Its Employment in the Field, in Fortifications, etc. And for naval Service. Paris 1879.

Korzen, Anton:
Maschinengewehre (Korzen-Kühn, Waffenlehre, Heft 8). Wien 1908.

Kraus, Jürgen:
Das Militärwesen der Reichsstadt Augsburg 1548–1806. Vergleichende Untersuchungen über städtische Militäreinrichtungen in Deutschland vom 16.–18. Jahrhundert (Abhandlungen zur Geschichte der Stadt Augsburg – Schriftenreihe des Stadtarchivs Augsburg, Bd. 26). Augsburg 1980.

Die Kriege Friedrichs des Großen. Hrsg. vom Großen Generalstabe, Abtheilung für Kriegsgeschichte. 1. Teil: 3 Bde.; 2. Teil: 3 Bde.; 3. Teil: 13 Bde. Berlin 1890–1914.

Das Kriegs-Material der französischen Armee vor und nach dem Kriege 1870/71 (Nach amtlichen Berichten): In: MWB, 58. Jg. (1873), Nr. 57, S. 506–507.

Kroker, Evelyn:
Die Weltausstellungen im 19. Jahrhundert. Industrieller Leistungsnachweis, Konkurrenzverhalten und Kommunikationsfunktion unter Berücksichtigung der Montanindustrie des Ruhrgebietes zwischen 1851 und 1880 (Studien zur Naturwissenschaft, Technik und Wirtschaft im Neunzehnten Jahrhundert, Bd. 4). Göttingen 1975.

Kropatschek, Alfred:
Ueber Revolver-Geschütze. In: Mittheilungen über Gegenstände der Artillerie- und Kriegs-Wissenschaften, Jg. 1868, S. 295–303 u. Taf. 20.

Ders.:
Ueber das Verhalten der Waffen im deutsch-französischen Kriege 1870–1871. In: MAUG, 3. Jg. (1872), S. 1–22, 83–100, 219–233, 365–386.

Lachmann, Manfred:
Zur Entwicklung und zum Einsatz des Maschinengewehrs. In: Militärgeschichte, Heft 6 (1973), S. 720–730.

Landauer, Carl:
Sozial- und Wirtschaftsgeschichte der Vereinigten Staaten von Amerika. Stuttgart 1981.

Landes, David S.:
Der entfesselte Prometheus. Technologischer Wandel und industrielle Entwicklung in Westeuropa von 1750 bis zur Gegenwart. Köln 1973.

Laumanns, Horst W.:
Königlich Preußische Gewehrfabrik Potsdam-Spandau 1860–1900. In: DWJ, Nr. 6 (1982), S. 732–735.

Layriz:
Die Verwendung der Mitrailleusen. In: Kriegstechnische Zeitschrift, 7. Jg. (1904), S. 49–66.

Ders.:
Die Maschinenwaffen und ihre Verwendung. In: Kriegstechnische Zeitschrift, 6. Jg. (1903), S. 540–547, 589–598.

Leconte, Jacques-Robert:
Fafchamps. In: Biographie Nationale publiée par l'Académie Royale des Sciences, des Lettres et des Beaux-Arts de Belgique, Bd. 33 (Supplement Bd. 5), Bruxelles 1965, Sp. 307–310.

Leeb, W.:
Das Kgl. Bayerische 4. Feldartillerie-Regiment »König«. Ein Rückblick auf seine 50jährige Entwicklung 1859–1909. Stuttgart o.J.

Lehmann, Gustaf:
Die Mobilmachung von 1870/71. Mit Allerhöchster Genehmigung Seiner Majestät des Kaisers und Königs bearbeitet im Königlichen Kriegsministerium. Berlin 1904.

Leyh, Maximilian:
Die bayerische Heeresreform unter König Ludwig II. 1866–1870 (Darstellungen aus der Bayerischen Kriegs- und Heeresgeschichte, Heft 23). München 1923.

Löbell, H. v.:
Des Zündnadelgewehrs Geschichte und Konkurrenten. Vortrag, gehalten in der Versammlung der militärischen Gesellschaft zu Berlin am 30. November 1866. Berlin 1867.

Ders.:
Bildung eines Artillerie-Comitees in den Vereinigten Staaten Nordamerikas. In: AAI, 30. Jg. (1866), Bd. 60, S. 275–276.

Ders.:
Jahresberichte über die Veränderungen und Fortschritte im Militärwesen. Berlin 1875 ff.

Lorain, Pierre:
Petite histoire des armes à feu et Cinquante ans d'armes françaises 1866–1916. Paris 1975.

Loßnitzer, Johannes v.:
Studien aus der Waffensammlung der Veste Coburg. In: ZHWK, Bd. 8 (1918–1920), S. 346–349.

Lugs, Jaroslav:
Handfeuerwaffen. Systematischer Überblick über die Handfeuerwaffen und ihre Geschichte. 2 Bde. 2. Aufl. Berlin 1968.

Lutz, Luitpold:
Die Bayerische Artillerie von ihren ersten Anfängen bis zur Gegenwart. Nach authentischen Quellen bearbeitet. München 1894.

Maeßer, Wilhelm:
Suhl und Lüttich als Großerzeuger von Schußwaffen. In: ZHWK, Bd. 7 (1915–1917), S. 254–261.

Malherbe, Oscar:
Des Mitrailleurs. Rapports et Expériences particulièrement relatifs au Mitrailleur Christophe & Montigny. Notes et Observations. Liège 1871.

Malinowsky, Louis v. / Bonin, Robert v.:
Geschichte der brandenburgisch-preussischen Artillerie. 3 Bde. Berlin 1840–1842.

Maresch, Otto:
Waffenlehre für Offiziere aller Waffen. Wien 1875.

Marsden, E. W.:
Greek and Roman Artillery. Historical Development. Oxford 1969.

Martin, Ewald:
Die militärischen Beziehungen Preußens zu den Süddeutschen Staaten und zu Hessen zur Zeit des Norddeutschen Bundes. Phil. Diss. (MS) Kiel 1939.

Marx, Karl:
Das Kapital. Kritik der politischen Ökonomie. Bd. 1 (Marx-Engels-Werke, Bd. 23). Berlin 1968.

Ders.:
Exzerpte über Arbeitsteilung, Maschinerie und Industrie. Historisch-kritische Ausgabe. Transkribiert u. hrsg. v. Rainer Winkelmann. Frankfurt a. M., Berlin, Wien 1982.

Matschoss, Conrad:
Geschichte der Dampfmaschine. Ihre kulturelle Bedeutung, technische Entwicklung und ihre großen Männer. Nachdruck der Ausgabe von 1901. Hildesheim 1978.

Maudry, Hans:
Otto Mareschs Waffenlehre für Officiere aller Waffen. 6 Hefte. 3. Aufl. Wien 1892–1894.

Das Maxim-Maschinengewehr in seiner Konstruktion, Leistungsfähigkeit und Verwendbarkeit. (Berlin) o.J.

McNeill, William H.:
Krieg und Macht. Militär, Wirtschaft und Gesellschaft vom Altertum bis heute. München 1984.

Meinecke, H.:
Das Chassepot-Gewehr der französischen Infanterie. Eine genaue Beschreibung der einzelnen Theile der Waffe, sowie ihrer Behandlung, nach der officiellen französischen Instruction. Darmstadt, Leipzig 1867.

Messerschmidt, Manfred:
Die politische Geschichte der preußisch-deutschen Armee. In: Handbuch zur deutschen Militärgeschichte 1648–1939. Hrsg. vom Militärgeschichtlichen Forschungsamt. Bd. 2 / Abschn. IV. München 1979.

Millis, Walter:
Amerikanische Militärgeschichte in ihren politischen, wirtschaftlichen und sozialen Zusammenhängen. Köln 1958.

Die Mitrailleuse von Montigny und die Revolver-Kanone von Claxton. In: MWB, 53. Jg. (1868), Nr. 87, S. 713.

Mléneck:
Notes sur les Mitrailleuses. Paris o.J.

Die moderne Mitrailleuse und ihre Verwendung im Felde. In: Neue Militärische Blätter, Jg. 1888, Bd. 32, S. 519–528.

Moewes:
Kurzgefaßte Geschichte der Königlich Preußischen Artillerie-Prüfungs-Kommission. Berlin (1895).

Mommerz, Karl Heinz:
Bohren, Drehen und Fräsen. Geschichte der Werkzeugmaschinen mit einem Anhang »Werkzeugmaschinen im Deutschen Museum« von Karl Allwang (Kulturgeschichte der Naturwissenschaften und der Technik, Bd. 4). Reinbeck b. Hamburg 1981.

Morawietz, Otto:
Die bayerischen Kartätschgeschütze 1870. In: Zeitschrift für Heereskunde, Jg. 1961, S. 26–31 u. Beilage 9.

Ders.:
Die französische Mitrailleuse 1870/71 und die deutschen Maschinengewehre bis zum MG-Modell 1908. In: Soldat und Technik, Jg. 1966, S. 662–667.

Moser:
Kurzer strategischer Ueberblick über den Krieg 1870/71. 2. Aufl. Berlin 1896.

Müller, H. v.:
Die Entwicklung der Feldartillerie in bezug auf Material, Organisation und Taktik von 1815 bis 1892. Mit besonderer Berücksichtigung der preußischen und deutschen Artillerie auf Grund dienstlichen Materials. Bd. 1: 1815 bis 1870, Bd. 2: 1870 bis 1890, Bd. 3: Die Wirkung der Feldgeschütze 1815 bis 1892. 2. Aufl. Berlin 1893–1894.

Ders.:
Geschichte des Festungskrieges seit allgemeiner Einführung der Feuerwaffen bis zum Jahre 1892. 2. Aufl. Berlin 1892.

Müller, Heinrich:
Alte Geschütze. Kostbare Stücke aus der Sammlung des Museums. Hrsg. vom Museum für Deutsche Geschichte Berlin. Berlin 1968.

Ders.: Deutsche Bronzegeschützrohre 1400–1750. Berlin 1968.

Ders.:
Gewehre, Pistolen und Revolver. Jagd- und Kriegswaffen des 14. bis 19. Jahrhunderts. Aufnahmen von Gerd Platow. Stuttgart 1979.

Müller, Karl / Braun, Louis:
Die Organisation, Bekleidung, Ausrüstung und Bewaffnung der Königlich Bayerischen Armee von 1806 bis 1906. Nach amtlichen Quellen bearbeitet. Text- u. Tafelband. München o.J.

Muralt, Leonhard v.:
Die diplomatisch-politische Vorgeschichte. In: Entscheidung 1870. Der deutsch-französische Krieg. Hrsg. vom Militärgeschichtlichen Forschungsamt durch Wolfgang v. Groote u. Ursula v. Gersdorff. Stuttgart 1970. S. 7–43.

Nachrichten über Mitrailleusen. Das französische canon à balles (die Mitrailleuse, das Kartätschgeschütz). In: AAI, 35. Jg. (1871), Bd. 69, S. 24–49.

Neu erfundene Infanteriekanone des Oberstleutnants Martin de Brettes. In: AMZ, 42. Jg. (1867), Nr. 18, S. 143f.

Neumann, Jürgen:
Die Feuerleitanlage des Leopard 2. In: Soldat und Technik, Heft 10 (1980), S. 554–557.

Nibler, Ferdinand:
Abriß der Geschichte des Maschinengewehrs. In: Truppenpraxis, Heft 12 (1983), S. 892–900.

Niemeyer, Joachim:
Das österreichische Militärwesen im Umbruch. Untersuchungen zum Kriegsbild zwischen 1830 und 1866 (Studien zur Militärgeschichte, Militärwissenschaft und Konfliktforschung, Bd. 23). Osnabrück 1979.

(Nordenfelt, Thorsten):
The Nordenfelt Machine Guns described in Detail and compared with other Systems. Also their Employment for naval and military Purposes. Portsmouth 1884.

Norton, Charles B. / Valentine, W. J.:
Report on the Munitions of War. In: Reports of the United States Commissioners to the Paris Universal Exposition, 1867. Hrsg. v. William P. Blake. Bd. 5, Washington 1870.

Oliver, John W.:
Geschichte der amerikanischen Technik. Düsseldorf 1959.

Olivier, Julius v.:
Die Feuerwaffen und ihre Wirkung im Gefecht mit Rücksicht auf den Feldzug 1870/71. München 1871.

Ortenburg, Georg:
Waffe und Waffengebrauch im Zeitalter der Landsknechte (Heerwesen der Neuzeit, Abt. I, Bd. 1). Koblenz 1984.

Ottnad, Bernd:
Politische Geschichte von 1850 bis 1918. In: Badische Geschichte. Vom Großherzogtum bis zur Gegenwart. Hrsg. von der Landeszentrale für politische Bildung Baden-Württemberg. Stuttgart 1979. S. 65–85.

Parker, John H.:
History of the Gatling Gun Detachment Fifth Army Corps, at Santiago, with a few unvarnished Truths concerning that Expedition. Kansas City 1898.

Perkow, Max:
Suhl in alter und neuer Zeit. In Einzelabschnitten auf Grund älterer Chroniken (besonders der Werther'schen) dargestellt und bis in die Zeit der Herausgabe ergänzt. Suhl 1928.

Petter, Wolfgang:
Deutscher Bund und deutsche Mittelstaaten. In: Handbuch zur deutschen Militärgeschichte 1648–1939. Hrsg. vom Militärgeschichtlichen Forschungsamt. Bd. 2 / Abschn. IV. München 1979.

Pfister, Hermann:
Das französische Heerwesen. Eine ausführliche Schilderung nach amtlichen französischen Quellen. Kassel 1867.

Pflug:
Nikolaus von Dreyse und die Geschichte des Preußischen Zündnadelgewehrs. Berlin 1866.

Plönnies, Wilhelm v.:
Das Zündnadel-Gewehr. Beiträge zur Kritik der Hinterladungswaffe (Neue Studien über die gezogene Feuerwaffe der Infanterie, Supplement Band). Darmstadt, Leipzig 1865.

Pourquoi le fusil Pauly fut-il refusé en 1812? In: Armes et Uniformes de l'Histoire, Nr. 13 (März/April 1973), S. 11–13.

Post, Paul:
Eine mittelalterliche Geschützkammer mit Ladung im Berliner Zeughaus. In: ZHWK, Bd. 9 (1921–1922), S. 117–121.

Pupko, A. B.:
System Mensch-Militärtechnik. Philosophisch-soziologischer Abriß. Berlin 1979.

Rathgen, Bernhard:
Das Geschütz im Mittelalter. Quellenkritische Untersuchungen. Berlin 1928.

Ratzenhofer, G.:
Die taktischen Lehren des Krieges 1870/71. In: ÖMZ, 13. Jg. (1872), Beilage zu Bd. 4 mit eigener Paginierung, S. 1–154.

Reckendorf, Hans:
Die Faustfeuerwaffen der Königlich Bayerischen Armee. Dortmund (Selbstverlag) 1981.

Reglin, Volkmar:
Grundzüge der Landkriegführung zur Zeit des Absolutismus und im 19. Jahrhundert. In: Handbuch zur deutschen Militärgeschichte 1648–1939. Hrsg. vom Militärgeschichtlichen Forschungsamt. Bd. 5 / Abschn. IX. München 1979.

Reimer, Paul:
Nochmals – Die älteren Hinterladungsgeschütze. In: ZHWK, Bd. 9 (1921–1922), S. 194–199.

Reinhart, Christian / am Rhyn, Michael:
Automatwaffen II. Maschinengewehre, Sturmgewehre, Minenwerfer, Handgranatenwerfer (Bewaffnung und Ausrüstung der Schweizer Armee seit 1817, Bd. 14). Dietikon-Zürich 1983.

Reiter, Josef:
Elementar-Waffenlehre zum Gebrauche der k.k. Regimentsvorbereitungs- und Kadeten-Schulen sowie für Einjährig-Freiwillige. 4. Aufl. Triest 1872.

Das Repetirgeschütz von Gatling. In: Zeitschrift für Schweizerische Artillerie, 3. Jg. (1867), S. 101–108 u. Taf. V, VII.

Repetirgeschütze von Claxton. In: Zeitschrift für Schweizerische Artillerie, 4. Jg. (1868), S. 55–56.

Reports of the United States Commissioners to the Paris Universal Exposition, 1867. Hrsg. von William P. Blake. 6 Bde. Washington 1870.

Reuleaux:
Die geschichtliche Entwicklung des Befestigungswesens vom Aufkommen der Pulvergeschütze bis zur Neuzeit (Sammlung Göschen, Bd. 569). Leipzig 1912.

Richardson, Doug:
Tiefstfliegende Flugkörper – Probleme der Seeverteidigung im Nahbereich. In: Internationale Wehrrevue, Heft 5 (1981), S. 627–633.

Richter, Hubert:
Georg Friedrich Alfred von Fabrice. In: Sächsische Lebensbilder. Hrsg. von der Sächsischen Kommission für Geschichte. Bd. 2. Leipzig 1938. S. 70–96.

Riese, Heinz:
Die badische Wehrmacht 1866–1870/71. Phil. Diss. Heidelberg 1934.

Roe, Joseph W.:
Eli Whitney 1765–1825. In: Beiträge zur Geschichte der Technik und Industrie, Bd. 10 (1920), S. 155–173.

Roos, Gustaf:
Emploi des Mitrailleuses et Canons a Tir Rapide dans les Armées de Terre et dans la Marine. St-Pétersbourg 1886.

Rosenberg, Nathan:
Technischer Fortschritt in der Werkzeugmaschinenindustrie 1840–1910. In: Moderne Technikgeschichte. Hrsg. von Karin Hausen u. Reinhard Rürup (Neue Wissenschaftliche Bibliothek, Bd. 81). Köln 1975. S. 216–242.

Roser:
Verwendung von Scharfschützen gegen Mitrailleusen 1870/71 und gegen Maschinengewehre in Zukunft. In: MWB, 91. Jg. (1906), Nr. 90, Sp. 2095–2096.

Rückblicke auf die inneren bayerischen Heeresverhältnisse während des deutsch-französischen Krieges 1870/71. Bearb. vom K. B. Generalstab. In: Darstellungen aus der Bayerischen Kriegs- und Heeresgeschichte. Hrsg. vom K. B. Kriegsarchiv. Hefte 2 u. 3. München 1893–1894.

Rüstow, Wilhelm:
Geschichte der Infanterie. 2 Bde. 2. Aufl. Nordhausen 1864.

Ders.:

Die Feldherrnkunst des neunzehnten Jahrhunderts. Ein Handbuch zum Nachschlagen, zum Selbststudium und für den Unterricht an höheren Militärschulen. 2 Bde. 3. Aufl. Zürich 1878–1879.

Rumschöttel, Hermann:

Das bayerische Offizierkorps 1866–1914 (Beiträge zu einer historischen Strukturanalyse Bayerns im Industriezeitalter, Bd. 9). Berlin 1973.

Sander, Constantin:

Geschichte des vierjährigen Bürgerkriegs in den Vereinigten Staaten von Amerika. Frankfurt a. M. 1865.

Sauer, Karl Theodor v.:

Grundriß der Waffenlehre. Mit Atlas von 30 Tafeln. 2. Aufl. München 1876.

Sauer, Paul:

Das württembergische Heer in der Zeit des Deutschen und Norddeutschen Bundes (Veröffentlichungen der Kommission für geschichtliche Landeskunde in Baden-Württemberg, Reihe B, Bd. 5). Stuttgart 1958.

Schäfer, Günther:

Sturmgewehre. In: Wehrtechnik, Heft 12 (1984), S. 68–80.

Scharnhorst, Gerhard v.:

Handbuch der Artillerie (Handbuch für Officiere in den angewandten Theilen der Krieges-Wissenschaften, 2. Aufl., Teil 1). 3 Bde. Hannover 1804–1814.

Schießversuch mit Revolver-Geschützen auf dem Schießplatz der Simmeringer-Haide am 9. Juli d. J. In: MWB, 54. Jg. (1869), Nr. 67, S. 537–538; Nr. 99, S. 787–788; Nr. 105, S. 839.

Schiessversuche mit den Repetirgeschützen von Gatling. In: Zeitschrift für die Schweizerische Artillerie, 4. Jg. (1868), S. 6–12.

Schmid, W. M.:

Vierläufiges Handfeuerrohr. In: ZHWK, Bd. 5 (1909–1911), S. 24–25.

Schmidt:

Ueber Mitrailleusen-Batterien und deren Verwendung im Feldkriege. In: AAI, 36. Jg. (1872), Bd. 71, S. 150–170, 224–241.

Schmidt, H.:

Die Entwicklung der Technik als Phase der Wandlung des Menschen. In: Felix v. Cube, Was ist Kybernetik?, 3. Aufl. München 1975, S. 278–283.

Schmidt, Rudolf:

Die Handfeuerwaffen. Um ein Vorwort von W. Hummelberger vermehrter Nachdruck der Ausgabe 1866 und der Nachträge 1899. 2 Bde. Graz 1968.

Schmidtchen, Volker:

Bombarden, Befestigungen, Büchsenmeister. Von den ersten Mauerbrechern des Spätmittelalters zur Belagerungsartillerie der Renaissance. Eine Studie zur Entwicklung der Militärtechnik. Düsseldorf 1977.

Schmoelzl, Joseph:

Ergänzungs-Waffenlehre oder die Feuerwaffen der Neuzeit. Ein Lehrbuch über die Beschaffenheit, Anwendung und den Gebrauch der in den verschiedenen Heeren neueingeführten oder weiter verbreiteten Feuerwaffen. München 1851. 2. Aufl. München 1857.

Ders.:

Die gezogene Kanone. Deren geschichtliche Entwicklung und gegenwärtige Vervollkommnung. Eine militärische Zeitstudie. München 1860.

Ders.:

Die bayerische Artillerie. Deren selbständige Entwicklung seit dem dreißigjährigen Kriege bis zur Wiedergeburt des gegenwärtigen deutschen Kaiserreiches. Eine gedrängte Abhandlung über die allmählige Vervollkommnung dieser Waffe während der 5 Jahrhunderte ihres Daseins. München 1879.

Schneider, Rudolf:

Die Artillerie des Mittelalters. Nach den Angaben der Zeitgenossen dargestellt. Berlin 1910.

Schön, Erich:

Geschichte des Deutschen Feuerwerkswesens der Armee und Marine mit Einschluß des Zeugwesens. Zur Hundertjahrfeier des Bestehens eines selbständigen Feuerwerkspersonals in Preußen. Berlin 1936.

Schön, Julius:

Geschichte der Handfeuerwaffen. Eine Darstellung des Entwickelungsganges der Handfeuerwaffen von ihrem Entstehen bis auf die Neuzeit. Nachdruck der Ausgabe von 1858 mit einem Geleitwort von Otto Morawietz. Satteldorf 1968.

Schöning, Kurd Wolfgang v.:

Historisch-biographische Nachrichten zur Geschichte der Brandenburgisch-Preußischen Artillerie. Aus bisher ungenutzten Urkunden zusammengestellt. 3 Bde. Berlin 1844–1845.

Schott, J.:

Grundriß der Waffenlehre. Nachdruck der Ausgabe 1876. Graz 1971.

Schramm, Erwin:

Die antiken Geschütze der Saalburg. Bemerkungen zu ihrer Rekonstruktion. Berlin 1918.

Schröter, Alfred / Becker, Walter:

Die deutsche Maschinenbauindustrie in der industriellen Revolution (Veröffentlichungen des Instituts für Wirtschaftsgeschichte an der Hochschule für Ökonomie Berlin-Karlshorst, Bd. 2). Berlin 1962.

Schuberg, August:

Handbuch der Artillerie-Wissenschaft mit besonderer Rücksicht auf das Materielle der Großherzoglich Badischen Artillerie. Karlsruhe 1856.

(Schubert, Gustav v.):

Der Antheil des Königlich Sächsischen Armeecorps am Feldzuge 1866 in Oesterreich. Bearbeitet nach den Feldacten des Generalstabes. Dresden 1869.

Schuster, O. / Francke, F. A.:

Geschichte der Sächsischen Armee von deren Errichtung bis auf die neueste Zeit. Unter Benutzung handschriftlicher und urkundlicher Quellen dargestellt. 3 Bde. Leipzig 1885.

Sembratowicz, Ludwig:

Die Reorganisation der kaiserlich russischen Landmacht 1873. In: ÖMZ, 15. Jg. (1874), Bd. 1, S. 99–112, 143–190.

Sixl, Peter:

Entwicklung und Gebrauch der Handfeuerwaffen. In: ZHWK, Bd. 3 (1902–1905). S. 231–236, 269–271, 285–289, 327–329, 361–365, Bd. 4 (1906–1908), S. 24–27, 84–88.

Ders.:

Die ersten mehrläufigen Hand- und Hakenbüchsen. In: Beiträge zur Geschichte der Handfeuerwaffen. Festschrift zum achtzigsten Geburtstag von Moritz Thierbach. Dresden 1905. S. 87–102.

Sowjetisches Autorenkollektiv:

Allgemeine Geschichte der Technik von den Anfängen bis 1870. Leipzig 1981.

Spak, F. A.:

Die Handfeuerwaffen der schwedischen Armee während des 30jährigen Krieges. In: Beiträge zur Geschichte der Handfeuerwaffen. Festschrift zum achtzigsten Geburtstag von Moritz Thierbach. Dresden 1905. S. 103–107.

Stenzel, Ernst:

Die Entwicklung der Artillerie im 19. Jahrhundert. In: Militärgeschichte, Heft 4 (1976), S. 459–472.

Sterbenz, Johann:

Veränderungen im k. k. österreichischen Artillerie-Materiale während des Jahres 1868, und Uebersicht der darauf bezüglichen Versuche. In: Mittheilungen über Gegenstände der Artillerie- und Kriegs-Wissenschaften, Jg. 1869, S. 19–73.

Ders.: Veränderungen im k. k. österreichischen Artillerie-Materiale während des Jahres 1869, und Uebersicht der Versuche und Verhandlungen auf dem Gebiete des Artillerie-Wesens. In: MAUG, 1. Jg. (1870), S. 3–40.

Ders.:

Veränderungen im k. k. österreichischen Artillerie-Materiale während des Jahres 1870, und Uebersicht der Versuche und Verhandlungen auf dem Gebiete des Artillerie-Wesens. In: MAUG, 2. Jg. (1871), S. 71–111.

Strack von Weißenbach:

Geschichte der Königlich Württembergischen Artillerie. Stuttgart 1882.

Studien der Kriegsgeschichte und Taktik:
Hrsg. vom Großen Generalstabe, Kriegsgeschichtliche Abteilung I. Bd. 2: Das Abbrechen von Gefechten. Berlin 1903.

Studien zur Kriegsgeschichte und Taktik. Hrsg. vom Großen Generalstabe, Kriegsgeschichtliche Abteilung I. 6 Bde. Berlin 1902–1913. (Fortgesetzt 1939) vom Generalstab des Heeres, 7. (Kriegswissenschaftliche) Abteilung.

Sturm, Josef:
Beitrag zur Entwicklung des Shrapnels. In: MAUG, 20. Jg. (1889), S. 567–592 u. Taf. 33.

Suhling, Lothar:
Bergbau, Territorialherrschaft und technologischer Wandel. Prozeßinnovationen im Montanwesen der Renaissance am Beispiele der mitteleuropäischen Silberproduktion. In: Technik-Geschichte. Historische Beiträge und neuere Ansätze. Hrsg. von Ulrich Troitzsch und Gabriele Wohlauf. Frankfurt a. M. 1980. S. 139–179.

Technische Schule der Luftwaffe 1 Kaufbeuren:
Merkblatt Nr. 37103 vom 9. Mai 1961: 20 mm Bordkanone M 61. Kurzbeschreibung und technische Daten.

Thiede, Günter:
Zur Geschichte des Zündnadelgewehrs. In: Militärgeschichte, Heft 4, (1973), S. 439–448.

Thierbach, Moritz:
Die geschichtliche Entwicklung der Handfeuerwaffen bearbeitet nach den in den deutschen Sammlungen noch vorhandenen Originalen. Bd. 1: Text, Bd. 2: Tafelteil. Nachdruck der Ausgabe 1886 und der Nachträge 1899. Graz 1965.

Thomas, Bruno:
Gesammelte Schriften zur historischen Waffenkunde. 2 Bde. Graz 1977.

Thürheim, Hermann Graf v.:
Der taktische Werth der Revolverkanonen. In: AAI, 34. Jg. (1870), Bd. 68, S. 1–10.

(Ders.):
Nachrichten über Mitrailleusen. In: AAI, 34. Jg. (1870). Bd. 68, S. 268–277.

Ders.:
Die Mitrailleusen und ihre Leistungen im Feldzuge 1870–71. In: ÖMZ, 12. Jg. (1871), Bd. 4, S. 237–257.

Ders.:
Studien über Feld-Artillerie. Augsburg 1877.

Trauzl, Isidor:
Das Batteriegeschütz von Gatling. In: Mittheilungen über Gegenstände der Ingenieur- und Kriegs-Wissenschaften. Hrsg. vom k.k. Genie-Comité, Jg. 1867, S. 271–276.

Ders.:
Über nordamerikanisches Geschützwesen im Allgemeinen und speziell über das amerikanische Repetir-Geschütz. In: Zeitschrift für die Schweizerische Artillerie, 3. Jg. (1867), S. 157–164, 177–180, 193–199.

Trebilcock, Clive:
Rüstung und Industrie. Zum »spin-off«-Problem in der britischen Wirtschaftsgeschichte 1760–1914. In: Moderne Technikgeschichte. Hrsg. von Karin Hausen und Reinhard Rürup (Neue Wissenschaftliche Bibliothek, Bd. 81). Köln 1975. S. 337–357.

Ueber den taktischen Werth sogenannter Kugelspritzen oder Revolver-Kanonen im Felde. In: MWB, 54. Jg. (1869), Nr. 83, S. 660–663; Nr. 84, S. 668–671.

Ueber die französische Artillerie. In: MWB, 58. Jg. (1873), Nr. 65, S. 589–590.

Ueber Revolverkanonen.
In: AAI, 33. Jg. (1869), Bd. 66, S. 47–63.

Ullmann, Karl Heinz:
Die Mitrailleusen, Kugelspritzen und Infanteriekanonen (Canons à balles). In: DWJ, Nr. 12, (1967), S. 947–948.

Ders.:
Die Gatling-Gewehr-Mitrailleuse. In: DWJ, Nr. 4 (1968), S. 280–285; Nr. 6, S. 466–467.

Ders.:
Die Orgelgeschütze oder Totenorgeln des Mittelalters. In: DWJ, Nr. 2 (1969), S. 116–119.

Ders.:
Die Espignolen. In: DWJ, Nr. 7 (1969), S. 546–548.

Veränderungen im k.k. Artillerie-Materiale bis Ende December 1870. In: MAUG, 2. Jg. (1871), S. 55–57.

Vital, Nicolo / Weibel, Benedict:
Das Alte Zeughaus Solothurn. Solothurn 1980.

Vollmer, Udo:
Die Armee des Königreiches Hannover. Bewaffnung und Geschichte von 1803–1866. Schwäbisch Hall 1978.

W., R.:
Eine neue französische Mitrailleuse. In: Polytechnisches Journal, 52. Jg. (1871), Bd. 200, S. 435–438.

Wahl, Paul / Toppel, Donald R.:
The Gatling Gun. 2. Aufl. New York 1971.

Wallhausen, Johann Jacobi von:
Kriegskunst zu Fuß. Nachdruck der Ausgabe von 1615. Graz 1971.

Ders.:
Ritterkunst. Nachdruck der Ausgabe von 1616. Mit einem Vorwort von W. Hummelberger. Graz 1969.

Weyersberg, F.:
Handwaffen. In: Berichte über die Allgemeine Ausstellung zu Paris im Jahre 1867, erstattet von den für Preußen und die Norddeutschen Staaten ernannten Mitgliedern der internationalen Jury. Heft IV. Berlin 1868. S. 309–317.

W(eygand), H(ermann):
Die Feuerwaffen nach dem Jahre 1866. Uebersicht der neuesten Erfindungen und Fortschritte auf diesem Gebiete, unter vorzugsweiser Berücksichtigung der gegenwärtig bei den europäischen Heeren bestehenden Geschütze und Gewehre. Vom heutigen Standpunkte aus dargestellt. Leipzig 1870.

Weygand, Hermann:
Die französische Mitrailleuse der Feldartillerie (La mitrailleuse de Meudon; le canon à balles). Kurze Beschreibung und Beurtheilung von Geschütz und Munition. Darmstadt, Leipzig 1871.

Ders.:
Die technische Entwickelung der modernen Präcisionswaffen der Infanterie. Als Leitfaden zur Kenntnis der Handfeuerwaffen für Officiere, Schiess- und Kriegsschulen zusammengestellt. Leipzig 1872.

Wiese, Leopold v. (Hrsg.):
Die Entwicklung der Kriegswaffe und ihr Zusammenhang mit der Sozialordnung. Köln 1953.

Wilhelm, Rolf:
Das Verhältnis der süddeutschen Staaten zum Norddeutschen Bund 1867–1870 (Historische Studien, Bd. 431). Husum 1978.

Wille, R.:
Ueber Kartätschgeschütze (-canon à balles, mitrailleurs-). Nachdruck der Ausgabe 1871. Krefeld 1976.

Ders.:
Waffenlehre. 2. Aufl. Berlin 1900.

Willers, Johannes K. W.:
Die Nürnberger Handfeuerwaffen bis zur Mitte des 16. Jahrhunderts. Entwicklung, Herstellung, Absatz nach archivalischen Quellen (Nürnberger Werkstücke zur Stadt- und Landesgeschichte – Schriftenreihe des Stadtarchivs Nürnberg, Bd. 11). Phil. Diss. Nürnberg 1973.

Wirtgen, Arnold:
Die preußischen Handfeuerwaffen 1700–1806. Modelle und Manufakturen (Das Altpreußische Heer. Erscheinungsbild und Wesen, Teil IV / Bd. 8). 2 Bde. Osnabrück 1976.

Wirtgen, Rolf:
Die Anwendung des technisch-historischen Erfahrungsschatzes in der Gegenwart. Dargestellt am Beispiel der Entwicklung des Systems der umlaufenden Rohre zu automatischen Waffen des Gatling-Typs. In: Werner Hahlweg, Die Wehrtechnische Studiensammlung des Bundesamtes für Wehrtechnik und Beschaffung (WTS). Ihre Bedeutung für die Entwicklung von Wehrmaterial in Gegenwart und Zukunft – Einführungsschrift (Beiträge zur Entwicklung der Wehrtechnik, Bd. I/1). 2. Aufl. Koblenz 1982, S. 37–66.

Witte, W.:
Fortschritte und Veränderungen im Gebiete des Waffenwesens in der neuesten Zeit. Berlin 1894. 2. Aufl. 1900.

Wittmann, Karl:
Die Entwicklung der Drehbank bis zum Jahre 1939. 2. Aufl. Düsseldorf 1960.

Witzleben, A. v.:
Heerwesen und Infanteriedienst der Königlich Preußischen Armee. 11. Aufl. Berlin 1869.

Wuich, Nikolaus R. v. / Lankmayr, Ferdinand:
Waffenlehre für die k.k. Infanterie-Cadetenschulen. 2. Aufl. Wien 1889.

Xylander, Jospeh Ritter v.:
Waffenlehre. Vermehrt von Klemens Schedel (Lehrbuch der Taktik, Teil 1). 3. Aufl. München 1844.

Xylander, Rudolf Ritter v. / Sutner, Carl August v.:
Geschichte des 1. Feldartillerie-Regiments Prinz-Regent Luitpold, 1791–1911. 3 Bde. Berlin 1905–1911.

Zdeněk, Anton:
Die Handwaffen der k. russischen Armee. Aus dem Russischen. In: MAUG, 1. Jg. (1870), S. 215–269.

Zeddeler, Baron v.:
Das Gefecht der russischen Infanterie im letzten Kriege. In: ÖMZ, 29. Jg. (1878), Bd. 4, S. 219–224.

Zur Verwendung der französischen Mitrailleuse im Bereich von Infanterie-Feuer. In: MAUG, 1. Jg. (1870), S. 674.

15.6. Verzeichnis sonstiger Abbildungen und Reproduktionen

Lebenslauf des Verfassers

Am 22. Dezember 1954 wurde ich als Sohn der Eheleute Arnold und Irene Wirtgen, geb. Nieß, in Neuwied geboren. 1961 wurde ich in die Volksschule Rodenbach eingeschult und besuchte anschließend das Werner-Heisenberg-Gymnasium in Neuwied, an dem ich am 21. Mai 1975 die Reifeprüfung ablegte. Mit dem Wintersemester 1975/76 begann ich an der Westfälischen Wilhelms-Universität in Münster das Studium der Geschichte und der Nebenfächer Kunstgeschichte und Soziologie. Die Semesterferien dienten zum Teil der museologischen Ausbildung. Jeweils mehrwöchige Praktika leistete ich am Heeresgeschichtlichen Museum Wien, am Zeughausmuseum Kopenhagen und am Wehrgeschichtlichen Museum Rastatt ab. Mit letzterem bestand 1978/79 ein Werkvertragsverhältnis. Vom Januar 1983 bis zum März 1984 leistete ich den Grundwehrdienst ab.

Vorlesungen und Übungen besuchte ich hauptsächlich bei den Herren Professoren und Dozenten Dollinger, Hahlweg, Hauck, Kauffmann, Krysmanski, Matsche, Noehles, Papcke, Schwertheim, Thierfelder.

(Seit 1985 Tätigkeit als Redakteur und Ressortleiter bei der in Schwäbisch Hall erscheinenden Fachzeitschrift »Deutsches Waffen-Journal«).

Die Herausgeber

CASPAR, Elmar

Gebürtiger Rheinländer; ab 1943 Kriegsdienst; nach dem Krieg Studium der Rechts- und Wirtschaftswissenschaften im In- und Ausland; beide jur. Staatsexamina, Promotion zum Doktor beider Rechte, seit 1956 im Verteidigungsressort tätig, ab 1981 Vizepräsident des BWB, div. Veröffentlichungen.

FUNK, Wolfram

Jahrgang 1938;

Studium allgemeiner Maschinenbau an der TH Darmstadt; 1968 Promotion zum Dr. Ing., danach Industrietätigkeit; seit 1975 o. Professor für Maschinenelemente und Getriebetechnik an der Universität der Bundeswehr Hamburg, 1977–1985 Vizepräsident der Universität der Bundeswehr Hamburg; Wissenschaftliche Tätigkeit auf den Gebieten Bauteiloptimierung, rechnergestützte Verfahren in der Konstruktion, Antriebstechnik, Wehrtechnik, Technikgeschichte.

HAHLWEG, Werner

Jahrgang 1912;

Studium Geschichte, Militärgeschichte, Kunstgeschichte und Philosophie an den Universitäten Tübingen, Wien und Berlin; 1936 Dr. phil an der Friedrich-Wilhelms-Universität Berlin; 1940 Dr. phil. habil. ebenda. 1942 Dozent für Geschichte, insbes. Heeres- und Waffenkunde an der Universität Berlin. Teilnahme am Zweiten Weltkrieg, u.a. zeitweilig Technischer Versuchsgruppenleiter im Heereswaffenamt, Wa Prüf 2. Ab 1950 Lehrtätigkeit an der Universität Münster/Westf., zunächst Geschichte, seit 1969 Fachgebiete Militärgeschichte und Wehrwissenschaften.

SCHMIDTCHEN, Volker

Jahrgang 1945;

Reserveoffizier, Studium Geschichtswissenschaft, Romanistik, Sportwissenschaft und Politische Wissenschaft an der Bochumer Ruhr-Universität; danach Lehrtätigkeit an Schulen und als Wissenschaftlicher Assistent an der Ruhr-Universität; 1976 Dr. phil., 1984 Habilitation für die Fächer Technikgeschichte und Militärgeschichte, seither Hochschullehrer. Wissenschaftliche Tätigkeit auf den Gebieten Technikgeschichte, Militärgeschichte, Sportgeschichte, Architekturgeschichte, Denkmalpflege, mittelalterlicher Literaturgeschichte und Festungsforschung (Geschäftsführer der DGF).

WEISE, Ingo

Jahrgang 1932;

Studium allgemeiner Maschinenbau an der TU Berlin; 1966 Promotion zum Dr.-Ing. Seit dieser Zeit Tätigkeit in der Industrie als Abteilungsleiter in der Konstruktion von Waffen; Unternehmensplanung. Ab 1975 zugleich Lehrbeauftragter an der Universität der Bundeswehr für das Fach Waffentechnik als Nebentätigkeit und 1986 Professor an dieser Universität für das gleiche Fach. Daneben weiterhin Industrietätigkeit.

WIRTGEN, Arnold

Jahrgang 1926;

1943 bis 1946 Kriegsdienst und -gefangenschaft, danach Beamter des gehobenen und später des höheren Dienstes in Landes- und Bundesverwaltungen. Dipl. Verwaltungswirt.

Im zweiten Bildungsweg Studium der Militärgeschichte, Wehrwissenschaften, Kunstgeschichte und Wirtschaftsgeschichte. Promotion zum Dr. phil.

Regierungsdirektor und Beauftragter der Wehrtechnischen Studiensammlung des Bundesamtes für Wehrtechnik und Beschaffung in Koblenz. Vorsitzender der Deutschen Gesellschaft für Heereskunde.

Wichtig für Waffenkenner

Dieter Heinrich

Die Selbstlade- und automatischen Handfeuerwaffen

Teil I, Band 2. Bearbeitet von Dieter Heinrich. Fotos von Barbara Tiezel. 388 Seiten, 17 x 24,5 cm, 362 Seiten Waffen-Abbildungen, Dokumentation, Paperback, **Art.-Nr. 2554**

H. Dathan

Waffenlehre für die Bundeswehr

4., neu bearbeitete Auflage. 14,8 x 21 cm. 224 Seiten mit 152 Waffenträgern sowie Kurven und Diagrammen, **Art.-Nr. 1124**

Siegfried Schulz

Das deutsche Heer – heute

Mit Beiträgen von Egbert Thomer und Oberst Gero Koch.
2. Auflage. 136 Seiten, 21 x 27 cm. Mit 45 farbigen und 282 schwarz-weißen Fotos. Text in Deutsch, Englisch und Französisch. Efalin, **Art.-Nr. 2484**

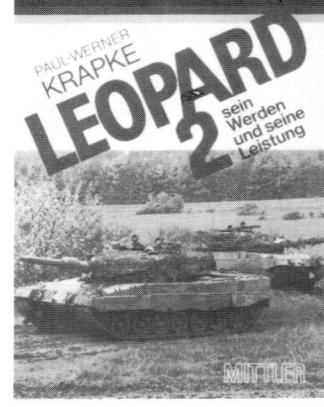

Egbert Thomer

Die Bundeswehr heute

200 Seiten im Großformat 21 x 27 cm, mit 76 Farb- und 80 Schwarz-weiß-Fotos. Text in Deutsch, Englisch und Französisch, Leinen, **Art.-Nr. 2244**

Paul-Werner Krapke

Leopard 2 sein Werden und seine Leistung

240 Seiten im Großformat 21 x 27 cm. Mit 40 farbigen und über 150 schwarz-weißen Abbildungen. Efalinleinen, **Art.-Nr. 2054**

VERLAG
E.S. MITTLER
& SOHN

Postfach 23 52 · 4900 Herford